# L'ENCYCLOPÉDIE
## complète des
# thérapies
# naturelles

# L'ENCYCLOPÉDIE complète des thérapies naturelles

Carl Lowe, James W. Nechas
et les rédacteurs du magazine Prevention®

Traduit de l'américain par Marc Pelletier

L'encyclopédie complète des thérapies naturelles

Whole Body Healing, Rodale, USA

© Traduction française, Édicompo Inc., Ottawa 1984

Toute reproduction de **quelque nature que ce soit** de la traduction française est interdite sans le consentement de Édicompo Inc.

Tous droits de publication pour le marché français nord-américain réservés à Édicompo Inc., Ottawa 1984.

Traduction : Marc Pelletier

Couverture : Joseph Stinziani

Photocomposition : Graphiti

ISBN 2-89066-094-X

Dépôt légal : 2e trimestre 1984
Bibliothèque Nationale du Québec
Bibliothèque Nationale du Canada

Imprimé au Canada/Printed in Canada

Avril 1984

## Note

Les thérapies traitées dans ce livre ne sont proposées qu'à titre de complément d'un traitement médical. En cas de maladie grave, un traitement administré sans surveillance du médecin peut comporter certains risques. Il est donc fortement conseillé de faire appel à des spécialistes avant d'entreprendre quelque thérapie que ce soit.

Directeur : William Gottlieb
Directrice de la recherche : Carol Baldwin
Directrice-adjointe de la recherche : Carol Matthews
Coordonnatrice de projet : Joann Williams
Collaboratrices à la recherche : Martha Capwell, Holly Clemson, Takla Gardey, Sue Ann Gursky, Christy Kohler, Susan Nastasee, Susan Zarrow
Rédactrice-adjointe : Marian Wolbers
Conception graphique : Joan Peckolick
Direction artistique : Karen A. Schell
Illustrations : Michael Radomski
Photographies : Margaret Smyser
   Photographies supplémentaires :
   page 183, Alice Bissell
   page 113, Paul Boyer
   page 467, T.L. Gettings
   page 116, Mitchell T. Mandel
   page 441, © Karsh Ottawa, gracieuseté de l'Institut Rolf
   pages 17-18, 229, 275, 590, 591, 593, 594, 597, 598, Christie Tito
   pages 109 et 111, Sally Ann Ullman

Nous désirons aussi remercier les personnes suivantes pour leur contribution : Irmgard Bartenieff, André Bernard, Deborah Caplan, Dianne Dulicai, Sharon Holmes, Anna Hyder, Judith Lasater, Ph.D., Norma Leistiko, William Newman, Ph.D., James Pursey, Ph.D.

# Table des matières

Introduction/XI

Acupuncture et acupression/1

Arts martiaux/351

Biofeedback/114

Biorythmes/132

Chiropraxie/208

Choréthérapie/236

Course à pied/466

Course à pied et blessures/494

Cyclisme/105

Danse et exercices aérobiques/39

Drogues et exercice/252

Étirement/542

Fatigue et exercice/261

Gymnastique suédoise/191

Haltérophilie/602

Hydrothérapie/589

Hypnose/334

Jeûne/257

Le cœur/288

Manipulations vertébrales/530

Marche/580

Massage/372

Maux de dos/66

Maux de tête/281

Musicothérapie/385

Natation/554

Nutrition/394

Pieds et chaussures/272

Posture/413

Réflexologie/432

Rolfing®/440

Saut à la corde/458

Sexe et exercice/507

Shiatsu/511

Ski de randonnée/228

Sommeil/520

Thérapie par l'étreinte/310

Thérapie corporelle/142

Thermothérapie/304

Tricot/344

Vacances/565

Varices/573

Yoga/632

Index/681

# INTRODUCTION

La plupart d'entre nous ne considèrent probablement pas leur corps comme un allié dans leurs efforts pour conserver une bonne santé. Pourquoi? Eh bien, tout simplement parce que la plupart des gens ne pensent pas à leur corps, ils le tiennent pour acquis... du moins tant que celui-ci demeure en bonne santé.

En fait, notre corps n'arrête pas de travailler pour conserver à notre système toute sa vigueur et tout son équilibre. C'est un véritable travail de guérisseur qu'il exécute, un processus automatique au même titre que la respiration ou le battement de votre cœur. Par exemple, chaque fois que vous vous coupez, votre corps entre en action, guérissant la peau et les tissus endommagés. Chaque fois qu'un virus vous menace, votre corps vous guérit (ou tente de vous guérir) en lançant des globules blancs à l'assaut de l'envahisseur. Une quinte de toux provoquée par une pièce enfumée, une douleur vous annonçant un problème quelconque ou une bonne nuit de sommeil après une dure journée, voilà autant de cas de guérison accomplis par votre corps.

Dans ce volume, les éditeurs de la revue *Prevention*® vous offrent divers moyens de guérison naturelle par l'activité physique : exercice (la marche par exemple), mouvements divers (le yoga) et massage (acupression). Ces méthodes n'ont pas de contact direct avec les cellules comme les suppléments vitaminiques ou les aliments, mais elles constituent une source d'alimentation et d'assistance pour chaque partie du corps.

De quelle manière agissent-elles ? Cela ressemble à la relation qui existe entre les stations émettrices de télévision et les images transmises dans votre appareil. Les gens de la station n'ont pas besoin de venir chez vous pour que vous puissiez regarder une émission. Ils n'ont qu'à commander la transmission des images depuis la station et celles-ci apparaîtront automatiquement sur votre petit écran. Les méthodes présentées dans ce volume fonctionnent selon le même principe : ce que vous faites à votre corps de l'extérieur transmet des messages aux organes et aux systèmes situés à l'intérieur de ce dernier. Lorsque vous faites de l'exercice par exemple, votre corps émet vers vos organes une série de signaux ordonnant au système circulatoire d'augmenter le flux sanguin vers les muscles. Votre corps augmente alors le métabolisme et brûle ainsi plus de calories que si vous étiez tout simplement assis. Le corps signale aussi aux glandes de libérer des endorphines, hormones qui suppriment la douleur et vous mettent de bonne humeur.

Bref, les méthodes proposées dans ce livre aident votre corps à transmettre des messages de guérison (c'est pourquoi nous avons inclus une section intitulée « Index spécial des troubles et maladies », de manière que vous puissiez trouver rapidement les méthodes qui conviennent le mieux à vos problèmes de santé). Ce manuel vous aidera non seulement à mieux vous porter, mais aussi à rester en santé, c'est-à-dire à prévenir les maladies en vous aidant à conserver un corps souple et vigoureux, voilà la qualité maîtresse de la guérison naturelle.

# ACUPUNCTURE ET ACUPRESSION

**L**orsque je sens venir un mal de tête, je m'arrange sciemment pour l'empirer. Pour cela, je place la jointure de mes pouces au milieu de mes sourcils et j'appuie le plus fort possible, provoquant une douleur lancinante. Je tourne ensuite les pouces dans le sens des aiguilles d'une montre et je compte lentement jusqu'à 30. On dirait que, juste sous la peau de mon front, des plaques de métal sont en train de me broyer le cerveau, à tel point que d'ordinaire je dois fermer les yeux pour supporter la douleur. Après avoir compté jusqu'à 30, j'arrête d'appuyer mes pouces, mais la douleur persiste pendant quelques secondes, comme si je n'avais pas relâché la pression.

« Serais-je par hasard devenu un dangereux masochiste ? Pas vraiment, car passé les quelques secondes de douleur résiduelle suivant la torture de mes pauvres sourcils, toute la douleur disparaît généralement, y compris les élancements annonciateurs de migraine. »

La méthode employée par Carl Lowe, l'un des auteurs, pour enrayer ses maux de tête s'appelle acupression. L'acupression, l'acupuncture et l'électro-acupuncture sont des thérapies méridiennes, c'est-à-dire des méthodes de traitement de problèmes physiques par la manipulation de certains points de la peau. Le nom « thérapie méridienne » est dérivé de l'emplacement des points le long de lignes, ou méridiens, qui sillonnent le corps. L'acupression consiste à manipuler ces points en exerçant une

1

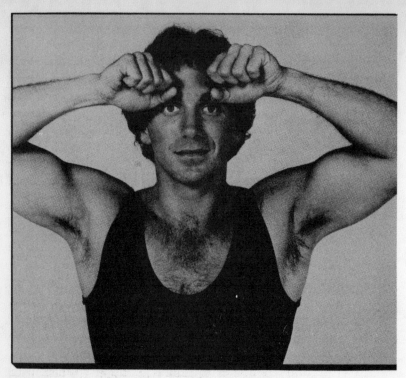

*On appuie sur les points Yuyao avec les pouces. Ces points servent à soulager les maux de tête.*

pression à la surface du corps, tandis que l'électro-acupuncture se fait par stimulation électrique et l'acupuncture par insertion d'aiguilles.

## Pourquoi les médecins ont-ils rejeté l'acupuncture

Les thérapies méridiennes, d'origine chinoise, sont connues de la médecine américaine depuis les années 1890, mais elles ont été pratiquement ignorées par le monde médical nord-américain jusqu'aux années soixante-dix. Pourquoi? Tout d'abord parce que la philosophie sous-jacente à ces thérapies ne s'accorde pas très bien avec les principes généralement appliqués par les médecins. L'approche traditionnelle de la médecine occidentale

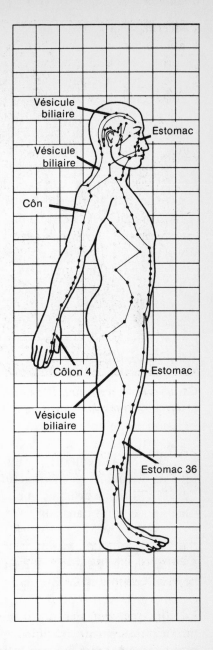

Voici les méridiens de l'estomac, de la vésicule biliaire et du côlon utilisés en acupuncture. Chacun des points méridiens contrôle une partie différente du corps. Deux points particulièrement importants sont ceux appelés estomac 36 et côlon 4 (qu'on appelle aussi le point Hegu).

concernant la cure des maladies et autres maux consiste à employer une drogue ou une thérapie qui attaquent directement le problème. Par exemple, pour soigner un patient souffrant d'une infection, le médecin lui prescrit un antibiotique qu'il sait efficace contre cette infection particulière. Par contre, les méthodes chinoises agissent indirectement en incitant le corps à régler lui-même le problème. Ces méthodes mettent l'accent sur la prévention des maladies et fournissent à notre corps les outils lui permettant de conserver la santé. Pour un observateur non initié, il est certain que la manipulation de points méridiens afin de remédier à des problèmes de fonctionnement semblera un tour de magie. En effet, le point qui est ainsi stimulé n'a souvent aucun rapport apparent avec la partie du corps affligée d'un problème. Il est par exemple possible de traiter avec succès un torticolis par la manipulation du point Hegu, qui est situé sur la main, près du pouce.

## Le point « migraine »

Carl Lowe, notre intrépide collaborateur, traite tous ses maux de tête, peu importe l'origine de la douleur, en exerçant une pression sur le point médian de ses arcades sourcilières. Le nom chinois de ce point est Yuyao. Ce point a ceci de particulier qu'il n'est associé à aucun organe interne du corps contrairement à la plupart des points en acupuncture. Le docteur Howard Kurland, qui est à l'origine de la technique d'acupression dont Carl se sert, identifie ce point dans son livre, *Quick Headache Relief Without Drugs* (William Morrow, 1977). Ce point du sourcil se trouve dans une petite dépression juste au-dessus de la pupille de l'œil, à l'endroit où le sourcil rétrécit. Si on compare le sourcil à un poisson, ce point constituerait sa taille. C'est à cet endroit qu'émerge le nerf supraorbital, un nerf très sensible au toucher ; en fait, c'est l'un des plus sensibles des points méridiens. La plupart des points méridiens sont, comme le point Yuyao, associés à une terminaison nerveuse située près de la surface de la peau.

Le fait que les points méridiens soient à proximité de terminaisons nerveuses à la surface de la peau ou près de celle-ci, combiné à l'efficacité de la thérapie méridienne contre toutes

4

sortes de douleurs, ont mené à la suggestion d'une «théorie des portes» pour expliquer le fonctionnement de la thérapie. Selon cette théorie, la douleur serait un signal nerveux voyageant lentement de la région problème jusqu'à la moelle épinière, puis de celle-ci jusqu'au cerveau. Le point d'entrée de ces impulsions dans la moelle épinière serait une sorte de «porte nerveuse». Le sens du toucher quant à lui, qui est stimulé par la thérapie méridienne, voyage quatre fois plus vite que les ondes de douleur. Ainsi, les impulsions plus rapides atteindraient les premières la porte nerveuse et bloqueraient le passage aux signaux de douleur, empêchant le cerveau de les enregistrer. De nombreux dentistes se servent notamment de l'électro-acupuncture comme analgésique. Si la théorie des portes s'avère exacte dans ce cas, l'acupuncture servirait alors à établir un «blocage nerveux» qui empêcherait la douleur résultant d'une obturation ou d'une extraction d'atteindre le cerveau du patient.

## Les bienfaits d'une bonne alimentation

Plusieurs études semblent indiquer que les thérapies méridiennes permettent aussi de soulager la douleur et de guérir le dysfonctionnement par libération de neurotransmetteurs. Il s'agit de substances chimiques, par exemple la sérotonine, la norépinéphrine et les endorphines, qui sont normalement sécrétées par le corps lorsqu'une situation de stress se présente. Ce sont des antidépresseurs qui peuvent avoir sur le cerveau un effet comparable à celui de la morphine.

Selon le docteur Ronald Lawrence, un neurologue de Los Angeles possédant une longue expérience de la pratique et de l'enseignement de la thérapie méridienne, les rapports qui sont établis avec les neurotransmetteurs durant la thérapie obligent les patients ainsi traités à acquérir de bonnes habitudes alimentaires. «Lorsque, dans un traitement d'acupuncture, on insère une aiguille, on génère plus de sérotonine ou plus d'endorphines, mais il est impossible d'augmenter le niveau de ces neurotransmetteurs sans que la substance nutritive de base soit présente. Par exemple, pour produire de la sérotonine le corps a besoin de tryptophane, un acide aminé basique, de même que des vitamines B6 et B12.»

## Bonnes sources de vitamine B6

| Aliment | Portion | Quantité (milligrammes) |
|---|---|---|
| Bananes | 1 moyenne | 0,892 |
| Saumon | 85 g | 0,633 |
| Maquereau de l'Atlantique | 85 g | 0,597 |
| Poulet, viande blanche | 85 g | 0,510 |
| Foie de bœuf | 85 g | 0,465 |
| Graines de tournesol | ¼ tasse | 0,453 |
| Flétan | 85 g | 0,389 |
| Thon en boîte | 85 g | 0,361 |
| Lentilles séchées | ¼ tasse | 0,285 |
| Riz brun non cuit | ¼ tasse | 0,275 |
| Rognons de bœuf | 85 g | 0,238 |
| Levure de bière, non amère | 1 c. à table | 0,200 |
| Avelines entières | ¼ tasse | 0,184 |
| Farine de sarrasin | ¼ tasse | 0,142 |

La portion diététique recommandée est de 2 à 2,2 milligrammes.

SOURCES : Adaptation de

*Patothenic Acid, Vitamin B6 and Vitamin B12 in Foods, Home Economics Research Report* No. 36, by Martha Louise Orr (Washington, D.C. : *Agricultural Research Service, U.S. Department of Agriculture,* 1969).

*U.S. Department of Agriculture Handbooks* No. 8-5 and 456.

Informations obtenues auprès du *Nutrient Data Research Group, U.S. Department of Agriculture*, 1981.

## Bonnes sources de vitamine B12

| Aliment | Portion | Quantité (milligrammes) |
|---|---|---|
| Foie de bœuf | 85 g | 49,0 |
| Thon en boîte | 85 g | 1,9 |
| Agneau | 85 g | 1,7 |
| Bœuf maigre | 85 g | 1,5 |
| Aiglefin | 85 g | 0,95 |
| Gruyère | 55 g | 0,95 |
| Lait entier | 1 tasse | 0,87 |
| Fromage cottage diète | ½ tasse | 0,80 |
| Œuf | 1 gros | 0,66 |
| Fromage cheddar | 55 g | 0,47 |
| Poulet, viande blanche | 85 g | 0,29 |

La portion diététique recommandée est de 3 microgrammes.

Sources : Adaptation de

*Pantothenic Acid, Vitamin B6 and B12 in Foods, Home Economics Research Report* No. 36, by Martha Louise Orr (Washington, D.C. : *Agricultural Research Service, U.S. Department of Agriculture,* 1969).

*U.S. Department of Agriculture Handbooks* No. 8-1 and 8-5.

Informations obtenues auprès du *Nutrient Data Research Group, U.S. Department of Agriculture*, 1981.

## Bonnes sources de tryptophane

| Aliment | Portion | Quantité (milligrammes) |
|---|---|---|
| Foie de bœuf | 85 g | 334 |
| Foie de veau | 85 g | 323 |
| Poulet, viande blanche | 85 g | 307 |
| Foie de poulet | 85 g | 292 |
| Veau dans la ronde | 85 g | 289 |
| Bœuf dans la ronde | 85 g | 258 |
| Goberge | 85 g | 229 |
| Gruyère | 55 g | 228 |
| Fromage cheddar | 55 g | 182 |
| Lait entier | 1 tasse | 113 |
| Beurre d'arachides | 2 c. à table | 106 |

SOURCES : Adaptation de

*Amino Acid Content of Foods, Home Economics Research Report* No. 4, by M.L. Orr and B.K. Watt (Washington, D.C. : *Agricultural Research Service, U.S. Department of Agriculture*, 1968).

*U.S. Department of Agriculture Handbooks* No. 8-1, 8-5 and 456.

Informations obtenues auprès du *Nutrient Data Research Group, U.S. Department of Agriculture*, 1981.

Les bananes, les viandes provenant d'organes (les abats), le poisson et les aliments de grain entier constituent de bonnes sources de vitamine B6, tandis que la vitamine B12 se retrouve dans la viande, le lait et les œufs. La viande, le lait et le fromage ont quant à eux une forte teneur en tryptophane.

## Éliminer les analgésiques

La thérapie méridienne permet souvent d'éliminer le recours aux drogues calmantes. Carl traite depuis six mois ses maux de tête au moyen de l'acupression et ne prend que très rarement de l'aspirine ou de l'acétaminophène. «Je trouve que l'acupression est plus efficace et plus rapide que l'aspirine», déclare-t-il. «En outre, c'est meilleur marché que l'aspirine car ça ne me coûte pas un sou de presser mes pouces contre ma tête.»

«Cependant, je ne veux pas avoir l'air de faire un commercial en faveur de l'acupression, car cette technique n'est pas parfaite. Le soulagement total de la douleur n'est pas garanti à tout coup. De plus, la pression exercée sur les points Yuyao est terriblement douloureuse. Ma femme, par exemple, ne peut pas se servir de ces points parce qu'elle est incapable de supporter la douleur engendrée par la pression. Pour ma part, je suis capable d'en supporter la douleur parce que je sais que lorsque je relâche la pression, généralement ma migraine s'envole. Dans le cas où elle ne serait pas partie, je n'ai qu'à recommencer pendant quelques instants. C'est là un autre avantage de l'acupression sur les médicaments; vous pouvez vous en servir autant de fois que vous le désirez, sans jamais risquer d'en prendre trop. De toute façon, à la prochaine migraine de ma femme, je vais l'aider à trouver un autre point sur lequel elle pourra appuyer sans que le mal soit aussi intense.»

Le fait de pouvoir se servir de différents points pour régler le même problème constitue un autre avantage des thérapies méridiennes. En effet, certains points fonctionneront mieux pour vous, tandis que d'autres seront mieux adaptés à d'autres personnes. Lorsque vous vous servez de l'acupression, vous pouvez sans crainte expérimenter plusieurs points afin de découvrir celui qui vous convient le mieux. Selon le docteur Lawrence, il faudrait chercher à trouver les points qui donnent les meilleurs résultats plutôt que se fier aux points *standard*, qu'il qualifie de «thérapie-recette». Pour lui, l'utilisation des points standard n'est jamais aussi efficace que l'exploration des méridiens afin de découvrir où se situe exactement le problème.

«L'acupuncture pratiquée à partir de recettes toutes faites est très populaire chez les Américains parce que ceux-ci sont toujours pressés» explique-t-il. «De plus, je dois avouer que nous, les médecins, sommes parfois à blâmer. Par exemple, nous sommes en train de traiter un patient, d'autres sont assis dans la salle d'attente, et nous ne pensons pas toujours avoir le temps de trouver les meilleurs points alors que nous savons quels points standard vont généralement résoudre tel problème particulier. De toute façon, la meilleure manière d'appliquer cette thérapie est de prendre son temps et de découvrir les points qui auront le meilleur effet sur chaque personne. »

« Un bon moyen de trouver le point méridien qu'il faut utiliser consiste à tester son degré de sensibilité, car celui-ci constitue une bonne indication que vous êtes au bon endroit. »

## Une merveilleuse thérapie contre l'asthme

« Une rougeur provoquée par une réaction histaminique suite à l'insertion d'une aiguille d'acupuncture constitue un autre bon signe » poursuit le docteur Lawrence. « Pour ma part, je crois que l'acupuncture est la plus efficace des thérapies méridiennes. Vous pourriez peut-être me rétorquer qu'une réaction histaminique est mauvaise pour le corps. Eh bien ce n'est pas vrai car cela lui permet de produire ses propres substances antihistaminiques, qui elles peuvent combattre certains problèmes comme l'asthme bronchitique. Voilà pourquoi l'acupuncture est un excellent traitement contre l'asthme. »

« Hier, justement, une mère est venue me voir avec son enfant de dix ans. Celui-ci souffrait d'asthme et j'ai tout de suite constaté en voyant la forte réaction histaminique provoquée par la piqûre de l'aiguille que nous aurions de bons résultats. On peut aussi sentir une montée de température autour du point d'insertion de l'aiguille lorsqu'on a touché un bon endroit. Cependant, il faut avoir une bonne sensibilité pour déceler cette augmentation de chaleur. J'ai pu développer cette sensibilité parce que je me sers beaucoup de mes doigts dans mon travail. En passant, je crois qu'il s'agit ici d'une des grandes carences de la médecine américaine. Je ne parle pas ici de la chiropraxie ou de l'ostéopathie, mais de la médecine. Malheureusement, les médecins n'apprennent pas à se servir de leurs doigts ou de leurs mains comme outils et je crois qu'il s'agit d'un défaut courant en médecine. Pourtant, c'est très important de toucher ses patients et ils ne le font vraiment pas assez. J'espère toutefois que la situation va bientôt changer, car tous les gens qui sont appelés à faire des manipulations, comme ceux qui pratiquent l'acupuncture par exemple, doivent apprendre à toucher pour sentir. Tout est dans le toucher.»

«En fait, avec de la pratique on en vient à sentir un changement de température en posant simplement sa main sur les points d'acupuncture du patient.»

## Sensibilité

Lorsqu'on pratique l'acupression sur soi, le degré de sensibilité d'un point méridien constitue le moyen le plus simple de s'assurer qu'on est au bon endroit, une fois que l'emplacement approximatif du problème a été établi. Un coureur avec qui nous nous sommes entretenus s'est servi de cette méthode pour traiter le tibia de sa jambe gauche qui lui causait une douleur sur le devant du mollet. Son cas illustre bien certaines des bonnes et des mauvaises manières de se servir de l'acupression.

«Le problème s'est déclaré parce que je courais trop sur des surfaces bétonnées et parce que je me suis tordu la jambe en descendant un trottoir. J'avais mal au-dessous du genou et je décidai de me traiter au moyen des points standard pour ce genre de problème.»

«J'ai d'abord utilisé le point appelé estomac 36 (point 36 sur le méridien de l'estomac ; voir photo), qui est situé sur le côté extérieur de la jambe. J'ai aussi frotté le point rate 9, situé à l'intérieur de la jambe près du genou. Cependant, comme le traitement ne semblait qu'empirer la douleur, j'ai arrêté pendant un certain temps.»

«Cependant, mon tibia me faisait toujours souffrir, même lorsque je ne courais pas. J'ai songé à consulter un médecin et à faire prendre une radiographie afin de voir si je n'avais pas une légère fracture, mais je ne voulais pas m'en occuper et je me

**Lorsqu'on pratique l'acupression sur soi, le degré de sensibilité d'un point méridien constitue le moyen le plus simple de s'assurer qu'on a trouvé le bon endroit, une fois que la région anatomique a été cernée.**

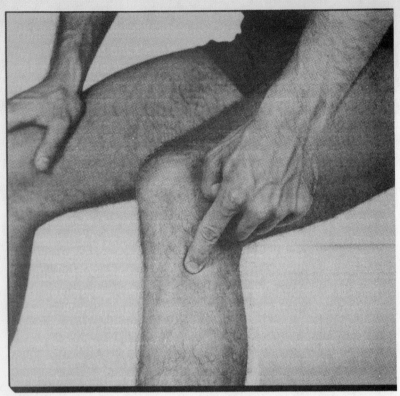

*On peut soulager une douleur à la jambe en frottant le point estomac 36.*

disais que le docteur n'aurait rien d'autre à me conseiller que d'arrêter de courir pendant cinq ou six semaines. Aussi, j'ai décidé d'essayer de trouver d'autres points qui pourraient m'aider. J'ai longé le méridien de la rate sur ma jambe gauche et lorsque je suis arrivé à ce qui me semblait être le point rate 10, j'ai senti un petit nœud de douleur. J'ai pressé le point sur les deux jambes et la douleur se dissipa. Je n'ai pas encore recommencé à courir parce que la douleur revient de temps à autre, mais pour la soulager, je n'ai qu'à frotter le point rate 10. »

« Cependant, une chose très intéressante à laquelle je ne m'attendais pas s'est produite. En me servant du point rate 10 pour calmer ma jambe, j'ai aussi soulagé une douleur dans le bas du dos qui me tracassait depuis un bon bout de temps. Comme je m'étais concentré uniquement sur ma jambe, je ne me suis aperçu de la disparition de mon mal de dos que par hasard, un jour, en me levant du fauteuil où j'étais assis. La raideur que je

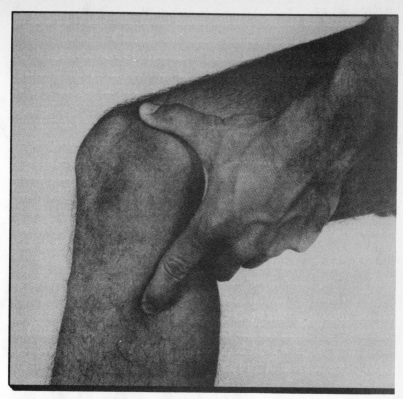

*Le point rate 9 se trouve au-dessous du genou.*

ressentais habituellement lorsque je me levais avait disparu. En y repensant, j'ai réalisé que mon dos ne m'avait pas contrarié depuis que j'avais commencé le traitement avec le point rate 10. »

## Le diagnostic d'abord, le traitement ensuite

Notre coureur a fait deux erreurs. Premièrement, il a essayé de traiter ce qui aurait pu s'avérer un grave problème (une fracture) sans consulter un médecin. En effet, une douleur qui persiste même après l'arrêt de l'activité qui l'a causée ne doit pas être traitée à la légère. Si la blessure avait bien été une fracture et que l'emploi de l'acupression avait suffisamment soulagé la douleur pour permettre la reprise des séances de course, il aurait pu en résulter une blessure beaucoup plus grave (une fracture multiple par exemple).

« Les thérapies méridiennes devraient être utilisées uniquement lorsqu'un diagnostic certain a été établi » conseille le docteur Todor Gencheff, un médecin du Wisconsin qui enseigne l'acupuncture à d'autres médecins. « Autrement, les symptômes d'un grave problème pourraient être masqués par le soulagement de la douleur. »

Aussi, avant d'entreprendre un traitement quelconque, assurez-vous de connaître ce que vous traitez. Par exemple, si vous contractez soudainement des maux de tête violents de façon chronique, voyez un médecin avant d'essayer de les traiter par vous-même.

La seconde erreur que notre coureur a faite fut d'arrêter le traitement lorsque la douleur s'est mise à empirer.

« Il arrive très souvent qu'un traitement par thérapie méridienne donne l'impression d'empirer le problème avant que son

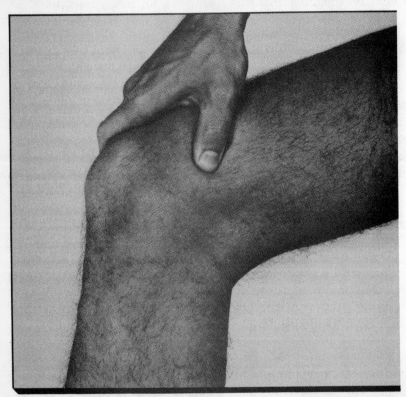

*Le point rate 10 est situé sur la cuisse.*

effet apaisant se fasse sentir», fait remarquer le docteur Lawrence. « J'ai l'habitude d'avertir mes patients que la douleur peut devenir plus intense durant les 24 heures suivant la première séance de traitement, mais c'est bon signe car cela indique généralement que le traitement va être bénéfique. »

## L'acupression : faites-le vous-même

Pour obtenir les meilleurs résultats possibles avec l'acupression, vous devez vous habituer à appuyer vos doigts avec force sur votre peau, et parfois même aussi fort que vous le pouvez. En acupuncture, on utilise des aiguilles parce que les points de traitement se trouvent sous la surface de la peau, et parfois même jusqu'à un pouce et demi de la surface. Avec l'acupression, vous ne substituez pas vos doigts aux aiguilles, mais plutôt la pression à la stimulation directe. La pression exercée doit donc se rendre jusqu'aux points de traitement.

Le pouce semble le mieux adapté à la plupart des traitements. Le docteur Kurland recommande de plier le pouce de manière qu'il forme un angle droit. Selon lui, cette position permet d'exercer la plus grande force. Cependant, notre expérience démontre que la position à utiliser dépend de la partie du corps à traiter. En effet, si par exemple vous appuyez sur un point sur le dessus de votre cuisse, vous exercerez probablement une force suffisante en fermant le poing et en allongeant le pouce, utilisant ainsi la force générée par votre bras. Pour ce point et pour bien d'autres, vous aurez besoin d'un maximum de force. Toutefois, suivez les conseils du docteur Kurland pour les points situés derrière le cou et la tête.

## Relaxez, les résultats seront meilleurs

Maintenant que vous savez qu'il faut appuyer fortement... ne le faites pas. Du moins pas tout de suite. Pendant votre apprentissage, vous devrez vous habituer à trouver les divers points et à appuyer dessus. Durant cette période, vous devriez être détendu et confortablement installé, de manière à ne pas enfoncer vos doigts trop durement au début. Vous aurez tout le temps qu'il faudra pour cela plus tard.

Les positions assise et couchée sont les meilleures pour pratiquer l'acupression ; elles sont plus relaxantes que la position debout. Malheureusement, il n'est pas toujours possible de s'asseoir ou de se coucher pour soulager la douleur. Nous nous sommes entretenus avec un homme qui utilise l'acupression pour soulager les maux de dos qui le tenaillent lorsqu'il fait son marché, en raison du lourd chariot qu'il doit pousser et du fait qu'il est constamment debout. Celui-ci a développé une technique assez intéressante. Comme il se sert de points situés autour du genou, lorsqu'il doit soulager la douleur il s'installe dans une allée moins passante, se penche et prétend se gratter les genoux.

Il est préférable de ne pas manger avant de pratiquer l'acupression sur soi. Personne ne sait vraiment pourquoi, mais ce serait peut-être parce que la digestion bloque les signaux antidouleur de l'acupression. Attendez donc au moins une heure après avoir mangé pour commencer la séance. Les Chinois offrent aussi cet autre avertissement : traditionnellement, ils interdisent la pratique des thérapies méridiennes sur les femmes enceintes car ils croient que la manipulation de l'énergie corporelle d'une femme enceinte au moyen de ces techniques risque de causer du tort au fœtus. La recherche moderne n'a pas réussi à prouver ou à réfuter cette croyance, mais ne prenons pas de chances et évitons de pratiquer l'acupression, l'acupuncture ou l'électro-acupuncture sur les femmes qui attendent un bébé.

Comme nous l'avons déjà dit, la technique utilisée pour appliquer de la pression peut varier. Seule l'expérience vous montrera quelle est la meilleure technique dans votre cas. Pour appliquer une pression sur une petite surface bien précise, servez-vous du bout du doigt et de l'ongle (voir photo). Gardez les ongles courts de manière à ne pas vous blesser. Pour exercer

---

**Pour obtenir les meilleurs résultats possibles avec l'acupression, vous devrez vous habituer à appuyer vos doigts avec force sur votre peau. Les points de traitement se trouvent sous la surface de la peau, et parfois même jusqu'à quatre centimètres de la surface.**

---

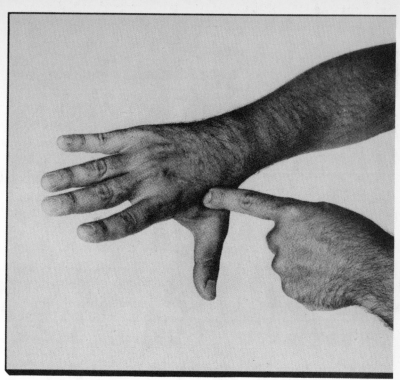

*Pression directe sur un point d'acupression.*

une stimulation générale sur une plus grande surface, utilisez la partie charnue du bout du doigt. Si vous êtes débutant, la seconde méthode serait préférable jusqu'à ce que vous ayez acquis plus de facilité à découvrir les points de traitement. Le fait de stimuler une plus grande zone augmente les possibilités de toucher le bon endroit et évite qu'un manque de précision vous prive de résultats.

Il existe quatre manières principales d'exercer une pression :

- Pression directe en une série d'impulsions, en alternant la poussée et le relâchement de la pression.
- Déplacement du doigt en cercles concentriques de plus en plus petits, en approchant graduellement du point.
- Déplacement du doigt en spirale à partir du point vers l'extérieur.
- Mouvement circulaire constant sur le point et autour de celui-ci.

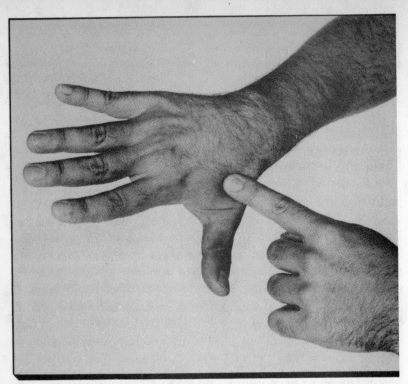

*Frottement en cercle autour du point Hegu.*

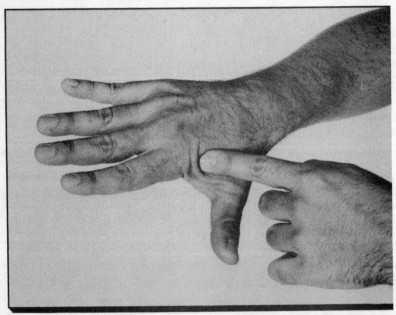

*Un mouvement circulaire stimule un point caché.*

Les débutants devraient utiliser cette dernière méthode. N'oubliez pas de vous servir de la partie charnue de votre doigt, vous aurez de meilleures chances de trouver les points d'acupression.

---

## Échec aux migraines

D'après notre expérience, c'est le point Yuyao qui est le plus efficace pour soulager les maux de tête. Comme nous l'avons déjà mentionné, ce point se trouve au centre des sourcils (en fait, tous les points méridiens viennent en paires et sont situés aux mêmes endroits de chaque côté de notre corps). En déplaçant votre doigt le long du sourcil, vous sentirez une petite dépression faisant penser au point de jonction entre deux os : c'est le point Yuyao. Ce dernier est situé à l'endroit où le nerf supraorbital vient le plus près de la surface de la peau. Il se trouve directement au-dessus de la pupille.

Servez-vous de la jointure de vos pouces pour appuyer sur le point Yuyao. En position assise, placez les jointures sur les points et tournez-les lentement de gauche à droite et inversement, en augmentant la pression jusqu'à ce que vous sentiez la douleur. Si vous ne ressentez pas une forte douleur, vous appuyez probablement au mauvais endroit. Comme ce point est situé tout près d'un nerf, il devrait être extrêmement sensible si vous exercez une pression suffisante. Si vous ne ressentez aucune douleur, il y a de fortes chances que vous appuyiez uniquement sur l'os de l'arcade sourcilière.

Appuyez simultanément sur les deux points Yuyao, c'est ce qui semble produire les meilleurs résultats. Selon le docteur Kurland, ce point est efficace contre les maux de tête causés par des problèmes de sinus, mais nous avons découvert qu'il peut aussi traiter d'autres sortes de maux de tête.

N'ayez aucune crainte de la douleur produite lorsque vous appuyez sur ce point, elle s'envolera dès que vous arrêterez, tout comme votre mal de tête d'ailleurs.

# Le point Hegu — clé du haut du corps

Le point Hegu aide à soulager tous les maux de tête et de bras. Les raideurs dans le cou et les maux de tête ne résistent pas à la pression exercée sur ce point. En outre, les dentistes l'utilisent comme analgésique lors d'une extraction. Hegu est un mot chinois qui signifie « rencontre des vallées ». C'est un point important dont la stimulation peut affecter de nombreuses zones importantes du corps.

Afin de localiser le point Hegu, posez votre main gauche sur une surface plane et placez votre pouce de manière qu'il forme un angle droit avec l'index. Maintenant, passez votre doigt sur l'os de la main qui forme le prolongement de votre index. C'est dans cette partie que se trouve le point Hegu, un peu vers l'arrière et sous l'os. Si vous appuyez votre doigt le long de l'os, vous devrez presser vers l'intérieur pour atteindre le point, qui est situé sous l'os. Afin de vous assurer que vous touchez bien le point Hegu et non un point quelconque de la main, voyez si vous ne sentez pas un genre de décharge électrique (funny bone) lorsque vous appuyez. À mesure que vous accentuez la pression, vous devriez la sentir se propager le long des nerfs de la main. Cela signifie que vous appuyez directement sur le point Hegu.

Les torticolis dont on souffre le matin répondent généralement à une stimulation du point Hegu. Pour obtenir les meilleurs résultats, appliquez le traitement avant de manger et même avant de sortir du lit. Pour ce faire, prenez votre main gauche avec la droite, placez le pouce droit sur la partie entre le pouce et l'index sur le dos de la main et placez les autres doigts sur la paume. Localisez le point Hegu avec votre pouce et frottez-le pendant au moins 30 secondes en imprimant un lent mouvement de rotation. Changez ensuite de main et recommencez le traitement. Vous devriez ressentir presque aussitôt un soulagement dans le cou. Si la douleur revient, reprenez le traitement.

Si vous appliquez le traitement sur une autre personne, il est facile de traiter les deux points en même temps. L'autre personne doit s'asseoir en face de vous et placer ses mains sur ses genoux. Vous n'avez ensuite qu'à prendre ses mains et appliquer le traitement (voir photo).

Si vous souffrez d'une rage de dents, vous pouvez soulager la douleur à l'aide du point Hegu en attendant de voir le dentiste. Surtout, ne substituez pas l'acupression aux soins dentaires ! Tout comme il serait stupide et dangereux de prendre une drogue comme la morphine pour soulager une fracture de la jambe sans prendre la peine de la faire traiter par un médecin, il ne faudrait jamais se servir de l'acupression pour remplacer le traitement d'un grave problème médical. Aussi, utilisez l'acupression en attendant de consulter un médecin ou un dentiste, mais non en remplacement d'une visite à son cabinet.

Vous pouvez aussi utiliser le point Hegu pour diminuer la douleur causée par la pression sur le point Yuyao. En fait, il est même possible que vous n'ayez pas besoin d'utiliser le point Yuyao si le point Hegu réussit à éliminer vos maux de tête. Et si ce n'est pas le cas, le point Yuyao sera moins sensible que si vous vous serviez uniquement de celui-ci.

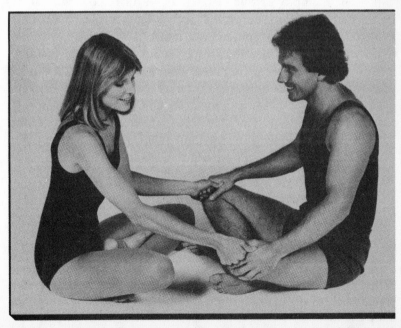

*Vous pouvez facilement traiter les deux points Hegu simultanément.*

## Un traitement par la porte arrière

Un autre bon traitement contre les maux de tête et les torticolis consiste à se servir des deux points Fengchi qui se trouvent derrière la tête. Pour trouver ces points, assoyez-vous et penchez la tête vers l'avant en regardant par terre. Vous devriez sentir, juste derrière les oreilles, les os appelés apophyses mastoïdes. À l'aide des deux mains, localisez ensuite au centre du cou le long muscle qui rattache le cou à la tête. Lorsque votre tête est penchée vers l'avant, ce muscle ressemble à un cornet de crème glacée inversé. Déplacez ensuite vos mains du muscle vers les os mastoïdes ; vous devriez sentir une dépression à mi-chemin entre le muscle et l'os (voir photo). En appuyant fortement vers le haut dans ces dépressions, vous appuierez directement sur les points Fengchi.

Servez-vous des points Fengchi seuls ou en combinaison avec les points Yuyao et Hegu lorsque vous désirez traiter un mal de tête ou un torticolis. Cependant, rappelez-vous que tout dépend de ce qui vous convient le mieux. Si par exemple l'utilisation des seuls points Fengchi vous offre un soulagement immédiat, n'employez que ceux-ci. D'un autre côté, une autre séquence particulière de points peut vous être plus bénéfique. Par exemple, si vous souffrez de maux de tête matinaux, un remède possible serait de frotter les points Hegu pendant quelques minutes dès votre réveil. Ensuite, après vous être assis dans votre lit, vous pourriez appuyer sur les points Fengchi pendant le même laps de temps. Peut-être votre problème se réglerait-il de cette manière. Et si le mal de tête reprend durant l'avant-midi, reprenez tout simplement le traitement.

## Les points sur les jambes pour soulager les maux de dos

Les douleurs chroniques dans le bas du dos constituent une calamité pour la médecine moderne. Les trépidations de la vie moderne ont engendré un stress et une tension tels que cette partie de notre anatomie n'arrive plus à y faire face. Vous

**Si vous souffrez d'une rage de dents, vous pouvez soulager la douleur à l'aide du point Hegu en attendant de voir le dentiste. Cependant, ne substituez pas l'acupression aux soins dentaires. Servez-vous-en en attendant de voir le dentiste et non en remplacement d'une visite chez lui.**

trouverez, dans le chapitre traitant des maux de dos, la description de techniques permettant de prévenir ces troubles ; pour l'instant, nous allons vous présenter quelques points d'acupression qui vous permettront de soulager la douleur.

Un bon point pour les maux de dos est celui appelé Xuechai. Situé dans le haut de la cuisse, ce point est aussi efficace pour soulager les douleurs des tibias, un problème commun à bien des coureurs. Comme nous l'avons mentionné plus tôt dans ce chapitre, un coureur qui avait traité son mal au moyen du point Xuechai, avait sans le savoir réglé son mal de dos.

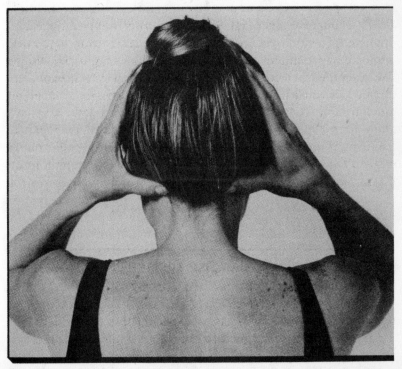

*Les pouces sont l'instrument idéal pour appuyer sur les points Fengchi.*

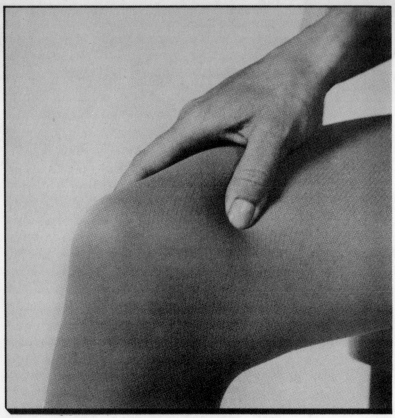

*Le point Xuechai se trouve sur la cuisse.*

Pour localiser le point sur votre jambe gauche, assoyez-vous en plaçant votre cheville gauche sur votre genou droit et en prenant soin de garder votre pied droit bien à plat sur le sol. Maintenant, penchez-vous vers l'avant et placez la paume de votre main droite le plus à plat possible sur le genou gauche. La paume appuyée sur la rotule, tenez maintenant votre pouce à angle droit par rapport à la main et pliez-le pour que la jointure forme un angle droit. Le point Xuechai est juste sous votre pouce. Pour vous assurer de l'avoir bien localisé, appuyez votre pouce sur la zone que nous venons de décrire jusqu'à ce que vous ressentiez une sensation émanant du point de pression. À ce stade, certaines personnes souffrant de maux de dos vont ressentir une certaine douleur. Ne vous en faites pas, c'est très bon signe ! Cette sensibilité signifie que ce point est bien relié à

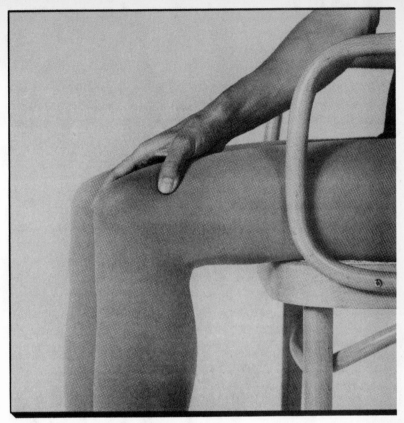

*Pression du pouce sur le point Liangqiu.*

vos problèmes et qu'il pourrait avoir soulagé une grande partie de la douleur lorsque vous l'aurez traité.

Il existe une autre méthode pour trouver le point Xuechai. Assoyez-vous en tenant vos pieds bien à plat sur le sol et, avec votre pouce, tracez une ligne de l'intérieur de la rotule vers le haut de la cuisse. Appuyez périodiquement avec votre pouce et lorsque vous ressentirez une petite douleur, ou cette sensation de décharge électrique (funny bone) dont nous avons déjà parlée, vous saurez que vous avez trouvé le point à traiter. Si votre point sensible ne se trouve pas à l'endroit exact donné par nos explications, ne vous privez surtout pas de l'utiliser quand même, car le seul critère important en acupuncture, c'est que ça marche.

Le point Liangqiu, un autre bon point pour le traitement des maux de dos, est aussi situé sur la cuisse, mais à l'extérieur

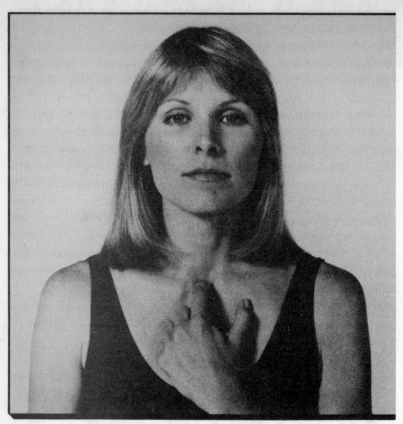
*Le point Tiantu peut être efficace contre l'asthme.*

cette fois. Pour le trouver, assoyez-vous en plaçant vos pieds à plat sur le sol. Allongez ensuite une jambe et placez un pouce près du bord supérieur de la rotule. Placez maintenant l'autre pouce contre le premier, du côté ne touchant pas le genou. Le point Liangqiu se trouve à côté du second pouce, sur la ligne de prolongement avec le bord extérieur de la rotule.

Nous avons rencontré une femme qui se sert de ce point pour soulager ses maux de dos, mais c'est toujours son mari qui applique le traitement.

« Je ne peux pas le faire moi-même parce que ça me chatouille trop » nous a-t-elle raconté. « Même avec mon mari, c'est presque insupportable. Je ne le laisserais jamais faire si ça ne m'apportait pas un tel soulagement. » Il est possible que vous aussi éprouviez cette sensation, mais réjouissez-vous car c'est un bon signe de l'efficacité de ces points.

## L'acupression pour combattre l'asthme

Le point Tiantu, situé à la base de la gorge, est utile pour combattre le rhume, la toux et l'asthme. Pour le trouver (contrairement aux autres points, il n'existe qu'un seul point Tiantu), glissez votre doigt le long de votre gorge, vers la poitrine. Au point de jonction entre la gorge et la poitrine, vous sentirez un creux entouré d'une structure osseuse et ronde appelée fourchette sternale. Pour atteindre le point Tiantu, appuyez votre index dans la dépression au-dessus de la fourchette et exercez une pression vers le bas, en direction de la cage thoracique (voir photo). Attention : soyez prudent si vous faites ce traitement sur un jeune enfant. En pressant sur ce point, vous ressentirez une légère sensation d'étouffement qui terrifie bien des enfants. Aussi, si votre enfant souffre d'asthme, ce traitement ne l'aidera que s'il supporte l'inconvénient mentionné.

## Un excellent remède contre la fatigue

Selon la philosophie traditionnelle chinoise, les points d'acupression se trouvent sur des méridiens, sortes de canaux d'énergie qui parcourent votre corps. Il en résulte, et cela n'est pas surprenant... du moins pour les traditionalistes, qu'un massage de certains de ces points peut vous remettre d'aplomb, éliminer la douleur et aider la guérison. Les praticiens traditionalistes chinois expliqueraient ces résultats en arguant que l'acupression dissout les blocages qui se forment dans les canaux énergétiques, permettant ainsi le libre écoulement de l'énergie. En retour, ce flux d'énergie provoquerait une sensation accrue de vivacité et de bien-être.

Le point Yuyao situé au milieu des sourcils est aussi très bon pour éliminer la fatigue mentale. Un autre bon point qui

**Le point Zusanli, qui est situé juste sous le genou, est efficace pour activer la circulation des liquides du corps. Un massage de ce point permet aussi de soulager les douleurs abdominales et le mal des transports.**

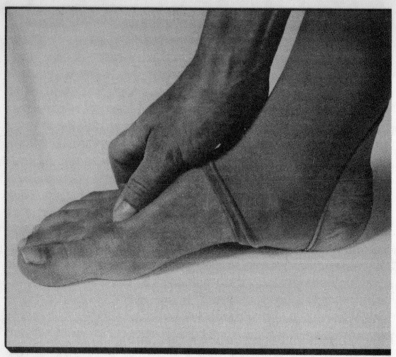

*Le point Taichong se trouve sur le pied.*

aide à nous libérer de la somnolence est celui appelé Taichong ; il est situé sur le pied. Le docteur Lawrence se sert de ce point pour chasser la fatigue. « Lorsque j'ai passé une dure journée au bureau et que je suis crevé, mais que je désire sortir le soir, je me plante une aiguille dans le pied pour me remonter. C'est une technique formidable. »

Un massage du point Taichong avec les doigts peut donner pratiquement les mêmes résultats que ceux obtenus par le docteur Lawrence. Ce point est situé sur le dessus du pied, au point de jonction entre le gros et le second orteil. Pour le trouver, déplacez votre doigt en ligne droite, entre les os des orteils (les premier et second os métatarsiens), jusqu'à ce que vous sentiez une dépression entre les os. Celle-ci se trouve derrière une petite bosse de chair qui, de son côté, est juste derrière la palmure des orteils. Explorez la dépression jusqu'à ce que vous rencontriez un point plus sensible, c'est-à-dire le point Taichong.

Le point Zusanli se trouve à peu près à sept centimètres sous la rotule, sur le côté extérieur de la jambe (voir photo). Il est situé entre le tibia et le péroné, qui se rejoignent juste dessous la rotule. Le point Zusanli se trouve sous ce point de jonction. Pour le trouver, assoyez-vous, les pieds posés sur le sol et recouvrez votre rotule droite avec la main gauche. Déplacez la main vers le bas de la jambe jusqu'à ce que votre index touche la bordure inférieure de la rotule. Le point Zusanli se trouve au bout de votre auriculaire.

Certains médecins recommandent le point Zusanli pour les problèmes comme celui dont souffrait notre coureur et pour les autres douleurs de la jambe. Si vous souffrez d'une enflure ou d'une grave inflammation de la jambe et que vous désirez utiliser le point Zusanli, massez celui de la jambe qui ne souffre pas (consultez aussi un médecin afin de savoir ce qui ne va pas). Il s'agit d'une règle générale applicable pour tous les traitements

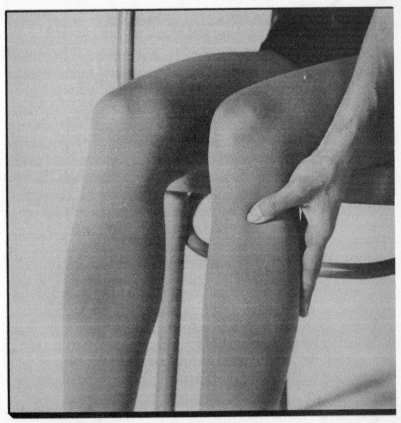

*Le point Zusanli se trouve au-dessous du genou.*

d'acupression : si le point que vous désirez traiter se trouve dans une zone blessée, traitez le même point se trouvant du côté opposé.

## Le point de « réanimation »

Le terme Yongquan signifie littéralement « ressort bondissant ». Situé derrière la plante du pied, ce point permet de ranimer les victimes d'évanouissements. En général, il est extrêmement sensible, mais si vous arrivez à supporter la pression, il ravivera votre énergie et éliminera votre fatigue. Rappelez-vous cependant d'y aller en douceur, car le point Yongquan a le même effet que les sels utilisés pour ranimer les personnes qui perdent connaissance.

Pour trouver ce point, assoyez-vous et examinez le dessous d'un de vos pieds. Vous noterez une bosse de chair sur la plante du pied, près du gros orteil. Posez un doigt sur le rebord de cette bosse, entre le gros et le second orteil et tracez un demi-cercle le long de celle-ci. Le point Yongquan se trouve le long de cette ligne, à environ un tiers de sa longueur vers l'arrière du pied. Vous devriez sentir une légère dépression à cet endroit ainsi qu'une forte sensibilité en appuyant le bout du doigt. Lorsque vous appuyez assez fortement sur le point Yongquan, votre pied aura le réflexe de s'en éloigner (comme un ressort). C'est donc dire à quel point cet endroit est sensible et à quel point l'acupression est efficace pour libérer l'énergie curative de votre corps.

## L'acupuncture : à la fine pointe de la guérison

Comme nous l'avons dit précédemment, l'acupression n'est qu'un des moyens dont nous disposons pour stimuler les divers points du corps. Dans le cas des problèmes chroniques cependant, l'acupuncture constitue la méthode de soulagement la plus efficace car elle agit par stimulation directe au moyen d'aiguilles. C'est du moins l'avis du docteur Arthur Kaslow, dont le bureau se trouve dans la vallée Santa Ynez en Californie.

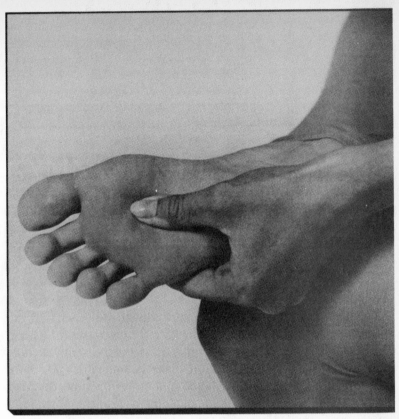

*Le point Yongquan est un point sensible situé sous le pied.*

« J'ai pratiqué la médecine conventionnelle pendant plus de trente ans » raconte le docteur Kaslow. « Pendant toutes ces années, je n'ai fait que prescrire des médicaments et, parfois, recommander une intervention chirurgicale. Puis, il y a environ huit ans de cela, un de mes patients s'est mis à insister pour que je le soigne au moyen de l'acupuncture. Il me dit qu'il avait vu à la télévision une démonstration où des aiguilles d'acupuncture avaient été utilisées au lieu d'un anesthésique pendant une opération. Cet homme souffrait de douleurs atroces en raison d'un accident de camion survenu plus de 25 ans auparavant. Je le voyais depuis environ cinq ou six ans et lui prescrivais des médicaments pour soulager la douleur. »

« Au début, j'ai refusé mais comme il insistait, nous avons réussi à trouver dans une revue un tableau des divers points d'acupuncture. Il me dit : "Vous avez les aiguilles, alors essayez.

Si ça ne marche pas, tant pis ! Mais voyons au moins ce qui va arriver." Alors, j'ai essayé, mais je dois dire qu'il m'a vraiment forcé la main. Cependant, lorsqu'on voit un homme souffrir, le moins que l'on puisse faire est d'essayer. »

## Résultats impressionnants

« À mon grand étonnement, la première séance donna de bons résultats et lorsqu'il revint quelques jours plus tard pour un second traitement, les résultats furent encore positifs. J'en fus profondément impressionné. Je crois que si je n'avais pas obtenu aussi rapidement de bons résultats, j'aurais probablement laissé tomber l'acupuncture aussitôt. Jamais auparavant je n'avais entrepris un traitement qui avait donné des résultats aussi rapides. »

« Je me mis en quête d'un établissement de formation en acupuncture. Finalement, j'en dénichai un au Canada, où les médecins orientaux la pratiquent depuis des années, et j'étudiai sous la direction d'un médecin japonais. Je parlai avec bon nombre de ses patients, qui souffraient des problèmes les plus divers, et tous furent unanimes : ils étaient réellement soulagés pour la première fois depuis des années ! C'est ainsi que j'ai commencé à m'intéresser à l'acupuncture. »

« Pendant mon séjour au Canada, j'ai étudié l'électro-acupuncture et lorsque je suis revenu chez moi, j'ai essayé cette méthode sur un patient que je traitais par l'acupuncture. Trois ou quatre séances de traitement ont suffi à éliminer l'atroce douleur dont il souffrait ! »

« Je pratique dans une petite ville. En quelques jours, les gens apprirent mon succès et prirent mon bureau d'assaut. Ma salle d'attente était pleine à craquer, d'autres étaient installés sur le patio et il y en avait même qui attendaient dans leur voiture. »

« **Ce traitement procure un soulagement immédiat. Je ne connais aucune autre thérapie qui donne de meilleurs résultats. En outre, il n'est absolument pas nécessaire d'administrer des drogues toxiques.** »

Peu après, le docteur Kaslow mit au point ce qu'il appelle la « thérapie des points de réaction ».

« Il s'agit d'acupuncture modifiée. Nous nous servons des principes de l'acupuncture pour trouver les points du corps qui réagissent au traitement. Cependant, au lieu de me servir d'aiguilles pour stimuler ces points, j'ai mis au point une sonde à pointe ronde de conception spéciale qui émet un courant électrique de faible intensité. Il n'y a pas de choc électrique comme tel, mais plutôt une sensation plaisante de chatouillement lorsque la sonde touche le point de réaction. »

« De plus, l'effet est immédiat. Seuls quelques rares patients ne connaissent pas un certain soulagement. À ma connaissance, aucune autre thérapie ne donne d'aussi bons résultats, et cela sans utiliser la moindre drogue toxique. Dans les cas d'arthrite par exemple, je n'ai jamais obtenu de résultats aussi satisfaisants avec les médicaments ou la physiothérapie. Grâce à ma méthode, entre soixante-dix et quatre-vingts pour cent de mes patients connaissent un soulagement à long terme sans qu'ils aient à prendre de médicaments. »

« Je ne sais pas exactement comment cela fonctionne, mais je pense avoir une explication possible. Je crois que cela est relié à l'énergie électrique qui traverse constamment notre corps. Nous ne pouvons la mesurer avec précision, mais nous savons qu'elle existe. Par exemple, nous pouvons faire subir des électro-cardiogrammes et des électro-encéphalogrammes, qui servent à mesurer une sorte de flux électrique dans le cœur et le cerveau. Cependant, lorsqu'on se concentre sur certains points, comme les points de réaction, et qu'on applique un stimulus électrique, on augmente ou on ralentit le flux d'énergie. Je crois que cette stimulation tend à rétablir l'équilibre du corps ou, comme le disent les Chinois, l'équilibre du Yin et du Yang. »

« Nous avons aussi réussi à traiter avec succès des cas d'arthrite rhumatoïde, de migraines, de sclérose en plaques et d'incontinence urinaire. Ce dernier cas constitue un ennuyeux et humiliant problème dont peuvent souffrir les gens, mais en général, nous arrivons à stopper l'incontinence en deux ou trois séances. L'une de mes patientes souffrant de sclérose en plaques m'a même appelé pour me dire toute sa reconnaissance et me remercier de lui avoir donné ce qu'elle n'avait pas connu depuis des années, une bonne nuit de sommeil dans un lit sec. »

« Une grande partie des gens qui viennent nous voir sont désespérés. Ils se considèrent comme rejetés du monde médical. Souvent, ils ont consulté une bonne douzaine de médecins avant de venir nous voir et lorsqu'ils nous arrivent, ils sont chargés de médicaments. Grâce à ma thérapie, nous arrivons avec bon nombre d'entre eux à réaliser des choses que nous n'aurions jamais pu faire auparavant. Malgré toutes mes années de pratique, je retire encore une incroyable satisfaction à soulager tous ces prétendus incurables. Cependant, je ne perds jamais de vue que les Chinois pratiquent ce genre de médecine depuis plus de 5 000 ans déjà ! »

## L'acupuncture et les cliniques conventionnelles

Comme l'acupuncture s'avère extrêmement efficace pour calmer la douleur, elle devient de plus en plus populaire dans les hôpitaux à travers le pays. Des spécialistes médicaux ont découvert qu'elle est un analgésique efficace à long terme et qu'elle peut contrôler la douleur de façon plus sûre que l'administration à doses répétées de drogues pouvant provoquer une dépendance.

Un de ces spécialistes est le docteur Philip H. Sechzer, un anesthésiologiste attaché au Maimonides Medical Center de Brooklyn. Ce dernier dirige une équipe d'experts en contrôle de la douleur comprenant des neurochirurgiens, des internes, des psychologues et des chirurgiens buccaux. L'objectif principal de l'équipe consiste à éliminer la douleur pendant une intervention chirurgicale et à la soulager lorsqu'elle accompagne une maladie chronique comme l'arthrite.

Pour donner un exemple du genre de cas auquel il doit faire face, le docteur Sechzer cite cet homme qui a dû cesser de travailler pendant deux ans en raison de l'arthrite dont il souffrait. « Il devait marcher avec une canne, non sans difficulté » se rappelle-t-il. « Cependant, quatre séances d'acupuncture diminuèrent suffisamment l'enflure de ses pieds pour qu'il puisse mettre sa chaussure gauche sans difficulté. »

Entre la quatrième et la sixième séance de traitement, la douleur se calma totalement, mais son genou gauche conserva une certaine raideur selon le docteur Sechzer. Après le septième traitement, il ne restait plus aucune douleur sinon un léger malaise au genou gauche ainsi qu'à la main et au pied droits.

On continua le traitement et tout fonctionna si bien qu'entre la dixième et la seizième séance, notre homme était assez bien pour se remettre à travailler à temps partiel.

Le docteur nous raconta aussi le cas de cette femme qui souffrait d'un mal appelé tic douloureux de la face, une affection excessivement douloureuse des muscles du visage et du front. Le côté gauche de son visage en était atteint depuis environ onze ans. « Elle vint nous décrire ce qu'elle ressentait et nous lui avons répondu que nous étions extrêmement sceptiques quant aux résultats possibles d'un traitement. »

Contre toute attente, chacune des six premières séances amenèrent une diminution progressive des contractions faciales. Les muscles de son visage devenaient aussi plus détendus. Après neuf mois et demi de traitement, son problème s'était envolé et il ne subsistait aucune douleur. « Plus important encore, ses traits sont redevenus normaux » assure le docteur Sechzer.

## Soulagement complet des douleurs arthritiques

Le docteur Sechzer et un collègue, le docteur Soon Jack Leung, ont compilé les données sur les patients qui se sont fait traiter au Maimonides Memorial Center. En tout, 223 patients ont subi un total de 1 271 traitements d'acupuncture pour des maux allant de l'arthrite jusqu'à la sclérose en plaques.

Parmi ces patients, le groupe le plus important, composé de 109 personnes, souffrait de divers types d'arthrite tels que l'arthrite rhumatoïde et l'ostéo-arthrite. En outre, les données finales montrent que 81 patients souffrant de diverses formes d'arthrite ont été complètement ou partiellement guéris (quatre totalement guéris et 77 partiellement guéris). Des vingt-huit autres patients, vingt-sept n'ont connu aucune amélioration et un seul a vu sa situation empirer.

**L'acupuncture est devenue un traitement populaire dans nombre de cliniques à travers le pays. Des spécialistes du domaine médical ont découvert que l'acupuncture peut contrôler la douleur de façon plus sûre que les drogues fortes.**

La plus grande amélioration s'est produite chez le groupe souffrant de problèmes orthopédiques, notamment des troubles discaux, des sciatiques et des maux de reins. En effet, sur 43 patients traités, 36 ont connu une nette amélioration de leur état grâce à l'acupuncture, dont six totalement guéris et trente partiellement soulagés. Quant aux sept derniers patients, leur état est demeuré stationnaire (*Bulletin of the New York Academy of Medicine*, septembre 1975).

Selon le docteur Sechzer, l'acupuncture donne les meilleurs résultats pour les problèmes dits « mécaniques », qui comprennent les maux causés par l'enflure des articulations arthritiques et les graves maux de dos.

## Comment trouver un acupuncteur près de chez soi

Si vous êtes à la recherche d'un acupuncteur, il n'existe malheureusement aucun annuaire spécialisé pour vous aider. Le docteur Elizabeth Frost, qui pratique la médecine à l'hôpital Albert Einstein de New York et qui possède de l'expérience dans la réanimation par l'acupuncture des patients en état comateux, suggère de contacter la clinique de la douleur de votre hôpital local (s'il en existe une) et de demander si elle emploie un acupuncteur ou si on peut vous en recommander un. De son côté le docteur Cher Hsu de Flushing, dans l'État de New York, un anesthésiologiste attaché à l'hôpital de Flushing et qui se sert de l'acupuncture pour traiter ses patients atteints de douleurs chroniques, pense que la meilleure source de renseignement provient des personnes de votre région qui ont déjà consulté un acupuncteur. Selon lui, l'autre choix consiste à s'informer auprès de son médecin.

Dans certains états comme New York et la Californie, les acupuncteurs doivent se procurer une licence de pratique auprès des autorités. Ces états leur font passer un examen pour s'assurer qu'ils possèdent une compétence de base dans les techniques qu'ils emploient. Si c'est le cas où vous habitez, cela pourrait vous aider à trouver des acupuncteurs agréés près de chez vous.

## Quelles qualités rechercher chez un acupuncteur

La première chose à savoir à propos d'un acupuncteur est l'endroit où il a fait ses études et pendant combien de temps. Si la réponse à cette question est un séminaire de deux jours aux Bahamas, il serait préférable de continuer vos recherches, car plus un acupuncteur aura une formation poussée, plus il en saura sur les bienfaits et les dangers de cette technique. Le principal danger de l'acupuncture, lorsqu'elle est pratiquée par une personne inexpérimentée, est la perforation d'un poumon. Selon le docteur Lawrence, lorsqu'on insère des aiguilles dans la cage thoracique, il existe toujours un danger de toucher un poumon et de le dégonfler. Vous devriez vous assurer que l'acupuncteur que vous consultez connaît ce danger.

Assurez-vous aussi que votre acupuncteur stérilise ses aiguilles entre chaque traitement ou qu'il utilise des aiguilles jetables. Les aiguilles les plus communément utilisées sont en acier inoxydable, un métal jugé « neutre » par les acupuncteurs. En d'autres mots, lorsque ceux-ci manipulent le « chi », ou énergie corporelle, l'acier inoxydable de l'aiguille n'a aucun effet sur la direction que prend cette énergie. Il arrive parfois qu'un autre métal, comme l'or, soit utilisé afin d'obtenir un effet particulier sur l'énergie du corps. Cependant, bon nombre d'excellents acupuncteurs se servent exclusivement d'acier inoxydable. La technique de stérilisation des aiguilles devrait être conforme aux normes qui régissent la stérilisation des instruments chirurgicaux. Ainsi, elles devraient être chauffées et soumises à une pression appropriée (de la même manière que pour la cuisson des aliments sous pression) dans un autoclave ou un appareil semblable. Quoique les infections causées par des aiguilles mal stérilisées soient rares, le seul fait de les tremper dans une solution chimique entre chaque traitement ne suffit pas à éliminer les risques de contamination. Vous ne devriez pas consulter un acupuncteur qui ne stérilise pas convenablement ses aiguilles.

Enfin, le point le plus important à connaître à propos d'un acupuncteur est son degré d'efficacité. Essayez de rencontrer quelques-uns de ses patients pour savoir comment ils sont traités. Un bon acupuncteur devrait examiner chaque patient avec attention afin de déterminer quels sont les points les plus efficaces chez cette personne. Un acupuncteur qui a à cœur les besoins de ses patients, dédaignera la pratique selon le manuel, c'est-à-dire le traitement de problèmes standard par les points standard. En effet, ces points ne sont pas nécessairement les meilleurs à traiter. Chaque personne possède ses points particuliers, qui constituent la clé d'une meilleure santé. Un bon acupuncteur devrait donc prendre le temps de tester les réactions de ses patients afin de déterminer quels sont ces points particuliers.

Il n'existe aucune garantie permettant d'affirmer que l'acupuncture guérit ou soulage tous les gens. En fait, aucune médecine ni aucun traitement ne peut prétendre à cela. Cependant, il est vrai que l'aiguille d'acupuncture, dans les mains d'un praticien chevronné, peut capter des sources cachées d'énergie stimulante dont beaucoup d'entre nous n'ont absolument pas conscience.

# DANSE ET EXERCICES AÉROBIQUES

**E**h bien! N'est-ce pas toujours la même chose? Chaque fois qu'on découvre quelque chose qui a bon goût ou qui est agréable, il se trouve quelqu'un pour en faire une marque de commerce ou un nom d'entreprise, comme le granola par exemple, ou encore la danse aérobique. Au départ, la danse aérobique se voulait un moyen de faire sérieusement de l'exercice, mais de façon décontractée. Cette technique combinait la marche, le jogging et la course avec des mouvements rythmés ressemblant à la danse, le tout accompagné d'une musique appropriée. De cette manière, on pouvait enfin exercer son cœur et son système circulatoire tout en s'amusant.

Tout cela est encore vrai, à la seule exception que la danse aérobique est maintenant devenue Danse aérobique inc. (Aerobic Dancing Inc.) avec un siège social et un président directeur général. Vous pouvez vous procurer un livre intitulé, fort à propos, La danse aérobique (Aerobic Dancing) (Rawson, Wade, 1979) et écrit par Jacki Sorensen. Ce livre contient le même programme qui vous fera sauter à pieds joints (pour ainsi dire) dans les bienfaits de l'exercice chez soi. Naturellement, le livre aussi coûte de l'argent. Cependant, la question cruciale à poser est la suivante : est-il nécessaire de suivre un programme structuré de mise en forme? D'après nous, la réponse est oui et non. En fait, cette réponse demande que plusieurs autres questions soient posées ; certaines ont trait à la danse aérobique et les autres vous concernent directement. En quoi consiste l'exercice aérobique? La danse est-elle un exercice efficace et sans danger? La danse peut-elle devenir un exercice aérobique? Voilà pour les questions con-

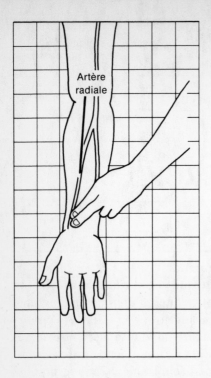

Artère
radiale

**Lorsque vous prenez votre pouls sur le poignet, placez votre index et votre majeur près du côté extérieur du bras.**

cernant la danse elle-même. Voyons maintenant l'autre côté de la médaille : Quel genre de personne êtes-vous, ou mieux encore, quel genre « d'exerciseur » êtes-vous ? Êtes-vous capable de vous motiver pour faire quelque chose de difficile et astreignant (mais agréable) sur une base régulière de trois fois par semaine ? Avez-vous plutôt besoin d'un instructeur ? Connaissez-vous suffisamment de pas de danse pour activer vos jambes (et votre cœur) pendant plusieurs périodes de rythme endiablé sur une musique des Bee Gees ou de Chuck Mangione (ou même de Chubby Checker ou des Dovells — vous vous souvenez de « The Bristol Stomp »)? Avez-vous besoin des services d'un chorégraphe ? Bon, voyons maintenant la réponse à ces questions.

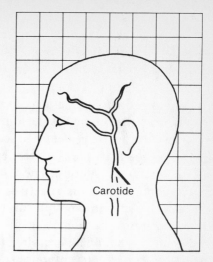

**La tempe est un bon endroit pour prendre son pouls. Les artères qui longent la tête ont un fort battement qu'on peut déceler aisément.**

## Que signifie le terme « aérobique » ?

« Aérobique », qui est dérivé de « aérobie », n'est pas un terme particulièrement nouveau. À l'origine, il n'avait rien à voir avec l'exercice. Il signifie « vivre, ou se produire, uniquement en présence d'oxygène » (ce qui inclus la plupart de nos actes quotidiens). Dans les cours de biologie, ce terme est souvent couplé à « anaérobie » pour décrire les types de bactéries : celles dites « aérobies » requièrent de l'oxygène pour vivre et celles dites « anaérobies » n'en ont pas besoin.

Avant que vous ne vous demandiez si nous ne sommes pas en train de vous comparer à des microbes, nous nous empressons de vous assurer que nous employons le terme dans une de ses acceptions dérivées, c'est-à-dire celle employée par un médecin de l'aviation militaire américaine, le docteur Kenneth H. Cooper. Ce dernier avait pour tâche de veiller à la santé et à la forme physique des pilotes de l'Air Force. Il découvrit rapidement que pour plaire à ses supérieurs, il lui fallait obtenir des résultats avant même d'avoir commencé. Cela signifiait qu'il devait savoir exactement ce qu'était la forme physique et quels genres d'exercices mettraient ses protégés en forme le plus efficacement possible. Lors d'une entrevue accordée à la revue Runner's World (décembre 1979), le docteur Cooper déclara que la forme physique se définissait comme l'aptitude à faire les choses que l'on désire dans la vie « avec énergie, enthousiasme et efficacité, sans risques pour sa santé. »

Cette conviction l'amena à étudier les gens qu'on considère généralement comme des personnes en forme afin de voir quels étaient ceux qui réalisaient non seulement leur passion athlétique particulière, mais aussi toutes les autres qu'ils désiraient faire « avec énergie et enthousiasme ». Il étudia trois cas : une personne en bonne santé mais inactive, un haltérophile aux muscles rebondis et un homme qui faisait cinq kilomètres à bicyclette tous les jours pour aller travailler. Lorsqu'il installa ces trois personnes dans son laboratoire afin de mesurer scientifiquement leur « énergie et leur enthousiasme », il s'aperçut que le cycliste avait obtenu le meilleur indice « d'é et e ». En effet, ce dernier possédait la meilleure endurance, définie par le docteur Cooper comme « la capacité d'effectuer un travail prolongé sans fatigue excessive ». Ce genre de forme physique « n'a pas grand-chose à voir avec la force ou l'agilité musculaire pure », mais plutôt « avec la santé générale du corps, soit celle du cœur, des poumons, du système cardio-vasculaire (cœur, poumons et appareil circulatoire), des autres organes et bien entendu des muscles ». Comme nous l'avons dit, la forme physique, c'est être capable de faire ce que l'on désire avec énergie, enthousiasme, facilité et grâce.

## L'oxygène : carburant de l'exercice

Ces résultats poussèrent le docteur Cooper à étudier de plus près encore le cycliste. Pourquoi exactement était-il plus en forme que les deux autres ? Après avoir bricolé dans son laboratoire, il décida que « la clé de l'endurance résidait dans la consommation d'oxygène ». Le corps a besoin d'oxygène pour produire l'énergie nécessaire à toute activité. Comme ce dernier ne peut entreposer cette énergie, il doit constamment aller la chercher à l'extérieur pour la fournir ensuite au muscle ou à l'organe qui exerce une activité. Donc, la quantité d'oxygène « que le corps peut fournir — c'est-à-dire votre consommation maximale d'oxygène — constitue la meilleure mesure possible de la forme physique ». En d'autres termes, pour la plupart de nos activités, notre capacité d'absorption et de traitement d'oxygène est suffisante. Cependant, comme « la plupart de nos activités » sont passives, lorsqu'il en survient une plus astreignante, nos capacités ne sont plus du tout à la hauteur de la situation. Selon le docteur Cooper, la différence entre les besoins minimaux en carburant pour une tâche particulière et notre capacité maximale de le fournir constitue donc la mesure la plus juste de notre forme. « Les personnes les plus en forme possèdent les plus grandes réserves (la plus grande différence) tandis que le contraire s'applique aux gens les moins en forme. Chez certains cependant, le minimum et le maximum sont presque identiques. »

Si on étudie la situation selon une optique purement scientifique, on peut dire que l'air que nous respirons contient 21 pour cent d'oxygène. Lorsqu'on accomplit un travail fatigant, le pourcentage de cet oxygène que nous exhalons (donc non utilisé) diminue; cela constitue en gros un signe du degré de forme physique d'une personne. Par exemple, une personne flasque et plutôt sédentaire rejettera environ 18 pour cent d'oxygène, c'est-à-dire qu'il n'en utilisera que trois pour cent. Dans le cas d'une personne qui joue au racquetball une couple de fois par semaine, le pourcentage d'utilisation de l'oxygène augmentera à quatre pour cent, tandis qu'une personne en bonne forme qui fait sérieusement de l'exercice peut utiliser jusqu'à cinq pour cent du total.

## Une nouvelle définition de l'exercice

Comment fait-on pour augmenter notre capacité d'approvisionnement d'oxygène aux muscles et nous en servir par la suite? Eh bien, en faisant des exercices destinés à exercer le système de circulation d'oxygène du corps, pomper les poumons (qui extraient l'oxygène de l'air et l'injectent dans le sang), renforcer le cœur (qui fait circuler le sang) et fortifier les vaisseaux sanguins (qui transportent le carburant riche en oxygène vers les muscles qui en ont besoin). Vous aurez remarqué que le docteur Cooper ne suggère pas de développer de gros muscles car le seul résultat obtenu serait d'ajouter du poids au corps, ce qui contribuerait à générer plus d'acide lactique dévoreuse d'endurance, résidu de l'activité musculaire. Mais que doit-on faire alors ? Pour répondre à cette question, l'équipe du docteur Cooper a testé des centaines d'activités, allant de la gymnastique suédoise jusqu'au Parchési, afin de déterminer celles qui exerçaient le mieux les poumons, le cœur et les organes de la circulation sanguine. Ces tests leur ont permis de (1) créer un système d'évaluation des exercices, (2) mettre au point un programme d'exercices approprié, (3) proposer une nouvelle définition plus précise de la forme physique et de l'exercice et (4) publier un livre d'après leur expérience. Intitulé *Aerobics* (M. Evans, 1968), ce livre a été suivi de *The New Aerobics* (M. Evans, 1970), *Aerobics for Women* (M. Evans, 1972) et *The Aerobics Way* (M. Evans, 1977). Tous ces ouvrages contiennent cependant le même message, c'est-à-dire une vision de l'exercice selon laquelle un programme approprié consiste à « exécuter un exercice spécifique quatre ou cinq fois par semaine — marche, jogging, course, natation, bicyclette ou toute autre activité familière — pendant un laps de temps assez long pour que le cœur atteigne un rythme de 130 à 150 battements par minute, selon l'âge et la durée de l'activité. »

Cela produit ce que le docteur Cooper appelle « l'effet d'entraînement », autrement dit une suralimentation du cœur, des poumons et des vaisseaux sanguins. Bien, mais pendant combien de temps faut-il s'astreindre à ce nouveau régime ?

> S'il s'agit d'un exercice assez violent pour produire un rythme cardiaque soutenu de 150 battements ou plus par minute, l'effet d'entraînement commence à se faire sentir cinq minutes après le début de l'exercice et continue aussi longtemps que celui-ci est exécuté. Par contre, si l'exercice n'est pas assez astreignant pour soutenir un rythme cardiaque de 150 battements par minute mais qu'il exige quand même un apport supplémentaire d'oxygène, l'exercice doit être continué pendant une période beaucoup plus grande que cinq minutes, celle-ci étant fonction de la consommation d'oxygène (*Aerobics*, M. Evans, 1968).

Quel genre d'exercice est-il permis de faire ? Celui de votre choix en autant, bien entendu, qu'il ait passé avec succès les tests scientifiques du docteur Cooper.

# Le système de pointage du docteur Cooper

Une section importante des livres du docteur Cooper consiste à expliquer son système d'évaluation et de pointage. Celui-ci est basé sur des mesures en laboratoire de l'effet médical des sports et des activités les plus populaires ; chacune de ces activités a reçu un pointage en fonction de son aptitude à produire l'effet d'entraînement. Vingt-huit d'entre elles ont reçu une note de passage. En consultant les tableaux de ses livres, vous pourrez déterminer pendant combien de temps une personne de *votre* âge et dans *votre* condition actuelle doit exécuter chacun de ces exercices pour obtenir le résultat désiré. Vous devrez vous procurer un de ces livres pour obtenir toutes les informations, mais nous pouvons quand même vous dire ici que le docteur Cooper considère la course, la natation, la bicyclette, la marche, la course sur place, le handball, le basketball et le squash (dans cet ordre) comme les meilleurs exercices aérobiques. En effet, ces activités vous donnent le meilleur rendement par rapport à votre investissement énergétique. Ce rendement, votre corps l'enregistre comme un gain en termes de renforcement du système de traitement de l'oxygène, tandis que le docteur Cooper l'inscrit en « points », c'est-à-dire que plus vous investissez d'énergie dans une activité, plus le système Cooper lui décerne de points. Par exemple, vous pouvez gagner cinq points Cooper pour chacune des activités suivantes :

- Courir 1,6 kilomètre en moins de huit minutes ;
- Nager 550 mètres en moins de quinze minutes ;
- Faire huit kilomètres à bicyclette en moins de vingt minutes ;
- Courir sur place pendant douze minutes et demie ;
- Jouer au handball pendant trente-cinq minutes.

Afin d'acquérir une bonne forme par les exercices aérobiques et de la conserver, explique le docteur Cooper, les hommes doivent obtenir chaque semaine au moins trente points, contre vingt-quatre pour les femmes. En outre, vous devrez connaître ces pointages lorsque vous vous demanderez, trempé de sueur et prêt à tout laisser tomber : est-ce assez ou dois-je continuer ?

La réponse à cette question pourrait bien justifier pleinement le fait d'avoir écouté le docteur Cooper, mais son programme apporte bien d'autres bénéfices considérables pour votre santé et ce, quel que soit votre âge. Après avoir adhéré au programme Cooper, vous... mais laissons parler notre expert.

- L'effet d'entraînement augmente l'efficacité des poumons en les conditionnant à traiter plus d'air avec moins d'effort. Pendant un travail fatigant, une personne conditionnée peut traiter presque deux fois plus d'air par minute qu'une personne non conditionnée, ce qui lui permet de fournir plus d'oxygène à son corps pour ses besoins énergétiques.

- L'effet énergétique augmente l'efficacité cardiaque de plusieurs façons. Le cœur se fortifie et peut ainsi pomper plus de sang à chaque battement, ce qui permet de réduire le nombre de battements nécessaires. Ainsi, une personne conditionnée pourra avoir, au repos, un rythme cardiaque inférieur de vingt battements par minute à celui d'une personne non conditionnée, soit une réduction pouvant aller jusqu'à 10 000 battements de moins durant une nuit de sommeil. Même pendant l'accomplissement d'un effort maximal, un cœur conditionné peut pomper tout le sang (et l'oxygène) nécessaire au corps à un rythme beaucoup plus lent. Au contraire, un cœur non conditionné risque de battre à un rythme dangereux lors d'un effort maximal afin de satisfaire les besoins en oxygène.

- L'effet d'entraînement augmente le nombre et la grosseur des vaisseaux sanguins, qui amènent le sang aux tissus et saturent ces derniers d'oxygène producteur d'énergie, à travers tout le corps.

- L'effet d'entraînement augmente le volume sanguin, ce qui permet encore une fois de fournir plus d'oxygène aux tissus.

- L'effet d'entraînement améliore le tonus musculaire et celui des vaisseaux sanguins en les transformant en tissu ferme et robuste, ce qui permet souvent de réduire la pression sanguine.

---

**L'entraînement aérobique peut transformer complètement votre vision de la vie. Vous apprendrez à vous détendre, à développer une meilleure image de vous et à mieux tolérer les pressions de la vie quotidienne. Vous dormirez mieux et aurez un meilleur rendement au travail tout en vous fatigant moins.**

---

- L'effet d'entraînement transforme la graisse en muscle, rendant le corps plus robuste sans véritable perte de poids dans bien des cas.
- L'effet d'entraînement augmente la consommation maximale d'oxygène en accroissant l'efficacité des organes d'approvisionnement. Ce processus entraîne automatiquement une amélioration générale du corps et surtout de ses organes importants comme les poumons, le cœur, les vaisseaux sanguins et les tissus. De plus, il érige un rempart contre de nombreuses maladies.
- L'effet d'entraînement peut transformer complètement votre vision de la vie. Vous apprendrez à vous détendre, à développer une meilleure image de vous et à mieux tolérer les pressions de la vie quotidienne. En outre, et il s'agit là d'un point très important, vous dormirez mieux et accomplirez un meilleur travail, y compris le travail de bureau, avec moins de fatigue.

Bon, ce serait peut-être une bonne idée de revenir maintenant au sujet du chapitre, la danse aérobique.

## C'est un bon exercice, la danse?

Vous n'avez évidemment pas besoin de vous procurer un des livres du docteur Cooper pour vous mettre en forme, ni de pratiquer l'une des activités qu'il recommande. Il suffit simplement de vous adonner régulièrement à un passe-temps suffisamment astreignant et de ne pas abandonner. En fait, vous pourriez même essayer la danse aérobique. La plupart des gens qui ont essayé cette activité affirment qu'elle est plus amusante que la majorité des exercices proposés par le docteur Cooper. C'est beaucoup moins ennuyant que de courir sur une piste ou dans son salon, ça plisse moins la peau que la natation, l'équipement est moins dispendieux qu'une bicyclette et il n'y a pas cette frénésie qui accompagne les sports de balle comme le handball ou le squash. Mais, nous direz-vous, cette activité ne doit pas être si bonne que cela si le docteur Cooper ne la mentionne pas? Eh bien, ça dépend. La danse est bel et bien une activité astreignante. Le docteur William G. Hamilton, orthopédiste au New York City Ballet et consultant auprès de plusieurs autres compagnies de danse, déclare que « la danse exige une grande robustesse, de l'endurance et de la synchronisation, de la souplesse dans les articulations et une grande flexibilité. À moins que vous possédiez toutes ces qualités, vous ne pouvez tout simplement pas, par exemple, faire une double vrille dans les airs et atterrir en cinquième position en faisant exactement face à l'auditoire. » Edward Villella, l'un des principaux danseurs du City Ballet aujourd'hui à la retraite, explique que « ça prend plus de résistance pour exécuter un *pas de deux* pendant six minutes que de tenir pendant six rounds à la boxe. » Edward sait de quoi il parle car il était champion des poids mi-moyen au collège.

Mieux encore, l'Institute of Sports Medicine and Athletic Trauma (institut de médecine sportive et des traumatismes athlétiques) de l'hôpital Lenox Hill à New York, un centre de recherche qui se consacre comme le docteur Cooper à l'évaluation des activités physiques, considère que le ballet n'est supplanté que par le football en ce qui a trait à l'importance de ses exigences physiques. Autrement dit, le ballet est plus exigeant que le basketball, la lutte et même le hockey. Mais, je ne suis pas un danseur professionnel moi, nous direz-vous. Eh bien, là n'est pas le problème. Le problème, c'est que lorsque nous allons danser, nous ne dansons pas assez longtemps ni de façon assez continue pour réaliser l'effet d'entraînement. Nous dansons, nous arrêtons pour prendre un verre, retournons sur la piste et ainsi de suite. Pour mériter son qualificatif d'aérobique, la danse doit nous garder constamment en mouvement. Elle doit augmenter graduellement le rythme cardiaque jusqu'à environ 150 battements par minute et le conserver à ce niveau pendant un laps de temps suffisant, déterminé par l'âge et la forme physique du moment, puis laisser le cœur reprendre lentement son rythme normal. Si la danse fait tout cela pour vous, elle constitue réellement un très bon exercice.

Herb Weber, Ph.D., professeur au département d'éducation physique du East Stroudsburg State College à East Stroudsburg en Pennsylvanie, a étudié l'effort physique exigé par la danse aérobique sur dix étudiantes possédant une forme normale (ou pas en forme) qui participaient à un programme de recherche soigneusement planifié. Celles-ci devaient exécuter six numéros d'environ trois minutes et demie, suivis chacun d'environ deux minutes de marche ou de jogging, le tout pendant une demi-heure par séance, trois fois par semaine. Lorsque le docteur Weber les brancha à ses appareils, il s'aperçut que les dépenses et les *bénéfices* de cette activité étaient identiques à ceux d'une demi-heure de jogging à huit kilomètres à l'heure ou d'une demi-heure de basketball, de handball ou de natation. Voilà qui prouve que la danse peut être un bon exercice aérobique.

## Où peut-on faire de la danse aérobique

Maintenant que vous êtes convaincu des bienfaits de la danse aérobique, vous aimeriez savoir où en faire, n'est-ce pas? D'abord, vous pourriez vous inscrire à un club de santé, un centre du type YMCA ou une école de danse dispensant ce genre de service ; communiquer avec une association de danse aérobique pour savoir si elle possède une succursale dans votre région ou vous procurer un de leurs livres ou microsillons et pratiquer chez vous. Enfin, vous pourriez aussi mettre au point votre propre programme. Cependant, le choix dépend entièrement de votre personnalité. Par exemple, si vous avez tendance à toujours remettre à plus tard ou à entreprendre mille et une choses sans jamais les terminer, vous devriez vous inscrire à un centre. Voici quelques adresses qui pourront vous aider :

Contactez le centre YMCA (ou YWCA) de votre localité. Dans le cas où il n'offrirait pas cette activité, procurez-vous le livre *Aerobic Dancing* de Jacki Sorensen ou *Jazzercise* (Bantam, 1978) de Judi Sheppard Misset. Ces deux livres contiennent tous les renseignements voulus pour démarrer.

D'un autre côté, si vous en avez terminé avec vos projets de macramé, vos conserves ou vos grands projets d'ébénisterie, vous serez peut-être tenté de planifier votre propre programme de danse aérobique. Pour vous aider un peu, nous avons contacté plusieurs professionnels du milieu qui nous ont permis de vous offrir la recette suivante. Mais d'abord, vous devez savoir s'il n'est pas dangereux d'entreprendre un tel programme. Millie Cooper, l'épouse du docteur Cooper, a préparé la liste de points de vérification suivante à votre intention :

1. Mon médecin est satisfait de mon poids actuel.
2. Je possède un contrôle suffisant de mes habitudes en matière de nourriture, de boisson et de cigarette.

3. Je peux courir quelques coins de rue et monter une couple d'escaliers sans perdre haleine.

4. Mon rythme cardiaque au repos se trouve habituellement entre 55 et 70 battements par minute. (À titre d'essai, détendez-vous pendant cinq minutes, puis prenez votre pouls pendant une minute à l'aide d'une montre ou d'une horloge munie d'une trotteuse.)

5. Selon mon médecin, ma pression sanguine est normale.

6. Il n'existe dans ma famille aucun cas de troubles cardiaques ou pulmonaires, ni de cas de diabète dont je devrais m'inquiéter.

7. Mes vaisseaux sanguins semblent en bonne santé. Par exemple, je n'ai pas de problème de varices.

8. Je souffre rarement d'acidité, de brûlures d'estomac, d'indigestion ou de troubles semblables.

9. Je souffre rarement de constipation.

10. Je possède un bon tonus musculaire ; je n'ai pas de muscles flasques ou affaissés.

Si tous ces points ne sont pas positifs, Madame Cooper suggère de voir un médecin avant de commencer. En outre, Aerobic Dancing Inc. vous propose de prendre les précautions suivantes : si vous avez moins de trente ans, vous pouvez commencer immédiatement en autant que vous ayez subi un examen médical positif au cours de l'année. Si vous avez entre 31 et 39 ans, il est recommandé de subir un examen médical dans les trois mois précédant le début du programme ; cet examen devrait comprendre un E.C.G. (électrocardiogramme) pendant que vous êtes au repos. Pour les personnes entre 40 et 49 ans, Aerobic Dancing Inc. exige que l'E.C.G. soit pris durant une période d'exercice. Ce genre d'E.C.G., appelé « épreuve de tension », permettra de déterminer le rythme cardiaque à atteindre pendant les exercices. Enfin, il est exigé que les gens âgés de plus de 59 ans subissent une épreuve de tension immédiatement avant d'entreprendre le programme d'exercices.

## Les accessoires

Prêts à commencer ? Allons-y. Que vous faut-il pour faire de la danse aérobique ? Tout d'abord, un espace suffisant. L'objectif

**La danse aérobique exige un bon support des pieds. Les chaussures de tennis sont meilleures que les souliers de course parce qu'elles offrent un support latéral en même temps qu'une bonne emprise longitudinale.**

de la danse aérobique consiste à bouger continuellement au rythme d'une musique animée. Aussi, ce sera plus amusant si vous n'avez pas à faire du sur place ou à éviter constamment les meubles. Le salon peut s'avérer un bon endroit, mais un sous-sol non encombré est certainement une meilleure place. Cependant, il n'existe rien de mieux que votre cour (en autant que le temps et les voisins le permettent). Plus vous disposerez d'espace, plus vous pourrez compliquer votre chorégraphie. Voilà la raison pour laquelle beaucoup de gens choisissent de pratiquer la danse aérobique dans des endroits spécialisés ; ceux-ci sont équipés de gymnases et d'ateliers conçus à cet effet. Aucun vêtement spécial n'est exigé. Les vêtements ne doivent pas être trop ajustés ; un short et un chandail ou un ensemble d'exercice molletonné sont

*La bonne manière — les pieds à plat sur le sol.*

excellents. Si vous préférez adopter l'allure des danseurs, procurez-vous un léotard et des collants, mais gardez toujours à l'esprit que vous pourriez prendre froid si votre programme comporte des périodes de rythme lent. Aussi, si vous optez pour le léotard ou le short, vous devriez vous procurer ces cuissardes en tricot que les danseurs utilisent pour se protéger du froid. Surtout, ne restez pas pieds nus, à moins de faire vos exercices sur la plage ! De nombreux mouvements de danse s'apparentent au jogging et vous aurez besoin pour cela d'offrir un bon support à vos pieds. Mademoiselle Sorensen de *Aerobic Dancing Inc.* recommande de porter des chaussures de tennis plutôt que des souliers de course parce que les premiers procurent un support latéral en plus d'une emprise longitudinale. Elle suggère aussi que vous dansiez les pieds bien à plat ou, à la limite, sur la moitié avant de vos pieds car, avertit-elle, le fait de danser perché sur le bout des orteils risque de blesser le tendon d'Achille, qui relie le mollet au talon. On est souvent porté à faire cette erreur parce que la plupart des professeurs demandent à leurs étudiants de lever un peu les genoux lorsqu'ils joggent, dansent ou courent, afin d'accroître l'effort fourni et d'obtenir ainsi un meilleur effet d'entraînement.

## Au jeu

Vous aurez évidemment besoin de musique. N'importe quoi comportant un rythme rapide de disco ou un rythme constant à quatre temps fera l'affaire ; allez-y selon vos préférences. Si vous êtes incapable de suivre le rythme de votre premier choix musical, commencez avec quelque chose de plus lent et augmentez le rythme progressivement. Comme il s'agit de musique de danse, exercez-vous avec des pas de danse bien sûr, mais nous ne pouvons pas ici vous aider beaucoup à faire votre choix. L'espace nous manque pour vous présenter une routine complète, mais la plupart des programmes que nous avons observés combinent les exercices classiques de gymnastique que tous pratiquent au secondaire avec le jogging et les pas simples de jazz et de rock. Le principal, c'est de bouger continuellement ; tous les mouvements que vous faites en suivant le rythme de la musique contribuent à vous faire atteindre le but visé. Certaines

*On peut porter son poids sur la plante du pied.*

personnes à qui nous avons parlé ont dit avoir pris quelques leçons de jazz afin d'acquérir une base pour leurs exercices. L'une d'entre elles suggère de se procurer une bonne méthode de danse pour la même raison. Elle-même s'est servie de *Jazz Dancing* (Vintage, 1978) par Robert Audy. Les livres écrits par les professionnels de la danse aérobique contiennent des instructions ainsi que des choix de musique d'accompagnement. De plus, les entreprises spécialisées dans ce domaine se feront un

*Ne dansez pas sur la pointe des orteils.*

plaisir de vous vendre des leçons et des pièces musicales enregistrées sur disque ou sur ruban. Cependant, la solution la plus simple est la suivante : essayez les microsillons de rock-and-roll du début des années soixante qui enseignaient une danse avec la musique comme « The Twist », « The Pony », « The Jerk », « The Frug », « The Mashed Potato », « The Stroll », ou « The Watusi ». Leur rythme est suffisamment rapide et elles fournissent en même temps la musique et les pas de danse. Elles ont l'avantage de ne pas exiger de talents spéciaux de danseur. N'oubliez pas que la danse aérobique vise la santé et non l'acquisition de talents artistiques. Les danseurs de ballet sont censés voleter dans les airs avec grâce, sans montrer le moindre signe de fatigue, mais pas vous. Votre cœur ne saura jamais que vous avez eu l'air ridicule pendant que vous l'aidiez à se mettre en forme.

## Au cœur du sujet

Un dernier renseignement important avant que nous abordions la manière dont tout cela arrive à un ensemble interactif. Avant de pouvoir faire convenablement de la danse aérobique, vous devez apprendre à prendre votre pouls et à connaître le rythme qu'il devrait avoir à différents points de la séance. En effet, si le but visé par la méthode Cooper est d'atteindre un rythme cardiaque aux environs de 150 battements par minute, vous

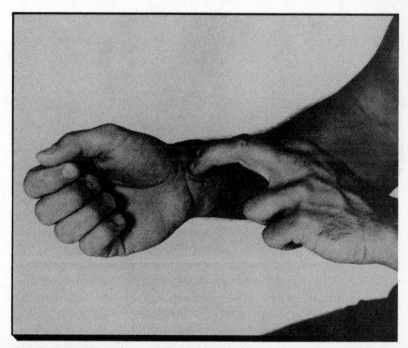

*En général, on prend son pouls au poignet.*

*Manière correcte de prendre le pouls sur la tempe.*

*Un fort pouls peut être ressenti dans le cou.*

devrez savoir quand le vôtre l'atteindra et, ce qui est plus important encore, à quel rythme votre cœur devrait battre par rapport à la norme de 150, considérant votre âge et votre forme physique.

Comment prendre votre pouls. Au moyen de votre index et votre majeur, trouvez les pulsations de votre cœur (1) sur la face interne de votre poignet, (2) sur la tempe, ou (3) sur l'artère carotide située de chaque côté du cou. La carotide est généralement le meilleur endroit pour les débutants ; cependant, n'oubliez pas d'appuyer légèrement et sur un seul côté du cou. Si vous avez des problèmes, suivez les conseils suivants : trouvez sur votre poignet l'os central et déplacez vos doigts vers l'extérieur jusqu'à ce que vous sentiez la dernière bande de tissu conjonctif. Vous devriez sentir à cet endroit (ou dans les environs) une pulsation en appuyant légèrement. Si vous choisissez la tempe, déplacez doucement les doigts sur la zone juste au-dessus du coin extérieur de l'œil. Pour ce qui est du cou, appuyez délicatement le long de la trachée artère jusqu'à ce que vous trouviez le pouls. Vous l'avez ? Très bien. Comptez maintenant le nombre de battements pendant six secondes au moyen d'une montre et multipliez le résultat par dix (vous n'avez qu'à ajouter un zéro). Vous aurez ainsi une évaluation assez précise de votre pouls, ce qui est suffisant pour vos besoins. En fait, cette méthode est probablement plus précise chez quelqu'un d'inexpérimenté que s'il essayait de compter les battements pendant toute une minute.

Si vous étiez assis sans rien faire lorsque vous avez pris votre pouls (et aviez été inactif pendant quelque temps auparavant), vous avez calculé ce qu'on appelle le pouls au repos. Vous devriez commencer chaque séance de danse aérobique en prenant votre pouls. Pour la plupart des femmes, la normale se situe entre 78 et 84 battements à la minute, tandis que la moyenne chez les hommes est de 72 à 78 battements. La valeur du pouls au repos sert à établir une comparaison entre les diverses mesures du pouls que vous prendrez tout au long de la

---

**Pour vous faire une bonne idée de ce que devrait être votre pouls pendant l'exercice, prenez 220 — le pouls maximum permissible chez l'humain — et soustrayez-y votre âge plus 15.**

---

# Rythme cardiaque pendant l'effort
Battements par minute (BPM)

| Rythme au repos * | 30 ans et moins | 31–40 | 41–50 | 51-60 |
|---|---|---|---|---|
| 50-51 | 137–195 | 131–185 | 128–180 | 125–175 |
| 52-53 | 138–195 | 132–185 | 129–180 | 126–175 |
| 54–56 | 139–195 | 133–185 | 130–180 | 127–175 |
| 57-58 | 140–195 | 134–185 | 131–180 | 128–175 |
| 59–61 | 141–195 | 135–185 | 132–180 | 129–175 |
| 62-63 | 142–195 | 136–185 | 133–180 | 130–175 |
| 64–66 | 143–195 | 137–185 | 134–180 | 131–175 |
| 67-68 | 144–195 | 138–185 | 135–180 | 132–175 |
| 69–71 | 145–195 | 139–185 | 136–180 | 133–175 |
| 72-73 | 146–195 | 140–185 | 137–180 | 134–175 |
| 74–76 | 147–195 | 141–185 | 138–180 | 135–175 |
| 77-78 | 148–195 | 142–185 | 139–180 | 136–175 |
| 79–81 | 149–195 | 143–185 | 140–180 | 137–175 |
| 82-83 | 150–195 | 144–185 | 141–180 | 138–175 |
| 84–86 | 151–195 | 145–185 | 142–180 | 139–175 |
| 87-88 | 152–195 | 146–185 | 143–180 | 140–175 |
| 89–91 | 153–195 | 147–185 | 144–180 | 141–175 |

**Ne dépassez pas 140 BPM pendant les deux premières semaines.**

\* Le meilleur moment pour prendre votre pouls au repos est le matin avant de vous lever. En d'autres temps, assoyez-vous d'abord sans bouger pendant au moins quinze minutes.

séance. Le résultat de ces mesures sera bien sûr plus élevé, ce qui est nécessaire pour obtenir l'effet d'entraînement préconisé par le docteur Cooper. Cependant, le pouls ne devrait pas être trop élevé. Quel rythme ne devrait-il pas dépasser? Eh bien, la plupart des livres écrits sur la danse aérobique contiennent des tableaux indiquant le pouls à atteindre en fonction de l'âge et de la forme physique. Nous reproduisons dans ces pages celui de *Aerobic Dancing Inc.*

Pour vous faire une bonne idée de ce que devrait être votre pouls pendant l'exercice, il est suggéré de prendre 220, soit la limite maximale de sécurité, d'y soustraire votre âge plus quinze. Si vous n'êtes réellement pas en forme, tenez-vous-en pour commencer au pouls le plus bas mentionné pour vous dans le tableau. Si vous faites vos propres évaluations, gardez au début votre pouls au-dessous de 150, peu importe le résultat de vos calculs.

## Dansons maintenant

Enfin! Vous avez tout ce qu'il vous faut sauf un numéro de danse; c'est donc le temps d'aller en classe. Celle dont nous aimerions vous parler avait pour professeur Sharon Holmes, une enseignante expérimentée à qui plusieurs établissements de danse ont décerné un certificat d'enseignement de danse aérobique. La séance à laquelle nous avons participé était destinée aux débutants et se tenait une fois par semaine pendant 90 minutes. Selon le docteur Cooper et la plupart des professeurs spécialisés, dont Mademoiselle Holmes, cet horaire n'est pas ce qu'il y a de mieux. Selon eux, ce serait préférable d'avoir trois séances de 30 minutes par semaine. De cette manière, vous avez assez d'énergie pour toute la séance, vous pouvez faire l'exercice avec plus de vigueur et l'effet d'entraînement dure plus longtemps. En outre, vous vous sentirez moins courbaturé et endolori après trois courtes séances étalées sur une semaine qu'après une seule longue séance.

Mademoiselle Holmes commença la séance en nous faisant placer des matelas sur le plancher du gymnase, puis en remettant une petite carte à chacun. Celles-ci servaient à inscrire les nombreuses lectures de pouls que nous prendrions au cours de l'après-midi. Avant de faire quoi que ce soit d'autre, elle nous demanda de nous asseoir, de prendre notre pouls et de l'inscrire. Ce sera important, nous dit-elle, d'avoir ce point de référence plus tard. En effet, un pouls élevé au repos peut être signe d'un

*Rotation de la tête pendant la danse. Gardez les muscles souples.*

pouls encore plus élevé durant les exercices et peut-être même de problèmes. Le fait de manger tout de suite avant la séance, de fumer ou de prendre une boisson alcoolique peut signifier une hausse du pouls au repos et provoquer un surmenage. Une dame de notre groupe avoua, non sans embarras, qu'elle avait mangé une tablette de chocolat en venant et son pouls n'arrêta pas de dépasser la limite durant toute la séance.

## Se réchauffer en vue du réchauffement

La séance débuta à 15 h 30. À 15 h 40, nous commencions la première partie des activités, une série de flexions et d'extensions ayant pour but de nous réchauffer en préparation des exercices de réchauffement plus difficiles. Nous avons effectué des rotations de la tête, du cou, des épaules et du torse ; nous avons touché nos orteils, étiré nos bras (en frappant dans le vide), bref toutes sortes d'exercices légers sur un rythme disco. L'objectif consistait à bouger, en dix minutes, toutes les parties du corps vers le haut et vers le bas, de façon à les garder « éveillées » et en constant mouvement. Comme le corps est un assemblage complexe de leviers osseux actionnés par des muscles, il est préférable de travailler un ensemble de muscles et d'os à la fois, puis de continuer avec une combinaison de ceux-ci, par exemple faire

*Rotation du tronc.*  *Flexions du torse.*

suivre un roulement de tête par une rotation des épaules, puis par une torsion du buste et ainsi de suite.

Après huit minutes de ces contorsions, nous avons pris notre pouls et le professeur nous a dit de marcher autour du gymnase. Pas question d'arrêter de bouger ! Ensuite, nous avons repris notre pouls pour voir si nous avions récupéré et en combien de temps notre cœur avait repris un rythme normal. Une période de récupération qui diminue graduellement de fois en fois est un bon signe de l'amélioration de la condition, nous annonça notre expert, et un pouls au repos moins élevé est un signe de bonne forme physique.

## Le réchauffement

Par après nous avons entrepris la vraie période de réchauffement, constituée de bons vieux exercices de gymnastique devenant de plus en plus difficiles et compliqués à mesure que les dix minutes s'écoulaient. Appuyés sur les mains et les genoux, nous avons fait les « chiens sur les poteaux d'incendie » : ruades, rotations et flexions des jambes sous le corps. Puis, couchés sur le côté nous avons levé une jambe pour la faire tournoyer dans les airs ; puis les deux jambes à la fois (grincements de dents). Ensuite, nous avons fait de la bicyclette couchés sur le dos. Toutes les six à huit

*Étirement des pieds et des jambes en position debout.*

minutes, nous prenions notre pouls. Enfin, cette série se termina par quelques redressements assis, les jambes repliées (afin d'éviter une blessure dans le bas du dos), qui se déroula dans un concert de grognements et de fou rire. Fourbus, nous avions tous atteint le nombre de pulsations que nous visions. Mademoiselle Holmes nous suggéra de battre la mesure sur les matelas pendant que nous faisions nos redressements. C'était amusant tout en nous permettant d'oublier nos douleurs à l'estomac.

*1. Cet exercice commence à quatre pattes. 2. Levez une jambe. 3. Étirez-la sur le côté.*

## Une forme de jogging inattendue

Après avoir terminé les redressements, nous avons marché et joggé autour du gymnase pendant cinq minutes sur le thème du film Rocky. Reprise du pouls, puis une période appelée pompeusement « pause ». On nous autorisa, après 45 minutes de dur labeur, à aller prendre une gorgée d'eau. En fait, Mademoiselle Holmes nous assura que nous pouvions boire de l'eau à tout

*Élévation latérale de la jambe.*

*Élévation latérale des deux jambes.*

*Redressement assis, jambes repliées.*

moment car, contrairement aux vieilles croyances d'entraîneurs, lorsque le corps perd son eau, il n'y a aucune raison pour qu'il ne la remplace pas immédiatement.

## Enfin la danse

Nous nous sommes remis au travail, cette fois avec une perspective de 45 minutes de danse. Chaque semaine, Mademoiselle Holmes enseigne une ou deux chorégraphies de son cru ou mises au point par d'autres, et chacun les pratique à tour de rôle. C'est un bon moyen d'augmenter la difficulté de l'entraînement à mesure que la forme des participants s'améliore. Plus on acquiert une bonne forme, plus on peut exécuter de numéros de danse ; voilà une maxime dont vous devriez vous souvenir lorsque vous préparerez votre programme. Nous avons commencé doucement au son de « The Hustle », puis nous sommes entrés dans l'action, terminant avec un numéro des Rockettes effectué avec des cordes à danser et exigeant plus d'adresse que nous, pauvres « bleus », n'en avions. Malgré tout, c'était évident que le but n'était pas de montrer nos aptitudes à danser le disco, mais bien de nous mettre en forme. De toute façon, personne n'était là pour rire de nos performances. Pendant tout ce temps, nous avons pris notre pouls à intervalles réguliers, marché, repris notre souffle, pris notre pouls de nouveau et inscrit les résultats sur notre petite carte.

Après une période de détente de cinq minutes, nous avons terminé au son d'un morceau de blues et avons pris notre pouls une dernière fois. Nous avons fait ce dernier exercice sur place en exécutant des rotations et des flexions faciles. Nous vous les suggérons d'ailleurs pour votre programme. Ce que nous venons de vous décrire ne constitue pas tout ce dont vous avez besoin, bien entendu, mais grâce à cette esquisse de séance et aux livres que nous vous avons recommandés, vous devriez être en mesure de vous lancer dans la danse aérobique sans appréhension et avec style. Essayez, vous verrez que c'est un exercice amusant et formidable. Selon la carte sur laquelle nous avons inscrit nos lectures de pouls, nous avons eu une séance très dure mais, ô merveille, nous ne l'avons pas senti du tout. Nous étions tout simplement en forme, détendus et satisfaits de notre après-midi.

# MAUX DE DOS

Si vous avez l'impression que la majorité des gens à qui vous parlez souffrent de maux de dos, c'est tout simplement parce que la plupart d'entre nous connaissent ce problème. « Une personne qui n'a jamais souffert de maux de dos durant sa vie fait partie d'une minorité privilégiée » soutient le docteur Hamilton Hall, expert en problèmes de dos et auteur de *The Back Doctor* (McGraw-Hill, 1980). En effet, les deux tiers de la population adulte souffrent de maux de dos au moins une fois dans leur vie. Les maux de dos ont deux niveaux, le niveau supérieur et le niveau inférieur. Nous allons en parler plus loin, mais commençons d'abord par quelques renseignements d'ordre général. Nous traiterons ensuite des maux affectant le bas du dos, qui semblent être les plus communs, et nous terminerons avec les problèmes du haut du dos. Bien entendu, nous vous suggérerons au fil des pages, certains remèdes contre ce fléau, le tout accompagné de témoignages de gens qui ont réussi à se débarrasser de leurs problèmes.

## Quelques renseignements utiles

Pourquoi notre dos est-il si faible? Eh bien, parce que nos ancêtres ont été un peu trop pressés de marcher sur deux jambes seulement. Il y a environ quatre millions d'années, un de nos illustres prédécesseurs s'est probablement dit qu'il pourrait en

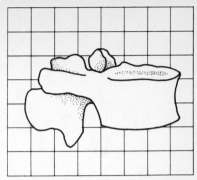

**Voici une des vertèbres lombaires. La grande majorité des maux de dos courants sont produits par le mauvais état de ces os et des disques se trouvant entre eux.**

faire plus s'il n'était pas obligé de se tenir à quatre pattes. Alors il se leva... et tous ses congénères (nous inclus) le suivirent. Depuis ce temps, notre dos tente de s'adapter à cette situation.

Attention! Il ne faut pas pour cela avoir honte de cette partie de notre corps, car la colonne vertébrale humaine est une structure merveilleusement complexe (voir les illustrations). Le seul problème, c'est que nous lui demandons de fonctionner à la verticale alors qu'elle est, encore aujourd'hui, mieux adaptée à la vie à l'horizontale. En fait, la grande majorité des maux de dos courants sont causés par la pression exercée sur les os de la colonne (vertèbres) et les coussinets (disques) qui se trouvent entre ces os. Malheureusement, nous dit le docteur Hall, les maux de dos constituent une conséquence « normale » de la situation.

Que pouvons-nous faire alors pour ce dos qui peut nous laisser tomber pour une peccadille?

Nous devons apprendre à vivre avec lui, conseille le docteur Hall. Il nous faut apprendre à nous asseoir, nous tenir debout, nous pencher, soulever des charges, dormir, nous brosser les dents, jouer aux quilles, faire l'amour, travailler et faire le cheval pour nos enfants. Avec le temps cependant, la plupart des maux de dos se soignent d'eux-mêmes. En fait, des études démontrent que les problèmes de dos sont beaucoup plus courants chez les personnes d'âge moyen que chez leurs aînés. En effet, vers l'âge de soixante ans, notre dos a habituellement réussi à s'accommoder des imperfections qui peuvent nous handicaper lorsqu'on a trente ans.

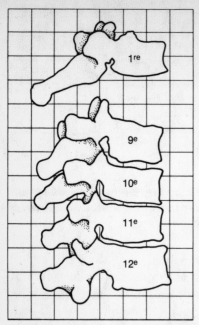

**Voici cinq des douze vertèbres thoraciques, qui forment la partie supérieure de la colonne. Tant que chaque partie fonctionne correctement, votre dos ne connaît aucun problème.**

Compte tenu de cela, déclare le docteur Hall, l'intervention chirurgicale devrait être évitée à tout prix. « Moins de 5% de tous les gens souffrant de maux de dos ont des chances d'améliorer leur état au moyen d'une intervention chirurgicale », ajoute-t-il. « En fait, au moins 19 cas sur 20, y compris les cas graves, connaissent de meilleurs résultats par un traitement alliant la physiothérapie, une médication convenable, de l'exercice et des activités quotidiennes appropriées. »

Ces activités vous seront expliquées un peu plus loin, mais auparavant, nous devons déterminer le genre de problème dont vous souffrez. Selon le docteur Hall, tous les maux de dos courants sont causés par l'une ou l'autre des affections suivantes :

- Usure de la facette articulaire (qu'il appelle Type un) ;
- Déplacement d'un disque (Type deux) ;
- Pincement d'un nerf (Type trois) ; ou, malheureusement ;
- Une combinaison de deux ou même de trois de ces affections.

Comment déterminer votre problème maintenant ?

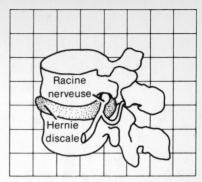

Un mal de dos provoqué par une hernie discale commence par un léger malaise qui devient en quelques jours une douleur insupportable.

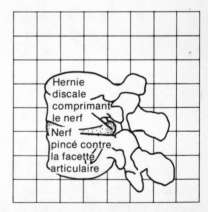

Lorsqu'une hernie discale comprime le nerf rachidien, il peut en résulter une douleur atroce.

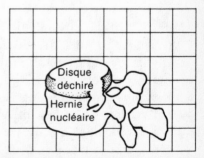

La rupture d'un disque constitue une grave blessure pouvant exiger une intervention chirurgicale.

TYPE UN. Les problèmes de ce type sont plus douloureux « lorsque vous arquez le dos vers l'arrière, comme lorsque vous regardez au plafond par exemple », explique le docteur Hall. La douleur est surtout ressentie dans le haut des fesses et elle tend à disparaître lorsqu'on se penche légèrement vers l'avant. Selon le docteur Hall, le problème commence à la suite d'un incident provoqué par un effort mineur comme se pencher pour ramasser un râteau ou une balle de golf. En général, le problème se résorbe en quatre à quatorze jours si on se garde de faire d'autres efforts. Si vous appartenez au type un, vous souffrez probablement de ce genre d'attaque deux ou trois fois par année.

TYPE DEUX. Plusieurs symptômes du type deux sont identiques à ceux du type un, mais il possède certains traits bien particuliers. Le problème peut se produire à la suite du même genre d'incident que pour le type un, mais la douleur est habituellement moins prononcée et moins immédiate. Souvent, elle débute par un léger malaise et se transforme en quelques jours en une douleur insupportable. Elle diminue ensuite considérablement au bout d'une semaine ou deux, mais contrairement aux maux de type un, elle ne disparaît pas. Elle persiste sous la forme d'un mal de dos accablant ou, dans certains cas, d'une douleur intense et persistante. Contrairement aux maux de type un, ceux de type deux ne peuvent être aggravés en se penchant vers l'arrière. En fait, c'est lorsqu'on se penche vers l'avant que la douleur s'intensifie. « Comme la douleur de type un, celle de type deux est principalement ressentie dans le dos », explique le docteur Hall. « Cependant, elle peut aussi être ressentie dans les jambes et les fesses, tout comme celles de type un. »

TYPE TROIS. Une douleur de ce type pourrait être appelée « type deux plus » de l'avis du docteur Hall, car elle est produite par un disque qui fait saillie au point d'exercer une pression sur un nerf. Elle possède donc plusieurs des symptômes du type deux en plus de certains autres qui lui sont propres. La douleur peut atteindre non seulement la cuisse, mais aussi toute la jambe jusqu'au pied et aux orteils. La douleur de type trois se présente au bout d'une journée ou deux, puis augmente et dure pendant des semaines. Elle empire considérablement lorsqu'on se penche vers l'avant et elle constitue la plus grave menace des trois types parce qu'une pression prolongée risque d'endommager les fonctions nerveuses. Cependant, c'est la moins commune des trois, étant responsable d'environ dix pour cent seulement de tous les problèmes de dos.

Quelles sont les causes de ces trois types de maux?

Dans le cas du type un, il s'agit habituellement d'un disque qui s'est aplati au point que les facettes articulaires frottent l'un contre l'autre. Les disques peuvent s'aplatir en raison de leur assèchement (conséquence naturelle du vieillissement); ce processus peut être accéléré si on exerce un métier exigeant, qui demande beaucoup d'efforts physiques et le soulèvement de lourdes charges. Il peut aussi être aggravé par une mauvaise posture, une grossesse ou un ventre bedonnant, car tout ce qui fait arquer le dos exerce une pression des facettes articulaires (situées à l'arrière de la colonne) l'une contre l'autre.

Les douleurs de type deux sont provoquées par un disque qui forme un renflement plutôt qu'il aplatit. Les disques ne sont pas formés de tissu mort, ils contiennent des fibres nerveuses qui font mal lorsqu'elles sont déformées sous l'influence d'une pression.

Les douleurs de type trois sont causées par un disque qui fait saillie au point de comprimer un nerf rachidien. Il s'agit d'un des rares cas pouvant exiger une intervention chirurgicale.

Peut-être comprenez-vous maintenant pourquoi il arrive souvent qu'on recommande avant tout de garder le lit à la suite d'un mal de dos. Le fait de rester couché soulage la pression sur les disques et par conséquent la pression de ceux-ci sur les nerfs rachidiens. Cela a pour effet d'éliminer la cause de ces spasmes musculaires douloureux mais protecteurs. En effet, les spasmes musculaires sont le moyen dont dispose votre corps pour vous forcer à vous immobiliser afin de guérir. Tant que ces spasmes ne se sont pas dissipés, vous ne devez pas songer à faire des exercices correcteurs, exercices qui, aussi étrange que cela puisse paraître, ne sont pas concentrés sur le dos mais bien sur l'estomac.

Pourquoi l'estomac?

Parce que de solides muscles de l'estomac peuvent fournir le support additionnel exigé par un dos sujet aux faiblesses. Si les muscles de l'estomac sont faibles, une plus grande pression est transférée aux disques, ces parties qu'il est si important de ménager.

Cependant, les exercices abdominaux ne règlent pas entièrement la question. Comme nous l'avons mentionné auparavant, il faut aussi tenir compte de toutes ces activités quotidiennes très importantes que le docteur Hall a déjà mentionnées. Le but de tout ceci est de rendre la vie quotidienne aussi supportable que possible pour votre dos, et ce dans le plus grand nombre de situations possible.

---

**Comment dormir.** Si vous dormez sur le dos, relevez vos genoux au moyen d'une couple d'oreillers pliés en deux. Si vous préférez dormir sur le ventre, «essayer de dormir avec un oreiller placé sous le devant du bassin afin de réduire l'affaissement de la colonne», conseille le docteur Hall. Quant à ceux qui préfèrent dormir sur le côté, ils devraient se rouler en boule et placer un oreiller entre les genoux. Toutes ces positions visent à réduire la pression sur les disques de la colonne.

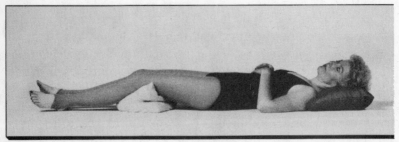

*Si vous dormez sur le dos, un oreiller placé sous les genoux élimine la tension dans le bas du dos.*

*Une manière confortable de dormir sur le côté consiste à mettre un oreiller entre les genoux.*

*Un coussin bien placé peut soulager les tensions dorsales.*

**Comment s'asseoir.** Premier conseil : ne jamais rester assis trop longtemps. En effet, cette position peut exercer une charge plus lourde sur les disques qu'en position debout. Réduisez cette charge en vous appuyant sur les coudes lorsque vous vous penchez sur votre bureau. Pour ce qui est des autres situations où vous êtes assis, essayez de penser à relever vos pieds, sur un pouf ou sur une pile de livres par exemle, et de placer un petit coussin entre le dossier de la chaise et le bas de votre dos.

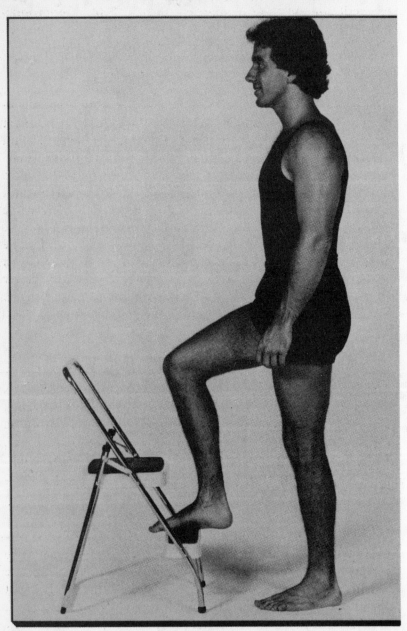

*Relever un pied élimine la tension exercée sur le dos.*

**Comment se tenir debout.** « Ne restez jamais debout les deux pieds sur le sol si vous pouvez poser un pied sur une surface surélevée ou une tablette basse, comme lorsqu'on prend un verre accoudé à un bar », recommande le docteur Hall. « Les propriétaires de bars ont découvert le confort de cette position bien avant que les médecins élaborent une théorie sur le sujet. »

**Comment soulever un poids.** Il faut soulever un poids en tenant le dos aussi droit que possible. En d'autres mots, il faut s'accroupir, mais sans se pencher vers l'avant. Plus vous transférez de travail à vos jambes, mieux ce sera pour votre dos. « Les soulèvements les plus dangereux sont ceux pour lesquels on n'est pas préparé », confie le docteur Hall. Les plus difficiles, même lorsqu'on est préparé, sont ceux qui doivent être faits à bout de bras et passés par-dessus un obstacle, par exemple un enfant de vingt kilogrammes qu'il faut sortir de son parc. Habituez-vous à penser à la manière dont vous vous y prendrez avant de soulever un poids. Si la seule pensée de le faire vous fait souffrir, il y a de fortes chances que vous vous fassiez effectivement mal.

**Comment faire l'amour.** Il existe de nombreuses positions correctes : face à face, les deux partenaires couchés sur le côté, ou encore l'un derrière l'autre, ce qu'on appelle parfois la position de la « cuillère », où la femme se serre contre l'estomac de l'homme. Il existe bien sûr de nombreuses autres positions, mais pour éviter tout problème, « assurez-vous de ne jamais arquer le dos ou le cou », conseille le docteur Hall.

**Comment se garder en forme.** Tous les sports entraînent une certaine usure de la colonne vertébrale, mais ce n'est pas une raison pour éviter d'en faire. Selon le docteur Hall, « mis à part le traumatisme résultant d'un accident, ce qui après tout peut survenir n'importe quand, même les sports les plus exigeants ne peuvent causer du tort au dos ; ils ne peuvent que causer de la

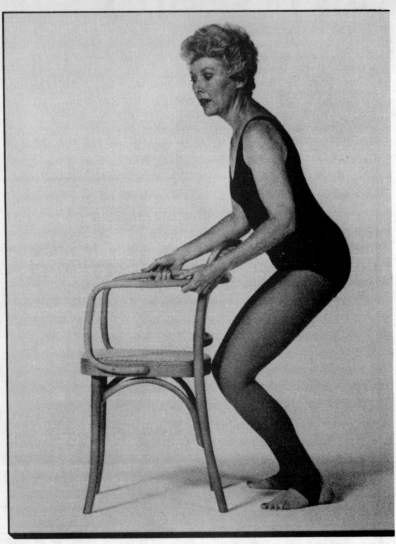

*Manière correcte de lever un objet — genoux pliés et dos droit.*

douleur pendant quelques jours. Cependant, douleur n'est pas synonyme de blessure », nous assure le docteur Hall. « En outre, cet inconvénient (la douleur) en vaut sûrement la peine car en plus du plaisir qu'on peut retirer d'un sport, sa pratique peut nous permettre de nous sentir comme une personne normale plutôt que demi-invalide. »

Selon le docteur Hall, les problèmes de dos engendrés par l'activité sportive peuvent être causés de trois manières : par effet

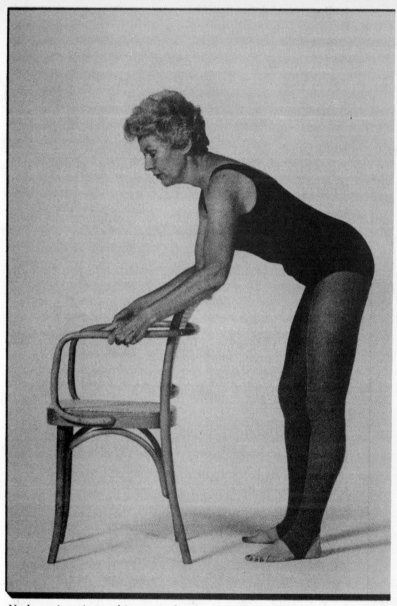

*Ne levez jamais un objet sans plier les genoux.*

de surcharge, de rotation ou de cambrage. L'effet de surcharge, qui est commun aux haltérophiles et aux joggers, tend à comprimer les disques et provoque une plus grande pression des facettes articulaires l'une contre l'autre. L'effet de rotation, commun au squash, au racquetball, au tennis et au golf, peut affecter les disques en exerçant une traction sur les fibres de leur enveloppe extérieure. Quant à l'effet de cambrage, qui se produit au hockey, au basketball, au baseball, en canotage, en ski, au tir à l'arc et pour certaines sortes de nages, en particulier la brasse, il tend, comme l'effet de surcharge, à provoquer une friction entre les facettes articulaires.

Cependant, peu importe le genre d'activité physique que vous pratiquez, n'ayez aucune honte à vous servir de « trucs » pour réduire le malaise causé par l'activité. La douleur n'est pas synonyme de blessure, mais elle n'est pas très réjouissante non plus.

La plupart des conseils que nous venons de vous donner peuvent être considérés comme des premiers soins pour combattre les maux de dos. Leur application, si elle apporte une amélioration, implique que le problème de dos n'est pas trop grave ni trop avancé. Cependant, certains de ces premiers soins méritent qu'on s'y attarde. Par exemple, un grand nombre de problèmes de dos sont causés par le fait qu'on ne sait pas comment soulever un poids. Aussi, beaucoup de maux de dos anormaux pourraient être évités si les gens apprenaient à lever correctement les objets lourds.

## Un bon conseil pour soulever des poids

Un professeur de physique de l'université Tufts, au Massachusetts, a écrit un livre qui pourrait vous enseigner à soulever des objets sans crainte pour votre colonne. La physique est, entre autres choses, l'étude du mouvement des corps dans l'espace ; aussi, il n'existe personne de plus qualifié qu'un professeur de physique pour vous montrer à lever les divers objets dont on se sert quotidiennement. Dans cet ouvrage pratique et d'un intérêt certain intitulé *My Back Doesn't Hurt Anymore* (Quick Fox, 1980), notre professeur, Jack R. Tessman, Ph.D., fait une croix sur le stéréotype du mâle, seul capable de

**Il ne faudrait jamais vous pencher pour soulever un objet à moins de pouvoir supporter votre poids d'une façon quelconque.**

lever la plupart des objets lourds, et sur le fameux «pas nécessaire, je vais le faire moi-même», pour traiter les levers de poids comme un des problèmes de mécanique qu'il enseigne à ses étudiants. Dans chaque cas, la question qu'il pose est : quel est le moyen le plus efficace pour accomplir ce travail ?

En bref, M. Tessman nous conseille de ne pas nous pencher pour soulever un objet à moins d'avoir quelque chose pour supporter notre poids.

La démonstration physique de ce conseil est tout ce qu'il y a de plus simple. Imaginons qu'un ami et vous décidiez de faire de la balançoire à bascule au terrain de jeux voisin. Votre ami qui pèse 45 kilogrammes, s'assoit à environ cent cinquante centimètres du point de pivotement et vous prenez place de l'autre côté, mais à trente centimètres seulement du point de pivotement (soit cinq fois plus près). Dans cette position, si vous vouliez que la planche soit en équilibre il vous faudrait peser cinq fois plus que lui, soit 225 kilogrammes.

Imaginez maintenant que votre corps est une balançoire à bascule. Vos bras, que vous penchez vers le sol par en avant, constituent la moitié de la planche où se trouve votre ami et vos hanches sont le point de pivotement. Les muscles du bas du dos devront fournir un effort pour relever le poids de vos bras, mais comme ils sont tout près de vos hanches, ils n'ont aucune force de levier. Ainsi, on a évalué que lors d'une activité comme le pelletage, les muscles dorsaux doivent exercer une force de traction égale à quinze fois le poids de l'objet à soulever.

La solution de ce problème consiste simplement à lever l'objet et à le transporter en le tenant contre ou derrière vous. De cette manière, vous faites travailler la charge en conjonction avec les muscles dorsaux et non en opposition à ceux-ci.

Des exemples précis accompagnés d'illustrations et d'explications constituent la partie la plus intéressante du livre *My Back Doesn't Hurt Anymore*. Il est possible qu'on vous ait déjà prodigué de vagues conseils vous enjoignant de ne pas soulever d'objets lourds. Cependant, comme il se produit tous les jours des situations inévitables impliquant le soulèvement d'un poids quelconque, les conseils de M. Tessman seront d'une grande utilité.

# Une journée « d'haltérophilie domestique »

Imaginons un instant, une journée normale :

Il est 6 h et le réveil sonne. Le premier test de la journée consiste à sauter du lit. Pour ce faire, relevez le torse en poussant avec les bras et tournez les jambes vers l'extérieur du lit.

Prochain arrêt : la salle de bain. Lorsque vous vous lavez la figure ou que vous vous rasez, réduisez la charge exercée sur votre dos en pliant les genoux ou en vous appuyant sur une main. Lorsque vous vous habillez, mettez vos bas en relevant la jambe au lieu de vous pencher.

Maintenant, vous allez chercher le journal. Ramassez-le les genoux pliés et en gardant le dos le plus droit possible.

Au déjeuner, même les petits efforts comme sortir un litre de lait du réfrigérateur ou étendre la main pour prendre son assiette de l'autre côté de la table peuvent aggraver un mal de dos dont on souffre déjà. Avant de partir travailler, vous voudrez peut-être embrasser votre bébé. Évitez de le prendre dans vos bras en vous penchant au-dessus de son lit ou de son parc ; baissez plutôt le panneau du lit ou ouvrez la barrière du parc et pliez les genoux pour le prendre.

Supposons maintenant que la journée de travail est terminée et que vous êtes prêt à rentrer à la maison (les pages nous manquent pour traiter la multitude de risques rencontrés au travail). Vous décidez de faire quelques emplettes en cours de route. Les supermarchés peuvent poser un véritable dilemme à ceux qui souffrent de maux de dos parce que les sacs sont en général trop lourdement remplis et qu'il est difficile de vider les chariots à provisions en raison de leur profondeur.

Transportez plutôt un petit sac dans chaque bras au lieu d'un seul gros sac. Si vous le pouvez, servez-vous des nouveaux chariots dont le fond est à la hauteur de la taille et lorsque vous placez les sacs dans la voiture, ne les mettez pas sur le plancher. Déposez-les plutôt sur un siège, ou à l'arrière si vous possédez une familiale.

Au printemps et en été, vous aurez peut-être envie de jardiner après le travail. Lorsque vous devrez pelleter de la terre ou du compost, pensez à tenir la charge de côté ou derrière vous. M. Tessman suggère même de pelleter vers l'arrière comme si

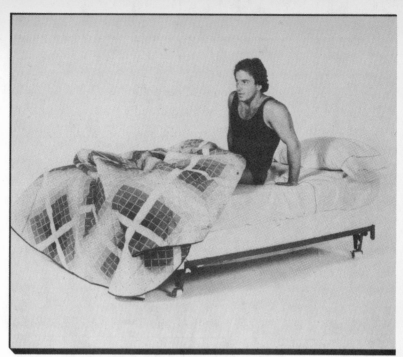

*Assoyez-vous d'abord avant de sortir du lit.*

*Tournez ensuite les jambes vers l'extérieur.*

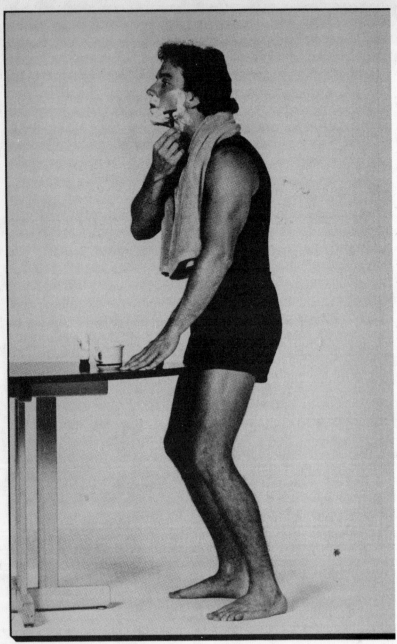

*La position correcte pour se raser.*

vous avironniez. Plantez vos graines à genoux au lieu de vous pencher et soutenez-vous sur votre avant-bras.

*Relevez le pied au lieu de vous pencher pour enfiler vos bas.*

Changer un pneu peut aussi avoir un effet désastreux sur votre dos. Évitez les problèmes en vous accroupissant ou en vous

*La bonne manière de ramasser son journal.*

Ce sont les personnes possédant de solides muscles dorsaux qui courent le plus de risques de soulever un poids trop lourd pour les disques de leur colonne.

*Voilà comment on doit soulever un enfant.*

assoyant sur un tabouret lorsque vous enlevez la roue. Lorsque vous desserrez les boulons, pensez à toujours pousser la clé vers le bas.

En rentrant dans la maison, vous aurez peut-être à ouvrir une fenêtre rébarbative.

Si vous essayez de la relever en vous tenant face à elle, votre dos croira que vous tentez de soulever la maison toute entière. Votre instinct vous dira probablement de l'ouvrir de cette façon, mais ce sera beaucoup moins forçant de vous placer dos à la fenêtre et de la monter par derrière.

Le même principe s'applique au transport des lourds objets encombrants comme les malles, les divans ou les climatiseurs.

La journée tirant à sa fin, vous avez peut-être envie de faire faire un petit galop à votre enfant sur vos épaules, avant de le

*En ouvrant une fenêtre de cette manière, vous ne vous blesserez pas le dos.*

mettre au lit. Votre dos ne courra aucun risque si vous laissez l'enfant monter sur une chaise pour grimper sur vos épaules. Les femmes qui désirent emmener leur bébé lorsqu'elles doivent sortir devraient les transporter sur leur dos, dans un porte-bébé genre sac à dos.

Voici enfin venue la dernière corvée de la journée : sortir les ordures. Si vous essayez de transporter une poubelle pleine devant vous en la tenant par les poignées, vous prenez des risques pour votre dos. Un bon conseil, demandez à fiston de

*Lorsque vous jouez à ce genre de jeu, laissez d'abord l'enfant monter sur une table ou sur une chaise.*

*Un porte-bébé permet une distribution égale du poids de l'enfant.*

faire cette corvée pour vous. S'il n'est pas encore assez vieux, traînez la poubelle derrière vous ou, mieux encore, placez-la sur une plate-forme roulante.

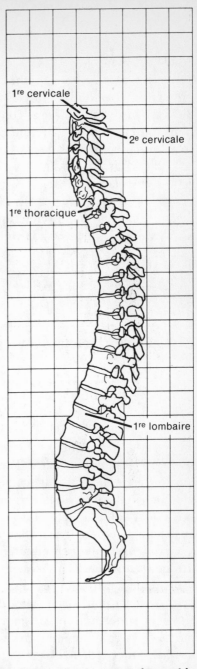

1re cervicale

2e cervicale

1re thoracique

1re lombaire

**La colonne vertébrale, c'est-à-dire l'os du dos, a normalement la forme d'un S. Sa structure ne devrait cependant pas être trop prononcée car des problèmes structuraux en résulteraient.**

## Des mythes qu'il vaudrait mieux abandonner

Non seulement M. Tessman donne-t-il des conseils, mais il démolit aussi quelques mythes relatifs au dos. Ainsi, dit-il, de gros bras et de solides muscles dorsaux ne peuvent protéger les disques, bien au contraire. En effet, les gens qui possèdent de bons muscles dorsaux courent plus de risques de lever des poids trop lourds pour leurs disques.

Par contre, certains exercices traditionnels, comme les redressements ou les flexions du torse pour toucher les orteils, peuvent être dangereux car ils exercent une tension inutile sur les disques. M. Tessman préfère, quant à lui, des exercices tels que les flexions des genoux destinées à renforcer les muscles des cuisses et les exercices respiratoires pour développer les muscles abdominaux.

## Pratique de l'inclinaison pelvienne

Un autre moyen d'éviter les maux de dos consiste à pratiquer ce qu'on appelle « l'inclinaison pelvienne », une technique mise au point par le docteur Robert Lowe, chirurgien orthopédiste et fondateur de la Low Back School à l'hôpital Cabell Hutington, en Virginie-Occidentale. Le docteur Lowe explique que la majorité des mouvements de la colonne vers l'avant et vers l'arrière se situent à l'articulation de la cinquième (dernière) vertèbre lombaire et du sacrum, ce gros os qui forme la partie postérieure du bassin (en fait, il s'agit de cinq vertèbres soudées ensemble). Comme le sacrum est plutôt rigide si on le compare à la cinquième vertèbre lombaire, le fait de se pencher, de soulever des poids ou même de s'asseoir pendant une période prolongée exerce une tension sur les muscles, les ligaments et le disque de cette articulation. Idéalement, de solides muscles stomacaux et fessiers permettront de conserver un alignement correct de cette partie de la colonne, mais avec le temps une mauvaise posture, des habitudes sédentaires et l'obésité peuvent se combiner pour accentuer la courbe lombaire naturelle, donnant à la personne l'air d'avoir un gros ventre. La tension causée par cet affaiblissement se fait le plus sentir sur l'articulation de la cinquième lombaire et du sacrum. Cependant, la pratique de l'inclinaison pelvienne permet d'inverser cette courbe temporairement en diminuant la pression sur les disques et en renforcissant les muscles qui les soutiennent. Cet exercice est vraiment efficace compte tenu de sa simplicité.

Couchez-vous sur le dos, pliez les genoux et posez les pieds à plat sur le sol, près des fesses. Relevez le bassin et rentrez-le en faisant toucher le sol à vos reins, allez-y en douceur. Vos épaules, vos jambes, votre cou et votre dos devraient être détendus. Trois choses se produisent pendant l'exécution de ce mouvement : le bassin pivote vers l'avant (inversant la courbure de vos reins), les muscles fessiers se contractent et les muscles de l'estomac sont exercés. Si vous trouvez cet exercice facile, vous êtes en bonne forme et vous serez capable de garder sans effort vos reins près du sol ou contre ce dernier. Si, par contre, l'exercice s'avère difficile à exécuter, vous devrez faire travailler votre dos. Chez certaines personnes, l'inclinaison pelvienne devient en peu de temps une partie intégrante de leur posture ; par contre, d'autres doivent déployer beaucoup d'efforts pour y arriver.

Votre dos retirera beaucoup de bienfaits de cet exercice simple : soulagement de la pression exercée sur la partie postérieure des disques lombaires, relaxation des muscles et des ligaments, exercice et fortification des muscles stomacaux, fessiers et pelviens.

Vous devriez d'ailleurs, pratiquer l'inclinaison pelvienne debout. Appuyez d'abord les reins contre un mur en tenant les pieds à environ quinze centimètres de celui-ci. En gardant les reins dans cette position, ramenez les talons contre le mur en y appuyant aussi les épaules et les fesses. Comme pour l'exercice couché, le cou, les épaules et les jambes sont détendus, et les muscles stomacaux et fessiers sont contractés. Avec le temps, vous serez en mesure de pratiquer l'inclinaison pelvienne sans l'aide d'un mur.

Un exercice aussi simple peut-il réellement aider ? Oui, si vous le pratiquez régulièrement. Les bienfaits de l'inclinaison pelvienne ont été prouvés par des mesures précises de la pression à l'intérieur de la colonne vertébrale. Lorsque vous êtes assis bien droit, vos disques lombaires supportent une pression de 21 kilogrammes par centimètre carré (si votre poids est normal) ; debout, cette pression est de 14 kilogrammes par centimètre carré et couché sur le dos, elle n'est plus que de sept. Cependant, l'inclinaison pelvienne en position couchée permet de réduire la pression à quatre kilogrammes par centimètre carré.

## Voyons maintenant le haut du dos

Après avoir vu tout cela, nous voilà bien renseignés sur les maux de dos, pas vrai? Faux! En fait, nous n'avons vu que la moitié du problème. Jusqu'à maintenant, nous avons surtout parlé des

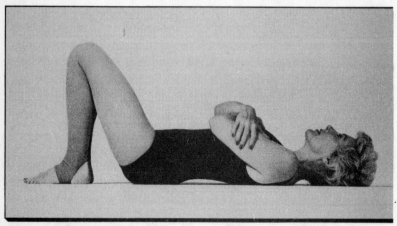

*Position normale du bas du dos.*

*L'inclinaison pelvienne permet de redresser la colonne en maintenant le bas du dos contre le sol.*

distorsions des muscles et des os de la colonne vertébrale et, par-dessus le marché, seulement celles du bas du dos. Heureusement, les problèmes qui affectent le haut du dos sont pratiquement les mêmes et on peut les éviter et les traiter de la même manière. Cependant, un problème très courant du haut qu'on retrouve rarement dans le bas est la contraction et la douleur causées par le stress et les diverses misères et fatigues de la vie quotidienne. Parlons-en donc puisqu'il s'agit d'un sujet d'une extrême importance.

Les douleurs du haut du dos et des épaules affligent presque autant de gens que les maux du bas du dos, qui sont les plus courants. Comme c'est le cas pour bien d'autres maladies, notre dos est la victime de la vie citadine, c'est-à-dire de la vie sédentaire.

Les habitudes de vie et de travail dans notre société moderne exercent une tension beaucoup trop forte sur cette partie de notre corps. La plupart de nos activités se font assises, qu'il s'agisse d'écrire, de coudre ou de conduire. De plus, toutes ces activités exigent qu'on tienne les bras droit devant soi. Si nous menions une vie plus rurale, nos tâches quotidiennes nous garantiraient une quantité suffisante de mouvements différents et nous serions rarement assis dans la même position.

Une mauvaise posture de ce genre provoque une augmentation graduelle de la tension, qui affecte la multitude de nerfs de cette région qui commandent les mains, les bras, la tête, le cœur, les poumons et la partie supérieure de l'abdomen. Heure après heure, cette tension grandit jusqu'à ce qu'elle atteigne un point que même le sommeil ne réussit plus à éliminer. C'est pourquoi nous nous réveillons parfois avec une migraine, un mal de dos ou les bras engourdis.

## Le pire ennemi de votre dos, c'est vous

Souvenez-vous que beaucoup de vos activités quotidiennes sont des facteurs de troubles en puissance. Aussi, si vous prenez rapidement des mesures pour renforcer votre dos, vous pourrez éviter des douleurs et des ankyloses.

Votre travail et vos autres activités exercent-ils beaucoup de tension sur votre dos? Par exemple, si vous restez assis pendant des heures à votre bureau ou derrière le volant, vous ne faites

*Le redressement des épaules est un bon moyen de renforcer les muscles de l'estomac et de détendre le dos. Relevez lentement la partie du dos comprenant les trois premières vertèbres, puis rabaissez-la.*

*Se bercer sur le sol de cette manière est un bon moyen de soulager les maux de dos.*

probablement faire aucun mouvement à votre colonne qui doit bouger pour rester en santé. La preuve, c'est qu'il se produit parfois cette réaction protectrice qui se traduit par une agitation ou un désir de se lever pour s'étirer. N'ignorez pas ce signal, c'est parfois tout ce qu'il faut pour éviter un problème. Cependant, il est préférable de le faire assez fréquemment pour ne pas risquer de voir les effets d'une mauvaise posture vous suivre au lit, c'est-à-dire, vous réveiller avec un mal d'épaules et un dos ankylosé et douloureux.

Il n'existe rien de plus salutaire que de bouger régulièrement le dos pour diminuer la tension. C'est ce que la nature essaie de nous dire lorsque nous nous agitons après une longue période d'immobilité. Par exemple, les chauffeurs devraient prendre l'habitude de tourner la tête en arrière tous les kilomètres et de s'arrêter toutes les deux heures pour s'étirer pendant cinq minutes et se dégourdir un peu les jambes. En fait, ce conseil s'applique à toutes les personnes qui sont appelées à conduire pendant de longues périodes. Les voitures modernes ont un profil tellement bas que les sièges contribuent plus à nous endormir qu'à nous faire suivre la route. Pour surmonter cette difficulté, le conducteur doit avancer la tête et se concentrer sans qu'il lui soit possible de bouger le dos. Il en résulte une augmentation de tension. Combien de fois n'avons-nous pas entendu des amis déclarer qu'ils devaient absolument se reposer après une longue route? Si vous suivez nos suggestions, vous n'aurez pas besoin de vous reposer après un voyage en auto.

## Traitement des blessures

D'une certaine manière, on peut dire que la tension chronique et impossible à soulager qu'on peut ressentir dans le cou est une blessure. Cependant, les blessures et foulures soudaines qu'on s'inflige couramment peuvent aussi provoquer une douleur insistante et une raideur du dos. En général, une blessure de l'articulation de l'épaule est immédiatement accompagnée de douleur et d'enflure. Cependant, il peut se passer une journée ou plus avant qu'une légère foulure, pouvant être causée par une torsion ou une secousse soudaine, devienne douloureuse, enflée et ankylosée au point de rendre certaines personnes pratiquement invalides.

Pour une blessure de ce type, ou pour toutes les tensions, foulures et contusions soudaines, les premiers soins consistent à appliquer de la glace ou de l'eau froide pendant les douze à vingt-quatre premières heures, de façon à limiter l'enflure le plus possible. De la chaleur ne devrait être appliquée qu'après environ une journée, quand la partie blessée peut fonctionner à nouveau.

Lorsqu'on doit traiter une foulure ou une blessure de ce genre dans la partie supérieure du dos, il faut se rappeler de remettre les articulations touchées en mouvement le plus vite possible. Dans l'impossibilité de le faire avant quelques jours, la tension et la raideur augmenteront à mesure que les réflexes nerveux réduiront la circulation dans la région atteinte. En outre, la situation risque de se détériorer davantage s'il se produit une inflammation du tissu adipeux qui entoure les articulations ou les ligaments reliant les os entre eux. Ce genre de problème, qu'on pourrait appeler « congélation de l'épaule », peut exiger une très longue thérapie avant d'arriver à « casser la glace ».

*Un cou droit permet de bien se sentir.*

Les douleurs et raideurs du dos et des épaules peuvent aussi être causées par une infection des voies respiratoires comme un rhume ou la grippe. Elles se produisent parce que les tissus du nez, de la gorge et de la poitrine sont parcourus par des nerfs provenant de la section de la moelle épinière située dans la partie supérieure du dos et dans le cou. Comme les messages transmis par ces nerfs voyagent dans les deux directions, une inflammation des tissus du nez et de la gorge peut envoyer des messages signalant un problème jusqu'à la moelle épinière. Certains de ces messages provoquent des réflexes de douleur dans les tissus autour de la colonne, tandis que d'autres aident à guérir l'inflammation. Les messages qui parviennent au dos causent de la douleur et des raideurs ; ce sont les moyens dont dispose la nature pour nous avertir de ce qui ne va pas.

Votre posture constitue la cause la plus probable de vos problèmes de dos. Vérifiez si vous ne vous tenez pas le dos voûté, ou si vous avez une épaule plus basse ou plus avancée que l'autre. Vous tenez-vous la tête et le cou bien droits ? Passez-vous de longues heures à votre bureau ? Si c'est le cas, les douleurs que vous ressentez dans le haut du dos sont probablement le résultat d'une mauvaise posture. Aussi, plus tôt vous adopterez une série d'exercices permettant d'éviter les problèmes de dos et d'épaules, mieux s'en portera votre santé.

## Exercices préventifs

Vous trouverez dans les prochaines pages des exercices simples que tout le monde devrait pratiquer afin d'éviter les problèmes dont nous avons discuté.

Disons d'abord que la majorité des exercices sont bénéfiques parce qu'ils stimulent la circulation et permettent généralement de faire bouger le dos. Par exemple, la natation, le golf, le tennis et la marche ont cet effet. En pratiquant des exercices prévus tout spécialement pour cette région particulière du corps, on peut ainsi réduire le temps requis pour soulager ou prévenir les douleurs aux épaules.

Par exemple, si vous souffrez d'une douleur ou d'une raideur de l'articulation de l'épaule, essayez de vous pencher vers l'avant en vous soutenant de votre bras valide à un dossier de chaise. Laissez le bras blessé pendre. Balancez-le ensuite d'avant en arrière, puis d'un côté et de l'autre et enfin en cercles dans les deux sens. Cet exercice permet d'étirer doucement l'articulation sans que le poids supplémentaire de celui-ci s'y ajoute lorsque vous êtes debout. C'est en outre le plus efficace des exercices parce qu'il permet d'étirer les ligaments à l'endroit de l'enflure.

*Un cou penché exerce une tension sur le corps.*

Un autre exercice d'étirement efficace en cas de raideur de l'articulation de l'épaule consiste à se coucher sur le dos, les genoux relevés et les bras de chaque côté du corps. Tournez-vous lentement jusqu'à ce que vous sentiez que votre épaule handicapée est sur le point de quitter le sol. Maintenant, balancez-vous doucement d'avant en arrière. Le poids de votre bras est suffisant pour étirer les ligaments douloureux de l'épaule. Dans cet exercice cependant, vous ne vous servez pas vraiment des muscles de l'articulation, ceux-ci pourraient causer plus de tort que de bien.

L'exercice appelé « étirement du chat » constitue l'un des moyens les plus efficaces pour soulager la tension dans la partie supérieure de la colonne ainsi que la raideur dans l'articulation de l'épaule. Appuyez-vous sur les mains et les genoux, les doigts pointés vers l'avant. Sans plier les coudes, pliez les genoux et allez vous asseoir sur les mollets. Ce mouvement permet d'étirer les épaules et le haut du dos. N'oubliez pas de continuer à respirer normalement pendant que vous exécutez l'exercice. Si vous rebondissez légèrement lorsque vous commencez à sentir la tension, cela aidera à détendre les tissus contractés.

*1. Appuyez-vous sur une chaise pour étirer votre épaule. 2. Laissez balancer doucement votre bras.*

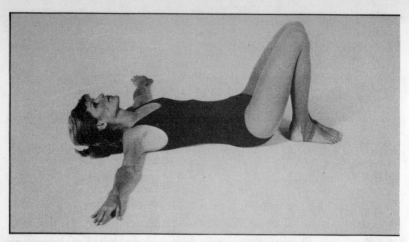

*1. Tenez d'abord vos bras bien droits.  2. Roulez ensuite sur le côté.*

## Le roulement de l'arachide

Pendant que vous êtes dans cette position, vous pourriez aussi essayer le « roulement de l'arachide ». Ramenez d'abord vos bras de manière qu'ils soient ainsi que vos jambes perpendiculaires au sol. À partir de cette position neutre, pliez les coudes et les genoux jusqu'à ce que votre menton ou votre nez touche presque le sol, tout près des genoux. Ramenez maintenant le menton près de vos doigts, comme si vous rouliez une arachide sur le sol avec celui-ci. Revenez à la position neutre, puis faites le mouvement

*1. L'étirement du chat commence à quatre pattes. 2. Repliez-vous ensuite vers l'arrière.*

dans le sens contraire, c'est-à-dire en ramenant le menton ou le nez au sol près des doigts et en « roulant l'arachide » vers les genoux. Revenez en position neutre et recommencez trois ou quatre fois. N'oubliez pas de respirer normalement.

Si vous trouvez ces exercices trop faciles, vous pouvez les rendre un peu plus ardus en tournant la tête pendant que vous êtes en position neutre et en faisant rouler l'arachide avec l'oreille dans les deux sens, puis en recommençant avec l'autre oreille.

Un autre bon exercice d'étirement s'appelle le « roulement des épaules ». Il arrive fréquemment qu'un relâchement soudain

*1. Le roulement de l'arachide commence à quatre pattes. 2. Baissez le menton près du sol. 3. Avancez le menton comme si vous rouliez une arachide sur le sol.*

de la tension se produise pendant cet exercice ; cela est dû au fait que les vertèbres supérieures sont plus sollicitées que les autres. Pour exécuter l'exercice, couchez-vous sur le dos, les jambes légèrement écartées et les mains jointes derrière le cou. Gardez

**4.** *Relevez ensuite le menton.*

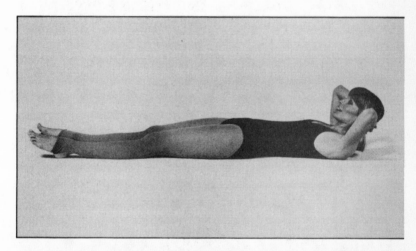

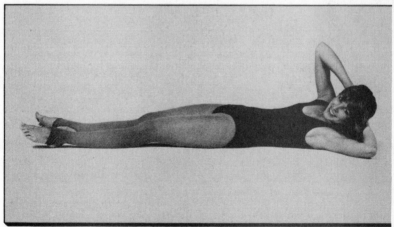

**1.** *Le roulement des épaules est exécuté couché sur le sol.* **2.** *Faites toucher le sol à votre coude.*

les coudes relevés pendant que vous soulevez la tête de quelques centimètres. De cette position neutre, tournez la tête et les épaules vers la droite jusqu'à ce que le coude touche par terre, puis refaites le même mouvement vers la gauche. Six à huit exécutions de ce mouvement permettront d'étirer et de tonifier les tissus de la partie supérieure de la colonne. Encore une fois, n'oubliez pas de respirer normalement et ne prenez pas plus de deux secondes pour accomplir chaque mouvement.

Même si votre dos et vos épaules ne vous causent pas de problèmes, ces exercices peuvent malgré tout rendre des services à votre santé. Bien entendu, ce ne sont pas des substituts aux autres exercices comme la course, la bicyclette, la marche, la natation et les sports du même genre. Cependant, les personnes en bonne santé qui peuvent le mieux contrer les effets du stress et du vieillissement sont celles dont la vie est la plus active.

# CYCLISME

Tous les jours à l'heure du lunch, un policier de 52 ans de Los Angeles enfourche sa bicyclette et va faire une promenade. Pour lui, cette tournée quotidienne vise un triple objectif : le plaisir, l'entraînement en vue de compétitions et l'exercice de son cœur. « Je n'en reviens pas », raconte Rudy Berteaux. « Il y a environ quinze ans, les médecins ont découvert que je souffrais de haute pression et que les résultats d'une cardiographie de mon cœur montraient certaines irrégularités. En fait, j'avais été victime d'une crise cardiaque mais personne ne l'avait réalisé à ce moment. Je pesais plus de 95 kilogrammes, j'avais du mal à respirer et je pouvais à peine tondre mon gazon. Aussi, les médecins m'ont vivement conseillé de faire de l'exercice. »

Pendant les cinq années suivantes, il se mit à faire du jogging, améliora ses habitudes alimentaires et abaissa son poids à 85 kilogrammes. Par la suite, il dut abandonner le jogging en raison d'un problème de genoux, mais heureusement il avait commencé à faire de la bicyclette. Il se mit à apprécier les paysages où le conduisaient ses promenades sur deux roues et bientôt, il joignait les rangs d'un club de cyclistes. La bicyclette lui procura tellement de plaisir qu'il décida, il y a quatre ans, de faire de la compétition.

Cet homme qui, auparavant, devait garder le lit pour conserver une pression normale commença bientôt à remporter des médailles. Il y a deux ans, aux olympiades de la police de Californie, notre homme remporta deux médailles d'argent dans la catégorie des quarante ans et plus. L'an dernier, il s'inscrit dans la catégorie ouverte, juste pour voir où il se classerait, et il remporta l'or dans le sprint. « Quelle agréable surprise », nous confia-t-il. Il rafla aussi deux médailles d'argent dans le critérium de 16 kilomètres et dans l'épreuve sur route de 50 kilomètres. « Je crois bien que je n'ai jamais cessé de m'améliorer », dit-il.

Affirmation on ne peut plus modeste, croyons-nous. Devenu membre de l'équipe de Californie, il participa aux olympiades internationales de la police où « des gars de toutes les régions du pays et d'Europe étaient inscrits. J'ai décroché une troisième place dans le 40 kilomètres libre et les gars qui m'ont battu avaient 25 ans... » Imaginez, il avait pourtant deux fois leur âge.

Il s'entraîne régulièrement et se fait suivre par son médecin, qui lui fait subir une épreuve de tension deux fois par année. « Mon médecin n'arrête pas de m'encourager à continuer car il trouve que c'est le meilleur exercice que je puisse faire », raconte M. Berteaux en souriant. Il roule en moyenne 250 kilomètres par semaine et se rend au travail à bicyclette tout l'été, un trajet de 65 kilomètres aller-retour. L'hiver, il se lève tôt et fait un circuit de 15 à 25 kilomètres, puis une autre heure de bicyclette au dîner.

Très heureux des changements qui se sont produits en lui, il s'exclame : « Je me sens bien et je suis en forme. De plus, ça fait du bien d'entendre mon cardiologue me dire que je suis en parfaite santé et que je peux participer à toutes les compétitions qui m'intéressent. J'ai du mal à imaginer que les gens ne réalisent pas ce qu'ils pourraient faire s'ils le voulaient. Ils se sentiraient tellement mieux s'ils faisaient un peu de jogging tous les matins, ou s'ils enfourchaient leur bicyclette pour se rendre au travail. »

## Les cyclistes souffrent de problèmes cardiaques

Le cas de M. Berteaux est intéressant et c'est agréable de savoir qu'il n'est pas le seul dans son cas. En fait, c'est lui qui nous a parlé du club cycliste de l'hôpital Rancho Los Amigos, entièrement composé de personnes qui font de la bicyclette à titre de thérapie, mais aussi pour le sport. Fondé en 1974 par Randy Ice, un thérapeute de l'hôpital, le club accepte un nouveau membre uniquement lorsque ses problèmes coronariens affichent un certain degré de stabilité. La plupart des membres ont d'abord suivi un programme d'entraînement à l'hôpital où ils se sont exercés, sous contrôle médical, sur une bicyclette ergométrique ou sur une courroie d'exercice. Ils se surveillent aussi à la maison. Les membres doivent suivre un régime approprié et les fumeurs doivent dire adieu à leur habitude. Lorsqu'ils sont prêts, ils sont acceptés dans le club du samedi.

« L'atmosphère de camaraderie qui règne dans le groupe est tout simplement incroyable », s'exclame M. Ice. « Chez la plupart des patients souffrant d'un problème cardiaque, une profonde dépression accompagnée d'incertitude sur ce qui leur est permis et interdit constituent leur handicap le plus sérieux. Aussi, lorsqu'ils se joignent à un groupe dont les progrès sont aussi incroyables même s'ils ne sont pas toujours d'une rapidité fulgurante, ces patients ont l'occasion de parler avec les autres de problèmes que tous partagent. »

M. Ice continue en nous citant le cas d'un patient de 73 ans qui a récemment effectué sa troisième randonnée de 175 kilomètres. « Nous avons fait le trajet entre Fullerton et San Diego en une journée et ce fut une partie de plaisir pour lui. En 1951, on avait dû l'opérer pour un cancer ; en plus, il avait été victime d'un anévrisme de l'aorte et avait aussi subi un pontage deux ans plus tôt. Il n'avait jamais fait de bicyclette et lorsqu'il est venu me voir, il avait 69 ans. À l'époque, il végétait plutôt qu'il ne vivait. Maintenant, le cyclisme l'intéresse tellement qu'il en connaît plus que moi sur la technique et les composantes d'une bicyclette. En outre, il roule entre 825 et 1 000 kilomètres par mois. »

Les débuts ne sont pas toujours faciles, mais les patients sont aidés par des spécialistes. Il est important au départ de connaître son rythme d'exercice et la longueur des trajets qu'on peut se permettre. Une des cyclistes du club, qui a plus de cinquante ans, nous raconte les problèmes qu'elle a connus à ses débuts parce qu'elle n'avait personne pour la guider. « Aujourd'hui, je suis une maniaque de la bicyclette », nous écrit la dame,

---

**Le cyclisme est une activité agréable et un exercice aérobique des plus efficaces. Vous pouvez vous initier graduellement à la bicyclette et augmenter votre endurance et vos capacités à mesure que votre forme physique s'améliore.**

---

qui suit une thérapie en raison d'une cardiomyopathie, un « charley horse » cardiaque selon ses propres termes.

« Il y a trois ans de cela, j'ai acheté un dix vitesses. Comme je ne possédais aucune connaissance technique sur le sujet, j'ai acheté ce que je croyais être approprié à mes besoins. Par la suite, j'ai participé à diverses reprises, à des randonnées de club. Chaque fois, je ne connaissais pas les difficultés du trajet et j'étais donc incapable de juger si mes capacités me permettaient de les surmonter. Je les ai donc endurées plutôt qu'appréciées, me retrouvant trop souvent seule à essayer de déchiffrer ma carte routière. Parfois, je me mettais à pleurer au beau milieu de la route, me demandant pourquoi je m'infligeais une telle épreuve. Mais j'arrivais quand même à retrouver mon chemin et, en rentrant à la maison fourbue mais fière de moi, je savais que mon seul désir était de recommencer l'expérience. »

Lors d'une randonnée, un après-midi, elle fit la connaissance d'un homme qui ressemblait au Colonel Sanders. « Il était le meneur d'un groupe de cyclistes indépendant du nôtre et il m'apprit à me servir de mes vitesses, lentement mais sûrement. Lui-même n'avait jamais fait de bicyclette avant ses soixante ans, époque où il fut victime d'une crise cardiaque. Toutes ses randonnées étaient préparées autant que possible en fonction de son groupe, du terrain, du trafic et du facteur vent. Mes véritables débuts se sont faits à ce moment-là et je fus convaincue que je pourrais devenir une vraie cycliste. »

« Par la suite, j'ai roulé avec un autre homme, un véritable ami qui fait de la bicyclette depuis son plus jeune âge. J'ai participé à des randonnées en compagnie de vrais cyclistes qui prennent le temps de regarder autour d'eux et d'apprécier la nature. Avec eux, j'ai fait des sorties d'une journée qui m'ont valu des semaines entières de vacances. »

« Deux ans et demi se sont écoulés depuis et aujourd'hui, mes problèmes de santé semblent s'être envolés. Je ne prends plus aucun médicament et on dirait que je possède un corps tout neuf. »

---

## Rouler pour être en forme

Contrairement à de nombreuses autres formes d'exercice, la bicyclette possède l'avantage d'être une activité relaxante et amusante tout en exerçant moins de tension sur les articulations et les ligaments. Comme on est sur deux roues, les jambes n'ont pas à absorber les chocs causés par la course. C'est pourquoi le cyclisme ouvre la porte de la forme physique à de nombreuses personnes qui ne pourraient s'adonner à des activités comme le jogging.

En outre, le cyclisme est une activité agréable tout en étant un exercice aérobique d'une grande efficacité. De plus, vous pouvez commencer lentement et augmenter graduellement votre endurance et vos capacités à mesure que vous améliorez votre forme physique.

Si vous prenez la décision de faire de la bicyclette, la première question que vous vous poserez sera probablement quel genre de bicyclette vous procurer.

Divers modèles sont offerts et chacun d'eux est adapté à un usage particulier. Si vous désirez seulement vous promener en ville ou faire de petits trajets, le modèle à trois vitesses, qui exige peu d'entretien, est le plus pratique. Cependant, si vous désirez en faire un loisir et rouler sur de longues distances ou en terrain accidenté, les avantages mécaniques du dix vitesses sont indéniables. En outre, le dix vitesses est de loin la meilleure bicyclette si vous désirez faire de l'exercice.

*Un dix vitesses facilite la montée des côtes et vous fatigue moins lors de longues randonnées.*

Vous n'aurez aucun problème à trouver une bicyclette de dimensions appropriées à votre stature. Pour ce faire, chaussez des souliers plats et enfourchez une bicyclette d'homme. Il devrait y avoir un espace d'environ trois centimètres entre la barre horizontale et l'entre-jambes. Si vous désirez vous procurer un modèle de femme, faites d'abord l'essai sur un modèle d'homme qui vous convient et choisissez un modèle de femme dont le siège est à la même hauteur que celui du modèle d'homme. Une bicyclette trop petite est peu agréable à conduire tandis qu'un modèle trop grand sera inconfortable et dangereux. Il est possible que vous soyez obligé de relever le siège et de changer les guidons, même si vous avez une bicyclette adaptée à votre taille, car personne n'a les bras de la même longueur ni les mêmes goûts quant à la position du siège.

## À chacun sa position préférée

Si vous voulez vous exercer sérieusement, faire de longues sorties, ou encore si le terrain est vallonneux, il serait préférable de vous munir de guidons bas (modèle de course) comme ceux qui équipent les dix vitesses. Ceux-ci donnent une impression d'inconfort, et ils le sont effectivement lors de vos premières randonnées, mais la plupart des cyclistes en viennent à les préférer aux autres. Ces guidons modifient la position du corps et lui apportent de nombreux avantages biomécaniques. Cependant, si votre dos n'arrive pas à s'adapter à ceux-ci ou que vous n'anticipez pas de longs parcours, vous préférerez peut-être vous ranger aux côtés des nombreuses personnes qui s'en tiennent aux guidons droits.

La selle que vous utiliserez dépend des guidons que vous préférez. Une selle large s'adapte bien aux guidons droits tandis qu'elle est plutôt inconfortable avec des guidons bas. Les selles de type compétition, tout comme les guidons de course, sont très fonctionnelles et plus confortables qu'elles le paraissent. Comme

**Le cyclisme constitue un excellent exercice qui ne demande aucun équipement extravagant.**

*Les selles de bicyclette, comme les gens, ont toutes sortes de formes et de grandeurs.*

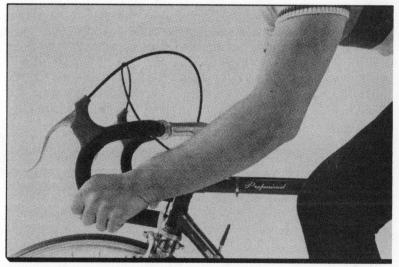

*Les guidons bas sont en général le meilleur choix des cyclistes sérieux.*

les femmes ont un bassin plus large que les hommes, elles auront besoin d'une version légèrement plus large de la selle de compétition.

Les cale-pied, ces petits machins qui retiennent les pieds aux pédales, sont pratiques pour garder les pieds où ils doivent se trouver.

Au début, vous préférerez probablement vous familiariser d'abord avec votre bicyclette avant de vous servir de vos cale-pied. Cependant, vous voudrez sûrement vous en servir dès que vous serez habitué car les cale-pied augmentent votre efficacité en retenant les pieds en position optimale sur les pédales. Grâce à eux, pédaler devient un mouvement de rotation tout en douceur au lieu d'une suite de poussées saccadées. De plus, ils permettent un meilleur exercice et une randonnée plus agréable et sans fatigue indue.

Quoi que vous fassiez, ne croyez pas qu'il vous faille commettre des extravagances en matière d'équipement. Cependant, il est certain que le prix d'une bicyclette constitue un désavantage par rapport à d'autres activités comme la course. Comparé à l'achat de chaussures et d'un short pour faire du jogging, l'achat d'une bicyclette constitue un investissement substantiel.

## Soyez prudent

Si vous roulez sur les routes, vous devriez vous conformer à toutes les règles de sécurité en vigueur, car si vous ne le faites pas, vous risquez de graves ennuis. En effet, si vous entrez en collision avec une automobile, cette dernière possède un avantage de poids sur votre bicyclette et vous.

En général, les règles de sécurité à observer sont les mêmes que celles prescrites aux automobilistes. Vous devriez rouler du côté droit de la route et vous conformer à tous les signaux routiers. Communiquez avec le poste de police le plus près de chez vous pour obtenir tous les détails sur les règles de sécurité à l'usage des cyclistes. Il est même possible que vous puissiez vous procurer au poste un petit manuel destiné spécialement aux cyclistes.

Les cyclistes devraient aussi porter un casque de sécurité, car la tête est la partie la plus vulnérable et la plus importante du corps qui est exposée au danger lorsqu'on roule à bicyclette. Vous trouverez dans une boutique spécialisée le casque qui convient le mieux à vos besoins.

Une fois prises toutes les mesures de sécurité nécessaires, allez ! Dehors et bonne route !

*Soyez prudent, portez un casque lorsque vous faites de la bicyclette.*

Comme le dit si bien Victor Hadlock, un cycliste « ressuscité » :

> Lorsque je regarde en arrière, je suis heureux de n'avoir pas succombé à cette petite voix démoniaque qui me chuchotait sans répit « Tu es trop vieux pour ces folies. Laisse tomber pendant qu'il est encore temps. » Je serai toujours reconnaissant au médecin qui m'a conseillé de faire de la bicyclette tous les jours. De mon côté, je regardais son ventre rebondi et j'étais tenté de lui dire « Pourquoi n'essayez-vous pas aussi, doc ? » Mais je n'ai pas osé.

# BIOFEED-BACK

Le biofeed-back est un proche parent de la médecine populaire. Les gens se servent de remèdes populaires parce que ceux-ci les ont déjà guéris ou parce qu'ils sont réputés efficaces selon des sources sûres. Pourtant, personne ne sait vraiment pourquoi ces remèdes sont efficaces, ni même comment ils agissent. Ce processus rempli de mystère s'applique parfaitement au biofeed-back. Le biofeed-back, c'est une forme obscure de thérapie, ou peut-être d'apprentissage, qui a été utilisée pour traiter toutes sortes de choses avec, il faut le dire, un succès tout à fait raisonnable. Par exemple, on a traité par ce moyen des maux de tête causés par la tension nerveuse, des cas de mauvaise circulation dans les extrémités, d'anxiété, de stress, de rythme cardiaque irrégulier et même des cas de paralysie cérébrale et d'épilepsie. Cependant, tous ces bons résultats ressemblent à des tours de magie car personne ne sait si le biofeed-back traite ces maladies directement ou indirectement. Par exemple, l'utilisation du biofeed-back permet-elle réellement à une personne de contrôler le mécanisme interne qui lui rend les mains froides comme des glaçons ? Ou encore, exerce-t-elle une action totalement différente, quelque chose ressemblant à un « grille-main » interne ? Comme pour la majorité des remèdes populaires, personne ne sait vraiment de quoi il s'agit. Heureusement, dans le cas du biofeed-back, quelqu'un se préoccupe du sujet. Ainsi, de nombreux chercheurs essaient de découvrir le pourquoi et le comment du biofeed-back. Dans ce chapitre, nous passerons en revue quelques définitions du biofeed-back et nous donnerons des explications sur son action, ou du moins sur la manière dont il est censé agir. Par ailleurs, nous établirons une liste de ce qu'il peut faire, et ne pas faire, pour vous.

Qu'est-ce que le biofeed-back, alors ? Certains diront qu'on ne sait pas, du moins pas encore, ce que c'est et que la seule chose que l'on puisse faire est de décrire comment on s'en sert et comment il semble agir. Avant de vous donner les définitions avancées par ceux qui prétendent savoir ce qu'est le biofeed-back, voyons un peu comment on s'en sert.

## Maux de tête dus à la tension nerveuse

Fred souffre de ce genre de mal de tête assez souvent, peut-être trois ou quatre fois par semaine. Mais cette semaine, la fréquence a augmenté considérablement parce qu'il a appris que le traitement d'orthodontie de sa fille va dorénavant lui coûter plus cher et que sa voiture, vieille de sept ans, a une fuite d'huile qui va lui coûter 139,50 $. À bout de nerf, Fred est allé voir son médecin qui l'a envoyé à la clinique spécialisée d'un hôpital universitaire voisin. Son médecin a pris cette décision parce que Fred prend déjà une forte dose de médicaments qui n'ont d'ailleurs plus d'effet. Il en a conclu qu'il était temps d'essayer autre chose. À la clinique, on a décidé que cette autre chose serait le biofeed-back. En se servant des impulsions, appelées rétroactions (feed-back), renvoyées par les muscles de sa tête et de son cou, Fred apprendrait à détendre les muscles qui se contractaient en période de tension et qui, croyait-on, produisaient ses maux de tête.

On lui expliqua d'abord tout le processus et il accepta de faire un essai. On le conduisit ensuite dans une petite pièce insonorisée et faiblement éclairée qui était encombrée de matériel électronique. On lui expliqua à quoi servaient les divers boutons, clignotants et cadrans, puis on le fit s'étendre sur un canapé. Tout en lui expliquant en détail ce qu'il lui faisait, un thérapeute

---

**Le biofeed-back augmente votre capacité de contrôler les processus qui régissent l'activité de votre corps. On l'a utilisé pour traiter des maux de tête, des problèmes de froideur aux mains, l'anxiété, le stress et même la paralysie cérébrale et l'épilepsie.**

---

colla trois électrodes sur le front de Fred, une à environ trois centimètres au-dessus de chaque sourcil et une au centre du front. Ces électrodes, expliqua le thérapeute, servaient à capter les signaux électriques émis par les muscles frontaux et les transmettaient à un appareil appelé électromyographe (E.M.G.), qui à son tour les enregistrait et les amplifiait. Selon la théorie du thérapeute, si les maux de tête de Fred étaient produits par la tension de ses muscles, une réduction de cette tension permettrait de réduire ses maux de tête.

De la théorie, on passa à la pratique lorsque les sourcils de Fred commencèrent à renvoyer des impulsions électriques à l'électromyographe. Celui-ci les transforma en clics mécaniques, c'est-à-dire en rétroactions (feed-back). Plus les muscles se tendaient, faisant empirer la douleur, et plus les clics devenaient forts. Le but de cette séance, lui dit le thérapeute, était de lui faire « voir » et « entendre » son malaise sous forme de réactions électroniques, parce qu'on lui demanderait bientôt de ralentir les clics et de réduire la douleur en se servant aussi d'un moyen indirect, c'est-à-dire en utilisant les rétroactions traduites par l'appareil. Pendant que Fred était à la clinique ainsi ficelé, il devait découvrir un moyen, n'importe lequel, pour détendre ses

*On peut se servir d'un appareil de biofeed-back à la maison pour provoquer un état de détente.*

muscles, couper leur activité électrique et arrêter la production de clics. On ne lui donna aucune indication sur la manière dont il devait s'y prendre ; on lui demanda seulement d'essayer. Il essaya donc et, au bout de plusieurs semaines d'efforts, il réussit. D'une manière quelconque, en pensant à des moments heureux, à la belle bouche qu'aurait sa fille après son traitement, à une nouvelle voiture sans fuite, bref en pensant à toutes sortes de choses, Fred réussit à détendre ses muscles, à arrêter le cliquetis de la machine et à éliminer la douleur.

Le thérapeute qui travaillait avec Fred évitait de discuter avec lui des moyens qu'il prenait pour se détendre. Il ne faisait que l'encourager à continuer et à se concentrer sur les clics révélateurs de son état. Bien entendu, le véritable test de toute thérapie par le biofeed-back a lieu dans les semaines et les mois qui suivent. Jusqu'à quel point Fred peut-il se servir efficacement de cette nouvelle méthode pour se détendre lorsqu'il est à l'extérieur de la clinique, loin de la rétroaction encourageante que lui renvoie l'appareil ? Les partisans du biofeed-back s'entendent évidemment pour dire que les chances de succès de Fred sont bonnes, tandis que les farouches opposants de cette technique clament que ses chances sont très minces. Nous verrons tout cela plus tard.

## Prendre le contrôle de soi

Actuellement, notre problème consiste à donner une définition du biofeed-back à partir de la démonstration de son fonctionnement interne tel que nous venons de le voir. La définition la plus répandue prétend tout simplement que le biofeed-back est n'importe quelle technique permettant d'augmenter la capacité d'un patient de contrôler volontairement certaines activités physiologiques, en lui fournissant certaines informations sur ces activités. Trois termes de cette phrase ont été mis en italiques afin de mettre l'accent sur trois points importants. Tout d'abord, le biofeed-back ne fait qu'augmenter votre capacité de contrôle d'un processus qui a cours au plus profond de votre être. Ainsi, ce n'est pas un interrupteur magique ni, par exemple, le grand maître qui régit votre pression sanguine. Ce n'est pas non plus un remède universel contre tous les maux. Comme vous le verrez dans les pages suivantes, le biofeed-back ne peut être efficace que dans certaines conditions bien précises.

Finalement, ne vous laissez pas tromper par le terme « volontaire ». Les scientifiques, les médecins et les psychologues qui se servent du biofeed-back n'ont pas encore réussi à s'entendre sur sa véritable signification dans ce contexte. Ils ne savent pas avec certitude si le patient acquiert réellement un contrôle conscient de la température de ses mains et de ses pieds, si on parle d'un cas de maladie de Raynaud, ou s'il se produit quelque chose de totalement différent qui produit par inadvertance une élévation de la température aux extrémités.

Il existe un quatrième point que nous aimerions aussi souligner. Le biofeed-back est le fruit d'une effort coopératif entre la recherche qui l'a créé et la pratique médicale qui l'utilise. Aussi, personne ne devrait exercer un contrôle sur votre thérapie par le biofeed-back car aucun domaine de la médecine ne peut revendiquer la responsabilité de sa mise au point. Le rôle du médecin consiste à décrire les symptômes de la maladie et la manière dont le biofeed-back les modifie. Les médecins mettent souvent en marche le processus de traitement par un diagnostic suivi de la « prescription » d'une thérapie par biofeed-back. L'appareil utilisé par l'administrateur de la thérapie a quant à lui été conçu par un ingénieur biomédical, qui joue un rôle crucial dans votre thérapie. En effet, plus il vous fournira de renseignements sur votre état et plus vous serez capable de vous servir de l'appareil; plus tôt vous aurez ces renseignements, plus vite vous serez en mesure de réagir... et de guérir. Enfin, plus ses renseignements seront précis, plus votre réaction sera précise et vos progrès réguliers.

Il est aussi possible qu'on fasse appel à l'opinion d'un psychiatre. Les membres de cette profession étudient l'aspect émotionnel des maladies. De nombreux états qui réagissent au biofeed-back sont appelés « états psychosomatiques » ; ce sont des états physiques ayant des causes mentales. Enfin, les équipes de traitement par biofeed-back comprennent souvent un psychologue, en raison de ses connaissances en matière de processus

---

**Le biofeed-back peut vous libérer de l'usage de médicaments et d'autres formes de thérapies dangereusement envahissantes.**

d'apprentissage. Comme le biofeed-back est une forme d'apprentissage, les psychologues conseillent fréquemment des groupes en cours de traitement sur la façon d'organiser leur thérapie.

## Biofeed-back et médecine behavioriste

Tout ce que nous venons de dire signifie que l'utilisation du biofeed-back est devenue une branche de la médecine behavioriste, ce qui constitue une des raisons pour lesquelles nous nous y sommes intéressés. La médecine behavioriste traite les patients dont le comportement contribue au déclin ou à l'amélioration de leur santé. Par exemple, de nombreuses formes d'asthme sont directement reliées aux problèmes émotionnels ; de même, la haute pression peut résulter d'une vie tendue. Un aspect de la médecine behavioriste qui nous intrigue est qu'elle demande la participation active du patient à son rétablissement. En effet, le thérapeute peut montrer au patient à se servir de l'appareil et comprendre les renseignements qu'il lui donne, mais seul le patient peut maîtriser la technique et produire les résultats désirés. Cependant, il y a une petite attrape ici. Si le patient doit apprendre à s'aider lui-même, il doit aussi continuer le processus assez longtemps pour atteindre le résultat désiré, puis continuer à le pratiquer pour tenir le problème dont il souffre à l'écart. Le biofeed-back en tant que forme de médecine behavioriste possède donc des avantages et des inconvénients. D'une part, il libère le patient des médicaments et des autres thérapies qui envahissent son corps et produisent des effets secondaires peu intéressants. D'autre part, le biofeed-back rend le patient dépendant de son propre sens de l'autodiscipline, inconvénient qui devient avantage car, en dernière analyse, il en sort gagnant.

## Utilisations du biofeed-back

On pourrait établir une assez longue liste des états qui ont été traités par le biofeed-back, mais il serait bon de conserver un point à l'esprit avant que cette liste ne nous emballe trop. Beaucoup de ces états sont communément associés au stress, par exemple les migraines et les maux de tête causés par la tension

nerveuse. Le biofeed-back est utilisé pour attaquer les conséquences de ce stress au lieu du stress lui-même. Bien sûr, le
biofeed-back sert aussi dans des cas de blessures et de paralysie
graves comme les cas d'apoplexie, de dommages nerveux accidentels, de paralysie cérébrale ainsi que pour de nombreuses
autres causes de handicaps physiques. Cependant, c'est encore
aux symptômes de la maladie ou de l'état que l'on s'attaque et
non au problème lui-même. La plupart des thérapeutes par le
biofeed-back croient que le genre de maîtrise de soi qu'ils
enseignent peut soulager les souffrances de la maladie, peu
importe la source organique de ces souffrances. Toutefois, ils ne
disent pas que leurs techniques peuvent remettre en état les
parties du corps mises hors service par une maladie ou un
accident ; ils disent plutôt que tant que le système touché
conserve une partie de ses fonctions, le biofeed-back peut aider
le patient à s'en servir pour son plus grand bien. Dans la plupart
de ses applications, qu'il s'agisse de traiter un mal de reins
chronique, la maladie de Parkinson ou un simple grincement de
dents, le biofeed-back sert à tirer le meilleur parti possible des
ressources que le patient a à sa disposition.

## Quelques appareils de biofeed-back

Peu importe votre problème, si le biofeed-back peut vous aider,
cette aide commencera par l'utilisation d'un appareil de contrôle
quelconque. Les troubles cardiaques sont traités à l'aide d'un
appareil de mesure du pouls qui contrôle continuellement les
contractions du muscle cardiaque. L'appareil de biofeed-back
n'est ni plus ni moins qu'un E.C.G. (électrocardiographe)
semblable à celui qui a servi à vérifier votre cœur lors de votre
dernier examen médical. De plus, les informations lui sont
transmises au moyen d'électrodes fixées à la poitrine. Les
données sur la pression sanguine dont on se sert en thérapie par
biofeed-back proviennent d'un manomètre à pression qui ressemble à un appareil standard, à cette différence qu'il peut
continuellement mesurer la pression sanguine au repos et pendant
l'effort sans serrer les vaisseaux sanguins.

   Un appareil appelé E.E.G. (électroencéphalographe) sert
aussi à produire une rétroaction. Cet appareil, dont les électrodes

sont fixées au front et au cuir chevelu du patient, enregistre l'activité électrique produite par les cellules nerveuses. On s'en sert pour contrôler l'activité cérébrale et pour reproduire des signaux communément appelés « ondes cérébrales », c'est-à-dire des images de catégories particulières de l'activité du cerveau. Tous les traitements effectués au moyen d'un E.E.G. permettent au patient de « voir » son cerveau au travail. Ainsi, le patient est plus en mesure d'entraîner son cerveau à produire (sur demande) certaines ondes jugées désirables pour une raison ou pour une autre. Il y a quelques années, on a découvert une catégorie particulière d'ondes cérébrales, surnommées « ondes alpha », qui ont provoqué beaucoup d'excitation. Depuis, certains ont décidé que les ondes alpha sont extrêmement désirables parce qu'ils les associent à un état d'esprit très détendu, mais qui est en même temps alerte et créatif.

Il existe un autre type de réaction qu'on peut générer à l'aide d'un appareil appelé E.M.G. (électromyographe). Cet appareil enregistre les signaux électriques émis par les contractions musculaires. Les informations ainsi obtenues servent à la réhabilitation des membres handicapés. Par exemple, on peut aider des patients partiellement paralysés ou handicapés à découvrir de nouvelles manières de se mouvoir. On s'en est aussi servi pour réactiver les faisceaux nerveux du moignon de membres amputés chez certains patients qu'on voulait munir d'une prothèse hautement perfectionnée. Les détecteurs de l'électromyographe sont fixés sur la peau recouvrant le muscle à étudier. La température du corps est enregistrée par la mesure du volume d'écoulement sanguin dans une zone particulière de la peau. Ainsi, un débit sanguin rapide et important indique une température élevée tandis qu'un débit faible et lent suggère une perte de chaleur.

Notre survol ne serait pas complet si nous ne parlions pas de galvanorésistance de la peau, qui est en fait la mesure de la conductivité électrique de la peau. On s'en sert pour détecter les signes de stimulation émotive, d'excitation et de nervosité. Lorsque la conductivité électrique de la peau augmente, le hérissement des poils se relâche, ce qui indique un état de détente. En fait, la galvanorésistance de la peau est l'un des phénomènes que mesure un détecteur de mensonges. On s'en sert aussi en traitement par biofeed-back pour enregistrer l'anxiété d'un patient souffrant d'un mal relié au stress et, de façon indirecte, lorsqu'un patient apprend à contrôler ses réactions pendant le traitement.

## À quoi ressemble le biofeed-back

Peu importe d'où provient la rétroaction, en situation thérapeutique elle vous apparaîtra sous un nombre restreint de formes, c'est-à-dire qu'elle pourra prendre un aspect visible ou un aspect audible sous une forme mécanique quelconque. Par exemple, une lampe s'allumera ou un timbre se fera entendre si l'effet désiré est obtenu ; ou encore, le son peut se faire entendre plus fortement et plus faiblement, ou des lampes de couleurs différentes peuvent s'allumer tour à tour selon l'intensité de l'effet. Par exemple, si un patient essaie d'augmenter la température de ses mains, le son (ou la couleur) produit par l'appareil de biofeed-back peut être réglé pour changer lorsqu'un point déterminé est atteint, disons lorsque la température atteint un niveau jugé acceptable par le médecin en charge. Le timbre pourrait aussi être réglé pour émettre un son de plus en plus aigu (ou les lampes passer graduellement par toutes les couleurs de l'arc-en-ciel) à mesure que la température s'élève.

Comment le patient traite-t-il ces informations ? Imaginons un instant qu'on a demandé à notre patient de ralentir son rythme cardiaque, ce qui constitue une demande courante en laboratoire mais non en clinique. Le patient est branché sur un E.C.G. muni d'un tableau de contrôle composé d'un voyant rouge, d'un vert et d'un jaune. Lorsque le patient aura ralenti son rythme au niveau établi, le voyant jaune s'allumera. Entre-temps, il doit se concentrer sur les deux autres voyants ; si le rouge est allumé, il doit essayer d'accélérer son rythme et lorsque le vert clignote, il doit s'efforcer de le ralentir. Bon, nous voilà prêts à commencer la leçon. Comme le voyant jaune joue un rôle de type oui/non, le patient doit d'abord consulter les deux autres voyants pour décider ce qu'il doit faire, essayer de se conformer aux changements de couleur et étudier ses progrès afin d'effectuer les modifications nécessaires pour atteindre son objectif. Comme nous l'avons dit plusieurs fois, personne ne sait exactement comment le patient réussit à faire ce qu'il fait. Pourtant, il arrive à faire certaines choses qui vont ralentir son rythme cardiaque au niveau désiré. D'une manière qui nous est encore mystérieuse, le cerveau du patient traite les informations transmises par la rétroaction et les transforme en messages qui sont transmis au muscle cardiaque, lui ordonnant de mettre la pédale douce.

## Comment de temps faut-il pour apprendre à se servir du biofeed-back ?

Il est difficile de donner des précisions sur la longueur des séances de biofeed-back en clinique, car chaque patient et chaque situation sont particuliers. Cependant, il y a au moins un point sur lequel nous sommes certains. Les séances sont entrecoupées de périodes de « repos » à la maison où l'entraînement est interrompu. En effet, la thérapie par le biofeed-back exige de grands efforts et il faut donc prévoir des pauses de temps à autre. En raison de l'intensité du travail, les séances en clinique doivent être de courte durée, surtout au début. C'est l'aptitude du patient à se concentrer qui permet de déterminer la longueur des séances. Par exemple, si un patient ne peut se concentrer pendant plus de quinze minutes, il n'y a pas de raison pour essayer de forcer cette limite. Il est bien sûr possible d'augmenter la durée des séances après que le patient s'est habitué au traitement. Par ailleurs, de nombreux thérapeutes demandent à leurs patients de continuer à pratiquer à la maison à l'aide d'appareils portatifs faciles à utiliser. Ces efforts permettent non seulement au patient d'améliorer son rendement, mais aussi de s'habituer à de nouvelles techniques de contrôle dans un environnement plus familier et plus normal.

Un autre objectif de la plupart des traitements par le biofeed-back consiste à mettre en œuvre un processus de sevrage. Le but ultime de cette thérapie, comme toutes les autres d'ailleurs, est de fournir au patient quelque chose qui lui permettra sans effort de retrouver une vie plus confortable. Dans le cas du biofeed-back, il s'agit de couper graduellement les liens entre le patient et l'appareil de traitement, par exemple en alternant les séances-machine avec des séances sans machine. Cela signifie qu'il faut enseigner au patient la différence entre les performances, qui se traduisent par l'activation de sonneries et de voyants, et l'apprentissage véritable, dont la récompense est la santé et une sensation de bien-être. Cela signifie en outre que le patient doit mettre au point un système interne qui évaluera le degré de succès de ses efforts. En d'autres termes, il doit substituer les signaux de la machine par un système rétroactif interne. Plus la thérapie avancera et plus le nombre de séances sans rétroaction extérieure augmentera, jusqu'à ce que l'appareil soit finalement débranché en permanence.

La thérapie par le biofeed-back se termine habituellement lorsque le thérapeute et le patient décident d'un commun accord qu'elle n'est plus nécessaire. Cette interruption peut survenir après une seule séance ou après plusieurs mois de traitement; tout dépend des aptitudes du patient et de la gravité du problème. Il est souvent possible de déduire que la fin est proche lorsque la pratique à la maison prend le pas sur les séances en clinique, qui n'en viennent finalement qu'à permettre la vérification des succès à la maison. Cette progression est accomplie en augmentant la fréquence des séances sans intervention de l'appareil. Lorsque les séances de traitement ont complètement cessé, la plupart des médecins insistent pour garder le contact avec leurs patients afin de suivre leurs progrès. Ce contact peut se traduire par des rencontres en clinique ou par un simple coup de fil, mais le but reste le même, c'est-à-dire vérifier s'il y a présence ou absence de symptômes et si les techniques apprises sont fructueuses ou non.

## Traitement des maux de tête par le biofeed-back

Les deux types de maux de tête les plus courants sont généralement caractérisés par leurs symptômes et leurs causes probables. Ces deux types sont fréquemment traités par le biofeed-back. On croit que les migraines sont provoquées par la contraction ou la dilatation des vaisseaux sanguins de la tête, tandis que les maux de tête dus à la tension nerveuse seraient causés par une extrême contraction des muscles du front et du cou. Les migraines, qui

On enseigne aux patients souffrant de migraines à augmenter la température de leurs mains. On ne sait pas très bien pourquoi ce traitement fonctionne, mais il arrive à réduire les maux de tête.

produisent une douleur aiguë et lancinante, sont parfois accompagnées de nausées, de vomissements et de sensibilité à la lumière. Quant aux maux de tête dus à la tension, ils sont généralement accompagnés d'une douleur sourde, persistante et sinueuse. Ceux qui en souffrent disent que ces attaques font penser à des bandes qui enserrent fortement la tête.

Le traitement par le biofeed-back des migraines se fait par un moyen détourné : on apprend aux patients à augmenter la température de leurs mains. On ne sait pas grand-chose du fonctionnement de ce réchauffement, mais il est presque toujours accompagné d'un exercice quelconque de relaxation ; on croit que cette technique est efficace car elle parvient d'une manière quelconque à réduire la tension du système nerveux et la migraine par la même occasion. Chose certaine, la plupart des spécialistes ne croient plus que le biofeed-back réduit le débit sanguin vers la tête et, ce faisant, réduit les douleurs « vasculaires ». Mais quel succès peut bien avoir cette étrange méthode ? Une importante étude dans laquelle des patients ont été suivis pendant un an après la fin de leur traitement a permis de constater que tous les patients avaient conservé les gains qu'ils avaient eus pendant leur traitement, et ce même chez ceux qui n'avaient pas continué les séances de réchauffement des mains chez eux. L'étude comparait aussi les résultats des patients traités par le biofeed-back et la relaxation avec ceux de patients traités uniquement par la relaxation. Aucune différence n'a été décelée, ce qui laisse croire que le biofeed-back est en somme un moyen complexe de contrer le stress. L'utilisation du biofeed-back dans les cas de maux de tête dus à la tension a été expérimentée pour la première fois par une équipe de médecins du centre médical de l'université du Colorado à Denver. De nos jours, leurs méthodes sont largement utilisées. Celles-ci font appel à la relaxation systématique et aux rapports de biofeed-back sur l'activité musculaire du front, du cou et de la tête. Dans ce cas aussi, on pourrait supposer que le biofeed-back ne joue qu'un rôle secondaire et n'est en fait qu'une aide à la relaxation. Comme dans le cas des migraines, les études effectuées pour examiner le succès du biofeed-back sur les maux de tête dus à la tension démontrent en général que la relaxation, seule ou assistée par des machines, est efficace. Cependant, seuls quelques rares chercheurs prétendent que l'utilisation exclusive de la machine est efficace.

## La maladie de Raynaud

Des mains froides n'ont jamais tué personne mais la maladie de Raynaud, caractérisée par des doigts et des orteils gelés, peut s'avérer extrêmement inconfortable. Le problème est provoqué par le froid ou le stress émotionnel et il peut se produire fréquemment pendant la saison froide. Un simple réchauffement des parties touchées n'aide pas beaucoup parce que le sang qui se rue à la rencontre de la chaleur provoque une douleur lancinante, des enflures et des rougeurs désagréables. Les médecins ont tenté de guérir la maladie de Raynaud par divers moyens tels que : éviter le froid, prendre des médicaments ou tenter une inter-vention chirurgicale (pour éliminer les messages nerveux vers les mains), mais sans beaucoup de succès. Par exemple, la chirurgie n'est efficace que dans la moitié des cas. Par contre les traitements par le biofeed-back ont donné de bien meilleurs résultats. En prenant la température d'un doigt comme point de référence, on demande habituellement aux patients d'imaginer que leurs mains deviennent de plus en plus lourdes et chaudes tandis qu'ils pratiquent une forme quelconque de relaxation. Malheureu-sement, les études scientifiques de l'efficacité du biofeed-back sur cette maladie n'ont pas été conduites avec toute la rigueur voulue et il est impossible de savoir jusqu'à quel point la technique est efficace. Encore une fois, de nombreux praticiens croient que c'est la relaxation, ou du moins la combinaison relaxation/biofeed-back, qui assure le soulagement du mal.

## À l'attaque de l'anxiété

Cette fréquente association entre la relaxation et le biofeed-back a peut-être incité les chercheurs à traiter par cette méthode les problèmes psychologiques qu'on nomme souvent, faute de meilleurs termes, stress ou anxiété. On s'en est aussi servi pour traiter l'insomnie, les dépendances de nature diverse, de même que les phobies, ces peurs étranges et injustifiées qui touchent tant de gens. Dans les cas de troubles émotionnels, on utilise plus souvent qu'autrement le biofeed-back comme prélude à une forme plus conventionnelle de psychothérapie. En effet, son aptitude à montrer aux gens leur propre tension sous forme visible les convainc parfois qu'ils ont besoin du traitement auquel ils s'opposaient jusque-là.

Dans une méthode de traitement des phobies que nous avons lue, on traite la peur panique des avions au moyen de la rétroaction des muscles du front, que les spécialistes considèrent comme un bon signe de tension. Cinq séances de vingt minutes chacune permettent d'enseigner au patient à se détendre. C'est un son généré par un appareil qui révèle au patient le degré de tension de ses muscles. On lui enseigne d'abord à se détendre (et à couper ainsi le son) en obéissant à la simple commande « Relaxez ! » On lui demande ensuite d'obéir à la même commande pendant qu'il lit un livre ou regarde un film sur les avions. Finalement, on lui demande de prendre l'avion afin de tester pour de bon la technique. En général, ça marche.

---

## Maladies traumatisantes et biofeed-back

L'asthme et les ulcères d'estomac sont deux maladies qui ont été associées au stress et qui sont fréquemment traitées par le biofeed-back. On sait depuis longtemps que l'asthme possède un aspect émotionnel et même psychosomatique. Chez certaines personnes, il s'agit plus d'un trouble psychologique que physique. C'est pourquoi deux approches ont été mises au point dans le traitement de cette maladie par le biofeed-back. L'une d'elles attaque directement le problème, tandis que l'autre prend des moyens détournés pour atteindre son but. Dans le traitement indirect, on donne au patient des renseignements sur son stress en lui montrant les résultats graphiques tirés des muscles de sa tête et de son cou. Le patient apprend ensuite à relaxer lorsqu'une crise s'annonce et ce faisant, à combattre les attaques d'asthme. L'approche directe consiste à donner au patient des renseignements sur la congestion de ses bronches et à lui apprendre, selon un processus compliqué, à les décongestionner afin de faciliter la respiration. Ces deux méthodes ont produit ce que les rédacteurs médicaux appellent des résultats « cliniquement significatifs », c'est-à-dire qu'elles réduisent vraiment la fréquence des crises d'asthme et améliorent la respiration. L'inconvénient, c'est que la plupart des patients prennent aussi des médicaments visant le même but pendant qu'ils suivent le traitement par le biofeed-back. Malgré cela, la plupart des études prétendent que la médication peut être réduite après que la technique a été maîtrisée.

Le traitement des ulcères d'estomac par le biofeed-back est efficace, mais il est décidément moins confortable pour le patient que dans la plupart des autres maladies traitées par cette méthode. La douleur et tous les problèmes causés par les ulcères proviennent d'un excès d'acidité dans l'estomac. Rien de neuf là-dedans. Il est donc bien évident qu'une réduction de l'apport d'acide dans l'estomac réduira la dévastation. Rien de bien nouveau là non plus, n'est-ce pas ? D'après plusieurs études récentes, des patients ont réussi à contrôler l'émission d'acide dans l'estomac au moyen de la rétroaction. Eh bien, en voilà une bonne nouvelle ! Mais comme une bonne nouvelle est souvent accompagnée d'une mauvaise, on a appris que ces traitements sont faits avec un instrument qui doit être avalé (il n'existe aucune manière plus agréable de le faire) parce qu'il doit transmettre ses observations de l'intérieur. Et, comme cette thérapie est toute nouvelle, on ne sait pas si les patients peuvent contrôler suffisamment l'apport d'acide pour guérir complètement leur ulcère. Nous devrons donc attendre de plus amples résultats, mais même si ces derniers sont encourageants, le fait d'avoir à avaler un instrument risque d'empêcher définitivement le biofeed-back de devenir l'instrument parfait de contrôle des ulcères.

Les autres problèmes qu'on traite assez souvent par le biofeed-back pour qu'on les mentionne peuvent, en gros, être groupés sous la bannière des troubles musculaires. Certains de ces problèmes, comme diverses formes de paralysie, ne touchent que les muscles, tandis que d'autres comme l'épilepsie commencent dans la tête. Voyons d'abord l'épilepsie.

Les effets de cette maladie, qui vont des contractions musculaires pratiquement indécelables et des évanouissements de courte durée jusqu'aux attaques violentes et plutôt effrayantes, sont provoqués par une activité anormale de certaines cellules du cerveau. On peut voir (ou entendre) cette activité à l'aide d'un E.E.G. et lorsque l'enregistrement effectué par cet appareil est transformé en rétroaction, on peut l'utiliser pour former un patient à supprimer les ondes destructrices du cerveau et à stimuler celles qui sont normales. Vous pouvez imaginer que le contrôle de ces ondes destructrices constitue l'un des points les plus difficiles à apprendre. Chaque séance d'apprentissage peut durer plus d'une heure et on doit souvent en prévoir plusieurs fois par semaine, pendant plusieurs mois, avant que l'état d'un patient se modifie. Cependant, ces séances ont donné de bons résultats. Des patients qui n'avaient pu contrôler leur état par aucun autre traitement ont réussi par cette méthode à réduire le nombre et la fréquence de leurs crises. Malheureusement, on risque d'être obligé de continuer indéfiniment les séances actives de traitement afin de préserver les gains obtenus, et en outre, on ne sait pas encore si le biofeed-back peut effectivement remplacer les médicaments dans les cas d'épilepsie.

## Biofeed-back et thérapie musculaire

Les autres types d'activité musculaire anormale traités par le biofeed-back proviennent de blessures, de coups ou d'infirmités comme la paralysie cérébrale ou la maladie de Parkinson. C'est pour ce genre de problèmes que le biofeed-back est sans contredit le plus couramment appliqué, mais encore ici on ne l'emploie que pour seconder utilement des thérapies plus traditionnelles. On peut classer en trois grandes catégories les troubles musculaires traités par le biofeed-back : muscles qui se contractent involontairement, de façon continuelle ou sporadique et imprévisible ; muscles qui ne se contractent pas alors qu'ils le devraient ; muscles dont les contractions ne sont pas coordonnées avec celles des autres muscles. À l'aide des informations fournies par un E.M.G. sur l'activité électrique des muscles réfractaires, on enseigne au patient à rétablir lentement leur activité. On commence par lui montrer à détendre les muscles en cause et, dans certains cas, son corps tout entier. Selon le cas, on l'aide ensuite à décontracter les muscles qui le sont de façon chronique ou à contracter ceux qui sont affaiblis en permanence. Comme les groupes de muscles fonctionnent par paires, par exemple un muscle permet d'étendre le bras tandis que l'autre permet de le

**Le biofeed-back a permis de réduire le nombre et la fréquence des crises chez certains épileptiques qui n'avaient jamais réussi par d'autres moyens à contrôler leur problème.**

replier, le traitement exige souvent une rétroaction simultanée de deux endroits. Finalement, on enseigne au patient à exécuter des mouvements coordonnés au moyen de rétroactions provenant de plusieurs zones du corps. Le processus est extrêmement complexe et demande beaucoup de temps. De nombreuses autorités médicales prétendent que la rétroaction visuelle engendrée par le mouvement des articulations constitue le facteur crucial de cette forme de réhabilitation. Par contre, l'opinion de ces mêmes autorités est divisée pour ce qui est de l'évaluation du taux de succès du biofeed-back en rééducation musculaire. Certains affirment qu'il s'agit simplement d'un truc expérimental tandis que d'autres croient que c'est un instrument éprouvé qui vient compléter l'équipement dont dispose le physiothérapeute. Il semble que l'utilisation du biofeed-back est la plus largement acceptée dans les cas de paralysie provoquée par une attaque.

## Devriez-vous en faire l'essai ?

Étant donné toutes les utilisations possibles du biofeed-back, et toutes les réserves exprimées à leur endroit (dont la moindre n'est pas le mystère qui entoure son fonctionnement), devriez-vous en faire l'essai ? Le ministère américain de la santé et du bien-être social, qui condamnait le biofeed-back, a commandé une étude sur le sujet. Selon les conclusions du rapport d'étude, l'efficacité clinique du biofeed-back mérite des recherches plus approfondies. En effet, un examen minutieux n'a pas permis de justifier les affirmations soutenues au début quant à son énorme potentiel thérapeutique. Par contre, il est certain que le biofeed-back a permis de découvrir de nouvelles possibilités, au moins une certaine influence si ce n'est un contrôle total, au sujet de maladies et de mécanismes que les sociétés occidentales considèrent traditionnellement comme hors de portée d'une manipulation consciente. Même les critiques les plus sévères envers la recherche sur l'efficacité thérapeutique du biofeed-back ne désirent pas que cette technique soit abandonnée. Tout ce qu'ils désirent en fait, c'est qu'elle soit démystifiée. En d'autres mots, on veut obtenir plus d'informations sur les possibilités du biofeed-back, c'est-à-dire ce qu'il peut et ne peut pas faire. Pour notre part, nous aimerions ajouter que s'il existe une possibilité que le biofeed-back puisse vous aider, pourquoi ne pas faire au moins un essai? Un traitement par le biofeed-back coûte moins cher que de nombreux traitements traditionnels et que la plupart des interventions chirurgicales. En outre, il est moins éprouvant au point de vue psychologique et au point de vue physique. Enfin, on ne lui connaît aucun effet secondaire et il laisse le patient maître de sa propre destinée. Voilà autant de points qui, d'après nous, devraient vous encourager à tenter l'expérience.

# BIORYTHME

L'autre jour, alors que nous parcourions la Bible, la lecture du livre l'*Ecclésiaste* provoqua en nous une certaine confusion. D'une part, ce livre disait : « Vanité des vanités, et tout est vanité... Une génération passe, et une autre vient la remplacer : mais la terre dure éternellement. »

La lecture de ces lignes nous déprima. Rien ne change, nous disaient-elles, et il en résulte que rien ne vaut la peine d'être entrepris. Cependant, la lecture d'un autre passage nous remonta le moral. En effet, le livre continuait ainsi : « Il y a le moment pour tout, et un temps pour tout faire sous le ciel... Un temps pour déchirer, et un temps pour coudre ; un temps pour se taire, et un temps pour parler. »

Tout change, avions-nous appris, mais cela ne fit que transformer notre dépression en confusion. Tout change, mais chaque chose est immuable. Que signifiait cette apparente contradiction ? Nous ne pouvions résoudre cette question, mais celle-ci nous fit penser à quelque chose d'utile, c'est-à-dire au biorythme, ou plutôt à la théorie des rythmes biologiques, un sujet brûlant d'actualité de nos jours.

## La science de la chronobiologie

En fait, on pourrait parler plus précisément de la science qu'on appelle chronobiologie. Derrière ce terme ronflant se cache un concept qui remonte très loin dans le temps. Déjà à l'époque où l'*Ecclésiaste* a été écrit, les gens croyaient qu'il y avait un temps pour faire chaque chose et que toute vie était soumise à des changements cycliques. Comme l'a dit Lawrence E. Scheving, Ph.D., devant la Société internationale de chronobiologie, non seulement la terre, mais aussi « tous les systèmes biologiques (animaux, humains et plantes) ont une activité rythmique qui varie constamment au fil des secondes, des minutes, voire même des années. » Le changement, disait-il, est une propriété fondamentale de la vie. Ainsi, « un organisme sera une entité biochimique différente à mesure que s'écouleront les heures de la journée. » En d'autres termes, la vie quotidienne de chacun de nous est divisée en « saisons », comme le prétendait le scribe biblique de tout à l'heure. Toujours selon le docteur Scheving, cela signifie que « le corps réagit différemment à des stimuli identiques appliqués à des périodes différentes. » Traduit en termes clairs, cet énoncé plutôt aride signifie que si nous sommes fondamentalement différents d'une période à l'autre de la journée, il doit donc y avoir des moments propices tout comme des moments défavorables pour accomplir toute chose : manger, dormir, étudier, travailler, faire l'amour, absolument tout ! Comme le disait si bien notre auteur dans la Bible : « Un temps pour chaque chose et chaque chose en son temps. »

## Un horaire-santé

Tout ceci nous a incité à réfléchir. Nous nous sommes demandé si ces informations ne pourraient pas servir à établir un calendrier nous permettant d'entreprendre nos activités au moment approprié, ou à préparer un horaire quotidien afin de mieux nous occuper de notre corps. Sûrement, affirment les chronobiologistes, mais pas maintenant, plus tard peut-être. Pour l'instant, la meilleure chose à faire serait d'arrêter de penser si souvent à ce

**Tous les organismes vivants, gens, plantes et animaux, voient leur rythme changer constamment au fil des secondes, des minutes, des jours, des mois et des années. Comme nous changeons constamment au cours de la journée, il y a donc des moments propices comme des moments défavorables pour accomplir chaque chose.**

que nous pourrions faire pour notre santé ou jusqu'à quel point nous devrions le faire et nous demander plutôt si nous accomplissons nos activités aux bons moments.

Nous avons découvert un bon exemple de cette manière de penser dans un journal de médecine. Selon l'article en question, l'heure à laquelle nous prenons le repas du soir pourrait bien être un facteur décisif, qui déterminerait si nos fameux anges gardiens peuvent nous sussurer en toute quiétude des chants grégoriens pendant notre sommeil, ou s'ils doivent plutôt battre frénétiquement des ailes pour nous réanimer en raison d'un grave problème de digestion... ou encore s'ils ne devraient pas plutôt passer notre cas à leur grand patron.

Le docteur Paul B. Roen, ancien directeur général de la Clinique d'étude sur l'artériosclérose au Centre médical *Hollywood Presbyterian* de Los Angeles, attire notre attention sur le fait que beaucoup de gens ont l'habitude de manger un gros repas peu de temps avant de se mettre au lit. Selon lui (et notre propre expérience lui donne raison), cette habitude est caractéristique des gens qui occupent des postes de haute direction ou « des hommes de plus de 45 ans, apparemment en bonne santé et qui possèdent un appétit vorace. » Dans un article publié en juin 1978 dans le *Journal of the American Geriatrics Society*, le docteur Roen affirme que cette habitude alimentaire pourrait bien avoir, sur la santé, des implications dont on ne se doutait pas jusqu'à maintenant.

Celui-ci explique que l'absorption des aliments par le système est à son plus haut niveau environ sept heures après avoir mangé. Le repas du soir est, selon nos habitudes, non seulement le plus copieux mais aussi celui qui possède la plus haute teneur en matières grasses. Par ailleurs, le sang circule lentement dans les artères pendant le sommeil ; s'il est en plus saturé de gras par suite de l'ingestion d'un tel repas, il en résulte une situation à la formation de caillots qui pourrait provoquer une attaque, une crise cardiaque ou même la mort.

Il est donc possible que les gens à l'appétit vorace dont nous parlions tout à l'heure soient entre autres particulièrement vulnérables aux crises cardiaques en raison des dépôts de gras qui obstruent leurs artères et des plaques calcifiées qui recouvrent les parois internes de celles-ci. Ainsi, l'ingestion soudaine d'aliments saturés de gras, serait un instrument destructeur parfait.

Au dire même du docteur Roen, son analyse ne constitue qu'une théorie, mais celle-ci a tout de même beaucoup de sens. Nous-mêmes avons été témoins du cas de cet homme âgé qui avait mangé, une tarte complète avant de se mettre au lit, le soir de l'Action de Grâces. Le pauvre homme succomba à une attaque pendant son sommeil et personne n'avait jamais pu comprendre pourquoi il était mort. On croyait que la tarte aurait pu provoquer des maux d'estomac, mais une attaque? La théorie du docteur Roen nous offre non seulement une explication du décès de cet homme, mais aussi de la raison pour laquelle un nombre étonnamment élevé de crises cardiaques se produisent pendant le sommeil plutôt que pendant une activité vigoureuse.

## Manger plus tôt, plus légèrement et plus souvent

Nous avons demandé au docteur Roen quel était selon lui le meilleur moment pour manger. « Après avoir passé trente ans à étudier l'artériosclérose, j'en suis venu à conseiller un plus grand nombre de petits repas (cinq ou six) plutôt qu'un ou deux gros repas dans la journée », nous a-t-il répondu.

« De plus, ajoute-t-il, inutile de dire que les gens se sentent et dorment mieux lorsqu'ils prennent un repas léger le soir. D'après mon expérience, je peux affirmer que le repas du soir peut être pris à n'importe quelle heure en autant qu'il soit léger. Cependant, le meilleur temps se situe aux environs de dix-huit heures. »

Mais que pense-t-il des habitudes des Espagnols et des gens d'autres cultures, qui prennent traditionnellement leur gros repas de la journée très tard le soir?

« Nous croyons à tort que ces gens prennent leur gros repas le soir », explique le docteur Roen. « Seuls les gens fortunés ont cette habitude. Ceux de la classe moyenne le prennent plutôt le midi, font ensuite la sieste et retournent travailler pendant plusieurs heures. Leur dernier repas de la journée n'est vraiment pas aussi substantiel que celui du midi. »

Pour son repas du soir, le docteur Roen favorise pour sa part une petite portion de viande froide, un potage maison, une salade et du pain de blé entier. Il évite les produits à base de farine blanche, le sucre, les gâteaux et les biscuits. Par ailleurs, il sort tous les soirs faire une promenade, de préférence après le repas.

Cette dernière précision à propos d'une promenade nous a fait réfléchir sur le fait que le choix du bon moment pour faire de l'exercice est tout aussi important que le choix de l'heure des repas. Le docteur Vlado Simko est l'une de ces personnes qui croient que la promenade d'après repas est excellente pour la santé. Celui-ci est un spécialiste des problèmes digestifs attaché au service de médecine interne du collège de médecine de l'université de Cincinnati. Le docteur Simko pense que l'exercice pratiqué après un repas accroît la sécrétion de bile et l'efficacité de la digestion en augmentant plus particulièrement l'absorption des graisses par l'intestin.

Si vous avez une certaine disposition à faire des calculs biliaires, un peu d'exercice après le repas du soir serait une excellente idée, suggère le docteur Simko. Selon lui, « l'exercice pratiqué après l'ingestion d'aliments accroît fort probablement la solubilité du cholestérol dans la bile et aide à prévenir la formation de cristaux de cholestérol, qui sont peut-être le point de départ de la formation de calculs biliaires. » Ainsi, une promenade faite peu avant de se mettre au lit « favoriserait la recirculation de la bile et diminuerait la période propice à la formation de calculs par celle-ci. »

Comme le docteur Roen, le docteur Simko est d'avis que c'est une mauvaise habitude de ne manger qu'un gros repas par jour. « Si vous surchargez de gras en une seule fois le système gastro-intestinal, vous augmentez les risques de diabète, d'obésité et de bien d'autres maladies. »

Il semblerait aussi que les gros repas du soir ne favorisent pas une vie sexuelle satisfaisante. Selon un article paru dans la revue *Postgraduate Medicine* (juillet 1975), ce serait une cause possible d'impotence secondaire, au même titre que la fatigue, la consommation exagérée d'alcool et l'usage de drogues. Cependant, le véritable danger ici n'est pas constitué par les simples cas isolés d'échecs sexuels. En fait, l'homme qui a l'habitude de manger un gros repas avant de se coucher et qui, pour cette raison, trouve difficile sinon impossible de faire l'amour, pourrait être amené à croire qu'il souffre de déficience hormonale ou d'un problème pathologique ou psychologique quelconque. En retour, cette croyance pourrait provoquer la peur de l'échec ou l'échec pur et simple.

La morale de tout cela? Le dîner à la chandelle tard dans la soirée peut paraître romantique, mais il n'est pas recommandé si on désire que la romance se prolonge après avoir desservi la table.

## Un mélange dangereux

La plupart des hommes savent trop bien que l'absorption de plus d'un ou deux verres d'alcool fait non seulement briller les yeux, mais aussi cafouiller certaines autres parties du corps. Cependant, peu importe ce que vous comptez faire dans la journée, l'heure à laquelle vous prenez de l'alcool influence autant vos réactions que la quantité ingurgitée.

Dans son livre intitulé *An Introduction to Biological Rythms* (Academic Press, 1976), John D. Palmer, Ph.D., de l'université du Massachusetts à Amherst, fait remarquer que la période de rétention de l'alcool dans le sang varie tout au long de la journée. Naturellement, plus l'alcool reste longtemps dans le sang et plus il dispose de temps pour agir sur les cellules du cerveau. À ce titre, la période de plus grande vulnérabilité se situe entre deux heures du matin et midi, tandis que les heures de plus grande « tolérance » sont de la fin de l'après-midi jusqu'au début de la soirée. Ainsi, l'alcool que vous consommez au souper sera probablement éliminé 25% plus rapidement que le Bloody Mary que vous prendriez avec vos œufs le matin. Loin de nous l'idée d'insinuer que vous buvez en vous levant, mais si vous le faites...

Dans un article publié dans *BioScience* (février 1977), Palmer ajoute : « Il serait bon de mentionner que le dernier verre d'une réception, "le dernier pour la route", est métabolisé passablement plus lentement que ceux qui l'ont précédé; il produira ainsi une augmentation plus durable du taux d'alcool

**D'après les recherches qui ont été effectuées, les gens qui étudient ou lisent jusqu'à une heure tardive mettent leurs facultés intellectuelles à rude épreuve.**

dans le sang, ce qui pourrait s'avérer embarrassant, et coûteux, advenant un petit entretien avec un policier de la route. »

Ou une rencontre avec un pilier de pont.

Devant tous ces faits, il semblerait que nos activités nocturnes ne nous créent que des problèmes, n'est-ce pas ? Lorsque nous avons entrepris nos recherches, nous n'avions aucune conclusion toute faite à ce sujet, mais à mesure que nous apprenions des faits nouveaux, ce thème semblait revenir régulièrement.

À ce point de nos recherches, nous nous sommes rappelés ces paroles de Benjamin Franklin : « Tôt couché, tôt levé, voilà qui rend un homme robuste, fortuné et instruit. » Serait-il possible qu'il y ait du vrai là-dedans, et même qu'il y en ait plus que l'on serait porté à le croire ? Jusqu'à présent, nous avons vu que si nous accomplissions nos activités plus tôt, nous aurions des chances d'être plus en forme, ou d'avoir de meilleures performances sexuelles, et, pour certains d'entre nous du moins, d'être plus sobres. Mais plus instruits ?

## Le pire temps pour étudier

De récentes études fort intéressantes permettent de croire que les gens qui restent éveillés la nuit pour étudier ou pour lire mettent leurs facultés intellectuelles à rude épreuve. Dans le cadre d'une étude sur le sujet, des chercheurs de l'université Sussex en Angleterre ont présenté un film de formation professionnelle à deux groupes d'infirmières. Les deux groupes étaient habitués au travail de jour, mais l'un d'eux visionna le film à 20 h 30 tandis que l'autre groupe le visionna à quatre heures du matin. Tout de suite après la représentation, on fit passer un test aux infirmières. Le groupe de 20 h 30 répondit correctement à 55% des questions tandis que, curieusement, le groupe de quatre heures obtint une moyenne de 59,2%. Cette différence ne fut cependant pas considérée comme « statistiquement significative ».

Par contre, on découvrit un point extrêmement significatif dans les résultats des deux groupes lorsqu'on leur fit passer un autre examen sur le même sujet un mois plus tard. En effet, le groupe de quatre heures du matin avait oublié une grande partie du matériel appris, n'atteignant en moyenne que 15,5% de réponses correctes, contre 39,5% pour le groupe de 20 h 30.

Il est intéressant de mentionner que d'autres tests ont démontré que l'heure de l'examen avait eu beaucoup moins d'importance que l'heure à laquelle le matériel avait été appris. (Tiré de *Nature*, 25 mai 1978).

En fait, il est fort possible que les études effectuées tard le soir donnent d'aussi bons, sinon de meilleurs résultats que celles faites à des heures plus normales... si le seul but est d'avoir une bonne note à l'examen du lendemain. Mais comme les véritables bienfaits du savoir ne peuvent se faire sentir que dans la « vraie vie », les études nocturnes n'auraient donc que la moitié de l'efficacité des études faites le jour ou au début de la soirée. On dirait bien que Benjamin Franklin savait parfaitement de quoi il parlait. Par ailleurs, comme de nos jours le savoir pave souvent la voie au succès, dans ce monde de formation permanente et de spécialisation, il semblerait que notre ami Ben avait raison sur toute la ligne.

## Efficacité personnelle maximale

Si ça ne vaut pas la peine d'étudier à quatre heures du matin, quel est donc le meilleur temps pour apprendre quelque chose ? Le docteur Palmer cite une étude, maintenant classique, faite en 1916 et qui a démontré que les meilleures heures d'étude sont respectivement 10 h et 15 h. Fait intéressant, le pire moment, du moins dans la journée (l'étude ne portait pas sur la soirée), se situe aux environs de 13 h. L'efficacité commence à baisser vers 11 h 30, atteint son plus bas niveau vers 13 h, puis remonte la pente jusqu'à reprendre un niveau normal vers 15 h. Il n'est pas facile de savoir jusqu'à quel point on peut appliquer des résultats obtenus en 1916 dans le contexte actuel, mais ceux-ci suggèrent quand même que les millions de gens qui font tous les jours la sieste après le lunch sont, non pas des indolents comme on pourrait le croire, mais plutôt des gens qui savent établir un horaire de travail leur permettant d'atteindre leur efficacité maximale.

L'un des points les plus curieux à propos de cette période creuse qui survient à 13 h est qu'elle ne résulte apparemment pas du fait qu'on vient de manger. Selon le docteur Palmer, « la période creuse se produit même si on saute l'heure du lunch. » Il n'existe aucune explication valable à ce phénomène, assure-t-il. Ce n'est qu'une autre manifestation des fluctuations exercées par ce qu'on appelle maintenant notre « horloge biologique », l'horloge qui contrôle notre changement de saisons interne.

Si la perspective de devenir plus en forme, plus riche et plus instruit ne vous suffit pas, que diriez-vous de devenir plus mince? Hé oui, vous avez bien lu! Manger plus tôt dans la journée permet effectivement de perdre du poids.

Le docteur Franz Halberg et ses confrères du laboratoire de chronobiologie à l'université du Minnesota, ont fait cette découverte fascinante lors d'une série d'expériences entreprises il y a quelques années. L'un des tests consistait à donner à un groupe de personnes un seul repas par jour (2 000 calories), soit au déjeuner, soit au souper. Lorsqu'ils prenaient leur repas au déjeuner, les sept membres du groupe perdaient tous du poids, mais lorsqu'ils mangeaient leur repas le soir, il en résultait une perte de poids moindre et même un gain dans certains cas. Ainsi, les chercheurs ont pu constater que la différence, en termes de perte de poids, entre le repas du matin et celui du soir s'élevait à un peu plus d'un kilogramme par semaine.

## Gros déjeuner contre gros souper

Ensuite, les chercheurs décidèrent de varier les conditions avec un autre groupe de sujets, mais en se rapprochant un peu plus de la réalité cette fois. Plutôt que de donner au groupe 2 000 calories sous forme d'aliments choisis d'avance (dont certains n'auraient probablement pas plu à quelques-uns), on demanda simplement aux gens de manger tous les aliments qui leur plaisaient, à la seule condition qu'ils mangent leur ration quotidienne en un seul repas, soit le matin, soit le soir. Cette fois, il s'avéra que les repas pris le matin faisaient perdre 625 grammes de plus par semaine que lorsqu'ils étaient pris le soir (*Chronobiologica*, vol. 3, n° 1, 1976).

Ces résultats pourraient bien être aussi importants qu'ils ont été surprenants. En effet, serait-il possible qu'un déplacement graduel de nos repas vers l'heure du déjeuner (nous ne conseillons cependant pas d'amorcer un changement trop radical) pourrait être un moyen relativement facile de réduire notre consommation quotidienne de nourriture? Serait-il possible que tant de gens appartenant aux nations industrialisées soient obèses parce qu'ils mangent trop peu au déjeuner et beaucoup trop au souper? Les populations rurales du monde entier seraient-elles en général beaucoup plus minces parce que, démunies pour la plupart de l'électricité nécessaire pour s'éclairer, elles sont forcées de manger et d'accomplir toutes leurs autres activités avant la tombée de la nuit?

En fait, l'implication la plus importante de toutes, réside fort probablement dans la direction opposée. Comme le suggère le docteur Halberg, les gens dont les ressources alimentaires sont les plus faibles pourraient jouir d'une meilleure santé et d'un plus grand bien-être s'ils mangeaient plus tard dans la journée qu'ils le font normalement, car de cette manière, la valeur calorique de leurs aliments s'en trouverait augmentée.

À notre avis, ce concept visant à accomplir la plupart de nos activités plus tôt dans la journée est très intéressant parce qu'il fait appel à un mode de vie plus naturel que celui auquel nous sommes habitués. Quoi de plus naturel, en effet, que de se lever avec le soleil et se coucher à la tombée de la nuit? Que peut-il y avoir de moins naturel que de regarder un film à la télé aux petites heures du matin? Et de se réveiller le lendemain avec la sensation d'avoir été vidé de son énergie?

En fin de compte, ce que la chronobiologie cherche à nous faire comprendre est peut-être tout simplement une leçon visant à nous ouvrir les yeux sur la sagesse d'une vie menée dans des conditions naturelles.

Il y a bien sûr, un hic dans tout ceci. Cette science est toute nouvelle et elle n'est pas encore prête à nous prescrire un mode de vie pour le reste de nos jours. Évidemment, il existe des tas de gens munis de tableaux et de drôles de machines qui sont prêts à nous dire ce qu'il faut faire pour le reste de la journée (ou du mois), mais la plupart des chronobiologistes affirment qu'ils ne sont pas prêts, qu'ils commencent à peine à effleurer le sujet. Nous devons donc leur laisser le temps d'en apprendre un peu plus, avant de transformer totalement notre existence.

# THÉRAPIES CORPORELLES

C e chapitre nous cause un problème de définition. En effet, les sujets dont nous allons parler, réhabilitation et rééducation du corps, portent le nom passe-partout de « thérapies corporelles ». Avouons-le, cette expression ne veut pas dire grand-chose en elle-même, car toute personne qui soumet une autre personne à n'importe quelle forme de traitement peut porter le nom de thérapeute corporel. Comme vous voyez, les possibilités sont infinies. Aussi, nous allons essayer d'apporter quelques précisions.

## Qu'est-ce au juste qu'une thérapie corporelle ?

Il existe en ce moment de nombreuses formes de thérapies corporelles, et de nouvelles sont développées pratiquement chaque fois qu'un mal de dos se met à empirer ou qu'un genou se met à faire des siennes. Cependant, la majorité d'entre elles ont certains points en commun. Qu'il s'agisse du résultat de nombreuses années de recherche et de perfectionnement ou que ce soit une technique mise au point dans un sous-sol par trois ou quatre passionnés, presque toutes les thérapies corporelles prêchent l'amélioration personnelle de la santé et même la recherche de la perfection. Même si les thérapies dont nous allons parler sont utilisées pour traiter des handicaps causés par des blessures, des maladies ou des malformations congénitales, toutes ont à l'origine été conçues pour traiter un corps apparemment sain et entier. Chacune des personnes dont nous allons parler était convaincue que l'homme ne sait pas automatiquement (ni n'est capable d'apprendre facilement) comment se servir convenablement de son corps. Elles étaient certaines, et le sont encore d'ailleurs, que les effets combinés de la gravité, du style de vie, du mode d'éducation et des imperfections corporelles mineures, contribuent au déséquilibre de cette merveilleuse machine qu'est le corps humain. Des quatre systèmes assez bien connus et à l'efficacité éprouvée que nous allons aborder, soit la *Technique Alexander* de F. M. Alexander, les *Principes d'intégration fonctionnelle* de Moshe Feldenkrais, les *Principes fondamentaux* de Irmgard Bartenieff et les *Théories idéocinétiques* de Mabel Todd et Lulu Sweigard, toutes s'intéressent au même problème, à savoir jusqu'à quel point le corps humain, en position debout, peut s'accommoder efficacement de l'attraction gravitationnelle. Toutes proposent aussi une définition d'une bonne posture, ainsi que des moyens pour y parvenir, mais pas nécessairement par des programmes d'exercices. Cependant, aucune de ces thérapies ne prétend vous mettre en forme ; ce ne sont pas des programmes d'exercices aérobiques ou de culture physique. Elles expliquent plutôt comment le corps et l'esprit agissent réciproquement l'un sur l'autre et comment on peut aligner les divers mouvements musculaires, qui régissent toute l'activité humaine, de manière à former un tout harmonieux et exempt de stress. Selon ces théories, le corps et l'esprit, qui travaillent déjà ensemble, apprendront aussi à se divertir en parfaite harmonie.

## Le cas de F. M. Alexander

Frederick Matthias Alexander était un acteur australien qui avait grandi dans la brousse. Il gagnait sa vie à déclamer des textes de Shakespeare. Dès ses débuts, il connut un succès retentissant, jusqu'à ce qu'il commence à avoir des problèmes

**La plupart des thérapeutes corporels pensent que nous n'utilisons pas notre corps de façon convenable. La gravité, notre style de vie, notre éducation et nos imperfections, tout cela contribue à nous créer des problèmes.**

avec sa voix, vers l'âge de 19 ans. Cela se passait avant l'ère de l'amplification électronique et M. Alexander connaissait régulièrement des problèmes de manque de souffle, d'enrouement et même de perte totale de la voix. Inutile de dire que sans voix, notre homme ne recevait pas de gros cachets.

M. Alexander conclut que ses problèmes étaient causés par certains actes qu'il posait lorsqu'il était sur scène. Il décida donc de découvrir ce qui n'allait pas. Pour ce faire, il installa toute une batterie de miroirs dans une grande pièce de sa maison afin de pouvoir étudier ses gestes pendant qu'il récitait ses textes. Au début, il ne remarqua rien d'anormal, mais il s'aperçut un jour, alors qu'il récitait Hamlet, qu'il changeait toute sa posture et par là même tout son appareil vocal lorsqu'il déclamait un texte. Il penchait trop la tête vers l'arrière, ce qui lui coupait le souffle ; il bombait trop la poitrine, cambrait trop les reins et relevait trop le menton.

Il devint clair que cette posture écrasait littéralement son appareil vocal. Il essaya donc de corriger ses mauvaises habitudes, mais ne constatant aucune amélioration, décida de transformer radicalement toutes ses habitudes afin de corriger définitivement la situation. Il installa d'autres miroirs afin d'examiner ses gestes sous tous les angles possibles et réussit graduellement à mettre au point ce que ses disciples nomment maintenant la loi d'Alexander : « l'usage détermine le fonctionnement », selon ses propres paroles. En d'autres termes, c'est la manière dont notre corps accomplit une tâche particulière qui détermine exactement notre efficacité à fonctionner.

À l'aide de ses miroirs, M. Alexander étudia comment les différentes parties de son corps réagissaient lorsqu'il parlait et essaya d'éliminer les mouvements qui contribuaient à écraser son appareil vocal. Il essaya pendant des mois, mais en vain. Ses mauvaises habitudes étaient, semblait-il, plus fortes que ses nouvelles intentions. Cet échec l'amena à conclure qu'il serait obligé de penser consciemment à ne pas faire pression sur ses cordes vocales toutes les fois qu'il prendrait la parole. À cette fin, il prépara une série d'instructions que son cerveau donnerait aux divers groupes de muscles et d'os impliqués ; entre autres des instructions aux muscles du cou leur ordonnant de se détendre, au lieu de se tendre (afin qu'il redresse la tête vers le haut, au lieu de la pencher vers l'arrière et vers le bas) ; d'autres instructions servaient à détendre les muscles du dos pour qu'ils permettent à la colonne vertébrale de se redresser, au lieu de prendre l'aspect d'un point d'interrogation. Grâce à ces instructions (il les appela plus tard des «ordres» lorsqu'il décrivit ses expériences sur papier), il s'aperçut qu'il pouvait éliminer toutes ses mauvaises habitudes. Ainsi, il récitait maintenant ses textes sans aucun enrouement ni aucune douleur. Il s'était guéri en contrôlant de façon consciente des processus involontaires et inconscients. En transformant des gestes involontaires en actes volontaires, il venait de jeter les bases d'une nouvelle technique.

## Naissance de la technique Alexander

Ce qui s'est produit par la suite demeure plutôt obscur. Aucun des écrits d'Alexander, ni ceux de ses adeptes, n'expliquent clairement comment il est arrivé à mettre au point une technique de redressement de la posture et de cure des problèmes qui s'y rattachent à partir de son propre cas. Il est clair que les problèmes d'Alexander avaient pour origine sa tête et son cou, mais le point obscur, c'est la raison pour laquelle il a décidé que tous les problèmes de mécanique corporelle pouvaient être résolus en commençant par la tête?

Ce qui semble s'être produit se retrouve dans le développement de toutes les thérapies corporelles et, en fait, dans la plupart des kinésithérapies (ou thérapies physiques). La majorité des gens qui s'intéressent aux activités du corps humain décrivent l'homme comme une petite créature toute frêle, accablée par les forces gravitationnelles et littéralement écrasée par une irrésistible attraction vers le bas. L'objet de toutes leurs techniques consiste à découvrir un moyen de se servir de l'équipement que nous possédons, de manière à nous faciliter la tâche le plus possible, un moyen de soulager la pression exercée sur les structures osseuses rigides en la détournant vers les disques intervertébraux (ces petits coussins qui servent d'amortisseurs de chocs), et vers les articulations bien huilées de nos membres. Le plus grand obstacle à la réalisation de cet objectif, selon M. Alexander (et beaucoup d'autres), c'est la tête qui pèse de quatre à cinq kilogrammes et contrôle le corps dans la plupart de ses activités. Selon lui, lorsque la tête ne se comporte pas correctement, tout le corps en souffre. Cependant, lorsque celle-ci est correctement équilibrée sur son pivot (le cou), que le cou est bien aligné par rapport à la colonne vertébrale, et ainsi de suite pour le reste du corps, la plus grande partie de la force de gravité est distribuée entre les diverses structures portantes du corps, sans qu'elle risque de causer de problèmes.

Les muscles jouent aussi un rôle important dans ce processus de distribution. Ce sont eux qui alignent les structures osseuses de manière que les charges soient transférées efficacement d'un os à l'autre. La posture proposée par les adeptes de la technique Alexander n'est pas du tout cette allure de pigeon (torse bombé, dos cambré et bras rentrés) affectée par les militaires. Ils enseignent plutôt une allure qui permet de tracer une ligne de force qui descendant en ligne droite de la tête jusqu'au sol, en passant par le cou, la colonne, le bassin, les fémurs et les tibias. Ainsi, la tête dirige le corps dans toutes ses activités, qu'il s'agisse de courir, de marcher, de tourner un coin de rue ou de se tenir debout sans rien faire. On peut donc constater que si le corps ne transporte pas convenablement sa charge de matière grise, il ne peut effectuer adéquatement aucune autre activité. C'est pourquoi M. Alexander croyait que toute action corrective devait obligatoirement commencer par le redressement de la posture de la tête.

## Le corps, cet instrument stupide

Jusqu'ici, tout va bien, mais la prochaine étape de l'histoire (et de la plupart des autres histoires de thérapie corporelle) pourrait bien s'avérer difficile à avaler. Selon l'un des disciples de M. Alexander, Wilfred Barlow, physicien britannique et professeur de cette technique, le corps est un instrument stupide qui se sert des mécanismes de guérison à sa disposition sans accorder la moindre pensée au bien-être général de la personne qui l'habite. Parfois cette tendance est inoffensive, comme par

**Les partisans de la technique Alexander croient que la plupart des maux qui, d'après nous, ont des sources bien précises — le «tennis elbow» par exemple — proviennent plutôt du mauvais usage général que l'on fait de notre corps.**

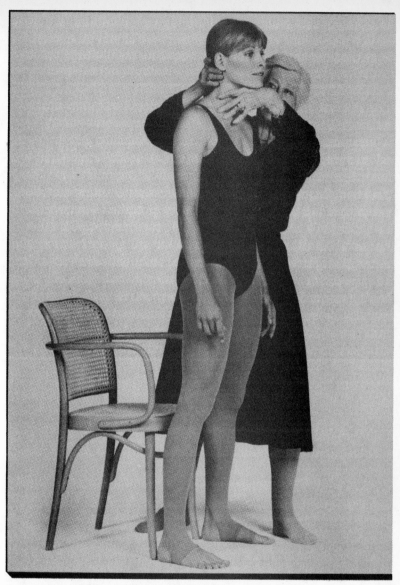

*La comtesse Catherine Wielopolska montre à une étudiante à s'asseoir et à se relever selon la technique Alexander.*

exemple lorsqu'un régulateur interne corrige une variation de la composition chimique du sang, mais il arrive aussi que ce processus ne soit pas aussi indépendant. C'est malheureusement le cas dans bon nombre d'ajustements musculaires. Par exemple, si le corps doit effectuer une tâche particulière et qu'il doive tenir

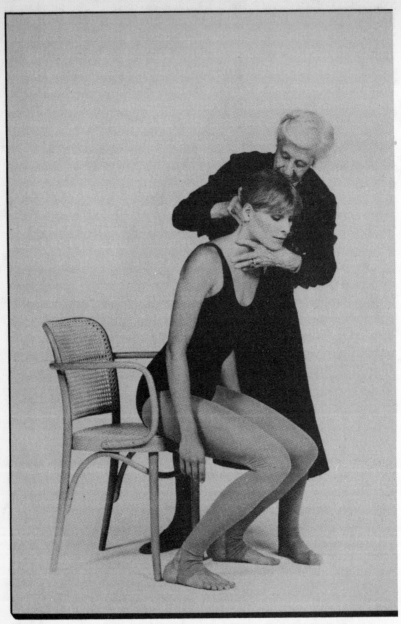

*La direction vers laquelle pointe la tête est extrêmement importante.*

compte d'une faiblesse musculaire quelconque, disons une paralysie du bras droit ou une vieille blessure au genou gauche,
celui-ci pourrait bien décider stupidement de faire le travail en
transférant tout l'effort du même côté de la charpente, c'est-à-dire

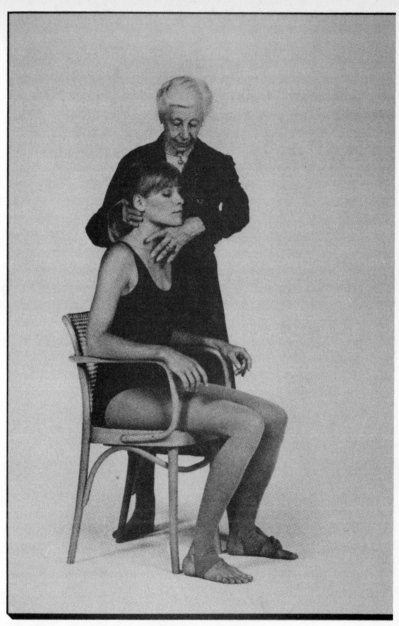

*On doit se glisser jusqu'au fond de la chaise.*

du côté sain. Si la même tâche est fréquemment répétée, il pourrait en résulter une mauvaise posture et une faiblesse du bas du dos, sans compter les risques de hernie engendrés par cette habitude.

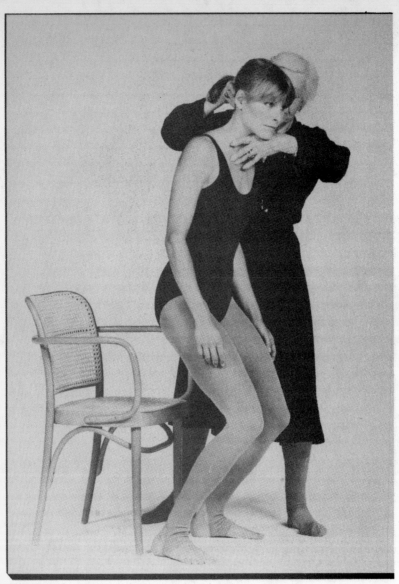

*Lorsqu'on se lève, c'est la tête qui montre le chemin au reste du corps.*

**La technique Alexander montre aux gens de quelle manière ils se servent mal de leur corps et comment ils peuvent prévenir ce mauvais usage, au repos comme au travail.**

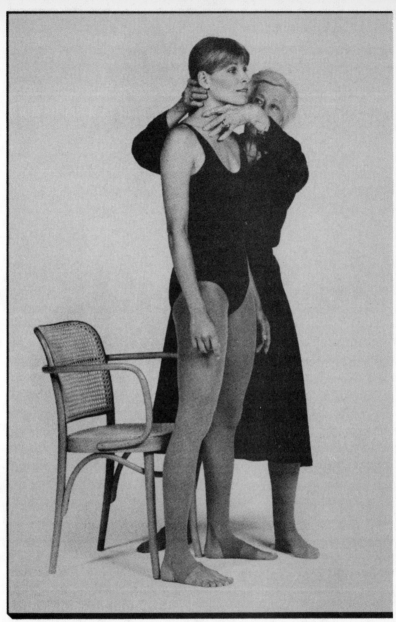

*La manière correcte de se tenir debout après s'être relevé.*

Le pire dans tout cela, c'est que le cerveau vient assister le corps avec des stupidités de son cru. En effet, la manière dont nous accomplissons certains actes, est plus souvent le fait d'une mode ou de l'imitation que de l'efficacité et du confort. Nous

151

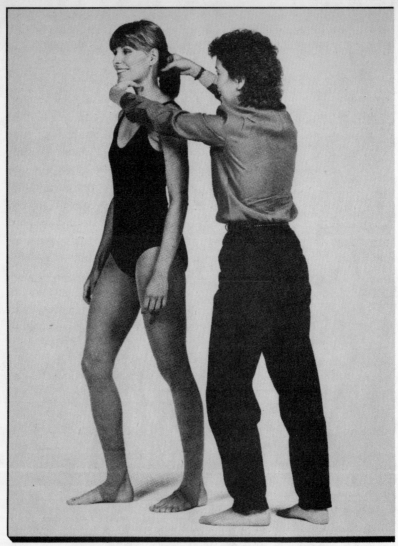

*C'est aussi la direction vers laquelle pointe la tête qui détermine la manière correcte de marcher.*

apprenons de nos parents et des gens que nous admirons, mais nous ne pensons jamais à leur demander s'ils souffrent de maux de dos lorsqu'eux-mêmes accomplissent ces tâches. À partir de ce raisonnement, les adeptes de la technique Alexander en concluent que de nombreux maux que nous croyons provenir de sources spécifiques — le « tennis elbow » par exemple — proviendraient plutôt d'un mauvais usage de notre corps. Ainsi, si l'usage détermine le fonctionnement, un mauvais usage pourrait déterminer la plupart des mauvais fonctionnements ; c'est ce que prétendent de nombreux disciples d'Alexander.

## Étudiants, professeurs et étudiants-professeurs de la technique Alexander

Ainsi donc, vous êtes vous-même votre pire ennemi, aidé en cela par un corps bête à souhait. Alors quoi ? Eh bien, vous consultez un professeur de la technique Alexander, qui étudiera tous vos mouvements d'un regard professionnel, puis essaiera de vous faire découvrir ce que le Maître lui-même a accompli. La technique a pour point de départ la tête et le cou, et s'occupe progressivement de toutes les parties du corps. Ce n'est en gros pas plus compliqué que « l'apprentissage par l'action ». C'est là un élément du travail de M. Alexander qui a intéressé John Dewey, le célèbre philosophe et pédagogue américain. Cependant, la technique n'est pas aussi simple qu'elle le paraît. Selon Wilfred Barlow :

> En résumé, la technique Alexander est une méthode pour montrer aux gens en quelles circonstances ils utilisent mal leur corps, et comment ils peuvent prévenir ce mauvais usage, que ce soit au repos ou pendant une activité. Le bon usage du corps est enseigné au moyen d'ajustements faits par le professeur, et il implique l'apprentissage d'un nouveau mode de pensée sous forme de séquences d'instructions qui sont enseignées à l'étudiant. Celui-ci apprend alors, avec un professeur, à les associer aux nouvelles utilisations de ses muscles, à se servir de ce nouveau mode de pensée et à le conserver lorsque son apprentissage est terminé. (Tiré de *The Alexander Technique*, par Alfred A. Knopf, 1973)

Les enseignants de cette technique espèrent faire d'une pierre deux coups : modifier l'habitude de l'étudiant lorsqu'il exécute un mouvement particulier, et transformer par la même occasion, son conditionnement physique, ou la soi-disant « mémoire musculaire » de ce conditionnement. Le professeur donne à l'étudiant des ordres, comme par exemple l'ordre de se lever debout de façon correcte, et guide ses membres pendant le

*Une mauvaise posture de marche — penché vers l'arrière.*

processus. De cette manière, l'étudiant ressent ce qu'il doit faire pour accomplir correctement le mouvement. Après l'avoir répété de nombreuses fois avec le professeur, l'étudiant est en mesure de devenir son propre instructeur; c'est ce qu'affirment les adeptes, appuyés en cela par une batterie de tests scientifiques. Maintenant, c'est à l'étudiant de se donner des ordres afin de bouger correctement ses membres durant tout le mouvement.

## L'inhibition d'Alexander, ou comment dire non aux mauvaises habitudes

Nous voici arrivés à la minute de vérité dans ce tour d'horizon de la technique d'Alexander. M. Alexander et son frère ont mis au point leur technique afin de donner aux gens l'opportunité de choisir entre leurs vieilles habitudes et de nouveaux comportements. Les enseignants de la technique Alexander se servent de leurs mains pour faire sentir de façon rapide et claire à leurs élèves la bonne et la mauvaise manière de faire quelque chose. Lorsque ces derniers arrivent à distinguer facilement entre le plaisir d'une méthode et l'inconfort presque douloureux d'une autre, ils ont atteint un point (la minute de vérité), croient les adeptes d'Alexander, qui leur permet de rejeter leur mauvaise habitude au profit de la méthode agréable. Ce rejet s'appelle « inhibition » et, après de nombreuses répétitions volontaires, les étudiants de la technique en arrivent à remplacer dans leur inconscient, les modifications apportées à leur ancienne habitude. Ainsi, après avoir délibérément choisi la voie agréable, grâce d'abord aux conseils du professeur, puis par eux-mêmes, ils sont finalement capables d'exécuter correctement un geste sans avoir besoin d'y penser.

## Une séance de cours

Assez de théorie, passons maintenant aux actes. Parlons un peu de ce qui se passe, et surtout de ce qu'on ressent, lors d'une séance de thérapie Alexander. Pour en avoir une idée concrète, un des auteurs de ce volume a participé à l'université Duke de Durham, en Caroline du Nord, à un atelier de thérapie corporelle au Festival de danse américaine. Cet atelier était dirigé par des praticiens des quatre techniques discutées dans ce livre et, comme nous nous y attendions, la plupart des participants étaient des danseurs professionnels ou des professeurs de danse. Malgré tout, les amateurs participant à l'atelier (séances de dix heures par jour pendant toute une semaine) ont pu tenir le rythme des professionnels sans effort ni épuisement. En fait, la technique Alexander, comme toutes les autres thérapies corporelles, cherche plus à nous éclairer sur les mécanismes de notre corps qu'à nous faire transpirer.

Nous avions pour instructeur Deborah Caplan, M.A., R.P.T., du Centre américain de la technique Alexander à New York. Elle commença la session par nous expliquer plusieurs des points dont nous venons de parler. Elle nous annonça ensuite que des leçons de groupe telles que celle-ci (nous étions soixante-quinze) n'étaient pas tellement appréciées par la plupart des disciples d'Alexander en raison du caractère individuel de cette technique. Par la suite, elle nous déclara qu'il serait préférable de nous étendre sur des tables plutôt que sur les matelas de gymnase mis à notre disposition. Elle nous expliqua que le fait d'être couché sur une table permet au professeur de mieux évaluer les réactions des étudiants aux conditions imposées lors d'une séance. Cette position permet aussi d'accélérer la communication entre les mains de l'instructeur et les muscles ainsi que la mémoire musculaire de l'étudiant, cette chaîne de commandes qui constitue le noyau de tout traitement par la technique Alexander. En effet, le professeur doit pouvoir sentir sans effort ce qui est correct et ce qui est incorrect dans les gestes du sujet. De plus, la position de l'étudiant doit être assez confortable pour qu'il puisse sentir les messages subtils transmis par les doigts de l'instructeur. Le nombre de répétitions de ce genre de communication entre instructeur et étudiant, pour arriver à un résultat efficace, n'est pas déterminé à l'avance. Certains disent avoir senti une amélioration dès la première séance, mais la plupart des traitements exigent au moins quinze séances de trente à soixante minutes chacune pour atteindre l'objectif visé. Certaines personnes ont même besoin d'un plus grand nombre de séances encore, et un journaliste a écrit, non sans cynisme, que le nombre de séances prescrites égalait souvent le nombre d'années vécues par le client. En fait, lorsqu'il s'agit de rééduquer le corps tout entier, les chiffres avancés par ce journaliste semblent conservateurs.

Finalement, Madame Caplan administra à chacun des participants un aperçu du traitement Alexander, aidée de Jessica

---

**La technique Alexander aide à traiter de nombreux problèmes reliés à l'ossature et aux muscles, les douleurs lombaires, les syndromes cervicaux traumatiques (ou coup du lapin), les déséquilibres de la posture ainsi que le mauvais alignement des pieds et des membres.**

---

Wolf, un autre instructeur de New York. Elles nous ont aidé à équilibrer convenablement la tête, de même qu'à nous asseoir et à nous lever sans avoir à supporter le fardeau habituel avec les muscles du cou et des épaules. Nous reproduisons ci-dessous les notes que notre collaborateur a prises tout de suite après l'expérience.

## La technique Alexander vue par un participant

Jessica me demanda de ne rien faire et de me remettre entre ses mains, perspective des plus intéressantes. En exerçant avec ses doigts une pression toute douce, mais manifestement experte, à la base de mon crâne, elle me souleva le cou, tout en l'allongeant me semblait-il, en me penchant la tête vers l'avant. J'avais la sensation que mes épaules étaient tombées et soudain, j'ai senti ma tête devenir toute légère, enfin plus légère que d'habitude. C'était comme si elle se balançait sur la pointe de ma colonne. Je me sentais bien, mais aussi un peu comme ces petits chiens qu'on voit parfois dans la vitre arrière des automobiles. Jessica me demanda alors de me lever (j'étais assis sur une chaise). Pendant que je me levais, elle continua d'exercer une pression sur mon cou afin, me dit-elle, de me rappeler « d'inhiber » tous mes désirs de changer la position de ma tête. Croyez-moi, ce fut passablement difficile la première fois. Cette position qui ne m'était pas du tout naturelle me forçait à m'asseoir et à me lever en faisant toutes sortes de contorsions, un peu comme une règle pliante qui tomberait dans un escalier. Il me fallait bomber le torse et renverser la tête en arrière pour arriver à bouger. Cependant, je me suis vite habitué à la présence de Jessica derrière moi ; cela m'aidait beaucoup. Je me sentais réellement soulagé du poids de ma tête et je me suis rendu compte que je pouvais m'asseoir et me relever en faisant beaucoup moins d'efforts que d'habitude. J'ai bien aimé l'expérience. Mes seuls problèmes se produisaient lorsque j'essayais de me lever en recourant à mes vieilles habitudes. Mais, la pression des doigts de Jessica agissait comme un ordre d'exécuter un mouvement inconscient d'une façon nouvelle. Lorsque j'ai finalement réussi à faire le mouvement de la manière correcte, j'ai ressenti une sensation tellement agréable, une sensation qui pourrait éventuellement, si je continuais les leçons, me faire acquérir de nouvelles habitudes. Cette expérience m'a fait penser à la différence qui peut exister entre le fait de regarder une parade avec un enfant sur les épaules et de la regarder sans cette charge supplémentaire.

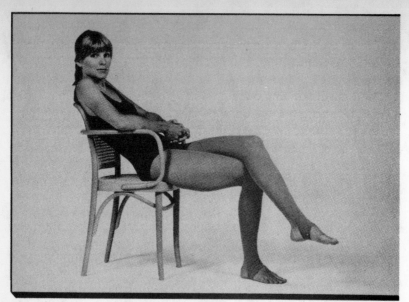

*Une mauvaise façon de se tenir assis.*

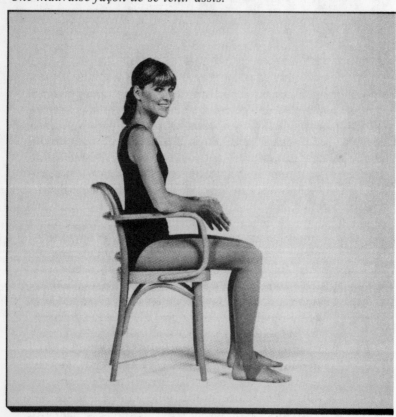

*La façon correcte d'être assis.*

## Une leçon à essayer

Tout cela est très bien, mais il est rare que les réactions positives d'une personne arrivent à convaincre une autre personne qu'une technique puisse lui faire du bien à elle aussi. Nous vous présentons donc une leçon que vous pourrez essayer à la maison. Elle a été préparée à titre d'introduction aux bienfaits de la technique Alexander et elle est tirée d'un manuel utilisé par les adeptes du Maître en Grande-Bretagne.

a. Installez-vous dans un endroit où vous ne serez pas dérangé et où vous pourrez vous étendre sur le sol.

b. Étendez-vous et placez un livre sous votre tête. Relevez les genoux de façon qu'ils pointent vers le plafond et ordonnez à votre corps de ne pas bouger et de ne pas réagir aux stimuli extérieurs : essayez de ne pas remuer ni de vous gratter et ne pensez à rien d'autre qu'à l'expérience en cours. Donnez-vous ensuite les instructions suivantes à voix haute :

(i) « Relâche le cou et relève la tête vers l'avant ». Vous ne réaliserez pas tout de suite ce que ces instructions signifient, mais à mesure que vous continuerez, vous en viendrez à les associer à une perception que vous aviez peut-être lors des exercices précédents. Le terme « perception » signifie ici ce que devrait être la sensation normale de se « sentir un tout homogène », par opposition à la sensation de division entre le corps et l'esprit si souvent présente chez les adultes, si ce n'est chez les enfants.

(ii) Tout en conservant par ces premières instructions verbales la perception de votre tête et de votre cou, ajoutez cette autre instruction : « Allonge et élargis le dos ». Vos séances antérieures vous ont probablement déjà permis de vous familiariser avec le sens de ces paroles, et il est probable que vous comprendrez mieux et que vous serez en mesure de simplifier l'instruction, à mesure que vous pratiquerez l'exercice. Par exemple, vous réaliserez que c'est tout votre dos qui s'allonge, au lieu de penser que le haut du dos est une partie indépendante du bas du dos. Ou encore, vous pourriez vous apercevoir tout à coup que le fait d'élargir le dos englobe le relâchement de l'omoplate et de l'épaule. À ce point, l'intérêt que vous porterez

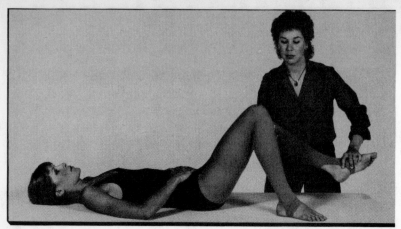

*Les adeptes de la technique Alexander préfèrent utiliser une table pour leurs examens.*

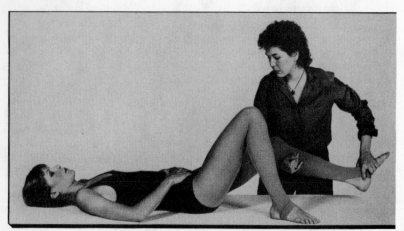

*Le thérapeute réaligne les jambes par rapport au bassin.*

à cette réalisation risque de vous faire « oublier » votre instruction au sujet de la tête. Vous devrez alors reprendre, à partir de cette instruction, avant d'aller plus loin avec l'instruction au sujet du dos.

(iii) Le processus permettant de combiner l'instruction pour la tête et celle pour le dos peut prendre plusieurs minutes avant que l'objectif soit réalisé. En fait, si le processus vous a semblé moins long, c'est probablement parce que vous avez provoqué un changement musculaire en faisant un mouvement direct, au lieu de vous en tenir à la stricte réalisation de vos

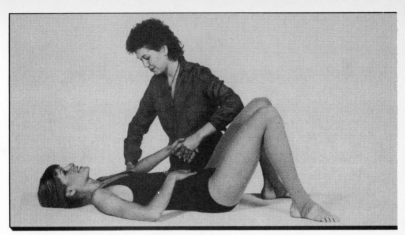

*Le relâchement des muscles des épaules permet de libérer les bras.*

instructions. N'oubliez pas que dans ce processus, nous faisons un mouvement extérieur au corps, par exemple le geste de prendre une brosse ou un crayon. Un mouvement du bras n'est pas la même chose que l'action de prendre une cuillère dans sa main. Les mouvements de notre corps (et de parties de notre corps) impliquent toujours qu'on leur permet de se produire, tandis que le déplacement d'un objet consiste plus simplement à le prendre pour le déposer ailleurs. Permettre le mouvement du bras, par exemple, met en cause une perception générale de tout le corps. Par ailleurs, le processus actif engendré par ce mouvement particulier n'est rien en comparaison avec le processus de perception qui est présent dans tout le corps, à chaque instant de notre vie. Se relever après s'être assis, un mouvement qui met principalement en cause un ajustement des jambes, exige non seulement un mouvement des jambes mais surtout le maintien de la perception de tout le corps, pendant que l'on permet au mouvement nécessaire des jambes de se produire. (*The Alexander Technique*, par Albert A. Knopf, 1973).

Cet exercice ne vous donnera probablement pas la sensation que nous avons éprouvée lors de notre atelier en Caroline du Nord, mais il donne une idée du jargon employé par les adeptes d'Alexander et permet de s'habituer à se concentrer sur les plus petites composantes des mouvements du corps, tout en soulevant des questions sur la manière d'interpréter ces composantes.

De plus, certains des termes employés nécessitent des explications plus détaillées. Par exemple, le mot « relâchement », utilisé maintes et maintes fois dans le texte, ne signifie pas « relaxation », mais plutôt que les muscles et les articulations doivent être libérés, de manière qu'ils assument leur position structurelle « naturelle », c'est-à-dire la position qui permet le meilleur transfert du poids de la tête à travers tous les éléments de la charpente osseuse, et ce jusqu'au sol. La sensation de relâchement d'une articulation ou d'un membre se traduit par une absence de tension ou de contraction musculaire. Comme Madame Caplan nous l'a expliqué, la technique Alexander reconnaît quatre zones principales dans le corps qui sont traitées par quatre sortes d'instructions ; les voici :

1. **La tête** — Relâcher le cou pour permettre à la tête de se déplacer vers l'avant et de se soulever de la colonne. Il ne s'agit pas d'un mouvement dans l'espace, mais plutôt d'une position stable et mieux équilibrée de la tête.

2. **Les épaules** — Relâcher les muscles des épaules de manière qu'ils soient libres de se déplacer vers l'extérieur. Les épaules jouent le rôle d'un joug auquel sont fixés les bras et qui doit flotter sur le torse de la même manière que la tête flotte sur le cou.

3. **Le torse** — Relâcher les muscles du torse pour qu'il puisse s'allonger et s'élargir afin de suivre la direction prise par la tête et de supporter efficacement le poids de celle-ci. Souvenez-vous que c'est la tête qui mène le corps ; le torse ne fait que la suivre.

4. **Les jambes** — Relâcher les muscles de l'articulation des hanches jusqu'à ce que les genoux (et les jambes) s'allongent en s'éloignant du bassin. Structurellement, le bassin fait partie du torse (selon Alexander) et il faudrait lui permettre d'agir comme s'il était un élément du torse. Une bonne utilisation de l'ensemble torse-bassin permet aux jambes

---

**Certains troubles respiratoires tels que l'asthme peuvent être partiellement soulagés grâce à la technique Alexander parce que celle-ci permet un « relâchement » de la poitrine et de l'abdomen qui facilite la respiration.**

---

d'agir comme des éléments indépendants de support et d'articulation.

Le dénominateur commun à ces quatre points a pour but d'allonger et d'aligner les différentes parties du corps. Le point fondamental de la technique Alexander consiste à modifier l'équilibre de la tête pour que les muscles puissent aligner les os et pour que le poids du corps soit distribué de façon adéquate. De cette manière, le corps peut bouger en toute efficacité.

## Comment peut vous aider la technique Alexander

D'accord, mais que peut-on retirer de tout ce charabia? À en croire les adeptes d'Alexander, cette technique peut guérir absolument tout, que ce soit une maladie ou un trouble psychologique. Selon leurs arguments, une mauvaise utilisation du corps risque de produire des faiblesses qui réduisent notre résistance aux bactéries ou provoquer de l'anxiété, un défaut majeur dans notre cuirasse psychologique. Pour notre part, après avoir observé une démonstration de la technique et lu des livres s'y rapportant, nous croyons qu'il serait préférable de la considérer comme une forme spécialisée de kinésithérapie. En d'autres termes, cette technique peut être utilisée pour traiter la plupart des problèmes musculaires et ceux du squelette, les douleurs lombaires (par exemple la lordose et la scoliose, deux types de déviation de la colonne), le syndrome cervical traumatique (ou coup du lapin), tous les problèmes de posture, les désalignements des pieds et des membres. On peut aussi s'en servir dans les cas de blessure ou de fracture nécessitant une période de réhabilitation. On s'en sert aussi pour aider à remettre en état les articulations touchées par l'arthrite et le rhumatisme. En outre, certaines maladies respiratoires comme l'asthme peuvent être soulagées en raison de l'effet de « relâchement » de la poitrine et de l'abdomen qui facilite la respiration. Enfin, certaines indications démontrent que l'élimination de la tension et de la fatigue musculaire qui est obtenue lorsqu'on maîtrise la technique, peut aider à dissiper le stress et les crises de dépression.

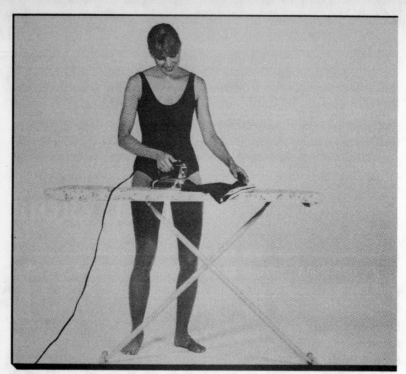

*Une bonne position pour repasser...*

*et une position extrêmement fatigante.*

*Selon la théorie d'Alexander, il ne faut pas prendre un objet de cette façon...*

*mais plutôt de cette manière — genoux pliés, dos assez droit et pieds rapprochés l'un de l'autre.*

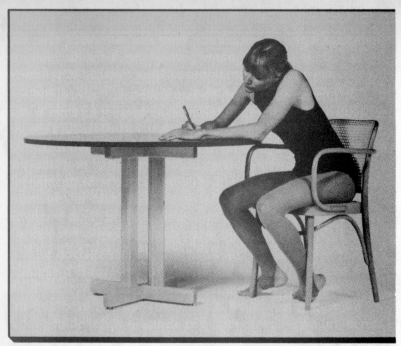

*Ne vous couchez pas sur la table ou sur votre bureau lorsque vous travaillez.*

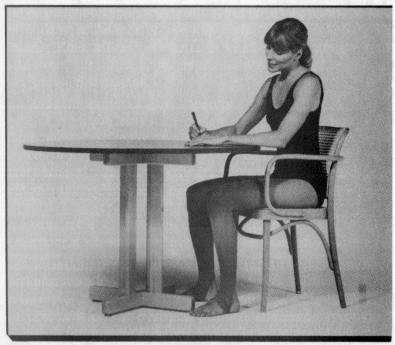

*Assoyez-vous bien droit, vous ressentirez beaucoup moins de tension.*

# L'histoire de Moshe Feldenkrais

Moshe Feldenkrais est un homme fascinant. C'est aussi un homme tellement accompli, tenace, confiant que la volonté et l'intelligence peuvent venir à bout de n'importe quel problème, qu'on est presque incliné à croire en ses Principes d'intégration fonctionnelle, avant même de les avoir étudiés. M. Feldenkrais est docteur, mais en physique et non en médecine. Maintenant âgé de plus de soixante-dix ans, il a étudié la physique des particules à la Sorbonne, en France, il a assisté à des conférences données par Marie Curie, celle qui a découvert le radium, et il a mis au point l'un des appareils qui ont rendu possible la fragmentation expérimentale de l'atome. Mais ce n'est pas tout. M. Feldenkrais est aussi ceinture noire en judo et il a été l'agent 007 pour le compte des services secrets britanniques pendant la Deuxième Guerre mondiale. Aux yeux de tous, c'est un homme qui a su développer son esprit autant que son corps.

Tout comme dans le cas de M. Alexander, M. Feldenkrais a mis au point ses théories sur la kinésithérapie en raison de problèmes personnels. Dans sa jeunesse, il était un joueur de soccer fanatique et de grand talent. Sa seule erreur fut d'ignorer les nombreuses blessures provoquées par la pratique de ce sport car, disait-il, elles faisaient partie du métier. En 1940, à l'âge de 36 ans, les dommages corporels accumulés pendant plusieurs années de soccer menacèrent de le handicaper pour le reste de ses jours. Les médecins lui annoncèrent qu'en pratiquant une nouvelle intervention chirurgicale plutôt risquée, il n'avait que

**Feldenkrais croit que la solution aux problèmes corporels consiste à augmenter les aptitudes du cerveau à les résoudre. Il s'agit de reprogrammer le cerveau en lui apprenant de nouveaux moyens pour envoyer des messages au reste du corps.**

cinquante pour cent de chances de pouvoir marcher normalement par la suite. Comme cela ne lui disait rien de bon, M. Feldenkrais, toujours comme M. Alexander, décida de se guérir lui-même. Pour ce faire, il apprit seul la médecine, l'anatomie et la kinésithérapie, puis la mécanique du corps, et le génie mécanique et électrique. Il s'aventura même dans le domaine encore pratiquement inexploré à l'époque, de la théorie de l'apprentissage. Tout ce méli-mélo d'études et d'expériences donna naissance à une école de pensée qui, sous certains aspects, est l'antithèse même de la technique Alexander.

Pour les professeurs de la technique Alexander, le travail consiste à redonner au patient le contrôle de son corps. Le professeur de la technique Feldenkrais cherche, quant à lui, à contourner certains des processus de pensée conscients de son patient, et à amener son esprit à apprendre de façon détournée, de nouveaux moyens plus efficaces pour contrôler son corps. Même si la personne est généralement consciente de ce que fait l'instructeur, l'objectif de ce dernier est de reprogrammer les centres du mouvement qui sont situés dans le cerveau avec ou sans la coopération du patient. Voyez-vous, selon la théorie de M. Feldenkrais, les articulations et les muscles tendus, bloqués et, dans certains cas, paralysés n'existent tout simplement pas. En fait, ces problèmes se produiraient dans le cerveau où certains relais électriques, certains programmes de notre ordinateur personnel auraient été détruits ou sabotés d'une manière quelconque. Ainsi, pour remédier à la situation, il est nécessaire de reprogrammer le cerveau, de lui fournir de nouvelles options et de nouveaux moyens d'envoyer des messages aux os et aux muscles affectés. Toujours selon lui, l'entraînement physique ne constituerait pas un remède puisque le problème n'est pas d'origine physique mais mentale. La solution aux troubles corporels serait donc d'augmenter l'aptitude du cerveau à les résoudre. Le docteur Stephen Appelbaum, un psychoanalyste qui a participé à des séances de thérapie afin de pouvoir mettre en pièce la théorie Feldenkrais raconte (avec beaucoup d'incrédulité, mais aussi beaucoup d'admiration) à propos de son expérience :

> ... pendant environ quarante minutes, nous avons travaillé à détendre une épaule afin de lui faire toucher le sol, mais nous n'avons eu besoin que de quelques minutes pour faire faire la

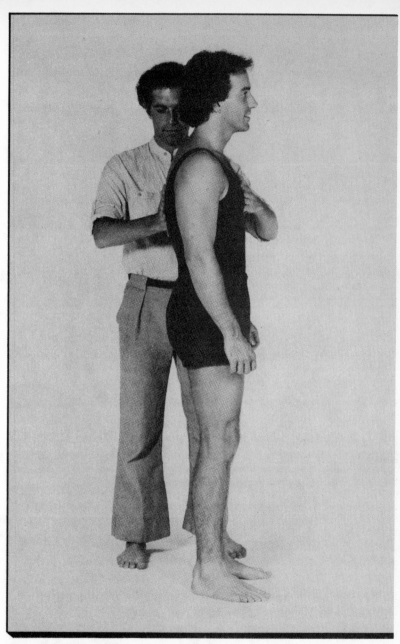

*Russell Delman guide un étudiant pendant qu'il exécute des mouvements prescrits par M. Feldenkrais.*

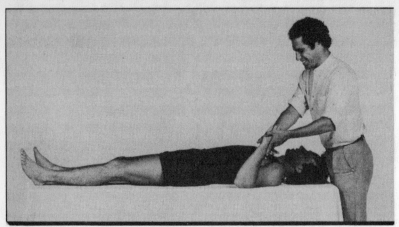

*Le thérapeute vérifie le fonctionnement de chaque bras.*

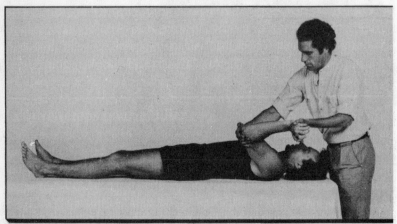

*Cette manipulation permet de corriger les raideurs dans les bras.*

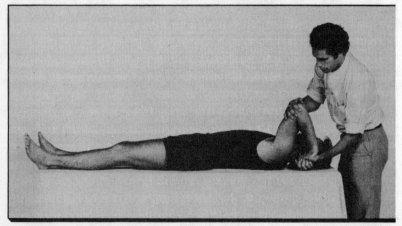

*La rotation du bras illustrée ci-dessus enseigne au cerveau de nouveaux moyens plus naturels de contrôler les membres.*

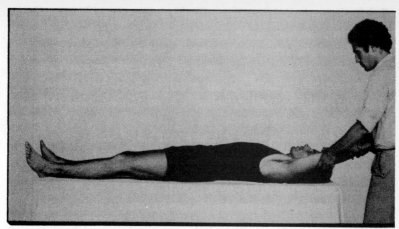

*Le thérapeute vérifie l'alignement longitudinal du corps.*

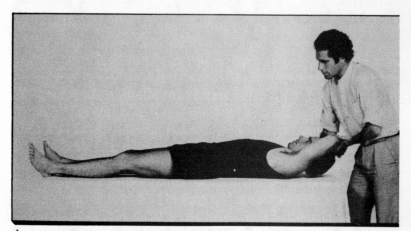

*À mesure que le thérapeute bouge le bras, le reste du corps change de position, révélant les déséquilibres musculaires dont souffre le patient.*

même chose à l'autre épaule. En fait, le cerveau avait déjà appris, pour la seconde épaule, quel était le meilleur arrangement musculaire permettant de faciliter ce qui semblait au premier abord une position impossible pour le corps. (*Out in Inner Space*, Anchor Press/Doubleday, 1979).

Le docteur Appelbaum ne voulait pas admettre que Feldenkrais avait découvert quelque chose, mais c'était bel et bien le cas.

# Alexander et Feldenkrais

La lecture du livre le plus populaire de M. Feldenkrais, *Awareness Through Movement* (Harper and Row, 1977), risque de laisser beaucoup de gens perplexes. En passant, c'est l'ouvrage que vous devriez lire si vous désirez vous initier à la technique. Sous certains aspects, l'ouvrage ressemble à un message de remerciement à M. Alexander. M. Feldenkrais y compare le corps à une machine bien huilée et prétend que les exercices qu'il propose servent à éliminer tous les efforts et les mouvements inutiles des activités humaines, le tout afin de permettre aux gens de se mouvoir de façon idéale. Il y déclare même que la posture idéale du corps est celle qui transmet le poids d'os en os et qui permet au corps de suivre la direction prise par la tête, tout comme la théorie de M. Alexander l'affirme. Selon M. Feldenkrais :

> La meilleure voie que peut suivre le squelette lorsqu'il passe d'une position à une autre, par exemple de la position assise à la position debout, ou de la position couchée à la position assise, est celle qu'il prenait s'il ne possédait aucun muscle, seulement des ligaments. Afin de pouvoir se relever par le chemin le plus court et le plus efficace, le corps doit être organisé de telle manière que les os suivent la voie que prendrait un squelette si on le tirait par le crâne. (*Awareness Through Movement*, Harper and Row, 1977).

En d'autres termes, la majorité des traitements Feldenkrais ont pour point de départ la tête et le cou, tout comme dans les traitements Alexander. D'un autre côté, certains points importants de la technique Feldenkrais entrent en contradiction avec celle d'Alexander. En effet, M. Feldenkrais croit qu'il est impossible de changer une mauvaise habitude en se fiant uniquement à des sensations agréables. L'homme s'habitue tellement aux sensations engendrées par ses habitudes, qu'elles soient bonnes ou mauvaises, que toute nouveauté semblera automatiquement anormale et indésirable. C'est pourquoi M. Feldenkrais concentre ses efforts sur des modifications au niveau du cerveau plutôt qu'au niveau des muscles. « Lorsque nous parlons de mouvement musculaire », écrit-il dans *Awareness Through Movement*, « nous entendons par là les impulsions émises par le système nerveux et qui agissent sur les muscles, qui eux ne peuvent fonctionner sans ces impulsions pour les diriger... Une amélioration dans les actions et les mouvements apparaît uniquement après qu'une modification a été effectuée dans le cerveau et le système nerveux. »

## Savoir duper notre ordinateur interne

Il s'agit donc de recourir à la ruse. Dans l'exemple suivant, qui a été répété avec grande dévotion par tous les adeptes de Feldenkrais, un écrivain qui se sert de la technique pour traiter sa sclérose en plaques, décrit de quelle manière le Maître réussit à convaincre une patiente allongée qu'elle est en fait debout :

> Lors de la séance du lendemain, il démontra la même chose à l'une de ses étudiantes. « Qu'est-ce que je suis en train de faire ? » demanda-t-il sans s'arrêter. « Ah oui, je suis en train de faire cette chose stupide avec une planche à pain. Mais qu'est-ce que je fais exactement ? » Personne ne répondit.
>
> « Quelle est la fonction du pied ? Supporter les gens lorsqu'ils sont debout. Mais comment fonctionne-t-il ? » Il se leva et prétendit skier. « Vous voyez. La cheville s'ajuste pour garder le pied bien à plat sur le sol et empêcher son propriétaire de glisser, peu importe l'angle de son pied. Maintenant », il reporta son attention sur le pied de l'étudiante, « afin d'avoir un pied parfait, nous devons d'abord le libérer du poids du corps. La découverte la plus intéressante de Freud a été sans contredit le divan. Voyez-vous, je soutiens que toute analyse couronnée de succès est accompagnée, et probablement précédée, par un changement de la posture et des habitudes musculaires du corps et de la figure. Lorsqu'elle s'étend, une personne libère les principaux muscles fléchisseurs et extenseurs de leur fonction normale, qui est de garder la personne debout, et provoque ainsi un changement. Freud ne savait évidemment pas cela. En fait, il demandait à ses patients de s'étendre parce qu'il n'aimait pas les regarder dans les yeux... surtout lorsque ceux-ci abordaient des questions sexuelles. »
>
> Heureux d'avoir fait rire son monde, le vieil homme retourna à son étudiante. « Nous allons donc lui demander de s'étendre et, en touchant son pied de cette façon, nous allons convaincre son cortex cérébral qu'elle est en fait en position

debout, et sur une pente en plus. Regardez bien. » Il toucha le rebord extérieur de la plante du pied avec la planche à pain et le pied se tourna de manière à se poser à plat sur celle-ci. Tout le monde, y compris le sujet de l'expérience, observait la scène avec grande attention. Il toucha le rebord intérieur du pied avec la planche et celui-ci se tourna afin de s'y poser encore une fois bien à plat.

Il s'amusa ainsi pendant quelques instants encore, puis nous dit : « Vous voyez, nous avons doté ce pied d'intelligence. Le cerveau de notre sujet fait bouger son pied de façon parfaite parce que celui-ci n'a aucune possibilité de faire les erreurs habituelles qui se produisent lorsque notre patiente est debout. »

Lorsque l'étudiante se releva, il devint évident que M. Feldenkrais avait modifié par son pied l'organisation de son système neuromusculaire tout entier. En effet, son œil gauche était visiblement plus grand, le côté gauche de sa bouche était plus détendu et son épaule gauche était plus basse de plusieurs centimètres que son épaule droite. (*Quest/78*, décembre 1978–janvier 1979).

Le but de cette expérience était d'enseigner à l'étudiante de nouvelles façons de se tenir debout. En travaillant avec une planche pendant qu'elle était étendue, M. Feldenkrais a appris à son cerveau à ordonner aux pieds de se lever, sans fatiguer sa patiente (pas de lutte contre la gravité) ni lui causer de frustration (pas d'ordres difficiles à exécuter ou de gestes à imiter).

---

## Revenons aux exercices pratiques

Il est maintenant temps de retourner à l'atelier tenu à l'université Duke. Nous avons vu assez de théorie jusqu'ici et il est temps de revenir au matelas d'exercice. Notre instructeur à l'atelier Feldenkrais était Norma Leistiko, de San Francisco.

Madame Leistiko commença par nous donner quelques règles de base. Les instructeurs de la technique Feldenkrais ne sont pas dérangés par les séances de groupe, contrairement à ceux de la technique Alexander. En fait, leur programme est tout spécialement conçu pour des groupes. Cependant, un traitement individuel, appelé Intégration fonctionnelle, est recommandé dans les cas de défauts graves. Un traitement Feldenkrais ne

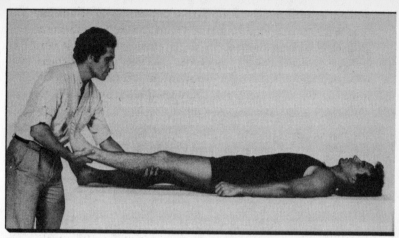

*Les raideurs révèlent les parties du corps qui exigent un traitement.*

*L'amélioration du fonctionnement du pied peut soulager des douleurs dans toutes les parties du corps.*

comporte pas un nombre défini de séances et il n'existe aucune limite d'âge chez les patients. En Israël, M. Feldenkrais traite aussi bien les bébés que les vieillards de 80 ans, nous a-t-on dit. Pour les petits, les séances durent environ 15 minutes en général, mais chez les adultes, la durée optimale d'une séance est d'environ une heure, la moyenne étant de 40 minutes. Selon les enseignements du Maître, la capacité d'absorption et de perception du patient diminue une fois cette limite dépassée. La plupart des séances commencent par une brève discussion sur la raison pour laquelle les patients recherchent de l'aide, puis on enchaîne avec des exercices au sol. Au début, ces exercices servent à

*Le thérapeute se sert d'une planche à pain pour enseigner au pied une nouvelle façon de se tenir.*

déterminer la posture du patient lorsqu'il est couché sur le dos, sur le côté et lorsqu'il est assis. L'instructeur peut ainsi déceler les signes de raideur et de déséquilibre, déterminer si les deux côtés du corps se comportent de la même façon et si un côté est plus souple et réagit mieux que l'autre.

Cette étape terminée, les patients doivent exécuter d'autres exercices très simples qui sont, au besoin, guidés par les mains de l'instructeur. Le but de ces exercices est d'étudier si les principales articulations fonctionnent bien ou non. Toutes ces manipulations ont un caractère diagnostique aussi bien que thérapeutique, en ce sens qu'elles permettent à l'instructeur de préparer les prochaines séances. Celles-ci comprendront plus d'exercices du même type, qui sont choisis et ordonnés de manière à révéler au patient ce que l'instructeur a appris sur son état. De plus, la manière dont les exercices sont effectués permettra éventuellement au cerveau d'apprendre de nouveaux moyens de commander aux différentes parties du corps.

## Ce qu'on ressent pendant un traitement Feldenkrais

L'état d'esprit qui envahissait notre groupe pendant que Mademoiselle Leistiko s'affairait sur nous était extrêmement agréable, pour ne pas dire langoureux. Elle nous parlait d'une voix apaisante et les mouvements demandés étaient faciles à exécuter.

Malgré la dureté du plancher et le temps maussade, nous nous sentions tout endormis, mais chose étrange, nous ressentions exactement ce que nous étions censés ressentir, soit par exemple qu'une hanche effectuait un mouvement plus facilement que l'autre, ou qu'une épaule était détendue contrairement à l'autre. Il est évident que pour recevoir ce genre d'attention, il faut faire appel à un instructeur qualifié. Pour communiquer avec l'un d'entre eux, vous devrez vous adresser à l'organisation de Mademoiselle Leitstiko. Pour obtenir un annuaire de tous les membres de la Guilde Feldenkrais pour les États-Unis, le Canada, l'Europe et Israël, écrivez tout simplement à l'adresse suivante : *The Feldenkrais Guild, 1776 Union Street, San Francisco, CA 94123, U.S.A.* Cet annuaire est régulièrement mis à jour.

## Pratique de la technique Feldenkrais à la maison

Si vous désirez pratiquer la technique Feldenkrais à la maison, vous aurez besoin du livre *Awareness Through Movement* et des exercices qui y sont inclus. Prenez note cependant que ces séances effectuées par vous-même ne sont pas aussi efficaces que les séances sous la direction d'un instructeur. À part cela, vous n'aurez besoin que de quelques règles de base avant de commencer. M. Feldenkrais vous recommande d'effectuer les exercices prescrits tout juste avant de vous coucher (et au moins une heure après avoir mangé). D'après nous, cette recommandation est faite pour deux raisons : tout d'abord, il espère que les exercices permettront d'éliminer une partie de la tension et de la fatigue de la journée et en second lieu, il croit probablement que l'esprit est plus réceptif à cette heure de la journée.

M. Feldenkrais recommande aussi à ceux qui désirent se traiter eux-mêmes à l'aide de *Awareness Through Movement* de porter le moins de vêtements possible lors des exercices. Comme

---

**Le but des exercices Feldenkrais est d'éliminer toutes les sensations sauf celles provoquées par les mouvements du corps durant l'exercice.**

---

l'objectif des séances consiste à éliminer toutes les sensations autres que celles provoquées par les mouvements du corps, les vêtements trop serrés, les boutons et les fermetures éclair risquent d'émettre des messages désagréables qui pourraient entraver la bonne marche du programme. Il est nécessaire de disposer d'un espace suffisant car M. Feldenkrais désire que vous évitiez de recevoir des informations d'un meuble contre auquel vous pourriez vous cogner. De plus, il vous conseille de vous exercer seul, ou avec une seule autre personne qui lirait les instructions. Ce qu'il désire par-dessus tout, c'est que vous soyez à l'écoute de votre corps. Comme vous pourrez le constater, les séances sont assez longues, jusqu'à 45 minutes si vous vous pratiquez à la maison ; la raison, c'est que M. Feldenkrais veut que ses étudiants fassent les exercices étape par étape, c'est-à-dire qu'ils lisent une partie des instructions, puis qu'ils les exécutent, et ainsi de suite. En fait, il voudrait que chaque mouvement soit répété un certain nombre de fois, disons dix fois pour commencer, puis 25 fois, jusqu'à ce que chaque mouvement devienne « normal » et naturel. Ce n'est que lorsque toute l'étrangeté et la gêne accompagnant la nouveauté du mouvement auront été éliminées du processus que l'effet de ce dernier commencera à se faire sentir. Cependant, les exercices ne sont pas du tout fatigants ni difficiles car, comme le dit l'inventeur de la technique, les manœuvres difficiles ne servent qu'à montrer aux gens combien elles sont difficiles au lieu de leur montrer ce qu'est leur corps.

## Une leçon à essayer

Maintenant que vous en savez un peu plus au sujet des principes d'intégration fonctionnelle, vous pourriez essayer quelques-uns des mouvements prescrits par M. Feldenkrais. Pour terminer cette section, nous vous proposons cette leçon, intitulée « Quelques propriétés fondamentales du mouvement ».

Dans cette leçon, vous apprendrez à reconnaître quelques-unes des propriétés fondamentales des mécanismes de commande des muscles volontaires. Vous pourrez constater qu'il suffit d'environ une trentaine de mouvements lents, légers et courts pour modifier le tonus musculaire, c'est-à-dire le degré de contraction des muscles avant qu'ils soient activés par la volonté. Une fois cette modification apportée, le tonus musculaire se propagera dans toute la moitié du corps où est située la partie exercée. L'action devient facile à exécuter et

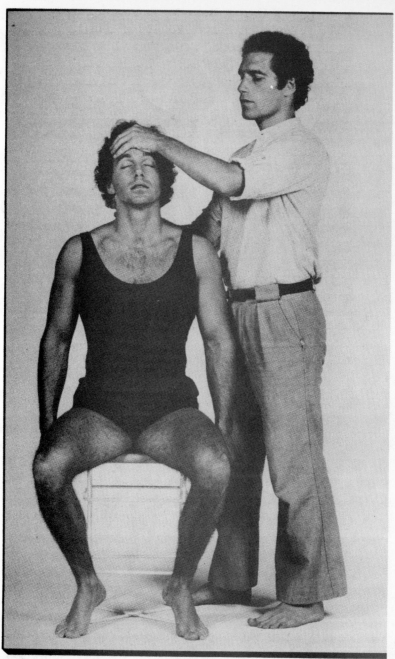

*Le thérapeute réaligne le cou et la partie supérieure du dos.*

le mouvement s'allège lorsque les gros muscles situés au centre du corps effectuent la plus grande partie du travail et

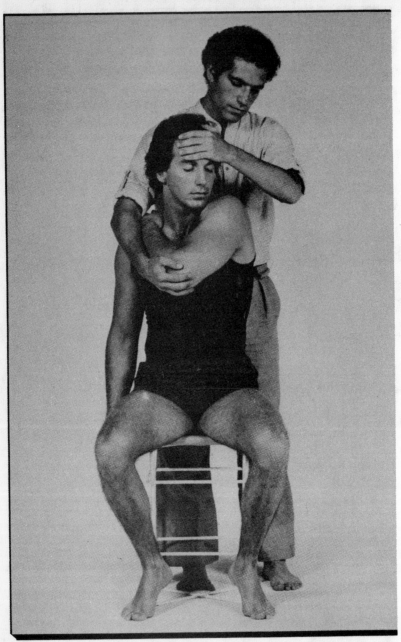

*Ce mouvement inhabituel permet de faire fonctionner le haut du corps sans tension.*

que les membres n'ont plus qu'à diriger les os vers le but de l'effort entrepris.

### Étudiez l'état de votre corps

Étendez-vous sur le dos et écartez les jambes de façon qu'elles soient confortablement installées. Étirez les bras au-dessus de votre tête et écartez-les l'un de l'autre de manière qu'ils soient bien alignés avec les jambes.

Fermez les yeux et essayez de sentir chacune des parties du corps en contact avec le sol. Portez attention à la manière dont vos talons touchent le sol. La pression exercée est-elle égale sur chacun d'eux ? Le point de contact au sol est-il le même ? Examinez de la même façon le contact des muscles des mollets avec le sol et celui des genoux, des articulations des hanches, des côtes flottantes, des côtes supérieures et des omoplates. Portez votre attention sur la distance entre le sol et les épaules, les coudes et les poignets.

Un examen de quelques minutes suffit à démontrer qu'il existe une différence considérable entre les deux côtés du corps. Nombreux seront ceux qui s'apercevront que, dans cette position, leurs coudes ne touchent pas le sol. Comme leurs bras sont en quelque sorte suspendus dans les airs, ils auront de la difficulté à les maintenir dans cette position pendant toute la durée de l'examen.

La colonne vertébrale comprend, entre autres, le coccyx, cinq vertèbres lombaires, douze dorsales et sept cervicales. Sur quelle vertèbre de la région du bassin la pression est-elle la plus forte ? Est-ce que toutes les vertèbres lombaires touchent le sol ? Si ce n'est pas le cas, qu'est-ce qui les empêche de toucher le sol ? Sur quelle vertèbre dorsale la pression est-elle la plus marquée ? Au début de cette leçon, la plupart des gens vont s'apercevoir que seules deux ou trois vertèbres touchent vraiment le sol, tandis que les autres forment des arcs. Cette situation est plutôt surprenante, vu que notre intention était de relaxer, étendus sur le sol, sans faire le moindre effort ou mouvement. En théorie, toutes les

---

**Selon M. Feldenkrais, les exercices difficiles ne servent qu'à montrer aux gens le degré de difficulté au lieu de leur faire prendre conscience de leur corps. C'est pourquoi les exercices qu'il propose sont faciles.**

---

vertèbres devraient donc toucher par terre à au moins un endroit de leur surface. Un squelette dépourvu de muscles serait effectivement étendu dans cette position. Il semble donc que les muscles exercent une traction sur les parties du corps auxquelles ils sont fixés sans que nous en ayons conscience.

Il est impossible de faire toucher le sol à toute la colonne sans que nous exercions un effort conscient sur plusieurs sections de celle-ci. Dès que nous relâchons cet effort, ces sections vont aussitôt reprendre leur position initiale. Pour pouvoir appuyer toute la colonne sur le sol, il faut arrêter l'action inconsciente exercée par nos muscles. Mais comment y parvenir si même un effort conscient et délibéré ne donne pas le résultat voulu ? Eh bien, nous devrons prendre des moyens détournés. (*Awareness Through Movement*, Harper and Row, 1977).

Nous devons nous arrêter ici, car ce texte comporte sept autres pages que nous ne pouvons reproduire faute de place. Cependant, vous avez certainement pu vous faire une idée du sujet. En fait, M. Feldenkrais vous demande d'interpréter les réponses fournies par votre corps. De toute façon, ses questions sont formulées de telle manière qu'il est difficile de ne pas saisir de quoi il s'agit.

Nous allons maintenant passer à ce qu'on pourrait appeler les ligues mineures de la thérapie corporelle ; ligues mineures au niveau de la quantité, mais certainement pas en ce qui a trait à la qualité. La méthode conçue par Mabel Todd et Lulu Sweigard, de même que le système de Irmgard Bartenieff ont tous deux de nombreux adeptes et un grand nombre de succès les ont couronnés. Le produit est là, mais le problème se situe au niveau de la distribution. En fait, il est extrêmement difficile de suivre un traitement par une de ces techniques à l'extérieur de la ville de New York.

## Les principes fondamentaux d'Irmgard Bartenieff

La méthode Bartenieff constitue la thérapie corporelle qu'on associe le plus souvent aux danseurs professionnels parce que Madame Bartenieff est une adepte de Rudolf Laban, un réfugié

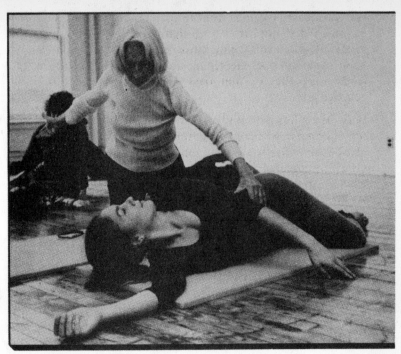

*Irmgard Bartenieff à l'œuvre.*

de l'Allemagne nazie et l'équivalent d'un dieu dans le milieu de la danse. Ce dernier, pour qui les kinésithérapeutes portent une véritable vénération, est l'inventeur de la technique appelée Analyse du mouvement de Laban, ou Labanalyse. Ce système étudie les mouvements en décomposant chaque geste en leurs composantes fondamentales et en enregistrant l'effort déployé par chacun d'eux. Les hiéroglyphes (appelés Labannotations ; Laban aimait beaucoup les contractions de mots) qu'il a inventés pour consigner ses observations constituent la méthode la plus largement répandue d'enregistrement des pas de danse et ils sont encore un outil important dans l'étude du mouvement en laboratoire. Cependant, en dépit des antécédents impressionnants de M. Laban, c'est probablement Madame Bartenieff qui constitue la figure dominante de la diffusion de la technique. Maintenant âgée de plus de 80 ans, c'est elle qui a transformé les intérêts de Laban envers les danseurs en un programme pratique permettant d'aider des gens au corps moins parfait à mieux se sentir dans leur peau. On n'a qu'à la voir en action, comme nous l'avons vue en Caroline du Nord, pour se sentir balayé par sa vivacité. Les principes fondamentaux de Bartenieff accordent une place importante à l'articulation de la hanche. Lors d'une conférence traitant de ce sujet, nous avons assisté à une démonstration incroyable : s'étant assuré les services d'un volontaire, elle lui releva la jambe et, d'une seule main, la sortit presque complètement de la cavité articulaire de la hanche pour utiliser le membre, maintenant libre de toute contrainte, comme une sorte de baguette.

Bien entendu, elle voulait aussi que sa pauvre victime fasse, selon ses propres mots, l'expérience de « la facilité et de la liberté de mouvement rendues possibles par l'élimination de toute tension superflue des muscles autour de l'articulation. » Incroyable Madame Bartenieff !

La théorie derrière tout cela, c'est que si on veut éliminer toutes les mauvaises habitudes reçues de nos parents et des professeurs de gymnastique, ou celles nées de problèmes quelconques, nous ferions mieux de recréer bon nombre des situations qui ont été à la base de notre apprentissage. Ce serait une bonne idée de tout réapprendre comme si nous étions redevenus enfants. Mais pour cela, il faut comprendre que les enfants n'apprennent pas tout bêtement, un bon samedi, à enrouler leurs spaghettis autour de leur fourchette en un clin d'œil. Ils doivent d'abord acquérir un certain nombre de mouvements de base comme ramasser des objets et les tenir, lever la tête, se retourner, ramper par terre, marcher à quatre pattes, se tenir debout et, finalement, marcher. À mesure que ce processus d'apprentissage se poursuit, l'enfant tente aussi d'imiter les activités des gens qui l'entourent. Progressivement, toutes ces activités se fusionnent aux mouvements de base de l'apprentissage pour former un comportement d'une grande complexité. Par exemple, des activités comme lancer et attraper une balle permettent l'acquisition d'une coordination entre l'œil et la main, tout en exigeant le concours du bas du corps. Toutes les activités de l'enfant, comme les jeux de colin-maillard, de baseball, de saute-mouton et ainsi de suite lui permettent de maîtriser des mouvements de plus en plus complexes, comme ceux lui permettant de courir, de se contorsionner ou de tomber sans se faire mal. L'apprentissage de l'enfant se poursuit ainsi jusqu'à ce qu'il ait acquis toutes les capacités d'un adulte. L'apprentissage de l'enfant a l'avantage de se faire petit à petit et dans des conditions généralement agréables et c'est en partie ce qui fait l'attrait de la technique

Bartenieff. En effet, cette méthode permet au patient de décomposer ses habitudes de mouvements en ses composantes, qui peuvent ainsi être transformées sans difficulté. De plus, la technique Bartenieff met l'accent sur des mouvements amples qui ressemblent à des pas de danse, mouvements qui sont agréables à effectuer.

## Les principes de la thérapie Bartenieff

La technique de Madame Bartenieff et de ses collègues de l'Institut Laban se divise en quatre parties fondamentales, mais nous n'avons pu voir la démonstration que d'une seule de ces parties lors de l'atelier. Celle-ci traitait de la méthode employée pour déplacer le poids du corps d'un côté à l'autre et d'avant en arrière. Avant de décrire cette démonstration, nous allons vous donner un aperçu des trois autres parties.

1. « L'alignement dynamique » est la phase d'apprentissage d'une posture correcte. L'objectif consiste à faire acquérir au patient une position qui le rend littéralement prêt à tout. Il ne s'agit aucunement d'une instruction du genre « debout et tiens-toi droit », mais plutôt d'un arrangement des muscles, des os et des messages du cerveau qui rend le patient flexible et en mesure de réagir à toute modification de son environnement, que celle-ci soit agréable ou désagréable.

2. « L'attitude corporelle » est un concept qui nous semble être la contrepartie émotive de l'alignement dynamique. Cette partie traite de la manière dont notre corps reflète nos sentiments dans nos attitudes physiques. Ce n'est pas pour rien, par exemple, qu'on dit d'une personne qu'elle semble ou ne semble pas « en forme ». Nous ne pouvons savoir si vous partagez notre avis, mais d'après nous, les danseurs professionnels expriment plus que toute autre personne ce concept d'attitude corporelle dans leurs faits et gestes. Cependant, l'intérêt de ce concept est certain, en ce sens que les attitudes physiques que nous adoptons ne devraient pas servir à masquer ou à réprimer nos émotions. En fait, nous croyons que plus nous laissons nos émotions s'exprimer librement et mieux nous nous sentons.

**3.** Une grande attention est portée à « l'initiation du mouvement » lors de l'élaboration de séries d'exercices dans le cadre de la technique Bartenieff. La raison en est très simple : le succès d'un acte, qu'il s'agisse d'un service au tennis, d'un sprint à la course ou tout simplement de se lever de son fauteuil, dépend de la façon dont nous amorçons le mouvement. En effet, si le mouvement est mal amorcé, le reste de l'action sera plus fatigant à exécuter, moins efficace et plus embarrassant qu'il n'est nécessaire.

## Une expérience « fondamentale »

La démonstration de Madame Bartenieff à l'université Duke traitait, comme nous l'avons mentionné, du transfert du poids dans l'espace. D'ailleurs, cette partie est probablement la plus intéressante des quatre, car, tandis que les trois autres parties utilisent les petits mouvements subtils employés dans les autres thérapies corporelles, les exercices conçus pour enseigner aux étudiants à mouvoir convenablement tout leur corps consistent à exécuter de larges mouvements fluides tout en tournoyant dans la pièce, ce qui est plus amusant. Plusieurs d'entre vous, surtout ceux qui font un travail de bureau, doivent certainement se dire qu'il leur arrive rarement d'avoir à faire des transferts de poids comme ceux dont nous venons de parler. Rien n'est plus faux ; vous le faites à chaque fois que vous jouez au baseball ou au golf, chaque fois que vous montez ou descendez un escalier, en fait chaque fois que vous marchez, que vous vous levez ou que vous vous assoyez. Ainsi, le transfert est un mouvement crucial dans la plupart des activités et c'est pourquoi les instructeurs de la technique Bartenieff croient qu'il est important de pouvoir transférer notre poids en douceur, sans saccades et en fournissant un effort égal. Ici encore, le facteur important est l'efficacité avec laquelle le travail est accompli.

Tout cela peut paraître ennuyeux, mais ce n'est vraiment pas le cas. Tous les exercices qu'on nous a demandé d'effectuer pour tester nos habitudes de transfert de poids, puis pour les corriger, exigeaient des mouvements amusants. Tout d'abord, on nous a demandé de toucher le sol avec la main droite, en pliant les genoux et la taille, puis à avancer le pied droit. Nous

nous sommes ensuite relevés pour nous pencher vers l'arrière, tout en reculant le pied droit et en faisant un grand mouvement circulaire du bras. Nous avons ensuite enchaîné en faisant un quart de tour sur ce même pied droit et un pivotement du pied gauche. Ensuite... bon, nous en avons assez dit. Le but de l'exercice était de nous mettre en position de déséquilibre, de façon que nous soyons obligés de transférer rapidement notre poids afin de ne pas nous affaler par terre. Cette série d'exercices nous donnait l'air de lanceurs de disque pas très habiles, jusqu'à ce que Madame Bartenieff commence à nous montrer comment faire. Par la suite, nous avons fait rapidement des progrès. Personne n'a réussi à devenir un second Nijinsky, mais tous ont trouvé l'exercice agréable et stimulant.

Si cette technique vous intéresse, et elle le devrait, communiquez avec l'institut à l'adresse suivante : *The Laban Institute of Movement Studies, 133 West 21st Street, New York NY 10011, U.S.A.* De plus le livre de Madame Bartenieff, intitulé *Body Movement : Coping with the Environment* (écrit par Dori Lewis, 1980) peut être obtenu auprès de *Gordon and Breach Science Publishers, 1, Park Avenue, New York, NY 10016, U.S.A.*

## Mabel Todd et Lulu Sweigard

Disons-le franchement, lorsque nous avons reçu la lettre d'invitation à l'atelier de l'université Duke, la partie qui traitait de la technique Todd-Sweigard nous est apparue comme totalement ridicule. D'après la lettre, nous devions apporter un tapis, un oreiller, une paire de protecteurs pour les genoux ainsi qu'une corde ou une ceinture pour s'attacher les jambes. Complètement fou, n'est-ce pas? Eh bien, pas tant que cela, comme nous l'avons constaté par la suite.

**Selon les enseignements d'Irmgard Bartenieff, si nous voulons nous débarrasser des mauvaises habitudes que nous avons prises dans notre jeunesse, nous devons recommencer notre apprentissage comme si nous étions redevenus des enfants.**

La thérapie Todd-Sweigard, ou thérapie idéocinétique, est encore plus restreinte à la ville de New York que celle d'Irmgard Bartenieff. Mabel Todd a enseigné la kinésithérapie au Columbia Teachers College et c'est à cet endroit qu'elle a mis au point ses théories sur le mouvement. Lulu Sweigard a été l'une des étudiantes de Mabel Todd. Après ses études, elle a enseigné au département d'éducation physique de l'université de New York, puis est devenue professeur de kinésithérapie au module de danse de la Juillard School of Music où elle a collaboré à la mise en pratique des idées de Madame Todd. Aujourd'hui, le fruit de cette collaboration survit grâce aux travaux d'André Bernard à l'École des arts et à l'École d'enseignement de l'université de New York. Bernard a étudié avec les deux femmes.

## Comment se déplace ce corps qui pense ?

C'est le titre du premier livre de Madame Todd, *The Thinking Body : A Study of Balancing Forces of Dynamic Man* (Dance Horizon, 1968) (en français, Le corps qui pense : une étude des forces d'équilibre de l'homme dynamique) qui reflète le mieux la théorie de Todd et Sweigard. L'être humain est un ensemble composé de deux éléments : le corps et l'esprit. C'est une machine capable d'avoir des pensées complexes qu'on pourrait comparer aux robots perfectionnés des films de science-fiction. Cela signifie aussi que lorsque nous désirons faire un mouvement quelconque, notre esprit génère une image de cet acte avant que nous le réalisions physiquement. Partant de cette réalisation, Mesdames Todd et Sweigard décidèrent que le meilleur moyen de changer les habitudes de mouvement des gens, ou de leur enseigner de nouveaux mouvements plus difficiles, consistait à modifier leurs images mentales ou, à tout le moins, à adapter les muscles, les os et les articulations à nos images mentales. Tout comme dans le cas de M. Feldenkrais, elles ont conclu que pour modifier un mouvement, elles devraient d'abord modifier les impulsions cérébrales qui déclenchent ce mouvement. De leurs recherches est née la « thérapie idéocinétique », une expression formée des termes « idéo » (l'idée stimulatrice d'action) et « cinétique » (mouvement physique).

Le point qui en ressort automatiquement est que la transformation des habitudes ne peut être accomplie dans toute son efficacité par un effort conscient ; dans ce cas précis, la pratique ne donne pas de résultats très satisfaisants. Aussi, Madame Todd et par la suite Madame Sweigard, comme l'a fait plus tard M. Feldenkrais, entreprirent de trouver des moyens inconscients et involontaires pour encourager le corps à changer ses habitudes. Elles inventèrent des jeux impliquant des suggestions mentales... mais arrêtons-nous ici car pour mieux comprendre, il serait préférable de retourner à notre atelier, en Caroline du Nord. La technique Todd-Sweigard semble plutôt bizarre si on n'en fait pas l'essai avec son propre corps.

## Une expérience loufoque qui s'avère extrêmement sensée

Après nous avoir placé par équipes de deux, André Bernard demanda qu'un partenaire de chaque équipe s'étende par terre. Tous les partenaires choisis s'étendirent donc, sur le dos, un oreiller sous la tête et les jambes repliées et attachées ensemble afin, nous dit Bernard, de ne pas avoir besoin de les tenir relevées. Une fois l'opération terminée, il demanda à ceux qui étaient étendus de s'imaginer qu'ils étaient des complets. Pardon ? Oui oui, un beau complet-veston suspendu par un cintre dans la penderie. Quel serait l'effet ressenti, dit-il, si nous avions les jambes et les bras, pardon, les jambes et les manches bien collées l'une contre l'autre ? Détendez-vous. Comment vous sentez-vous ? Pas mal du tout, n'est-ce pas, mais... ah oui, il y a une couple de faux plis ici et ce n'est pas très confortable. Attendez, on va les enlever. Il demanda aux partenaires, qui portaient les protecteurs pour les genoux, de passer leurs mains tour à tour sous les épaules, le dos et les jambes afin d'enlever les plis du veston et du pantalon. C'est alors que la plus étrange des sensations s'est produite. C'était comme si, en passant leurs mains, ils avaient aussi enlevé les faux plis. En outre, nous avons eu la sensation que nos muscles se détendaient et rentraient dans le sol. M. Bernard nous expliqua plus tard que c'était justement le but de toute cette séance : détendre les muscles du dos pour qu'ils s'allongent et s'élargissent, assumant ainsi un état jugé plus naturel et efficace selon la théorie Todd-Sweigard. C'est exactement ce qui nous est arrivé. Bien sûr, la sensation perçue n'avait rien de bouleversant, mais elle était bien réelle. En fait, on aurait dit de l'eau ou de la crème à bronzer qui avait commencé à couler goutte à goutte, puis à torrent sur les muscles. Pendant les trois heures qui ont suivi, nous avons eu l'occasion de ressentir des sensations semblables tandis que nous nous affairions à « repasser » des pantalons, à redresser un col de chemise coincé à l'intérieur d'un veston et toutes sortes d'autres ajustements de posture. Aussi incroyable que cela puisse paraître, la technique semble être bel et bien efficace. De toute façon, si vous êtes intéressé à vivre temporairement la vie d'un de vos complets ou d'une de vos robes, contactez André Bernard à l'adresse suivante : *School of the Arts, 40 East 7th Street, New York, NY 10003, U.S.A.* Il pourrait peut-être vous donner le nom d'un spécialiste de la technique Todd-Sweigard près de chez vous.

# GYMNASTIQUE SUÉDOISE

**G**ymnastique. La seule pensée de ce terme donne des sueurs froides à plus d'un... et tire des grognements de douleur à bien des élèves. Mais pourquoi? D'où vient cette animosité envers la gymnastique? Eh bien, c'est tout simplement parce que cette activité est souvent associée à une tâche ennuyante et douloureuse.

Vous souvenez-vous, lorsque vous étiez au secondaire, de cette fois où vous attendiez d'entrer dans l'auditorium pour entendre les élèves de neuvième de Mademoiselle Bouchard massacrer d'une voix stridente l'ouverture du Lac des Cygnes? Vous rappelez-vous que Pierrot Lachance, vous savez, celui qui avait une verrue sur l'oreille gauche, avait eu l'audace de taquiner la jolie rouquine tout de suite après que monsieur le directeur ait demandé le silence? Vous rappelez-vous de la punition que Pierrot avait reçue?

« Lachance », avait hurlé monsieur le directeur, rouge de colère. « Vingt-cinq tractions (push-ups)! Et que ça saute! »

Et le pauvre Pierrot, président de sa classe et membre éminent du club d'échecs, avait dû se mettre à quatre pattes devant tout le monde, sur le plancher poussiéreux, et s'exécuter tout en essayant de ne pas se coller le nez sur les mâchées de gomme qui jonchaient le plancher.

Qu'avait donc en tête monsieur le directeur? Certainement pas la santé physique de Pierrot, ni son acuité mentale, oh non! Monsieur le directeur voulait simplement torturer le pauvre Pierrot.

Et pourtant, bien que monsieur le directeur croyait punir Pierrot Lachance, en réalité il lui faisait probablement une grande faveur.

« Tu parles d'une faveur », devez-vous vous dire. Eh oui, le fait est que la gymnastique peut être d'un grand bienfait pour vous. Ces exercices n'ont pas besoin d'être douloureux pour faire du bien, et ils ne sont surtout pas un instrument de torture spécialement conçu pour punir les élèves turbulents.

## Conservez des articulations souples

Parmi les bienfaits que procure la gymnastique, l'un des plus importants est qu'elle vous permet de conserver le plein « rayon de mouvement » de vos articulations. En d'autres termes, les mouvements que vous exécutez lorsque vous faites de la gymnastique vous permettent de conserver vos capacités de les exécuter en tout temps par la suite. Ainsi, au lieu de laisser s'enrouiller vos articulations et de risquer de voir l'arthrite s'y installer, vous préservez leur souplesse et les mettez à l'abri de la douleur. « Le seul point commun de toutes vos articulations, c'est qu'elles ont besoin d'être exercées dans tous les sens afin de fonctionner convenablement », déclare le docteur Rex Wiederanders, auteur de *Biotonics* (Funk and Wagnalls, 1977).

Le docteur Wiederanders fait remarquer que les bébés ont des articulations « merveilleusement fluides et exemptes de douleur parce qu'ils les exercent dans tous les sens presque instinctivement. » Tout comme des mannequins en caoutchouc, les bébés peuvent se contorsionner et s'étirer dans toutes les directions possibles.

Quel que soit votre âge, les exercices de gymnastique pourraient vous redonner une souplesse de bébé et même accroître votre force. En effet, s'ils sont exécutés convenablement, ces exercices sont aussi efficaces que l'haltérophilie... sans que vous soyez obligé d'acheter des poids et haltères. Par exemple, les tractions sont équivalentes à des levers de poids comme ceux

**La gymnastique suédoise aide à conserver des articulations souples et exemptes de douleur, au lieu de les laisser s'enrouiller.**

*1. Pour exécuter des tractions modifiées, appuyez-vous d'abord sur les mains et sur les genoux. 2. Penchez la poitrine vers le sol.*

appelés « military press » et « bench press » (décrits au chapitre consacré à l'haltérophilie).

Cependant, avant de commencer à faire des tractions complètes, vous devriez essayer la version modifiée, plus facile à exécuter. En vous appuyant au sol sur les genoux et sur les mains, gardez les bras droits et distribuez votre poids sur les mains et sur les genoux.

Gardez votre dos droit le plus possible et placez vos mains directement sous les épaules. Maintenant, penchez-vous jusqu'à deux ou trois centimètres du sol en pliant les bras, puis revenez en position de départ. Répétez le mouvement cinq fois pour commencer.

Alors, comment vous sentez-vous ? S'ils vout ont semblé un peu difficiles mais que vous avez pu faire les cinq répétitions sans aller jusqu'à la limite de vos forces, c'est que vous avez trouvé le niveau idéal pour commencer à faire régulièrement cet exercice. Si, par contre, vous avez été dans l'impossibilité de les faire, ce n'est pas une raison de vous décourager. Tout ce dont vous avez besoin, c'est de faire travailler un peu vos muscles pour les remettre en forme. Vous commencerez donc par faire uniquement le nombre de répétitions que vous êtes capable d'exécuter sans vous fatiguer. Avec le temps, vous arriverez sûrement à faire le nombre de répétitions que nous suggérons. N'en faites pas plus que le permettent vos forces cependant, vous risqueriez de vous blesser. Ce conseil s'applique évidemment à tous les exercices de ce chapitre.

Les tractions modifiées servent surtout à développer les muscles de la poitrine et de l'arrière des bras (les triceps). Votre capacité (ou votre incapacité) de les faire permet de mesurer la robustesse de ces parties du corps.

## Une poussée dans la bonne direction

Lorsque vous n'aurez plus de problèmes à exécuter les tractions modifiées, il sera temps de passer aux tractions normales. Cependant, ne faites pas la transition trop rapidement ; vous devriez être capable de faire environ quinze tractions modifiées avant de vous lancer dans les exercices plus difficiles.

Pour les tractions normales, le haut du corps est dans la même position que pour la traction modifiée. Cette fois cependant, les genoux ne touchent pas le sol et le corps est supporté par les orteils (voir la photo à la page suivante). Une fois installé en position, penchez-vous lentement jusqu'à deux ou trois centimètres du sol en pliant les bras, puis revenez en position initiale. Ne pliez en aucun temps les genoux ou les hanches. Pas de problème ? Ce genre de traction renforce non seulement les muscles dorsaux et abdominaux, mais aussi les triceps. Lorsque vous serez capable de faire dix tractions et plus, vous saurez que votre travail aura commencé à porter fruit.

## Allez lentement et vous progresserez plus vite

Avant de vous présenter d'autres exercices, voici quelques règles à suivre pendant les séances. Ne vous épuisez pas à faire des exercices, surtout pendant les premières séances. Vous n'en retirerez que des courbatures et des douleurs musculaires. Avec le temps, votre corps s'adaptera aux exercices de plus en plus violents. Aussi, laissez-lui la chance de s'ajuster.

Certaines personnes d'un certain âge s'imaginent qu'elles ont encore le corps de leur jeunesse et que celui-ci peut se

*1. Les tractions normales se font en s'appuyant sur les mains et les orteils. 2. En pliant les bras, allez presque toucher le sol avec votre poitrine.*

remettre sans peine d'une séance d'exercices éprouvants. Si vous n'êtes plus de première jeunesse et que vous avez été relativement inactif, ce genre de raisonnement risque de vous créer de graves ennuis.

Aussi, suivez les conseils donnés dans *The Official YMCA Physical Fitness Handbook* (Popular Library, 1975) : « Évitez de faire des exercices sans aucune période de repos. Faites plutôt un exercice, puis reposez-vous un instant, passez ensuite à un autre exercice et ainsi de suite. Le corps des adultes s'adapte sans mal à l'effort si on le laisse reprendre son souffle entre les exercices. »

N'exercez pas un muscle ou un groupe de muscles sans exercer aussi tous les autres. Tout votre corps doit être renforcé et non uniquement les jambes et les bras.

Établissez-vous une règle générale de ne pas faire plus de deux exercices consécutifs pour la même partie du corps. Alternez avec des mouvements qui exercent des muscles non encore touchés. Revenez par la suite aux parties du corps que vous désirez exercer un peu plus. Par exemple, si vous effectuez des flexions/extensions des jambes suivies d'élévations latérales des jambes (ces exercices sont décrits plus loin), qui développent et forcent tous les deux les muscles des jambes, il ne faudrait pas les faire suivre immédiatement d'un autre exercice pour les jambes. Vous pourriez par exemple enchaîner avec des redressements.

Ne rebondissez pas, poussez. Si, par exemple, un exercice demande que vous alliez toucher vos orteils avec les doigts sans plier les genoux, la pire chose à faire serait de vous élancer pour atteindre votre but. Ce geste ne ferait que contracter vos muscles, alors que l'objectif consiste à les tonifier. En outre, en contractant les muscles de cette façon, vous faites forcer inutilement les articulations, les ligaments et les tendons, ce qui vous met à la merci des blessures.

Qui plus est, même si vous faites un tel geste alors que vos muscles sont décontractés, c'est comme si vous donniez un coup sec sur un cordon fragile ; il y a de bonnes chances qu'il se casse. Aussi, dans le cas où vous ne pourriez vous conformer aux directions de l'exercice, faites plutôt un compromis. Si vous ne pouvez toucher vos orteils, pliez un peu les genoux. Ce n'est pas de la tricherie, c'est tout simplement un raccourci qui vous permet de commencer l'exécution de l'exercice. Et même dans le cas où vous n'arriveriez pas à toucher les orteils avec les genoux pliés, ne désespérez pas. Allez le plus loin que vous pouvez sans vous blesser et vous verrez que si vous persévérez, vous réussirez tôt ou tard à les toucher, ces satanés orteils. Surtout, ne perdez pas espoir en vos capacités !

## Une fin de semaine, ce n'est pas assez !

Qu'arriverait-il si vous sortiez une assiette du congélateur et que vous la mettiez dans un four chauffé à blanc ? Fort probablement une assiette cassée. Il est important de vous rappeler que lorsque vous entreprenez un programme d'exercices, vos muscles sont comme cette assiette. Vous devez donc les réchauffer graduellement. Si vous commencez à fond de train alors qu'ils sont encore froids, les muscles vont résister et vous risquez de les déchirer. Aussi, ne vous lancez pas dans les exercices violents dès le saut du lit. Réchauffez-vous d'abord !

Un bon exercice pour commencer la période de réchauffement est la « rotation du cou ». En effet, si les muscles du cou sont contractés, plusieurs des exercices que nous vous proposons seront difficiles et même désagréables à exécuter.

Pour exécuter l'exercice de rotation du cou, levez-vous, bras de chaque côté du corps, et penchez doucement la tête en avant. Faites-la ensuite tourner autour de l'axe du cou (épaule droite, dos, épaule gauche et finalement en position initiale). Certaines personnes se détendent mieux lorsqu'elles font cet exercice les yeux fermés. Changez de direction après chaque tour complet et continuez jusqu'à ce que votre cou soit complètement détendu.

L'exercice de réchauffement suivant sert à détendre les bras. Ceux-ci étant placés de chaque côté du corps, secouez-les de haut en bas et d'avant en arrière afin d'activer la circulation du sang et de détendre les muscles des bras.

Par la suite, tenez les bras devant vous et faites-leur faire des cercles de plus en plus grands (vous pouvez continuer à les

---

**Lorsque vous vous exercez, ne rebondissez pas, poussez plutôt. Si vous rebondissez, c'est comme si vous tiriez brusquement sur un fil délicat. Vous pourriez vous rompre un muscle !**

---

*Faites tourner votre cou afin de détendre les muscles.*

secouer si vous préférez). Changez de direction après quelques
tours et, lorsque vous vous sentirez quelque peu réchauffé, faites
semblant de frapper des balles de golf et d'exécuter des revers au
tennis afin d'ajouter un peu de variété à vos mouvements de

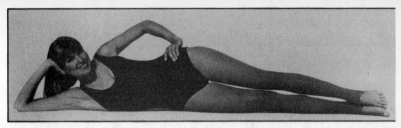

*1. L'élévation latérale de la jambe débute avec les deux jambes ensemble.*
*2. Levez la jambe supérieure.*

rotation. Rappelez-vous cependant de faire tous vos mouvements en douceur; n'allez pas essayer de frapper un trou d'un coup de 400 mètres !

Afin de vous réchauffer les jambes et les hanches, faites une série d'élévations latérales de la jambe. Étendez-vous sur le côté et gardez le dos droit tout en supportant votre tête dans votre main. Sans forcer, levez la jambe le plus haut que vous pouvez, puis baissez-la lentement et en douceur; ne la laissez pas tomber. Faites dix répétitions et recommencez avec l'autre jambe.

Terminez la période de réchauffement par un exercice d'élévation et de flexion de la jambe. Étendez-vous sur le dos, bras de chaque côté du corps, et relevez la tête pour que vous puissiez voir vos orteils (voir la photo). Pointez maintenant les orteils (on appelle ce mouvement une flexion de la cheville) et ramenez lentement le genou gauche vers la poitrine, le plus loin que vous pouvez. Étendez ensuite la jambe vers le haut pour que vos orteils pointent vers le plafond, puis ramenez votre jambe au sol. Répétez l'exercice cinq fois avec chaque jambe tout en n'oubliant pas d'aller lentement, de façon détendue et contrôlée.

## Un exercice pour devenir agile

Une fois bien réchauffé, ce qui prend au minimum entre cinq et dix minutes, vous voilà prêt à exécuter des exercices plus difficiles. Une bonne idée serait de commencer par des sauts.

Pour ceux d'entre vous qui n'auraient jamais suivi de cours de gymnastique à l'école, les sauts dont nous parlons sont assez spéciaux. Ils consistent à sauter en écartant les jambes et en levant les bras au-dessus de la tête. Mais voyons un peu le mouvement étape par étape.

Commencez l'exercice en tenant les pieds joints et les bras le long du corps. Sautez en allant frapper des mains au-dessus de votre tête (vos bras peuvent être légèrement repliés à ce point). Au moment où vous étendez les bras, écartez les jambes de façon qu'elles soient vis-à-vis les épaules lorsque vous atterrirez. Vos mains devraient frapper l'une contre l'autre au moment même où vos pieds touchent le sol.

Au prochain saut, le processus est inversé. Sautez en ramenant les bras contre le corps et en joignant les pieds (voir la photo).

Si vous n'êtes pas en bonne forme, allez-y lentement et en faisant attention. Essayez de faire vingt-cinq répétitions, mais n'essayez pas d'en faire plus que vous le pouvez. Si vous êtes en assez bonne forme, vous devriez vous fixer un objectif de 500 répétitions en huit minutes environ. Cependant, si cet exercice ne faisait pas partie de votre programme, 500 répétitions pourraient bien vous laisser les jambes endolories. Aussi, soyez à l'écoute de votre corps et n'en faites pas plus qu'il ne faut.

**Vous devriez vous réchauffer pendant au moins cinq à dix minutes avant de passer à des exercices plus difficiles.**

## Un peu de redressement

Après en avoir terminé avec les sauts, vous voilà prêt à faire quelques redressements. Il s'agit d'un exercice particulièrement important parce qu'il permet de tonifier et de renforcer les muscles abdominaux, ces muscles qui aident à supporter le dos. En fait, les maux de dos commencent souvent à se faire sentir par suite d'un relâchement des muscles abdominaux. Aussi, les redressements peuvent aider à soulager les maux de dos et même à les prévenir.

Tout comme dans le cas des tractions, il existe deux sortes de redressements. La version modifiée est moins difficile mais

*1. Relevez la tête et ramenez le genou contre la poitrine. 2. Pointez les orteils vers le plafond en tenant la jambe bien droite.*

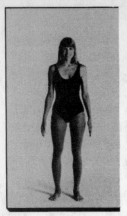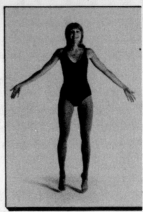

*1. Pour cet exercice, commencez en tenant les bras le long du corps. 2. En sautant, écartez les jambes et allez taper des mains au-dessus de votre tête. 3. La seconde moitié de l'exercice est exécutée en faisant le mouvement inverse.*

permet un meilleur renforcement des muscles abdominaux que la version normale. En effet, même si les redressements normaux exigent plus de travail, une grande partie de ce travail est accompli par le dos et les jambes.

Les deux versions sont exécutées en s'étendant sur le dos, genoux repliés (voir la photo). Croisez les bras sur la poitrine et redressez-vous de façon à former un angle d'environ trente degrés par rapport au sol (version modifiée). À trente degrés, vous devriez sentir une forte contraction de vos muscles abdominaux. Revenez ensuite lentement à la position initiale.

Le redressement normal est effectué essentiellement de la même façon, sauf que vous devez vous redresser complètement et aller toucher un genou avec le coude du côté opposé. Revenez ensuite en position initiale et changez de coude à chaque redressement.

Si vous pouvez faire soixante redressements en trois minutes, vous brûlez alors environ douze calories et vous augmentez vos capacités aérobiques. Cependant, les débutants devraient définitivement commencer par la version modifiée. Celle-ci permet un bon exercice des muscles abdominaux tout en étant moins exigeante pour le dos et les jambes.

Rendu à ce point de la séance, vous devez vous sentir passablement d'attaque. Aussi, pour vous permettre de continuer sur votre lancée, vous allez maintenant faire quelques tractions.

*1. Le redressement modifié se fait en croisant les bras. 2. Redressez-vous ensuite pour former un angle de 30 degrés.*

Faites comme nous l'avons décrit plus haut (version modifiée pour les débutants et version normale pour ceux qui sont déjà en forme). Une série de trente redressements exécutée en une minute permet de brûler de six à sept calories. La version modifiée en brûle cependant un peu moins.

## Flexion/extension vers l'arrière

Essayez donc maintenant cet exercice. En partant de la position debout, accroupissez-vous en plaçant vos mains sur le sol. Ensuite, projetez vos pieds vers l'arrière comme si vous preniez la position de traction. Revenez ensuite à la position accroupie, puis relevez-vous. Si vous êtes en bonne forme, vous pouvez exécuter cet exercice rapidement, mais si ce n'est pas le cas, allez lentement. Si vous désirez rendre l'exercice un peu plus difficile, exécutez une traction lorsque vous serez dans cette position.

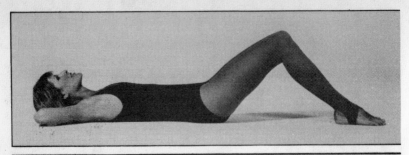

*1. Pour les redressements normaux, on croise les mains derrière la tête.*
*2. On doit ensuite toucher les genoux avec les coudes opposés.*

## Allez, un dernier petit effort !

Le dernier exercice que nous vous proposons consiste à vous relever à l'aide d'une barre de traction et à venir placer votre menton juste au-dessus de cette barre. Il s'agit d'un exercice de gymnastique très fortifiant. Si vous n'êtes pas en forme, il est fort possible que vous soyez incapable de faire cet exercice au

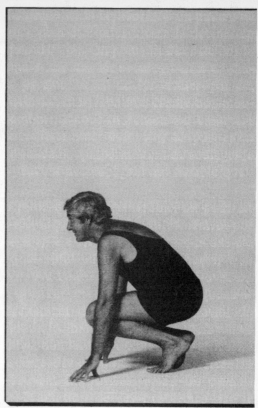

*1. Pour cet exercice, commencez debout, les bras le long du corps.*
*2. Accroupissez-vous, mains au sol.*

départ, mais à mesure que vous progresserez dans votre programme, vous arriverez à l'exécuter. Il faut du temps pour développer les muscles des bras.

Afin de renforcer votre bras tout entier, alternez la position de vos mains sur la barre. Par exemple, faites une première série en agrippant la barre par-dessous, puis faites une seconde série en tenant la barre par-dessus.

Lors de la préparation de votre programme de gymnastique, fixez-vous un objectif de vingt minutes par jour, mais n'oubliez pas qu'il s'agit d'un objectif. Pendant que vous progressez vers ce but, restez à l'écoute de votre corps et n'essayez pas d'en faire plus qu'il n'est capable de supporter. Afin de savoir à quel rythme progresser, restez toujours en contact avec votre corps et écoutez les messages qu'il vous transmet. Par exemple, est-ce

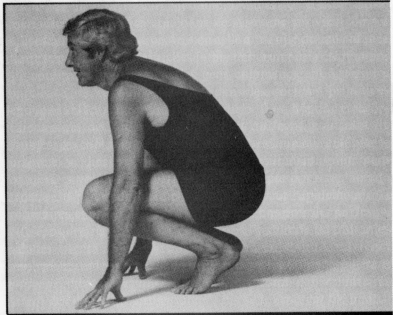

*3. Lancez vos pieds vers l'arrière, en position de traction. 4. Revenez à la position accroupie avant de vous relever.*

qu'un exercice particulier vous cause de la douleur? Est-ce que certaines parties de votre corps semblent plus faibles que le reste? Vous devriez modifier votre programme initial en fonction de ces messages.

N'oubliez surtout pas de prendre quelques minutes à la fin de chaque séance pour relaxer; faites quelques exercices de réchauffement pour cela. De plus, n'hésitez pas à inclure au programme des exercices d'étirement (reportez-vous au chapitre sur le sujet si vous désirez quelques bons exercices). Le fait de s'étirer à la fin de la séance permet souvent d'éviter l'endolorissement pouvant être causé par les exercices.

Rappelez-vous, si vous pouvez exécuter une séance de vingt minutes de gymnastique comme celle que nous venons de vous présenter, vous aurez accompli l'équivalent d'une séance moyenne de course, mais vous aurez développé en plus des muscles qui sont négligés par le jogging. Bon, faites jouer votre microsillon favori, respirez profondément et joignez vos efforts à ceux de Pierrot Lachance. Amusez-vous bien !

# CHIROPRAXIE

Par Nathaniel Altman, auteur de *The Chiropractic Alternative : A Spine Owner's Guide* (J.P. Tarcher, 1981)

Un cadre d'âge moyen a failli démissionner de son poste parce que, selon ses propres paroles, les migraines dont il souffrait le faisaient littéralement « grimper dans les rideaux ». Après six séances de traitement auprès d'un chiropracteur (on l'appelle aussi chiropraticien), la fréquence et l'intensité de ses maux de tête avaient diminué considérablement.

Une jeune femme n'avait pas eu ses règles depuis trois ans. Quatre mois de traitement chiropratique suffirent à rétablir son cycle menstruel.

Un homme à tout faire s'était infligé une entorse au dos en soulevant un appareil. Il était pratiquement incapable de marcher, mais après une séance de cinq minutes, il s'amusait à faire sauter sur ses épaules l'enfant du chiropracteur.

On avait dit à un homme de cinquante ans que sa hernie discale nécessitait une intervention chirurgicale. Il alla consulter un chiropracteur et après deux séances, il revint voir son médecin qui, totalement stupéfait, annula l'opération.

Si vous vous présentez au bureau d'un chiropracteur, il y a de bonnes chances que les patients s'empressent de vous raconter les « miracles » chiropratiques dont ils ont été témoins. Vous entendrez sûrement des choses comme : « Grâce à la chiropraxie, mes maux de dos se sont envolés », « J'ai enfin retrouvé le

**Daniel David Palmer, pionnier du traitement chiropratique. (Gracieuseté de la Société d'histoire de la chiropraxie.)**

sommeil après des années d'insomnie et de somnifères », « Ma pression sanguine a baissé », « Mon arthrite est enfin stabilisée », « Mon enfant ne souffre plus d'hyperkinésie et il a enfin de bonnes notes en classe. »

Même si la majorité des gens ont entendu parler de la chiropraxie (certains disent aussi chiropratique) et que plus de dix millions d'Américains se sont fait soigner par cette méthode l'an dernier, nombreux sont ceux qui ne connaissent pas la théorie derrière la pratique et qui ne savent pas vraiment ce que la chiropraxie peut et ne peut faire. Certains croient qu'elle ne sert que dans les cas de torticolis et de maux de dos, tandis que d'autres sont certains que tous les maux connus de l'homme, y compris le cancer, peuvent être guéris par cette méthode. Tour à tour, on a considéré la chiropraxie comme une forme de massage, un procédé utilisant l'acupression et les herbes médicinales, une branche de la médecine consistant en la stimulation des nerfs, ou encore dangereuse méthode de manipulation dont le seul résultat serait de faire craquer les os et de déchausser les dents. Dans les pages suivantes, nous allons explorer ce qu'est la chiropraxie et ce qu'elle n'est pas. Nous allons aussi étudier quels sont les maux qui peuvent être soulagés par cette méthode. Enfin, nous allons aussi examiner les affirmations de nombreux chiropracteurs, selon lesquelles leurs soins permettent aux gens d'atteindre un niveau optimum de bien-être.

## Les racines de la chiropraxie

La chiropraxie moderne a vu le jour le 18 septembre 1895 à Davenport, en Iowa. Au second étage d'un immeuble à bureaux de la rue Brady, un concierge pratiquement sourd expliquait à son patron dans quelles circonstances il était devenu sourd. Le patron se nommait Daniel David Palmer, un magnétothérapeute à l'esprit inquisiteur qui possédait des connaissances remarquables en anatomie. Notre concierge, Harvey Lillard, lui raconta que dix-sept ans auparavant, alors qu'il était penché sous un escalier pour ramasser des produits de nettoyage, il avait entendu un claquement sec dans son dos. Aussitôt, il était devenu presque complètement sourd et son état ne s'était jamais amélioré depuis ce temps.

Palmer examina la partie de son dos où Lillard croyait avoir ressenti le claquement au moment de l'accident et il découvrit sur la colonne vertébrale une bosse qui, selon ses connaissances en anatomie, n'aurait pas dû s'y trouver. Il associa aussitôt la bosse à la surdité du concierge et conclut que si son apparition avait pu causer la surdité, alors sa disparition pourrait bien atténuer cette affliction. Plaçant ses mains à l'endroit de la bosse en un geste qui deviendrait plus tard la base des manipulations chiropratiques, Palmer appuya avec précaution sur le dos de son « patient » et, exerçant une brusque poussée, il réussit à réduire la bosse. Pour la première fois en dix-sept ans, Harvey Lillard pouvait à nouveau entendre les bruits qui montaient de la rue. Cet événement constitua la base du développement de la méthode que M. Palmer appela plus tard « chiropraxie ».

## Que signifie le terme « chiropraxie » ?

Le terme « chiropraxie » est dérivé de deux mots grecs, cheir (main) et praxis (action). M. Palmer les a combinés pour former

chiropraxie (action de la main). Il définit sa pratique comme
«une science qui s'occupe des relations entre la structure
(surtout celle de la colonne vertébrale) et les fonctions du corps
humains (tout particulièrement le système nerveux).» Palmer
croyait qu'il était important d'étudier en profondeur les possibilités offertes par la chiropraxie car, selon lui, les relations
structure/fonctions pouvaient avoir une incidence directe sur le
recouvrement de la santé ainsi que sur sa préservation.

Selon les concepts fondamentaux de la chiropraxie avancés
par Palmer, il s'agirait d'examiner la colonne vertébrale pour
trouver la cause de nos maladies; c'est, prétendent les chiropracteurs, un concept qui a été mis de l'avant pour la première
fois par Hippocrate, le père de la médecine. À l'époque de
Palmer, c'était déjà un fait bien connu que le système nerveux,
c'est-à-dire le cerveau, la moelle épinière et les nerfs, constitue le
centre de commande principal du corps tout entier. Le cerveau
agit comme un générateur d'énergie qui émet des messages sous
forme d'impulsions électriques. Ces messages, qui sont transmis
à la moelle épinière, quittent cette dernière en divers points entre
les vertèbres et empruntent les nerfs pour se rendre aux organes
et aux tissus afin de guider toutes leurs fonctions. Ce cycle se fait
dans les deux directions. En effet, chaque partie du corps
transmet constamment au cerveau des messages concernant ses
fonctions et son environnement. Le cerveau traite ces informations en une fraction de seconde, puis renvoie les messages
appropriés servant à protéger l'organe ou le tissu et à le
conserver en bon état. Par exemple, lorsque la main posée sur
une poignée brûlante transmet au cerveau le message «c'est
chaud», ce dernier lui renvoie d'urgence l'ordre de «lâcher
tout».

## L'aptitude du corps à se soigner lui-même

À partir de ces faits connus de tous, M. Palmer élabora une
théorie du traitement chiropratique. Il avait la conviction que les
gens devraient porter une attention toute spéciale à leur colonne
vertébrale car, disait-il, celle-ci abrite et protège la moelle
épinière, fil conducteur de toutes les impulsions nerveuses qui
commandent le corps. Il maintenait que les dislocations des

vertèbres, aussi appelées subluxations, risquent de comprimer les nerfs rattachés à la moelle épinière et de réduire ainsi leur capacité de fournir aux organes et aux tissus la quantité d'énergie nécessaire à leur bon fonctionnement. Par extension, cette théorie prétend qu'on peut retracer l'origine de la plupart des maladies à ce problème de compression des nerfs par les vertèbres. Ainsi, si un organe ne peut être convenablement approvisionné par le « central », il risque de mal fonctionner ou d'être victime d'une maladie. Cette affirmation ne rencontre évidemment pas l'assentiment de la plupart des médecins. M. Palmer croyait, comme d'ailleurs la plupart des chiropracteurs d'aujourd'hui, qu'aussi longtemps que le système nerveux ne connaît pas d'interférence, l'intelligence innée du corps continue de diriger efficacement les activités du corps et de maintenir l'harmonie de tout le système. C'est pour cette raison que le chiropracteur n'a pas pour principal objectif la stimulation ou l'inhibition des fonctions du corps, comme le font à leur avis certains autres praticiens. Leur but consiste plutôt à éliminer les interférences causées par les subluxations vertébrales afin que le corps puisse continuer seul sa tâche de gardien de sa propre santé.

## Les causes de subluxation

Les chiropracteurs disent que la colonne peut se déformer de plusieurs façons et provoquer ainsi des subluxations. Les accidents graves ou mineurs constituent probablement la cause la plus courante de subluxation. Parmi les autres causes importantes, ils citent aussi les cas de charges soulevées de façon incorrecte, les glissements sur la glace et les divers risques de travail (en mécanique automobile, en plomberie, en menuiserie ou en construction par exemple) qui exposent la colonne à des tensions anormales. En outre, le stress imposé par la société d'aujourd'hui provoque des tensions dans le cou et dans le dos, ce qui contribue à augmenter les risques de subluxation. Enfin, les chiropracteurs prétendent que notre environnement est une autre source importante de subluxation vertébrale. Selon eux, les toxines émises à l'état liquide, solide ou gazeux par les additifs alimentaires, le tabac, l'alcool, le monoxyde de carbone, les drogues et diverses autres sources de pollution peuvent provoquer des réactions nerveuses d'une telle violence que les muscles du cou et du dos peuvent en être assez affectés pour disloquer une vertèbre. Cependant, afin d'égayer un peu ce tableau plutôt sombre, les chiropracteurs signalent que la plupart des subluxations mineures sont corrigées tout naturellement par le corps (surtout lorsque nous nous étirons), quoique certains cas requièrent des soins professionnels. Bien entendu, de nombreux médecins, appuyés par beaucoup de chimistes de l'environnement, contestent cette affirmation. Certains rétorquent même qu'il s'agit d'un argument qui tourne en rond. Ainsi, disent-ils, si les subluxations sont généralement la cause des compressions nerveuses, peut-on dire que des nerfs irrités peuvent parfois provoquer des subluxations ?

La tâche principale du chiropracteur est toute simple mais plutôt astreignante : il doit localiser précisément et ajuster la vertèbre subluxée qui cause des problèmes, puis la redresser afin d'éliminer la pression exercée sur le nerf touché. Tout d'abord, le chiropracteur examine la colonne afin de déterminer quels sont les os mal alignés. Pour ce faire, il se sert de ses mains et d'une variété d'instruments spéciaux. De plus, il se sert souvent de radiographies pour localiser et analyser le degré de gravité de la subluxation. Lorsque le chiropracteur a déterminé l'emplacement du problème, il effectue des ajustements pour remettre les os en place et réduire ainsi la pression sur les nerfs rachidiens. Ainsi, croient les chiropracteurs, lorsqu'il n'y a plus d'obstruction pour entraver l'approvisionnement des organes et des tissus par le cerveau, le corps peut recouvrer la santé et reprendre ses fonctions de protecteur contre les maladies.

## Ajustements et manipulations

En chiropraxie, on différencie les ajustements des manipulations. Un ajustement, c'est l'exercice soudain d'une force précise

**Le chiropracteur a pour principale tâche d'ajuster la colonne et de la redresser, ce qui permet le soulagement de la pression exercée sur les nerfs rachidiens.**

(appelée « poussée dynamique ») sur un point précis de la vertèbre, afin d'éliminer une interférence nerveuse. Les chiropracteurs assurent que c'est la réaction de guérison du corps provoquée par l'application de cette force qui constitue le point important de ce mode de traitement. Cependant, le redressement de la structure ne constitue qu'une première étape. D'autre part, les manipulations sont souvent des procédures générales et sans objectifs spécifiques permettant de redresser les structures osseuses, d'accroître leur rayon de mouvement et de stimuler ou d'inhiber les fonctions du corps. Par exemple, lorsqu'un chiropracteur effectue un massage du cou et de la tête, puis qu'il leur fait faire des mouvements de rotation afin d'augmenter leur rayon de mouvement, il effectue alors une manipulation.

Jusqu'à présent, nous avons parlé de sujets controversés, mais le débat qu'ils provoquent est en général supportable. Nous allons aborder dans les prochaines lignes des sujets qui provoquent beaucoup plus de remous. Ainsi, bon nombre de chiropracteurs dépassent dans leur pratique le cadre des simples ajustements. Tandis que les membres les plus conservateurs de la profession (les « traditionalistes ») s'en tiennent à la détection, l'analyse et le soulagement des subluxations, la plupart des chiropracteurs d'aujourd'hui font appel à plusieurs thérapies connexes (dont la manipulation, l'acupression, la cinésiologie appliquée, le massage, l'hydrothérapie, les thermotraitements, les thérapies vitaminiques et les techniques de traction) pour traiter toutes sortes de douleurs et de maladies. Les conservateurs de la profession, ainsi que la majorité des médecins, disent que leur formation ne prépare pas ces chiropracteurs nouvelle vague à fournir de tels services. Et c'est la guerre entre les deux groupes.

## Tradition contre nouvelle vague

Parmi les aspects positifs de la chiropraxie traditionnelle, mentionnons le respect de la capacité innée du corps de se soigner lui-même. Comme les traditionalistes croient que leur intelligence de personnes « éduquées » ne leur donne pas le droit de déterminer les besoins de votre corps, leur objectif consiste à éliminer les interférences nerveuses plutôt que de stimuler ou d'inhiber les fonctions du corps. De plus, comme leur formation est largement confinée à la technique d'ajustements chiropratiques, ces derniers possèdent souvent un plus grand degré d'expertise dans cette spécialité que les chiropracteurs nouvelle vague. Toutefois, certains critiques accusent les traditionalistes de ne pas tenir compte des nouvelles approches thérapeutiques dont pourraient bénéficier les patients, offrant ainsi une gamme de soins trop limitée à leur avis. Les traditionalistes rétorquent de leur côté que leur spécialité consiste à redresser les subluxations et que par conséquent, si leurs patients souffrent de maux en dehors de leur spécialité, ils les référeront souvent à des spécialistes dans des domaines particuliers comme la massothérapie ou la diététique.

Un esprit ouvert aux nouvelles tendances en matière de santé ainsi qu'un désir d'intégrer les nouvelles approches thérapeutiques dans leur travail, voici en gros les aspects positifs des chiropracteurs nouvelle vague. Cependant, il existe aussi un aspect négatif qui fait penser aux affirmations de certains médecins. En effet, quelques chiropracteurs prétendent tout guérir et ils fournissent à cet effet de nombreux services qu'on ne peut se procurer ailleurs. Cette large gamme de thérapies offerte pour remettre leurs patients « d'aplomb » donne au chiropracteur une aura de magicien ayant toujours dans son sac une cure « miracle » pour n'importe quel problème. Certains se servent de ces thérapies connexes pour justifier leurs tarifs élevés (un point qui inquiète tout particulièrement les critiques). De plus, le fait que les chiropracteurs peuvent légalement utiliser des thérapies connexes dans plusieurs États américains ne confirme pas nécessairement leur compétence dans ces domaines.

Il faut dire que tous les chiropracteurs doivent posséder un permis pour effectuer des ajustements chiropratiques de la colonne. Si la chiropraxie vous intéresse et que vous désirez vous faire soigner par un spécialiste des interférences nerveuses (ou des subluxations vertébrales), vous pourriez consulter un chiropracteur traditionnel. Mais, si vous préférez des soins qui font appel à une ou plusieurs thérapies naturelles, portez plutôt votre choix vers les chiropracteurs nouvelle vague.

Il n'existe aucune règle sûre vous permettant de différencier les « traditionalistes » des « nouvelle vague », mais on peut souvent discerner l'orientation de chacun en lisant leurs messages publicitaires. Par exemple, les représentants de la nouvelle vague emploient des termes comme « approche holistique », thérapie complémentaire, traitement (pour des affections précises comme les migraines, les maux de dos, la tension nerveuse, etc.), acupression, massage, physiothérapie, cinésiologie appliquée (une forme simple d'épreuve musculaire), traction, thérapie nutritionnelle, thérapie vitaminique, etc.

Les traditionalistes omettent quant à eux tous les termes susmentionnés pour employer plutôt des expressions comme élimination d'interférences nerveuses, soins chiropratiques « préventifs », rétablissement des fonctions nerveuses, correction des subluxations vertébrales, « chiropracteur traditionnel », « chiropracteur familial », etc.

## Traitements chiropratiques

Parmi tous les aspects de leur système, les chiropracteurs aiment mentionner avec fierté leur plan de conservation de la santé. Celui-ci permet au corps de demeurer à l'abri des interférences nerveuses, contrairement aux plans de « traitement contre la maladie » qui sont conçus principalement pour soulager les symptômes d'une affection. De façon indirecte cependant, les symptômes disparaissent souvent peu après le début du traitement chiropratique parce que, comme le font remarquer avec un égal empressement les praticiens de cette technique, le système nerveux, maintenant soulagé de ses obstructions, peut reprendre ses fonctions et rétablir l'état normal du corps. C'est pour cette raison qu'on entend souvent des patients ayant suivi un traitement chiropratique, proclamer qu'ils ont été « guéris » d'une variété presque infinie de maux (dont le cancer, le diabète, la dépression nerveuse et l'hyperactivité) que la médecine traditionnelle n'avait pu soulager.

La plupart des gens associent la chiropraxie aux maux de nature orthopédique tels les maux de dos, le syndrome cervical traumatique (aussi appelé coup du lapin), les douleurs discales et les sciatiques. Même si cette croyance est en grande partie fondée, les gens consultent leur chiropracteur pour des troubles fonctionnels qui touchent des organes ou des processus importants. Selon Chester A. Wilk, D.C., auteur de *Chiropractic*

*Speaks Out* (Wilk Publishing, 1976), les troubles suivants réagissent favorablement à un traitement chiropratique :

- maux de tête
- entorses lombaires
- autres syndromes du bas du dos
- troubles du cou
- troubles gastro-intestinaux
- troubles nerveux
- problèmes dorsaux
- troubles cérébrospinaux
- troubles cardiaques
- affections neurologiques
- asthme bronchique
- syndrome cervical traumatique
- traumatismes des extrémités (entorses)
- problèmes respiratoires
- luxations sacro-iliaques
- haute pression
- torticolis
- problèmes émotifs
- rhumatisme
- déformations de la colonne
- sinusites
- bursites
- rhumes
- entorses
- névrites
- arthrite
- sciatiques
- migraines

Même si des millions de gens ne jurent que par la chiropraxie pour soulager leurs symptômes, des praticiens comme le docteur Wilk nous avertissent que cette thérapie ne constitue pas une cure miracle. Ils font remarquer que les symptômes sont en fait l'étape finale d'une maladie et que la majorité des patients viennent consulter un chiropracteur uniquement après l'échec d'un traitement par la médecine traditionnelle. En outre, nombreux sont les gens qui exigent le succès d'un traitement chiropratique là où les thérapies médicales n'ont pu les guérir. Parfois, la chiropraxie permet d'obtenir des résultats étonnants, mais les praticiens soutiennent que ces résultats sont indirectement dus au rétablissement des transmissions nerveuses. Selon eux, lorsque le système nerveux est exempt d'interférence, l'aptitude inhérente du corps de se soigner lui-même n'est pas entravée ; ainsi, nous avons donc plus de chances de rester en bonne santé. Cet argument leur fournit une très bonne excuse au cas où leur travail n'arriverait pas à soulager les symptômes du patient.

## Une visite chez le chiropracteur

Une séance de chiropraxie est en réalité bien différente des idées qu'on s'en fait. Les nouveaux patients ont tôt fait de découvrir que le traitement n'est pas aussi douloureux ni aussi dangereux qu'ils le craignaient, et nombreux sont ceux qui s'aperçoivent en fin de compte, qu'une visite chez le chiropracteur peut s'avérer une expérience enrichissante. Pour ces derniers, le chiropracteur devient un spécialiste compétent qui possède une connaissance approfondie de la colonne vertébrale et du système nerveux. Ils le considèrent comme une personne responsable qui réfère ses patients à d'autres spécialistes lorsqu'il diagnostique un problème qui n'entre pas dans ses compétences. Arrêtons-nous un instant sur le cas de Kenneth Morrison, qu'on pourrait qualifier de patient type du chiropracteur.

## Les problèmes de cou de Ken

Peintre en bâtiments âgé de trente-deux ans, Ken semblait être en bonne santé. Cependant, il se plaignait souvent de maux dans le cou et, à l'occasion, de maux de tête matinaux. Un jour, un collègue lui suggéra d'aller voir le docteur Roberts, un chiropracteur local, lui disant que ce dernier serait peut-être en mesure de l'aider. Ken prit donc rendez-vous pour le jeudi suivant.

Au jour convenu, Ken se présenta à la clinique et la réceptionniste, après lui avoir souhaité la bienvenue, lui remit une fiche à remplir. Cette fiche ressemblait à celle des médecins, mais elle comportait en plus une section au sujet des problèmes des muscles et des os, et une autre où il devait inscrire les chutes, entorses et accidents dont il pouvait se rappeler. Ken possédait un bon dossier de sécurité au travail, mais il se rappelait qu'il avait été impliqué dans un accident de voiture mineur lorsqu'il avait dix-sept ans. Il s'était cogné la tête contre le pare-brise, qui s'était cassé sous le choc, et son père avait insisté pour l'emmener à la clinique d'urgence. Après l'avoir examiné, on le renvoya à la maison en l'assurant qu'il n'avait rien d'autre que quelques ecchymoses. Ken n'avait jamais repensé à cet accident avant de remplir cette fiche.

Ken passa dans le bureau du docteur Roberts. La salle de traitement ressemblait plutôt à un salon, remarqua Ken. En fait, il n'y avait aucune trace de l'atmosphère caractéristique d'un bureau de médecin comme les odeurs antiseptiques, les stérilisateurs et les seringues. Aucun objet spécial, à part une large table d'ajustement au centre de la pièce ainsi qu'un modèle réduit de colonne vertébrale, sur le bureau du chiropracteur. À l'aide du modèle, le docteur Roberts montra à Ken comment la colonne peut se déformer et affecter ainsi les nerfs rachidiens. Se servant ensuite d'un tableau illustrant la distribution des nerfs dans les différentes parties du corps, il montra à Ken comment une interférence nerveuse pouvait affecter les fonctions d'un organe ou d'un tissu. « Même une chute à bicyclette qui se serait produite dans votre enfance peut provoquer une déformation de la colonne qui à son tour peut affecter un nerf », dit-il à Ken. « Il est possible que vous n'en ressentiez pas les effets pendant de longues années, mais je crois bien que l'accident qui vous est arrivé il y a quinze ans, a été le point de départ de vos maux de cou. »

Le docteur Roberts demanda ensuite à Ken d'enlever sa chemise et de s'allonger sur la table. Celle-ci était bien rembourrée et était munie d'une cavité spéciale pour la tête. Le docteur Roberts procéda ensuite à un examen du dos, se servant de ses mains pour palper chacune des vertèbres afin d'y déceler des points tendres ou des bosses possibles. « Ça fait mal ici ? » demandait-il à Ken lorsqu'il rencontrait un point tendre, puis il consignait tous les résultats.

Il porta une attention toute spéciale à la région cervicale (région du cou) et découvrit que la seconde vertèbre cervicale ne semblait pas alignée avec les autres. Il compara alors la longueur des jambes de Ken et s'aperçut que l'une d'elles était plus courte

**B.J. Palmer, le fils de D.D. Palmer, fut l'un des premiers chiropracteurs. Courtoisie de la Société d'histoire de la chiropraxie.**

de quelques millimètres. De plus le bassin était légèrement de travers. Il demanda ensuite à Ken de se lever et de se pencher à gauche, puis à droite, en avant et enfin en arrière. Se servant d'une ligne à plomb pour déterminer l'alignement général de la colonne, le docteur Roberts décela un léger affaissement de l'épaule droite de Ken ainsi qu'une faible inclinaison de sa tête vers la droite.

Ayant terminé l'analyse de la posture de Ken, le docteur Roberts le fit asseoir sur la table afin de prendre la température de sa peau au moyen d'un thermomètre spécial, version moderne du neurocalorimètre introduit par B.J. Palmer (fils de Daniel David Palmer) en 1924. En partant de la base du crâne, le docteur Roberts descendit lentement l'appareil le long de la colonne, enregistrant pendant le processus les différences de température entre les deux côtés des vertèbres. Selon les chiropracteurs, une telle différence de température indique la possibilité d'une interférence nerveuse. Dans le cas de Ken, le docteur Roberts décela une différence au niveau de quatre vertèbres et il les consigna sur sa fiche. Certains chiropracteurs incluent dans leur analyse un examen qu'ils appellent « cinésiologie appliquée », un test simple de force musculaire. Selon ces derniers, ce test appliqué sur certains muscles, permet de déceler la faiblesse de certains organes et de retracer la vertèbre déplacée qui en est la cause.

Enfin, le docteur Roberts prit deux radiographies du cou de Ken afin de mieux connaître l'ampleur du déplacement soupçonné. Celles-ci confirmèrent son diagnostic : Ken souffrait d'une subluxation majeure de la seconde vertèbre cervicale qui comprimait le nerf situé à cet endroit. Selon le docteur Roberts, ce problème était directement relié aux raideurs dans le cou ainsi qu'aux maux de tête matinaux dont souffrait Ken, surtout lorsque celui-ci avait dormi sur le côté droit. Le chiropracteur expliqua à Ken que les autres subluxations de sa colonne constituaient des tentatives faites par le corps pour compenser celle du cou. Il l'assura cependant qu'elles pourraient aussi être corrigées.

Un programme d'ajustements d'une durée de dix semaines fut établi, un programme typique des cas chroniques mais non urgents comme celui de Ken. Le programme consistait en deux séances par semaine pendant les quatre premières semaines, puis une séance hebdomadaire par la suite. Ce genre de programme est différent selon le cas. Ainsi, une victime d'accident récent pourrait recevoir cinq traitements par semaine pour commencer, tandis qu'un patient souffrant d'une subluxation mineure commencerait par une séance hebdomadaire. À la dernière semaine, les progrès de Ken seraient évalués et, s'ils s'avéraient positifs, la fréquence pourrait être abaissée à une visite mensuelle de soins préventifs. Les chiropracteurs recommandent souvent à leurs patients des visites de soins préventifs pendant une certaine période après la correction d'une subluxation. Ceux-ci croient qu'il est nécessaire d'effectuer des ajustements réguliers afin d'éviter les interférences du système nerveux et de conserver l'organisme en bonne santé.

## La première séance de Ken

À la première séance d'ajustement de sa colonne, le docteur Roberts commença par prendre une autre lecture de la température de sa colonne et en consigner les résultats. Il demanda ensuite à Ken de s'étendre sur le ventre, la tête tournée vers la

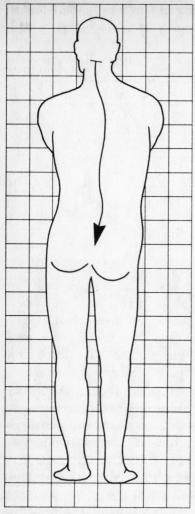

**Un mauvais alignement du corps peut signifier douleur et incapacité. Sur l'illustration, la hanche gauche est trop haute et détruit l'équilibre du corps.**

droite. Ken se tendit un peu car il s'attendait à ressentir une forte douleur, mais le docteur Roberts le rassura. Appliquant une légère pression sous l'oreille, il donna une brusque poussée vers le bas qui produisit un « clac » distinct. Il répéta la même opération dans le haut du dos, puis demanda à Ken de croiser la jambe gauche sur la droite et appliqua une autre poussée brusque sur le sacrum (dans le bas du dos). Ken ressentit un

222

picotement dans la tête à la suite de cet ajustement, mais aucune douleur. Il resta étendu pendant quelques minutes, puis se leva, s'étira et retourna à la maison.

Au cours des dix semaines qui suivirent, Ken reçut au total quatorze ajustements chiropratiques. Il se sentait mieux qu'il ne l'avait jamais été depuis qu'il avait terminé ses études secondaires. Cette expérience l'amena à demander combien de séances d'ajustements étaient nécessaires pour guérir un patient. On lui répondit qu'il n'existait aucune règle standard à ce sujet et que les programmes variaient suivant le cas à traiter. Ainsi, dans certains cas (par exemple une urgence où le patient fait une forte fièvre qui met sa vie en danger) les ajustements peuvent être pratiqués au rythme de deux par heure, tandis que d'autres cas n'auront besoin que de deux ou trois séances par semaine (les cas de subluxation chronique par exemple). Après avoir réglé le problème initial, des séances de soins préventifs peuvent être prévues une ou deux fois par mois. Certains chiropracteurs suggèrent d'interrompre les ajustements dès la disparition des symptômes, mais la majorité croit que les soins préventifs devraient s'étendre sur une longue période après le soulagement du problème.

À sa seconde visite, Ken avait reçu du docteur Roberts un dépliant décrivant un programme d'exercices qui lui permettraient de renforcer les muscles de son dos et d'éviter ainsi d'autres subluxations. On lui recommanda aussi de s'acheter un matelas extra ferme. De plus, le docteur Roberts lui montra la manière correcte de lever des charges lourdes et de grandes dimensions afin de réduire les risques de subluxation. Enfin, il encouragea Ken à améliorer ses habitudes alimentaires et lui suggéra à cet effet divers livres traitant de nutrition et de préparation des aliments. Selon lui, un bon régime alimentaire réduit les risques de subluxation de la colonne pouvant être causés par l'effet des toxines et des aliments raffinés à l'extrême. Le docteur Roberts était un chiropracteur traditionaliste dont la pratique était largement confinée aux ajustements de la colonne. Comme nous l'avons déjà mentionné, de nombreux autres chiropracteurs auraient proposé à Ken des traitements par la chaleur, des traitements d'acupression et des conseils diététiques en plus des ajustements chiropratiques. Il faut dire aussi que les techniques d'ajustement varient d'un chiropracteur à l'autre. Ainsi, certains préfèrent des méthodes spectaculaires, comme celle mise au point par B.J. Palmer, une méthode qui met l'accent sur les poussées dynamiques et ce qui est appelé la « détente rapide ». Par contre, d'autres préfèrent s'en tenir à des techniques moins impressionnantes et qui exigent plus de temps.

---

## Un mot au sujet des radiographies

La plupart des chiropracteurs prennent des radiographies de leurs patients en cours de traitement, mais la manière dont celles-ci sont utilisées varie considérablement d'un praticien à l'autre. Certains s'en servent rarement, se limitant à des régions particulières de la colonne, d'autres prennent fréquemment des radiographies de toute la colonne (soit de la base du crâne jusqu'à la base du bassin) afin de pouvoir étudier les répercussions d'une subluxation sur la colonne toute entière.

La majorité des patients n'aiment pas se faire radiographier, mais c'est grâce à cette technique qu'on peut déterminer s'il serait contre-indiqué de prodiguer des soins chiropratiques. Par exemple, il est possible qu'une fêlure d'une vertèbre échappe au chiropracteur lors de son examen initial. Si un ajustement était pratiqué, il risquerait de casser la vertèbre et d'endommager une veine ou une artère. En outre, les chiropracteurs croient que les radiographies leur permettent de mieux comprendre la nature et l'étendue d'une subluxation vertébrale. Elles leur permettent de pratiquer des ajustements de plus grande précision. Dans le cas où les risques de radiations vous inquiéteraient, vous pouvez demander au praticien de ne radiographier que les parties de votre colonne à traiter. Si on vous annonce que d'autres radiographies devront être prises dans un mois, assurez-vous qu'elles seront vraiment nécessaires et qu'il ne s'agit pas plutôt d'une procédure de routine. Si vous vous inquiétez des dangers d'exposition fréquente aux radiations, fixez votre choix sur un chiropracteur qui n'exige pas de prendre une radiographie avant de commencer un traitement. Enfin, vous ne devriez pas consulter les chiropracteurs qui annoncent que les radiographies sont gratuites. On ne devrait jamais se servir du danger des radiations pour attirer les gens.

# Le chiropracteur peut-il *réellement* vous aider ?

Étant donné la controverse qui règne au sujet des chiropracteurs, les sentiments envers eux se rangent en gros dans trois catégories : confiance en leur pratique, mépris de la profession, ou ignorance de ce qu'est la chiropraxie.

Cet énoncé envers l'un des arts de la guérison peut paraître absurde au premier abord, mais nous nous sommes aperçu qu'il est en général véridique. La plupart des médecins n'éprouvent que du dédain envers les chiropracteurs. Aussi, bon nombre d'associations médicales tentent activement, pour ne pas dire hargneusement, de nier aux chiropracteurs leur droit de pratique, et traitent la chiropraxie de culte sans fondements scientifiques, qui ne s'appuie sur aucune méthode éprouvée et qui est donc extrêmement dangereuse.

Ce qui, apparemment, permet à la profession de ne pas sombrer et lui donne la force de contrer les assauts de l'establishment médical, ce sont les témoignages des milliers de gens qui ne jurent que par la chiropraxie, et qui racontent avec enthousiasme, comment leur chiropracteur a réussi à soulager des problèmes que la médecine n'avait pu guérir.

La majorité des gens fondent leur opinion à propos de la chiropraxie sur leur expérience personnelle. Quelques personnes de notre connaissance nous ont affirmé avoir vécu une excellente expérience. Certains, par contre, ont été extrêmement désappointés et ils sont convaincus que les nombreuses séances dans le cabinet du chiropracteur ne leur ont apporté que des souvenirs douloureux. D'autres encore critiquent les chiropracteurs parce que des membres de la profession semblent trop empressés de prendre des radiographies.

Une étude a été commandée par le gouvernement américain dans l'espoir de jeter un peu de lumière sur la véritable valeur de la chiropraxie, mais les instigateurs de l'étude se sont vite aperçus que toute communication était impossible entre les médecins qui conduisaient l'étude et les chiropracteurs : ils ne parlaient tout simplement pas le même langage. On est donc forcé d'admettre que les seules preuves en faveur de l'efficacité de la chiropraxie sont purement subjectives et fondées uniquement sur des anecdotes.

## Une étude scientifique

Il existe tout de même une exception, en l'occurrence une étude effectuée par un médecin, le docteur Robert L. Kane et ses collègues du département de médecine familiale et communautaire au Collège de médecine de l'université de l'Utah. Ceux-ci ont comparé l'efficacité des soins médicaux et des soins chiropratiques chez 232 patients qui souffraient de maux de dos.

Les patients ont été sélectionnés en compilant les dossiers d'indemnisation de la commission des accidents du travail de l'Utah. L'équipe du docteur Kane a interviewé 232 personnes qui avaient été traitées pour des maux de dos et de la colonne. De ce nombre, 122 patients s'étaient fait traiter par des chiropracteurs, tandis que les 110 autres avaient consulté un médecin (la commission des accidents du travail de l'Utah permet aux travailleurs de choisir leur thérapeute parmi les médecins, les ostéopathes et les chiropracteurs, mais les règlements peuvent être différents selon l'état ou la province).

Les entrevues avec les patients ont révélé que ceux qui avaient reçu des soins chiropratiques étaient légèrement plus satisfaits du traitement et plus heureux de l'amélioration de leur état. En outre, ils s'étaient remis plus rapidement de leur accident (*Lancet*, 29 juin 1979). Les différences n'étaient pas très importantes, mais elles indiquaient clairement que les chiropracteurs avaient une mince avance sur les médecins.

Les chercheurs ont aussi découvert qu'en dépit du dédain affiché par les médecins envers les chiropracteurs, de plus en plus de gens font appel à leurs soins.

Malgré le fait que les soins chiropratiques ont exigé presque deux fois le nombre de visites médicales, la durée moyenne du traitement complet était considérablement plus courte, soit 6,5 semaines contre 9,3 semaines pour le traitement médical (en moyenne deux visites hebdomadaires pour les traitements médicaux, contre deux à trois visites durant la même période pour les traitements chiropratiques).

Après avoir évalué l'incapacité de chaque patient ainsi que l'amélioration apportée par les thérapies, l'équipe du docteur Kane a conclu que « l'intervention des chiropracteurs dans les cas de blessures dans la région du cou et de la colonne vertébrale était au moins aussi efficace que celle des médecins en termes de

rétablissement des fonctions du patient et en termes de satisfaction de la part de celui-ci. » D'après l'échelle établie par les
chercheurs pour calculer l'amélioration de l'état des patients,
ceux traités par la chiropraxie ont obtenu une moyenne de 0,92,
soit une légère avance par rapport à la moyenne de 0,86 établie
pour ceux traités par la médecine.

Il faut cependant préciser que les cas les plus graves
semblent s'être surtout tournés vers les médecins, aussi faut-il
tenir compte de ce fait lorsqu'on regarde les résultats des deux
modes de traitement. Peut-être serait-il préférable de considérer
les résultats de cette enquête comme un match nul, mais il serait
juste de les considérer comme une victoire morale de la part des
chiropracteurs, à la lumière des attaques dont ils ont été l'objet
par les médecins.

## Relations entre praticien et patient

Dans le domaine des relations entre le praticien et le patient, la
palme est allée aux chiropracteurs. En effet, plus de 6,5 pour
cent des patients ont été insatisfaits de l'accueil de leur médecin,
alors qu'aucun patient n'a trouvé à redire de l'accueil de leur
chiropracteur. Ceux-ci ont aussi décroché une meilleure note
que les médecins en ce qui a trait à l'aptitude d'expliquer la
nature du problème et le traitement, en termes facilement
compréhensibles par le patient.

# SKI DE RANDONNÉE

Si vous vivez dans une région où les hivers sont rigoureux, cela ne veut pas nécessairement dire que vous deviez ajourner votre programme d'exercices jusqu'aux beaux jours du printemps. L'hiver offre de nombreuses opportunités pour faire de l'exercice.

Lorsque la neige commence à s'amonceler devant votre porte, allez vous amuser dehors plutôt que de vous barricader. La neige offre d'excellentes possibilités d'exercice tout en vous permettant d'admirer des paysages parmi les plus enchanteurs qui soient.

Un de ces excellents moyens consiste à apprendre le ski de randonnée (aussi appelé ski de fond ou ski nordique). Ce sport a la réputation, non méritée, d'être une activité difficile et compliquée. La vérité est toute autre, croyez-nous.

« J'avais 42 ans lorsque j'ai vu de près, pour la première fois, une paire de skis », raconte Lou Polak, actuel président du Conseil du ski de randonnée, une organisation composée d'environ 150 skieurs dont la plupart sont dans la soixantaine. « Je ne dirais pas que je suis un homme robuste et je ne possède pas une meilleure coordination que la moyenne des gens. Le ski, c'est comme la marche. Si vous êtes capable de marcher, alors vous êtes capable de faire du ski de randonnée. »

Le ski de fond s'apprend en un rien de temps. « Si vous vous mettez dans la tête que c'est aussi simple que la marche, vous y arriverez en une heure tout au plus », déclare M. Polak. « Par la suite, il s'agit tout simplement de développer votre confiance en vos moyens. »

228

Le premier mouvement qu'on doit apprendre en ski de fond s'appelle « la foulée diagonale ». Comme le disait un skieur, « il s'agit simplement d'apprendre à faire glisser les skis l'un après l'autre tout en coordonnant les mouvements des jambes et des bras. »

Vous pouvez facilement apprendre d'un ami ou, si vous préférez, prendre une leçon d'une durée de 60 à 90 minutes qui vous coûtera entre 5 $ et 8 $. C'est la seule préparation dont vous avez besoin pour aller vous amuser sur les pistes. Les mouvements plus difficiles comme les montées et les virages s'apprennent avec la pratique.

« Lorsqu'on chausse des planches pour la première fois, on se sent maladroit et un peu perdu », raconte Tom Perkins de Jackson au New Hampshire. Ce dernier est président de l'Association nationale des propriétaires de centres de ski de randonnée, et il enseigne aux instructeurs de ski. « Cependant, il suffit d'une journée ou deux pour prendre le tour. Ça n'est vraiment pas compliqué à apprendre et en un rien de temps vous pouvez skier comme un pro. »

Il n'y a pas de raison d'avoir peur d'une chute occasionnelle non plus. « Les gens apprennent vite que les chutes ne sont pas nécessairement dangereuses », déclare M. Perkins. « Moi-même, je n'arrête pas de tomber. De plus, on n'est pas si loin du sol que cela et la neige constitue un si bon matelas ! »

*Le ski de randonnée peut s'avérer un exercice aérobique stimulant.*

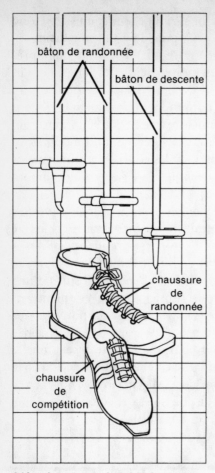

bâton de randonnée

bâton de descente

chaussure
de
randonnée

chaussure
de
compétition

**L'équipement de ski de randonnée diffère beaucoup de celui utilisé pour d'autres formes de ski. Par exemple, les bâtons possèdent une pointe recourbée (elle est droite pour ceux de ski de descente). La chaussure du haut sur l'illustration est conçue pour la randonnée ; elle est beaucoup plus lourde que sa cousine du bas, qui elle sert en compétition.**

« Rapidement, on apprend à connaître la neige et à anticiper les changements de terrain. » Ensuite, dit-il, le ski devient un sport féerique. « C'est une activité merveilleuse et on se sent tellement bien lorsqu'on se promène en skis. » Se sentir en forme n'est qu'un des nombreux points positifs du ski de fond. Selon M. Perkins, « Ce qui est vraiment super en skis, c'est qu'on apprend à connaître le monde extérieur de l'hiver, et c'est quelque chose que bien des gens ne connaissent pas. Ils se barricadent dans leur maison dès que le froid arrive et c'est malheureux parce que l'hiver est une merveilleuse période de l'année et le ski de randonnée, eh bien, c'est un moyen extrêmement agréable d'admirer le paysage. »

## Un exercice complet

De toutes les formes d'exercice, le ski de fond est probablement le plus complet. Comme vous vous servez autant de vos jambes que de vos bras, et comme vous transportez habituellement de l'équipement en plus d'épais vêtements, l'exercice que vous faites est, en gros, deux fois plus exigeant que si vous joggiez ou marchiez à la même vitesse.

« Le ski de fond constitue un excellent exercice aérobique », déclare le docteur Edward G. Hixson, médecin en chef de l'équipe olympique américaine de ski de fond. « Tout d'abord, c'est un très bon exercice pour le cœur et les poumons. C'est plus astreignant que la course, mais vous n'avez pas besoin d'y aller à toute vitesse. »

« Ensuite, c'est un exercice relativement peu douloureux. Les pieds ne martèlent pas douloureusement le pavé, les chevilles n'ont pas à absorber de chocs et les genoux ne sont pas autant sollicités que pour le jogging. »

Le ski de fond est aussi une merveilleuse activité pour perdre du poids. Au repos, une personne brûle environ cent calories à l'heure. Selon le docteur Hixson, un expert skieur de fond en brûle jusqu'à mille pendant la même période. Aussi, le skieur moyen se trouve entre ces deux extrêmes et le nombre de calories brûlées dépend de la vitesse à laquelle on skie. Cette activité plaît tout particulièrement à ceux qui détestent le froid, car les skieurs de randonnée transpirent même lorsque le thermomètre indique un – zéro.

Enfin, il y a cette exultation que l'on ressent en skiant et qui ressemble à l'euphorie que les coureurs connaissent. La coureuse de marathon canadienne Jacqueline Gareau, qui connaît les joies de ces deux sports, ajoute que le ski de randonnée est entouré d'une « atmosphère toute spéciale ». « Je ressens quelque chose de tout à fait spécial lorsque je fais du ski de fond » raconte-t-elle. « Ce n'est peut-être pas ce qu'on pourrait appeler l'extase totale, mais ça y ressemble drôlement. »

231

# Une activité peu coûteuse

Il n'est pas nécessaire de se procurer un équipement exceptionnel pour faire du ski de randonnée. Pour votre première sortie, louez les skis, les bâtons et les chaussures ; il vous en coûtera environ dix dollars pour la journée. Par la suite, vous pourrez vous procurer un équipement pour moins de cent cinquante dollars, ce qui est vraiment bon marché comparé aux quatre cents à quatre cent cinquante dollars que vous devriez débourser pour un équipement de ski alpin. En outre, vous avez l'avantage d'éviter les frais élevés de remontée mécanique, qui dégarnissent encore un peu plus le portefeuille des skieurs de descente.

Pas besoin non plus de vous procurer des vêtements spéciaux. Cependant, il est important de se rappeler qu'il est préférable de porter plusieurs chandails minces plutôt qu'un seul gros chandail ou un anorak encombrant. Les vêtements de laine constituent le meilleur choix car, contrairement au coton, ils vous gardent au chaud même lorsqu'ils sont humides. En outre, les vêtements aux couleurs vives permettent de mieux vous voir dans les bois (on ne sait jamais). Enfin, les mitaines de laine sont beaucoup plus chaudes que les gants et nous vous conseillons de vous couvrir la tête d'un chapeau ou d'un capuchon. Il existe aussi de nombreux accessoires optionnels comme les guêtres en nylon pour empêcher la neige de pénétrer dans vos chaussures ou les knickers qui permettent une plus grande liberté de mouvements.

Comme on brûle beaucoup de calories lorsqu'on fait du ski de fond, nous vous conseillons fortement d'apporter de la nourriture, surtout si vous partez pour la journée. La plupart des skieurs possèdent un petit sac à dos dans lequel ils gardent des aliments peu volumineux et nutritifs comme des raisins secs, des noix, du chocolat, des graines de tournesol et des dattes.

Les skieurs ont aussi besoin d'exercice en prévision de la saison hivernale. L'Organisation de la patrouille canadienne de ski publie des brochures contenant des exercices qui vous permettent de bien préparer la saison qui s'annonce. Il est recommandé de bien exercer les bras et les épaules et pour ce faire, deux méthodes sont suggérées. La première consiste à exagérer le mouvement des bras lorsque vous marchez ; vous pouvez aussi imiter les mouvements que vous faites en skiant en vous servant de vos bâtons.

Le ski de randonnée requiert une moins grande force de bras que le ski de descente et sa pratique est en plus beaucoup moins dangereuse. Selon les statistiques du docteur Hixson, les accidents sont vingt fois moins fréquents chez les skieurs de randonnée que chez les skieurs de descente, surtout parce que le pied du fondeur n'est fixé au ski que par la pointe de la chaussure, tandis que celui du descendeur est fixé à l'avant et à l'arrière.

Les accidents en ski de fond sont dus en grande partie à deux erreurs courantes. Des médecins du Centre médical Dartmouth-Hitchcock de Hanover, au New Hampshire ont découvert, après avoir étudié onze cas de blessures chez des skieurs de fond, que plusieurs de ces blessures s'étaient produites parce que le skieur avait essayé de descendre une pente couverte de glace, ou parce qu'il avait laissé la pointe de ses skis se croiser. En évitant ces erreurs, vous réduirez ainsi les risques de blessure (*Journal of the American Medical Association*, 23 janvier 1978).

Deux professeurs de l'université McMaster en Ontario croient que le ski de randonnée est une activité assez sûre pour permettre aux gens souffrant de maladies cardiaques d'améliorer leur système cardio-vasculaire. Selon Neil D. Oldridge, Ph.D. et J. Duncan MacDougall, Ph.D., les médecins peuvent encourager leurs patients cardiaques à faire du ski de fond, mais en les enjoignant d'abord de prendre les précautions suivantes : (1) s'abstenir de courir ou de faire des sprints ; (2) faire de l'exercice hors-saison ; (3) ne pas sortir lorsque le temps est très froid et venteux ; (4) ralentir la cadence lorsqu'on a le souffle court ; (5) toujours skier en compagnie d'autres personnes et (6) skier sur des terrains assez plats (*The Physician and Sportsmedicine*, février 1981).

## Où peut-on skier ?

Pour la majorité des gens, le ski de fond signifie nature, calme et tranquillité. Pas besoin de remontées mécaniques ni de pistes entretenues, il ne faut que de la neige... et une paire de skis. Certains chaussent leurs skis directement à leur porte pour aller

233

dans le parc d'en face tandis que d'autres préfèrent s'évader en pleine nature où la neige ne porte que l'empreinte des skis, des raquettes et des animaux sauvages. On en a même vu qui en profitent pour se rendre au bureau en skis lorsqu'un blizzard paralyse la circulation automobile dans les villes.

Nous conseillons cependant aux débutants de commencer en terrain découvert et de ne pas s'aventurer sur des pentes raides ; les parcs et les terrains de golf constituent un endroit idéal les premières fois. Deux conseils cependant au sujet des terrains de golf : demandez la permission avant de partir et évitez les verts et les tees de départ. Lorsque vous avez pris de l'assurance, les pistes de randonnée pédestre constituent un bon défi, même pour les experts ; en outre, les pistes vallonnées et sinueuses procurent des sensations tellement agréables qui ne sont probablement surpassées que par le bobsleigh. En fait, tous les terrains, qu'il s'agisse d'un champ ou d'une vieille route forestière, possèdent leur intérêt particulier.

Depuis ses débuts vers 2 500 avant le Christ (date qu'on attribue à la plus vieille paire de skis qui a été découverte) jusqu'aux environs de 1973, le ski de randonnée n'avait jamais eu beaucoup de vogue auprès du grand public. Aujourd'hui cependant, plus de dix millions de gens pratiquent cette activité aux États-Unis. Cette nouvelle popularité a permis la prolifération d'un grand nombre de centres de ski et de réseaux de pistes réservées à l'usage exclusif des fondeurs.

On peut dire sans risque de se tromper que partout où il y a de la neige, il se trouve au moins un de ces centres bien organisés dans les environs (550 de ces centres rien qu'aux États-Unis). Les pistes y sont balisées et entretenues, c'est-à-dire qu'avant même que le soleil apparaisse, des équipes parcourent les pistes et les travaillent avec un équipement spécialisé, vous évitant ainsi la tâche de vous frayer un chemin dans la neige. Les centres de ski de randonnée sont devenus aussi nombreux que les centres de ski alpin et il arrive souvent que vous ayez les deux installations au même endroit. De nombreux centres offrent aussi un service de location.

Ces nouvelles facilités ont rendu la pratique du ski de fond accessible à tout le monde. Une fois les skis chaussés, on oublie rapidement les désagréments de l'hiver pour ne songer qu'à l'aventure qui nous attend. Comme nous le disait un instructeur de ski : « Les gens qui commencent à skier apprennent vite que l'hiver est loin de constituer une menace pour eux. En vieillissant, ils en viennent souvent à craindre le froid et la neige, mais le ski de fond a permis de transformer cette attitude. En fait, grâce à ce nouveau sport, de plus en plus de gens s'aperçoivent qu'ils ont hâte de voir arriver la saison de la neige. »

# CHORÉTHÉRAPIE

La choréthérapie (ou thérapie par la danse) est un tout nouveau mode de traitement des troubles mentaux et émotifs. Déjà, vers la fin des années quarante, on avait jeté les bases de ce qui allait devenir plus tard une pratique passablement répandue, mais ce n'est qu'en 1970 que la choréthérapie, telle que définie par l'Association américaine de choréthérapie, fut acceptée pr les écoles de médecine et les universités à titre de forme sérieuse de psychothérapie. En fait, ce n'est que tout récemment, avant-hier s'exclament même certains choréthérapeutes avec une pointe d'exaspération, que cette technique a été jugée sûre dans le traitement des soi-disant troubles mentaux normaux sans gravité et de courte durée. Auparavant, on ne la jugeait appropriée que dans les cas chroniques et en apparence sans espoir. De toute façon, selon la théorie sur laquelle s'appuie cette thérapie, nos actes seraient semblables à nos vêtements. En effet, tout comme les vêtements cachent parfois la véritable identité de la personne qui les porte, certains de nos mouvements et certaines de nos habitudes mettent un voile sur nos pensées et sur nos sentiments. Pourtant, il arrive que nos actions expriment mieux que des mots ce que nous pensons ou ce que nous ressentons ; certains ont accolé à cet état indéfinissable le nom de « langage corporel ». Cependant, il existe un lien direct entre nos convictions intimes et nos actions, et c'est pourquoi on se sert de la choréthérapie avec les patients qui sont incapables de se confier à un spécialiste ou qui éprouvent de grandes difficultés à communiquer avec leur entourage ; on peut penser par exemple aux enfants autistiques ou aux schizophrènes. Toujours selon la théorie, si un patient ne peut dire ce qui ne va pas, peut-être pourrait-on le deviner en regardant comment et quand il agit. On pourrait donc définir la choréthérapie comme une étude des mouvements afin de diagnostiquer les troubles psychiques et de les traiter par les mouvements du corps. Ainsi, cette technique étudie nos mouvements (par exemple comment nous marchons ou comment nous nous assoyons) pour déterminer ce qui ne va pas, et en prescrit par la suite des nouveaux, qui permettent de soulager le stress et la tension qui peuvent accompagner un trouble quelconque.

D'après cette description de la choréthérapie, on pourrait croire qu'il s'agit d'une technique appliquée uniformément par tous ses adeptes, mais il n'en est rien. Nous-mêmes avons été surpris de constater à quel point chacun avait sa façon bien personnelle de s'en servir. Au cours d'une discussion avec un praticien de cet art, nous avons appris qu'il existait pratiquement autant de formes de traitement différentes qu'il y avait de patients à soigner. Qui plus est, comme la plupart des thérapeutes encouragent leurs patients à donner leur opinion sur l'efficacité de leur traitement, chaque séance est différente des autres. En fait, ces séances sont souvent improvisées selon les besoins immédiats du patient, l'évaluation de ses problèmes par le thérapeute et l'entente des deux parties concernant l'objectif à atteindre dans les jours à venir. C'est pour cette raison que nous avons décidé de vous présenter d'abord la choréthérapie par l'intermédiaire du travail d'un spécialiste, puis de vous présenter un panorama plus général de l'ensemble de la profession. À cet effet, nous avons effectué une compilation des livres et des articles de revues professionnelles traitant du sujet et, afin d'avoir l'avis plus personnel d'un spécialiste en la matière, nous avons consulté Dianne Dulicai, M.A., D.T.R., chef du département d'arts créateurs et de thérapie au Collège médical Hahnemann de Philadelphie, en Pennsylvanie. Madame Dulicai est aussi une choréthérapeute diplômée et une autorité dans le domaine de l'enseignement de cette technique.

---

**Ce sont les sociétés primitives qui ont donné naissance à la choréthérapie. On s'en servait pour exprimer ses craintes, exorciser les démons et essayer de guérir les maladies.**

---

Nous avons d'abord demandé à Madame Dulicai de nous parler des débuts de la choréthérapie et de ses premiers adeptes. D'autres personnes nous avaient déjà donné la même réponse qu'elle, mais ses propos revêtaient une nouvelle autorité. « Je crois que tout a vraiment commencé au sein des sociétés primitives », nous dit-elle. « Celles-ci se servaient de la danse pour exprimer leurs craintes, pour exorciser les démons et aussi pour essayer de guérir les maladies. Évidemment, personne ne savait cela à cette époque, mais je crois bien que les germes de ce qu'on appelle aujourd'hui la choréthérapie étaient déjà présents bien avant qu'on essaie de les définir. » Nous avions toutes les raisons de la croire, car Madame Dulicai est d'ascendance amérindienne et son intérêt dans ce domaine provient de ses antécédents de danseuse professionnelle ainsi que de son enfance marquée par les danses rituelles indiennes dont elle a été témoin. Elle continua en disant que les gens commencèrent à prendre conscience de ce qui se passait dans les sociétés primitives pendant la Deuxième Guerre mondiale. Les hôpitaux regorgeaient alors de soldats qui revenaient du front, souffrant de troubles psychologiques jamais rencontrés auparavant par le personnel médical et pour lesquels il n'y avait aucun traitement connu. Des volontaires offrirent leurs services pour soulager le fardeau du personnel médical et on s'aperçut rapidement que volontaires et patients semblaient faits les uns pour les autres. À cette époque, on n'avait pas encore pris l'habitude de traiter les malades mentaux à l'aide de sédatifs ; en fait, il s'agissait simplement de donner quelque chose à faire aux soldats souffrant de déséquilibre psychique. Comme beaucoup des volontaires étaient des danseurs professionnels, ils se tournèrent tout naturellement vers des activités impliquant la danse. La plupart des soldats souffraient de commotion cérébrale et d'autres troubles nerveux occasionnés par l'éclatement des obus. Beaucoup n'arrivaient plus à communiquer avec ceux qui les entouraient, mais on réalisa que la danse semblait les aider, et ce, sans qu'ils aient besoin de parler à des médecins. Comme les volontaires ne possédaient pas une formation de thérapeute, ils n'avaient la plupart du temps rien d'autre à offrir que la danse pure et simple, mais celle-ci faisait effet. Bientôt des pionniers comme Marian Chace de l'hôpital St. Elizabeth de Washington, Blanche Evan à New York et Trudy Schoop en Californie commencèrent à étudier, chacun de leur côté, les succès de ces volontaires, dans l'espoir de comprendre comment la danse avait pu s'avérer aussi efficace. Leurs efforts ont permis de définir la choréthérapie telle qu'elle est pratiquée aujourd'hui et ont aussi conduit à la fondation de l'ADTA en 1966.

*Trudy Schoop en compagnie de ses patients.*

*Les instructeurs et le personnel médical explorent divers mouvements lors d'un cours au Collège médical Hahnemann.*

Nous avons ensuite demandé à Madame Dulicai de nous donner un peu plus de détails sur la définition de la choréthérapie. Elle nous dit que l'utilisation de la danse aux fins de détente s'est vite transformée en thérapie lorsqu'on a découvert « que les mouvements interactifs de deux ou plusieurs personnes engendraient quelque chose qui permettait de guérir certains troubles. » Ce n'était au début qu'une simple intuition des pionniers, mais dans les années soixante, lorsqu'on commença à étudier les films et les bandes vidéo enregistrés au cours des séances, les chercheurs ont constaté le bien-fondé de cette théorie de l'interaction curative. Durant la décennie qui a suivi sa fondation, l'ADTA définit la choréthérapie comme « une utilisation psychothérapeutique du mouvement... un processus qui favorise l'intégration physique et émotive de l'individu. » En d'autres termes, l'objectif des psychothérapeutes consiste à vous permettre le plus possible de vous exprimer dans vos mouvements, c'est-à-dire de modifier votre comportement de façon qu'il révèle vos véritables émotions et vos convictions. Cependant, ce qu'ils espèrent par-dessus tout, c'est de dénouer le lien qui contraint à se comporter d'une manière contraire à nos convictions internes. Selon Madame Dulicai, certains préfèrent employer l'expression « thérapie par le mouvement » afin de distinguer leur pratique de la danse comme exercice ou comme art, mais la majorité s'en tiennent à des termes traditionnels. Il est certain que la choréthérapie est une activité bénéfique pour la santé physique des gens, surtout chez les enfants (qui y participent avec beaucoup de vitalité) et chez les gens du troisième âge (qui ne peuvent souvent pratiquer aucun autre exercice), mais l'objectif premier de la thérapie est de faire en sorte que les gens prennent conscience d'eux-mêmes. La choréthérapie vise à nous rendre plus conscient de notre corps, de mieux l'accepter et par là, à mieux harmoniser nos interactions avec les autres. En retour, ce rétablissement rend les gens plus aptes à faire face à leurs responsabilités sociales, ce qui implique l'acquisition de

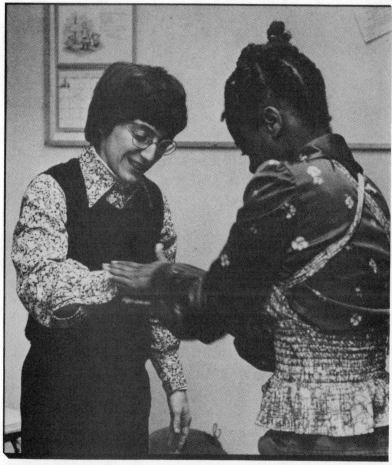

*Cette thérapie par le mouvement permet de traiter toutes les parties du corps.*

certains traits de personnalité essentiels : une largeur d'esprit, un désir de communiquer aux autres les mauvaises nouvelles tout comme les bonnes, ainsi qu'une confiance en soi et un sentiment de sécurité permettant de se dire que le monde, loin de fournir une excuse pour se cacher, est plutôt un endroit qui invite à l'exploration et à l'expansion.

Qui se fait traiter par la choréthérapie ? Quand est-il approprié de suivre un tel traitement ? Dans quel cas est-il le plus efficace ? Il y a cinq ans aux États-Unis, nous a-t-on dit, la choréthérapie était réservée uniquement aux gens souffrant d'une maladie grave ou chronique et hospitalisés dans une institution fédérale ou d'état. Jusque-là, on ne s'en était servi que pour communiquer avec des adultes souffrant de graves perturbations psychologiques et avec des enfants, en raison de son approche non verbale. Grâce à cette méthode, le thérapeute n'avait pas besoin de parler longuement avec ses patients avant de pouvoir les aider. Cependant, on jugeait cette thérapie trop nouvelle et insuffisamment éprouvée pour l'utiliser dans les cas moins graves et on ne s'en servait pratiquement jamais pour des patients éduqués de classe moyenne. Au début, on considérait l'aspect non verbal de cette méthode comme une entrave au traitement, plutôt qu'une nouvelle manière de faire les choses. Heureusement, ce jugement n'a plus cours aujourd'hui et la choréthérapie est maintenant utilisée dans de nombreux cas. On s'en sert toujours dans les cas de maladies graves et dans ceux où le patient est incapable de communiquer avec celui qui désire l'aider. Citons entre autres les victimes de troubles mentaux chroniques, les gens mentalement retardés, les handicapés physiques et les enfants autistiques, ces derniers cas étant ceux avec lesquels on connaît le plus de succès. Tous ne pourront probablement jamais être « guéris », c'est-à-dire avoir une vie normale, mais il semble que la choréthérapie leur permet d'avoir une vie aussi riche que possible, car cette forme de traitement s'adapte

---

**La choréthérapie aide de nombreuses personnes du troisième âge à accepter les changements que l'âge apporte à leur corps. Elle offre la possibilité d'avoir des contacts sociaux et permet aussi, dans certains cas d'améliorer la mémoire, la concentration et l'aptitude à analyser les problèmes.**

---

parfaitement aux capacités de chacun. Par ailleurs, depuis les cinq dernières années, cette thérapie a été de plus en plus largement utilisée pour traiter les troubles moins graves auxquels nous devons tous faire face, à un moment ou l'autre de notre vie. On s'en servait déjà beaucoup avec les enfants, mais elle est maintenant utilisée pour tous les troubles dont souffrent la jeunesse : l'anorexie mentale, l'hyperactivité, les aspects psycho-somatiques de l'asthme ainsi que la douleur et le stress qui accompagnent l'arthrite juvénile et le diabète. En fait, les étudiants de Madame Dulicai trouvent du travail dans presque tous les domaines du traitement des troubles psychologiques. Ainsi, ils travaillent dans les écoles autant avec les enfants normaux qu'avec les anormaux. Aidés d'enseignants spécialisés, ils se servent de la choréthérapie pour les aider à surmonter certaines difficultés d'apprentissage spécifiques. Ils préparent aussi, en collaboration avec des professeurs et des responsables de garderies, des programmes d'encadrement de la croissance et du développement des enfants normaux. Pour les plus jeunes, ces étudiants œuvrent dans les services de pédiatrie des hôpitaux, afin d'atténuer le stress occasionné par les longs séjours loin de leur famille, et aussi diminuer le fardeau qu'ils supportent lorsqu'ils souffrent d'une grave maladie. Enfin, ils s'occupent des nombreux problèmes qui peuvent survenir au sein d'une famille, qu'il s'agisse de problèmes occasionnés lors des premiers contacts entre une mère et son enfant, des soins aux bébés ou des interactions souvent orageuses entre parents et enfants au fil de leur croissance. Mais ce n'est pas tout. Les étudiants de Madame Dulicai ont souvent à s'occuper de problèmes semblables chez les adultes. Ils vont travailler dans les cliniques psychiatriques où l'on s'occupe de troubles allant de la simple dépression jusqu'aux très graves perturbations mentales, dans les cliniques de la douleur où on apprend aux patients à s'adapter aux exigences physiques et psychologiques de la douleur et dans les hôpitaux, où ils enseignent aux patients cardiaques et à ceux souffrant de haute pression à contrôler et à réduire la tension qui accompagne souvent leur affection. Finalement, tout comme elle avait plu aux enfants parce qu'elle était amusante et sans danger, la choréthérapie connaît, pour les mêmes raisons, un grand succès auprès des gens du troisième âge. Cette thérapie a l'avantage de leur faire faire un peu d'exercice et elle aide aussi à soulager la tension engendrée par cette sensation de réclusion qu'on éprouve souvent lorsqu'approche le terme de sa vie. Grâce à la choréthérapie, de nombreux vieillards peuvent maintenant accepter les changements que l'âge fait subir à leur corps. En groupe, cette thérapie apporte des contacts sociaux que ces personnes n'auraient probablement pas autrement. De plus, son caractère individuel permet d'améliorer la mémoire, la concentration et la capacité d'analyser les problèmes de la vie.

Tout cela semble très bien... et parfaitement rassurant, mais où peut-on trouver un choréthérapeute et à quoi peut-on s'attendre lorsqu'on consulte l'un d'eux ? Il s'en trouve dans les grandes villes de la côte est et de la côte ouest des États-Unis, et il est même possible que certains praticiens privés soient inscrits dans l'annuaire téléphonique. Cependant, assurez-vous que le spécialiste que vous désirez consulter porte l'inscription « D.T.R. » (*Registerd Dance Therapist* ou Choréthérapeute diplômé) à la suite de son nom. Ces initiales signifient que la personne possède la formation et l'expérience requises pour satisfaire les exigences de l'Association américaine de choréthérapie. Vous serez ainsi assuré que cette personne possède :

- Au moins cinq années de formation à titre de danseur.
- Un diplôme de choréthérapeute décerné par une institution sanctionnée par l'Association américaine de choréthérapie,

*Le mouvement permet d'accroître les capacités d'apprentissage des enfants.*

244

*La choréthérapie permet d'éliminer la tension chez les jeunes.*

ainsi qu'une formation comprenant des cours théoriques et pratiques en choréthérapie, en méthodes d'analyse du mouvement, en anatomie, en physiologie et en comportement humain.

- Au moins trois mois de pratique en clinique sous la surveillance d'un spécialiste.
- Six mois de pratique en clinique à titre d'étudiant.
- Au moins deux années de pratique à temps plein comme thérapeute.

Cependant, il y a de fortes chances que vous ne trouviez pas un tel spécialiste dans l'annuaire ou en pratique privée. Vous devrez alors consulter une institution médicale qui emploie un choréthérapeute et même alors, vous ne pourrez souvent pas le consulter directement. Il vous faudra être référé par un membre plus traditionnel de la profession comme un psychologue ou un psychiatre. Encore ici, vous ne pouvez être certain d'arriver à vos fins car de nombreux spécialistes traditionnels ne connaissent pas encore la choréthérapie ou, dans certains cas, n'approuvent pas cette méthode. Madame Dulicai nous a d'ailleurs confié qu'il restait encore de nombreuses batailles à remporter.

Parlons maintenant des frais. Il serait difficile de parler honoraires dans ce livre car ceux-ci varient d'un endroit à l'autre. Selon Madame Dulicai, un choréthérapeute compétent chargera en général le tarif d'un bon conseiller diplômé en santé communautaire. Quelques appels nous ont permis d'apprendre qu'aux États-Unis, le tarif moyen varie entre trente et trente-cinq dollars pour une séance d'une heure, mais il en coûte plus cher dans les grandes villes que dans les plus petites. L'évaluation de la longueur totale du traitement constitue un facteur plus important que le tarif horaire pour déterminer le coût total que vous devrez défrayer. En effet, quelle est la durée d'un traitement de choréthérapie ? Il n'existe aucune réponse à cette question en raison de la différence qui existe entre chaque personne, entre chaque problème à traiter. En fait, nombreux sont les spécialistes qui laissent leurs patients libres d'établir leur propre rythme de traitement. Tout comme Madame Dulicai, ils aident leurs patients à se fixer des objectifs, qui se transformeront au fil de leur progression. C'est la nature de ces objectifs ainsi que la rapidité avec laquelle ces derniers sont atteints qui déterminent la longueur du traitement. En questionnant un peu plus Madame Dulicai, nous avons appris que les problèmes mineurs de tous les jours pouvaient généralement être soulagés en trois ou quatre mois de séances hebdomadaires, tandis que des troubles plus graves demandaient évidemment plus de temps pour les régler.

Après en avoir appris le plus possible sur la pratique générale de la choréthérapie, nous avons entamé la partie la plus intéressante de l'entrevue. Nous avons demandé à Madame Dulicai comment se déroule un traitement complet de choré-thérapie. Non seulement nous a-t-elle donné toutes les informa-tions désirées, mais en plus elle nous a fait participer à un traitement par le biais de bandes vidéo. Elle nous a aussi montré à observer certains mouvements et certains comportements avec les yeux d'un spécialiste. Ce que nous avons découvert a été à la fois surprenant et fascinant.

Madame Dulicai commence toujours un traitement par quelques informations de base, dont la première consiste à établir le passé médical, les passés médicaux devrions-nous dire, du patient. En effet, elle désire obtenir toutes les informations possibles sur les maladies et blessures passées du patient, une liste de tous les médicaments qu'il aurait pris, ainsi qu'une description de tous ses problèmes émotifs. Madame Dulicai essaie, en outre, d'obtenir les mêmes renseignements au sujet de la famille du patient, ainsi que certaines informations plus précises sur certaines situations familiales qui auraient pu contribuer à l'état actuel du patient. Par exemple, le patient est-il marié ou célibataire? Y a-t-il des problèmes de ménage? Ses parents sont-ils encore vivants? Bref, Madame Dulicai essaie de rassembler tous les facteurs qui auraient pu provoquer le problème du patient. Après que le dossier a été constitué, Madame Dulicai s'assure que le problème n'a pas de cause physique plutôt que psychologique. Elle recommande à tous ses patients de subir un examen chez le médecin et en demande le rapport. Madame Dulicai s'est aperçu que de nombreux symptômes apparemment émotifs étaient en réalité des signes de troubles physiques.

Ces préliminaires étant chose faite, Madame Dulicai demande à son patient ce qu'il désire obtenir de la thérapie et quels changements il désire apporter à sa vie. Une fois les objectifs fixés, ils signent un contrat symbolique qui pourrait se lire comme suit : « Nous allons nous rencontrer toutes les semaines pendant un mois et demi, à la suite de quoi nous évaluerons la situation. Nous verrons alors si vous avez atteint vos objectifs et si vous n'aimeriez pas que l'on considère certains autres aspects. » Cette manière de procéder donne au patient une impression de contrôle, le sentiment qu'il a échappé à l'impuissance et à la dépendance pouvant être engendrées par son bouleversement psychologique. En fait, le contrat est pris avec beaucoup de sérieux dans cette optique. Par exemple, lorsque nous sommes arrivés à l'hôpital, Madame Dulicai était avec une patiente, une jeune femme qui avait eu toute sa vie de la difficulté à se faire des amis et à entretenir des relations. Son objectif consistait à se débarrasser de son handicap et chacune de ses séances comprenait quelque chose à cet effet. En fait, Madame Dulicai lui disait que toutes deux ne dévieraient pas de cet objectif, à moins qu'un problème plus urgent ne se présente.

Une fois établis les termes du contrat et les objectifs, la partie exclusivement verbale du traitement cède la place à la section danse ou mouvement; celle-ci peut prendre deux formes. D'une part, si le patient s'est exprimé avec assez de clarté ou qu'il sait exactement ce qu'il désire obtenir de la thérapie (ou encore si le thérapeute croit fortement en cette approche), le travail peut commencer immédiatement, c'est-à-dire sans qu'un diagnostic soit établi au préalable. Dans le cas de cette dame qui avait des problèmes de relations par exemple, Madame Dulicai nous a dit qu'elle avait commencé par discuter avec elle de sa première relation intime, soit son attachement à sa mère. Comme sa patiente se rappelait difficilement cette période, elles avaient essayé toutes les deux des mouvements qui, ont découvert les thérapeutes, permettent de se rappeler ce genre de souvenirs : serrer le patient dans ses bras, le bercer, le faire virevolter, le pousser et le tirer. Ces mouvements permettent d'évoquer ce que les gens du milieu nomment « la mémoire kinesthésique », c'est-à-dire la mémoire musculaire de certaines activités passées. Grâce à cette approche, les thérapeutes peuvent mettre le processus en marche et convaincre le patient qu'il peut en retirer de grands avantages. Une expérience de mémoire kinesthésique peut s'avérer la preuve finale nécessaire à la démonstration que nos actes sont directement reliés à nos pensées et à nos sensations.

La seconde voie dont dispose le thérapeute après l'établissement du contrat consiste à poser un diagnostic formel au moyen de ce qu'ils nomment « l'analyse du mouvement ». Cette approche est surtout utilisée avec les patients qui ne peuvent exprimer en paroles ce qu'ils ressentent, ou par les thérapeutes qui ne croient pas à la mise en œuvre d'un traitement sous le coup de l'intuition. Se servant d'une terminologie spécialisée comme celle mise au point par Laban, le thérapeute entreprend d'expliquer en détail au patient ses mouvements, sa posture et son « langage corporel ». À cette fin, Madame Dulicai et ses collègues se servent d'une formule qui leur permet de considérer plusieurs grandes catégories : quelle posture adopte le corps et ses différentes parties et quels mouvements font-ils, comment le patient se déplace-t-il, quelle somme d'effort doit-il déployer afin d'accomplir ses actions et de nombreux autres petits détails se rapportant au comportement et aux gestes habituels du patient. Toutes ces observations ainsi que la fréquence des activités du sujet sont consignées ; par exemple, ils notent si le patient s'est tenu bien droit pendant toute la durée de ce

---

**Les choréthérapeutes considèrent les actions comme un langage par lequel il est possible de lire des messages au sujet de sentiments et de désirs cachés au plus profond de notre être.**

---

diagnostic ou seulement à l'occasion. En fait, le but de ces observations est d'évaluer le « répertoire de mouvements » du patient, c'est-à-dire quels sont ses gestes et ses postures habituels. Le thérapeute peut ainsi savoir si le patient fait la plupart des gestes que la moyenne des gens font dans des circonstances semblables, s'il ne peut ou ne veut pas effectuer certains gestes, s'il semble avoir une préférence pour certaines actions ou encore, si sa vie serait physiquement plus facile s'il apprenait quelques nouvelles habitudes. Enfin, le thérapeute peut déterminer si certains autres changements pourraient améliorer la santé émotive du patient.

Tout cela semble très simple au premier abord, mais ce n'est qu'une illusion. Madame Dulicai nous a présenté le film de son contact initial avec deux jeunes garçons de sept et dix ans qui venaient de perdre leur père et qui avaient des problèmes à l'école. Au fil de leur rencontre, elle réussit à leur faire faire des tas de choses qui leur plaisaient comme se rouler sur le sol ou se balancer d'avant en arrière. Cependant, elle s'est aperçu que plus elle essayait de leur faire faire des mouvements complexes, moins les garçons étaient enclins à les faire. Elle n'en trouva la raison que lorsqu'elle leur demanda de se faire le plus « petit » possible. Le plus jeune adorait cela, mais lorsqu'elle leur demanda de se faire le plus « grand » possible, celui-ci refusa. Elle en conclut que ses problèmes de comportement à la maison comme à l'école, étaient en partie causés par un certain refus de « vieillir », comme il croyait que la mort de son père l'exigeait. Elle nous montra aussi un autre film au sujet de la première rencontre d'une famille de six personnes avec leur thérapeute. Les parents croyaient qu'ils se trouvaient à l'hôpital afin qu'on examine les problèmes de comportement de leur plus jeune, mais même pour nous, il était évident que les problèmes ne touchaient pas uniquement l'enfant. Naturellement, une certaine nervosité régnait au sein de la famille, en raison de l'atmosphère étrangère de la clinique, mais dans l'ensemble tout le monde était assez calme. Cependant, deux des enfants, dont le plus jeune, ne tenaient pas en place et nous n'en avons compris la raison que lorsque Madame Dulicai nous la pointa du doigt. En fait, les autres se servaient des deux enfants comme soupape de sûreté pour leur propre nervosité. On aurait dit qu'ils transféraient leurs propres peurs sur ceux-ci. Les pauvres enfants étaient devenus les boucs émissaires de la famille.

Bien entendu, le diagnostic ne s'est pas terminé avec ces simples observations, mais vous pouvez vous faire une idée de ce qui s'est passé par la suite. Les gestes sont considérés par les thérapeutes comme un langage qui leur permet de déchiffrer des messages au sujet de sentiments, de désirs et même de processus sociaux profondément enfouis dans le subconscient. L'un des aspects les plus surprenants à propos de la choréthérapie, c'est que le traitement ne commence pas nécessairement après la fin de la période de diagnostic, peu importe la longueur et la complexité de celle-ci. En effet, le traitement commence dès la première minute de la première rencontre ; il n'existe pas de division bien définie entre le diagnostic et le traitement en choréthérapie parce que les deux aspects impliquent le mouvement. Un autre film qu'on nous a présenté montrait un retardé à qui le thérapeute demandait de faire des mouvements avec la jambe dans une certaine séquence, le tout afin de déterminer quels mouvements il pouvait faire et aussi d'évaluer son aptitude à suivre des instructions. Le point important de cette séance, c'était qu'il n'avait peut-être jamais eu l'occasion d'expérimenter ces mouvements, et que le fait de les accomplir en compagnie d'une autre personne, constituait une sorte d'interaction sociale qui lui procurait un grand plaisir. Ces gestes simples faisaient à la fois partie du diagnostic et du traitement. Un dernier film nous a montré le cas d'une étudiante faisant partie d'un échange international qui était venue voir Madame Dulicai parce qu'elle se sentait déprimée et qu'elle ne pouvait en parler aux autres. Elle avait toutefois suivi des cours de danse et grâce à des séances où on lui fit exécuter des danses folkloriques de son pays, elle et son thérapeute purent établir la communication. « Parlant » du choc culturel qu'elle avait subi, des êtres et des objets chers dont elle était séparée et de son sentiment de solitude en terre étrangère. Ici encore, le diagnostic et le traitement étaient inséparables.

Nous en arrivons maintenant à l'aspect le plus fascinant de la choréthérapie, du moins à notre avis. Imaginez, cette forme de thérapie ne comprend aucun protocole et ne suit aucun plan ni routine définis ; rien ou presque de la danse traditionnelle. Lorsque vous allez voir un médecin au sujet d'un trouble vague, celui-ci suit toujours la même routine : il note les symptômes, prend la température et le pouls, tape sur les genoux pour étudier vos réflexes et vous tâte la poitrine et l'estomac. En fait, le médecin exécute un processus d'élimination systématique dans l'espoir de découvrir ce qui ne va pas. Il est important qu'il opère de cette façon afin de ne pas oublier quoi que ce soit. Cependant, il n'existe pas de telles contraintes en choréthérapie. Chaque programme de traitement est différent parce que chaque « trouble vague » est différent des autres. On peut même dire que chacune des séances est différente car de nouveaux aspects du problème apparaissent de semaine en semaine. Il est donc facile de constater qu'il ne peut exister une série d'exercices déterminés permettant de traiter tel ou tel type de problème ou que tels pas de danse traiteront tel autre problème. Le thérapeute doit improviser le traitement à chaque séance en s'aidant de tout ce qu'il peut apprendre sur le patient, de ses connaissances des mouvements de l'homme, ainsi que de ses propres interprétations de la situation à mesure qu'elle évolue. C'est à notre avis, ce qui rend la choréthérapie une forme de traitement aussi incroyable !

# DROGUES ET EXERCICE

Nous savons tous ce que cela signifie lorsque nous apercevons une voiture qui zigzague sur la route. Voilà un de ces chauffards complètement ivre qui risque de se tuer d'un instant à l'autre, nous disons-nous. En fait, la scène pourrait être drôle si elle n'était pas si dangereuse. La conduite en état d'ébriété constitue un problème des plus sérieux, car l'alcool est une drogue qui affecte la coordination. Pour cette raison, la seule idée de vouloir s'installer derrière le volant alors qu'un nuage d'alcool flotte entre les yeux et le pare-brise est tout simplement absurde.

Lorsque vous faites de l'exercice, c'est votre corps que vous conduisez au lieu de votre voiture ; les drogues affectent la façon dont celui-ci se comporte sur la route de l'exercice (quoique leurs effets ne soient pas toujours aussi évidents que ceux provoqués par l'alcool).

En principe, nous devrions toujours faire de l'exercice sans avoir absorbé quelque drogue que ce soit, mais la réalité est bien différente.

Parfois, nous n'avons pas tellement le choix. Par exemple, si nous prenons un médicament expressément prescrit par notre médecin, nous ne pouvons pas arrêter de le prendre uniquement parce que nous avons décidé de faire de l'exercice. Cependant, il serait bon de prendre conscience de l'influence que ce médicament peut avoir sur les exercices. De cette façon, nous pouvons au moins tenir compte des effets qu'il pourrait avoir sur nous.

Jetons d'abord un regard sur l'alcool, cette drogue qui n'apporte rien de bon dans n'importe quelle activité. L'alcool est considéré comme une drogue récréative, une substance que les gens prennent pour « avoir du plaisir ».

## L'alcool, ça dessèche

Il est évident qu'on n'améliore pas nos performances à la course ou à la nage lorsqu'on est éméché, mais certaines personnes conseillent tout de même de boire de la bière pour se rafraîchir pendant et après les épreuves d'endurance comme le marathon.

Cependant, l'alcool est un dépresseur qui risque fort de vous envoyer au tapis. Bien sûr, vous pourrez sentir un regain d'énergie après les premières gorgées, mais celles-ci auront tôt fait d'inhiber les fonctions de votre système nerveux central. Vos réflexes seront plus lents et vous perdrez toute coordination. C'est pourquoi l'Association diététique américaine ne recommande pas aux athlètes de consommer de l'alcool, même si celui-ci constitue une source d'énergie musculaire aux effets rapides.

En outre, on pourrait croire à première vue que l'alcool étanche adéquatement la soif après une partie de tennis chaudement disputée, mais la réalité est tout autre. L'alcool a un effet diurétique qui, à la longue, vous fera perdre plus d'eau que la bière peut vous fournir. Résultat : une déshydratation de votre organisme.

Selon Nancy Clark, diététiste à l'emploi de Boston's Sports Medicine Resource, Inc., « l'absorption de bière inhibe la sécrétion de l'hormone antidiurétique, qui retient l'eau dans le corps. Ainsi, au lieu de remplacer l'eau perdue pendant l'exercice, on urine plus fréquemment, ce qui fait perdre encore plus d'eau. »

Il existe d'autres drogues à part l'alcool qui ont un effet dépresseur sur le système nerveux. Signalons, entre autres, les sédatifs et les tranquillisants comme le Seconal, le Nembutal, l'Amytal, le Luminal, le Valium, le Librium, la Thorazine, le

**Si vous prenez des médicaments en même temps que vous suivez un programme d'exercices violents, vous devez vous rappeler que ces médicaments peuvent affecter votre endurance et vos performances.**

Miltown, l'Equanil et le Tofranil (il s'agit du nom de commerce de certains des sédatifs les plus couramment utilisés).

Le docteur Abram Hoffer, un psychiatre de Colombie britannique, déclare que «lorsqu'on prend des tranquillisants, on ne devrait pas pratiquer de sports exigeant de très bons réflexes comme le hockey ou le tennis. Comme nos réactions sont plus lentes, nous jouerions de façon beaucoup moins efficace.»

«Cependant, ce genre de drogue n'est pas dangereux pour des activités comme la course, le jogging ou la marche. En fait, bon nombre des patients auxquels je prescris des tranquillisants marchent jusqu'à 16 kilomètres par jour.»

De nombreuses autres drogues exigent que nous apportions certaines modifications à notre programme d'exercice.

Une drogue comme l'Inderal est prescrite aux gens souffrant de haute pression afin justement de l'abaisser. Bien entendu, si vous prenez ce médicament sur prescription de votre médecin, vous ne pouvez arrêter d'en prendre sans son consentement. Rappelez-vous cependant que ce médicament a pour effet de ralentir le rythme cardiaque et que si vous pratiquez une activité astreignante après en avoir absorbé, votre cœur pourrait bien ne pas être en mesure de battre assez rapidement pour soutenir le rythme de l'effort demandé. Vous vous épuiserez plus rapidement qu'en temps normal.

Les antibiotiques constituent aussi une entrave à votre programme d'exercice. Le docteur Stephen Paul, qui est directeur du département de pharmacie et de soins de santé de l'université Temple, nous met en garde contre les problèmes de digestion occasionnés par certains antibiotiques. «Certaines pénicillines peuvent provoquer des problèmes de diarrhée. Si vous prenez de l'ampicilline ou de la moxicilline, vous pourriez avoir des problèmes à terminer une longue randonnée à bicyclette ou une longue course. Je dois cependant ajouter que personne ne réagit de la même façon à ces médicaments.»

«Certains de ces antibiotiques peuvent aussi augmenter votre degré de sensibilité au soleil. Ainsi, certains patients risquent d'attraper une grave insolation s'ils sont imprudents. Comme les écrans solaires tels que l'acide para-aminobenzoique risquent d'être inefficaces, ces personnes devraient autant que possible éviter de s'exposer aux rayons du soleil.»

## La caféine : un p'tit coup de pouce

Beaucoup d'athlètes et de gens qui font de l'exercice boivent du café avant une séance ou une compétition et ils ont une bonne raison pour cela. En effet, la caféine augmente la concentration et permet aux muscles de transformer plus rapidement nos réserves de graisse en énergie. Une étude effectuée par David Costill, Ph.D., directeur du laboratoire d'étude des performances humaines à l'université d'état Ball, a démontré que la caféine permet aux cyclistes de pédaler plus longtemps et plus énergiquement avant de s'épuiser. (Tiré de *Medicine and Science in Sports*, automne 1978)

Il existe un problème avec la caféine. En effet, si la séance d'exercice ou la compétition dure plus longtemps que l'effet de la caféine, vous risquez de vous écrouler avant d'avoir terminé.

Une autre famille de drogues qui affecte beaucoup les performances athlétiques est celle constituée par les amphétamines. Ces drogues empêchent de ressentir la fatigue tout en augmentant l'agressivité. Les joueurs de football en consomment souvent avant une partie, parce que ces petites pilules leur permettent d'exprimer toute leur agressivité, ce qui constitue un avantage lors d'une partie importante. Cependant, cette drogue n'est pas un produit à conseiller pour se faire des amis. Si vous devez prendre des amphétamines sur prescription de votre médecin, nous vous recommandons d'éviter les activités qui demandent de l'endurance, car ces drogues peuvent perturber votre système d'alarme interne contre la fatigue.

Les amphétamines, auxquelles les gens du milieu de la drogue ont donné le nom de « speed », peuvent vous empêcher de ressentir la douleur, la fatigue ou la chaleur. Comme vous n'avez pas d'autre moyen de savoir que vous en faites trop, vous risquez de dépasser vos forces et de franchir le point de non-retour.

## L'aspirine, un anti-inflammatoire

L'aspirine est une autre drogue qu'on associe souvent aux exercices. En effet, comme ce produit soulage la douleur et les inflammations, de nombreuses personnes s'en servent lorsqu'elles souffrent d'une blessure.

Cette pratique est extrêmement dangereuse car la douleur est souvent un signe que certaines parties de votre corps ont besoin de repos. Si vous prenez de l'aspirine et que vous continuez à faire de l'exercice, vous courez le risque d'aggraver une blessure qui était jusque-là tout à fait bénigne.

L'aspirine peut aussi provoquer des troubles d'estomac qui vous obligeraient à abandonner votre séance d'exercice. Ces troubles d'estomac causés par l'aspirine pourraient être aussi un signe avant-coureur d'hémorragie stomacale.

En conclusion, si vous prenez des médicaments pour une raison quelconque et que vous suivez un programme d'exercice astreignant, souvenez-vous que ces médicaments vont affecter votre endurance et votre rendement.

Vous serez peut-être obligé de réduire votre programme pendant la période où vous prendrez ces médicaments. N'hésitez pas à consulter votre médecin à ce sujet, il pourra vous dire les effets secondaires possibles suite à leur absorption.

Cependant, si vous prenez des drogues « récréatives » comme l'alcool, avant ou pendant vos séances d'exercice, nous vous conseillons fortement d'abandonner cette pratique. Les meilleurs exercices sont ceux qui sont pratiqués de façon naturelle... et ceux qui apportent des sensations naturelles, sans aide de l'extérieur !

# JEÛNE

L e jeûne constitue un moyen plutôt contestable de perdre du poids et de traiter les problèmes de santé. Contrairement aux nombreuses personnes qui ne jurent que par le jeûne, la plupart des médecins déconseillent une méthode aussi excessive. Afin de jeter un peu de lumière sur le sujet, nous allons tenter de répondre aux questions posées le plus souvent à propos du jeûne.

**Q.** *Un de mes amis m'a parlé du jeûne, me conseillant d'essayer cette méthode, mais je ne sais trop si je dois suivre son conseil. Est-ce dangereux de jeûner?*

**R.** Tout dépend de la raison pour laquelle vous désirez jeûner et de la façon dont vous allez vous y prendre.

La plupart pensent que le jeûne consiste à ne rien manger, ou à ne boire que de l'eau pendant une certaine période. Les médecins appliquent ce genre de traitement pour les patients qui souffrent d'allergie envers certains aliments ou certains produits chimiques et dont les symptômes peuvent être aussi variés que la toux, les éternuements et même la dépression et la schizophrénie.

Pendant le jeûne, qui peut durer jusqu'à cinq jours, les symptômes allergiques disparaissent généralement. Cependant, il arrive que le patient, lorsqu'il recommence à manger, ait une forte réaction aux aliments auxquels il est allergique tout de suite après les avoir ingérés.

Il existe une forme modifiée de ce type de jeûne, que les médecins utilisent pour traiter les cas d'extrême obésité, un état dangereux qui peut provoquer le diabète ou une crise cardiaque.

Lors d'un traitement de ce genre, certains ne mangent rien à l'exception d'un supplément de protéines et de carbohydrates, une tablette multivitaminique et un supplément de potassium. Pendant l'un de ces programmes, où plus de 500 patients ont suivi un jeûne modifié pendant environ trente semaines, 78 pour cent d'entre eux ont perdu plus de vingt kilogrammes.

Certaines personnes optent pour les jeûnes de vingt-quatre heures, mais elles s'assurent de boire au moins deux litres d'eau pendant la journée ; d'autres boiront plutôt des jus de fruits et de légumes frais. Ces gens croient que ce jeûne d'une journée permet d'éliminer les toxines de leur corps, ces polluants qui s'accumulent inévitablement par l'absorption des aliments, de l'eau du robinet et même de l'air qu'on respire.

D'autres encore prétendent que le jeûne permet de vivre plus longtemps, de recouvrer la santé plus rapidement à la suite d'une maladie, de soulager l'arthrite et de rester plus alerte.

Cependant, le jeûne n'a pas que des effets bénéfiques. Il peut même être dangereux pour les gens souffrant de problèmes comme le diabète, les troubles rénaux ou cardiaques. Les enfants et les femmes enceintes ne devraient pas entreprendre de cure de jeûne.

Le jeûne peut entraîner des effets secondaires peu intéressants, dont des nausées, une perte des cheveux, un dessèchement de la peau, des crampes musculaires, de la fatigue, de la dépression, une mauvaise haleine, des problèmes de foie ou un manque d'appétit sexuel pour n'en nommer que quelques-uns. Certains chercheurs croient même que dans certaines circonstances, le jeûne peut accroître les risques de cancer de l'estomac.

Autrement dit, il ne faut absolument pas prendre le jeûne à la légère. Si vous désirez en faire l'expérience, consultez d'abord votre médecin.

**Q.** *Est-ce que je peux perdre rapidement du poids en jeûnant et en faisant des exercices violents en même temps ?*

**R.** Vous pourriez perdre rapidement du poids, mais vous prendriez aussi un risque important. En effet, le jeûne et les exercices astreignants (comme le jogging) peuvent s'avérer une combinaison dangereuse. Par exemple, on a vu des marathoniens qui suivaient un régime à très basse teneur calorique, souffrir d'arythmie cardiaque et succomber en course.

**Le jeûne sur une longue période est potentiellement dangereux et ne devrait être entrepris que sous contrôle médical minutieux. Cependant, il n'y a probablement aucun problème à jeûner sans surveillance pendant une journée ou deux.**

Lorsque vous jeûnez, vous privez votre corps, y compris votre cœur bien entendu, des éléments nutritifs qu'il a l'habitude d'utiliser pour fonctionner. Aussi, si vous le forcez en plus à fournir un effort violent comme la course, il y a de fortes chances qu'il vous abandonne pour de bon.

**Q.** *Est-ce qu'on peut suivre un régime protéique liquide sans danger ? Ne sont-ils pas censés fournir au corps suffisamment de protéines pour le faire fonctionner sans problème ?*

**R.** Ce n'est malheureusement pas le cas. En fait, ces régimes peuvent être plus dangereux que le jeûne total. D'abord, ils ne fournissent au corps que des protéines de qualité médiocre, c'est-à-dire que la quantité d'acides aminés n'est pas appropriée aux besoins de votre corps. En outre, ils ne fournissent pas les quantités correctes de potassium, de phosphore, de magnésium et de cuivre. Ce déséquilibre dans votre alimentation pourrait tout simplement vous tuer ! Selon une étude publiée dans le *New England Journal of Medicine* (25 septembre 1980) « les données ont démontré que les régimes protéiques liquides sont fréquemment associés à des formes d'arythmie potentiellement dangereuses pour la vie des gens. »

**Q.** *Je commence à croire que le jeûne, peu importe sa forme, est trop dangereux. Serait-il préférable de ne jamais entreprendre un tel traitement ?*

**R.** Les jeûnes à long terme sont potentiellement dangereux et ne devraient être entrepris que sous contrôle médical sévère. Cependant, il n'existe probablement aucun danger à jeûner pendant une ou deux journées sans surveillance. En fait, le jeûne pourrait peut-être vous aider psychologiquement si vous êtes incapable de vous éloigner de la table lorsque vous entreprenez un régime conventionnel.

Si vous décidez d'entreprendre un jeûne de courte durée, vous devriez suivre les conseils suivants : buvez beaucoup de liquide, ne vous laissez pas déshydrater et ne faites pas d'exercices violents. Faites un peu de marche, mais ne vous surmenez pas. Le jeûne est déjà une situation stressante en soi, alors n'ajoutez pas à cette tension.

# ÉNERGIE ET FATIGUE

Il arrive parfois qu'on doive reconsidérer certaines de nos idées à propos du corps humain. Celles-ci peuvent sembler relever du sens commun, mais elles n'ont aucun sens pour le corps. Prenons par exemple la question de l'énergie et de la fatigue. Si vous vous fiez à votre bon sens, vous vous direz que, n'ayant à votre disposition qu'une quantité limitée d'énergie, vous feriez mieux de la conserver par tous les moyens possibles... y compris s'abstenir de tout exercice. Rien n'est plus loin de la réalité ! En effet, l'exercice vous permet de refaire le plein d'énergie, tandis que l'inactivité contribue plutôt à épuiser votre vigueur.

## Son seul exercice : se préparer une tasse de café

Voici un cas qui tombe à point. Un de nos amis, qui est écrivain, travaille beaucoup la nuit, et il lui arrive occasionnellement de cogner des clous sur sa machine à écrire lorsqu'il commence à se faire tard.

« J'avais l'habitude de boire beaucoup de café pour tenir le coup » nous a-t-il confié. « Cependant, je me suis aperçu que plus j'en buvais et plus il m'en fallait la nuit suivante pour me garder éveillé. Je voyais bien que je commençais à m'empêtrer dans un drôle de cercle vicieux. »

« J'ai abandonné le café pour le thé, mais je me suis rendu compte que le même processus se reproduisait. La seule différence, c'est que je buvais maintenant du thé, et ce n'est pas ce qu'on pourrait appeler une amélioration. »

« Mon gros problème, c'était que je restais assis pendant de longues périodes à mon bureau et que mon seul exercice consistait à me rendre à la cuisine pour me faire du café ou du thé... ou d'aller à la salle de bain après la troisième tasse. Rien n'allait plus, je me sentais épuisé et mon travail commençait à en souffrir. C'est à ce moment que j'ai découvert un nouvel usage pour ma bicyclette d'exercice. »

« J'ai toujours aimé faire du jogging et je possédais une bicyclette d'exercice que j'utilisais lorsque le temps était trop maussade pour aller courir. Un soir, j'ai décidé d'aller faire une demi-heure de bicyclette parce que je n'avais pu faire de jogging dans l'après-midi. Je me figurais qu'après cette séance, j'aurais à peine assez de force pour ramper jusqu'à mon lit, mais quelle surprise ! »

« Contrairement à ce à quoi je m'attendais, mes trente minutes de bicyclette m'ont complètement réveillé. L'exercice m'a stimulé au point que j'ai pu travailler pendant encore une bonne heure avant de me mettre au lit. »

« Il y a quelques mois, j'ai dit adieu au café et au thé. J'en ai eu assez de toute cette caféine que j'ingurgitais. Maintenant, lorsque j'ai besoin d'un petit remontant, je bois un verre de jus de fruit et j'enfourche ma bicyclette. Les résultats sont aussi bons qu'avec le café et je me sens beaucoup mieux le lendemain matin. »

La découverte de notre ami ne lui confère pas pour autant le titre d'Edison de l'exercice car une autre personne savait tout cela bien avant qu'il soit né. En effet, le fameux médecin de la Grèce Antique Hippocrate disait déjà que « l'inactivité affaiblit » tandis que « l'activité fortifie ». Plus près de nous, le docteur Ray C. Wunderlich Jr. de St. Petersburg, en Floride a fait écho à cette affirmation lors d'une entrevue alors qu'il disait que « la fatigue est souvent le résultat d'un manque d'activité physique. »

---

**La fatigue est souvent le résultat d'un manque d'activité physique. Cependant, il n'est qu'une des causes de la fatigue ; une mauvaise alimentation en est une autre.**

---

*La bicyclette d'exercice permet de développer vos capacités aérobiques.*

Cependant, le docteur Wunderlich a employé l'expression « activité aérobique », une expression qui aurait certainement paru étrange aux oreilles d'Hippocrate. Si vous avez déjà lu le

*Les exercices vigoureux permettent d'accroître ses réserves d'énergie.*

chapitre qui traite de l'exercice et de la danse aérobique, vous saurez tout de suite de quoi nous parlons. Pour résumer, il s'agit de toute activité (jogging, bicyclette, marche, etc.) pratiquée pendant au moins vingt minutes et qui permet de stimuler la circulation et d'oxygéner les muscles et les tissus, sans oublier les cellules du cerveau. Comme notre ami a pu le constater, la dactylographie ne se qualifie pas parmi ce genre d'activité. En fait, elle est qualifiée d'anaérobique, c'est-à-dire un court élan d'activité qui n'arrive pas à oxygéner toutes les cellules. Sortir les poubelles, monter la lessive du sous-sol, courir après l'autobus, voilà autant d'activités quotidiennes qui entrent dans la même catégorie que le sport de la machine à écrire. Elles épuisent plus qu'elle ne revitalisent et à la longue, il peut en résulter une fatigue chronique.

Le manque d'exercice n'est qu'une des causes de la fatigue ; une mauvaise alimentation en est une autre.

---

## Les produits nutritifs antifatigue

Si vous souffrez de fatigue chronique, il existe une liste de produits nutritifs que vous devriez consulter. Même une légère déficience de l'un de ces produits peut être suffisante pour miner votre vitalité. Le premier élément de cette liste est le magnésium.

Le magnésium est à la source de plus de réactions chimiques à l'intérieur du corps que n'importe quel autre minéral. Tout le corps souffre dans les cas de grave déficience. Vous titubez au lieu de marcher, vous vous sentez déprimé et vous souffrez de spasmes cardiaques. Les médecins reçoivent une formation leur permettant de reconnaître tous les symptômes accompagnant une grave déficience. Cependant, ils n'ont pas l'entraînement requis pour déceler une petite déficience de magnésium parce qu'elle ne présente qu'un seul symptôme perceptible : la fatigue chronique. Selon le docteur Wunderlich, une déficience de magnésium constitue une cause courante de fatigue.

Cette forme de fatigue peut être facilement éliminée. Lors d'une étude sur le magnésium et la fatigue, on a donné de cet élément nutritif à 200 hommes et femmes qui se sentaient fatigués pendant la journée. Selon les résultats de l'étude, la fatigue a disparu chez tous les sujets, sauf deux. (Tiré de *2nd International Symposium on Magnesium*, juin 1976)

Il n'existe pas de définition précise de la fatigue, mais on dit que, dans de nombreux cas, elle est caractérisée par des muscles qui semblent lourds comme du plomb ou vidés de leur énergie. La cause peut en être un manque de magnésium — celui-ci contribuant à la contraction musculaire — ou un manque de potassium.

Les déficiences de potassium constituent un danger bien connu pour les coureurs de longues distances et les athlètes professionnels. Ce minéral aide à refroidir les muscles, mais un effort soutenu pendant des heures arrive à l'épuiser. S'il n'est pas remplacé, il en résulte une fatigue chronique et ce, même chez les athlètes. « Lorsqu'on manque de potassium, on se sent fatigué, faible et irritable », fait remarquer le docteur Gabe Mirkin, coureur de marathon et co-auteur de *The Sportsmedicine Book* (Little, Brown, 1978).

Il n'y a pas que les athlètes qui peuvent souffrir d'une déficience de potassium. Lors d'une étude, des chercheurs ont réuni au hasard un groupe de personnes afin de mesurer la quantité de potassium que chacun absorbait. Les sujets qui souffraient de déficience, soit soixante pour cent des hommes et quarante pour cent des femmes, avaient une poigne plus faible que ceux qui en absorbaient en quantité normale. De plus, on a constaté que la force musculaire décroissait au même rythme que l'absorption de potassium baissait. (Tiré de *Journal of the American Medical Association*, 6 octobre 1969)

Vous pouvez probablement endurer quelques jours de faiblesse, mais quelques mois de ce régime vous mettront totalement à plat. Un chercheur qui a fait des études sur ce minéral a écrit que « dans les cas de déficience chronique de potassium, la faiblesse musculaire peut persister pendant des mois et être interprétée comme étant causée par une instabilité émotive. » (Tiré de *Minnesota Medicine*, juin 1965)

---

## Le « syndrome de la femme au foyer »

Serait-il possible que les femmes au foyer déprimées et irritables ne soient en fait que d'autres victimes d'une déficience de potassium ? Eh oui ! Un médecin a même donné à ce problème le nom de « syndrome de la femme au foyer ». Voyons un peu comment cela se produit...

**Dans les cas de déficience chronique de potassium, la faiblesse musculaire peut persister pendant plusieurs mois et être interprétée comme étant causée par une instabilité émotive.**

Dix kilogrammes de lessive à faire, mais plus un seul gramme d'énergie. Les enfants veulent une bonne, le mari une maîtresse, belle-maman une sainte mais vous-même n'aspirez qu'à une bonne nuit de sommeil. Ces derniers temps, vous vous levez fatiguée et vous vous mettez au lit complètement épuisée. La vie est devenue une épouvantable corvée.

Si vous n'en pouvez plus, il serait temps de vérifier si votre régime alimentaire vous fournit suffisamment de magnésium et de potassium.

Un médecin a tenté une expérience à ce sujet sur cent patients, dont 84 femmes et 16 hommes, qui souffraient de fatigue chronique. Il leur prescrivit une dose supplémentaire de potassium et de magnésium afin d'améliorer leur régime alimentaire et il constata une amélioration chez 87 d'entre eux.

« J'ai constaté un changement vraiment surprenant », écrit le docteur Palma Formica de Old Bridge, au New Jersey. « Mes patients étaient redevenus alertes et enjoués. Ils avaient retrouvé leur énergie ; je pouvais le voir dans la façon dont ils se comportaient. Ils m'ont dit que, pour la première fois depuis des mois, ils goûtaient enfin les joies d'une nuit de sommeil reposante. Certains m'ont raconté que six heures de sommeil leur suffisaient maintenant à passer la journée, alors qu'auparavant, douze heures et plus n'arrivaient pas à les remettre d'aplomb. Leur épuisement matinal s'était envolé. »

« Presque toutes mes patientes ont entrepris de nouvelles activités », note-t-elle. « Six d'entre elles ont décroché un emploi à temps partiel alors qu'elles n'avaient jamais travaillé auparavant. Deux de mes patientes enceintes ont pu ainsi continuer à travailler pendant une période plus longue et plusieurs maris m'ont même téléphoné pour me dire comme ils étaient heureux de constater que leurs femmes avaient retrouvé leur forme et leur joie de vivre. »

Certains de ces patients souffraient de fatigue chronique depuis plus de deux ans et pourtant, cinq à six semaines de traitement au magnésium et au potassium ont suffi à soulager leur état. (Tiré de *Current Therapeutic Research*, mars 1962.)

Le magnésium et le potassium n'ont cependant pas le monopole des cas de fatigue chronique. En effet, celle-ci résulte très souvent d'un manque de fer.

Le fer entre dans la composition de l'hémoglobine, cette substance des globules rouges qui transporte l'oxygène absorbé par vos poumons dans le reste du corps. C'est une réduction de l'approvisionnement en oxygène qui cause le cafard. Une déficience en fer, qu'on appelle « anémie ferriprive », se caractérise donc par des symptômes comme l'apathie, la fatigue et l'irritabilité. Nous devons cependant ajouter que même si une prise de sang indique un niveau suffisant d'hémoglobine, il est malgré tout possible que vous souffriez d'une déficience en fer qui mine votre énergie.

## Déficience en fer n'égale pas anémie

« Il peut y avoir une déficience en fer même si le taux d'hémoglobine est normal », souligne le docteur Wunderlich. « En fait, ce genre de situation constitue une cause de fatigue extrêmement importante. »

Ce problème a tendance à prendre ses victimes par surprise. Les menstruations vident le corps de son fer, tout comme la grossesse. On a moins de possibilités d'en absorber lorsqu'on suit un régime amaigrissant et avant qu'on ait eu le temps de s'en apercevoir, tout le corps s'est transformé en un boulet qu'on doit traîner péniblement.

L'étude suivante démontre combien on peut être diminué par rapport à une personne ne souffrant pas de carence en fer. Des chercheurs ont étudié la « capacité de travail physique » de 75 femmes dont certaines étaient anémiques. Selon les résultats, les non-anémiques demeuraient sur le tapis roulant en moyenne huit minutes de plus que les anémiques. Aucune des anémiques n'a pu effectuer l'exercice en condition de « charge de travail maximale », tandis que toutes les non-anémiques ont pu l'exécuter. Par ailleurs, lors d'une épreuve de travail, le rythme cardiaque des anémiques a atteint une moyenne de 176 battements par minute, tandis qu'il était de 130 chez le groupe non anémique. De plus, le taux de lactate, un produit chimique dans les muscles qui est relié à la fatigue, était presque deux fois plus élevé chez le groupe souffrant d'anémie. (Tiré de *American Journal of Clinical Nutrition*, juin 1977.)

Il existe un moyen très simple de pallier une carence en fer : il s'agit de remplacer le fer manquant. Les travailleurs d'une plantation indénosienne de production de caoutchouc étaient payés à la pièce et des chercheurs se sont aperçus que ceux qui souffraient d'anémie étaient les moins bien payés. Ayant retrouvé un niveau normal de fer après deux mois de traitement, nos travailleurs pouvaient maintenant égaler le salaire de leurs confrères. (Tiré de *American Journal of Clinical Nutrition*, avril 1979.)

Lors d'une étude semblable, des chercheurs ont administré à un groupe de sujets anémiques un supplément de fer pendant 80 jours, tandis qu'ils ont donné un placebo, c'est-à-dire de faux comprimés de fer à un second groupe d'anémiques. Avant et après le traitement, on a fait passer à tous, une épreuve qui consistait à sauter de façon répétée sur un petit banc, puis par terre.

À la première épreuve, le rythme cardiaque du premier groupe était en moyenne de 154 battements par minute, tandis qu'il était de 118 à l'épreuve de clôture. En outre, lors de la dernière épreuve, l'apport d'oxygène par battement était supérieur de quinze pour cent et le niveau de lactate inférieur d'environ cinquante pour cent chez ceux du premier groupe en comparaison avec le groupe qui recevait du placebo. (Tiré de *American Journal of Clinical Nutrition*, septembre 1975.)

Comme son nom l'indique, une déficience en fer est causée par un manque de fer, mais l'anémie, c'est-à-dire une insuffisance d'hémoglobine, n'a pas pour seule cause cette carence. « La cause la plus courante [d'anémie] est la carence en fer, mais l'insuffisance d'acide folique... peut aussi en être la cause », est-il indiqué dans un rapport de la revue *Lancet* (21 février 1976).

## Le sang a aussi besoin d'acide folique

Le rapport continue en citant une étude où on a administré à des femmes soit seulement du fer, de l'acide folique seul, ou un mélange d'acide folique et de fer. Seulement 26 pour cent de celles qui ont reçu un seul élément ont vu leur taux d'hémoglobine s'élever, contre 96 pour cent de celles auxquelles on avait administré un mélange.

L'acide folique, vitamine du complexe B, est un élément absolument nécessaire dans la création des globules rouges normaux. Lorsqu'il y a carence de cet élément, les globules rouges deviennent trop gros ; ils prennent des formes étranges et ont une vie plus courte. Une insuffisance de globules rouges normaux signifie une moins grande production d'hémoglibine et donc un approvisionnement moindre en oxygène. Les personnes qui en sont atteintes souffrent de léthargie, de faiblesse et de fatigue.

Ainsi, un psychiatre a découvert une faible concentration d'acide folique chez quatre de ses patients qui se fatiguaient facilement et qui souffraient de divers autres symptômes. Il leur administra un supplément de ce produit et constata que leur fatigue disparaissait à mesure que le taux d'acide folique augmentait. (Tiré de *Clinical Psychiatry News*, avril 1976.)

Tout l'acide folique du monde n'apporterait pas la moindre amélioration si votre taux de vitamine B12 est insuffisant. En effet, l'acide folique demeure sous une forme inutilisable par le système tant que la vitamine B12 ne l'a pas transformé. Cependant, cette dernière vitamine n'agit pas uniquement à ce niveau, elle joue aussi un rôle important dans le soulagement de la fatigue.

Par exemple, on a administré de la vitamine B12 à vingt-huit hommes et femmes qui se plaignaient de lassitude, mais qui ne souffraient pas de problèmes physiques, puis on leur a demandé d'en évaluer les effets. Chez bon nombre d'entre eux, la vitamine a non seulement soulagé leur fatigue, mais elle a aussi amélioré leur appétit, leur sommeil et leur bien-être en général. (Tiré de *British Journal of Nutrition*, septembre 1975.)

Bon, il ne nous reste plus qu'à parler de la vitamine C pour compléter notre liste. Commençons donc par un exemple de ses bienfaits. Des mineurs de Tchécoslovaquie à qui on a administré 1 000 milligrammes de vitamine C par jour, ont déclaré qu'ils se sentaient moins fatigués et qu'ils réagissaient plus vite aux diverses situations après avoir absorbé la vitamine. (Tiré de *Review of Czechoslovak Medicine*, vol. 22, n° 4, 1976).

Par ailleurs, dans une étude effectuée auprès de plus de 400 personnes, on leur a demandé d'inscrire dans leur questionnaire la quantité de vitamine C qu'elles absorbaient ainsi que leurs

« symptômes de fatigue ». Les résultats ont démontré que celles qui prenaient plus de 400 milligrammes de vitamine C par jour se sentaient moins fatiguées. (Tiré de *Journal of the American Geriatrics Society*, mars 1976.)

La vitamine C peut soulager la fatigue en éliminant les polluants, comme le plomb et le cadmium, qui se logent dans le corps. Ainsi, un médecin d'un village suisse s'est aperçu, que ses patients vivant tout près de l'autoroute qui traversait l'agglomération, étaient deux fois plus fatigués (sans parler d'insomnie, de dépression et de troubles de digestion) que ceux habitant à cinquante mètres ou plus de l'autoroute. Il leur administra un traitement composé de vitamine C, de vitamine B et de calcium, et soulagea ainsi plus des deux tiers d'entre eux.

En conclusion, rappelez-vous que la fatigue est un état qui se traite sur deux plans. Ainsi, pour emmagasiner l'énergie dont vous avez besoin, vous devez avoir un régime alimentaire approprié ainsi qu'un programme d'exercice régulier. Observez ces deux conseils et vous ne pourrez que mieux vous porter.

# PIEDS ET CHAUSSURES

Vous les regardez sans vraiment les voir, vous les serrez, les écrabouillez, les frappez contre le sol et, lorsqu'ils commencent à vous causer des problèmes, vous jurez contre eux. En fait, la seule chose que vous ne leur faites pas, c'est de les traiter avec respect.

En général, les maux de pieds provoquent des ricanements (lorsqu'il s'agit des pieds des autres) ou une sympathie empreinte d'ironie (lorsque ce sont les vôtres), mais rarement une attention sérieuse. Il est beaucoup plus facile de se plaindre des cors, oignons, orteils en marteau et autres troubles du même acabit que de chercher à les guérir. Mais le pire dans tout cela, c'est que l'indifférence que vous portez à vos pieds risque fort d'être partagée par votre médecin.

«Nous avons tendance à ignorer nos pieds», déclare le docteur Melvin Jahss, chef du service d'orthopédie de l'Hospital for Joint Diseases and Medical Center de New York. Ce dernier est aussi fondateur et ancien président de l'Association américaine d'orthopédie. «Les médecins ne portent pas une grande attention aux "petits" troubles comme les maux de pieds, même si ces derniers peuvent causer des tas de problèmes. Lorsque vos pieds vous font souffrir, tout votre corps s'en ressent.»

C'est vrai que les douleurs aux pieds ont le don d'affecter l'ensemble du corps. Avoir mal aux pieds, rend tendu et irritable. «Si vos pieds vous font souffrir, votre premier réflexe est de vous éloigner de la source de la douleur», explique le docteur Elizabeth H. Roberts, podiatre de New York et auteur de *On Your Feet* (Rodale Press, 1975). «Pour ce faire, vous allez

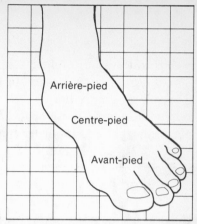

**Il est préférable de marcher pieds nus que de porter des chaussures mal adaptées. De mauvaises chaussures risquent de causer une déviation du pied et provoquer des blessures.**

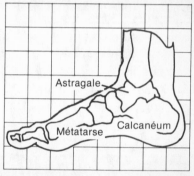

**Parce que son travail est complexe, le pied est constitué d'un arrangement complexe d'os. Il vous supporte lorsque vous êtes debout et vous permet de vous rendre partout où vous désirez aller.**

adopter une posture déséquilibrée; plus le corps aura une posture instable, plus vous aurez de tension et de fatigue. Par exemple, si vous vous tenez le dos voûté, vous empêchez votre tube digestif de bien fonctionner et vous risquez d'avoir des problèmes avec votre dos et vos genoux. »

Cependant, le point le plus important à considérer est probablement le fait que vos maux de pieds peuvent ruiner toutes vos activités et vous empêcher de mener une vie bien remplie. « Vous serez obligé de restreindre votre vie sociale », enchaîne le docteur Roberts. « Vous n'aurez plus envie de jouer au tennis, d'aller faire de longues promenades, bref de faire ces choses qui vous permettent de conserver votre agilité et de vous sentir jeune. »

Il suffit d'un simple oignon, d'une verrue plantaire ou encore d'une ampoule pour que des activités agréables deviennent des corvées douloureuses. Un tel problème risque fort de vous faire abandonner votre programme d'exercice, qui est pourtant nécessaire pour vous garder en forme.

## De nombreux risques de problèmes

D'après ce que nous venons de voir, il ne semblerait pas exagéré de dire que le pied est la base même d'une bonne santé.

Eh bien, si tel est le cas, nous devrions avoir honte de voir que tant de ces bases soient en si piteux état. En effet, environ quatre-vingts pour cent des gens souffrent de maux de pieds à l'occasion. Selon certaines études, ces maux occupent le troisième rang parmi les troubles médicaux les plus répandus. De plus, ce ne sont pas toujours de petits maux sans importance, puisque le docteur Jahss déclare, que les maux de pieds sont responsables de 20 à 25 pour cent de toutes les interventions chirurgicales pratiquées à l'hôpital où il travaille.

Mais pourquoi les pieds sont-ils si vulnérables à toutes sortes de maux et de blessures? Tout d'abord, il s'agit d'un organe très complexe qui compte 26 os (soit un huitième de tous les os du corps), 56 ligaments et 38 muscles. Ensuite, à chaque pas que vous faites, toute cette structure doit effectuer une série de modifications et de flexions afin de supporter convenablement votre poids. Comme vous pouvez le constater, il y a bien des choses qui peuvent tourner mal dans cette machine.

Par ailleurs, le pied doit absorber une forte dose d'usure, lorsqu'on pense qu'à trente-cinq ans, on a parcouru en moyenne quelque soixante-douze mille kilomètres ! « Chaque pas que l'on fait oblige le pied à supporter tout le poids du corps », affirme le docteur Jahss. « Lorsque vous poussez sur votre avant-pied afin de relever le talon pour avancer, vous concentrez une charge plus lourde que le poids de votre corps sur une zone précise du pied. Ainsi, si vous pesez 70 kilogrammes, la plante du pied peut supporter jusqu'à 90 kilogrammes. Imaginez que vous faites ce même mouvement entre 1 000 et 2 000 fois dans la journée et vous comprendrez quelle torture vous pouvez infliger à vos pieds. En comparaison, si vous frappiez votre tête le même nombre de fois contre un mur, celle-ci en serait passablement endolorie. Eh bien, c'est ce qui se produit avec vos pieds ; après un certain temps, les os et les ligaments commencent à vous transmettre des messages de douleur. »

Comme ce sont les organes les plus éloignés du cœur, les pieds ont en général la circulation la plus déficiente de tout le corps, et celle-ci ne fait qu'empirer avec l'âge. Pour cette raison, les infections et les inflammations des pieds prennent du temps à guérir. En passant, l'atmosphère chaude et humide provoquée par les chaussures et les bas constituent des conditions parfaites de proléfiration des bactéries et des champignons.

Les chocs auxquelles les pieds sont soumis s'avèrent déjà assez sévères, mais comme ils appartiennent en plus à l'homme moderne, les abus dont ils sont l'objet sont doublés. C'est une joie pour les pieds de marcher sur les rives sablonneuses d'un lac, mais déambuler sur les voies bétonnées des villes n'a rien d'une

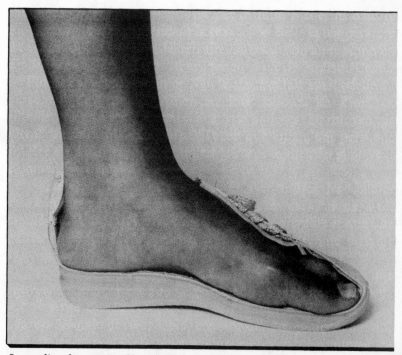

*Le soulier de course offre au pied protection et support.*

275

sinécure et c'est malheureusement une obligation quotidienne pour la plupart d'entre nous.

« L'homme est le premier animal à marcher debout sur deux membres seulement, et il est bien possible que nos pieds ne soient pas conçus pour supporter tout notre poids », suggère le docteur Neal Kramer, podiatre de Bethlehem en Pennsylvanie et membre de l'*American Academy of Podiatric Sports Medicine*. « À l'époque où l'homme marchait sur l'herbe, il n'y avait aucun problème, mais aujourd'hui, nous passons presque tout notre temps sur des surfaces dures et nos pieds doivent absorber beaucoup plus de chocs qu'auparavant. »

Selon les experts, si vous tentez de vous servir de vos pieds le moins possible, ceux-ci n'en deviendront que plus vulnérables car, disent-ils, un mode de vie sédentaire ne fait que les affaiblir. Coincés dans des souliers, ils sont obligés de demeurer immobiles, presque constamment privés de l'exercice dont ils bénéficieraient si vous alliez pieds nus. « Certains muscles du pied sont beaucoup moins volumineux qu'ils l'ont déjà été, ils n'ont simplement plus la chance de se développer », affirme le docteur Kramer.

## Chaussures mal adaptées

Au fond, lorsqu'on étudie le problème des maux de pieds avec attention, on découvre... une paire de chaussures. Trop de gens, lorsqu'ils choisissent une paire de souliers, accordent au style et à l'élégance une attention exagérée, au grand détriment des pieds. Par exemple, Cendrillon n'a certainement pas été la première à séduire son prince charmant en emprisonnant ses pauvres pieds dans de minuscules escarpins ; et elle ne sera sûrement pas la dernière non plus. La facture de ces extravagances a été salée, d'ailleurs.

« Si vous enfilez des gants qui vous serrent la main, celle-ci va vous ennuyer, n'est-ce pas ? Et elle n'a même pas le poids du corps à supporter » ajoute le docteur Roberts.

Obligé d'endurer sans répit la pression et les frottements infligés par des chaussures mal ajustées, votre pied se défend en produisant ces tissus morts et durcis qu'on nomme « callosités ». Le cor, fait du même tissu et formé de la même façon, s'enfonce dans le pied pour exercer de la pression sur un point douloureux. Les souliers qui compriment le dessus des orteils peuvent provoquer un ongle incarné ou un épaississement douloureux de l'ongle du gros orteil.

Selon le docteur Jahss, certains modèles de chaussures sont particulièrement aptes à causer des problèmes. « Environ 85 pour cent de mes patients qui souffrent de maux de pieds sont des femmes, pour la simple raison que le style de leurs chaussures ne se conforme pas du tout aux exigences de leurs pieds. Par exemple, les talons hauts font glisser le pied vers l'avant et le déstabilisent. Plus le talon est haut, plus la charge supportée par la plante du pied est lourde, ce qui peut provoquer des callosités. Par ailleurs, une femme dont l'avant-pied est assez large le coincera davantage dans la chaussure, augmentant ainsi les dangers de difformités telles que les cors, les oignons et les orteils en marteau. »

Les autres styles causent aussi leur part de problèmes. Par exemple, les souliers à semelle compensée peuvent, selon les médecins, causer des saignements douloureux sous le gros orteil et les bottes serrées peuvent, quant à elles, couper sérieusement la circulation. Parce qu'elles altèrent la façon dont le pied touche normalement le sol et supporte le poids du corps, les chaussures mal ajustées et de mauvaise conception peuvent endommager les muscles et les articulations. Par exemple, les oignons, qui sont en fait des inflammations de l'articulation qui relie l'orteil au pied, sont souvent causés, du moins en partie, par des chaussures qui obligent le gros orteil à adopter un angle anormal. Lorsqu'ils sont portés régulièrement, les talons hauts peuvent provoquer un raccourcissement du tendon d'Achille et risquer ainsi de blesser.

---

### Comment magasiner pour vos chaussures

Certains principes généraux s'appliquent pour tous vos achats de chaussures, qu'il s'agisse de souliers pour courir, jouer au basketball, marcher ou assister à une réception de gala.

Afin de donner à vos orteils la chance de conserver leur position naturelle dans vos souliers, il devrait y avoir un espace d'environ sept millimètres entre le bout du soulier et votre orteil le plus long. De plus, ils devraient être assez amples pour ne pas écraser les orteils. La cambrure, c'est-à-dire la partie du soulier comprise entre la plante et le talon, devrait avoir une largeur suffisante pour recevoir le dessous du pied. Idéalement, il ne devrait pas y avoir une différence de plus de cinq centimètres entre le talon et la semelle. Enfin, la semelle devrait être assez flexible pour épouser les mouvements du pied et assez épaisse pour absorber une partie des chocs sur le pavé.

« La chaussure devrait s'ajuster à la forme du pied et non l'inverse », reprend le docteur Jahss. « Les souliers d'enfants s'ajustent bien à leurs pieds, c'est pourquoi on ne voit pas d'enfants qui souffrent de douleurs aux pieds et de toutes les complications qui affligent les adultes. Si les adultes portaient le style de souliers de leurs enfants, ils s'en porteraient beaucoup mieux. »

Examinez donc le matériel des prochaines chaussures que vous achèterez. Contrairement au cuir qui est naturellement poreux, certaines matières synthétiques ne le sont pas et conservent la chaleur et l'humidité dans la chaussure, ce qui augmente les risques d'une infection causée par les champignons ou les bactéries.

## À chaque exercice son soulier

Certains autres points méritent aussi qu'on s'y attarde lors de l'achat d'un soulier d'exercice. Nous allons traiter ici de trois sortes de souliers que vous devrez vous procurer si vous entreprenez un programme d'exercices : les souliers de marche, ceux pour courir et ceux d'usage général pour les sports de terrain comme le basketball.

**Marche** — Assurez-vous que les souliers sont bien rembourrés et qu'ils possèdent une semelle assez épaisse pour atténuer la torture des chocs incessants sur le pavé. Selon le docteur Kramer, le soulier solide de type Oxford est très bien conçu pour la marche, de même que les bonnes chaussures de montagne. Il recommande tout particulièrement les souliers de course, qui ont un solide rembourrage et un support approprié.

**Course** — Lorsque vous courez, vous soumettez vos pieds à une force égale à trois fois le poids de votre corps. C'est pourquoi le choix d'un bon soulier est tellement important. Si vous n'y accordez pas d'attention, les blessures ne se feront pas attendre bien longtemps. Surtout, ne prenez pas de risques en achetant en solde un soulier de marque inconnue. Restez fidèle aux bonnes marques.

La semelle d'un soulier de course doit être assez flexible pour pouvoir le plier facilement sous la plante du pied. Le renfort du talon est un autre élément auquel il faut attacher de l'importance car celui-ci doit être assez ferme pour protéger le tendon d'Achille ainsi que l'arrière du pied.

Vous devriez magasiner vos chaussures de course dans une boutique spécialisée qui possède un large assortiment ainsi qu'un personnel compétent. Dans ces magasins, vous aurez plus de chances de trouver un soulier qui satisfera vos besoins. En outre, les commis bien informés sont, en principe, eux-mêmes des coureurs qui peuvent vous donner de bons conseils sur le type de soulier adapté à votre pied.

Il n'est pas nécessaire de « casser » les souliers de course modernes ; ils devraient être confortables dès la première fois que vous les chaussez. Si ce n'est pas le cas, ne les achetez pas. Faites quelques pas de jogging dans le magasin, afin de voir comment vous vous sentez. Ne vous gênez pas, faites un petit sprint dans les allées pour vois s'ils vous font bien. Certaines boutiques vous laisseront même faire le tour du pâté de maisons.

**Sports de terrain** — De nombreuses personnes portent des souliers de course pour pratiquer d'autres sports ; c'est une erreur.

Lorsque vous courez, vos mouvements se font vers l'avant. Le soulier de course est conçu exclusivement pour offrir une protection contre ce genre de mouvement. Les mouvements des autres sports ne sont cependant pas aussi simples. Lorsque vous jouez au basketball, au racquetball ou au tennis, vous changez fréquemment de direction et les souliers de course n'offrent pas une bonne stabilité lorsqu'on exécute des mouvements latéraux soudains.

Les souliers pour les sports de terrain devraient être durables et bien rembourrés. Sans être trop étroits, ils devraient être assez ajustés pour empêcher votre pied de glisser lors d'un pivotement ou d'un brusque changement de direction. S'ils sont trop amples, ils risquent d'occasionner des ampoules. Vous pouvez éviter presque toutes les ampoules causées par un soulier trop large en portant des bas épais ou deux paires de chaussettes plus minces.

Vos souliers dureront plus longtemps si vous les laissez reposer pendant vingt-quatre heures entre chaque utilisation. Cela leur permet de s'assécher complètement avant que vous les repreniez. Donc, si vous possédez une paire de chaussures favorites, un conseil : achetez-en une autre paire identique et portez-les à tour de rôle. De cette façon, vous les userez moins vite que si vous portiez la même paire tous les jours.

# MAUX DE TÊTE

Les maux de tête ont une certaine affinité avec les explosifs : il y en a de différentes sortes et de différents calibres. Il y en a du type « feu d'artifice de la St-Jean » et d'autres qui ressemblent plus au bombardement de Pearl Harbor. Le mal de tête causé par la tension nerveuse, dont plusieurs d'entre nous souffrent à l'occasion, n'est rien en comparaison des mégatonnes d'ondes de douleur provoquées par les migraines ou son parent moins connu, l'algie vasculaire de la face.

Tandis que la femme est la victime préférée de la migraine, il semble que les hommes sont plus sujets aux algies musculaires de la face. « La douleur provoquée par une algie est probablement la douleur la plus intense dont un homme aura jamais à souffrir », déclare le docteur Seymour Diamond, un expert en maux de tête, dans son livre intitulé *More Than Two Aspirins : Hope for Your Headache Problem* (Follett, 1976). Celui-ci déclare que la douleur provoquée par ce mal de tête arrache des larmes à de nombreux hommes, tandis que d'autres se roulent par terre tellement c'est pénible.

L'algie vasculaire de la face est en fait un ensemble de maux de tête. Chaque attaque dure de 30 minutes à deux heures, mais il peut s'en produire plus de quatre par jour. La douleur est généralement confinée à un côté de la tête, autour de l'orbite de l'œil, le faisant larmoyer à profusion. La transpiration et les écoulements du nez sont aussi des symptômes courants de ce problème. Ce mal de tête peut affliger quelqu'un quotidiennement pendant plusieurs semaines, voire plusieurs mois, puis disparaître totalement... pour revenir en force quelques mois plus tard.

281

« Certaines personnes se frappent littéralement la tête contre le mur pour échapper à la douleur », raconte le docteur Diamond. « J'ai eu un patient, un jeune homme, qui m'a raconté avoir supplié son père de l'assommer afin qu'il ne sente plus la douleur. J'ai même entendu parler de cas où certaines victimes souffraient tellement qu'elles avaient envisagé le suicide. »

Cependant, malgré cette perspective qui n'a rien de réjouissant, quelques victimes d'algie trouvent un certain soulagement à l'aide d'une technique plutôt invraisemblable. En effet, aucune drogue ni aucun analgésique n'entre en jeu ; ces gens se soignent en suivant un programme régulier d'exercices vigoureux.

## Quinze ans de douleur

Un cas de ce genre a été décrit par les docteurs Ruth Atkinson et Otto Appenzeller dans le numéro de novembre 1977 de la revue *Headache*. Les deux médecins sont rattachés au département de neurologie et aux cliniques de soulagement des maux de tête de l'École de médecine du Nouveau-Mexique à Albuquerque. Le patient, un administrateur de 56 ans, à l'emploi d'un service gouvernemental, souffrait de graves maux de tête depuis 1961, et depuis 1975, la douleur le harcelait quotidiennement.

« La douleur est atroce ; on dirait qu'un doigt cherche de l'intérieur à pousser mon œil hors de son orbite », se plaignait-il. « Au moins 65 pour cent des maux de tête se produisent durant mon sommeil et la douleur devient tellement forte qu'elle me réveille. En période de crise, il s'en produit couramment deux par nuit et j'en ai déjà eu jusqu'à cinq entre dix heures et demie et six heures le lendemain matin. » Inutile de dire que les antihistaminiques, analgésiques ou autres drogues pour soulager la douleur n'ont eu aucun effet.

À la longue, notre homme s'est aperçu que ses maux de tête se produisaient à des moments bien précis. « Mes maux de tête

Selon le docteur Appenzeller, un programme régulier de jogging peut bénéficier aux gens qui souffrent de migraines. Ce dernier a constaté un soulagement chez plusieurs patients qui couraient de dix à quinze kilomètres par jour.

*La course sur place peut aider à soulager les maux de tête.*

surviennent à des moments où je ne suis pas très actif : environ une heure ou deux après les repas, lorsque je lis ou que je regarde la télévision, ou encore lorsque je bavarde avec quelqu'un. Par contre, ils ne se produisent jamais lorsque je travaille sur mon terrain ou lorsque je pratique un sport comme les randonnées en montagne, le ski ou le tennis. »

« Un soir, c'était en juillet 1974, alors que la pression annonciatrice d'un mal de tête commençait à s'accumuler, j'ai décidé de faire un peu de jogging pour voir ce qui se produirait. J'ai donc fait un petit sprint de 200 mètres en vingt-cinq secondes et, au bout de trois minutes, la pression s'était envolée. De plus, mon nez était dégagé et je n'ai ressenti aucune douleur. Cette même nuit, j'ai été réveillé par un autre mal de tête. Je me suis levé et j'ai couru sur place jusqu'à ce que mon rythme cardiaque s'élève à 120 battements par minute. » En quelques minutes, la douleur s'était envolée.

Depuis, cet homme a réussi à soulager ses fréquents maux de tête grâce à l'exercice. « Je n'ai habituellement besoin que d'une séance de course, et la douleur disparaît en cinq minutes. »

Par ailleurs, ce genre de traitement apporte un avantage additionnel. Comme le souligne le docteur Atkinson, la bonne forme physique de cet homme peut être attribuée en partie aux exercices qu'il fait pour contrôler ses maux de tête.

Selon le docteur Appenzeller, les personnes qui souffrent de migraines peuvent aussi bénéficier d'un programme régulier de jogging. Lui-même a constaté un soulagement chez certains patients qui courent de dix à quinze kilomètres par jour, à des vitesses variant entre cinq et sept minutes au kilomètre. « Dix-huit de mes patients ont déjà souffert de migraines, mais depuis qu'ils pratiquent le jogging à cette échelle, leurs maux de tête ne sont plus qu'un mauvais souvenir et ils n'ont besoin de prendre aucun médicament. »

Le docteur Appenzeller, qui participe lui-même à de nombreux marathons, croit qu'un programme de jogging peut bénéficier à toutes les personnes à qui la santé le permet. D'après les résultats de son étude, vous pourrez ainsi perdre du poids, vous vous sentirez mieux et, prédit-il, « vous serez guéris de tous vos maux de tête. »

Comment se fait-il que les exercices puissent réduire au silence avec autant d'efficacité les tirs d'artillerie des maux de tête ? À vrai dire, personne ne le sait avec certitude, mais de nombreuses théories circulent à ce sujet.

Pour sa part, le docteur Appenzeller croit que l'entraînement pour les sports d'endurance comme la course, le cyclisme et la natation incite le corps à produire un enzyme important qui pourrait empêcher la dilatation des vaisseaux sanguins du cerveau et ainsi éliminer leur pression douloureuse contre les nerfs.

---

**Une des solutions au mystère des algies faciales pourrait résider dans un apport supplémentaire d'oxygène. Ce serait là une solution tout à fait intéressante, vu que les exercices vigoureux comme le jogging permettent de fournir une plus grande quantité d'oxygène au corps.**

---

Ce gonflement des vaisseaux, que les médecins nomment vasodilatation, serait peut-être la cause des maux de tête vasculaires, dont font partie les migraines et les algies faciales. Par contre, les maux de tête dus à la tension nerveuse sont généralement accompagnés d'un serrement de la tête et des muscles du cou résultant de la tension ou de l'inquiétude.

Bien entendu, les exercices peuvent certainement soulager ce genre de mal de tête parce qu'ils réduisent la tension et provoquent un état de détente bienfaisant.

---

## Une solution possible : plus d'oxygène

Un plus grand apport d'oxygène pourrait être l'une des solutions au mystère des algies faciales. Dans une lettre adressée au *Journal of the American Medical Association* (16 janvier 1978), Jerold F. Janks, un optométriste de San Francisco, raconte de quelle manière l'oxygène l'a aidé.

« J'ai été victime d'algies faciales tout au long de ces douze dernières années », dit-il. « La douleur est aussi intense du côté gauche comme du côté droit, mais pour une raison que je ne m'explique pas, les algies qui affectent mon côté gauche occasionnent non seulement une douleur à l'œil, à l'oreille et au cou, mais aussi aux molaires supérieures de gauche ainsi qu'à la partie gauche du voile du palais et de la pomme d'Adam. »

M. Janks a fait l'essai de plusieurs médications, mais sans succès. Il y a cinq ans, il consulta un neurologue qui lui suggéra d'essayer l'oxygène, puisque tous les autres traitements avaient échoué.

Janks installa donc près de son lit une bouteille d'oxygène munie d'un masque et commença à s'en servir lorsque survenait une attaque. Le résultat ? « Je figure encore parmi les statistiques sur les algies faciales, mais plus à titre de victime », déclare-t-il. L'inhalation d'oxygène « neutralise complètement le mal de tête en moins de dix minutes. » Muni d'un système semblable dans sa voiture et à son bureau, M. Janks raconte : « De dévastateurs qu'ils étaient auparavant, mes maux de tête ne sont plus que de simples inconvénients. »

# Le corps ne peut emmagasiner d'oxygène

Voilà un fait curieux, car les exercices vigoureux comme le jogging fournissent eux aussi plus d'oxygène au corps. Comme le fait remarquer le docteur Kenneth H. Cooper dans son livre sur la forme physique intitulé *Aerobics* (M. Evans, 1968), « la consommation d'oxygène constitue la clé de l'endurance. »

« Le corps peut stocker de la nourriture », continue le docteur Cooper, « mais il est incapable d'emmagasiner de l'oxygène... Le problème consiste à fournir une quantité suffisante d'oxygène à toutes les parties du corps, à chacune de la multitude de petites zones cachées de cette merveilleuse mécanique qu'on appelle le corps humain... »

Selon lui, lorsque nous courons, les poumons utilisent plus d'oxygène, qui, via le sang, est distribué plus efficacement par le cœur. En bref, « l'effet de l'entraînement accroît la consommation maximale d'oxygène en augmentant l'efficacité du système d'approvisionnement. » Il en résulte une saturation d'oxygène dans tout le corps, qui provoque le soulagement tant attendu des victimes de maux de tête.

Comme le note le docteur Cooper dans son second livre, *The New Aerobics* (M. Evans, 1970), « Certains des lecteurs de *Aerobics* soutiennent que les exercices ont soulagé et parfois même éliminé les migraines dont ils souffraient. Comme je ne puis étayer scientifiquement ces déclarations, je me borne donc à les rapporter à titre d'observations. »

Il est cependant possible qu'un autre facteur contribue au succès de la course et des autres exercices aérobiques contre les maux de tête. Aux yeux du docteur Appenzeller, « comme l'entraînement pour les activités d'endurance exige beaucoup de discipline et de persévérance, il provoque sans aucun doute un changement de perspective et de comportement. Je crois que ces transformations au niveau de la personnalité constituent les causes les plus importantes de l'amélioration de l'état des victimes de maux de tête vasculaires. »

Le docteur Cooper exprime sensiblement le même avis dans le livre *Aerobics*. « L'effet d'entraînement (du jogging, du cyclisme, etc.) peut transformer complètement votre vision de la vie. Vous apprendrez à relaxer, vous allez acquérir une meilleure image de vous et vous tolérerez mieux le stress de la vie. » Voilà le genre de formule propre à éliminer la plupart des maux de tête attribués à la tension nerveuse.

Peu importe le genre de mal de tête, il semble bien, que l'exercice serait un moyen de prévention de la douleur, digne d'intérêt.

# LE CŒUR

Serrez le poing. Maintenant, ouvrez et fermez le poing environ une fois par seconde pendant que vous lisez. Votre main commence-t-elle à se fatiguer rapidement ? Ressentez-vous un début de crampe dans l'avant-bras ? Pouvez-vous vous imaginer en train de faire ce mouvement nuit et jour, sans aucun répit ? Impossible, nous répondrez-vous. Voyez-vous, votre cœur, qui est à peu près de la même grosseur que le poing, effectue en ce moment même le mouvement que vous faisiez tout à l'heure, et ce jour et nuit, environ une fois par seconde et sans jamais se plaindre. La plupart du temps, vous ne vous rendez même pas compte qu'il travaille uniquement pour vous garder en vie. Voilà une tâche de titan, lorsqu'on pense que le cœur travaille, sans aucune pause-café, pendant plus de soixante-dix ans, pour la plupart des gens.

Non seulement le cœur peut-il battre sur une si longue période, mais il se fait aussi passer à tabac ! Les docteurs Michael DeBakey et Antonio Gotto, fondateurs du Centre national de démonstration et de recherche sur le cœur et les vaisseaux sanguins au Collège de médecine Baylor de Houston, racontent dans leur livre, *The Living Heart* (McKay, 1977) :

« C'est extraordinaire de penser que le cœur peut fonctionner pendant 70 ans sans qu'il lui soit jamais permis d'arrêter pour souffler un peu ou pour subir des réparations. Cela défie l'imagination que de penser à ce que doivent supporter les valves cardiaques, ces pièces indispensables du système cardio-vasculaire, lorsqu'on sait qu'elles doivent s'ouvrir et se refermer sous une pression hydraulique considérable plus de deux milliards

288

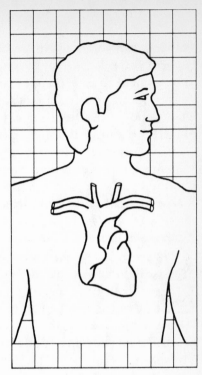

**Même s'il ne prend jamais de vacances, le cœur exécute son travail de façon admirable en général... si vous le traitez avec respect.**

et demi de fois durant notre existence. Toute l'importance de ces forces apparaît clairement au chirurgien lorsqu'il doit remplacer une valve défectueuse par un « dispositif prosthétique » consistant en une balle de silicone enfermée dans une cage d'acier. Après trois ou quatre ans de pulsations ininterrompues du sang, certaines de ces balles deviennent en effet toutes déformées et constellées de piqûres et de rayures. »

## Votre cœur a besoin de votre coopération

Ne desserrez pas tout de suite le poing ! Imaginez maintenant que vous pompez de l'eau d'une chaudière à une autre à l'aide d'une pompe actionnée par la pression de la main et d'un bout de tuyau. C'est exactement la manière dont fonctionne le cœur lorsqu'il pompe le sang dans les artères. Vous voyez, vous devez absolument continuer à presser la pompe pour faire circuler l'eau. Vous vous serviriez bien de vos deux mains si vous le pouviez, mais nous avons d'abord pris soin d'en attacher une derrière votre dos. De plus, les personnes autour de vous et qui vous avaient aidé à pomper font maintenant tout ce qu'elles peuvent pour vous rendre la tâche plus difficile. L'une d'entre elles, appelée M. Durcissement des Artères, s'acharne même à pincer le tuyau, à tel point que l'eau circule maintenant avec grande difficulté. Mais voilà maintenant qu'entre en scène Madame Cigarette ; celle-ci vous pince les narines, vous forçant à respirer par la bouche pendant qu'elle vous envoie un nuage de fumée dans la figure. Complètement étouffé, vous vous mettez à tousser et à crachoter, tandis que ce cher M. Personnalité Nerveuse vous hurle à l'oreille de vous dépêcher.

Pas très agréable, n'est-ce pas ? Si vous deviez travailler dans ces conditions, nul doute que vous iriez vous plaindre à votre syndicat. Et pourtant, c'est à ce genre de torture que bon nombre de gens soumettent leur pauvre cœur. Et ce sont ces mêmes gens qui se demandent ensuite pourquoi leur cœur a des ratés ou pourquoi il décide de faire la grève lors d'une grave crise cardiaque.

Le cœur n'est pas une pompe à toute épreuve que les événements de son environnement sont incapables d'affecter. Au contraire, la vie que vous menez, les aliments que vous mangez, le genre et la quantité d'exercice que vous faites et mêmes les émotions que vous ressentez ont une influence sur votre cœur.

Notre image de la pompe à main de tout à l'heure se compare au genre de conditions que décrit dans son livre, *How to Live With a Heart Attack and How to Avoid One* (Chilton, 1973), le docteur Robert A. Miller, président du Comité des soins coronariens à l'hôpital communautaire de Naples, en Floride.

« Un homme de quarante ans souffre d'un rétrécissement des artères coronaires causé par l'artériosclérose, mais n'en a jamais ressenti les symptômes parce que la situation n'a pas

---

**Nombre de gens soumettent leur cœur à la torture et se demandent ensuite pourquoi il fonctionne de travers, bat d'une drôle de façon, ou abandonne complètement son travail.**

---

encore assez progressé. Un jour cependant, notre homme est particulièrement tendu et inquiet en raison d'une transaction d'affaire importante. Pour calmer la tension, il se met à fumer plus que d'habitude. Comme le monoxyde de carbone dégagé par la cigarette se combine préférablement avec l'hémoglobine des globules rouges, le sang transporte de moins en moins d'oxygène vers son cœur. Son anxiété ne fait que stimuler ses glandes à produire une plus grande quantité d'adrénaline. Son cœur se met à battre plus vite, exigeant ainsi de plus en plus d'oxygène pour se nourrir. Toutes ces conditions enflent jusqu'à atteindre un point critique et le cœur se révolte soudain contre le manque d'oxygène. Le système nerveux du cœur se rebelle et il s'ensuit un chambardement du rythme cardiaque, mieux connu dans le monde médical sous le nom de fibrillation ventriculaire. Cinq minutes plus tard, la victime est décédée.

---

## Comment prendre soin de son cœur

L'oxygène est l'élément le plus important de l'air que vous respirez, du moins en ce qui concerne votre cœur. Tout comme les autres muscles du corps, le muscle cardiaque a besoin d'une provision constante d'oxygène pour survivre ; sans cet élément, les tissus musculaires meurent très rapidement.

Si nous revenons un instant à notre pompe à main de tantôt et à la vilaine Madame Cigarette, nous pouvons voir exactement ce que les fumeurs font subir à leur cœur. Ils obstruent leur système d'alimentation en oxygène, diminuant ainsi le bon fonctionnement de leur cœur. Les gens qui mènent une vie sédentaire et dépourvue d'exercice réduisent eux aussi la capacité de leur système de traitement d'oxygène, quoi qu'ils le fassent d'une manière moins draconienne que les fumeurs.

En fait, cette réduction se produit parce qu'un corps inutilisé s'organise de manière à en faire juste assez pour s'en sortir. Si vous passez toutes vos journées assis devant un bureau, sans jamais faire d'exercice, eh bien c'est le seul niveau d'activité que votre corps et votre cœur seront capables de supporter. Le corps aura très peu de réserves à consacrer à des activités plus astreignantes. On pourrait comparer cette situation à la vie dans un grand manoir, mais où on barricaderait toutes les portes pour ne se servir que d'une ou deux pièces. À mesure que le temps passe, l'état des pièces inutilisées se détériore ; si de la compagnie s'annonce pour la fin de semaine (de vieux amis par exemple), vous voilà dans de beaux draps pour leur trouver une chambre convenable. Vous ouvrez la porte de l'une d'elles et vous êtes reçu par une avalance de poussière et de moisissure. La négligence, peu importe si elle est bénigne ou non, se transforme toujours en décrépitude. Lorsque vous négligez votre forme physique, c'est comme si vous barricadiez les chambres du manoir dont on vient de parler. Vous ne pourrez conserver ce dont vous ne vous servez pas en bon état et vous serez incapable de faire face à une demande inhabituelle.

Le fumeur de quarante ans du docteur Miller dont nous avons parlé plus tôt, celui qui est mort sous la tension d'une journée de travail harassante, n'est qu'un des exemples de désastres qui peuvent résulter d'une insuffisance de réserves d'énergie. Si vous ne possédez pas cette réserve vitale, le moindre surcroît d'effort risque de mettre votre vie en danger. Dans le cas de l'exemple du docteur Miller, le cœur de son homme d'affaires s'est révolté contre l'apport anormalement faible d'oxygène. S'il avait été un non-fumeur et qu'il avait bénéficié d'un bon programme d'exercices aérobiques, il aurait eu de bonnes chances de survivre à la majorité des situations de stress occasionnées par son travail.

L'un des objectifs fondamentaux d'un programme d'exercices aérobiques consiste à forcer doucement votre cœur à travailler plus fort qu'il le fait habituellement. Cela lui permet de faire face plus aisément aux situations de tous les jours et lui fournit cette réserve supplémentaire qui lui permettra de passer à travers une période de plus grande tension. Pour de plus amples informations à ce sujet, consultez le chapitre qui traite de la danse et des exercices aérobiques.

Selon le docteur Sidney Alexander, un cardiologue doublé d'un coureur de marathon qui enseigne à l'École de médecine de Harvard, « le fonctionnement efficace des mécanismes nécessaires à l'approvisionnement en oxygène et son utilisation convenable constitue l'un des facteurs primordiaux de la forme physique... La cigarette est la principale cause de troubles pulmonaires chez les adultes. Elle cause de graves blessures aux tissus pulmonaires en entravant les processus de traitement de l'oxygène et d'évacuation du gaz carbonique. Le vieillissement contribue aussi à réduire les fonctions pulmonaires, mais certains croient qu'un programme d'exercices approprié peut ralentir cette détérioration. » (Tiré de *Running Healthy*, Stephen Greene Press, 1980.)

Le conditionnement physique constitue un important outil d'entretien préventif du cœur et ce, même pour ceux qui ont déjà été victimes d'une crise cardiaque et qui désirent prévenir d'autres problèmes. Par exemple, le Centre médical Downstate de l'université d'état de New York a mis au point un programme, appelé Laboratoire d'exercices cardiaques, qui enseigne aux cardiaques et aux gens qui veulent éviter de devenir cardiaques à s'exercer de façon sûre et efficace.

## Comment se rétablir d'une crise cardiaque

Il n'y a pas si longtemps, un programme de ce genre était impensable, raconte le docteur Richard Stein, directeur du Laboratoire d'exercices cardiaques. « À la suite d'une crise cardiaque, on disait habituellement au patient de quitter son travail et d'aller s'établir en Floride. Mais on revoyait malgré tout, un tas de ces patients vingt ans plus tard, et certains jouaient même très bien au golf », ajoute-t-il en faisant la grimace.

Maintenant, fait-il remarquer, les médecins reconnaissent que les maladies cardiaques peuvent exiger qu'on mette la pédale douce sur nos activités, mais rarement qu'on doive cesser toute activité. À vrai dire, c'est justement cette attitude craintive et protectrice qui, plus que la maladie elle-même, menace souvent de transformer en invalides pour le reste de leur vie les victimes de crise cardiaque.

« Faire renoncer un patient à son travail et le mettre dans une situation de dépendance où tout le monde le dorlote et parle tout bas en sa présence, voilà qui risque de le transformer en un handicapé et un névrosé », déclare le docteur Stein. « Voilà de quoi enlever le goût de vivre à plus d'un. »

Les patients cardiaques qui sont traités par le docteur Stein sont plus susceptibles de fonder des entreprises que de vendre celles qu'ils possèdent, ou de jouer à la balle molle avec leurs enfants plutôt que d'exiger le silence dans la maison. Avec toute la prudence d'un homme de science, le docteur Stein ne dira pas si l'exercice peut vraiment prévenir les risques de rechute cardiaque, mais il parle avec enthousiasme des accomplissements réalisés par son programme.

« Nous avons certainement permis à nos patients de retrouver leur robustesse et leur vigueur. Ceux-ci ont repris leur travail et ils mènent maintenant une vie bien remplie et pleine de sens qui ne ressemble en rien à une existence minée par la maladie. »

Ainsi, en moins de douze semaines après avoir été terrassé par une crise cardiaque, un patient peut commencer à reprendre une vie normale. On lui demande d'abord de se présenter au Laboratoire pour subir une évaluation où, à moins qu'il ne souffre de problèmes comme une grave arythmie cardiaque, on lui fait passer une épreuve d'effort ; celle-ci consiste à prendre un ECG ainsi que le pouls et la pression sanguine du patient pendant que celui-ci marche rapidement ou court sur un tapis roulant. « De cette façon, nous pouvons évaluer la quantité d'exercice que le patient peut faire en toute sécurité » déclare le docteur Stein. « D'après les résultats de l'épreuve, nous élaborons ensuite un programme d'exercices qui lui est adapté. »

## Pédaler pour retrouver la santé

Le programme dont parle le docteur Stein implique en général des exercices à l'aide d'une bicyclette fixe dont le degré de difficulté peut être réglé à volonté. Le patient assiste ensuite à deux autres séances au laboratoire afin d'apprendre à se servir de la bicyclette et à la régler de manière à augmenter le rythme cardiaque pour obtenir un effet d'entraînement positif (soit environ soixante-quinze pour cent de la capacité maximale du cœur).

Par la suite, les patients vont s'exercer à la maison trois fois par semaine pendant au moins une demi-heure. Tous les trois mois, on évalue leurs performances cardiaques au laboratoire et on augmente leur programme au rythme de leurs progrès.

---

**Le conditionnement physique est un outil indispensable d'entretien préventif du cœur et ce, même pour les patients qui désirent éviter de subir une autre crise cardiaque.**

---

Mais que retirent les patients de tous leurs efforts ? Selon le docteur Stein, le plus important des avantages du programme est de nature psychologique ; c'est une victoire sur la crainte. « À la suite d'une crise cardiaque, il est extrêmement difficile de ne pas y penser, de se convaincre qu'on est rétabli et qu'on peut reprendre une vie normale. De là, il n'y a qu'un pas à franchir pour devenir un "névrosé cardiaque", une personne qui craint continuellement d'être terrassée par une crise cardiaque fatale.

« Cependant, reprend le docteur Stein, si vous faites de la bicyclette ou du jogging trois fois par semaine, vos craintes se dissipent rapidement, car vous vous prouvez que vous pouvez faire des activités astreignantes sans risquer de mourir à tout moment. »

Selon Florence Falk, une infirmière qui participe au programme, les transformations qui se produisent chez les patients sont parfois impressionnantes... et extrêmement réconfortantes pour ceux qui s'occupent d'eux. « Les gens sont tellement effrayés lorsqu'ils viennent ici, et ils sont si heureux une fois qu'ils ont commencé le programme. Ils n'ont plus peur de leurs activités quotidiennes car ils savent maintenant qu'ils peuvent faire des choses beaucoup plus exigeantes. Chez nous, ils apprennent qu'ils peuvent mener à peu près la même existence qu'auparavant, de façon plus prudente bien sûr, mais sans crainte. »

Le docteur Stein se rappelle d'un homme d'une cinquantaine d'années qui, à la suite d'une crise cardiaque bénigne, ne pouvait se résoudre à reprendre une vie normale. Au point de vue médical, il se portait assez bien, mais il se plaignait d'une constante fatigue. Plusieurs mois après son épreuve, il n'avait pas encore repris sa vie sexuelle.

« Toute activité, y compris les relations sexuelles, les rendaient excessivement nerveux, lui et son épouse », se rappelle le docteur Stein. « Nous avons donc invité la dame à venir observer l'épreuve d'effort que nous avons fait subir à son mari, lui montrant à toutes les étapes quelles activités exigeaient tel effort particulier. On lui montrait par exemple que tel effort se comparait à la tonte du gazon, tel autre à une partie de tennis ou à une relation sexuelle, et chaque fois, on lui indiquait comment se comportait son pouls et son ECG. L'impact visuel de la démonstration leur ouvrit pour ainsi dire les yeux. Leur anxiété s'envola, ils purent reprendre leur vie sexuelle et notre homme se décida à suivre notre programme d'exercices. »

Le docteur Stein poursuit en déclarant que les statistiques démontrent qu'en général, les participants bénéficient grandement, au point de vue émotif et psychologique, de son programme. De plus, des tests destinés à évaluer le degré de satisfaction envers la vie, l'image de soi et le sentiment de bien-être des patients indiquent une améliorâton considérable. « Par ailleurs, nous avons enregistré une diminution importante de la quantité de somnifères et de tranquillisants absorbés par nos patients », ajoute-t-il.

Grâce aux exercices réguliers, non seulement les cardiaques pensent-ils être en mesure d'avoir plus d'activités, ils en deviennent capables pour la plupart.

« On appelle cela la réaction d'entraînement », explique le docteur Stein. « Par exemple, si vous montiez dix escaliers d'un trait, votre pouls grimperait, disons à 180. Mais après avoir grimpé ces mêmes escaliers tous les jours pendant six mois, votre pouls ne monterait plus qu'à 140. Vos muscles travailleraient autant, ils exigeraient la même quantité d'oxygène et votre cœur pomperait le même volume sanguin. La seule différence, c'est que vous auriez entraîné votre cœur à faire circuler plus de sang à chaque battement et donc à battre moins souvent. En conséquence, un rythme cardiaque plus lent signifie un besoin moins prononcé en oxygène.

« Imaginons un patient atteint d'un trouble coronarien et qui souffre de douleurs à la poitrine lorsque son rythme cardiaque atteint 150. Après s'être entraîné, il aura toujours des douleurs à ce même rythme cardiaque mais au lieu de grimper deux escaliers, il lui en faudra maintenant quatre avant de ressentir de la douleur. Il pourrait même passer toute une journée sans ressentir la moindre tension physique. L'entraînement améliore votre efficacité. Il vous permet de faire plus d'efforts physiques (marcher par exemple) pour la même somme de travail cardiaque. »

Selon le docteur Stein, ces améliorations physiologiques signifient qu'environ vingt pour cent des patients qui suivent son programme pendant plus d'un an arrivent à réduire leur consommation de médicaments. De plus, nombreux sont ceux qui lui font part d'une réduction de leurs symptômes.

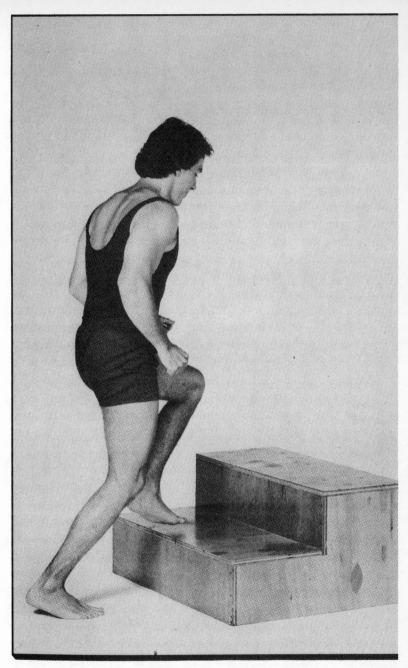

*Les sauts alternatifs sur une marche constitue un bon exercice pour le cœur.*

# Le programme du YMCA

Les patients eux-mêmes sont cependant encore plus impressionnants que les statistiques. « Certains de nos patients sont plus en forme que la moyenne des non-cardiaques qui mènent une vie sédentaire », affirme le docteur Stein. Allez faire un tour au YMCA et vous verrez des cardiaques courir avec ardeur pendant plus de trente minutes à la fois. »

Au YMCA de la 92ᵉ rue, dans le quartier Upper East Side de Manhattan, des cardiaques participent à un programme d'entraînement dirigé par le Laboratoire d'exercices cardiaques aux côtés de coureurs en bonne santé. Ce YMCA n'est pas un hôpital mais il possède son propre équipement pour faire passer des épreuves d'effort (équipement aussi perfectionné que celui de mon laboratoire, renchérit le docteur Stein) et une équipe comptant un cardiologue, une infirmière et une diététiste. À chacun des participants est attribué un programme d'exercices adapté à ses besoins et tenant compte de ses préférences : course sur place, corde à sauter, redressements, gymnastique ou jogging par exemple. « Nous prenons soin de leur demander quels exercices ils trouvent plus agréables », confie le docteur Stein.

Les participants consultent aussi le diététiste pour savoir comment améliorer leur régime alimentaire. Ils peuvent aussi rencontrer un travailleur social qui leur conseille des moyens pour diminuer le stress de leur vie.

« Environ quarante-cinq pour cent des participants ont eu une crise cardiaque », déclare Charles Bronz, directeur du service de santé et de culture physique du YMCA. « Nous leur donnons le même traitement qu'à ceux qui suivent le programme pour des raisons préventives. Nous croyons que le fait que les deux groupent s'exercent ensemble procure un effet bénéfique à tout le monde. »

Mais pour les cardiaques, ces bienfaits peuvent être tout à fait incroyables. « Nous avons eu un homme de 51 ans qui, en plus d'une crise cardiaque, avait subi un pontage double », se rappelle M. Bronz. « La première fois qu'il est venu, il était incapable de faire autre chose qu'un peu de bicyclette, tout doucement, et aujourd'hui, il est capable de courir. En cinq mois, son endurance a augmenté de près de cinquante pour cent. »

M. Bronz nous a aussi raconté le cas de cet homme qui souffrait de crises d'angine aiguës, ces douleurs à la poitrine provoquées par une circulation sanguine insuffisante dans les artères coronaires. « Lorsqu'il a entrepris le programme il y a quatre ans, on aurait plutôt qualifié son "jogging" de marche rapide et maintenant, eh bien il joue en simple au tennis. Son endurance a presque doublé. »

Il fait aussi remarquer que l'entraînement permet à certains patients d'accomplir des choses qui feraient pâlir d'envie les hommes en bonne santé. « Nous avons un patient, un psychiatre qui a fait deux crises cardiaques et qui a récupéré de façon particulièrement extraordinaire. Vous savez, il a même déjà arrêté un voyou qui s'était emparé du sac à main de son épouse. Il s'est lancé à ses trousses et lui a mis la main au collet après une course échevelée sur deux pâtés de maisons ! »

L'un des facteurs du succès du programme du YMCA est apparemment l'atmosphère de camaraderie qui y règne. « Chacun s'intéresse à ce que font les autres », raconte M. Bronz. « Par exemple, si quelqu'un manque une couple de séances, ils vont s'informer de son absence. » Pour leur part, Barbara Eisenstein et Gail Levey, qui sont respectivement infirmière et diététiste, se tiennent constamment à la disposition de ceux qui auraient besoin de renseignements, de réconfort ou qui auraient tout simplement envie de bavarder un peu.

De plus, les gens du YMCA savent bien que la famille des patients a souvent autant besoin d'être rassurée que la victime elle-même. « Il arrive souvent que les enfants ne sachent pas quoi faire », confie le docteur Stein. « Ils se demandent par exemple s'ils ne devraient pas accomplir toutes les menues besognes de la maison afin de ne pas fatiguer leur père, ou encore si le fait de lui demander la permission de coucher chez un copain ne le tracassera pas au point de provoquer une seconde crise cardiaque. »

« Nous avons donc inauguré une journée de la famille, pendant laquelle conjoint et enfants peuvent assister à une séance d'exercice. Nous croyons que le fait de voir son père enfiler sa combinaison d'exercice et suer à grosses gouttes pendant trente minutes constitue le meilleur moyen d'éliminer toutes les craintes. Si vous dites seulement à la famille de ne pas s'en faire, l'impact n'est vraiment pas aussi grand. »

## Comment prévenir une première crise

Les gens en bonne santé qui désirent prévenir une crise cardiaque trouvent aussi un bon accueil au YMCA. Souvent motivés par la maladie ou la mort soudaine d'un bon ami, ils viennent passer une rigoureuse épreuve d'effort et une analyse du sang afin de déterminer l'état de santé de leur cœur et de leurs artères ainsi que les risques qui pourraient les menacer. Ceux qui passent les tests haut la main sont renvoyés chez eux avec pour seul conseil de continuer leurs activités, quelles qu'elles soient. Ceux dont les risques sont de moyens à élevés, soit environ dix pour cent des candidats aux tests, sont invités à se joindre au programme. Tout comme les participants cardiaques, ceux-ci reçoivent un programme d'exercices en fonction de leurs besoins, des conseils de la diététiste et du travailleur social, de même que les encouragements de l'infirmière. « Voilà pourquoi le programme fonctionne si bien », s'exclame Madame Levey. « Nous ne touchons pas uniquement à un seul aspect de la prévention, nous offrons le soutien et la compréhension. »

Celle-ci ajoute que les patients sont particulièrement attentifs à ses conseils en nutrition. « Certains viennent me voir fréquemment pour que je les conseille sur la façon de perdre du poids, ou pour savoir si leur diète est acceptable. Je les encourage à adopter un régime comportant peu de matières grasses mais une forte teneur en hydrates de carbone, beaucoup d'aliments de grains entiers, de fruits et de légumes, moins de bœuf mais plus de poulet et de poisson. Ils sont vraiment ouverts aux changements. »

Mlle Eisenstein, à qui les années passées dans une unité de soins intensifs ont montré le besoin de tels programmes pour les cardiaques, est particulièrement enthousiaste. « Dès qu'un patient atteint l'étape des exercices du programme, cela devient pour lui un mode de vie. L'exercice provoque en lui un changement total qui est tout à son avantage. »

À vrai dire, il s'agit là de l'objectif fondamental du programme : remettre les cardiaques, tout comme les non-cardiaques,

**L'exercice aide votre cœur en s'occupant du surplus de graisse de votre silhouette et de votre sang.**

sur la voie d'un mode de vie plus sain et plus alerte. « Notre but, c'est d'inculquer au patient des habitudes d'exercice qu'il conservera pour le reste de ses jours » confie M. Bronz. « Nous encourageons les participants à former leurs nouvelles habitudes eux-mêmes. » En fait, plusieurs de ces patients sont devenus des « maniaques de l'exercice », renchérit le docteur Stein.

Mais qu'en est-il des risques? Tout le monde a entendu parler des cas où les tests ont été interrompus par le décès du patient; tout le monde connaît ces histoires d'hommes d'âge moyen et apparemment en bonne santé qu'on a retrouvés morts au bord de la piste de jogging.

Le docteur Stein rétorque en citant cette étude dont les résultats indiquent que les risques de décès ou de graves complications lors d'une épreuve d'effort sont de 1 sur 200 000. Il ajoute que les risques sont probablement encore moindres dans les cliniques modernes. « Nous effectuons une sélection rigoureuse lorsque nous faisons ce genre de test. De plus, un médecin et une infirmière connaissant bien l'ECG et la ressuscitation cardiopulmonaire sont toujours présents, et nous avons toujours sous la main un équipement médical complet en cas d'arrêt cardiaque. Avec de meilleurs appareils de contrôle, nous pouvons même détecter les signes avant-coureurs qui nous permettent de stopper les essais à temps. »

Le docteur Stein concède que l'exercice en lui-même peut accroître les risques qui pèsent sur le patient. « Nous réduisons ces risques additionnels lorsque nous faisons passer les tests en augmentant le rythme cardiaque à un niveau plus élevé que celui demandé lors des exercices du programme. De plus, je crois que dans l'ensemble, nous diminuons les risques quotidiens du patient en lui faisant suivre un programme d'entraînement. En d'autres termes, si vous faites de l'exercice, le fait de courir pour rattraper l'autobus lors d'une journée venteuse sera moins astreignant que si vous meniez une vie sédentaire. »

Le docteur Stein ajoute que depuis l'établissement du programme il y a quatre ans, il a découvert que le cœur et le corps des gens qui ont été victimes d'une crise cardiaque étaient plus robustes qu'on ne l'avait cru. Ils éprouvent maintenant moins de crainte à conseiller aux gens de faire plus d'exercice; l'exercice leur semble aujourd'hui un remède sûr.

De même, selon lui, on exagère beaucoup les risques du jogging pour les gens en bonne santé. En effet, il semblerait que

« l'épreuve d'effort peut s'avérer une précaution inutile » pour les personnes robustes et actives qui ont moins de quarante ans et qui ne présentent pas de symptômes ou de facteurs de risques graves comme l'embonpoint ou la cigarette.

Certaines autres précautions sont cependant nécessaires. Ainsi, si vous êtes dans la quarantaine avancée, vous devriez subir une épreuve d'effort tous les trois ou quatre ans. Par ailleurs, avertit le docteur Stein les « maniaques de la compétition » qui se forcent à arracher ces deux kilomètres supplémentaires ou qui ne tiennent pas compte de la chaleur de l'été prennent des risques graves. « En outre, si vous sentez des irrégularités dans le battement de votre cœur et si vous ressentez des douleurs à la poitrine qui ne s'étaient jamais produites, soyez prudent et consultez votre médecin. »

---

## Le problème de la graisse

L'exercice permet aussi de renforcer votre cœur en réduisant la quantité de graisse présente et surtout celle de votre sang. Les matières grasses qui circulent dans le sang se nomment des lipoprotéines (elles sont en fait composées de protéines et de gras) et ce sont elles qui transportent le cholestérol, une substance grasse et cireuse, dans les différentes parties du corps. Il existe deux principaux types de lipoprotéines, celles de haute densité (ou HDL) et celle de basse densité (ou LDL). Lorsque le cholestérol est transporté par les LDL, il tend à boucher les artères, rendant ainsi le travail du cœur plus difficile. Cependant il ne semble pas s'accumuler lorsqu'il est associé aux HDL ; celles-ci transportent le cholestérol jusqu'au foie pour que ce dernier le stocke ou l'élimine.

Une étude conduite auprès de 41 coureurs masculins de longue distance âgés entre 35 et 59 ans a démontré que les quantités de gras dans leur sang se comparaient plus à celles de jeunes femmes qu'à celles d'hommes sédentaires d'âge moyen. Somme toute, une découverte assez rassurante puisque de tous les groupes d'âge, les jeunes femmes sont celles qui offrent le moins de risques de crise cardiaque. Cette étude, effectuée par le *Stanford Heart Disease Prevention Program*, servait à évaluer des coureurs qui faisaient en moyenne 25 kilomètres par semaine depuis au moins un an. Selon les données de l'étude, de nombreux sujets ne suivaient leur programme que depuis quelques années. Ils n'étaient pas non plus des athlètes de naissance, ce qui prouve qu'il n'est jamais trop tard pour acquérir de bonnes habitudes.

L'étude comparait les coureurs à des sujets de contrôle, c'est-à-dire des gens du même âge qui habitaient dans trois villes du nord de la Californie. Lors des analyses sanguines permettant de déterminer les facteurs de risques coronariens, les coureurs ont dominé tous les tests. Ceux-ci avaient aussi des taux plus élevés de HDL, de plus faibles taux de LDL, des taux de cholestérol moindres dans l'ensemble et de moins grandes quantités de triglycérides (un corps gras qu'on associe couramment à l'athérosclérose). Ces résultats amenèrent les médecins qui conduisaient l'étude à conclure : « Les activités vigoureuses chez les hommes d'un certain âge sont associées à une composition des lipides du sang que la plupart des autorités considèrent comme un facteur de bonne santé. Ces activités doivent être encouragées, du moins à notre point de vue, chez les personnes qui en sont capables. » Autrement dit, si vous voulez donner un coup de pouce à votre cœur, ne restez pas assis à ne rien faire ». Allez, faites quelque chose !

# THERMOTHÉRAPIE

S'il vous est déjà arrivé de soulager la fatigue de vos pieds dans un bassin d'eau chaude ou si vous vous êtes déjà servi d'une bouillotte pour combattre une infection, alors vous vous êtes déjà soigné à l'aide de la thermothérapie (ou thérapie par la chaleur). Vous êtes donc à même de réaliser à quel point ce remède d'une extrême simplicité peut être bienfaisant. La thermothérapie, qui commence maintenant à faire partie de l'arsenal de traitements du monde médical, est le fruit d'une très ancienne tradition. Les médecins commencent à réaliser ce que les guérisseurs connaissent depuis toujours : on peut se servir de la chaleur pour traiter de nombreux maux, y compris les maladies graves comme l'arthrite et le cancer.

Par exemple, le bain chaud semble constituer le remède universel contre des maux comme la fatigue ou les douleurs musculaires. En effet, l'eau chaude dilate les vaisseaux sanguins, permettant ainsi un apport supplémentaire de sang qui nourrit et détend les muscles contractés. Depuis des temps immémoriaux, les gens prennent des bains chauds pour combattre les problèmes musculaires et les maladies qui s'y rattachent. Consultez le chapitre qui traite de l'hydrothérapie pour de plus amples renseignements au sujet du pouvoir de traitement des bains chauds.

Vous pouvez aussi utiliser un coussin chauffant ou un sac d'eau chaude pour réchauffer une partie précise de votre corps ou pour traiter une douleur locale. Ceux-ci sont aussi fort pratiques pour traiter certaines blessures causées par la course ainsi que les ankyloses résultant de blessures athlétiques.

## Enveloppé dans un chaud cocon

On peut soulager les douleurs arthritiques en appliquant un sac d'eau chaude, mais il existe d'autres modes de thermothérapie offerts aux arthritiques. Madame Katherine Doetterl de Cheektowaga, dans l'état de New York, souffre de l'arthrite depuis plus de trente ans. Celle-ci nous a écrit pour nous faire part d'un moyen très simple pour se soulager : la combinaison thermale. Le port de ce sous-vêtement pendant son sommeil lui procure un grand soulagement et une bonne nuit de repos, nous a-t-elle confié. Elle les porte aussi sous ses vêtements pendant l'hiver et ses articulations la font ainsi beaucoup moins souffrir lorsqu'il fait froid.

Un autre moyen plutôt inhabituel mais efficace a été signalé par le docteur Earl J. Brewer Jr. de l'hôpital pour enfants du Texas à Houston. Un de ses patients, un jeune scout qui souffrait de polyarthrite juvénile, s'est aperçu qu'il ne ressentait pas les douleurs et les raideurs habituelles du matin lorsqu'il dormait dans son sac de couchage. Sa grand-mère, qui souffrait d'ostéoarthrite, décida d'essayer ce moyen et se sentit mieux elle aussi.

À la lumière de ces résultats, le docteur Brewer commença à encourager les patients arthritiques de l'hôpital à essayer cette nouvelle méthode. Certains étaient tellement heureux des résultats qu'ils continuèrent à dormir dans leur sac de couchage après être revenus à la maison.

Qu'il s'agisse de sous-vêtements thermaux ou de sacs de couchage, l'effet de cocon demeure le même. Le corps est enveloppé dans une chaleur confortable et se trouve ainsi à l'abri de l'humidité et du froid qui mettent à rude épreuve les articulations arthritiques.

Il arrive aussi que le corps génère lui-même une chaleur facilitant la guérison pour certains problèmes de santé. « Donnez-moi la fièvre et je pourrai guérir n'importe quelle maladie » a dit Hippocrate il y a plus de 2 000 ans. Malgré cette assertion, les chercheurs n'ont pas encore établi avec certitude si la fièvre est

---

**L'étude du docteur Kluger suggère que la fièvre est un instrument naturel de guérison et que les gens devraient laisser leur fièvre (si elle est modérée) suivre son cours.**

---

réellement un instrument de guérison. Certains croient même que ce pourrait être un sous-produit dangereux de l'infection au lieu d'un allié contre la maladie.

Le docteur Matthew J. Kluger, un scientifique de l'université du Michigan, est l'un de ceux qui ont essayé de résoudre ce mystère. Au cours de ses travaux, le docteur Kluger a observé ce qui se produisait lorsqu'un animal à sang froid était malade. On sait que chez ces animaux, ce sont des sources extérieures telles que le soleil qui règlent la chaleur de leur corps. Ainsi, le docteur Kluger s'est demandé si ces animaux recherchaient des endroits plus chauds lorsqu'ils étaient malades et si leur état empirait s'ils étaient incapables de trouver un coin plus chaud.

Il étudia d'abord le comportement d'iguanes du désert qu'il avait placés dans un environnement imitant leur habitat naturel. Il s'aperçut que ces lézards avaient une température normale variant entre 38 et 39° C, mais que lorsqu'ils étaient malades, ils élevaient cette température entre 40 et 42° C en s'installant dans les endroits les plus chauds de leur « désert ».

Choisissant ensuite quelques sujets infectés, le docteur Kluger les installa dans des pièces à température contrôlée, c'est-à-dire inférieure, égale ou supérieure (fièvre) à la normale. Trois jours plus tard, 96 pour cent des reptiles qui se trouvaient dans la pièce à température élevée (fièvre) étaient toujours vivants, tandis qu'il n'y en avait que 37 pour cent dans la pièce à température normale et moins de dix pour cent de survivants dans la plus fraîche des trois. Cette étude, déclare le docteur Kluger, suggère que la fièvre est bien un instrument naturel de guérison et que les gens devraient laisser leur fièvre suivre son cours normal (en autant qu'elle soit modérée). (Tiré de *Natural History*, janvier 1976.)

Tandis que certains chercheurs explorent les mécanismes naturels de réchauffement, d'autres se tournent vers les mécanismes des technologies de la chaleur qui servent à combattre une variété de maux.

## Les ultrasons en thermothérapie

L'une de ces technologies se sert des ultrasons, qui sont une forme d'énergie semblable aux ondes sonores normales, mais de plus haute fréquence. Les médecins et les physiothérapeutes s'en servent dans les traitements par hyperthermie, ou traitements par élévation de la température. Cette thérapie permet de soulager la douleur et de faciliter la guérison des articulations et des muscles.

Des médecins de l'université Stanford ont aussi utilisé les ultrasons pour traiter des patients atteints de psoriasis, une maladie chronique de la peau. Les lésions faisaient l'objet d'un traitement répété deux ou trois fois par semaine, pour six à dix séances au total. Dans la plupart des cas, la première séance permettait de réduire la desquamation et les rougeurs et avec le temps, soixante pour cent des plaques infectées s'étaient complètement résorbées tandis que trente pour cent d'entre elles avaient réagi partiellement au traitement. (Tiré de *Official Publication of the American Federation of Clinical Research*, avril 1979.)

---

## Une arme contre le cancer

L'hyperthermie totale du corps, étant une autre technique thermothérapeutique, est utilisée par certains médecins dans la lutte contre le cancer. Pendant la séance, on élève la température du corps tout entier afin de détruire la tumeur ou au moins d'en diminuer le volume. Le docteur Donald Cole du Holistic Center de Floral Park, dans l'état de New York, qui fait aussi partie du personnel de l'hôpital American International de Zion, en Illinois, soigne depuis deux ans ses patients au moyen de l'hyperthermie totale du corps. Il croit que lorsqu'une personne souffre d'un cancer, on doit traiter le corps tout entier si on veut éliminer la maladie.

« La chirurgie seule ne peut enlever toutes les cellules cancéreuses qui se trouvent dans l'organisme », nous a-t-il confié. « Le corps doit être soigné dans son ensemble et non une partie seulement de ce dernier, car le cancer est une maladie systémique. »

Pendant le traitement, les patients sont enveloppés dans une couverture thermale à double paroi qui est remplie d'eau et la température de leur corps est portée à 41,9° C pendant deux heures. Selon le docteur Cole, certains des 200 patients qui ont subi ce traitement ont vu leur tumeur mesurable diminuer de moitié et se portent « sensiblement mieux » à l'heure actuelle.

Certains traitent aussi les cas de cancer par un moyen radicalement opposé, c'est-à-dire en élevant uniquement la température de la zone cancéreuse. C'est le cas du docteur Harry H. LeVeen du Medical University de Caroline du Sud, qui a mené des recherches poussées sur l'utilisation des fréquences radio. Celles-ci peuvent être orientées directement sur la tumeur et la chaleur qu'elles provoquent arrive parfois à tuer la tumeur.

Dans les séances qui durent environ trois heures, la température du corps du patient s'élève jusqu'à environ 38,9° C pendant que les radiofréquences élèvent de leur côté la température de la tumeur entre 43,3 et 46,1° C. Certains patients subissent leur traitement sous anesthésie, mais certains autres restent conscients pendant toute la séance.

## Double combat contre la maladie

Selon le docteur LeVeen, plusieurs changements se produisent chez une personne atteinte de cancer. On sait que le corps reconnaît les cellules cancéreuses et qu'il peut leur faire échec pendant un certain temps. Cependant, à la longue, le cancer parvient à paralyser notre système immunitaire et à le supprimer. Lorsque cela se produit, le patient n'a plus aucune arme avec laquelle combattre l'invasion du cancer. En outre, la tumeur elle-même a une circulation médiocre ; au fil de sa croissance, elle bloque la circulation sanguine normale et la remplace par un nouveau système circulatoire composé uniquement de capillaires. Cependant, lorsqu'on applique un traitement par hyperthermie sur la tumeur, on assiste à un renversement dramatique du processus de transformation anormale observé jusqu'alors. Les capillaires de la tumeur sont détruits, les cellules qui composent la tumeur sont éliminées et une forte réaction immunitaire se produit chez le patient.

Le docteur LeVeen a traité de cette façon environ 175 patients d'âges divers depuis plus de trois ans. La plupart des patients réagissent favorablement, rapporte-t-il et certains d'entre eux n'ont plus de cancer.

Les futurs progrès de la thermothérapie dépendent de la continuation de la recherche dans le domaine. Des ingénieurs du University College of North Wales ont conçu à l'intention du docteur LeVeen un « nouvel appareil absolument superbe » qui devrait permettre de remporter des succès encore plus remarquables sur le cancer.

Les docteurs Cole et LeVeen croient tous deux que la thermothérapie a permis de franchir un grand pas dans le traitement du cancer. Avec de l'équipement plus perfectionné et des recherches plus poussées, les scientifiques pourraient bien prouver, au sujet du cancer et de bien d'autres maladies, ce qu'Hippocrate et notre bon sens nous ont toujours dit : la chaleur est un feu bienfaisant.

# THÉRAPIE PAR L'ÉTREINTE

par Kristina Davis, M.S.W.

S i vous croyez toujours que nos ancêtres sont devenus bipèdes afin de pouvoir supporter leur cerveau devenu plus lourd, c'est que vous n'avez probablement pas encore entendu parler des dernières découvertes en anthropologie. On a découvert sur les parois de cavernes du sud de la France des peintures défraîchies montrant des couples de nos ancêtres à diverses étapes de leur progression vers la position debout et qui... s'étreignaient ! Tout cela a commencé par une belle journée d'été lorsque deux de nos prédécesseurs (qui sait, des parents éloignés de votre famille peut-être) ont voulu s'approprier le même fruit juteux qui pendait d'un papayer du temps. En s'étirant pour atteindre l'objet de leur convoitise, ils ont trébuché et ont dû s'accrocher l'un à l'autre pour ne pas tomber.

« Laarch-poh », s'est exclamé le premier, haletant sous l'effort. « Sherrr-foh », a répondu l'autre.

Et c'est ainsi que s'est produite la première étreinte de nos ancêtres sur deux pattes.

Comme toutes les modes, cette pratique se répandit comme une traînée de poudre et avec le temps, l'étreinte devint un geste de salutation coutumier, malgré que la pratique était plutôt difficile et fatigante à quatre pattes. En effet, on n'avait pas eu le temps de s'asseoir après avoir salué un congénère qu'un autre se pointait le bout du nez ; il fallait alors se relever maladroitement pour accueillir le nouveau venu et ainsi de suite pendant toute la journée. Aussi, après une certaine période de tâtonnements, on s'aperçut qu'il serait plus simple de rester debout en permanence. C'est ainsi que l'homo erectus a fait son apparition, en goûtant aux joies de l'étreinte.

## L'étreinte, c'est...

Le terme « étreinte » est apparu pour la première fois aux alentours de 1210 selon le Petit Robert. Il signifiait alors « contrainte », mais son sens a glissé, depuis, pour signifier l'action de serrer fortement dans ses bras avec affection.

Dès 1773, David Garrick remarqua l'effet réconfortant et peut-être même l'effet thérapeutique de l'étreinte dans la description qu'il a faite de Samuel Johnson, « qui vous étreint de ses bras puissants, vous forçant à éclater de rire que vous le vouliez ou non. » On pourrait peut-être qualifier ce Monsieur Johnson de père de la thérapie par l'étreinte, mais ce ne serait pas juste pour tous les autres qui, depuis la nuit des temps, ont manifesté de l'amour envers leurs enfants et envers les autres en les étreignant dans leurs bras.

Inspirés par ces premiers « thérapeutes » et perpétuant la tradition du toucher introduite par les groupes de rencontre des années soixante et soixante-dix, de nombreux spécialistes en psychologie commencent à donner une plus grande signification à l'étreinte en serrant et en massant leurs clients pendant les séances de traitement. En outre, ceux-ci sont en train d'étendre leurs pouvoirs curatifs en ajoutant le toucher à leurs instruments de travail traditionnels comme la parole, l'écoute et l'observation. Aujourd'hui, ils considèrent leurs clients comme des êtres complets ayant une peau sur laquelle ils peuvent recevoir des soins et du réconfort au même titre que les yeux, les oreilles et l'esprit. Dans le domaine médical, le personnel infirmier, les éducateurs

**Le terme « étreinte » a d'abord signifié « contrainte ». Son sens a glissé, depuis, pour signifier l'action de serrer fortement dans ses bras avec affection.**

et les médecins se servent aussi de l'étreinte pour rassurer les patients. En outre, on réconforte les gens souffrant de douleurs chroniques de cette façon car on s'est aperçu que le plaisir

*L'étreinte montre aux autres que vous les aimez.*

qu'une étreinte leur procurait faisait temporairement oublier leurs douleurs.

De nos jours, de nombreux spécialistes des maladies mentales et physiques, des thérapeutes, des conseillers en alcoolisme, ainsi que des spécialistes en soins infantiles et en divorce, considèrent l'étreinte comme un moyen extrêmement intense de communiquer avec les autres, et comme un outil thérapeutique qui donne les meilleurs résultats lorsqu'on l'utilise avec autant de soin et de délicatesse qu'on le fait avec les autres formes d'intervention thérapeutique.

---

## La preuve en est dans le toucher... ou dans son absence

Mais pourquoi l'étreinte est-elle donc devenue un instrument thérapeutique ? L'étreinte est une forme de toucher aussi puissante parce qu'elle nous ramène aux plus lointaines expériences de notre vie, à une période d'avant la naissance où toute notre peau était en contact avec le liquide amniotique dans le ventre de notre mère. L'étreinte nous rappelle les premiers souvenirs après la naissance, où le toucher constitue une contribution vitale à la vie et à la survie.

Les recherches démontrent que les enfants ont besoin qu'on les serre dans nos bras. Au début du siècle, les enfants de moins d'un an qui vivaient dans les crèches mouraient souvent d'un mal qu'on appelait le « marasme » ou le « dépérissement ». La sagesse du temps recommandait qu'on ne berce pas les enfants et suggérait que le fait de prendre dans ses bras un enfant qui pleurait ne faisait que le gâter. Il en résultait que les enfants en institution étaient bien sûr nourris et lavés, mais laissés à l'abandon dans leur berceau pour mourir d'un dépérissement mystérieux. Plus récemment, on a pratiqué tout le contraire. Par exemple, le docteur Rene Spitz, professeur de psychiatrie à l'École de médecine de l'université du Colorado, a découvert que le taux de mortalité chez les enfants hospitalisés diminuait si on les prenait dans ses bras et qu'on agissait comme une mère envers eux.

Qui plus est, parmi ses cinq sens, c'est le toucher qui est le plus développé chez le jeune enfant. Tous nous avons d'abord connu le monde qui nous entoure par le toucher. Des recherches effectuées sur des bébés singes ont démontré que lorsqu'on les sépare de leur mère, il se produit une modification du dévelop-

*Les enfants adorent les étreintes spontanées.*

pement de leur comportement et de leur physiologie. Par exemple, le docteur Martin Reite du département de psychiatrie au Centre médical de l'université du Colorado a séparé pendant dix jours huit bébés singes de leur mère. Il observa des modifications de leur comportement, dont une grande agitation, des hurlements de protestation et, plus tard, une démarche traînante montrant leur désolation ainsi qu'une diminution de leurs jeux et de leur propreté habituelle. Quelques changements physiologiques sérieux sont aussi apparus. Ainsi, le pouls des petits singes s'est accéléré après leur séparation, la température de leur corps s'est élevée et leur sommeil était agité. Lorsqu'on les ramena finalement auprès de leur mère, ils se blottirent contre elle et dormirent plus que d'habitude. (Tiré de *Journal of Child Psychology and Psychiatry and Allied Disciplines*, vol. 22, n° 2, 1981.)

Bien entendu, il est hors de question de tenter la même expérience avec des bébés humains, mais il est possible de tenter l'expérience inverse, c'est-à-dire en les serrant plus souvent dans nos bras et en leur portant plus d'attention. C'est exactement ce qu'ont entrepris le docteur Jeffrey Fisher et ses collègues de l'université Purdue. Ceux-ci ont demandé à des préposés au retour des livres de la bibliothèque de l'université, de toucher brièvement la main des étudiants lorsqu'ils retournaient leurs bouquins, puis de ne pas les toucher, le tout en alternant le processus toutes les demi-heures. À la fin de l'expérience, ils ont demandé aux étudiants de répondre à certaines questions au sujet du personnel de la bibliothèque. Le questionnaire consistait en des paires de termes servant à décrire les sentiments des sujets : heureux et triste, à l'aise et mal à l'aise, ainsi que des termes pour décrire l'attitude des préposés, comme par exemple « obligeant » et « peu obligeant » et enfin d'autres paires de termes semblables décrivant l'atmosphère générale des lieux. Les résultats ? Eh bien, les sujets qui avaient été touchés, même ceux

---

**Un bon moyen de comprendre votre attitude actuelle envers les caresses comme envers l'étreinte consiste à revenir au temps de votre enfance afin de voir en quelles circonstances vous les avez apprises. Bon nombre d'entre nous avons appris à ne toucher à rien pendant notre enfance.**

---

qui ne s'en souvenaient pas, ont choisi des termes plus positifs pour décrire leurs sentiments, l'attitude des préposés et l'atmosphère de la bibliothèque. (Tiré de *Sociometry*, vol. 39, n° 4, 1976.)

## Une culture sans contact

Ainsi, la recherche et l'expérience démontrent bien l'importance des étreintes et du toucher. Cependant, le fait que nous soyons portés ou non à étreindre nos semblables subit grandement l'influence de notre culture; chaque culture a ses traits bien particuliers. Par exemple, si nous comparons les cultures américaine et britannique à celle d'autres peuples comme les Inuit du Grand Nord, les Bushmen du Kalahari ou les Arapesh de Nouvelle-Guinée, nous nous apercevons que Américains et Britanniques se montrent avares de gestes affectueux par rapport aux trois autres cultures. Une pratique courante chez les peuples qui manifestent leur affection par des étreintes, consiste à installer les enfants dans un panier ou un sac en forme de cocon attaché sur le dos de leur mère. C'est une pratique qui permet au bébé de voir évoluer le monde qui l'entoure tout en demeurant en contact constant avec un autre être humain. Par contre, les Américains se servent plutôt de jouets pour stimuler leurs enfants et ils les laissent souvent seuls pendant des heures dans leur berceau ou leur parc. Ce contact physique plus limité avec les enfants et leurs montagnes de jouets expliquerait peut-être leur rage de consommation lorsqu'ils parviennent à l'âge adulte, écrit Ashley Montagu dans son livre intitulé *Touching, The Human Significance of the Skin* (Harper and Row, 1978). Cela pourrait expliquer aussi leur problème à exprimer leurs sentiments envers les autres.

Pire encore, le docteur Bernie Zilbergeld, psychothérapeute de Oakland en Californie, croit que les Américains apprennent à leurs enfants dès leur plus jeune âge à ne toucher à rien! Il écrit dans son livre intitulé *Male Sexuality* (Little, Brown, 1978) que le fameux « ne touche pas » est devenu une « litanie familière » qui est renforcée par le fait que les enfants voient rarement les adultes se toucher. Il croit aussi que les parents caressent moins souvent leurs garçons que leurs filles d'une manière affectueuse. C'est aussi l'avis du docteur Herb Goldberg, auteur de *The*

*Hazards of Being Male* (Signet, 1976). Celui-ci ajoute qu'on attend des garçons qu'ils fassent ce qu'ils n'ont jamais vu faire, lorsqu'ils grandissent. On s'attend à ce qu'ils expriment physiquement leur affection, alors qu'on leur a appris à réprimer leurs besoins de caresses dans leur enfance.

---

## Questionnaire à propos de l'étreinte

Qu'avez-vous appris au sujet des étreintes et des caresses pendant votre enfance ? Un bon moyen de comprendre votre attitude présente consiste à retourner en arrière pour voir en quelles circonstances vous avez adopté cette attitude. Les deux exercices suivants vous aideront à découvrir ce qui s'est passé.

**Exercice 1.** À l'aide de courtes phrases, notez en ordre chronologique toutes les expériences impliquant le toucher dont vous vous rappelez. Faites comme ceci par exemple :

> Je suis né, puis
> Maman me serrait dans ses bras lorsqu'elle me lisait des histoires
> avant de m'endormir, puis
> Papa m'a donné la fessée lorsque j'ai cassé ce jouet, et puis
> Nous nous sommes serrés la main pour traverser la rue, etc.

Notez tout ce qui vous passe par la tête, sans aucune censure. Ne faites aucune analyse ni critique ; ne portez aucun jugement.

Arrêtez-vous lorsque vous aurez atteint un âge où vous sentez que vous en avez assez dit et examinez vos sentiments. Ressentez-vous un sentiment de tristesse persistant au sujet d'un ami ou d'un parent qui vous avait réconforté d'une étreinte pleine de tendresse plusieurs années auparavant ? Ressentez-vous encore de la colère envers un parent qui vous a trop souvent infligé des punitions corporelles lorsque vous étiez jeune ? Ou encore, vous sentez-vous aussi vide qu'une page blanche, soudainement incapable d'écrire ou de ressentir quoi que ce soit ? Ce vide peut signifier que vous n'êtes pas encore prêt à explorer cette région de vos souvenirs. Essayez l'exercice une autre fois, lorsque vous vous sentirez plus détendu et moins incertain.

Relisez maintenant vos notes, sans vous inquiéter si vous avez « passé » ou non le test. Lisez-les tout haut si vous le désirez. Quelle réaction physique cette lecture vous fait-elle éprouver ?

Plaisir, soulagement, colère ou tristesse ? Notez vos sentiments. Vous pourriez aussi faire l'expérience de sentiments contradictoires. Laissez tous vos souvenirs au sujet de vos expériences passées refaire surface d'eux-mêmes. Relisez vos notes de temps à autre ou refaites l'exercice afin de noter d'autres souvenirs.

**Exercice 2.** Installez-vous confortablement, loin du bruit et dans un endroit ni trop chaud, ni trop froid, où vous ne risquez pas d'être interrompu. Fermez les yeux et « sentez » votre respiration en plaçant les mains sur l'estomac. Respirez profondément, en laissant votre abdomen se gonfler et se dégonfler au rythme de votre respiration. Prenez environ dix bonnes inspirations, puis imaginez un écran de cinéma sur lequel apparaîtra le titre « Vous et votre peau ». Commencez par projeter vos souvenirs de toucher les plus lointains en imaginant que vous les ressentez pour une seconde fois. Si quelqu'un vous parle dans votre souvenir, écoutez ce qu'il a dit et les réponses que vous avez faites. Laissez vos souvenirs flotter sur l'écran sans essayer de les modifier et continuez à les projeter jusqu'à ce que vous vous sentiez prêt à terminer le film, puis laissez l'écran s'effacer. Prenez quelques profondes respirations, secouez-vous doucement et ouvrez les yeux.

Que ressentez-vous ? Ce que vous avez vu, entendu et écrit a-t-il permis d'éclairer quelque peu votre lanterne ? Qu'avez-vous appris au sujet du toucher lorsque vous étiez enfant ? Quelles personnes vous ont surtout dirigé à ce propos ?

Êtes-vous content de ce que vous ont transmis ces personnes ou préféreriez-vous vous « enseigner » quelque chose de différent ? Pouvez-vous vous imaginer avec ces nouvelles attitudes ? Si vous avez de fréquents contacts avec des enfants, croyez-vous leur transmettre de saines attitudes à propos du toucher ? Quelle place prennent les étreintes dans votre vie ?

Y a-t-il quelqu'un avec qui vous aimeriez partager cette expérience ? Nous vous conseillons toutefois d'être prudent au sujet du partage de vos expériences, car celles-ci perdent parfois de leur impact lorsqu'elles sont partagées.

---

## L'étreinte et le traitement médical

Marie, une charmante patiente de 66 ans, souffrait d'un grave problème d'arthrite aux mains. Son état la gênait

*Il est important de se sentir respirer.*

beaucoup et en conséquence, elle s'était considérablement repliée sur elle-même. Cependant, lorsque je lui ai fourni une excuse pour sortir de sa coquille, elle a saisi l'occasion sans hésiter.

Par la suite, elle approchait de parfaits étrangers en leur disant quelque chose du genre : « Bonjour je m'appelle Marie. Je sais que cela va vous paraître un peu bizarre, mais mon médecin dit que mes douleurs seraient un peu soulagées si quelqu'un me serrait dans ses bras quatre fois par jour. Vous voyez, c'est écrit sur ma prescription. Pouvez-vous m'aider ? J'aurais besoin qu'on m'étreigne un peu. »

Savez-vous qu'on n'a jamais refusé ce qu'elle demandait ?
(Tiré de *Free Yourself from Pain*, Simon and Schuster, 1979.)

Marie n'est qu'un cas parmi les nombreuses personnes souffrant de douleurs chroniques à qui le docteur David Bresler du Bressler Center for Allied Therapeutics de Los Angeles et auteur du livre susmentionné prescrit « quatre étreintes par jour... sans faute. » Celui-ci croit que les patients ont beaucoup de moyens à leur disposition pour soulager leurs douleurs, et l'un de ces moyens consiste à stimuler les terminaisons nerveuses à l'aide du toucher.

Le taux d'hémoglobine dans le sang est lui aussi affecté par un « toucher thérapeutique », selon une étude effectuée par le docteur Dolores Krieger, qui enseigne les sciences infirmières à l'université de New York. Comme l'hémoglobine est en partie responsable de l'approvisionnement des tissus en oxygène, il constitue un très bon indicateur de l'état de santé d'une personne, en conclut le docteur Krieger. Elle enseigna donc à trente-deux infirmières l'art du « toucher thérapeutique », qui consiste à placer les mains sur la région problématique ou juste au-dessus de celle-ci et à les laisser à cet endroit pendant une demi-heure. La volonté d'aider et de guérir le patient ont dans ce cas joué un rôle important dans le processus de guérison. Le docteur Krieger étudia ensuite de quelle façon leurs soins ont affecté les patients.

Pour ce faire, elle divisa en deux groupes soixante-quatre patients souffrant de maux divers et provenant de plusieurs hôpitaux de New York. L'un des groupes reçut des soins infirmiers normaux tandis que le second bénéficia de « touchers thérapeutiques » tous les jours. Il en résulta que le taux d'hémoglobine, et présumément la santé, du second groupe s'est élevé considérablement, tandis qu'il est demeuré stationnaire chez le premier groupe.

Si le simple fait de toucher un patient avec affection peut faire monter le taux d'hémoglobine, imaginez ce que des étreintes plus fréquentes peuvent apporter aux gens qui ont des problèmes de santé ! Beaucoup de bien, selon les dires de Barbara Toohey et de June Biermann, coauteurs des ouvrages intitulés *The Women's Holistic Headache Relief Book* (J.P. Tarcher, 1979) et *The Diabetic's Total Health Book* (J.P. Tarcher, 1980. Leur premier contact avec cette forme de thérapie s'est produit lorsqu'elles ont entendu le docteur Bresler suggérer que les maux de tête chroniques pourraient être en fait un moyen de demander un peu d'amour lorsqu'on est incapable de le demander directement. Les deux femmes ont décidé d'en faire l'essai et ont obtenu des résultats fort positifs.

Elles ont aussi découvert que les étreintes sont formidables pour les diabétiques. En effet, elles se sont aperçues que le sentiment d'utilité engendré par une étreinte aide le diabétique à s'accepter tel qu'il est et à se considérer comme une personne digne d'affection. Madame Biermann, qui est elle-même diabétique, raconte qu'on « n'oublie jamais le jour où on vous annonce que vous êtes diabétique. Je me sentais à la fois changée, confuse et accablée par cette nouvelle. Si seulement le médecin m'avait serrée dans ses bras, ce seul contact physique avec un autre être humain m'aurait probablement permis de me dire que je ne serais pas rejetée par les autres en raison de mon handicap. »

Après que le diabète a été confirmé chez une personne, celle-ci doit apprendre un nouveau mode de vie conforme à son état : quels aliments manger, comment administrer soi-même sa médication, comment faire face aux réactions de son entourage et, enfin, comment franchir sans mal les réceptions saturées de sucre et de boissons alcooliques. En 1979, lors d'une conférence de l'American Association of Diabetes Educators, Mesdames Toohey et Biermann ont suggéré que le personnel infirmier ainsi que les diététistes et les médecins étreignent souvent leurs patients en signe d'affection. Après tout, disaient-elles, même si ces derniers en rougissent d'embarras, ça permettrait au moins d'activer la circulation ! Durant la conférence tenue l'année suivante, des membres de l'association révélèrent que l'étreinte constituait un « traitement merveilleux » qui n'apportait aucun effet secondaire et qui s'avérait particulièrement efficace pour dissiper la colère et la frustration qui empêchent certains diabétiques de mener une vie aussi normale que possible.

En fait, il ne faudrait pas limiter cette forme de traitement aux seuls patients souffrant de douleurs chroniques et de diabète. Peu importe le problème dont il souffre, le patient peut se sentir vulnérable, effrayé, en colère, frustré ou impuissant face à sa maladie. En général, il doit apprendre à changer son style de vie, et c'est ici qu'un peu de chaleur humaine de la part du personnel médical, peut lui faire acquérir un état émotif qui lui permettra d'apporter ces changements, changements qui à leur tour peuvent aider le corps à se guérir. Le docteur Aaron Katcher, psychiatre à l'école de médecine de l'université de Pennsylvanie, a fait une étude des habitudes qui semblaient contribuer à la survie des cardiaques. D'après cette étude, il semble que le fait d'avoir un animal à la maison a un effet fort positif. Le docteur Katcher croit que caresser un animal a un effet apaisant qui fait baisser la tension chez les victimes de crise cardiaque.

Les étreintes peuvent-elles avoir une valeur préventive? Eh bien, des résultats surprenants ont été notés lors d'une étude sur des lapins effectuée par des scientifiques de l'université d'état de l'Ohio et de l'université de Houston. Pour les besoins de l'expérience, on avait administré aux lapins un régime à forte teneur en gras et on les avait séparés en deux groupes. L'un des groupes était souvent caressé tandis que l'autre ne l'était jamais. Au terme de l'expérience, on s'est aperçu que les lapins qu'on caressait avaient moins de lésions athérosclérotiques que les autres malgré que les deux groupes suivaient le même atroce régime.

---

## Quatre étreintes par jour...

L'une des raisons pour lesquelles les étreintes provoquent de si fortes réactions, c'est que nous n'en recevons pratiquement jamais. D'habitude, nous allons serrer quelqu'un dans nos bras dans des occasions spéciales comme un mariage ou un anniversaire, mais la plupart d'entre nous ne font pas ce geste en temps normal, juste pour le plaisir de le faire. Et pourtant, la thérapeute Virginia Satir croit que chacun de nous a besoin d'au moins quatre étreintes par jour uniquement pour assurer notre survie, huit étreintes par jour pour maintenir notre équilibre psychique

---

**Notre corps a une faim de caresses qui peut devenir un réel problème. Il semblerait que nous ayons besoin d'au moins trois étreintes par jour pour satisfaire son appétit, sinon il pourrait souffrir de malnutrition. De plus, la qualité des étreintes est aussi importante que leur quantité.**

---

et au moins douze pour grandir sans problème. Si ce genre de traitement vous semble intéressant, nous vous proposons ce petit cours sur l'étreinte qui vous permettra de prendre un bon départ.

## Qu'est-ce qu'une étreinte et comment en faire profiter les autres

Qu'y a-t-il de plus simple qu'une étreinte? Vous ouvrez tout grand les bras en vous approchant de la personne que vous désirez étreindre, vous l'entourez, la serrez pendant quelques instants et la relâchez. Eh bien, ce n'est pas si simple selon Sidney Simon, auteur de *Caring, Feeling, Touching* (Argus Communications, 1976). Celui-ci nous dit qu'il y a étreinte et ÉTREINTE! M. Simon croit que notre besoin d'être étreint commence à la maison et c'est pourquoi son bouquin constitue un guide à l'intention de la famille. Il croit aussi que trois étreintes par jour constituent un minimum; moins que cela équivaudrait à souffrir de malnutrition. Cependant, il ajoute que la qualité est aussi importante que la quantité. Selon lui, trop de gens donnent de fausses étreintes, qu'il a classées en cinq catégories :

- L'étreinte « en A » où seules les têtes se touchent.
- L'étreinte dite « la moitié de la poitrine, c'est mieux que rien », où seulement la moitié des deux poitrines se touchent tandis que l'autre moitié est tenue à l'écart. Dans ce cas, l'accent est mis sur la tenue à l'écart du bas du torse plutôt que sur l'étreinte.
- L'étreinte dite « tapotement du dos », où l'on se donne de petites tapes dans le dos comme si on faisait faire un rot à un bébé. Le contact physique n'est pas assez accentué dans ce cas.
- L'étreinte dite « frottement du portefeuille », où l'on se tient côte à côte en se touchant par la hanche.
- L'étreinte dite « tournoiement dans les airs », où un partenaire plus fort soulève l'autre pour le faire tournoyer dans les airs. Les moins grands en sont souvent les victimes.

*L'étreinte en forme de A.*

*L'étreinte demi-poitrine.*

*Le tapotement dans le dos.*

326

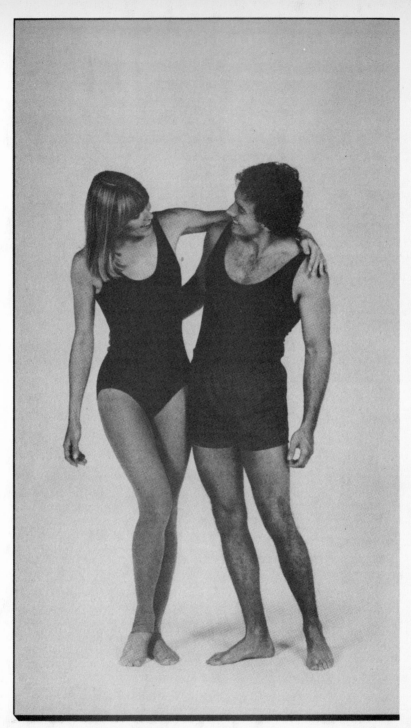

*Le frottement du portefeuille.*

*Le tournoiement dans les airs.*

*Une véritable étreinte implique un contact physique total.*

Selon M. Simon, ces cinq catégories ne sont que des substituts à la véritable étreinte, dont il donne la description suivante :

Les deux personnes qui veulent s'étreindre prennent d'abord le temps de se regarder. De cette façon, on prête toute son attention à la personne qu'on va serrer dans ses bras. En fait, il n'existe pas une forme d'étreinte toute faite qui convient à toutes les personnes; il faut essayer le plus possible de personnaliser son étreinte.

En outre, si vous devez monter sur un tabouret afin de serrer un ami plus grand dans vos bras, eh bien faites-le! M. Simon continue en ces termes :

> Pendant que vous serrez l'autre personne, inconsciemment vous lui faites part dans vos gestes de toutes les expériences et les émotions que vous avez partagées avec elle auparavant. Par-dessus tout, ce genre d'étreinte ne doit pas être un geste accompli négligemment, comme quelque chose de routinier.
>
> Ma propre expérience m'a permis de constater que de nombreuses personnes ne sont pas prêtes à accepter une étreinte totale. Aussi, j'essaie de les étreindre de manière qu'elles ne se sentent pas embarrassées. Cependant, lorsque je rencontre une personne qui donne de vraies étreintes, je ressens tout de suite une différence notable. L'étreinte totale vous donne le sentiment d'abandon complet et de communication sans réserve où les paroles sont superflues. Bien sûr, il arrive parfois que je doive commencer par demander à la personne si elle veut bien que je la serre dans mes bras et si sa réponse est hésitante ou négative, alors je respecte son souhait.

Il faut se rappeler qu'on doit souvent prendre l'initiative si on désire étreindre une autre personne. Malgré tout, on s'aperçoit souvent, après avoir serré une autre personne dans ses bras, que celle-ci revient spontanément pour retourner l'étreinte. L'étreinte est un geste contagieux et nous sommes certains que plus de gens s'y adonneraient si on les encourageait à le faire. Aussi, rappelez-vous que lorsque vous étreignez quelqu'un, vous lui donnez cet encouragement.

La règle à suivre pour savoir quand étreindre quelqu'un est très simple : soyez à l'écoute de votre corps. Fiez-vous à lui, il est très sage dans ce domaine. Lorsque vous sentez que vous aimeriez étreindre quelqu'un, parlez-lui-en d'abord. Selon ses réactions, vous pourrez alors décider si vous pouvez donner ou

---

**Beaucoup de gens s'aperçoivent qu'après avoir étreint une personne, celle-ci leur retourne spontanément leur étreinte. L'étreinte est un geste contagieux que plus de personnes feraient si on leur donnait la permission. Aussi, lorsque vous étreignez quelqu'un, vous lui donnez cette permission.**

---

non libre cours à votre envie. Vous pourrez avoir besoin d'un peu de pratique avant de ressentir, sans avoir besoin de vous le demander, que vous avez envie d'étreindre quelqu'un, car beaucoup de gens ont appris à supprimer leur besoin au cours de leur éducation. Si vous éprouvez des sentiments contradictoires à ce sujet, essayez d'imaginer ce qui pourrait arriver de pire si vous étreigniez quelqu'un, puis décidez si vous êtes prêt à prendre le risque. Et si vous ressentez le besoin d'être serré, eh bien demandez-le !

À mesure que vous apprendrez à donner libre cours à vos impulsions, vous découvrirez aussi quel genre de personne vous aimerez étreindre. Avez-vous déjà quelqu'un en tête ? Surtout, ne l'écartez pas de vos pensées pour la seule raison qu'elle pourrait avoir une réaction défavorable. Comme vous ne pouvez prédire l'avenir, vous ne pouvez donc pas être absolument sûr de ses réactions. Y a-t-il des gens que vous aimeriez étreindre à l'instant même ? Vous serait-il possible de le faire tout de suite ? Chose étrange, j'ai découvert que je pouvais étreindre des gens à qui j'étais incapable de parler parce qu'en les étreignant, je partage avec eux un sentiment d'harmonie qui nous permet de mettre pour un instant toutes nos différences de côté. Que diriez-vous de mettre cela à profit dès maintenant en allant étreindre une personne avec qui vous vous sentez incapable de parler ?

Connaissez-vous une personne particulière que vous aimeriez étreindre, mais que vous n'osez pas par crainte de ses réactions ? Essayez ce truc : rédigez un dialogue avec cette personne sur papier. Vous pourriez être surpris de leurs réponses comme je l'ai été moi-même. Tenez, constatez vous-même les résultats :

Moi : Allô Sam.
Sam : Bonjour Kris.
Moi : J'aimerais bien te parler de quelque chose, mais c'est un peu difficile à dire.
Sam : Écoute, ça me rend nerveux lorsque tu me parles de cette façon, mais vas-y tout de même.
Moi : C'est vrai, je n'aurais pas toujours besoin de commencer une conversation comme cela, mais c'est ma façon de gagner du temps. Voilà, j'aimerais que tu me serres plus souvent dans tes bras.
Sam : C'est tout ?

**Moi :** Tout ? Mais c'est déjà beaucoup pour moi ! Je trouve que tu ne m'étreins pas assez.

**Sam :** Et toi, me serres-tu souvent dans tes bras ?

**Moi :** Te serrer dans mes bras ? Je n'y ai jamais pensé.

**Sam :** Bien sûr, les hommes n'ont pas besoin d'être étreints, n'est-ce pas ?

**Moi :** Hé, attends un peu. Tu sais très bien que je ne crois pas à ces fadaises !

**Sam :** Alors ? Pourquoi ne me serres-tu pas dans tes bras de temps en temps ? Pourquoi devrais-je toujours prendre l'initiative, dis-moi ?

**Moi :** Je crois bien que je n'ai jamais considéré les choses sous cet angle. Tu as raison, et si je veux que tu me serres dans tes bras, le meilleur moyen serait de commencer par t'étreindre moi-même.

**Sam :** Merveilleux, mais je ne peux pas attendre que tu te décides.

**Moi :** Inutile, me voici !

Qu'il s'agisse d'un dialogue comme celui-ci ou d'autre chose, cet exercice pourrait vous aider à trouver un moyen acceptable d'offrir une étreinte aux gens qui vous tiennent à cœur.

Un mot d'avertissement : comme vous ne pouvez contrôler le comportement des autres, souvenez-vous que l'étreinte que vous offrez, c'est vous qui avez désiré l'offrir. N'oubliez pas que l'autre personne conserve le choix de refuser ou d'accepter ce que vous lui proposez, un choix qui est autant fondé sur son expérience et sa culture que sur les sentiments qu'elle vous porte.

---

## Enfin : quels sont les meilleurs endroits ?

Le docteur David Bresler recommande à ses patients de demander de se faire étreindre même dans les supermarchés. Et, si un supermarché peut faire l'affaire, alors tous les autres endroits sont certainement aussi acceptables : à la maison, au travail, à l'école, à l'église, dans une réception, dans une conférence, pendant l'entracte au concert, ou encore après avoir passé quelques heures dans un avion en compagnie d'une personne intéressante. Toutefois, demandez-vous quand même où vous vous sentiriez le mieux pour offrir une étreinte. Par exemple, vous pourriez peut-être vous sentir embarrassé au travail et préféreriez un endroit plus intime comme la maison. Commencez donc dans des situations où vous vous sentirez le plus confortable, vous aurez le temps de vous enhardir au fil de vos succès (vous en aurez, c'est certain). Vous pourriez même en venir à étreindre votre employeur, votre surveillant et, qui sait, le président de la compagnie.

# HYPNOSE

**V**ous êtes assis devant votre téléviseur, en train de regarder un vieux film d'épouvante dont la musique remplit la nuit de frissons. Un bretzel coincé entre vos mâchoires crispées, vous vous tenez tout tremblant sur le rebord de votre fauteuil lorsque soudain, une ombre vêtue d'une grande cape bondit devant sa jolie victime, figée sur sa chaise, les yeux remplis d'effroi.

« Vous avez sommeil... » ne cesse de dire la voix grave d'un ton monotone. On perçoit dans la voix un accent vaguement transylvanien. Une montre en or gigantesque oscille sur une chaîne tout aussi impressionnante. Les yeux de la jeune femme la suivent — gauche, droite, gauche, droite...

« Vous avez sommeil... » continue la voix lugubre. « Vous êtes en mon pouvoir... »

C'est ainsi qu'une multitude de méchants prennent contrôle de leurs victimes : grâce à l'hypnose. Dans ces films, les pouvoirs hypnotiques servaient les forces du mal, ils étaient un outil par lequel l'abominable créature espérait dominer le monde, ou au moins en tirer les ficelles dans l'ombre.

C'est vrai que l'hypnose constitue un outil puissant, mais pas dans le contexte imaginé à Hollywood.

**L'hypnose est un moyen par lequel on peut se servir de facultés de guérison qui sont généralement cachées et intouchées. On s'en sert pour soulager certains maux comme l'asthme, l'arthrite, la colite, les attaques, les ulcères et l'hémophilie.**

# Capter son potentiel caché

Dans la réalité, l'hypnose est un instrument qui permet d'utiliser des facultés de guérison qui, en circonstances normales, demeurent cachées en nous, totalement inutilisées. « Le pouvoir de l'hypnose réside dans son aptitude à nous faire atteindre nos limites », déclare Hamilton B. Gibson dans son livre, *Hypnosis* (Taplinger, 1977). «Nos capacités comme notre endurance, notre force, nos sens, notre mémoire ou notre maîtrise de la douleur sont rarement exercées à leur plein rendement en raison du mode de vie bien protégé que nous menons dans notre société technologique... le phénomène de l'hypnose nous semble mystérieux parce que l'idée que nous nous faisons de la nature du comportement humain est incorrecte. »

Ce n'est pas une mince affaire que de définir l'hypnose. Certains préfèrent dire qu'il s'agit d'une forme de sommeil agité, mais c'est en réalité plus que cela. Quoiqu'elle ressemble au sommeil sous certains aspects (d'où le fameux « Vous avez sommeil... »), la transe hypnotique ressemble en fait beaucoup plus à une intense concentration d'où est exclue toute autre forme de perception sensorielle. Pour s'en faire encore une meilleure idée, l'hypnose ressemble à la concentration que vous avez lorsque vous lisez un bouquin captivant. Si vous êtes vraiment pris dans l'atmosphère de l'histoire, vous n'entendrez même plus ce que les autres disent.

En hypnose, c'est la voix de l'hypnotiseur qui prend la plupart du temps la place du livre. Sa voix et ses ordres constituent le point central d'où le reste du monde réel est exclu, permettant au sujet d'aller au plus profond de son inconscient.

« Hypnose n'est pas synonyme de sommeil », déclare le docteur Herbert Spiegel, un expert en hypnose reconnu dans tout le pays. « Peu importe ce que peut être le sommeil, l'hypnose ne l'est pas... L'hypnose est un état d'attention particulier qui se rapproche de la capacité maximale de la concentration. »

En d'autres termes, vous pourriez comparer votre état d'esprit normal à une lumière diffuse, comme lorsque le soleil luit à travers un verre dépoli. Durant les événements normaux de votre vie, votre attention est disséminée entre toutes les petites tâches distrayantes qui sont nécessaires au maintien de votre place au sein de la société : ne pas oublier ce dîner chez les Durand, appeler l'exterminateur avant demain, etc.

Lorsqu'on entre dans un état hypnotique, on laisse toutes ces distractions derrière soi. Vous troquez la fenêtre en verre dépoli contre une loupe. Au lieu d'une lumière diffuse, vous avez en main un faisceau brûlant, capable de pénétrer des situations et des problèmes qui ont leurs racines dans votre subconscient.

Par l'hypnose, vous pouvez concentrer toute l'énergie de votre esprit conscient sur un point particulier, tout comme un verre de loupe concentre les rayons du soleil en un faisceau capable de faire prendre en feu un morceau de papier ou de bois.

On a utilisé l'hypnose pour soulager la douleur provoquée par des maux tels que les fractures, les maladies chroniques et les migraines ; on s'en est même servi comme anesthésique pour des interventions chirurgicales mineures. Certains l'ont utilisé pour traiter des cas d'asthme et ont même réussi parfois à éliminer complètement les symptômes. On sait aussi que l'hypnose peut diminuer la gravité de certaines maladies chroniques comme l'arthrite, la colite, les attaques, les ulcères et l'hémophilie. Par contre, on ne sait pas encore si l'hypnose ne provoque qu'une diminution de l'anxiété du patient ou si elle agit directement sur la chimie du corps humain.

On a pu démontrer que l'hypnose est capable de modifier la croissance cellulaire. Par exemple, on s'en est servi pour traiter les verrues et pour accélérer la guérison de brûlures et de certaines blessures. Le docteur Dabney M. Erwin, professeur de chirurgie clinique à l'École de médecine Tulane de la Nouvelle-Orléans, traite régulièrement les brûlés à l'aide de l'hypnose. Il se sert de cette technique depuis vingt ans déjà et donne l'impression que celle-ci ne comporte rien de sorcier.

« Si, en milieu clinique, vous suggérez à quelqu'un sous hypnose que l'un de ses bras est sous anesthésie tandis que l'autre ne l'est pas et que vous appliquiez une chaleur uniforme sur les deux bras, l'un se couvrira de cloques tandis que l'autre n'aura aucune réaction », explique-t-il.

« Les symptômes visibles d'une brûlure sont en grande partie causés par la réaction du système nerveux central à la chaleur. C'est tout simplement une réaction du corps en réponse à un message transmis par le cerveau. Dans le cas d'une brûlure, la réponse prend la forme d'une inflammation. Considérons le cas d'un coup de soleil, qui est en fait une brûlure au ralenti.

Lorsque vous revenez à l'ombre, vous ne ressentez généralement rien de spécial. Ce n'est que dans les huit heures suivantes qu'apparaissent les symptômes comme la douleur, les cloques et la fièvre. »

« Cependant, une personne n'aura aucune réaction si elle se dit qu'elle n'a pas été brûlée dans les deux heures suivant une brûlure normale. »

« Je me sers de l'hypnose pour traiter les maux de tête, l'asthme et les verrues », continue le docteur Erwin. « On peut aussi s'en servir pour traiter tout ce qui fait entrer l'imagination en jeu : anxiété, phobies, enfin ce genre de problèmes. Je crois que si le patient peut s'attendre à ce qu'il lui arrive quelque chose de mauvais, il peut aussi s'attendre à quelque chose de bon. »

---

## Autohypnose

Il n'y a pas que les autres qui peuvent pratiquer l'hypnose sur vous. Vous aussi pouvez atteindre un état hypnotique avec un peu de pratique.

L'autohypnose consiste à apprendre à relaxer et à se transmettre des signaux permettant d'éliminer de son esprit toutes les pensées et les sensations en provenance de l'extérieur.

Il a été démontré que l'autohypnose permet à certaines personnes de s'endormir. En Angleterre, des chercheurs ont comparé les effets des somnifères, de l'hypnose, de l'autohypnose et d'un placebo sur des volontaires souffrant d'insomnie. On a montré à certains d'entre eux à entrer en transe en s'imaginant être dans « un endroit sûr et chaud, peut-être un endroit de vacances agréable. »

Après être entrés en transe, leur ont dit les chercheurs, ils pourraient se donner la suggestion de « dormir d'un sommeil profond et reposant, et de se réveiller à l'heure habituelle, frais et dispos. »

Les résultats de cette expérience ont démontré que les sujets qui s'étaient autohypnotisés s'endormaient plus rapidement que ceux qui avaient utilisé un somnifère ou un placebo. Tous les sujets qui s'étaient autohypnotisés se sont endormis en moins d'une heure, tandis qu'un nombre important de ceux qui ont pris un somnifère ou un placebo ont pris une heure pour s'endormir.

En outre, plus de sujets du premier groupe se sont endormis en moins de trente minutes. (Tiré de *Journal of the Royal Society of Medicine*, octobre 1979.)

Dans leur livre intitulé *Healing with Mind Power* (Rodale Press, 1978), le docteur Richard Shames et M. Chuck Sterin donnent quatre ingrédients relatifs à l'hypnose et à l'auto-hypnose : motivation, relaxation, concentration et direction.

Par motivation, ils entendent que vous voulez réellement effectuer un changement dans votre vie par l'hypnose. Par exemple, les gens qui souffrent de vives douleurs font souvent d'excellents sujets d'hypnose parce que leur douleur constitue une motivation suffisante pour désirer que le traitement porte fruit. En général, plus on désire que la thérapie donne des résultats, meilleures sont ses chances de succès.

Comme l'hypnose utilise le pouvoir de l'esprit, un stimulus désagréable comme la douleur stimule l'esprit à trouver rapidement une solution. Le docteur Shames et M. Sterin donnent comme exemple de sujet facilement hypnotisable le cas d'une femme enceinte dont l'accouchement a été difficile. En raison de sa motivation, il a été particulièrement facile de la mettre en transe.

La relaxation, c'est l'aspirateur qui permet de nettoyer l'esprit de toutes les interférences pouvant nuire aux effets de l'hypnose. « Vous devez vous détendre pour deux raisons », déclare le docteur Roger Bernhardt, psychoanalyste et hypno-thérapeute, dans son livre, *Self Mastery Through Self Hypnosis* (Bobbs Merrill, 1977). « La relaxation, qui atteint son apogée dans le sommeil, est une fin en soi, une sorte d'onguent curatif pour l'esprit comme pour le corps. En outre la relaxation telle qu'elle est utilisée en hypnose permet d'ouvrir une voie sur l'inconscient, et c'est par cette voie que les suggestions hypnotiques sont le plus facilement acceptées et mises en pratique. »

## Comment recevoir un message hypnotique

Pour s'autohypnotiser, le docteur Bernhardt recommande de vous installer dans un endroit tranquille où vous ne risquez pas d'être dérangé, assis dans un fauteuil confortable et les pieds sur un tabouret. Vous êtes bien installé ? Vous vous sentez détendu ? Surprise ! Vous ne l'êtes pas.

> **Il faut s'entraîner de façon consciente à se détendre réellement, sinon le corps reste enserré dans un cocon de tension. En fait, le corps ressemble à un chiffon qui absorbe toute la tension qui est à sa portée.**

« Mais je me sens parfaitement détendu » nous rétorquerez-vous. Eh bien, selon le docteur Bernhardt et d'autres experts en la matière, votre corps demeure extrêmement tendu, sauf si vous vous êtes consciemment entraîné à vraiment vous détendre. Imaginez votre corps comme un chiffon imbibé de tension. Il est possible que vous ne voyiez pas le liquide qu'il a absorbé, mais il en est tout de même trempé et si vous le tordez, vous verrez un jet de liquide s'en échapper. Si vous examinez vos muscles avec attention, vous y trouverez aussi des traces de tension.

Un bon moyen de vous aider à relaxer consiste tout simplement à fermer les yeux. Selon le docteur Shames et M. Sterin, fermer les yeux diminue aussitôt le flot de distractions extérieures auquel doit faire face votre cerveau.

Pour sa part, le docteur Bernhardt recommande de lever et d'abaisser alternativement diverses parties du corps afin de libérer la tension qui s'y cache. Par exemple, pendant que vous êtes assis, relevez une jambe de quelques centimètres, laissez-la retomber et faites de même avec l'autre jambe. Concentrez-vous sur la relaxation de vos muscles chaque fois que vous laissez retomber votre jambe.

Répétez l'exercice, mais en pensée cette fois. Imaginez que vous levez la jambe et que vous la laissez retomber, mais ne le faites pas physiquement.

Vous pouvez aussi faire la même chose avec vos bras et votre tête afin d'atteindre un plus grand état de relaxation. Si votre fauteuil est muni d'un appuie-tête, relevez la tête de quelques centimètres puis laissez-la retomber dans sa position initiale. Refaites ensuite le même mouvement en imagination.

## Comment vous sentez-vous maintenant ?

Ces préliminaires étant accomplis, vous voguez maintenant sur l'océan de la relaxation. Vous voilà prêt à plonger dans une transe hypnotique. L'image mentale de base dont on se sert pour y arriver, consiste à s'imaginer dans un endroit ou dans une situation extrêmement agréable. Selon les propres termes du docteur Bernhardt, « Imaginez-vous dans un endroit où vous êtes déjà allé ou encore où vous aimeriez vous trouver, un endroit où vous seriez parfaitement à l'aise et en paix avec le reste du monde. » Par exemple, une plage déserte léchée par les vagues ou une retraite de montagne caressée par une douce brise.

Pendant que vous songez à cet endroit merveilleux (vous savez, ces vacances de vos rêves qui se trouvent toujours derrière la mauvaise porte dans votre quiz télévisé favori), imaginez que vous êtes en train de descendre comme si vous étiez suspendu à un parachute.

Cette sensation de descente combinée à la relaxation aide à la concentration. La concentration, c'est le harnachement des pouvoirs mentaux afin de les faire converger sur les problèmes ou sur la situation à résoudre. Mais laissons continuer le docteur Bernhardt : « Pendant que vous vous imaginez à l'endroit agréable que vous avez choisi, vous continuez à descendre en planant dans votre fauteuil. Votre corps est maintenant une entité presque totalement séparée de vous. Laissez-le dans le fauteuil et éloignez-vous un peu. Vous pouvez maintenant donner à votre corps des instructions sur la façon dont vous désirez vivre dorénavant. »

Ce processus par lequel vous instruisez votre corps, Shames et Sterin l'appellent la *direction*. Bien entendu, cela présuppose que vous aurez déjà décidé ce que vous désirez accomplir grâce à l'hypnose. D'autre part, le simple fait de vous détendre pourrait bien suffire à régler votre problème et dans ce cas, vous aurez besoin de vous donner l'instruction de vous sentir calme, délassé et plein d'énergie lorsque vous sortirez de votre transe. Ce genre d'instruction se nomme une *suggestion post-hypnotique*.

## Hypnose et mauvaises habitudes

Le docteur Bernhardt préconise l'emploi de l'hypnose pour éliminer les mauvaises habitudes dont l'usage du tabac et de l'alcool. Selon lui, il n'existe pas de meilleure méthode que celle-ci car on peut, par suggestion hypnotique, atteindre son objectif à l'aide de syllogismes. Un syllogisme, c'est un raisonnement logique en trois étapes, dont les deux premières font conclure inévitablement à la troisième.

Supposons par exemple que nous ayons ces deux énoncés : (1) toutes les roses sont rouges et (2) cette fleur est une rose. Votre conclusion serait sans aucun doute : (3) cette fleur est rouge.

La logique syllogistique peut donc obliger un esprit sous hypnose à raisonner de façon qu'il n'ait d'autre échappatoire que l'abandon de la mauvaise habitude.

Supposons maintenant que vous désiriez cesser de fumer, mais que vous en soyez incapable, comme cela arrive à de nombreux fumeurs invétérés. Sous hypnose, vous vous suggérerez quelque chose du genre : (1) la fumée est un poison qui pollue mon corps et (2) j'ai besoin de mon corps pour vivre ; en conséquence : (3) si je veux vivre, je dois protéger mon corps en cessant de fumer.

## Les images mentales donnent des résultats

Mis à part le fait de la mettre en mots, une suggestion hypnotique peut être renforcée en visualisant les résultats que l'on recherche. En effet, les messages sous forme de mots, même les syllogismes du docteur Bernhardt, ne sont en général pas aussi persuasifs que les images dans notre inconscient.

Ainsi, les images combinées aux mots forment une suggestion fort puissante. Par analogie, c'est comme si on avait en même temps le scénario d'un film et la pellicule. Si vous lisez quelque chose et que vous avez en même temps l'image devant vous, c'est plutôt difficile de ne pas en saisir le message.

Reprenons notre problème de cigarette. Vous vous suggérez le syllogisme de tout à l'heure et votre esprit commence à se faire une idée de l'objectif que vous vous êtes fixé. Ajoutez maintenant à votre suggestion, une image selon laquelle, chaque bouffée de cigarette serait comme si vous respiriez les émanations malsaines d'un vieil autobus au silencieux percé.

Imaginez que vous attendez pour traverser une rue dans le centre-ville, juste au moment où un vieil autobus tout cabossé passe en renaclant et en crachant. En vous dépassant, un hoquet soudain lui fait lâcher un nuage écœurant qui vous enveloppe de la tête aux pieds, vous étouffant d'une épaisse fumée noire.

C'est le goût qu'aura votre prochaine cigarette, vous suggérez-vous en vous imaginant en arrière-plan la scène de l'autobus nauséabond. Imaginez-vous ensuite ce que sera la vie sans cigarette. Représentez-vous perché au sommet d'une montagne, au lever du soleil. Les oiseaux chantent et l'air est pur et d'une fraîcheur exquise. Ce genre d'image est un élément très important dans le processus d'abandon d'une habitude, car c'est une image positive à laquelle vous pouvez vous accrocher pour demeurer dans la bonne voie.

Peu importe votre problème, vous trouverez sûrement une image mentale avec laquelle vous pourrez renforcer l'effet de votre suggestion hypnotique. De plus, vous devriez visualiser aussi bien ce qui se produirait si vous continuiez cette mauvaise habitude que les bons résultats obtenus par votre changement d'habitude.

Il est aussi facile de sortir d'une transe hypnotique que d'y entrer, vous n'avez qu'à inverser le processus. Ainsi, au lieu de vous imaginer que vous descendez en parachute comme vous l'aviez fait pour entrer en transe, imaginez-vous simplement que vous prenez votre envol pour revenir à la réalité.

Afin de faciliter la transition entre l'état hypnotique et la réalité, un bon moyen consiste à compter à rebours de cinq à un. Toutefois, avant de procéder, ce serait une bonne idée d'ajouter une suggestion post-hypnotique ayant pour effet de vous sentir alerte, détendu et plein d'énergie lorsque vous émergerez de votre transe.

Prenez votre temps pour revenir à la normale, cela vous permettra de reprendre vos esprits en douceur et de bien vous sentir.

---

## Solutions à long terme

L'hypnose ne réglera pas vos problèmes immédiatement car le processus ne provoque pas des changements instantanés dans l'inconscient. Les problèmes et les habitudes prennent du temps à s'implanter en vous ; aussi, il faut du temps pour les déraciner. Mais, ne laissez pas cette absence de succès immédiat vous décourager.

Le simple fait que vous utilisiez l'hypnose pour attaquer un problème démontre que vous avez déjà fait un premier pas encourageant dans la résolution d'une situation qui durait peut-être depuis longtemps. Lorsque vous vous servez de l'hypnose, vous engagez vos pouvoirs mentaux dans une lutte à finir contre votre problème, celui-ci étant en fait une partie de vous qui est aux prises avec une habitude désagréable. Comme disait l'autre : « Nous avons rencontré l'ennemi et cet ennemi, c'était nous. »

Votre esprit et votre corps forment une entité unique dont les composantes ne peuvent pas toujours être analysées séparément. Votre état d'esprit affecte votre corps, qui à son tour affecte votre esprit et ainsi de suite. L'hypnose vous permet de pénétrer dans cette partie de votre esprit qui est habituellement cachée, mais qui renferme un énorme potentiel pouvant vous aider à prendre le contrôle de votre vie. Si vous ne tenez pas compte de cette partie de votre esprit, que ce soit par peur ou par ignorance, vous tournez le dos à la plus grande partie de votre potentiel caché. N'ayez pas peur, faites-y face.

# TRICOT

Ses doigts effilés disparaissent dans un enchevêtrement de laine couleur de pêche. Ceux-ci sont tellement rapides qu'il est impossible de les distinguer des aiguilles d'aluminium qui en forment le prolongement. Cependant, la propriétaire de ces doigts de fée n'a pas pour seul objectif de tricoter un beau chandail. Sous la conduite de Madame Ona D. Bloom, elle suit un traitement qui lui fera recouvrer la santé.

Depuis 31 ans, Madame Bloom enseigne l'art du tricot dans son atelier en banlieue de Philadelphie. Sa devise, qu'on pourrait traduire par : « Le tricot, c'est la voie de la santé », trône en lettres aussi grosses que son nom sur la devanture de sa boutique. Cette devise, on la retrouve aussi à l'intérieur sous les formes les plus diverses : au petit point, imprimée ou griffonée sur de nombreuses affiches qui disputent la place aux caisses de laine empilées jusqu'au plafond. D'autres affiches rappellent aux visiteurs que « Le succès est un voyage et non une destination », ou que « La jeunesse est un cadeau de la nature ; l'âge est une œuvre d'art. »

Deux femmes travaillent confortablement à une table. L'une d'elles est en train de donner la touche finale à un costume deux pièces tandis que l'autre apprend à maîtriser l'usage des aiguilles circulaires. Vêtue d'une robe qu'elle a elle-même tricotée, Madame Bloom s'affaire à verser du thé à une visiteuse ou à forager dans une pile de catalogues pour montrer un patron de veste à une cliente.

Pendant ce temps, Madame Lee Voci délaisse un instant son ouvrage pour confier : « Je suis beaucoup plus calme depuis que je suis venue ici pour la première fois il y a de cela quatre ou cinq ans. Ona est un professeur fantastique. »

Selon Madame Bloom, l'effet calmant du tricot n'est qu'un de ses bienfaits thérapeutiques. Le tricot peut aussi triompher de l'arthrite et permet en outre d'acquérir confiance en ses moyens. « Lorsqu'on travaille à créer quelque chose, on n'a pas le temps de penser à ses problèmes. Les soucis s'envolent comme par enchantement. »

---

## La douleur : un mauvais rêve !

Wendy Borow, fondatrice du programme de thérapie par les arts à l'hôpital pour enfants de Boston, est, elle aussi, d'avis que « la faculté de créer a en soi un aspect curatif. » Le docteur Morris A. Bowie, un spécialiste des maladies arthritiques, est, quant à lui, encore plus enthousiaste. « La création donne aux gens un sentiment de satisfaction tout en diminuant leur tension. Ils portent tellement d'intérêt à leurs réalisations qu'ils en viennent à oublier leurs maux. »

Le docteur Bowie recommande généralement à ses patientes de faire du tissage parce que, dit-il, ce genre d'activité permet d'exercer les épaules et les coudes ainsi que les poignets et les doigts, soit les mêmes parties du corps que le tricot permet en général d'exercer. » Il continue en déclarant que le tricot est un bon exercice pour les gens qui souffrent de problèmes aux mains parce qu'il détend les tissus qui relient les jointures centrales des doigts.

Pour sa part Judy Rivers, une secrétaire d'Atlanta, déclare que le tricot est une activité qui l'aide beaucoup. « Tous les exercices pour les doigts sont bons. Voyez-vous, je souffre d'arthrite mais je suis quand même capable de taper à la machine. En fait, plus je tape, plus mes doigts se sentent bien. Cet exercice aide à empêcher l'enflure de mes articulations. »

---

**Le tricot possède un effet calmant. Lorsqu'on travaille à créer une œuvre, on n'a pas de temps à consacrer à ses problèmes et les soucis sont relégués aux oubliettes.**

---

*Quelques-unes des étudiantes de Ona Bloom portant fièrement leurs créations.*

## Le tricot, c'est bon pour les hommes aussi

Le tricot n'est pas uniquement bienfaisant pour les arthritiques... ou pour les femmes. En fait, plusieurs hommes ont été initiés à cet art par Madame Bloom.

« J'ai même enseigné à un plombier à la retraite », se rappelle-t-elle. « On n'aurait pu croire qu'avec de si grosses mains, il aurait été capable de faire quoi que ce soit, mais elles étaient d'une agilité étonnante ! »

Il semble que la plupart des hommes viennent pour échapper à la solitude. « Ici, ils peuvent rencontrer d'autres gens en mesure de partager leurs problèmes avec eux. Ma porte est ouverte à tous », ajoute Madame Bloom, qui dispense ses cours gratuitement à ceux qui s'approvisionnent en matériel chez elle. « J'ai donné un nom à ces rencontres. Je les appelle le Club C.M.C. qui signifie "C'est ma Création"; autrement dit, c'est ce que vous annoncez fièrement lorsqu'on vous félicite pour le joli chandail que vous portez. »

Un des membres du Club C.M.C. était un jeune homme appelé Michael qui travaille maintenant pour une entreprise pétrolière de Houston. « Il s'est joint au Club après avoir terminé son service militaire ; il a fait pour sa femme un chandail au crochet tellement joli que toutes les femmes du groupe en étaient jalouses. Pour être franche, ce n'est pas moi qui ai enseigné à Michael. Mon rôle s'est borné à apporter quelques minimes améliorations à ce qu'il avait déjà appris de sa grand-mère. Michael me disait qu'il aimait faire du crochet pour se détendre. »

Si vous croyez que tous les hommes qui s'adonnent aux travaux d'aiguilles ne sont que des efféminés, vous n'avez certainement pas rencontré Rosey Grier, ex-défenseur de 1,95 mètres et de 135 kilogrammes pour les Rams de Los Angeles et les Giants de New York. Son violon d'Ingres est le petit point et il ne part jamais sans un sac rempli de fil et d'aiguilles. Il a même écrit un livre sur le sujet, intitulé *Rosey Grier's Needlepoint for Men* (Walker & Company, 1973). Son unique conseil : « Ne critiquez pas sans avoir au moins essayé. »

Rares sont les gens à qui Madame Bloom ne peut enseigner le tricot. « C'est un don que j'ai. J'adore enseigner aux gens et les aider dans leur travail. » Elle a même enseigné le tricot par le toucher à des aveugles. « Ce n'est pas aussi difficile pour eux qu'on pourrait le croire », explique-t-elle. « Si vous sentez le rang avec le pouce, alors vous savez tricoter à l'envers ; et si vous le sentez avec le majeur, alors vous savez tricoter à l'endroit. » Voilà qui est bon de savoir lorsqu'on tricote sous un faible éclairage.

Comme Madame Bloom est ambidextre, elle peut aussi bien enseigner aux gauchers qu'aux droitiers. « C'est une technique que j'ai apprise lorsque je me suis fracturé le bras droit il y a quelques années. J'ai tout simplement coincé mon aiguille sous mon plâtre et j'ai continué à tricoter comme si rien ne s'était passé. »

## Une bonne cure pour les fractures

D'autres se sont tournés vers le tricot en attendant que leur fracture guérisse. Lorsque Mary Bernhardt s'est fracturé l'épaule en juillet dernier, elle a été obligée de porter une attelle pendant six semaines. « J'ai dit à mes thérapeutes que j'aimerais faire de la courtepointe pendant l'hiver et ceux-ci m'ont répondu qu'ils n'y voyaient aucun inconvénient si je m'en sentais capable. Ils m'ont dit que ce genre d'activité aiderait mon épaule à guérir et c'est exactement ce qui s'est passé. »

De son côté, Bertha Case raconte que les débuts ont été difficiles lorsqu'elle a recommencé à travailler sur un afghan qu'elle avait dû abandonner après s'être cassé l'épaule droite, il y a deux ans. « Ce fut passablement difficile, mais vous savez, lorsque j'ai des problèmes je ne suis pas portée à laisser tomber à la première tentative. Cela m'a pris une journée pour terminer un carré de dix centimètres parce que je devais arrêter un peu après chaque rang. » Avant son accident, elle était capable de tricoter une douzaine de ces carrés. Lorsqu'on pense qu'un afghan en nécessite entre 120 et 150...

« Depuis mon accident, j'ai fait cinq ou six afghans », reprend madame Case. Soulignons en passant qu'elle aura quatre-vingts ans en novembre prochain. « Je suis plutôt fière de ce que je fais. Cela me permet de rester active et c'est ce que je veux car je n'ai pas envie d'abandonner. »

Blanche Materniak de Philadelphie renchérit : « Ma mère s'était cassé un poignet et son docteur lui a dit que faire du crochet lui permettrait d'occuper son esprit tout autant que ses mains. Comme préliminaire au crochet, il a commencé par lui faire serrer des balles dans ses mains. »

Madame Materniak s'adonne elle aussi au tricot et au crochet. Elle souffre d'arthrite, mais trouve que les travaux à l'aiguille constituent une bonne thérapie pour la circulation dans ses mains. Curieusement, cette activité l'aide beaucoup à accomplir les tâches ménagères. « J'exécute les travaux de la journée plus vite parce que j'ai hâte de retourner à mon tricot », explique-t-elle. « Le tricot m'aide à supporter toutes les autres tâches ennuyeuses de la journée et me donne en plus la satisfaction d'avoir accompli quelque chose de valable. Lorsqu'on tricote, on ne voit pas le temps passer. »

---

## Un bon remontant pour le moral

« La plupart de nos membres font du tricot pour bénéficier de ses effets thérapeutiques », raconte Evelyn Samuel, directrice de l'atelier Elder Craftsmen à Philadelphie. Par ailleurs, son atelier fournit un service qu'elle considère comme un avantage de taille : les gens du troisième âge peuvent y vendre leur production. « C'est un fier coup de pouce pour leur moral. »

Depuis plusieurs années déjà, John Hager enseigne le tricot tous les vendredis après-midi chez Elder Craftsmen. À le voir et à l'entendre, il est difficile de croire que cet homme a cinquante ans. « Je suis la preuve vivante de l'effet thérapeutique du tricot », plaisante-t-il. Tout comme Rosey Grier, M. Hager a voulu relever un défi, mais lui, en a fait une profession.

« Ma mère possédait à Doylestown une boutique de laine et connaissait un modeliste de New York qui donnait un cours destiné aux enseignants des travaux à l'aiguille. Sous le coup d'une impulsion, maman m'y envoya. » C'est ainsi que M. Hager, alors âgé de vingt-quatre ans, a entrepris sa carrière. Comme il avait appris à tricoter pendant son enfance, son arrivée plutôt remarquée ne lui a pas causé beaucoup d'embarras. « Je suis arrivé dans une salle remplie de femmes de l'âge de ma mère qui m'ont pris pour un représentant de laine jusqu'à ce qu'elles s'aperçoivent de mon habileté et de mon sérieux. Elles m'ont aussitôt adopté comme leur propre fils. »

M. Hager prend tellement sa profession au sérieux que lui et sa mère Norma, maintenant âgée de 76 ans, font maintenant des œuvres sur mesure. M. Hager s'est de plus aperçu que ses activités d'enseignement l'inspirent dans la conception de ses œuvres. « Je me disais qu'en recommençant au niveau des débutants, cela me permettrait de penser à de nouveaux concepts ; je n'avais pas tort. Malgré tout, la base du tricot est en fait composée de deux points fondamentaux : le point envers et le point endroit. C'est d'ailleurs pourquoi le tricot possède un effet thérapeutique : c'est une activité répétitive. »

Le docteur Herbert Benson est l'auteur de *The Mind/Body Effect* (Simon and Schuster, 1979) et du best-seller *The Relaxation Response* (William Morrow, 1975), dans lequel il expose des idées sur la relaxation qui ont reçu un accueil des plus chaleureux. Celui-ci est d'avis que « des tas de gens perçoivent les effets de la

---

**Beaucoup de gens perçoivent le tricot comme une détente. Cette « réaction de détente », selon les termes du docteur Herbert Benson, neutralise les effets néfastes du stress et peut même vous permettre de vivre plus longtemps.**

---

"réaction de détente" provoquée par le tricot. » Le tricot est en effet une activité qui satisfait les exigences fondamentales suivantes : « D'abord, être assis dans une position confortable ; ensuite, se concentrer sur un son, un mot ou un acte répétitif qui retient l'attention ; et enfin, ne pas s'occuper de l'activité environnante. »

Selon le docteur Benson, l'avantage principal de la réaction de détente est « la neutralisation des effets nocifs du stress », un avantage qui permet aussi de prolonger sa vie de quelques années.

Le tricot possède aussi cet autre avantage. Dans une étude à long terme qu'ils ont entreprise, des chercheurs d'Omaha ont enseigné certaines activités créatives à un groupe de trente volontaires, tandis que 21 autres personnes agissaient à titre de groupe de contrôle. Tous les participants étaient âgés de plus de 65 ans. À la fin de la période d'instruction, un seul des membres du groupe expérimental a décidé de ne pas continuer à pratiquer ce qu'il avait appris. Onze ans plus tard, les chercheurs ont constaté que 67 pour cent des membres du groupe « créateur » étaient encore vivants contre 38 pour cent pour le groupe de contrôle.

Ils en ont conclu que « les gens du troisième âge ont retiré une profonde satisfaction de cette expérience dont les effets ont permis de rehausser grandement l'ampleur et la vitalité de leurs intérêts et, apparemment, d'ajouter quelques années à leur vie. » (Tiré de *Journal of Psychology*, 26 mai 1972.)

Ainsi, lorsque Ona D. Bloom assure que le chandail, l'afghan ou le châle que vous vous apprêtez à commencer vous apportera beaucoup plus que de la chaleur pendant les froides journées d'hiver, soyez certains que ce ne sont pas des paroles en l'air.

# ARTS MARTIAUX

Il existe un certain nombre de « vérités » que la plupart d'entre nous acceptent sans discussion ; des choses comme « il ne faut pas manger de la pâte crue », « il ne faut pas déranger un chien pendant qu'il mange », ou encore « tous les orientaux sont impénétrables ». En général cependant, si on étudie de plus près ces truismes, nos certitudes ont tendance à s'envoler. On s'aperçoit qu'on en sait pas tant que cela sur la pâte crue ou sur les chiens et qu'on aurait besoin de plus amples détails pour se faire une idée vraiment impartiale. Quant aux orientaux, eh bien là nous savons de quoi nous parlons, n'est-ce pas ? Bien sûr, rappelez-vous les merveilleux films de Charlie Chan qui passaient dans les années quarante et cinquante. Il était pratiquement impossible de discerner quoi que ce soit sur le visage impassible de ce bon vieux M. Chan, mais derrière ce masque impénétrable se cachait un esprit capable de résoudre les crimes les plus déroutants. Son habileté à rassembler, tel un casse-tête, des centaines de détails apparemment sans lien pour arriver à une solution trahissait un esprit suprêmement logique et ordonné. D'un autre côté, son fils numéro un, celui qui était totalement américanisé, était totalement impénétrable. Les divers événements qui marquaient sa vie n'avaient aucun lien apparent entre eux et son esprit semblait dépourvu de tout raisonnement.

Cette entrée en matière nous amène à parler de certaines disciplines orientales que quelques-uns d'entre nous pratiquent, mais que de nombreux autres jugent encore impénétrables, fragmentaires ou encore impropres pour des gens de bonne société. Nous voulons évidemment parler des techniques d'auto-défense comme le karaté, le judo, le tai-chi ou le tae-kwan-do. Laissez-nous vous dire, dès le départ, que ces disciplines consti-tuent des programmes de mise en forme extrêmement valables parce qu'elles exercent toutes les parties du corps de façon rigoureuse et que dans certains cas, elles procurent les bienfaits aérobiques d'une technique de respiration contrôlée. Par ailleurs, la plupart de ces activités ne mettent pas l'accent sur leurs qualités offensives (ou même défensives), comme le laissent croire bon nombre des écoles d'ici qui se spécialisent dans l'enseignement de ces techniques. En effet, la majorité des orientaux pratiquent les arts martiaux à titre de sports, de même que pour l'exercice et la discipline qu'ils en retirent. Aucun d'entre eux ne cherche à faire montre de ses talents dans une quelconque ruelle obscure de Hong Kong ou de New York.

Bien entendu, nous ne pouvons pas en quelques pages vous initier aux moindres détails des arts martiaux car, selon la tradition orientale, vous ne pouvez y parvenir qu'en apprenant auprès d'un Maître. Nous allons plutôt nous en tenir aux bienfaits que procurent quatre des disciplines parmi les plus populaires et les plus largement enseignées dans le monde, en vous laissant le soin de trouver vous-même, le cours qui satisfera le mieux vos attentes. Parmi tout le fatras d'informations au sujet des arts martiaux, nous allons essayer de découvrir, à la façon de Charlie Chan, celles qui décrivent le mieux les avantages du judo, du karaté, du tai-chi et du tae-kwan-do sur la santé.

Nous en tenant au personnage de M. Chan, nous n'allons pas commencer par vous donner des conseils, mais plutôt par une histoire que nous a racontée Mark Bricklin, le directeur de publication de la revue *Prevention*®, à propos du tae-kwan-do et de ses problèmes de dos.

---

**Six mois après avoir entrepris mes cours de karaté, j'ai découvert quelque chose d'extraordinaire : mon pauvre dos, si faible et vulnérable auparavant, était devenu dur comme l'acier. Je pou-vais maintenant transporter n'importe quoi !**

---

# L'affaire du ballon de basketball meurtrier

« Tout le monde adore parler de ses petits bobos et je ne fais pas exception à la règle. Laissez-moi vous raconter mes problèmes de dos et la façon dont je les ai guéris... tout à fait par accident, soit dit en passant. »

« J'avais douze ou treize ans lorsque j'ai commencé à avoir mal au dos. Nous jouions au basketball et un ballon lancé de la ligne médiane m'avait frappé le dos, par accident. Je ne me souviens pas si le rebond nous avait fait marquer un panier, mais je me souviens très bien, par contre, que j'agonisais de douleur en rentrant à la maison. Quelques autres incidents du même genre m'ont convaincu par la suite que j'avais hérité des faiblesses dorsales de mon paternel. Celui-ci souffrait d'un problème passablement grave qui l'obligeait souvent à rester couché pendant plusieurs jours de suite. Inutile de dire que les visites chez le médecin ne se comptaient plus. »

« À quatorze ans, j'ai commencé à faire de l'haltérophilie, me concentrant sur les exercices pour renforcer le bas du dos, dont entre autres celui qui consiste à s'accroupir en tenant le dos tout droit, puis à se relever en tenant l'haltère à bout de bras, une main par-dessus la barre et l'autre par-dessous. Peut-être qu'en toute logique, de tels exercices auraient dû me causer plus de tort que de bien, mais ce ne fut pas le cas. Mon dos était encore en assez bon état pour développer rapidement les muscles qui longent la colonne. En général, plus ces muscles sont puissants, mieux ils supportent la colonne en prévenant les déplacements de disques. J'ai continué à faire ces exercices pendant toute mon adolescence, jusqu'à ce que je sois capable de lever 115 kilos. J'en faisais plusieurs fois par semaine et pendant toutes ces années, mon dos ne m'a pas causé grand mal. »

« J'ai abandonné l'haltérophilie... et tout autre forme d'exercices d'ailleurs, alors que j'étais dans la vingtaine. Et comme j'aurais dû m'y attendre, mon dos s'est vengé. Une ou deux fois par année, il me laissait totalement tomber et au fil des années, ces épisodes sont devenus de plus en plus douloureux ; c'était un véritable handicap. J'ai consulté à plusieurs reprises un chiropracteur, un chirurgien orthopédiste et plusieurs ostéopathes, ces derniers étant ceux qui me procuraient le plus grand et le plus

353

rapide soulagement. En outre, ils étaient capables de me replacer la colonne chaque fois que l'occasion l'exigeait. »

« Plusieurs des spécialistes que j'ai rencontrés m'ont recommandé de faire certains exercices que je m'empressais de faire... enfin parfois... pendant quelque temps. Le problème, c'est que tous ces exercices ne semblaient me faire grand bien, même lorsque je les faisais régulièrement. Aussi, j'abandonnais tout, après un certain temps. »

« Un jour, après avoir déménagé des meubles toute la journée et lavé ma voiture (comme la plupart des victimes de maux de dos, j'étais incapable d'apprendre à faire attention), j'ai subi la pire attaque de ma vie. Je m'en souviens comme si c'était hier ; je me suis littéralement traîné sur les genoux, tant la douleur était vive, pour aller m'agripper à la table du téléphone. Consultant l'annuaire, j'ai appelé le premier chirurgien orthopédiste que j'ai réussi à trouver. Mon dos me faisait tellement souffrir que même si je ne le connaissais pas du tout, j'ai insisté pour qu'on l'appelle au plus vite à l'hôpital où il se trouvait à ce moment. Je dois dire qu'il a été remarquablement gentil envers moi, peut-être parce qu'il savait combien je souffrais. Je lui ai décrit mes symptômes et les antécédents de mes maux de dos et il m'a répondu être presque certain que j'avais un disque déplacé. Il me dit de me coucher en plaçant un coussin chauffant sous mon dos et un ou deux oreillers sous les genoux. Plusieurs fois par jour, ma femme devait enlever les oreillers de sous mes genoux et tirer fermement pendant quelques instants sur chacune de mes deux jambes, puis sur les deux à la fois. Je devais aussi prendre de l'aspirine pendant les premiers jours pour aider à chasser la douleur. »

« Mon état s'est amélioré assez rapidement, en deux journées environ si mes souvenirs sont exacts. Quatre jours plus tard, j'étais à ma grande joie de nouveau sur pied. »

« Je savais maintenant quoi faire lorsque mon dos me jouait des tours, mais je ne savais toujours pas comment prévenir ce terrible problème. »

## Chasser la douleur à coups de pied

« Quelque temps plus tard, et pour des raisons qui n'avaient rien à voir avec mes maux de dos, j'ai commencé à faire du karaté ;

c'était plus précisément une variation coréenne du karaté appelée tae-kwan-do. J'en faisais pendant une heure et demie, trois fois par semaine, dans un petit gymnase. Six mois plus tard, j'ai pris conscience de quelque chose d'extraordinaire : mon pauvre dos si vulnérable était devenu solide comme l'acier ! Je pouvais faire n'importe quoi sans risque, même soulever de lourdes boîtes à ordures. Fait encore plus surprenant, je me levais le matin sans ressentir le moindre malaise. »

« J'ai naturellement tenté d'analyser les raisons pour lesquelles le karaté avait produit ce remarquable effet et, curieusement, je me suis aperçu que pas un des exercices ne ressemblait vraiment aux exercices standard qu'on m'avait recommandé de faire pour renforcer mon dos. Par exemple, en karaté, on ne nous demande pas de se coucher sur le ventre et de relever le torse pendant que quelqu'un retient nos jambes au sol, ni de faire quelque forme de redressement non plus. Par contre, on doit donner des coups de pied, et par coup de pied j'entends de véritables ruades ! »

« Plus que toute autre forme de karaté, le tae-kwan-do met l'accent sur l'utilisation des jambes, en autodéfense. Les Coréens pensent que ce serait idiot de se blesser les mains alors que le talon ou la plante du pied peuvent très bien accomplir le travail. Alors à chaque séance, nous nous pratiquions sans arrêt à donner des coups de pied. Nous faisions d'abord des ruades de réchauffement, en tenant la jambe aussi droite que possible, ce qui permettait de détendre le gros muscle derrière la cuisse. Il nous arrivait souvent, pour compléter le réchauffement de ces muscles, de faire un exercice qui consistait à poser le talon sur un rebord à un mètre du sol et à pencher doucement le torse vers l'avant. Ensuite, nous devions donner des dizaines de coups de pied différents : coups secs vers l'avant, coups de côté, coups arrières, coups pivotés et crocs-en-jambe. »

« D'un point de vue d'autodéfense, l'objectif visé était de nous faire acquérir un contrôle suffisant de nos jambes pour que nous puissions, dans n'importe quelle situation, nous défendre contre un attaquant en étant capable de le frapper n'importe où entre les genoux et les oreilles (avec la pratique, il est assez facile de toucher l'oreille de quelqu'un d'un coup de pied alors qu'on se tient face à lui). »

« Pour en revenir à mes maux de dos, j'étais convaincu que tous ces coups de pied et ces exercices d'étirement étaient la

*Les arts martiaux sont d'excellents exercices pour le corps.*

source de ma guérison. Je n'en voyais pas exactement la raison parce que je croyais à ce moment que le moyen de régler des problèmes de dos consistait à contracter les muscles dorsaux afin de les renforcer. Quant au tae-kwan-do, il n'avait fait qu'étirer les tendons des genoux et peut-être aussi les muscles dorsaux. »

En outre, je me suis aperçu que malgré que nous ne faisions pas de redressements, les muscles abdominaux travaillaient beaucoup car ce sont eux qui permettent de lever la jambe pour lancer un coup de pied. En fait, mes abdominaux étaient devenus tellement développés que je pouvais encaisser des coups de pied solidement appliqués dans l'estomac (coups de pied accidentels, naturellement), sans ressentir le moindre malaise. »

« Mes soupçons se sont confirmés quelques années plus tard lorsque j'ai lu un livre intitulé *Orthotherapy* (M. Evans, 1971) et écrit par le docteur Arthur Michele, ex-professeur et directeur du service de chirurgie orthopédique au Collège de médecine de New York. »

## L'explication d'un chirurgien

« Le docteur Michele y explique que la cause véritable de la plupart des problèmes de dos fait intervenir un large complexe musculaire de la région lombaire auquel on a donné le nom de muscle psoas-iliaque. C'est un muscle large et plat qui, telle une pieuvre, étend ses ramifications dans toutes les directions. Les segments inférieurs sont attachés au bassin, aux hanches et aux fémurs, tandis que les extrémités supérieures sont fixées aux vertèbres lombaires et même jusqu'aux vertèbres de la région thoracique. »

« Le docteur Michele croit que souvent l'une des nombreuses ramifications de ce muscle est anormalement courte, soit par défaut de naissance, soit en raison d'une contraction due à un manque d'utilisation, ce qui est plus souvent le cas. »

« Les diverses ramifications du muscle psoas-iliaque touchent un si grand nombre d'os, d'articulations et de vertèbres, explique le docteur Michele, que la longueur insuffisante d'une seule d'entre elles peut être à l'origine d'une infinité de symptômes, qui d'ailleurs ne se font pas toujours sentir à l'endroit où se situe le problème musculaire. »

« Les symptômes-types associés à cet état comprennent les douleurs ou raideurs de la colonne vertébrale, les déplacements

**Le docteur Michele est convaincu que plusieurs de ses patients ne se seraient jamais présentés en boitant à son bureau ou dans une salle d'opération s'ils avaient suivi un simple programme d'exercices.**

discaux, les fractures et les maladies dégénérescentes de la colonne, l'arthrose du genou ou de la hanche et même les douleurs de poitrine et le mauvais fonctionnement de certains organes internes. »

Le docteur Michele est par ailleurs convaincu que, bon nombre des patients n'auraient jamais eu besoin de se traîner péniblement jusqu'à son bureau ou d'être amenés en chaise roulante jusqu'à la salle d'opération, s'ils avaient suivi le simple programme d'exercices qu'il a mis au point. Et, ce qu'il est important de savoir, surtout lorsqu'on pense que la plupart des gens ne s'intéressent à leur dos qu'au moment où celui-ci les laisse tomber, c'est que les exercices du docteur Michele sont aussi efficaces à titre de cure, en autant que la colonne n'est pas touchée au-delà de tout espoir. Le docteur Michele va même plus loin en disant qu'après 35 ans de pratique en orthopédie, il en est venu à la conclusion que ces exercices peuvent provoquer de véritables petits miracles et ce, non seulement dans le cas des problèmes de dos, mais aussi pour d'autres troubles semblables touchant les os et les muscles.

Les points importants à retenir de cette histoire à succès sont les suivants : (1) Aussi longtemps que M. Bricklin s'est exercé (n'importe quelle forme d'exercice), il n'a pas eu de problème avec son dos ; (2) le tae-kwan-do lui a fourni un bien meilleur exercice que le basketball ou l'haltérophilie ; (3) ce que lui a apporté le tae-kwan-do est exactement ce qui, selon le docteur Michele, devrait être fait pour soulager la douleur dans le bas du dos.

## Les étranges bienfaits du tai-chi

Parlons maintenant du tai-chi, qui est peut-être le plus complet des programmes d'exercices parmi les arts martiaux qui nous viennent d'Orient.

Le tai-chi chuan, un programme d'exercices unique qui a été mis au point il y a plusieurs siècles en Chine par des moines taôistes, attire depuis quelque temps l'attention du corps médical et des spécialistes en éducation physique. Lors de tests effectués en milieu hospitalier, ces exercices exotiques ont favorablement impressionné les cardiologues, qui ont entrevu en eux une forme

358

de traitement pour les patients atteints de troubles cardiaques. Selon les Chinois, dont l'expérience en la matière dépasse largement la nôtre, la pratique du tai-chi pendant vingt minutes par jour peut, au fil des années, prolonger la vigueur de la jeunesse et rajeunir le corps.

Le tai-chi compte 108 mouvements de base qui permettent d'exercer chaque partie du corps humain. Toutes les parties du corps, mains, coudes, poings, jambes, épaules, tête, fesses, pieds, orteils et même les yeux participent à cette chorégraphie constituée d'une suite ininterrompue de gracieux mouvements. Les exercices sont effectués lentement, d'une façon presque nonchalante et sans effort musculaire particulier. Comme le tai-chi n'exige pas de gros efforts, n'importe quelle personne âgée de 8 à 80 ans peut le pratiquer sans risque, et espérer ainsi vivre plus longtemps et en meilleure forme.

En Chine, le tai-chi est traité avec grand respect. De nombreux Chinois assurent même qu'il peut diminuer la pression sanguine et soulager les troubles articulatoires et gastriques. Pendant la plus grande partie de sa longue histoire, le tai-chi a été un secret jalousement gardé, à tel point, que les communistes le tenaient pour suspect lorsqu'ils se sont emparés de la Chine en 1949. Dans leurs efforts pour mettre de l'avant la pensée révolutionnaire, ils ont découragé la pratique du tai-chi, le dénonçant comme une activité trop traditionnelle. Ayant constaté par la suite sa valeur thérapeutique, le gouvernement communiste en a rétabli la pratique.

Aujourd'hui, le tai-chi fait partie des habitudes de millions de Chinois, comme l'illustrent la multitude de documentaires filmés sur le sujet. Par exemple, plusieurs des films d'actualités, pris lors de la visite du président Nixon en Chine, en 1972, présentent des démonstrations solitaires et de masse de l'art du tai-chi.

Il n'y a pas que la Chine à s'être aperçue de la valeur de cet exercice. En effet, des délégués soviétiques en visite en Chine, vivement impressionnés par des démonstrations, en ont importé la pratique en U.R.S.S. Depuis, des écoles de tai-chi y ont été ouvertes et plusieurs livres ont été publiés avec l'approbation du Kremlin.

Le tai-chi a commencé à gagner l'intérêt des Américains dans les années soixante. Quoiqu'il ait été pratiqué en secret dans les « Chinatowns » de toutes les grandes villes du pays bien avant cela, très peu de ses adeptes n'étaient intéressés à partager leur savoir à l'extérieur de leur propre groupe. En fait, ils n'ont pas vu la chose d'un très bon œil lorsque des Maîtres chinois de tai-chi, récemment immigrés de Taiwan et de Hong-Kong, ont commencé à enseigner leur art à des étudiants non chinois. Tout comme les aristocrates chinois des siècles passés, ils croyaient que la connaissance du tai-chi devrait être réservée à un groupe d'initiés.

Malgré toutes ces réserves, le tai-chi devait bientôt attirer des adeptes parmi les Américains d'origine non chinoise. Au départ, on ne pouvait trouver des écoles que sur les côtes ouest et est, mais en peu de temps, elles avaient proliféré dans tout le pays. Tout comme l'acupuncture, le tai-chi a aujourd'hui attiré l'attention du monde médical. Des milliers d'Américains découvrent chaque jour ce moyen « facile » de se garder en santé et de prolonger sa vie.

## Avantages sans nombre... et sans effort

Un test visant à déterminer les effets du tai-chi sur le cœur a été effectué récemment à l'hôpital Montefiore de New York. Le docteur Lenore Zohman, chef du service de physiothérapie, a pris un électrocardiogramme de Sophia Delza, le meilleur instructeur féminin de tai-chi du monde occidental. Contrairement à ce qui se produit normalement lorsqu'on fait de l'exercice, l'électrocardiogramme de Madame Delza a indiqué que son rythme cardiaque ne changeait pas lorsqu'elle pratiquait le tai-chi. Bien que la plupart des gens ne soient pas tellement impressionnés par ces résultats, il n'en va pas de même pour les médecins, qui apprécient la rare valeur d'une activité qui n'exerce pas de tension sur le cœur, ainsi que ses possibilités thérapeutiques. Selon le docteur Louis Brinberg, un cardiologue ayant déjà travaillé à l'hôpital Mount Sinaï de New York, « il sera intéressant de voir ce que donnera le tai-chi lorsqu'on s'en servira comme complément thérapeutique chez les patients cardiaques. »

La valeur du tai-chi semble provenir autant de ses effets psychologiques que de ses effets physiologiques. Le fait que la médecine moderne découvre de plus en plus de liens entre l'état psychologique d'une personne et sa santé physique, pourrait peut-être expliquer cet intérêt pour le tai-chi, car celui-ci est conçu pour avoir un effet calmant sur l'esprit et le système nerveux.

## Un tranquillisant naturel

Des tests fort concluants ont démontré l'effet calmant du tai-chi sur les émotions. Ainsi, qu'il s'agisse d'un homme d'affaires surchargé de travail, d'une maîtresse de maison harcelée par les tracas quotidiens ou d'un étudiant tendu à la veille des examens, tous les gens pourraient découvrir que dix minutes de tai-chi par jour les mettraient de meilleure humeur et les aideraient à supporter les contraintes quotidiennes sans encourir de risques d'ulcère ou de dépression nerveuse.

La relaxation totale est probablement le principe de tai-chi le plus difficile à acquérir pour le débutant. En effet, la majorité des occidentaux attaquent leurs exercices quotidiens comme s'il s'agissait d'un combat de lutte contre un ours sauvage, sans vraiment y prendre plaisir.

Au contraire, le tai-chi exige que les muscles du visage, des épaules, de l'abdomen et des cuisses soient détendus afin d'aborder l'enchaînement de mouvements prescrits, l'esprit calme et enjoué. Avec le temps, on en arrive à ressentir comme une sensation de flottement.

De par leur nature même, tous les mouvements de tai-chi visent à encourager la détente. Le poids du corps est continuellement transporté d'un pied sur l'autre et les mouvements prennent la forme de cercles, d'arcs et de spirales. Ainsi, la fin de chaque mouvement constitue le début du prochain mouvement; cela permet de conserver l'énergie en engendrant un sentiment de tranquillité et de sécurité émotive.

Afin d'exécuter les exercices de façon convenable, il faut considérer le corps comme un tout. Ce principe d'unité dans les

**En Chine, le tai-chi est considéré avec grand respect. De nombreux Chinois affirment même qu'on s'en sert pour baisser la pression sanguine et pour soulager les troubles articulatoires et gastriques.**

mouvements est l'un des points qui illustre le mieux le contraste entre le tai-chi et la gymnastique occidentale, qui elle, fait bouger les parties du corps indépendamment l'une de l'autre. Le docteur Robert J. Rogers, un psychologue, psychoanalyste et adepte du tai-chi de Chappaqua, dans l'état de New York, croit que « la pratique du tai-chi selon les règles sur une longue période crée une sorte de bouclier psychologique qui permet de combattre le stress, l'une des principales causes des maladies. »

## Le mystère du « Chi »

Au cœur du tai-chi se retrouve le concept chinois du chi, un terme aux nombreuses significations : air, vitalité, esprit, souffle, atmosphère et circulation. Il est quelque peu difficile de définir le concept du chi. Un expert du tai-chi le définit comme « de l'énergie biophysique générée par le rythme respiratoire. » Le meilleur équivalent dans notre langue serait sans doute « énergie intrinsèque » ou encore « force vitale ». Peu importe ce que peut être le chi, les docteurs en médecine chinoise affirment qu'il est possible de le cultiver par la pratique de l'exercice et de le ranger dans un endroit appelé tan-t'ien, situé exactement à 7,6 centimètres au-dessous du nombril. Une fois à cet endroit, le chi peut être envoyé par l'esprit dans toutes les parties du corps. Dans un ancien traité sur le tai-chi, l'auteur déclare que « l'esprit dirige le chi qui pénètre profondément dans les os, les saturant de son essence. Le chi circule librement dans l'organisme, l'investissant tout entier de la conscience de l'esprit. Si le chi est correctement cultivé, la vitalité de l'organisme ne peut faire autrement qu'augmenter ; on a alors la sensation que notre tête n'est plus fixée au corps, mais plutôt suspendue au-dessus de ce dernier. C'est cette « énergie vitale », propre aux exercices de tai-chi, qui assure la prolongation de la vie et le rajeunissement de l'organisme.

Lorsqu'on lui a demandé d'expliquer le mystère entourant le chi, le professeur William C.C. Chen du Tai-Chi School de New York a répondu : « Il s'agit d'un mystère, mais il donne des résultats incontestables. Regardez l'acupuncture ; cette thérapie a guéri des maladies apparemment incurables même si on ne sait pas encore vraiment comment elle agit. Tout ce que je puis dire, c'est que si vous pratiquez le tai-chi tous les jours, vous en viendrez à posséder cette force intérieure appelée le chi. »

Lors d'une manifestation au Madison Square Garden, Maître Chen a pu faire la preuve de l'efficacité de son chi personnel. Quatre volontaires, quatre costauds grimpés sur une moto, (le tout pesait plus de 450 kilogrammes) sont passés sur l'estomac de M. Chen alors que celui-ci était allongé par terre. Un peu plus tard, ces mêmes volontaires se sont relayés pour lui décocher de toutes leurs forces des coups de poing en pleine poitrine. Au bout de quelques minutes, nos boxeurs étaient tout en sueur tandis que M. Chen les regardait en souriant.

Les mouvements de tai-chi proposés ci-dessous ne constituent qu'un échantillon des nombreux exercices que vous pouvez pratiquer.

Lorsque vous les exécuterez, rappelez-vous que votre corps doit toujours travailler à l'unisson ; cette règle s'applique à tous les mouvements de tai-chi. Si vous vous y conformez, vous vous apercevrez bientôt que vos mouvements se feront de moins en moins maladroits et que vous atteindrez une aisance propre à faciliter la circulation interne du chi.

Cette aisance peut être considérée comme l'expression externe du chi. Sans elle, vous ne pourriez probablement pas faire l'expérience de la paix intérieure associée au chi. En fait, cet état externe de détente qui se dégage de vous est en quelque sorte une réflexion de la paix intérieure apportée par la pratique du tai-chi. Par contre, des mouvements ne peuvent que perturber la circulation du chi. Il s'agit donc ici d'exécuter les mouvements en douceur et sans faire d'efforts.

## Mouvement de départ

1. Tenez-vous debout et détendu, les coudes et les genoux légèrement pliés.
2. Levez lentement les bras devant vous jusqu'à la hauteur des épaules.
3. Ramenez vos bras vers vous en pliant les coudes.
4. Laissez retomber lentement vos bras. Vous voilà revenu en position de départ.

*Note:* Ne forcez pas, laissez vos bras se relever comme s'ils remontaient à la surface de l'eau. Faites de même lorsque vous les laissez retomber, tout en vous concentrant pour vous détendre complètement.

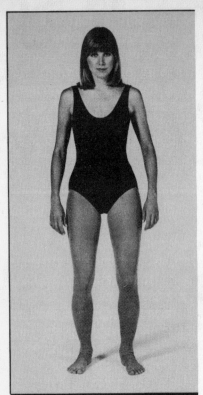

*1. Position de départ du tai-chi : debout et détendu. **2.** Relevez les bras vers l'avant à la hauteur des épaules.*

## Parade de la main gauche

1. Ce mouvement s'enchaîne au mouvement de départ du tai-chi. Portez votre poids sur le pied gauche et pivotez le pied droit sur le talon, vers la droite et les orteils légèrement relevés.
2. Portez maintenant votre poids sur le pied droit tout en gardant la jambe gauche détendue.
3. Étendez la jambe gauche en effleurant le sol du talon.
4. Reportez votre poids sur le pied gauche et pivotez vers l'avant. Pendant que vous effectuez le mouvement, relevez le bras gauche, paume tournée vers l'intérieur, jusqu'à la hauteur de la poitrine tandis que vous laissez retomber lentement le bras droit. Enchaînez par un léger pivotement vers la gauche et refaites les mêmes mouvements pour exécuter la « parade de la main droite ».

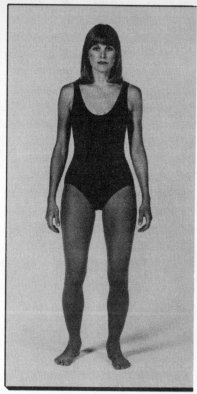

*3. Ramenez-les vers vous. 4. Laissez-les retomber lentement de chaque côté.*

## Le serpent qui rampe

1. Mettez-vous debout et portez votre poids sur le pied gauche, jambe droite étendue, bras gauche plié au niveau du coude et paume tournée vers l'extérieur.
2. Pivotez vers la droite en portant votre poids sur le pied droit. Les mouvements du bras et du corps doivent se faire simultanément.
3. Accroupissez-vous en laissant retomber lentement le bras gauche devant vous. Étendez le bras droit tout en gardant votre poignet décontracté.

## Le coq d'or debout sur une patte

1. Ce mouvement s'enchaîne au « serpent qui rampe ». En position accroupie, portez votre poids sur le pied gauche

1. *Voici comment exécuter le mouvement « parade de la main gauche ».*
2. *Portez votre poids sur le pied droit.*

    tout en vous relevant, bras gauche étendu mais légèrement replié.

2. Relevez le genou droit jusqu'à la taille. Relevez le bras droit en traçant un arc de cercle, coude replié, en même temps que vous abaissez le bras gauche. Remarquez la légère flexion du genou gauche.

*Note :* Ne relevez pas le genou trop haut car vous risquez de ressentir une certaine tension. Suivez votre main des yeux et surtout, n'oubliez pas d'y aller en douceur.

## Quelques questions courantes

À condition qu'on s'entraîne avec la régularité d'une horloge, la plupart des techniques d'autodéfense peuvent vous apporter

 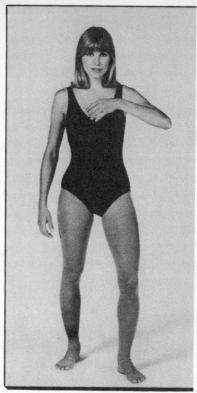

**3.** *Étendez la jambe gauche de côté.* **4.** *Portez votre poids sur le pied*
*gauche et pivotez.*

certains des avantages du tai-chi et du tae-kwan-do. Mais la
question importante est la suivante : quel est le degré d'efficacité
des autres formes d'autodéfense comme le judo et le karaté à
titre de programme d'exercices ? Peuvent-elles tonifier autant les
muscles que le tae-kwan-do ? Soulagent-elles la tension comme
le fait le tai-chi ? Sont-elles aussi bénéfiques pour le système
cardio-vasculaire que le tai-chi ou le tae-kwan-do ?

En réponse à ces questions, il est certain que la majorité des
programmes d'exercices réguliers permettent de développer les
muscles et de les tonifier. Nous connaissons même un médecin
qui prescrit la pratique du judo à ses patients agressifs. « En plus
de vous garder en forme, le judo constitue un excellent moyen de
se défouler », affirme le docteur Leslie Wooten, un médecin
britannique qui, à quarante ans, exhibe fièrement sa ceinture
noire pour confirmer ses affirmations. Il recommande aussi la

*1. Point de départ du « serpent qui rampe ». 2. Pivotez sur la droite puis portez votre poids sur le pied droit. 3. Accroupissez-vous et laissez doucement retomber votre bras gauche.*

pratique de cette technique aux gens qui souffrent de timidité. « L'essence même du judo consiste à tenir une autre personne sous son emprise. Il s'agit donc d'une très bonne thérapie pour les gens qui ont des problèmes de personnalité, notamment dans le cas de phobies. »

« Un genre de thérapie par le toucher » ; voilà comment le docteur Wooten préfère considérer le traitement « combatif » qu'il a mis au point pour aider les couples à vaincre leurs problèmes matrimoniaux. « Le judo aide les couples à libérer

*1. Ce mouvement débute en portant son poids sur le pied gauche.*
*2. Relevez le genou droit puis relevez le bras droit en même temps que vous abaissez le bras gauche.*

leur agressivité qui sans cela risquerait d'être constamment refoulée. De plus, le judo permet aux gens de surmonter leur réticence à toucher d'autres personnes, un réel problème pour plusieurs d'entre nous. »

Alors, que diriez-vous de souhaiter une bonne nuit à votre conjoint en lui faisant une petite prise de votre cru ? « En judo, on nous apprend à accepter avec bonne humeur, les agressions amicales dont on fait l'objet. Ainsi, si un adversaire meilleur que vous vous envoie valser dans les airs, vous apprenez à apprécier la belle prise qu'il vous a servie plutôt que de vous sentir frustré d'avoir été envoyé au tapis. » Le docteur Wooten a découvert que cette attitude peut s'avérer un très bon moyen de conserver l'unité d'un ménage.

Si l'on considère l'aspect exercice, il fait remarquer que le judo peut prévenir l'obstruction des artères, un problème dont les effets peuvent être désastreux.

---

**Le judo consiste essentiellement à tenir une autre personne sous son emprise. C'est donc un excellent exercice pour ceux qui souffrent de troubles de personnalité et tout particulièrement de phobies. Le judo peut aider les couples à exprimer leur agressivité qui, sans cela, ne se manifesterait peut-être pas.**

---

Le docteur Wooten, qui est aussi instructeur de judo, peut envoyer un adversaire au tapis (et se faire envoyer au tapis lui aussi) plusieurs fois au cours d'une même séance. « C'est grâce au judo que j'ai appris à répondre par un sourire aux vociférations de certains de mes clients qui entrent en coup de vent dans mon bureau. » Pour lui, ces agressions verbales apparaissent plutôt inoffensives en regard des râclées que la pratique du judo lui apprend à accepter.

Le docteur Wooten a commencé à pratiquer le judo vers l'âge de seize ans. « J'étais alors un garçon plutôt belliqueux, mais mon tempérament s'est graduellement assagi à mesure que le judo devenait un art, un genre de mode de vie pour moi. Contrairement à ce qu'on pourrait croire, le judo n'est pas aussi violent qu'il le paraît. »

---

## Le karaté et vos poumons

Finalement, le karaté est-il un bon exercice aérobique ? Fournit-il au cœur et aux poumons ce genre d'entraînement que le docteur Cooper avait en tête lorsqu'il a mis au point le concept d'exercices « aérobiques » ? Malheureusement, il semblerait que le karaté n'est pas aussi efficace que cette profusion de mouvements des jambes et des bras le suggère. Une étude effectuée avec dix étudiants en karaté au Applied Physiology Research Laboratory de l'université d'état de Kent, a permis de constater que malgré que les exercices permettaient d'atteindre un rythme cardiaque suffisant pour les exigences en matière de conditionnement physique (en moyenne 168 battements à la minute pour le type d'entraînement le plus vigoureux), la quantité d'oxygène absorbée n'était pas suffisante pour provoquer une amélioration significative du système cardio-vasculaire.

En général, le karaté se pratique en exécutant des séries de mouvements appelés « katas ». Pour les besoins de l'étude effectuée à l'université Kent, on a fait exécuter des katas aux étudiants pendant des périodes de 30 ou 45 secondes à la fois, soit de façon continue (15 séries enchaînées), soit de façon intermittente (une minute de repos entre chaque série). Les pouls les plus rapides ainsi que les plus grandes quantités d'oxygène absorbées ont, bien sûr, été atteints lors des séances continues et exécutées plus rapidement, mais même dans ce cas, la demande d'oxygène n'était pas suffisante pour justifier la recommandation du karaté à titre d'exercice cardio-vasculaire. En fait, ce contraste entre le pouls relativement élevé et la faible consommation d'oxygène a même conduit les chercheurs à déconseiller les « katas comme forme d'exercice cardio-vasculaire » aux gens ayant des « fonctions cardio-vasculaires défaillantes » (risques élevés de crise cardiaque).

Le problème du karaté semble résider dans le fait qu'il est composé de mouvements secs, exigeant surtout un effort des bras (des études ont démontré que le travail des bras augmente plus le pouls qu'un travail équivalent des jambes parce que le cœur doit lutter contre la force gravitationnelle, afin de fournir aux bras le volume sanguin dont ils ont besoin). Ainsi, les exercices cardio-vasculaires les moins dangereux et les plus efficaces sont ceux qui font appel à un enchaînement de mouvements fluides de groupes de muscles plus importants que ceux des bras seuls (soit les muscles des jambes, ou mieux encore ceux des jambes et des bras combinés, comme en ski de fond par exemple). Et n'oubliez pas, la prescription minimale consiste en trois séances de vingt minutes par semaine.

# MASSAGE

Lorsque vous pratiquez un massage, vous vous servez d'une thérapie aussi ancienne que la médecine elle-même. Les Chinois étaient versés dans l'art du massage et chez les Grecs de l'antiquité, y compris Hippocrate, le massage faisait partie de la panoplie médicale.

Malheureusement, entre l'époque d'Hippocrate et celle de la révolution industrielle, l'art du massage a été laissé de côté pour la médecine occidentale. Aussi, lorsque les Français ramenèrent de Chine cette technique oubliée, toute l'Europe a cru qu'il s'agissait de quelque chose de tout à fait nouveau. Cependant, c'est un Suédois, et non un Français, qui contribua le plus à populariser le massage. Per Henrik Ling a étudié puis enseigné la technique au début du dix-neuvième siècle, et c'est grâce à ses efforts si le massage conventionnel est aujourd'hui appelé « massage suédois ». Malgré tout, les divers mouvements employés portent encore leur nom français ; ainsi, on parlera de pétrissage, de tapotements et d'effleurage. Une chose est certaine cependant, le massage lui-même parle une langue universelle : celle de la guérison.

Viktoras Kulvinskas, un praticien des médecines naturelles, a dressé la liste des bienfaits du massage dans son livre intitulé *Survival into the 21st Century* (O'Mango D'Press, 1975) :

- Le massage dilate les vaisseaux sanguins, améliorant ainsi la circulation et soulageant la congestion par tout le corps.
- Le massage agit comme un « appareil de nettoyage » ; il stimule la circulation de la lymphe et accélère l'élimination des déchets et des produits toxiques.

**Le massage agit comme un instrument de récurage en stimulant la circulation lymphatique et en accélérant l'élimination des déchets et des produits toxiques.**

- Le massage soulage les spasmes et la tension.
- Le massage permet une meilleure alimentation des tissus en améliorant la circulation dans son ensemble.
- Le massage permet de se sentir bien.

## Un massage maison

Pas besoin d'équipement complexe pour ressentir cet état de relaxation provoqué par un massage, ni d'ailleurs tous ses autres bienfaits : chacun possède déjà tout ce qu'il lui faut : ses deux mains. C'est un présent de choix à offrir à son conjoint ou à un ami ; mais assurez-vous tout de même d'être vous aussi choyé en retour.

Non seulement est-il facile de donner un bon massage, mais c'est aussi très agréable. Vous n'avez pas besoin d'avoir suivi un cours d'anatomie pour être efficace, non plus qu'il soit nécessaire d'avoir les mains d'un masseur professionnel. Tout ce dont vous avez besoin, c'est d'un matelas quelconque pour s'étendre sur le sol et d'un peu d'huile végétale.

Vous disposez de quelques minutes et d'une pièce confortable et tranquille? Alors vous êtes prêt à faire vos premières armes dans l'art du massage. Lisez les quelques pages qui suivent et amusez-vous.

Première instruction : n'utilisez pas votre lit pour pratiquer un massage. Pourquoi? Eh bien, parce qu'un lit n'offre pas un soutien assez ferme. Aussi, au lieu de rebondir sans arrêt sur votre Beautyrest, prenez deux ou trois couvertures et installez-les sur le plancher. Vous pouvez aussi vous servir d'un matelas en caoutchouc-mousse, ou encore d'un matelas ordinaire que vous installerez sur le sol. Peu importe ce dont vous vous servirez, assurez-vous qu'il ait entre trois et cinq centimètres d'épaisseur et qu'il soit assez grand pour que vous puissiez vous installer à côté de votre partenaire.

Peut-être aimeriez-vous éteindre le plafonnier? Allez-y, un éclairage discret allège l'atmosphère et permet au partenaire de mieux se détendre. En outre, une lumière crue qui tombe directement dans le visage provoquera la contraction des muscles des yeux de la personne que vous voulez aider.

La pièce dans laquelle vous travaillerez doit être chaude, confortable et exempte de courants d'air. George Downing, auteur de *The Massage Book* (Random House, 1972), met en garde: « Rien ne détruit plus rapidement une séance de massage que le froid. » Si votre partenaire commence à se sentir gelé, couvrez à l'aide d'une couverture les parties de son corps sur lesquelles vous ne travaillez pas dans le moment.

Il est temps de préparer l'huile maintenant. Mais pourquoi donc utiliser de l'huile? Eh bien, parce que sans agent lubrifiant, vos mains ne peuvent appliquer une pression vraiment suffisante tout en glissant sur la peau. Versez environ une demi cuillerée à thé dans la main, puis frictionnez-en doucement votre partenaire. Gardez un petit bol d'huile près de vous pendant toute la durée du massage. N'appliquez qu'une mince couche à peine visible sur toute la surface que vous vous apprêtez à masser. Les professionnels recommandent d'utiliser de l'huile végétale (sauf l'huile d'arachide ou de maïs). Les huiles de sésame ou d'olive sont les plus faciles à nettoyer sur les vêtements ou la lingerie. Vous pouvez aussi donner une odeur agréable à votre huile en y ajoutant quelques gouttes d'essence de cannelle, de girofle, de citron, de romarin ou de camomille.

## Agréable, n'est-ce pas?

Avant d'entrer dans les détails techniques, nous vous proposons quelques conseils d'ordre général. Restez détendu et ne crispez pas vos mains. De plus, ne vous gênez pas pour exercer de la pression. Vous allez vous apercevoir que votre partenaire souhaitera une pression beaucoup plus ferme que vous ne pourriez le croire de prime abord. Servez-vous aussi de tout votre corps, et non seulement de vos mains, lorsque vous appuyez sur la peau du partenaire.

Essayez toutes les façons de mouvoir vos mains qui vous viennent à l'esprit. Essayez de longues caresses; faites aussi des mouvements circulaires. Explorez la structure des os et des

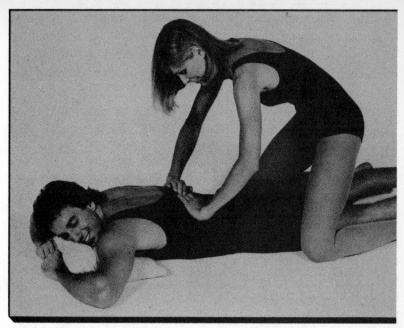

*Massage dorsal.*

muscles. Commencez lentement, puis accélérez graduellement la cadence. Vous pouvez aussi ne vous servir que du bout des doigts, en appuyant fermement sur les muscles ou en effleurant la peau. Tapotez doucement votre partenaire ; demandez-lui ses réactions. La pression est-elle suffisante ? Est-ce agréable ?

Ne vous oubliez pas pendant que vous prenez soin de l'autre. Gardez autant que possible le dos droit et surtout, ne vous préoccupez pas trop de savoir si vous en faites trop ou trop peu. Le massage exige que vous adoptiez des positions dont vous n'avez peut-être pas l'habitude et si vous ne faites pas attention, vous risquez de vous retrouver avec des muscles endoloris. Pour l'instant, concentrez-vous sur une ou deux parties du corps à la fois.

Vous n'avez pas à suivre un ordre défini lorsque vous pratiquez un massage ; faites ce qui vous convient le mieux. Si vous décidez de travailler plus d'une partie du corps, appliquez un peu plus d'huile toutes les fois que vous attaquez une nouvelle zone.

Enfin, essayez de ne pas trop retourner votre partenaire au cours de la séance. Vous aurez plus de facilité à travailler les bras, les mains, les pieds et le cou s'il est couché sur le dos.

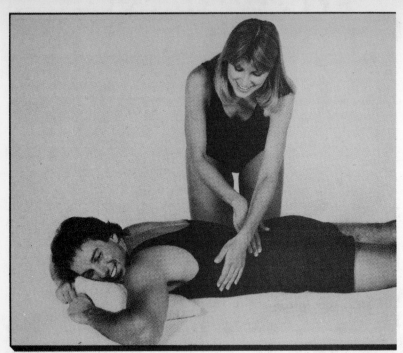

*Massage des côtés.*

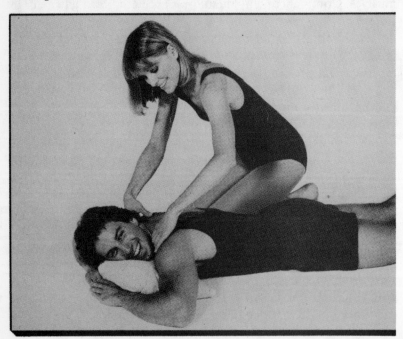

*Pétrissage des muscles du cou.*

376

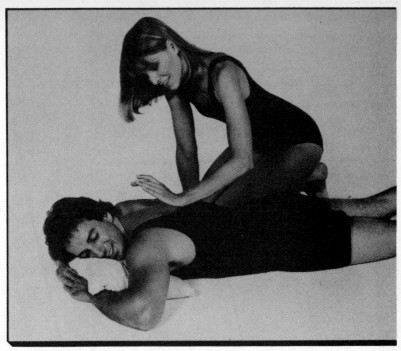

*Massez la colonne avec la paume de la main.*

## Doucement avec la colonne vertébrale

Comme le dos est la partie du corps la plus importante dans un massage, commençons donc par lui. La colonne constitue le tronc du système nerveux central et il arrive souvent que l'anxiété et la tension nerveuse soient causées par des muscles tendus ou endoloris dans la région de la colonne. Selon les paroles mêmes de George Downing, la relaxation de ces muscles par le massage peut apporter « une profonde sensation de détente. »

Pour commencer, agenouillez-vous, les jambes de chaque côté des cuisses de votre partenaire. C'est la meilleure position pour travailler le dos.

Appuyez ensuite les mains sur le bas du dos, les doigts pointés vers la colonne. Glissez les mains jusque dans le haut du dos, puis vers le sol en passant par les omoplates. Ramenez-les enfin de chaque côté du corps. Refaites le même mouvement de quatre à six fois.

Massez maintenant le bas du dos avec vos pouces. Frictionnez de bas en haut par petits coups rapides, en restant près de la colonne, juste au-dessous de la taille. Travaillez un côté de la colonne à la fois.

Placez maintenant les deux mains sur la hanche en tenant les doigts pointés vers le sol. Faites des mouvements de friction vers le haut en alternant vos mains sur tout le côté du corps, en remontant jusqu'à l'épaule, puis en sens inverse. Travaillez de façon que chaque main entre en action avant que l'autre ait terminé son mouvement; de cette manière, il n'y aura pas de pause entre les mouvements. N'oubliez pas de masser les deux côtés.

Passons maintenant au haut du dos. Pétrissez doucement les muscles qui relient le cou aux épaules en vous servant des cinq doigts.

Frictionnez ensuite le haut du dos avec les pouces, comme vous avez fait pour le bas du dos.

Enfin, placez vos mains à la base de la colonne. Appuyez doucement, puis relâchez la pression en remontant lentement jusqu'au cou.

## Un toucher nouveau genre

Après en avoir terminé avec le dos, demandez à votre partenaire de se retourner afin de lui masser les bras. Nous allons maintenant avoir besoin d'un nouveau mouvement, l'effleurage, que nous avons mentionné au début du chapitre.

Pour ce mouvement, vous devez placer les mains l'une à côté de l'autre, pouces croisés. Faites de longs mouvements fluides et continus, en appuyant sur la paume plutôt que sur les doigts. Voilà pour la technique de l'effleurage. Travaillez d'abord le bras en mouvements de va-et-vient entre le poignet et l'épaule.

Massez ensuite l'intérieur de l'avant-bras avec les pouces, tout en vous assurant de travailler tous les muscles.

Placez maintenant la main du partenaire sur sa poitrine. À l'aide de vos pouces, massez le bras entre le coude et l'épaule en portant une attention particulière aux muscles qui relient le bras à l'épaule.

Explorez maintenant l'articulation de l'épaule et massez-la avec les doigts.

Terminez par un effleurage de tout le bras.

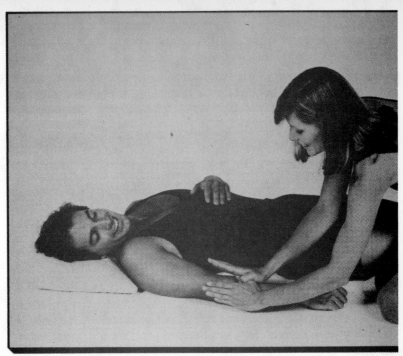

*Joignez les pouces lorsque vous pratiquez un effleurage.*

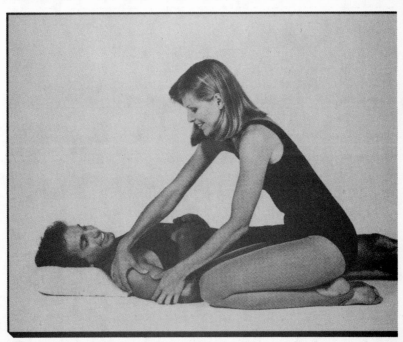

*Massage du haut du bras avec les pouces.*

379

## Des mouvements qui soulagent l'esprit

Portons maintenant notre attention sur la tête. Vous ne devez pas appliquer d'huile sur la peau cette fois, seulement quelques gouttes sur les doigts avant de commencer. Commencez par masser avec les pouces la région située à la limite des cheveux. En partant du centre du front, glissez vos pouces vers les tempes. Frottez-les maintenant en petits cercles jusqu'à ce que vous ayez couvert tout le front. Le dernier mouvement devrait se faire juste au-dessus des sourcils de votre partenaire.

Placez maintenant votre main gauche à l'horizontale sur le front et appuyez fermement (votre partenaire vous le dira si la pression est trop forte). Maintenez la pression pendant dix secondes, puis relâchez-la lentement. Selon la tradition, les maux de tête lancinants peuvent être soulagés de cette façon.

Maintenant que vous avez pris soin de la tension logée sur le front de votre partenaire, il est temps de passer à ses mâchoires, qui sont une autre zone de tension sur le visage. Sans exercer de

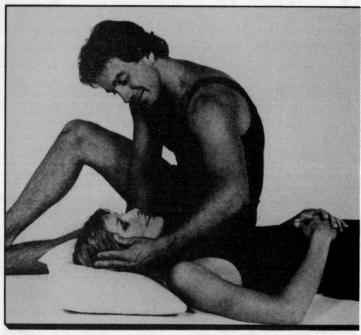

*Massage du front.*

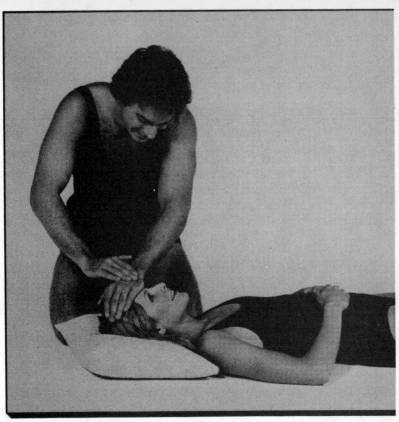

*Pression des deux mains sur la tête.*

pression, prenez le bout de son menton entre les pouces et les index et suivez les deux côtés de la mâchoire jusqu'à proximité des oreilles. Avec vos index, frottez ensuite les tempes en faisant de petits cercles. Exécutez le mouvement complet trois fois.

La majorité d'entre nous souffrons habituellement de tension dans les muscles du cou et des épaules; cet état est tellement généralisé que nous en venons à ne plus nous en apercevoir du tout. C'est d'ailleurs la raison pour laquelle on se sent si bien lorsque tous ces muscles sont détendus après un bon massage.

**Le massage peut être utile pour soulager la fatigue et la tension. De plus, c'est un merveilleux moyen d'exprimer son affection.**

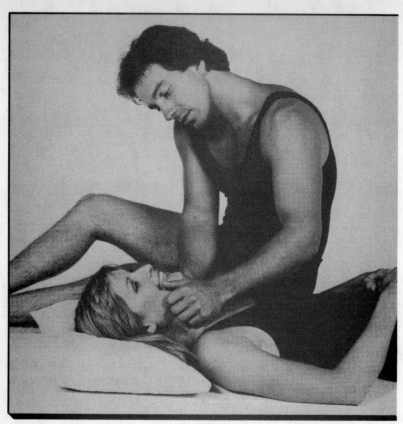

*Vous pouvez masser le menton en le tenant entre le pouce et l'index.*

On commence d'abord par frotter en petits cercles la région juste au-dessus des omoplates. Tenez les paumes relevées pendant que vous travaillez. Commencez le mouvement en partant de la pointe extérieure des épaules et frottez jusqu'à la colonne, puis revenez le long de l'épaule. Si vous le désirez, vous pouvez changer de direction ou de vitesse et faire des cercles plus grands à mesure que vous progressez.

Passez maintenant à la zone située entre l'omoplate et la colonne. Faites de petits cercles avec les doigts, puis placez les mains sous la tête de votre partenaire, soulevez-la de quelques centimètres et tournez-la vers la gauche de manière qu'elle soit appuyée confortablement dans votre main gauche. Massez le cou de votre main libre, puis tournez la tête de l'autre côté et reprenez le mouvement.

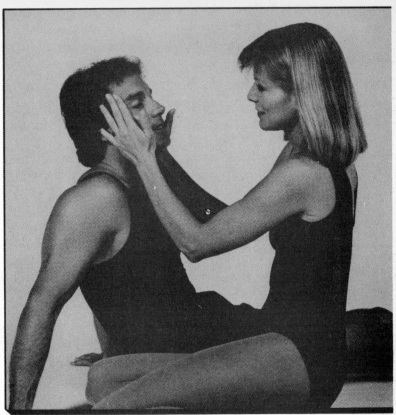

*Massez les deux côtés de la figure à la fois avec la paume de vos mains.*

## Faites prendre des vacances à votre corps

En suivant ces instructions toutes simples, vous ne tarderez pas à réaliser les multiples bienfaits du massage. Les professionnels de cet art affirment qu'il permet souvent de soulager la fatigue et la tension, et qu'il est aussi un merveilleux moyen d'exprimer son affection.

Toutefois, ils déconseillent la pratique de massages complets au départ, suggérant plutôt d'y aller étape par étape jusqu'à ce qu'on ait atteint assez de dextérité pour pratiquer un massage de tout le corps. Il est conseillé de commencer par masser les zones qui sont plus particulièrement tendues et endolories. Ces derniers encouragent aussi les gens à masser leurs enfants. En effet, eux aussi adorent sentir les bienfaits des caresses sur tout le corps, alors que les parents ont tendance à ne toucher que leur tête, leurs mains ou leurs pieds.

Peu importe si vous désirez faire de vos séances de massage un événement quotidien ou si vous préférez les réserver pour certaines soirées romantiques, soyez assuré que les tendres caresses constituent des présents aussi agréables à donner qu'à recevoir.

# MUSICOTHÉRAPIE

Cela se passait dans un appartement de New York. Les membres de Western Wind, un ensemble vocal a cappella, étaient en train de discuter des raisons pour lesquelles ils chantaient et comment ils en étaient venus à chanter et à aimer la musique. Durant la conversation, l'un d'eux mentionna un air et quelques notes furent fredonnées tandis que la discussion se poursuivait.

Quelques instants plus tard, les voix des six personnes présentes s'unirent et le chant s'éleva dans la pièce. On aurait dit que les sons merveilleux étaient produits par un chœur d'instruments invisibles. Les membres du groupe s'étaient redressés sur leur siège et chantaient à pleins poumons, ravis. La musique imprégna l'atmosphère, saturant tous les sens. Elle était devenue une chose vivante et omniprésente qui pénétra dans la pièce l'espace de quelques instants, puis disparut.

Pendant les quelques instants de calme qui suivirent, chacun se demanda avec étonnement comment une chose aussi magique avait pu survenir de façon aussi naturelle. Cependant, comme l'écrivait Jack Thorne, ce collectionneur de chansons de cowboys du tournant du siècle, « chanter, et aussi composer des chansons, est aussi naturel pour les êtres humains qu'il est naturel pour une chatte de se laver. »

Pris individuellement, les humains apprennent à chanter avant même de parler de façon cohérente. Prise collectivement, la race humaine chante depuis l'aube des temps. On croit par exemple que l'Iliade et l'Odyssée d'Homère ont été chantées longtemps avant qu'on songe à mettre les paroles sur papier. Les

Grecs de l'Antiquité allaient même plus loin en définissant le degré d'humanité d'une personne en termes de musique. Ainsi, on disait d'un citoyen distingué qu'il était « musical », tandis qu'une personne ignorante et de caractère rude était traitée d'individu « non musical ».

De tout temps la musique et la chanson ont servi à cimenter les sociétés. Malheureusement, la société dans laquelle nous vivons a réussi à perturber quelque peu cette unité musicale. Nous ne vivons plus comme autrefois dans la même ville pendant toute notre existence et par conséquent, nous ne pouvons plus nous réunir pour chanter avec nos voisins, comme on le faisait autrefois à l'église. En raison des progrès dans les transports et les communications, nous ne partageons plus automatiquement les mêmes traditions culturelles et musicales avec nos voisins. Les vieux « airs populaires » sont aujourd'hui remplacés par le palmarès hebdomadaire des quarante chansons de l'heure et la musique se vend (presque) au même comptoir que les dentifrices.

Le docteur Steven Urkowitz est professeur d'anglais à l'université d'état du New York Maritime College. Il a aussi collaboré à la mise en scène de certains spectacles présentés par l'ensemble Western Wind. Lorsque nous l'avons rencontré, il nous a confié que cette nouvelle tendance l'inquiétait énormément.

## Un sentiment de participation

« On chantait beaucoup plus dans les sociétés traditionnelles qu'on ne le fait maintenant », raconte-t-il. « Aujourd'hui, la musique vocale est devenue un produit commercial. On achète des microsillons, on assiste au concert, bref on consomme plus de musique que l'on en joue. Dans l'Angleterre de la Renaissance, des foules de 5 000 personnes se massaient dans la cathédrale Saint-Paul et unissaient leurs voix pour chanter des hymnes

---

**Les enfants apprennent à chanter avant même de pouvoir former des phrases cohérentes.**

---

d'une incroyable complexité. La musique était à cette époque une question de participation.»

Cependant, on ne peut nier que même aujourd'hui, ce sentiment de participation, ou du moins le désir de participer, est toujours vivant, surtout dans les courants «ethniques» du monde de la musique. Qu'on songe seulement à la musique noire ou à la musique Country et Western.

Dans son livre: *Sing Your Heart Out, Country Boy* (Pocket Books, 1976), Dorothy Hortsman raconte comment, en 1936, le chanteur country Ernest Tubb a composé une chanson sur la mort tragique de son fils Roger Dale dans un accident de voiture. «C'est encore aujourd'hui l'une des chansons les plus demandées qui soient», affirment Madame Hortsman. «Et elle a pourtant été écrite il y a plus de trente ans. Tubb m'a dit qu'il connaît plus de trois cents enfants qui portent le nom de Roger Dale en l'honneur de son fils. Ses fans lui ont donné symboliquement leur enfant afin de l'aider à oublier la perte tragique du sien.»

Indubitablement, la musique et la chanson possèdent donc quelque chose qui nous touche tous et qui nous pousse à nous joindre au chanteur et à l'auditoire dans l'expression des émotions exprimées ou reflétées. Parfois même, on n'arrive pas à discerner ce qui nous touche, mais l'attraction de la chanson est tellement forte qu'on ne peut y résister.

Madame Hortsman nous cite un exemple plutôt extrême de ce genre de réaction, tiré des paroles du chanteur Jimmy Wakeley: «J'avais un beau-frère qui buvait beaucoup et qui n'arrêtait pas de battre sa femme. Je me disais qu'un jour, celle-ci en aurait assez et qu'elle le quitterait. Cette situation m'a inspiré une chanson que j'ai intitulé "Trop Tard". Ce fut un succès monstre. Lorsque je suis revenu à Oklahoma City, je suis tombé un jour sur mon beau-frère. Celui-ci m'a dit que je n'avais jamais écrit quelque chose d'aussi joli que "Trop Tard". Je lui ai répondu: j'étais sûr que tu l'aimerais, espèce de salaud, c'est l'histoire de ta vie.»

---

**Ce qui pourrait probablement nous arriver de mieux serait de retrouver notre intérêt d'enfant envers la musique et la chanson.**

---

## Certaines choses ne peuvent être exprimées autrement qu'en musique

Cette mystérieuse aptitude des chansons à raconter l'histoire de notre vie, malgré nos réticences et nos efforts pour la garder cachée dans notre subconscient, a encouragé certains thérapeutes à se servir de la chanson pour traiter des patients souffrant de troubles émotifs et mentaux. L'un d'entre eux est le docteur John M. Bellis, un psychiatre du Connecticut qui fait fréquemment usage des thérapies bioénergétiques dans le traitement de ses patients (celui-ci est le directeur de la Connecticut Society for Bioenergetic Analysis). Introduite par le docteur Alexander Lowen, la bioénergétique considère qu'il existe une relation primordiale entre l'état de santé d'une personne et son état d'esprit. On croit ainsi que la répression de l'anxiété se reflète dans la musculature et qu'on ne peut la soulager tant que la tension musculaire tout comme la tension émotive n'ont pas été éliminées. Il semble donc évident que le chant, la seule forme de musique qui se sert du corps comme instrument, constitue un outil de grande valeur pour ce genre de thérapie.

« Je considère la voix comme un moyen d'épancher nos frustrations et les traumatismes apportés par la vie » confie le docteur Bellis. « Elle nous aide à intégrer notre expérience à un niveau interne, c'est-à-dire au niveau sentimental et affectif, ce qui à mon avis ne peut être accompli par la seule perspicacité des gens. »

« Il arrive parfois que des gens me confient avoir pleuré toutes les larmes de leur corps sans avoir ressenti le moindre soulagement (à mon avis, on ne devrait pas essayer de retenir ses larmes). Dans ces cas, je leur répond que lorsqu'ils auront fini de pleurer, ils devraient essayer d'exprimer une partie de leur tristesse, de ce qu'ils ont perdu, par la chanson. »

« C'est lorsqu'ils suivent ce conseil que mes patients commencent à découvrir le sens et la beauté de ce qui les unissait à ce qu'ils ont perdu. C'est un des moyens que possèdent les humains pour enrichir leur vie et en donner le témoignage. La musique et la chanson possèdent cette capacité... de donner de l'expression à des sentiments qu'il est impossible d'exprimer autrement. »

## Un sentiment spécial pour des enfants spéciaux

La façon dont le chant peut capter et libérer les émotions en fait un outil extrêmement utile dans le traitement des enfants attardés. Deux pionniers de la musicothérapie dans le traitement des enfants handicapés, Paul Nordoff et Clive Robbins, décrivent dans leur livre : *Music Therapy in Special Education* (Thomas Y. Crowell, 1971) les effets que peut avoir le chant sur les handicapés mentaux.

« Toutes les chansons ont un côté émotif qui peut être transmis aux enfants lorsqu'ils chantent. Ainsi, une variété de chansons véhiculant différentes qualités émotives, leur permettent de faire l'expérience d'un grand nombre de situations émotives qui surviennent dans la vie. Par exemple, la chanson peut susciter chez les enfants des sentiments d'exubérance, de plaisir ou de sérieux. Grâce aux sentiments de sérénité que le chant peut susciter, il est possible d'intensifier et de stabiliser l'esprit troublé d'un enfant. »

« Lorsqu'il chante, l'enfant handicapé porte toute son attention à la chanson. Comme l'instrument dont il se sert est son propre corps, il voit dans la chanson une extension directe de lui-même. »

Les avantages de la musique au point de vue physique sont sans conteste énormes. Lawrence Bennett, un ténor de l'ensemble Western Wind et professeur de musique au collège Upsala, nous a confié : « Je ne sais pas comment les autres se sentent après une leçon de chant mais pour moi, c'est l'une des sensations les plus merveilleuses qui soient. Ces exercices qui me poussent jusqu'aux limites de mon registre vocal, la concentration qu'ils demandent... » ; aucun mot ne pouvait décrire ce qu'il ressentait.

« En réalité, l'énergie dégagée par la voix rayonne dans tout le corps à partir des pieds », affirme le docteur Bellis. « On peut sentir cette énergie vibrer dans un mouvement de va-et-vient à travers le corps tout entier lorsqu'on s'abandonne totalement à la musique. »

## La musique pour apaiser les tempéraments belliqueux

La musique peut aussi avoir des avantages thérapeutiques sur les criminels violents, si l'on en croit le docteur Chuni Roy, le directeur médical du Regional Psychiatric Center d'Abbotsford, en Colombie britannique, un hôpital psychiatrique de 138 lits à l'intention des détenus. Dans un article publié dans le *Canadian Medical Association Journal* (3 novembre 1979), le docteur Roy, qui est aussi secrétaire général du *International Council of Prison Medical Services*, rapporte que la musique classique a des effets calmants sur des hommes qui ont fait de la violence, un mode de vie.

Le programme musical en vigueur au centre d'Abbotsford consiste à faire entendre aux prisonniers de la musique classique pendant une heure tous les mardis après-midi. Personne n'est obligé d'y assister, mais le programme connaît une grande popularité. C'est aux détenus, dont la plupart sont en prison en raison de crimes comme le meurtre ou l'agression, que revient le choix des compositeurs et des morceaux à jouer. Les concerts se terminent par une discussion, dirigée par un professeur, sur la musique entendue et sur les impressions de l'auditoire.

Les observations du docteur Roy viennent confirmer le fait qu'en raison de l'utilisation commerciale qu'on en fait de nos jours, la musique populaire a perdu cette qualité spirituelle que seule la musique classique a conservé. Celui-ci rapporte que lors d'un concert, les détenus avaient écouté calmement et avec grande attention tous les morceaux (de musique classique) joués. Cependant, lors d'un autre concert, mais de musique rock cette fois, ceux-ci se sont mis à chahuter à tel point qu'il a fallu mettre fin à la séance.

La musique classique possédait quelque chose qui manquait dans la vie de ces hommes. Elle semblait les transporter en un endroit calme et propice à l'introspection, un endroit où ils avaient rarement eu l'occasion de se rendre. Par contre, la musique populaire moderne les ramenait dans leur monde violent qu'ils n'avaient pas appris à réprimer.

Pour certains détenus, la musique classique est devenue le point central de leur vie. « De tous les compositeurs demandés par le groupe, Tchaïkovski semble être le plus populaire », poursuit le docteur Roy. « Debussy prend la seconde place. Il y a même un détenu, un homme ayant commis plusieurs meurtres, qui a développé une véritable obsession pour la musique de Debussy. Cet homme n'avait jamais écouté de musique classique auparavant. »

## La musique parle le langage de l'esprit

Le ténor haute-contre William Zukof de l'ensemble Western Wind nous a confié qu'il voit dans le chant en groupe, un moyen d'exprimer et de préserver notre spiritualité, une partie de nous qui a tendance à être négligée dans notre société. « Outre notre répertoire de musique profane, nous chantons aussi de nombreux morceaux de musique sacrée qui à l'origine étaient chantés dans un contexte religieux. Ce contexte n'existe plus de nos jours, ou du moins n'est plus significatif pour un très grand nombre de gens. Cependant, même si le contexte a disparu, il n'en reste pas moins que la musique elle-même a conservé toute sa signification. La musique parle un langage spirituel qui est encore fort présent en nous. »

Elliott Levine est le baryton de l'ensemble Western Wind ; il enseigne aussi à l'école Lighthouse Music School de New York. Il nous a fait part d'une expérience en contexte religieux qui l'a vivement impressionné. « J'étais en train de songer à cette tradition de chanter, tradition qui s'est énormément perdue dans notre culture. Je crois malgré tout qu'elle est toujours bien vivante dans de nombreuses religions d'aujourd'hui. Je me trouvais au temple et j'ai tout à coup réalisé la quantité effarante de musique qui a été composée pour les jours saints, au nombre incroyable de chants, de variations, de solos... et tout le monde les connaît, ces chants. Il y a vraiment quelque chose de merveilleux dans tout cela. »

## On n'encourage pas assez les jeunes à exprimer leurs sentiments musicaux

L'ensemble Western Wind fait de son mieux pour encourager l'expression musicale des gens. Lors de leurs tournées, ses membres dirigent des ateliers de chant, déplorant la tendance actuelle dans les écoles américaines en matière d'enseignement de la musique. Selon Steven Urkowitz : « On cherche trop à obtenir des résultats parfaits du premier coup, ce qui dissuade les jeunes de continuer à employer une forme d'expression pourtant si naturelle. Au lieu de faire chanter tout le monde, les professeurs de musique préfèrent monter un chœur qui seul pourra chanter. » Son expérience lui permet d'affirmer que c'est extrêmement décourageant pour ceux qui ne sont pas choisis. « Je me souviens d'une fois, dans une classe de musique, où le professeur avait dit à un de ses élèves de bouger seulement les lèvres parce qu'il n'avait pas une assez belle voix. »

« De 1770 jusqu'aux environs de 1820, des chanteurs parcouraient l'Amérique, enseignant le chant à des groupes et établissant des écoles de musique. Ces troubadours enseignaient les rudiments du chant aux enfants comme aux parents. Une grande partie des chansons que nous connaissons ont été composées à cette époque. Celles-ci n'exigeaient pas un large registre de voix et elles s'inspiraient de la poésie populaire de l'époque. »

« Nous avons rapatrié cette musique en Nouvelle-Angleterre et avons fondé des écoles semblables, mais en version plus moderne. Vous ne pouvez savoir comme c'est agréable d'entendre des gens qui n'ont jamais chanté ensemble faire de la musique aussi belle. »

Alors, qu'attendez-vous ? Vous ne savez pas chanter, dites-vous ? Ridicule ! Vous vous êtes déjà fait dire par quelque rabat-joie que vous feriez mieux de ne pas chanter parce que ça le faisait grincer des dents ? Vous dites que vous faussez horriblement ? Eh bien, qu'à cela ne tienne, vous n'avez vraiment aucune excuse de ne pas chanter. Vous avez le droit absolu de chanter. Que ce soit sous la douche, pendant que vous travaillez, à l'église, en famille ou dans les bars, il vous faut chanter. Vous savez, vous chantiez déjà alors que vous n'aviez pas encore la moindre idée de ce que signifiaient les paroles et même avant que vous sachiez ce qu'était un mot.

Si vous refusez malgré tout de chanter, vous pourriez au moins apprendre à jouer d'un instrument. Selon Jo Delle Waller, assistant professeur à l'école de musique de la Catholic University of America et directrice du programme de musicothérapie de l'école, jouer d'un instrument est un passe-temps créateur et enrichissant. Elle est bien placée pour le savoir puisqu'elle a enseigné la musique instrumentale à des drogués afin qu'ils puissent exprimer leurs émotions d'une façon non destructive.

Surtout, ne nous servez pas l'excuse que vous êtes trop vieux pour apprendre. Pensez à tout ce temps que vous allez passer le nez dans le journal ou devant l'écran de télévision pendant la prochaine année, tout de précieux temps que vous pourriez occuper à vous amuser au piano ou à la guitare. L'apprentissage d'un instrument vous donnerait le sentiment d'avoir accompli quelque chose, tout en vous offrant un moyen d'exprimer vos émotions et votre anxiété (qui est le plus souvent causée par les journaux et la télévision).

Ce qui pourrait probablement nous arriver de mieux serait de retrouver l'ouverture d'esprit de notre enfance envers le chant et la musique.

# NUTRITION

La plus grande partie de ce livre est consacrée aux exercices et aux traitements qui peuvent vous permettre de mieux vous sentir et de mieux travailler. Cependant, nous ne nous attendons pas à ce que vous fronciez les sourcils en vous annonçant que vos habitudes alimentaires jouent, elles aussi, un rôle important pour votre santé. Aussi, ne comptez pas obtenir de bons résultats d'un « programme de santé » si vous ne vous nourrissez pas convenablement.

Un régime alimentaire adéquat est souvent une question de bon sens, comme par exemple manger trois bons repas bien planifiés par jour. De plus, il est important de manger une grande variété d'aliments afin de s'assurer qu'on absorbe une quantité suffisante de tous les éléments nutritifs dont notre organisme a besoin. Cependant, il arrive que le simple bon sens ne soit pas suffisant, surtout lorsqu'on ne se sent pas au meilleur de sa forme. Il faut alors savoir quels aliments contiennent les éléments nutritifs dont on a besoin pour se remettre en forme et quels sont ceux qu'il faudrait éviter. Par exemple, si vous vous sentez épuisé, vous pourriez avoir besoin d'absorber plus de protéines et tout spécialement au petit déjeuner.

## Ne sautez pas le petit déjeuner

Le docteur Samuel J. Arnold de Morristown au New Jersey a découvert, en étudiant les habitudes alimentaires de ses patients qui se plaignaient de fatigue et rétention de liquides, que 88 pour cent des femmes et 67 pour cent des hommes prenaient un petit déjeuner inadéquat ou pas de petit déjeuner du tout. Il a aussi découvert que ces symptômes n'apparaissaient jamais chez ceux qui mangent normalement un petit déjeuner riche en protéines. Il conseilla donc à ses patients de manger le matin des aliments plus riches en protéines comme les œufs, le poisson, la viande, le fromage ou la levure de bière et de réduire leur consommation de sucre et autres aliments raffinés riches en glucides. Suite à cette étude, le docteur Arnold enregistra une nette amélioration chez tous les hommes et chez 95 pour cent des femmes qui n'avaient pas abandonné leur nouveau régime et dans certains cas, il observa une importante réduction des symptômes.

Pourquoi le programme du docteur Arnold a-t-il été couronné de succès? Eh bien, le truc pour conserver son entrain consiste à maintenir un apport constant de glucose dans le sang, car celui-ci est en quelque sorte le combustible qui alimente le sang. Les protéines se transforment lentement en glucose afin de vous donner de l'énergie pendant toute la journée. Le sucre et les autres glucides raffinés fournissent eux aussi de l'énergie, mais ils vous laissent tomber très rapidement.

---

## Est-ce que le sucre pourrait suffire à fournir de l'énergie?

Ne manger que du sucre ne peut remplir ce rôle parce que le corps a besoin d'un apport plus ou moins régulier et équilibré de glucose pour fonctionner. Afin de régulariser le niveau de glucose, le corps possède un système qu'on pourrait comparer au carburateur d'une voiture, ce dispositif qui sert à contrôler la combustion de l'essence. Qu'arriverait-il à votre auto si vous vidiez un litre d'essence dans les cylindres? Eh bien, le moteur serait noyé et il calerait. C'est exactement la même chose avec le sucre. Celui-ci vient noyer le système circulatoire quelques instants après que vous ayez avalé vos céréales enrobées de sucre ou votre pâtisserie. Le pancréas, qui est le régulateur du sucre dans le sang, reçoit l'alarme et tente aussitôt de diminuer le

---

**Si vous vous sentez épuisé, il est possible que votre petit déjeuner ne contienne pas assez de protéines.**

---

niveau de sucre en libérant une plus grande quantité d'insuline, ce qui amène le retrait du glucose du sang pour le stocker ailleurs. Le repas continue et une énorme quantité de glucides sont transformés en glucose, stimulant le pancréas à l'excès jusqu'à ce que, quelques minutes plus tard, on en arrive à un retrait massif du sucre du sang. À ce point, le taux de glucose dans le sang tombe tellement bas que le corps ne dispose de presque plus de combustible pour assurer son fonctionnement.

## La bonne sorte de glucides

Afin d'éviter de trop stimuler le pancréas, il est non seulement nécessaire d'absorber des protéines et d'éviter les sucres et les glucides raffinés, mais aussi d'absorber la bonne sorte de glucides, soit les glucides non raffinés. Avant que nous en parlions cependant, il serait bon de définir exactement ce que sont les glucides (que certains appellent aussi hydrates de carbone).

D'abord et avant tout, les glucides ne sont pas des aliments ; ce sont des composés moléculaires qu'on retrouve dans les aliments. Par exemple, on parle souvent de glucide dans le cas des pommes de terre, mais celles-ci contiennent aussi des protéines et un peu de gras. Il en est de même pour le pain, les craquelins, les tablettes de chocolat, la crème glacée, les céréales, les pâtisseries et les fruits. Ce ne sont pas des glucides mais bien des aliments riches en glucides. En fait, les seuls aliments qui sont composés uniquement de glucides sont le sucre de table, le miel, certaines gelées et confitures ainsi que certains sirops et friandises.

Les glucides n'ont pas une forme unique ; en fait, ils en ont au moins seize. La seule raison pour laquelle ils portent tous le nom de glucides est parce qu'ils sont formés de combinaisons d'atomes de carbone, d'hydrogène et d'oxygène que la nature s'est miraculeusement chargée de créer. Par exemple, la cellulose du céleri, cet élément qui fait « crouche » sous la dent, est un glucide, tout comme le sirop d'érable dont vous arrosez généreusement vos crêpes le matin.

Les spécialistes en nutrition rangent les seize glucides principaux en deux grandes catégories : les glucides simples et les glucides complexes. Les glucides simples, qu'on appelle ainsi en raison de leur structure moléculaire, se retrouvent dans le sucre, les fruits, le lait et jusqu'à un certain degré dans les légumes. Ces derniers ont un goût sucré et ils se digèrent extrêmement vite. De plus, comme ils ne possèdent pas de nombreux liens chimiques à briser pour être digérés, ils sont brûlés très rapidement.

D'un autre côté, les glucides complexes sont plus... complexes. Ils sont formés de centaines de molécules de glucides simples toutes reliées ensemble et ils se digèrent donc plus lentement. C'est pourquoi une patate de 100 calories vous donnera de l'énergie pendant plus longtemps qu'une tablette de chocolat de 120 calories. La raison en est que votre corps prend plus longtemps à les transformer en une forme utilisable. Les glucides complexes se retrouvent surtout dans le pain, les céréales, les fèves, les tubercules (comme les pommes de terre et les carottes), les pâtes et le riz, aliments qu'on appelle communément des féculents.

## La triste histoire du raffinage

Si les éléments nutritifs étaient en mesure d'intenter une action en dommages-intérêts, alors les glucides seraient des millionnaires. Pourquoi? Parce qu'il fut un temps où il n'existait pas d'aliments glucidiques mauvais pour la santé. C'est alors que la technologie moderne inventa un appareil de traitement des aliments qui éliminait des aliments glucidiques les protéines, les vitamines, les minéraux et les fibres. Ce n'est qu'à partir de ce moment qu'on commença à trouver sur le marché des glucides mauvais pour la santé. Aujourd'hui, la plupart des aliments contenant des glucides sont malheureusement incomplets.

## Mais pourquoi donc raffine-t-on ces aliments?

Dans le cas de la farine faite à partir de grains, c'est tout simplement pour la rendre plus facile à cuire. Ainsi, les aliments faits à partir de farine raffinée sont plus légers et plus feuilletés. En outre, on peut entreposer la farine raffinée sans qu'elle devienne rance parce qu'elle a été débarrassée de toutes ses huiles naturelles.

En ce qui concerne le sucre, c'est tout simplement parce que le raffinage constitue le moyen le plus facile de transformer la canne à sucre et la betterave sucrière en une forme pouvant être utilisée comme additif. Les Américains consomment présentement en moyenne 45 kilogrammes de sucre raffiné par année, dont les deux tiers se retrouvent dans des aliments traités.

## La fibre : l'ingrédient qui nous manque

L'industrie alimentaire fait cependant des efforts pour rétablir un certain degré nutritif dans les aliments raffinés selon un procédé appelé « enrichissement ». Cependant, un élément dont l'industrie ne tient pas encore compte dans ses efforts est la fibre alimentaire, qui est l'élément le plus important des aliments contenant des glucides. Ces aliments sont en fait notre unique source de cet élément extrêmement important de notre diète car sans lui, nous risquons d'avoir de graves problèmes.

« Notre régime alimentaire normal doit comporter une forte teneur de fibres », déclare le docteur Sanford Siegal, auteur de *Dr. Siegal's Natural Fiber Permanent Weight Loss Diet* (Dial Press/James Wade, 1975). « Au cours de son évolution, notre système digestif en est venu à compter sur l'action de cet élément, même si celui-ci ne fait que traverser notre organisme sans y être vraiment absorbé. » On a estimé que nos ancêtres de la préhistoire consommaient environ 25 grammes de fibres quotidiennement, tandis qu'aujourd'hui, nous ne consommons que le cinquième de cette quantité.

Le résultat de cette pénurie de fibres? Peu rassurant.

- **Taux accru des maladies coronariennes.** Il a été démontré que les fibres empêchent le cholestérol de pénétrer dans le sang en inhibant son absorption dans l'intestin.

---

**L'absence de fibres de notre régime alimentaire serait la cause du taux croissant des maladies coronariennes, du cancer du côlon ainsi que de l'obésité, des problèmes de diverticules et du diabète.**

---

- **Taux accru de cancer du côlon.** L'effet protecteur des fibres consiste à accélérer le passage des éléments carcinogènes dans le gros intestin, ce qui réduit leurs chances de causer des dommages.
- **Obésité.** Les fibres sont des glucides dépourvus de calories car elles ne sont pas digérées. Qui plus est, elles ont la propriété d'éliminer les calories des aliments que nous absorbons en inhibant l'absorption des lipides.
- **Problèmes de diverticules.** Comme elles permettent d'aller à la selle avec régularité, les fibres nous empêchent d'avoir à fournir des efforts douloureux qui peuvent provoquer des ruptures dans la paroi du gros intestin (un problème qui touche le tiers des Américains de 45 ans et plus).
- **Diabète.** Les régimes alimentaires à forte teneur en sucres rapidement digérés et qui contiennent peu ou pas de fibres peuvent avec le temps détériorer le fonctionnement du pancréas, dont le travail consiste à produire de l'insuline en quantité suffisante pour que les sucres soient convenablement utilisés.

Ainsi donc, les fibres constituent un élément nutritif primordial et nous avons vu que les glucides raffinés n'en contiennent vraiment pas assez.

## Qu'est-ce que tout cela peut signifier?

Eh bien, cela signifie entre autres de manger des fruits au lieu de bonbons, du pain de blé entier au lieu de pain blanc. Il faut aussi manger plus de fèves, de riz brun, de céréales à haute teneur en fibres et de vraies pommes de terre ; manger moins de beignes, de petits pains blancs comme neige, de crêpes ultra-légères et de pommes de terre instantanées.

Les aliments contenant des glucides ne sont pas nécessairement nocifs pour la santé. À vrai dire, ils ont plutôt le potentiel d'être parmi les aliments les plus sains que nous puissions manger. Ils contiennent peu de gras et de calories, et ils ont une forte teneur en vitamines, en minéraux et en fibres. S'il y a jamais eu un élément nutritif mal compris, c'est bien les glucides et il serait grand temps que les faits soient rétablis.

## Mais ils font engraisser, non?

Qu'ils soient simples ou complexes et raffinés ou non raffinés, les glucides contiennent environ cinq calories par gramme (la même quantité que les protéines et environ cinq calories de moins que les gras). Donc, en termes de calories, on peut dire que les glucides ne font pas engraisser. Cependant...

Les aliments qui contiennent des glucides simples, et surtout ceux qui sont raffinés, sont digérés tellement rapidement qu'ils ne laissent rien dans l'estomac (cette catégorie comprend entre autres le sucre de table, les gelées, les bonbons et les pâtisseries très sucrées). Même les gludices complexes (les amidons) qui ont été raffinés peuvent « glisser » rapidement dans l'estomac. Le pain blanc par exemple demeure moins longtemps dans l'estomac que le pain de blé entier. Par conséquent...

En termes de rapidité de digestion des glucides raffinés, on peut affirmer qu'ils sont passablement engraissants. Par exemple, vous auriez avantage à calmer votre fringale de l'après-midi avec 200 calories de fromage (environ 55 grammes) qu'avec 200 calories de bonbon, la raison en étant que le gras et les protéines du fromage prennent considérablement plus de temps à être digérés que les glucides simples raffinés (principalement du sucrose) du bonbon.

Quelle est maintenant la relation entre le fructose (sucre de fruit) et les glucides?

Tout comme le sucre de table, le fructose est un glucide simple, mais qui est absorbé plus lentement et plus régulièrement que le sucre de table. En outre, le fructose risque moins de contribuer à la formation de la plaque, cette formation bactérienne qui joue un rôle important dans le développement de la carie dentaire. Ainsi, même si une grosse pomme contient plus de sucre qu'une tablette de chocolat, le sucre qu'elle contient principalement sous forme de fructose est infiniment meilleur pour la santé. Par ailleurs, la pomme est pleine de fibres tandis que le chocolat en est dépourvu, sauf s'il contient des arachides.

## Des protéines complètes pour une santé totale

Comme nous l'avons déjà mentionné, les protéines sont un élément nutritif nécessaire pour vous garder en bonne santé.

Cependant, votre corps ne se sert pas de la protéine elle-même mais de ses éléments constitutifs, les acides aminés. Un grand nombre de ces acides sont synthétisés directement par l'organisme, mais neuf d'entre eux ne sont pas produits dans votre corps, ou sont fabriqués en trop petite quantité pour produire un effet quelconque. Si l'un de ces acides aminés est présent en trop petite quantité dans vos aliments, il «limite» la capacité du corps de les utiliser tous. Par exemple, le blé contient une trop faible quantité d'un acide aminé appelé lysine, et cela empêche l'organisme d'utiliser de façon optimale tous les acides aminés contenus dans le blé. Le moyen de contourner ce problème consiste à manger une protéine «complète», c'est-à-dire une protéine qui contient tous les acides aminés en grande quantité.

La viande est un des aliments qui contient une protéine complète, tout comme les œufs d'ailleurs. Par contre, les fruits, les légumes et certains autres végétaux en sont dépourvus. Vous pouvez cependant combiner plusieurs aliments de manière à créer une protéine complète. Par exemple, les fèves contiennent une forte teneur en acides aminés dont le blé fait défaut et vice versa. Il s'agit de les manger dans le même repas pour obtenir une protéine complète. D'autres combinaisons peuvent être obtenues avec le macaroni et le fromage, le pain et le lait ou encore les pois et le riz. Vous devriez manger une protéine complète tous les jours et même à tous les repas si possible, car votre corps doit remplacer constamment cet élément nutritif important.

## Lorsque vous avez besoin de plus de protéines

Les personnes qui ont besoin d'une plus grande quantité de protéines ne sont pas celles que l'on croit. Tout le monde sait que les athlètes doivent engouffrer une grande quantité de protéines, n'est-ce pas? Eh bien détrompez-vous, c'est un mythe. Selon le docteur Creig Hoyt, qui est aussi éditeur et rédacteur de publications médicales, les athlètes n'ont pas besoin d'une plus grande quantité de protéines que l'homme moyen qui mène une vie sédentaire. Ce dont l'athlète a besoin, c'est de plus de nourriture capable de lui fournir de l'énergie. Cette énergie, il peut l'obtenir plus efficacement et à moindres frais par les glucides.

En fait, vous aurez plus besoin d'une grande quantité de protéines si vous êtes cloué au lit à la suite d'une longue maladie, d'une blessure ou d'une intervention chirurgicale que si vous passez vos journées sur un court de tennis. Voyons comment l'organisme utilise les protéines afin de comprendre mieux le pourquoi de cette affirmation.

En termes simples, les protéines servent au développement et à l'entretien. Par exemple, les parties de l'organisme qui n'arrêtent jamais de croître comme les cheveux et les ongles sont faits à partir de protéines. Les os en contiennent aussi et les protéines constituent le matériau dont sont construits les muscles. Les protéines sont non seulement un des principaux constituants du cœur, des poumons et de certains autres organes, mais aussi du sang qui circule parmi eux ainsi que des enzymes et des hormones, ces éléments qui conservent la machine en état de fonctionnement.

Nous avons tous besoin d'un apport constant de protéines parce que même les parties du corps qui semblent les plus stables, les os par exemple, n'arrêtent jamais de se développer et de se regénérer. Il en est de même pour les cellules des muscles trop vieilles qui sont constamment remplacées par des nouvelles. Plus de cinquante pour cent des protéines de l'organisme participent à cette incessante activité de régénération.

Afin que ce travail de construction et de reconstruction puisse être exécuté, le corps doit décomposer les protéines que vous absorbez en acides aminés, puis recombiner ces derniers en tissus dont il a besoin. Quant aux protéines provenant des cellules mortes, elles sont métabolisées puis évacuées. On pourrait comparer ce travail au budget hebdomadaire d'une famille : tant que les entrées sont égales aux sorties, il y a équilibre et tout va bien. Mais si la quantité de protéines absorbées ne suffit pas à remplacer les tissus usés, il se produit un déficit plus désastreux qu'une pile de reconnaissances de dettes. Au lieu d'avoir en main une valeur sûre, vous vous retrouverez avec un chèque sans provision. Les docteurs Bruce R. Bistrian et George Blackburn ont découvert, au cours d'une étude sur les patients d'un hôpital de Boston, qui étaient hospitalisés en raison d'une blessure ou pour subir une intervention chirurgicale qu'il existait une « prédominance frappante » de déficiences en protéines chez ces patients (*Journal of the American Medical Association*, 11 novembre 1974). Il suffit de regarder les nombreux patients au corps émacié pour s'apercevoir à quel point les protéines sont importantes. Mais le pire dans tout cela, c'est que ces déficiences surviennent à un très mauvais moment, car elles peuvent retarder le rétablissement des patients et diminuer les défenses de l'organisme contre l'infection.

Cependant, il n'est pas nécessaire d'être malade pour souffrir de déficience en protéines. En effet, les personnes en bonne santé, et qui veulent le rester, peuvent courir des risques si elles cherchent à contrôler leur poids par des régimes à faible teneur en calories. Même si vous mangez moins, il n'en reste pas moins que vous avez besoin de la même quantité de protéines pour continuer à vivre; c'est pourquoi il est important de conserver intact cet aspect de votre diète.

Il est même possible qu'un régime amaigrissant accroisse vos besoins en protéines. Les exigences énergétiques de votre organisme passent avant tout et si vous absorbez moins de protéines parce que vous suivez un régime, une partie des protéines qui servent à la régénération des tissus devront être utilisées pour alimenter votre fournaise interne, celle qui produit l'énergie qui vous fait vivre.

Par ailleurs, si votre consommation de protéines diminue en dessous d'un certain point, vos muscles eux-mêmes finiront par alimenter la fournaise tant que vous ne lui assurerez pas une alimentation convenable en protéines.

## Un menu à haute teneur en protéines

Quel est donc le meilleur moyen d'obtenir ces protéines?

D'un côté, vous pourriez les avoir toutes avec un seul gros steak par jour, mais ce ne serait pas un geste très sage car ce steak vous donnerait en prime un surplus de gras et de calories. Nous vous conseillons plutôt d'opter pour le poisson et la volaille car ces derniers fournissent plus de ce qui est bon pour vous (entre 20 et 30 grammes de protéines par portion de 85 grammes) et moins de ce qui est nocif. Au petit déjeuner, prenez du lait écrémé ou du yogourt (une tasse contient presque 9 grammes de protéines). Lorsqu'on choix s'offre à vous, optez pour les protéines. Par exemple, mangez du pain de blé entier et du riz brun au lieu de leurs pâles cousins raffinés. Afin d'ajouter à la valeur protéique du pain, des potages et des céréales, mélangez-y de la levure de bière, des germes de blé, du soja ou encore de la poudre de produits laitiers.

---

## Le gras : un ennemi ?

Qu'en est-il du gras ? Quelle place prend-il dans l'équation alimentaire ? De nombreuses personnes ont peur de consommer trop de gras, ce méchant garnement de la nutrition.

Cette crainte du gras est-elle exagérée ? Aucunement, si l'on en juge par le volume de recherche qui émane des laboratoires et des universités par toute la planète. En fait, il semblerait même que la vieille distinction entre les « bons » gras... et les « mauvais » gras... soit trompeuse et que les seuls bons gras (en dehors d'un minimum vital) seraient ceux qu'on ne voit jamais sur la table.

Rendu à ce point de notre discussion, le lien qu'on peut établir entre le gras et les troubles cardiaques ne devrait surprendre personne. Par exemple, l'athérosclérose, c'est-à-dire l'accumulation de gras sur la paroi des artères, est souvent responsable des décès soudains provoqués par des crises cardiaques ainsi que des handicaps permanents causés par les attaques. De plus, selon le *New England Journal of Medicine* (juin 1978), six décennies de recherche ont permis d'avancer avec un respectable degré de certitude que le gras pourrait être le responsable de ces dépôts adipeux dans les artères.

---

## Les gras non saturés sont-ils meilleurs ?

Dans le cas des troubles cardiaques, le blâme n'est pas également partagé entre tous les gras. En effet, les gras des aliments n'ont pas tous la même composition chimique. Par exemple, les gras saturés (dont chaque atome de carbone possède autant d'atomes d'hydrogène qu'il peut lier, d'où son qualificatif de saturé) se retrouvent plus communément dans les viandes. Par contre, les gras non saturés (dont les atomes de carbone ne sont pas saturés d'hydrogène) sont plus abondants dans les légumes, le poisson et la volaille.

De nombreuses études indiquent que les gras saturés sont ceux qu'il faut surveiller pour se protéger contre les maladies cardiaques. En effet, une diète riche en graisses animales de ce type augmente habituellement les risques de problèmes cardiaques. Certains groupes ethniques comme les Inuit sont très peu sujets aux crises cardiaques même si leur régime alimentaire contient beaucoup de graisse, car ils consomment presque uniquement des gras polyinsaturés.

Certaines études ont permis de découvrir que le simple fait de substituer les gras saturés par des gras polyinsaturés pouvait diminuer le taux de cholestérol dans le sang et par conséquent les risques de troubles cardiaques. On a tenté une expérience en Finlande en faisant suivre aux patients chroniques d'un hôpital psychiatrique un régime typiquement finnois composé d'aliments riches en gras saturés comme les œufs et les produits laitiers, tandis que dans un autre hôpital, on a remplacé la plus grande partie des gras saturés par des gras polyinsaturés. Six ans plus tard, les régimes alimentaires ont été intervertis d'un hôpital à l'autre.

Les chercheurs ont ainsi découvert que lorsqu'on servait la diète expérimentale aux patients, leur taux de cholestérol diminuait considérablement. En outre, le taux de décès attribués aux maladies coronariennes était de cinquante pour cent inférieur à l'hôpital où la diète expérimentale était appliquée (*Circulation*, janvier 1979).

D'autres études suggèrent qu'une réduction de la consommation de gras saturés peut augmenter le taux de cholestérol-HDL, c'est-à-dire le « cholestérol bénéfique » qui, apparemment, est capable de résister à la formation des dépôts graisseux. D'autres encore permettent de croire qu'en substituant les graisses polyinsaturées aux graisses saturées, il est possible de réduire la formation de petits caillots de sang (aussi appelés thrombus) qui peuvent provoquer des crises cardiaques ou des attaques.

Le danger ici consiste à croire qu'il existe de « bonnes » graisses polyinsaturées et de « mauvaises » graisses saturées, alors que le message qui ressort de nombreuses recherches

---

**Le message qui émerge de la recherche moderne en nutrition fait ressortir la nécessité de réduire la consommation de toutes les graisses.**

---

actuelles insiste sur la nécessité de réduire notre consommation de toutes les graisses, qu'elles soient animales ou végétales, saturées ou polyinsaturées. En fait, certains chercheurs disent qu'une telle diminution pourrait être essentielle afin de réduire non seulement les risques de maladies cardiaques, mais aussi de cancer.

Selon eux, quelque cinquante pour cent des cancers pourraient être en partie reliés à notre régime alimentaire. De plus, devant les preuves qui s'accumulent sans cesse contre les graisses, il semble que ces dernières soient l'élément de notre diète qu'il faudrait surveiller le plus.

De toute façon, ces preuves ont été assez convaincantes pour inciter le National Cancer Institute (NCI) à recommander dans un communiqué sans précédent, de diminuer notre consommation de gras (entre autres modifications diététiques) afin de réduire les risques de cancer. Cette directive inclut sans l'ombre d'un doute dans ses restrictions, la consommation de margarine et d'huile de maïs au même titre que le steak et le beurre.

Certaines études suggèrent même que les graisses polyinsaturées seraient les plus dangereuses en ce qui a trait aux risques de cancer. En effet, de nombreuses expériences sur les animaux ont démontré que ceux à qui l'on avait donné des graisses polyinsaturées avaient développé plus de tumeurs cancéreuses que ceux n'ayant consommé que des graisses saturées. Par ailleurs, lorsque des chercheurs de l'université du Maryland ont voulu établir une corrélation entre notre régime alimentaire et le taux de cancer, ils se sont aperçus qu'il existait un rapport étroit entre celui-ci et les graisses végétales.

Les statistiques font état d'une sorte de graisse en particulier dont nous devrions nous méfier ; il s'agit des graisses contenant des acides gras de type « trans ». Ceux-ci ne se retrouvent pas naturellement dans les légumes mais sont produits par hydrogénation partielle des huiles polyinsaturées, c'est-à-dire lorsqu'on les traite avec de l'hydrogène pour les rendre plus solides ou pour leur permettre de durer plus longtemps. De nombreuses sortes de margarine, d'huiles à salade, de mayonnaises et d'aliments-minute contiennent de ces substances en quantité importante.

Selon les chercheurs, il est fort possible que ces acides gras non naturels modifient la membrane des cellules, permettant aux substances carcinogènes de pénétrer dans celles-ci plus facilement.

Ces découvertes risquent d'être plutôt inquiétantes pour les gens qui ont essayé de réduire les risques de maladies cardiaques en substituant la margarine et l'huile de maïs au beurre et aux graisses animales.

Plusieurs d'entre vous doivent bien se demander s'il existe un régime qui permet de se protéger à la fois contre les maladies cardiaques et le cancer. Eh bien, il semble à l'heure actuelle que la meilleure chose à faire est de réduire toutes les graisses. Tout d'abord, les régimes à faible teneur en gras semblent tenir de grandes promesses pour la prévention des maladies cardiaques ainsi que dans leur traitement. On a ainsi découvert que les végétariens ont un taux considérablement moindre de cholestérol et de triglycérides dans le sang que l'ensemble de la population parce qu'ils consomment beaucoup moins de matières grasses en raison de leur diète exclusivement végétale. Une étude sur des patients souffrant d'angine a permis de constater une nette amélioration de leur état après leur avoir fait suivre une diète végétarienne. Une autre expérience en clinique où l'on a employé une diète dans laquelle les gras ne comptaient que pour douze pour cent du total de calories, a permis de diminuer le taux de cholestérol chez des patients qui n'avaient montré aucun signe d'amélioration après avoir suivi la diète « prudente » contenant 30 pour cent de gras qui est habituellement recommandée.

Une diminution dans la consommation de graisses peut aussi avoir d'importants avantages indirects sur la santé. Comme la plus grande concentration de calories dans les aliments se retrouve dans les graisses, animales ou végétales (gramme pour gramme, elles contiennent deux fois plus de calories que les glucides ou les protéines), il est essentiel d'en réduire la consommation pour conserver un poids normal. En outre, cela permet apparemment de réduire les risques de cancer et de maladies cardiaques. En évitant de prendre de l'embonpoint, nous nous protégeons contre une infinité d'autres problèmes comme le diabète, l'hypertension et les troubles de vésicule biliaire et de foie.

## N'enlevez pas seulement le gras du rôti

Si vous désirez vraiment diminuer de façon substantielle votre consommation de gras, il vous faudra fournir de véritables efforts. Enlever le gras du rôti est déjà un bon point de départ, mais ce n'est pas suffisant. En effet, selon le ministère de l'Agriculture américain, environ 60 pour cent des graisses qui se fraient un chemin jusque dans l'organisme sont ce qu'on appelle les « graisses invisibles », d'où le fait qu'on a tendance à les oublier.

Ainsi, même après avoir enlevé la bande de gras autour de notre steak, la viande elle-même contient encore une quantité considérable de gras, évaluée à 40 pour cent du total de calories. Par ailleurs, les mêmes personnes qui banissent le beurre de leur table continuent souvent à regarder le fromage d'un œil favorable, sans savoir que les deux tiers des calories de certains fromages à pâte ferme sont issues de matières grasses.

À nos yeux, les friandises sont avant tout constituées de sucre, mais leur contribution en matières grasses, quoique moins évidente, peut être encore plus importante. Par exemple, près de la moitié des calories contenues dans la crème glacée et plus de la moitié de celles du chocolat au lait proviennent de matières grasses. Un autre exemple : les shortenings ont l'apparence des matières grasses tandis que les pâtisseries n'y ressemblent plus du tout une fois cuites. On oublie trop que ces dernières contiennent souvent une grande quantité du premier ingrédient. Par exemple, la moitié des calories d'un croissant sont imputables aux gras.

Certaines des sources les plus concentrées de graisses se retrouvent dans les repas pris aux restaurants-minute. Ainsi, un repas chez Macdonald's contient presque 40 pour cent de matières grasses, tandis que ce bon vieux poulet frit à la Kentucky en contient 55 pour cent. Non seulement les aliments traités ont-ils dans bien des cas un fort pourcentage de graisses, mais en plus ils sont souvent hydrogénés et chargés d'acides gras « trans ».

D'autre part les aliments à faible teneur en graisses sont faciles à trouver.

Les fruits et les légumes contiennent très peu de gras (à l'exception des avocats, des noix et des noix de coco). Les grains entiers et les fèves, de même que le poulet et certains poissons, sont une bonne source de protéines, tout en ne contenant que peu de gras.

## Certains changements fondamentaux

Ainsi, pour arriver à mettre un frein à votre consommation de graisse, vous devrez transformer radicalement votre régime alimentaire. Cependant, les quelques conseils qui suivent vous permettront de le faire automatiquement en peu de temps.

- Mangez plus de fruits, de légumes et de grains entiers.
- Consommez moins de viande rouge (bœuf, porc, agneau et veau) et mangez plutôt de la volaille et du poisson. Ne mangez pas la peau du poulet, c'est la partie qui contient le plus de graisses. Choisissez les variétés de poissons les moins huileuses comme la plie, la sole, l'aiglefin et le flétan. De plus, achetez du thon conservé dans l'eau et non dans l'huile.
- Évitez les aliments traités. Lorsque vous préparez vos plats vous-même, vous savez ce que vous avez mis dedans.
- Lisez les étiquettes. Vérifiez si les aliments sont hydrogénés ou s'ils contiennent des graisses ou des huiles partiellement raffermies. Contrairement à la plupart des beurres d'arachide manufacturés en grande quantité, le beurre d'arachide fait uniquement à partir d'arachides broyées n'est pas hydrogéné.
- Utilisez les produits laitiers à faible teneur en graisses : fromage cottage, lait écrémé ou contenant peu de gras, yogourt sans gras.
- Lorsque vous mangez à l'extérieur, faites attention. Les restaurants-minute n'offrent pratiquement rien d'autre que des transfusions de graisses, et les mets frits des établissements plus traditionnels ne sont guère mieux.
- Ne mangez pas trop de gâteries comme la crème glacée, les pâtisseries et le chocolat ; tous contiennent beaucoup de graisses.
- N'éliminez pas complètement les bons aliments gras comme le fromage et les noix, mais faites preuve de modération.

Pourrait-il y avoir un danger que notre diète soit trop faible en gras? Pas vraiment.

Notre organisme a besoin de certains acides gras essentiels (fournis par les graisses polyinsaturées) afin de pouvoir utiliser les vitamines A, D et E, de synthétiser les hormones et de maintenir la membrane des cellules, mais il n'a besoin que d'une très faible quantité de l'ordre de deux pour cent du total de calories.

## Améliorez votre santé à l'aide de suppléments

Même si vous faites attention à votre régime alimentaire, il est toujours possible que vous ne consommiez pas tous les éléments nutritifs dont vous avez besoin. Le docteur Michael Colgan, de l'université d'Auckland en Australie, a découvert que de nombreux aliments qui, d'après les spécialistes en nutrition, contiennent de grandes quantités de certains minéraux et vitamines, ne vaudraient en réalité absolument rien au point de vue nutritif.

Le docteur Colgan a commencé à faire des recherches en nutrition après avoir observé, dans les cliniques où il travaillait, que de nombreux patients souffrant de maladies ou de troubles mentaux, manifestaient ce qui lui apparaissait comme des symptômes de malnutrition.

Ces observations ont conduit le docteur Colgan à étudier ce que mangeaient ses patients et à analyser leur valeur nutritive. Il découvrit ainsi que « la majorité des patients semblaient suivre un régime tout à fait équilibré, celui qui, selon les livres de nutrition, est censé fournir toutes les vitamines, minéraux et autres éléments nutritifs nécessaires. » Cependant, lorsqu'avec son équipe il se mit à étudier de plus près les aliments dont était composée la diète des patients, il fut grandement surpris de constater que la plupart de ces aliments ne contenaient pas du tout les quantités de vitamines et de minéraux indiquées par les

L'organisme a besoin d'acides gras essentiels pour pouvoir se servir des vitamines A, D et E, synthétiser des hormones et maintenir les membranes cellulaires. Cependant, il n'a besoin que d'environ deux pour cent du total de calories.

tables de nutrition. Par exemple, en examinant certaines oranges, il s'aperçut qu'elles ne contenaient pas la moindre trace de vitamine C.

Des analyses d'échantillons de sang, d'urine, de cheveux et de tissus prélevés sur les patients lui révélèrent en outre que les taux de vitamines et de minéraux de leur organisme étaient tout aussi inadéquats que l'était leur diète.

Afin de remédier à la situation, le docteur Colgan et ses collègues ont décidé qu'il serait nécessaire de donner aux patients des suppléments de vitamines et de minéraux puisqu'il était impossible de se fier aux seuls aliments. Cependant, la question de savoir quelle quantité administrer pour obtenir un résultat optimal les confronta à un dilemme de taille. En effet, les RDA, ou *Recommended Dietary Allowances* (allocations diététiques recommandées) publiées par les États-Unis et la Grande-Bretagne ne contenaient aucune indication valable.

« La prémisse initiale sur laquelle se basent les RDA est l'absence de formes particulières de maladies », explique le docteur Colgan. « Le meilleur moyen de résumer nos problèmes concernant les RDA serait de citer les paroles prononcées par le sénateur William Proxmire en 1974 : "Au mieux, les RDA ne constituent que des quantités recommandées à des niveaux antédiluviens pour prévenir quelque grave maladie ; au pire, elles sont basées sur les conflits d'intérêts et les vues intéressées de certaines personnes de l'industrie de l'alimentation. En fait, on ne les retrouve presque jamais en assez grande quantité pour assurer une nutrition et une santé optimales".»

Afin de découvrir quelles quantités de suppléments seraient adéquates, le docteur Colgan et ses collègues ont dû passer au peigne fin toute la littérature médicale sur le sujet. Après avoir mis leurs recherches en pratique pour quelque temps, ils se sont aperçus que les patients à qui ils avaient administré des suppléments avaient une meilleure santé que ceux qui n'avaient pas bénéficié de ce traitement. Selon les notes du docteur Colgan, l'administration de ces suppléments a apporté une amélioration de l'état de la peau, des cheveux et des ongles... une régression des cas d'herpès simplex, d'ulcères buccaux, d'acné, d'eczéma, de douleurs chroniques dans les articulations et dans le dos, de constipation, d'éruptions cutanées, d'indigestions nerveuses, de maux de tête et de sinusites.

Les patients qui avaient pris des suppléments ont aussi montré une amélioration de leur pression sanguine et du taux de graisses dans leur sang. En outre, ils étaient moins sujets aux infections et aux maladies que les patients qui n'avaient pas reçu de suppléments.

« Nous avons observé que l'amélioration de la santé était plus prononcée chez les patients plus âgés », rapporte le docteur Colgan. « Nous croyons que l'administration de suppléments a un effet sur la santé générale des sujets et pourrait diminuer certains des symptômes dégénérescents du vieillissement. »

Après avoir donné des suppléments à des athlètes, les chercheurs ont observé une amélioration notable de leurs performances. Par exemple, des coureurs de marathon ayant consommé des suppléments pendant six mois ont en moyenne amélioré d'environ 17 minutes leurs temps en course. Des haltérophiles à qui on a donné des suppléments ont montré une augmentation substantielle de leur force.

Le docteur Colgan croit que nous devrions tous inclure de ces suppléments à notre régime alimentaire. « De plus en plus d'éléments nutritifs sont éliminés lors du traitement des mets à préparation rapide que l'on retrouve dans les supermarchés. Comme ces mets constituent aujourd'hui une large part du régime alimentaire des occidentaux, il semble que notre diète est appelée à devenir de moins en moins adéquate. Dans la plupart des cas, les suppléments en vitamines et en minéraux se sont avérés efficaces dans l'amélioration des performances et la condition physique de gens qui semblaient autrement en excellente santé. »

Le meilleur instrument de mesure dont vous pourrez vous servir lorsque vous commencerez à modifier votre régime alimentaire sera votre propre corps. Lorsque vous atteindrez un équilibre parfait entre les glucides, les protéines, les graisses, les vitamines et les minéraux, vous devriez vous sentir débordant d'énergie et être moins souvent touché par la maladie. Ce sera un peu comme si vous découvriez le mélange d'essence parfait pour votre voiture. Au lieu de crachoter misérablement, votre moteur interne vrombira comme une mécanique parfaitement au point.

# POSTURE

Quoiqu'aucune ride ni le moindre cheveu gris ne trahisse ses 42 ans, il n'en reste pas moins que Paul Ladouceur est facilement repérable parmi le groupe de jeunes gens qui l'entourent. Pourquoi? Tout simplement parce que Paul se tient mal ; à le voir, on jurerait qu'il a le double de son âge.

Mais comment se fait-il que M. Ladouceur ait développé une si mauvaise posture? Eh bien, c'est l'absence d'exercice ou encore un programme insatisfaisant qui, au cours des années, a contribué à l'affaiblissement des muscles qui maintiennent normalement l'alignement du squelette.

## La journée de travail : un tourbillon

Comme bon nombre d'employés cadres, M. Ladouceur passe la semaine assis dans un fauteuil pivotant et, pour empirer les choses, le siège de son fauteuil est trop profond pour ses jambes. Aussi doit-il se pencher en avant pour s'appuyer à son dossier. Après des années de ce régime, il a maintenant les épaules voûtées et le ventre flasque, sans compter les douleurs dont il souffre dans le bas du dos. Après sa journée de travail, il s'extirpe de son siège pour se rendre à sa voiture, et de là sur le divan du salon pour lire son journal. Comme la plupart des Américains, il a aussi adopté un mode de vie qui consiste à manger, boire... et regretter son piètre mode de vie.

413

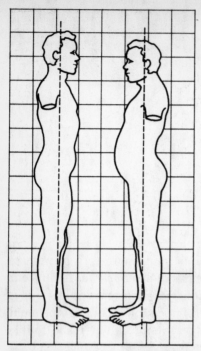

**Une posture nous fait bien paraître tout en nous permettant de nous sentir en forme, tandis qu'une mauvaise posture exerce une tension sur l'organisme et nous donne une apparence négligée.**

M. Ladouceur essaie malgré tout de se tenir en forme, mais malheureusement, tous ses efforts au handball, au tennis et surtout au golf n'arrivent pas à empêcher qu'il arrive, détérioré, dans sa quatrième décennie. En fait, même s'il s'inscrivait à un club de culture physique, tous ces exercices aux haltères, aux barres et à la machine à ramer risqueraient plus d'empirer son problème que de le régler. En effet, les exercices qui permettent de développer certains groupes de muscles peuvent avoir un effet nocif sur d'autres tout aussi importants.

## Voyez par vous-même

Même si vous ne vous en apercevez pas, vous aussi pouvez être dans le même cas que M. Ladouceur. Pour évaluer votre

414

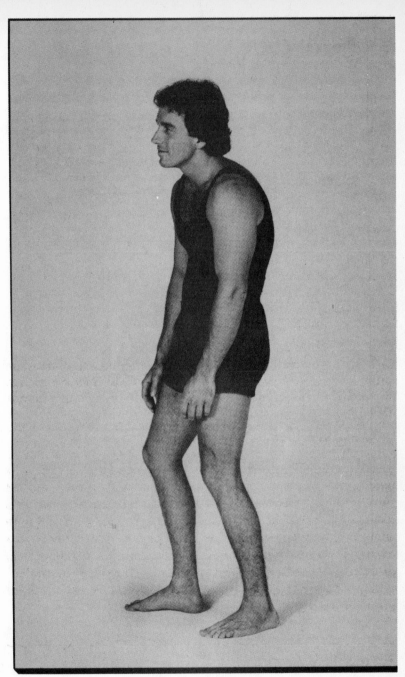

*Évitez de marcher le dos rond.*

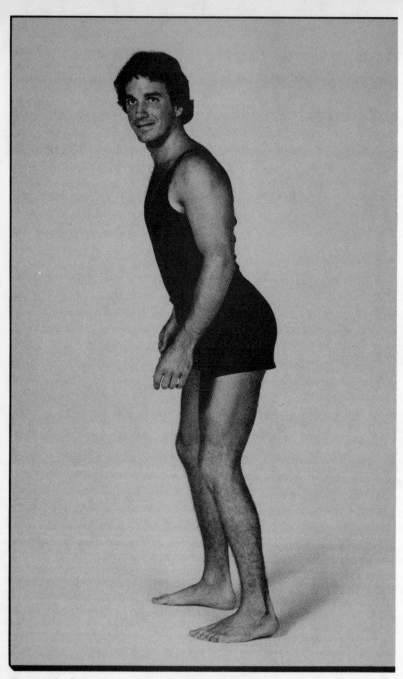

*Se tenir le dos trop cambré engendre beaucoup de tension.*

*Ne vous affalez pas sur votre bureau car vous mettez alors votre dos à rude épreuve.*

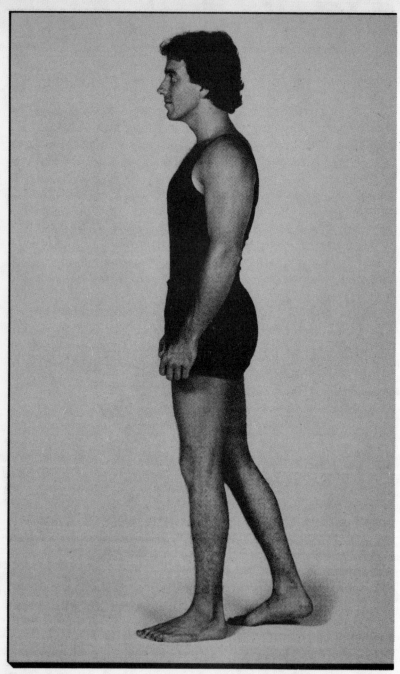

*Essayez de vous tenir droit, vous vous sentirez plus alerte et vous aurez meilleure apparence.*

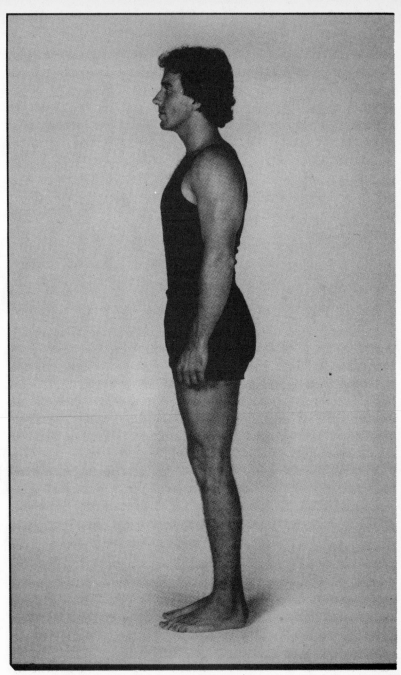

*Bombez la poitrine, vous respirerez plus facilement.*

condition, déshabillez-vous et regardez-vous dans un miroir pleine grandeur.

Alors, comment se présente votre profil? Sans tricher, prenez votre posture de tous les jours. Pensez maintenant à un fil à plomb imaginaire qui partirait du sommet de votre tête et irait toucher le cou-de-pied en traversant le cou, les épaules et les hanches. Lorsque les différentes parties du corps sont également réparties de chaque côté de cette ligne, votre poids est alors supporté sans effort par les divers groupes de muscles. Par contre, si vous vous tenez la tête penchée vers l'avant, l'abdomen projeté devant vous et le dos voûté, l'équilibre normal du corps est perturbé et plusieurs des muscles doivent fournir un effort supplémentaire pour vous empêcher de tomber.

Essayez aussi cet autre test. Tenez-vous contre un mur de manière à y appuyer la tête, les épaules et les mollets. Maintenant, plaquez les reins au mur en y appuyant fortement les fesses. Vous devriez être à peine capable de glisser la main entre le mur et les reins. Si cet espace est plus grand que l'épaisseur de la main, c'est que vous avez assurément un problème de posture.

Cependant, avant de vous dire qu'il est trop tard pour corriger vos problèmes de dos voûté ou de ventre rebondi, faites-vous une petite faveur. Écoutez les bonnes nouvelles annoncées par le docteur Raymond Harris, qui est président et directeur du Centre d'études sur le vieillissement à Albany, dans l'état de New York. Celui-ci est aussi l'auteur d'un livre intitulé *Guide to Fitness After Fifty* (Plenum Press, 1977).

« Il est possible de corriger une mauvaise posture », déclare-t-il, « et il n'est jamais trop tard pour bien faire. »

Le fait est, qu'il est très difficile de regarder le monde lorsqu'on se tient mal. Lorsqu'on se tient le dos rond, le poids du corps est transféré de la région de la colonne aux muscles et aux ligaments du bas du dos, ce qui entraîne de la fatigue et une déformation douloureuse comme la lordose.

« Les cas de lordose constituent un grave problème », explique le docteur Benjamin S. Golub, chef du service de

---

**Il est possible de corriger une mauvaise posture et il n'est jamais trop tard pour bien faire.**

---

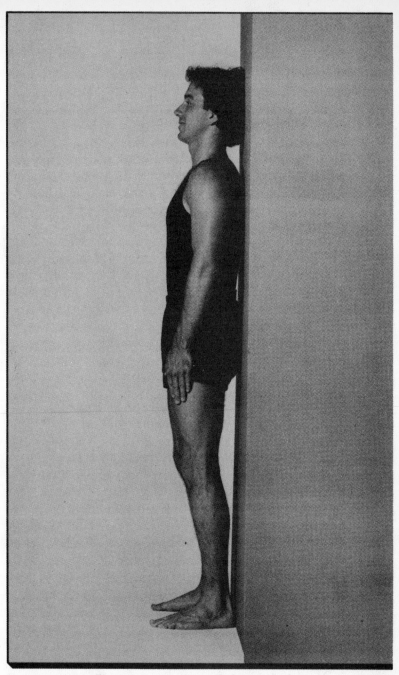

*Vous pouvez améliorer votre posture en appuyant le dos contre un mur.*

traitement des maux de dos du Hospital for Joint Diseases and Medical Center de New York. « Malheureusement, les muscles et ligaments du bas du dos ne sont vraiment pas conçus pour supporter le poids de notre corps. »

## Le fondement de toute activité

Selon le docteur Golub, ce n'est pas un luxe que d'adopter une posture droite. « Toutes nos activités, qu'on se tienne debout, assis ou penché, exigent qu'on ait une posture convenable. »

Sur ces bonnes paroles, revenons devant notre miroir. Cette fois-ci, vous allez voir quelle apparence vous avez lorsque vous adoptez la posture appropriée, c'est-à-dire lorsque le poids du corps est au bon endroit, soit dans la région de la colonne.

Tenez-vous bien droit en gardant le corps ferme mais détendu.

Relaxez.

Regardez droit devant vous et répartissez également votre poids sur la plante de vos pieds, et non sur les orteils ou les talons. Vous devriez être capable de lever les talons sans vous pencher en avant.

Relevez légèrement le bassin. Imaginez que vous serrez une pièce de monnaie entre les fesses et vous les sentirez se contracter (ne pliez pas les genoux). Pendant que vous faites ce mouvement, vous devriez sentir rentrer vos fesses et l'arc du bas du dos (la courbure lombaire) se redresser. « Tout est dans le redressement de la courbure lombaire » affirme le docteur Golub.

Bombez le torse. En adoptant cette position, vous redressez tout naturellement les épaules et vous rentrez en même temps l'estomac (la respiration se fait de façon moins efficace et moins confortable si la poitrine et l'abdomen sont affaissés). N'exagérez pas cependant ; n'arquez pas le dos et ne rentrez pas le ventre, cette posture du soldat à l'attention ne fait que provoquer de la tension. « La posture militaire est trop rigide », avertit le docteur Golub. « Il ne faut tout de même pas devenir aussi discipliné qu'un adjudant. »

Votre objectif consiste à atteindre un bon alignement vertical, c'est-à-dire que si vous descendiez un fil à plomb juste

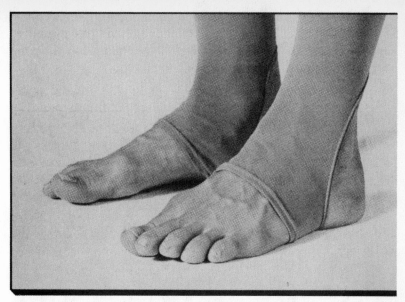

*Lorsque vous êtes debout, votre poids devrait être supporté par la plante des pieds.*

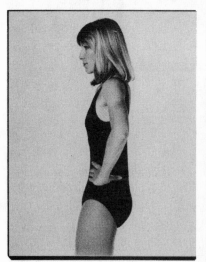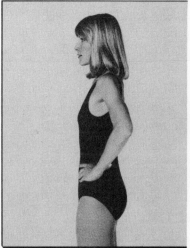

*Rentrez votre bassin pour redresser le dos.   Le dos affiche une courbure lorsque le bassin n'est pas rentré.*

derrière l'oreille, celui-ci devrait traverser l'épaule et le sacrum (le dernier os de la colonne), passer derrière la hanche et traverser la cheville.

423

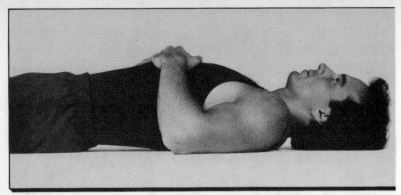

*Détendez-vous sur le dos avant de rentrer le bassin.*

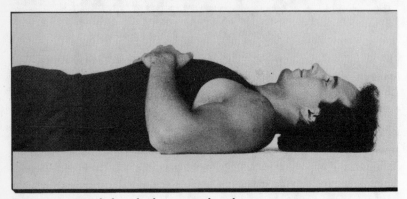

*Poussez ensuite le bas du dos contre le sol.*

## Trois règles à appliquer

Quoique cela puisse vous paraître un objectif difficile à première vue, il n'y a en fait que trois manœuvres à se rappeler. Il faut d'abord se tenir droit, relever ensuite le bassin et enfin bomber la poitrine. Tout le reste se fera automatiquement.

Ne vous découragez surtout pas si, à vos premiers essais, vous vous contorsionnez comme un dangeur de gogo. Vous avez probablement tellement l'habitude de mal vous tenir que votre corps se sentira inconfortable dans la posture convenable, provoquant une certaine tension dans le bas du dos. Cependant, avec un peu de temps et de pratique, vous vous sentirez tout à fait à l'aise.

Ainsi, il faut apprendre à adopter une bonne posture, comme c'est le cas pour jouer d'un instrument ou faire de la bicyclette. Et comme dans toute autre activité, vous vous améliorerez avec de la pratique. Peu importe à quel point votre miroir vous renvoie une image décevante, avec un peu de détermination vous pourrez bientôt vous y regardez avec satisfaction. En fait, une fois que vous aurez décidé de faire un petit effort, vous serez surpris de constater comme c'est facile d'améliorer votre posture.

## Trois autres étapes pour se redresser

Selon le docteur Harris, le processus pour atteindre une posture droite se fait en trois étapes de base.

Tout d'abord, il faut pouvoir étudier sa posture. Lorsque vous passez devant un miroir ou une vitrine de magasin, regardez si vous êtes bien droit au lieu d'en profiter pour vous peigner ou pour redresser votre manteau.

« Il s'agit ici de concentrer votre esprit sur votre posture », explique le docteur Harris. « Le meilleur moyen que je connaisse pour y arriver est de marcher comme si vous portiez une couronne sur la tête. »

En second lieu, il faut adopter consciemment la bonne posture en tout temps. Le docteur Harris suggère de pratiquer étendu sur le sol ou sur une planche inclinée (les pieds plus hauts que la tête). Il est aussi possible d'utiliser une planche à repasser solide en relevant le bout étroit de quinze à vingt centimètres. Cette position permet de redresser la colonne et de détendre les muscles. Vous pouvez aussi placer de petits coussins derrière le cou et sous les genoux afin de soulager la tension dans la colonne.

Enfin, la dernière étape du processus d'acquisition d'une bonne posture consiste à étirer et à masser les muscles, de même qu'à les exercer.

« Des massages en douceur sont particulièrement salutaires chez les personnes de plus de cinquante ans », précise le docteur Harris. « Il est aussi recommandé de faire des exercices avec une barre d'étirement, car elle permet d'étirer les muscles sans les forcer et de les faire travailler de façon convenable... elle a aussi l'avantage de réaligner convenablement le dos et de soulager la pression exercée sur les nerfs et les disques. »

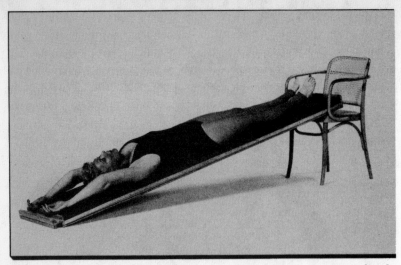

*Un excellent exercice de relaxation consiste à s'étendre sur une planche inclinée, les pieds plus hauts que la tête.*

Même des exercices aussi simples que se rouler sur un plancher recouvert d'un tapis peuvent être bénéfiques. Selon le docteur Harris, ceux-ci rétablissent la mobilité des articulations en améliorant le tonus musculaire et aident aussi les muscles à maintenir la bonne posture du corps.

Le docteur Harris ajoute que la posture joue un rôle important dans la respiration. En effet, la respiration diaphragmatique (au niveau du ventre) constitue le fondement d'une bonne santé.

Mais voyons un peu de quoi il retourne dans la pratique.

Placez une main sur le ventre, entre le nombril et les côtes, et prenez une profonde inspiration. Votre main est poussée vers l'extérieur à mesure que s'abaisse le diaphragme. Expirez maintenant; votre main est aspirée vers l'intérieur pendant que remonte le diaphragme. Encore une fois, c'est avec la pratique que l'on peut perfectionner sa manière de respirer.

## Une bonne posture soulage les maux de dos

Si vous souffrez de maux de dos, vous avez tout avantage à améliorer votre posture, recommande le docteur Golub. Quoiqu'une bonne posture n'a malheureusement pas le pouvoir de

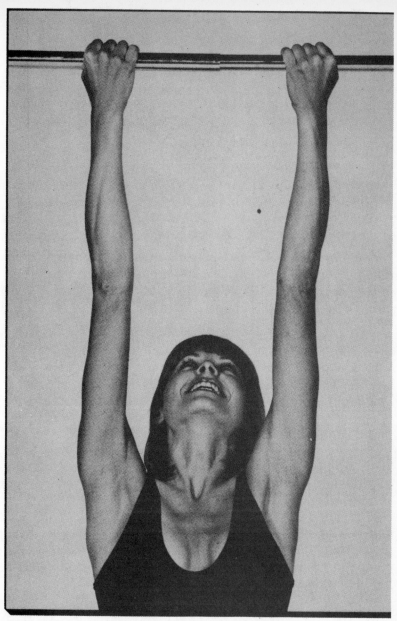

*Pour redresser votre dos, laissez-vous pendre d'une barre d'étirement.*

guérir les cas d'ostéoporose, les fractures, les dégénérescences discales et autres problèmes de dos, elle peut, malgré tout, réduire les effets des maladies du dos. « N'oubliez pas qu'une mauvaise posture qui s'ajoute à d'autres problèmes de dos ne peut qu'empirer la situation. »

Le docteur Golub ajoute que les meilleurs exercices que vous pouvez faire pour améliorer votre posture sont ceux qui sont conçus pour renforcer les muscles abdominaux. « Ces muscles constituent la clé du bien-être de votre dos, car s'ils sont fermes et forts, ils redressent automatiquement le bassin, diminuant ainsi la courbure lombaire. »

Quels que soient les exercices que vous fassiez pour améliorer votre posture, l'important est de les faire régulièrement selon Hyman Jampol, directeur du Beverly Palm Rehabilitation Hospital de Los Angeles et auteur de *The Weekend Athlete's Way to a Pain-Free Monday* (J.P. Tarcher, 1978).

« Il ne faut pas s'exercer uniquement lorsque ça nous tente », ajoute-t-il. « Il faut avoir un horaire régulier, tout comme nous devons régulièrement nous brosser les dents ou les cheveux, ou encore aller chez le coiffeur. »

« Nous devrions tous prendre l'habitude de faire chaque matin, en nous levant, des exercices abdominaux et dorsaux pendant dix minutes. Vous verrez qu'avant longtemps, ces exercices feront boule de neige, car plus vous en ferez, mieux vous vous sentirez, et plus vous voudrez en faire. »

## Exercices pour le dos

Comme nous l'avons dit, les meilleurs exercices pour améliorer la posture sont ceux qui renforcent les muscles de l'estomac. Les exercices suivants, qui ont été conçus par le docteur Golub, vous permettront d'atteindre les résultats désirés. Commencez les exercices couché sur le dos, les hanches et les genoux pliés, pieds à plat sur le sol, puis procédez de la façon suivante :

1. Croisez les bras et tendez les muscles abdominaux pendant cinq secondes. Relâchez et reposez-vous un instant. Répétez cinq fois.

2. Placez les coudes au sol et poussez dessus pour appuyer le bas du dos contre le sol. Tenez cette position pendant cinq secondes puis reposez-vous un instant. Répétez dix fois.

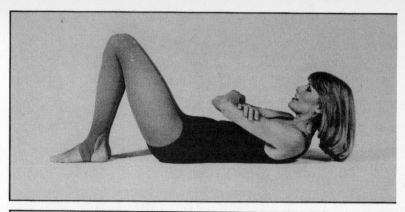

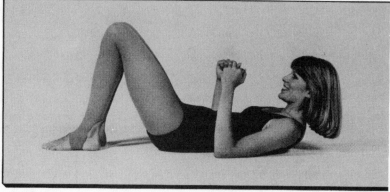

*1. Commencez cet exercice les bras croisés. 2. Appuyez les coudes contre le sol.*

1. Placez un petit coussin derrière la tête puis inspirez et expirez profondément pendant que vous contractez les muscles abdominaux. Prenez un instant de repos et répétez dix fois.
2. Placez vos mains derrière la tête puis inspirez profondément en bombant la poitrine. Expirez en contractant vos muscles abdominaux et en poussant votre ventre. Tenez cinq secondes puis reposez-vous un moment. Répétez cinq fois.

---

**Les meilleurs exercices permettant d'améliorer sa posture sont ceux qui renforcent les muscles de l'estomac.**

---

*1. Placez un coussin derrière votre tête.*

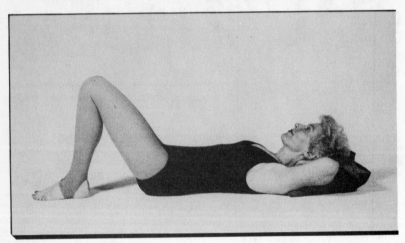

*2. Placez les bras derrière la tête.*

3. Vous pouvez terminer la séance en faisant des redressements partiels. Les mains derrière le cou, relevez les épaules et le haut du dos à environ cinq centimètres du sol. Tenez cinq secondes puis reposez-vous un instant. Répétez cinq fois.

**3.** *Relevez la tête de quelques centimètres.*

# RÉFLEXOLOGIE

**V**ous êtes étendu sur le dos dans une pièce faiblement éclairée. Certains de vos effets tels vos chaussures, vos bas, votre portefeuille, votre montre et votre ceinture ont été rangés plus loin. Une serviette enroulée est placée sous vos genoux et vos pieds, nus, reposent tout au bout de la table. On vous a demandé de vous détendre en prenant lentement quelques profondes inspirations.

Deux mains enduites de lotion saisissent votre pied gauche et se mettent à le masser, explorant vos orteils. Graduellement, les 26 os, 56 ligaments et 38 muscles de vos pieds se relâchent. Vous vous sentez de plus en plus détendu et vous fermez les yeux.

Votre pied droit subit ensuite le même traitement, puis les mains reviennent au pied gauche. Cette fois, le pouce d'une des mains se met à explorer méthodiquement la plante du pied et les orteils, s'enfonçant douloureusement dans la peau à certains endroits. Parfois, ce pouce inquisiteur provoque une sensation de craquement, un peu comme lorsqu'on écrase des noix avec le dos d'une cuiller. Puis, c'est de nouveau le tour du pied droit ; les mains explorent la plante du pied, les orteils et le tour de la cheville. Enfin, les deux pieds sont soumis ensemble au traitement, d'abord avec vigueur, puis de plus en plus en douceur.

Vous ouvrez les yeux. Une heure entière s'est écoulée. Vous êtes tellement détendu que vous avez peine à vous asseoir. Vous venez de faire l'expérience d'un traitement de réflexologie.

Pendant la plus grande partie de ces quarante dernières années, c'est-à-dire depuis qu'une femme appelée Eunice D.

432

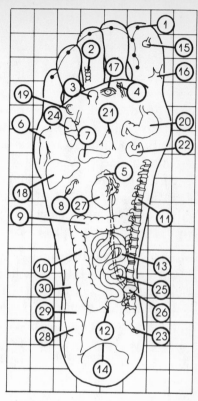

1. Sinus
2. Bronches
3. Partie arrière de la tête
4. Gorge et amygdales
5. Glandes surrénales
6. Articulations de l'épaule et du bras
7. Pancréas
8. Vésicule biliaire
9. Côlon transverse
10. Côlon ascendant
11. Vertèbres
12. Valvule de Bauhin
13. Intestin grêle
14. Nerf sciatique
15. Hypophyse
16. Cou
17. Yeux
18. Foie
19. Oreilles
20. Estomac
21. Plexus solaire
22. Thyroïde
23. Coccyx
24. Poumons
25. Uretère
26. Vessie
27. Reins
28. Genoux
29. Cuisses
30. Articulation de la hanche

**Les diverses zones de massage.**

Ingham a publié un petit opuscule intitulé *Stories the Feet Can Tell* (1938), la réflexologie est demeurée en marge de la médecine officielle. Cependant, depuis quelques années, cette cousine de l'acupuncture commence à éveiller l'attention d'un nombre croissant de gens en dehors du cercle restreint d'initiés qui s'y adonnaient auparavant.

La réflexologie, de même que « l'équilibre réflexe », une technique plus raffinée née de la première, sont fondés sur une théorie voulant que les diverses zones des pieds et des mains correspondent à des organes particuliers du corps humain. Selon les réflexologistes, un massage de ces zones assure une meilleure circulation à l'intérieur de ces organes, en stimule le fonctionnement, élimine les déchets de façon efficace et draine le corps de la tension accumulée. « L'équilibre réflexe n'est pas un outil de guérison », peut-on lire dans un livre sur le sujet. « L'équilibre réflexe aide les mécanismes de guérison de l'organisme à faire leur travail de façon plus efficace. »

Au National Institute of Reflexology de St. Petersburg, en Floride, on estime à 12 000 le nombre de personnes ayant suivi le cours de réflexologie qui y est enseigné. Pour sa part, l'American Medical Association n'a pris aucune position officielle concernant la réflexologie et très peu de médecins en ont fait un outil de travail. Au Gurney's Inn, une station thermale bien connue située à Montauk Point, Long Island, les services d'un réflexologiste ont été mis à la disposition des clients ; ceux qui se sont soumis à ce genre de traitement le décrivent comme « absolument merveilleux ».

Laura Norman est une réflexologiste diplômée qui détient en outre une maîtrise dans le traitement des enfants souffrant de troubles émotifs. Établie à New York depuis dix ans, cette dernière traite régulièrement les pieds d'une clientèle variée composée de maîtresses de maison, de gens d'affaires, de personnes du troisième âge, d'enfants handicapés, de danseurs et d'athlètes qui viennent d'un peu partout pour la voir : Manhattan, Long Island, New Jersey, Connecticut et même Boston. Un client qui se fait traiter par elle depuis cinq ans nous a confié : « Laura possède des mains absolument extraordinaires. »

## Tout d'abord, les antécédents médicaux

Ses traitements débutent généralement par un bref aperçu du passé médical du patient : maladies ou interventions chirurgicales

434

majeures ainsi que les parties de l'organisme où s'exerce le plus de tension. Cela lui permet de prévoir les parties des pieds de son patient qui risquent d'être les plus sensibles. En règle générale, les traitements sont administrés alors que le sujet est à jeûn. Ce dernier enlève ses chaussures et ses bas, s'étend sur une table d'examen et le traitement commence.

Ceux qui se font traiter pour la première fois s'étonnent souvent d'apprendre qu'une séance peut durer une heure, mais Mlle Norman confie, qu'elle peut durer plus longtemps encore, s'il s'agit d'un premier traitement.

Après que le patient s'est étendu, Mlle Norman lui demande d'éviter de parler et de ne pas croiser les bras. Elle croit en effet, que le fait de se croiser les bras court-circuite le magnétisme qui s'établit entre le patient et le thérapeute.

Au début de la séance, on ne ressent que les effets normaux d'un massage mais bientôt, on commence à sentir son corps se détendre. À un certain moment, Mlle Norman effectue un mouvement de rotation de son pouce sur la cheville ; c'est ce qui provoque cette sensation de noix qu'on écrase.

Dans le jargon des réflexologistes, cette sensation est provoquée par des « cristaux », c'est-à-dire des déchets qui s'accumulent dans les terminaisons nerveuses et les capillaires des pieds, perturbant la circulation sanguine. Il semble que le traitement réflexologique aurait la propriété de broyer ces cristaux afin qu'ils puissent être évacués hors de l'organisme.

Une séance dure environ une heure mais pour le patient, elle ne semble durer que vingt minutes. Si, lorsqu'on se relève, nos mouvements sont quelque peu saccadés, c'est signe que l'organisme est en train de relâcher de la tension. « La plupart des maladies sont provoquées par la tension », affirme Mlle Norman. Celle-ci offre ensuite un verre d'eau à son patient car elle croit que l'absorption d'un liquide aide à évacuer les déchets qui ont été remués pendant le traitement. Elle enjoint aussi ses clients d'attendre un peu avant de soulever des objets lourds, et leur demande avant de partir, si le traitement les a aidés à éclaircir notablement leurs pensées. Le traitement permet de se débarrasser des bruits parasites qui bourdonnent dans la tête, affirme-t-elle.

## Guide d'auto-traitement

La méthode des séances hebdomadaires d'une heure chacune dont se sert Mlle Norman est tirée des bouquins écrits par Eunice D. Ingham. Cependant, il existe d'autres écoles de pensée dans le domaine, notamment celle de Michael Andron, un autre New-Yorkais, dont la méthode dite de « l'équilibre réflexe » est exposée dans son livre intitulé *Reflex Balance: A Foot And Handbook for Health* (1980). Ce livre permet au lecteur de se traiter lui-même par la réflexologie. Alors que Mlle Norman effectue des massages pour éliminer les cristaux de déchets de l'organisme, ceux de M. Andron s'emploient à corriger les perturbations du « champ électromagnétique » qui envelopperait selon lui notre corps (il croit que sa théorie se trouve confirmée par les variations du courant électrique parcourant le corps, courants qu'il a pu mesurer lors de séances de traitement). Peu importe la méthode, la plupart des techniques de massage employées, ainsi que les résultats, sont semblables. Cependant, M. Andron déclare que sa méthode a l'avantage de ne rien coûter et qu'en plus, elle exige des gens « qu'ils deviennent eux-mêmes responsables de leur santé. »

## Frottez pour éliminer la douleur

Une femme d'affaires d'Oceanside, à Long Island, subit des traitements réflexologiques hebdomadaires depuis cinq ans. Auparavant, elle a souffert pendant quinze ans de graves maux de dos chroniques. Trois ou quatre fois, on a même dû la mettre en traction et chaque fois, elle est ressortie de l'hôpital avec un plâtre. Elle affirme avoir réagi dès les premiers instants au traitement réflexologique. À titre d'exemple, lorsqu'elle souffrait d'une douleur à la hanche, la sensibilité de la zone réflexe correspondante du pied était insupportable. « J'ai découvert que les pieds ne mentent jamais », nous a-t-elle confié.

Nous avons rencontré deux autres inconditionnels de la réflexologie, deux frères qui sont propriétaires d'une usine de produits chimiques de Bayonne, au New Jersey. Le plus jeune, qui est âgé de 70 ans, se fait traiter toutes les semaines, neuf mois par année, tandis que son aîné de quatre ans préfère se traiter et traiter son épouse lui-même. « Les résultats sont excellents », précise-t-il. Il est d'avis que la réflexologie lui a permis de se remettre d'une attaque qui l'a terrassé en 1971 et qu'elle a guéri les troubles cardiaques de sa femme. Son frère déclare quant à lui : « Je me sens un autre homme grâce à ces traitements. Auparavant, j'avais les jambes et les chevilles qui enflaient à tout moment, tandis que maintenant, je n'ai plus de problèmes même s'il fait très chaud ou que je marche beaucoup. Je me sens vraiment plus actif. »

« Je n'y croyais pas au début, mais je me suis sentie tellement bien par la suite », raconte Julie Etra de Lawrence, à Long Island. Celle-ci travaille avec des diabétiques à l'hôpital Mount Sinaï de New York et se fait traiter par la réflexologie depuis maintenant trois ans.

Ken Miller est l'ex-directeur de la résidence du Maimonides Institute, une école privée pour enfants handicapés et perturbés, qui se trouve dans Queens. Il a connu Mlle Norman lorsque celle-ci y a travaillé à titre d'éducatrice spécialisée entre 1974 et 1979. M. Miller raconte que les traitements de réflexologie qu'elle prodiguait aux enfants hyperactifs ont permis de les calmer et de les rendre plus attentifs. Il affirme que les résultats qu'elle a obtenus ont été « tout à fait exceptionnels », ajoutant qu'elle a même guéri les maux de dos dont il souffrait.

À notre connaissance, au moins une autre personne du monde médical utilise la technique de l'équilibre réflexe pour traiter certains patients. Il s'agit d'une résidente en pédiatrie à l'hôpital Mount Sinaï de New York qui, après avoir appris la technique de Michael Andron en août 1979, s'en est servie pour traiter une vingtaine de ses patients.

Elle l'a même utilisée dans une situation tout à fait particulière. En effet, la technique de l'équilibre réflexe lui a permis de sauver une petite fille qui était née quatre semaines avant terme, par césarienne.

Une heure après sa naissance, le pouls du bébé était de 250 battements à la minute et son rythme respiratoire était de 150 respirations par minute. Le bébé essayait de cette manière de compenser le sous-développement de son cœur et de ses poumons, mais sa respiration et son rythme cardiaque étaient dangereusement élevés.

Le deuxième jour, la jeune femme médecin décida d'appliquer ses connaissances en réflexologie sur le bébé. Elle entreprit donc de masser les zones de son pied qui correspondaient à son cœur et à ses poumons. Selon les tableaux indiquant les zones d'équilibre réflexe, ces zones correspondraient à la plante du pied. Se servant de son auriculaire ou de la gomme à effacer d'un crayon, elle effectua des tests pour voir quelle pression l'enfant pouvait supporter avant de se mettre à pleurer ou de retirer son pied.

Elle nota dans son rapport qu'en exerçant une pression constante sur la zone cœur-poumons pendant 60 à 90 secondes, le rythme respiratoire diminuait entre 60 et 80 respirations par minute. Si cette pression était maintenue pendant plus de deux minutes, le rythme tombait à 40 par minute et remontait entre 80 et 90 dans les trente secondes suivant le relâchement de la pression. De plus, le phénomène se reproduisait à chaque fois qu'elle reprenait le traitement. Elle remarqua par ailleurs que la pression ne produisait aucun effet si elle était exercée sur une autre zone du pied.

Quoiqu'on se soit aussi servi d'autres moyens plus traditionnels comme la tente à oxygène pour traiter le bébé, notre jeune médecin croit malgré tout que la technique de l'équilibre réflexe a joué un rôle important dans le traitement. Elle ajoute même qu'elle a été très impressionnée par les résultats. Lorsqu'on lui a demandé si elle se servirait encore de cette méthode, elle a répondu par l'affirmative sans la moindre hésitation.

Tout comme M. Andron, cette femme médecin croit qu'il faudrait enseigner aux gens à se servir eux-mêmes de la réflexologie. Elle-même a montré à quelques-uns de ses jeunes patients à s'en servir, mais peu d'entre eux ont persévéré.

## Faites-le vous-même

En dernière analyse, on ne peut vraiment affirmer ou infirmer les bienfaits attribués à la réflexologie. Il est possible que la plante de nos pieds soit un moyen d'accéder aux organes de notre corps, mais rien n'a encore été prouvé au-delà de tout doute.

Cependant, même si les bienfaits qu'on lui attribue s'avèrent inexacts, il n'en reste pas moins qu'un massage réflexologique des pieds constitue une expérience tout à fait relaxante et sûrement plus efficace que le simple fait de les frotter sans technique précise. Il est même fort probable que, comme le promettent ses adeptes, la réflexologie soit un excellent moyen de stimuler la circulation dans les extrémités. De toute façon, ne serait-ce que pour la sensation de bien-être qu'il apporte, ce traitement mérite qu'on ne le rejette pas sans l'avoir essayé.

Par ailleurs, la réflexologie a ceci d'avantageux qu'elle ne fait appel à aucun médicament ni aucune intervention chirurgicale, et que n'importe qui peut s'en servir sur soi à peu de frais. En effet, vous pouvez vous faire traiter par un spécialiste si vous préférez, mais rien ne vous y oblige si vous êtes prêt à consacrer quelques heures à l'apprentissage de la technique.

De plus, si vous prenez quelques précautions dès le départ (par exemple ne pas masser trop rudement ni trop souvent), vous ne courez aucun risque de vous blesser. Tout ce dont vous avez besoin, c'est de vos deux mains et de vos deux pieds.

En pratique, la personne qui reçoit le traitement devrait s'allonger sur un lit ou un sofa et le masseur devrait s'asseoir sur une chaise en faisant face aux pieds de son sujet.

Le temps que vous devriez consacrer à chaque pied varie entre cinq et quarante-cinq minutes. Certaines personnes préfèrent commencer par réchauffer les pieds au moyen d'un massage général tandis que d'autres passent tout de suite au traitement proprement dit des zones réflexes. À chacun ses préférences.

Selon la technique de réflexologie traditionnelle, il serait préférable de plier le pouce et d'appuyer sur les zones à traiter en faisant des mouvements de rotation. Au début, la pression devrait être ferme mais douce, puis augmentée graduellement jusqu'à la limite de tolérance du sujet. Bien entendu, il faut garder l'ongle du pouce assez court pour ne pas blesser la peau. En outre, le masseur devrait être attentif aux signes de douleurs que le sujet pourrait exprimer.

Une jeune femme à qui un masseur inexpérimenté avait prodigué un traitement d'une vingtaine de minutes, a déclaré avoir ressenti une douce chaleur pénétrer en elle pendant l'expérience. Elle a comparé l'expérience à un « état de suspension » aussi profond que celui qu'elle pouvait atteindre par la méditation.

Après le traitement, le masseur et le sujet peuvent bien sûr échanger leur rôle, mais ce n'est pas une obligation. Certaines personnes nous ont même dit qu'elles se détendent autant en administrant un massage que lorsqu'elles en reçoivent un.

# ROLFING®

par Jason MIXTER, Rolfer diplômé

Le terme « Rolfing » décrit maintenant une technique d'éducation corporelle et de manipulation physique qui portait autrefois le nom d'intégration structurelle. Le terme même est dérivé du nom du docteur Ida Rolf, Ph.D., qui a passé cinquante ans de sa vie à étudier et à mettre au point cette technique. Depuis sa mort, survenue en 1979, ce sont ses nombreux élèves qui continuent son œuvre. Essentiellement, le Rolfing est basé sur certains concepts très simples au sujet du corps humain : (1) la plupart des êtres humains sont passablement déséquilibrés par rapport à la gravitation terrestre ; (2) notre organisme fonctionne beaucoup mieux lorsqu'il est aligné avec le champ gravitationnel de la terre ; (3) le corps humain est tellement flexible qu'il est possible de le réaligner pratiquement à n'importe quel âge.

## Les découvertes de Ida Rolf

En 1916, Ida Rolf décrochait un doctorat en biochimie à l'université Columbia. Au cours de ses recherches scientifiques, elle fit une découverte fondamentale à propos du corps humain : le même réseau de tissu conjonctif qui enveloppe et qui joint les muscles entre eux lorsque le corps est en santé peut aussi les remodeler lorsqu'ils ont perdu leur forme initiale. Chacun des muscles (et chaque fibre musculaire) est enveloppé d'un tissu

*Ida Rolf, instigatrice du Rolfing.*

conjonctif appelé aponévrose (qu'on appelle aussi fascia). Cette dernière s'épaissit à l'extrémité de chaque muscle pour former des lanières fibreuses ; ce sont les ligaments et les tendons. Ceux-ci servent à maintenir les muscles en place et à les rattacher aux os. En fait, il serait plus juste de dire que cet étrange matériau qu'on nomme tissu conjonctif constitue la matière première du corps. Au stade embryonnaire, une partie du tissu aponévrotique se développe pour devenir les os tandis qu'une autre partie se transforme en muscles.

Les découvertes du docteur Rolf sur l'importance du système aponévrotique ont révolutionné les idées sur le corps humain.

**Selon les Rolfers, le corps est tellement flexible qu'il est possible de le réaligner en harmonie avec la gravité terrestre pratiquement à n'importe quelle période de la vie d'une personne.**

Par exemple, ses partisans mettent l'accent non sur les muscles, mais plutôt sur leur enveloppe, tout comme si on s'occupait de la pelure d'une orange plutôt que de sa pulpe. L'aponévrose soutient les muscles et maintient aussi les assemblages musculo-osseux. Cependant, elle possède aussi une propriété incommodante : elle offre un support, peu importe le mouvement ou la posture que le corps adopte. Par exemple, lorsque les muscles deviennent trop tendus en raison d'une posture mal équilibrée, les tissus conjonctifs peuvent absorber une partie de la tension en se raccourcissant et en perdant un peu de leur élasticité. Autrement dit, le corps change de forme et reflète ainsi la manière dont il est utilisé. D'un autre côté, l'aponévrose peut aider l'organisme à maintenir une posture bien équilibrée. Par exemple, tout pourrait être remis en ordre, si on corrigeait l'alignement des muscles et des os et si on incitait le corps à faire des mouvements équilibrés.

La découverte du rôle primordial de l'aponévrose par le docteur Rolf a aussi été fondée sur une autre réalisation d'importance. En effet, elle s'est aperçue que la gravité est le principal instrument de modelage du corps. Ainsi, il nous faut constamment équilibrer notre corps d'une façon quelconque par rapport à la gravité. Comme celle-ci se fait sentir sans répit de la naissance jusqu'à la mort, son influence provoque des déviations sur l'ensemble du système musculo-osseux et non uniquement à un niveau local. Ainsi, si l'équilibre naturel du corps est perturbé (si le corps ne suit pas la meilleure géométrie du squelette), alors le corps tout entier va changer graduellement de forme pour s'adapter à la déviation qui lui est imposée. Prenons l'exemple d'un enfant qui se blesse au genou en tombant de sa bicyclette. Pour éviter d'avoir mal, l'enfant va raidir les muscles qui entourent son genou. Comme le corps doit lutter contre l'attraction gravitationnelle, l'ensemble du système musculaire va se modifier pour compenser le raidissement des muscles du genou. Ainsi, les mouvements de la région du bassin seront modifiés, tout comme le seront la respiration de l'enfant et la façon dont il se tiendra la tête. Comme les muscles ne peuvent supporter seuls la tension additionnelle qui en résulte, l'aponévrose de ceux-ci devra modifier sa forme pour supporter la nouvelle posture imposée au corps. Si cet état se maintient sur une longue période, la posture du corps tout entier se modifiera en conséquence.

On pourrait comparer le corps à une maison. Il est structuré de telle manière que chaque partie occupe la place qui lui convient et s'imbrique avec les autres de façon à équilibrer la charge sur l'ensemble de la charpente. Tout comme dans le cas d'une maison bien construite où chaque solive et chaque montant contribue au bon équilibre de la structure, un corps bien utilisé (plutôt que bien construit) fonctionnera en toute efficacité. Comme la gravité exerce une pression sur toute chose, les parties du corps qui sont mal alignées — solives mal alignées et dépourvues du soutien d'un montant — sont forcées par celle-ci d'adopter une position douloureusement anormale. L'objectif des Rolfers consiste à rétablir la charpente selon les caractéristiques des plans initiaux. Pour expliquer ce qu'ils entendent par redressement de la charpente, ils se servent de l'analogie suivante : c'est comme si on pendait une personne par les cheveux jusqu'à ce qu'elle soit dans une position verticale parfaite, avant de la libérer. En effet, ce n'est en général pas suffisant de ne remettre qu'une seule partie en place ; toutes les parties de la structure doivent être bien équilibrées pour qu'une maison se tiennent solidement debout ou que le corps humain fonctionne de façon harmonieuse. Ce n'est que lorsque le corps est parfaitement équilibré, qu'il se conforme à ce que le docteur Rolf a appelé « la vérité du Rolfing : lorsque l'organisme fonctionne convenablement, la force de gravité passe à travers lui sans le perturber. C'est alors que, spontanément, le corps peut se guérir lui-même. »

## La géométrie du corps

Les vues du docteur Rolf sur le rôle de l'aponévrose dans la posture du corps lui ont permis de faire une autre découverte importante à laquelle on pourrait donner le nom de « théorie de la géométrie du corps ». Selon cette théorie, lorsque le coude, le genou ou toute autre articulation d'une personne est convenablement équilibrée, celle-ci a comme une sensation de « droiture » interne. Elle sent que son corps est aligné convenablement par rapport aux axes de mouvement ; toutes les articulations de la jambe (hanche, genou, cheville et même les orteils) travaillent dans le même axe de mouvement. Les mouvements des jambes sont parallèles et la personne sent que sa tête et sa colonne s'élèvent bien droites. Les coudes suivent, quant à eux, leur angle naturel de mouvement, sans effort. Comparativement à cette nouvelle organisation du corps, la façon dont il fonctionnait auparavant semblait plutôt cahotique et due au hasard des mouvements. Par contraste, cette nouvelle géométrie, cette nouvelle orientation dans l'espace permet de se sentir beaucoup plus à l'aise. Tenant compte de cette géométrie, le Rolfer s'emploie à ramener le corps de son patient le plus possible dans l'axe central de gravité, de manière que celui-ci ne se serve que du minimum de muscles nécessaires pour se soutenir dans les positions de base, debout et assise. Ainsi, la « posture » n'est plus un état immobile de support, mais plutôt un état d'équilibre où l'on se sent flotter dans les airs. C'est cette attention portée à la géométrie du corps qui distingue le Rolfing des autres formes de traitement où n'entrent en jeu que le massage des tissus et la relaxation.

Naturellement, la géométrie idéale du corps diffère pour chaque personne en raison des différences de taille, de longueur des membres et de divers autres facteurs similaires. Les Rolfers tiennent compte de cinq points fondamentaux lorsqu'ils établissent les objectifs que leurs clients doivent atteindre. Tout d'abord, afin que le corps humain puisse bien fonctionner et maintenir sa position debout, il doit y avoir un parfait alignement des cinq points suivants : l'oreille, l'épaule, la hanche, le genou et la cheville. Ce sont la tête, le cou et les épaules qui déterminent la posture de tout le reste du corps. Les mouvements du corps devraient se faire tout en douceur au lieu de dégager l'impression que chaque geste nécessite d'intenses efforts. La tête et le cou doivent être centrés juste sur la ligne médiane de l'organisme et la partie de la colonne, qui supporte cette structure, doit se trouver à l'arrière du bassin. La colonne doit ensuite suivre la courbure normale du dos jusqu'au crâne. Le moindre dommage ou toute pression constante risquent de perturber l'équilibre du torse.

Voici en quelques mots ce qu'est le Rolfing, mais cette définition risque d'être du charabia pour vous si vous n'avez

---

**Le corps humain ressemble à une maison, en ce sens qu'il est structuré de manière que chaque partie occupe la place qui lui est appropriée et que tous les éléments s'emboîtent les uns dans les autres afin d'équilibrer la charge qui pèse sur eux.**

---

jamais fait l'expérience d'un traitement par le Rolfing. Afin d'éclairer votre lanterne, nous allons décrire la première séance d'une cliente, puis faire quelques exercices qui vous permettront de ressentir ce qui se passe lors d'un premier contact avec le Rolfing.

## Une visite chez un Rolfer

Marcia connaissait le Rolfing depuis environ dix ans. Elle savait que cette technique avait été mise au point par une biochimiste afin d'améliorer la posture et la souplesse du corps humain. Elle avait aussi entendu parler que le traitement était parfois douloureux, quoique cet aspect était surtout souligné par ceux qui n'avaient jamais fait l'expérience du Rolfing. Marcia décida un jour de faire un essai.

Après avoir rempli un questionnaire portant sur son état de santé et parlé avec son thérapeute de ce qu'elle espérait retirer du traitement, on lui demanda de se mettre en sous-vêtements afin de poser pour quelques photos d'avant traitement. On l'installa devant un miroir pleine grandeur, puis on lui décrivit son corps tel que l'œil d'un Rolfer le voyait. Quelques minutes suffirent à Marcia pour s'apercevoir que son corps était loin d'être parfaitement organisé. Non seulement avait-elle une épaule plus basse que l'autre, mais celle-ci était tournée vers la droite alors que son bassin pointait vers la gauche. Elle s'aperçut aussi qu'elle respirait soit de la poitrine, soit de l'abdomen, mais jamais des deux à la fois. Se regardant de côté, elle vit qu'elle avait le ventre projeté vers l'avant parce que son tronc était déplacé en avant de son bassin. Suivant la direction de ses épaules, sa tête et son cou étaient eux aussi penchés en avant. Le thérapeute lui montra alors que si sa tête était convenablement équilibrée sur sa colonne, les muscles de son dos n'auraient pas à supporter ces six kilogrammes additionnels.

Finalement, on fit étendre Marcia sur la table et le Rolfer commença le traitement par la cage thoracique. Marcia ressentit aussitôt une brève sensation de brûlure, comme si on lui avait étiré et massé la peau un peu trop durement. Le thérapeute passa ensuite à la région de l'aisselle gauche et lui demanda de faire un mouvement du bras pendant qu'il travaillait. Le malaise ressenti était différent ; la sensation était plus aiguë, plus localisée. Les mains du thérapeute semblaient connaître les endroits exacts de tension : d'abord sur le devant, puis sur le côté, sous l'omoplate et enfin juste à la limite de sa cage thoracique. Grâce aux bons soins du thérapeute, Marcia se sentit bientôt devenir plus légère. Elle respirait plus profondément et avec moins d'effort. Son bras gauche bougeait maintenant librement, comme s'il était doué d'une vie en propre, mais son bras droit semblait bloqué lorsqu'elle essayait de le bouger. Elle n'avait jamais remarqué le moindre problème mais maintenant, elle reconnaissait sans peine la différence de souplesse entre ses deux bras.

Marcia se sentait de plus en plus à l'aise à mesure que la séance progressait. Après avoir manipulé sa cage thoracique, le Rolfer était ensuite passé aux hanches puis à l'arrière des cuisses, expliquant à Marcia que des années passées à marcher avec des talons hauts avaient provoqué le blocage de ses genoux vers l'arrière. Cette position avait coupé la circulation dans ses jambes, ce qui expliquait pourquoi elle avait souvent les pieds gelés. Selon le thérapeute, le problème de ses genoux avait aussi pour cause l'inclinaison vers l'avant de sa poitrine. Pendant qu'il traitait l'arrière de ses cuisses, Marcia ressentit une seconde fois la même sensation de brûlure, mais celle-ci fut aussitôt remplacée par une agréable sensation « d'étirement » et de liberté.

En se relevant, Marcia se sentait plus droite même si elle n'avait jamais remarqué auparavant qu'elle se tenait mal. Marchant autour de la pièce, elle avait la sensation que ses jambes glissaient plutôt qu'elles ne marchaient et ses genoux n'étaient plus bloqués comme auparavant. Marcia se regarda dans le miroir et vit qu'elle tenait le haut de son corps plus penché vers l'arrière, mais son apparence s'en trouvait grandement améliorée ainsi. Marcia se sentait pleine d'un nouvel entrain. Le Rolfer lui dit qu'elle devait visualiser tous ses mouvements comme s'ils venaient du plus profond de son corps. Marcia se sentait après cette première séance plus élancée, plus grande qu'elle l'était avant le début du traitement. Lorsqu'elle s'assoyait, elle se tenait plus droite, tandis qu'elle se sentait maintenant inconfortable lorsqu'elle s'affalait sur sa chaise.

Ce traitement vous intrigue ? Essayez donc l'exercice suivant !

## Mettez-vous dans la peau de Marcia

L'une des principales distinctions faites par les Rolfers concerne la différence entre les termes « retenir » et « supporter ». Lorsque nous étions enfants, la plupart d'entre nous, nous sommes probablement fait dire à maintes reprises de nous tenir droit lorsque nous étions assis. En fait, les gens bien intentionnés qui nous donnaient cet ordre essayaient de nous enseigner une bonne posture, et par bonne posture, ils entendaient quelque chose comme se tenir le torse bombé et les épaules rejetées vers l'arrière. Faisons une petite expérience. Laissez votre bouquin et essayez de prendre cette posture. Remarquez-vous que si vous rejetez les épaules en arrière, celles-ci ne sont plus SUPPORTÉES par la cage thoracique ? Au lieu de cela, c'est votre torse qui se soulève du bassin et qui est RETENU dans une imitation fort inconfortable d'une bonne posture.

Lorsque nous sommes assis, nous avons pour la plupart tendance à nous pencher vers l'avant et lorsque nous nous rappelons de nous tenir droit, nous ne faisons habituellement que passer d'une extrême à l'autre, en bombant la poitrine et en relevant les épaules exagérément. Il y a même des gens qui restent bloqués dans cette position tellement ils exagèrent. Quoique pour des personnes non averties, cette posture semble appropriée, les spécialistes s'accordent à dire que celle-ci ne permet pas au bas du corps de supporter la partie de la structure située au-dessus de la taille ; en effet, celle-ci est plutôt retenue par le haut de façon fort inconfortable. De toute façon, une posture affaissée ou retenue par le haut ne fait que gaspiller inutilement de l'énergie qui pourrait être conservée par l'adoption d'une posture équilibrée et offrant un support structurel approprié.

Afin que vous puissiez voir comme on se sent mieux lorsqu'on adopte une posture efficace, nous allons faire le petit exercice suivant. Assoyez-vous et laissez votre poitrine retomber vers l'avant. Maintenant, redressez-vous de manière que votre colonne soit courbée vers l'arrière. Vous sentez-vous détendu dans cette position ? Êtes-vous plutôt obligé de faire un effort pour vous tenir de cette manière ? Reprenez maintenant votre posture initiale, c'est-à-dire penché vers l'avant, et placez les mains sur les hanches. Faites basculer vos hanches vers l'avant

447

jusqu'à ce que vous sentiez votre bassin toucher le siège de votre fauteuil. Pendant que vous faites ce mouvement, vous remarquerez que votre poitrine semble flotter sur votre bassin lorsque celui-ci est ramené vers l'avant. Enfin, assoyez-vous sur la partie avant du bassin. Vous verrez que cette posture offre un bon support tout en vous empêchant de vous affaisser ou de retenir le haut de votre corps.

Vos habitudes sont tellement ancrées en vous qu'il sera difficile au début de garder très longtemps cette nouvelle position assise. De plus, il vous faudra probablement une certaine période avant que votre corps s'y adapte. Cependant, après un certain temps, la plupart des gens en viennent à se sentir inconfortables s'ils ne sont pas assis dans cette position de soutien.

## Qu'est-ce exactement que le Rolfing?

Habituellement, un traitement de Rolfing dure dix séances de longueur variable. De plus, chaque segment du processus constitue le prolongement du segment précédent et une introduction au segment suivant. Tout au long de cette série initiale de dix séances, qui durent environ une heure chacune, le corps fait l'objet d'une manipulation systématique. Selon la disponibilité et les désirs du client, les séances peuvent se tenir une ou deux fois par semaine ou même une fois par mois. Les frais varient entre 50 $ et 75 $ U.S. par séance selon l'endroit et l'expérience du Rolfer.

La série initiale de dix séances sert à apporter une détente structurelle et un équilibre cinétique qui sont uniques pour chaque client. Il ne serait pas juste de décrire le Rolfing comme une thérapie ou un traitement visant à rétablir l'état « naturel » du corps. En fait, le Rolfing est plutôt un processus d'éducation par lequel le Rolfer cherche à aider son client à découvrir la façon la plus efficace de se servir de son corps tout en tenant compte de ses limites, de ses faiblesses et de ses qualités. Pour atteindre ces objectifs, chaque programme de traitement doit être conçu en fonction des besoins spécifiques du client. Cependant, il existe tout de même certaines lignes directrices qui sont appliquées pour tous les programmes, et ce sont elles que nous allons étudier dans les pages suivantes, afin de compléter notre description du traitement de Rolfing.

## Première séance

Le but de la première séance est qualifié de superficiel par la majorité des Rolfers, mais ceux-ci donnent une signification tout à fait spéciale au terme «superficiel». En effet, cette séance consiste à relaxer systématiquement l'aponévrose superficielle, c'est-à-dire la gaine qui se trouve juste sous la peau. La séance vise aussi à détendre les jambes et à libérer le tronc du bassin ; il semblerait en effet que chez la plupart des gens, le tronc et les jambes soient en quelque sorte «coincés» dans le bassin. Après cette première séance, les clients ont en général la sensation d'être plus grands et ressentent une plus grande liberté de mouvement dans la région du bassin.

Par ailleurs, cette séance a aussi un effet sur la respiration. La plupart d'entre nous respirons avec le haut de la cage thoracique au lieu de nous servir de la partie inférieure de celle-ci et du diaphragme. En traitant adroitement l'aponévrose superficielle qui recouvre les côtes, l'articulation des épaules et l'arc costal, le Rolfer peut réorganiser la respiration de manière que le diaphragme et la totalité de la cage thoracique agissent à la façon d'un soufflet de forge. Au fil des séances, la respiration du patient devient plus profonde et plus aisée, ce qui permet un meilleur apport d'oxygène pour les fonctions métaboliques et cataboliques. De plus, ses fonctions respiratoires s'étant améliorées, le patient fait l'expérience d'un regain d'énergie.

La première séance de traitement entraîne souvent une certaine libération du fascia dans la région du cou et des épaules, ainsi qu'un allongement des structures de part et d'autre de la colonne et de celles enveloppant le bas du dos. À la fin de la séance, on demande au client de marcher un peu et de décrire les changements qu'il ressent. Il arrive couramment que ceux-ci disent ressentir une plus grande légèreté, une sensation de bien-être ou le sentiment étrange que leur corps occupe plus d'espace que la normale. Avant de partir, le client reçoit de son thérapeute une liste d'«exercices» afin de renforcer les effets du traitement. Par exemple, le Rolfer suggérera à son patient de s'imaginer qu'un ballon fixé sur sa tête par une ficelle tire sur celle-ci pendant qu'il marche. Il pourra aussi lui suggérer de respirer de manière que la respiration exerce une pression contre ses côtes et qu'elle monte vers la tête en même temps qu'elle descend vers le nombril.

## La deuxième séance

La seconde séance est centrée sur les jambes, et tout spécialement sur les pieds. La plupart des gens marchent en portant leur poids sur l'extérieur des pieds, même si l'intérieur apparaît beaucoup plus en mesure de supporter la pression exercée par le poids du corps. En outre, la majorité des gens marchent de façon telle, que les jambes tirent le reste du corps derrière elles. Cette habitude exerce une trop forte pression sur les talons et risque d'amoindrir la souplesse des orteils et des métatarses. Par contre, si c'est le haut du corps qui amorce le pas en « se jetant » en douceur vers l'avant, les jambes peuvent alors réagir plus facilement en suivant le mouvement vers l'avant et tout le pied reçoit le poids du corps. C'est là l'objectif de la seconde séance de Rolfing.

Après que l'une des jambes a été traitée, on demande au patient de marcher un peu et de comparer le mouvement de celle-ci par rapport à l'autre. Invariablement, les patients déclarent que la jambe traitée semble plus forte et plus sûre que l'autre. Souvent, le client a la sensation que le poids du corps parcourt l'intérieur du pied qui vient d'être traité et que la pression est moindre sur son talon. Le Rolfer passe ensuite à l'autre jambe et termine la séance par un traitement du cou et du dos.

## La troisième séance

La troisième séance en est une d'intégration, c'est-à-dire que le Rolfer tente d'intégrer les résultats des deux premières séances à l'intérieur d'un ensemble plus complexe. C'est la dernière des séances de traitement « superficiel », point crucial autant pour le thérapeute que pour le patient. En effet, si pour une raison quelconque, le thérapeute ou son client désire retarder l'application du reste du traitement, il est préférable de le faire avant la quatrième séance, car c'est pendant cette dernière qu'on s'attaque à la structure interne du bassin.

Dans son essence, la troisième séance est orientée vers le traitement de ce qu'on appelle la « ligne latérale ». Cette ligne part de la pointe supérieure de l'humérus (l'os entre l'épaule et le coude) et descend jusqu'au grand trochanter du fémur (pointe supérieure de l'os de la cuisse). Pour ce traitement, le client s'allonge sur le dos pendant que le thérapeute travaille les épaules, la cage thoracique et le bassin de façon à les aligner parfaitement comme une pile de livres. Pour ce faire, il doit tenter de relâcher les liens qui rattachent la cage thoracique de la ceinture scapulaire dans sa partie supérieure et du bassin dans sa partie inférieure. L'objectif du Rolfer consiste ici à remettre chacun de ces trois éléments à leur place respective sans qu'ils ne pressent l'un sur l'autre. Ce réarrangement permet éventuellement de respirer plus librement et de supprimer les douleurs provoquées par l'entassement de ces structures.

L'exercice qu'on conseille habituellement de faire après cette séance est de s'imaginer que son bassin pend de sa cage thoracique comme le ferait une balançoire accrochée à la branche d'un arbre.

___

## La quatrième séance

La quatrième séance voit apparaître une modification de l'intention et de l'engagement du thérapeute. Celui-ci délaisse le niveau superficiel pour se concentrer sur ce que les Rolfers nomment « le noyau d'activité ». Les structures qui composent ce « noyau » sont celles situées dans la région de la colonne vertébrale et sont différenciées des structures « circulaires » (ceintures scapulaire et pelvienne) et « latérales » (les jambes).

Le programme de cette séance est d'une simplicité trompeuse. De plus, elle dure parfois moins longtemps que les trois

___

**Un exercice mental type consiste à s'imaginer que son bassin est pendu à la cage thoracique comme une balançoire accrochée à une branche d'arbre.**

___

séances précédentes. Elle consiste en un traitement de l'intérieur de la jambe entre la cheville et le bassin, suivi d'une manipulation des muscles des mollets et de certains « arrangements » dans la région du dos et du cou. L'objectif est d'offrir un meilleur support aux structures qui composent la partie inférieure du bassin. Quoique la plus grande partie du traitement se fasse au niveau des jambes, les patients ressentent souvent une sensation d'élongation du torse. Pendant cette séance, le Rolfer cherche à « construire » un pilier interne auquel seront « accrochés » les membres.

## La cinquième séance

Comme la cinquième séance de Rolfing est le prolongement de la quatrième, il est recommandé que le délai entre les deux ne dépasse pas deux à trois semaines. Cette séance se spécialise dans les relations entre le muscle abdominal superficiel (ou muscle grand droit) et le muscle fléchisseur de la hanche (ou muscle psoas-iliaque) situé plus à l'intérieur. La plupart des gens se servent à tort des larges muscles à la surface de l'estomac pour effectuer le travail normalement attribué aux muscles plus résistants situés à l'intérieur. Pendant cette séance, le thérapeute travaille à allonger les structures externes et à les séparer pour permettre aux structures internes de mieux accomplir leur travail.

Il arrive parfois que les clients éprouvent une certaine crainte face à cette séance, surtout s'ils possèdent certaines connaissances en anatomie. Ils craignent en effet qu'une manipulation dans cette région composée d'organes vitaux ne comporte certains dangers. Confrontée à cette situation, le docteur Rolf a découvert une méthode ingénieuse et remarquablement sûre d'examiner ces structures internes tout en ne causant qu'un malaise à peine perceptible au client. Seuls les Rolfers ayant eu une formation appropriée devraient se servir de cette méthode ; si c'est le cas, cette séance devient souvent plus agréable que les précédentes.

Les muscles situés dans les couches profondes de l'abdomen possèdent certaines propriétés qui les distinguent de tous les autres muscles. Ce sont en effet les seuls muscles qui s'étendent de la jambe jusqu'au tronc, tous les autres muscles étant rattachés directement à la ceinture pelvienne. Ainsi, il en résulte qu'un exercice approprié de ces muscles est généralement plus avantageux pour les maux de dos que les redressements assis traditionnels.

En fait, les redressements ont plus de chances d'empirer un problème de dos que de le soulager parce qu'ils tendent à raccourcir les muscles abdominaux et, par la même occasion, la partie avant du corps comprise entre les clavicules et l'articulation de la cuisse. Toutefois, les exercices équilibrés proposés par les Rolfers sont conçus tout spécialement pour tonifier les structures internes sous-utilisées, structures qui sont beaucoup plus qualifiées que les muscles superficiels pour améliorer la résistance du dos.

Lorsqu'il est sain et actif, le muscle psoas peut aussi servir à régler d'autres problèmes. En effet, un regain d'activité de ce muscle stimule les terminaisons nerveuses qui se trouvent à proximité, provoquant ainsi une diminution des crampes menstruelles ainsi que des problèmes de constipation et de flatulences excessives. Après que le client a appris à bouger ses jambes à partir de la colonne lombaire au lieu des articulations de la hanche, il ressent habituellement une sensation agréable au niveau des grands muscles qui relient le tronc aux jambes. Grâce à ce traitement, la nature holistique du corps quitte le domaine des idées intellectuelles pour devenir une réalité physique. Durant cette séance, on enseigne parfois au client l'exercice appelé le « renversement du bassin », afin qu'il puisse apprendre à faire travailler le muscle psoas-iliaque à la maison.

## La sixième séance

Chaque séance d'un traitement de Rolfing est centrée sur un aspect quelconque du bassin. Même à la seconde séance, le traitement des jambes et des pieds avait pour but d'établir une structure de support du bassin. Cependant, la sixième séance se distingue de toutes les autres car son objectif est tout à fait particulier. Les structures musculaires qui y sont traitées sont les muscles internes situés sous les fesses, qui permettent les mouvements de rotation. Si les jambes sont incapables de fonctionner en douceur pendant la marche, le fait d'équilibrer ces muscles permet habituellement de rétablir la situation.

À ce point du traitement, le Rolfer et son client sont en mesure de constater l'amélioration de l'équilibre de la structure pelvienne. À mesure que le corps devient plus symétrique et mieux organisé de part et d'autre de la ligne verticale qui le divise en son milieu, les disparités entre le côté droit et le gauche s'amenuisent de plus en plus. Pendant la sixième séance, cette symétrie est davantage améliorée et étendue de part et d'autre de la ceinture pelvienne.

On comprendra mieux, maintenant, pourquoi l'utilisation du terme « posture » pour décrire les résultats du Rolfing est incorrecte. En effet, posture vient du latin « positus » qui signifie « placer » ou « mettre ». Par conséquent, une « bonne posture » implique l'action de « placer » le corps dans une position jugée appropriée et équilibrée. D'un autre côté, l'objectif visé à la sixième séance consiste à créer une structure qui reposera sur un noyau vertical lui-même bien soutenu, et qui n'exigera qu'un effort minimum à maintenir lorsque la personne sera debout. On peut donc dire que le Rolfing vise l'intégration de la structure humaine et n'a donc rien à voir avec les notions de posture.

La sixième séance produit habituellement des résultats spectaculaires qui sont bienvenus par le client. Plusieurs font état d'une sensation « d'immensité » et d'espace ; d'autres sentent leur colonne vertébrale onduler lorsqu'ils respirent. Par ailleurs, ceux qui ont pu diminuer ou éliminer les douleurs chroniques dont ils souffraient dans le dos, déclarent en général que la sixième séance a été le point central de leurs progrès. D'autres encore, qui entreprennent un traitement de Rolfing en raison d'un problème d'anxiété, affirment avoir été soulagés d'un lourd fardeau à la suite de cette séance.

---

## La septième séance

Le docteur Rolf parlait de cette séance comme de « la dernière chance de redresser le bassin à l'horizontale ». Toutefois, celle-ci est consacrée à l'équilibration de la tête et du cou sur la colonne. Pendant la séance, le Rolfer traite l'aponévrose du cou et les tissus conjonctifs du crâne et du visage. De plus, il améliore la respiration en décongestionnant les voies nasales.

## Huitième, neuvième et dixième séance

Chacune des sept premières séances est consacrée à une région précise du corps. Leur objectif consiste à établir un équilibre vertical entre cette région et le reste du corps. À la huitième séance cependant, il devient nécessaire d'adopter une approche plus globale et plus complète afin d'intégrer toutes les parties du corps en une seule structure d'ensemble. C'est pourquoi on a donné aux trois dernières séances le nom d'« heures d'intégration », au cours desquelles le client se prépare à mettre un terme au traitement.

Les dictionnaires définissent le terme « intégration » comme « la coordination des activités de plusieurs organes nécessaires à un fonctionnement harmonieux de l'ensemble. » C'est là l'objectif que doivent poursuivre le Rolfer et son client durant les trois dernières séances. À ce sujet, le docteur Rolf avait coutume de déclarer : « Il est facile de démonter le corps humain en ses éléments constituants, mais il faut de l'habileté et une grande compréhension pour remettre chaque élément en place. »

Lors de ces séances, le thérapeute essaiera donc d'équilibrer le corps de son patient sur l'étroite base que sont ses pieds, le tout afin de lui permettre de se mouvoir dans toutes les directions avec une égale aisance. Pour ce faire, il cherchera à établir des liens entre chacune des grandes enveloppes aponévrotiques et à donner une qualité « soyeuse » aux tissus musculaires. Plusieurs fois au cours des séances, il demandera à son client de marcher un peu afin d'évaluer les résultats de ses manipulations. Le client est assis ou debout durant la plus grande partie du traitement, car le principal objectif visé pendant ces dernières heures, consiste à établir une relation entre chaque élément particulier du corps et la gravité.

Ces dernières séances sont aussi le moment de préparer le client à abandonner le traitement. Pour cela, le thérapeute lui suggérera d'éviter tout traitement structural en profondeur pendant une période de six mois à une année après la fin du

---

**À la fin du traitement de Rolfing, on encourage le client à trouver en lui de nouveaux moyens d'utiliser les changements apportés par le Rolfing.**

traitement initial. En effet, les modifications instaurées durant ce premier traitement continueront à progresser pendant des mois, voire même des années après la fin de celui-ci. Cependant, de nombreux clients continuent quand même de consulter des spécialistes du Rolfing afin que ceux-ci leur enseignent des moyens de retirer le maximum d'avantages de leur « nouveau » corps. On conseille toutefois aux gens qui ont suivi un traitement de ne pas compter sur le Rolfer pour apporter d'autres modifications à leur corps, mais plutôt de trouver eux-mêmes de nouvelles manières de tirer avantage des modifications apportées lors du traitement initial.

## Technique avancée de Rolfing

De nombreux clients ont besoin d'une séance de recyclage entre six mois et un an après le traitement initial. En outre, bon nombre de Rolfers recommandent une ou deux séances annuelles afin de conserver les avantages du traitement initial. Cependant, comme un traitement trop poussé de Rolfing comporte certains risques, la plupart des Rolfers recommandent à leurs clients de se servir de ce qu'ils ont déjà appris plutôt que de chercher à absorber de plus en plus de matériel nouveau.

Par ailleurs, la plupart des clients retournent chez leur thérapeute entre un et cinq ans après le traitement initial afin de suivre un traitement « avancé » plus court que le premier (entre quatre et six séances). Ce traitement n'est administré que par des Rolfers ayant suivi le programme de « Formation avancée de Rolfing ». Le second traitement est axé sur les moyens de se mouvoir de façon équilibrée, dans un environnement soumis à la force gravitationnelle, en se servant des modifications apportées lors du traitement initial. Ainsi, ce second traitement permet d'assouplir et de libérer les régions du corps qui étaient restées douloureuses et tendues lors du premier traitement. Mais écoutons plutôt les impressions d'une cliente :

> Lorsque je suis retournée chez mon thérapeute... la douleur était tellement faible que je l'ai accusé d'être trop doux. Je n'ai plus ressenti non plus cette intense sensation qui avait suivi les premières séances, mais quelle joie j'ai éprouvée en marchant sur la plage par la suite. C'était la joie pure et toute simple d'être en harmonie avec mon corps !

## Formation des Rolfers

Pour obtenir leur diplôme, les candidats Rolfers doivent suivre un programme de formation qu'on pourrait qualifier de « programme universitaire de deuxième cycle ». En effet, bon nombre des candidats doivent d'abord étudier pendant deux ou trois ans afin de se conformer aux exigences de l'institut de Rolfing et de se préparer en vue de leur admission.

Les candidats doivent avoir fait des études poussées en biologie et en behaviorisme, avoir une formation et de l'expérience professionnelle dans les techniques de manipulation, ainsi que de la facilité à travailler avec les gens. Les candidats qui se conforment à ces exigences soumettent ensuite une demande d'inscription par écrit à l'institut, puis sont interrogés par le comité de sélection afin de déterminer s'ils possèdent toutes les qualifications requises pour devenir des Rolfers.

Une fois admis, les nouveaux étudiants suivent les cours de l'institut pendant environ un an. Les progrès de chacun d'eux font l'objet d'une évaluation constante par l'instructeur ou son assistant. De plus, on accepte très peu d'étudiants par classe afin d'accorder une attention plus personnelle à chacun.

Chaque étudiant s'engage par écrit à suivre un programme permanent de formation professionnelle et doit, en outre, atteindre le niveau de formation avancée dans les cinq ans suivant l'obtention de son diplôme de premier niveau. Tous les Rolfers diplômés doivent se conformer aux normes de pratique et au code d'éthique de l'institut. Pour pouvoir pratiquer leur art et s'identifier comme « Rolfers », ils doivent aussi être membres en règle de l'institut Rolf. Par ailleurs, les cours de formation ne sont dispensés qu'à l'institut Rolf, qui est d'ailleurs le seul endroit où l'on peut obtenir un diplôme de Rolfer. L'institut publie aussi un répertoire de tous les Rolfers ; on peut l'obtenir gratuitement sur demande. Ceux qui veulent devenir professeurs de Rolfing doivent étudier pendant une année additionnelle et passer ensuite par une période d'apprentissage auprès d'un professeur qualifié. Les professeurs sont aussi tenus de s'inscrire à un programme de formation professionnelle continu.

Si vous désirez de plus amples renseignements au sujet du Rolfing ou le répertoire des Rolfers, écrivez à l'adresse suivante : *The Rolf Institute*, P.O. Box 1868, Boulder, CO 80302, U.S.A.

# SAUT À LA CORDE

Lorsque l'hiver glacial du Pacifique nord s'abattait sur notre navire, bon nombre d'entre nous se réfugiaient dans la cale pour faire leurs exercices. Quoique le saut à la corde puisse sembler peu digne d'un marin, c'était un exercice qui jouissait d'une grande faveur à bord ; et même si le roulis et le tangage du bateau nous donnaient l'air de bouffons lorsque nous sautions à la corde, c'était l'une des activités préférées des marins, par beau temps comme par mauvais temps.

Ceux qui s'imaginent que le saut à la corde n'est bon que pour les marins qui s'ennuient ou pour la petite fille d'à côté, sont dans l'erreur. En effet, c'est un exercice remarquablement complet et stimulant qui fait littéralement chanter les muscles et les poumons. C'est aussi un exercice qui peut faire atteindre à un adulte les limites de ses capacités ; cela, tous les boxeurs le savent.

Traditionnellement, les boxeurs ont une réputation de virtuoses de la corde à sauter. Malgré que j'aie vu pas mal de films montrant Sugar Ray Robinson et Floyd Patterson à l'œuvre, j'étais curieux de savoir pourquoi les boxeurs consacrent tant de temps à cet exercice si simple.

Pour satisfaire ma curiosité, je me suis rendu au Ring 23, un club de boxe qui se trouve tout près de chez moi, en Pennsylvanie.

---

**Selon le docteur Rodahl, le saut à la corde permet d'exercer le cœur, de renforcer les jambes et les bras et d'améliorer la posture et la coordination.**

---

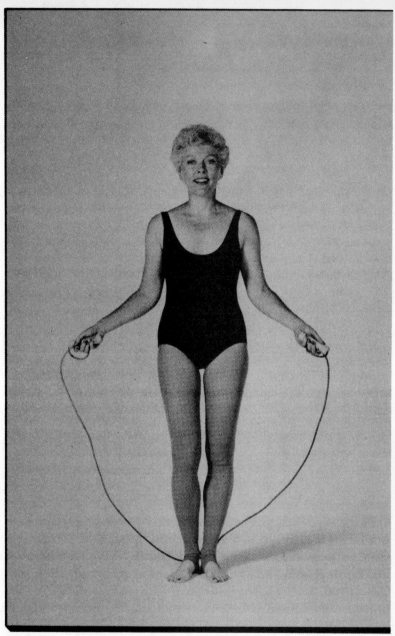

*Le saut à la corde permet d'améliorer la coordination.*

Comme je m'y attendais, tout le monde sautait à la corde dans le studio. Je me suis approché d'un entraîneur et lui ai posé la question qui me tenait à cœur. Celui-ci m'a répondu : « Pour ma part, j'ai toujours cru que le temps passé à sauter à la corde était aussi efficace que le temps passé à courir sur la route. Le saut à la corde permet d'augmenter votre capacité respiratoire et développe les muscles des jambes, des bras et du torse. C'est un exercice bon pour le corps tout entier. »

Si les champions de boxe eux-mêmes ont réalisé la valeur de cet exercice de « petites filles », alors il n'y a aucune raison pour que nous ne fassions pas de même. Notre forme physique n'est pas moins importante que celle des boxeurs. De plus, ce serait un geste sensé que d'adopter un exercice qu'on risque moins de laisser tomber au bout de deux séances.

En effet, de nombreux programmes d'exercices entrepris pour combattre la fatigue et l'embonpoint ont un taux d'abandon pour le moins décourageant. Par comparaison, les avantages d'un programme de saut à la corde sont tout à fait apparents. Les bienfaits pour la santé sont intéressants, la durée des séances est raisonnable et l'équipement est peu coûteux et disponible partout. Par ailleurs, on peut sauter à la corde en toute saison, sur le trottoir ou dans la cave et le jour comme la nuit. En outre, on peut emporter son équipement partout avec soi (quoi de plus facile à ranger dans ses bagages qu'une corde à sauter).

## Simple mais efficace

Pourtant, est-il possible qu'une activité aussi banale puisse réellement venir à bout de notre mauvaise forme physique ? Le docteur Kaare Rodahl, un homme qui a probablement fait plus que n'importe qui en Europe et en Amérique pour promouvoir le saut à la corde, est tout à fait de cet avis. Dans son livre intitulé *Be Fit for Life* (George Allen and Unwin Ltd., 1968), le docteur Rodahl présente un programme complet de mise en forme par la pratique de cet humble exercice qu'est le saut à la corde. « De tous les exercices que nous avons étudiés », écrit-il, « aucun ne surpasse le saut à la corde pour produire la meilleure forme possible en si peu de temps. En effet, cinq séances hebdomadaires de cinq minutes chacune, sur une période d'un mois, ont permis à un groupe de nos jeunes techniciens d'améliorer grandement leurs capacités de travail. »

« Nous nous sommes aussi aperçus que le saut à la corde était supérieur à bon nombre de programmes d'exercices longs et compliqués. Ainsi, en ajoutant au saut à la corde quelques exercices de conditionnement très simples, destinés à renforcer les bras, les jambes, le dos et l'estomac (redressements, appuis au

*Il faut conserver une bonne posture lorsqu'on saute à la corde.*

sol, flexions des genoux), on peut retirer le maximum de bienfaits possibles pour le corps avec un programme de 10 à 15 minutes par jour seulement. »

« Le saut à la corde a non seulement l'avantage d'exercer le cœur, et d'améliorer ainsi notre endurance, mais aussi celui de renforcer les muscles des bras et des jambes tout en améliorant la coordination et la posture. » Le docteur Rodahl nous a ensuite parlé de l'instrument lui-même. Il conseille d'avoir une corde d'au moins 2,5 mètres de longueur, mais adaptée à la taille de chacun. Son diamètre devrait être de deux centimètres ou plus, selon le poids de la corde ; plus elle est légère, plus elle doit être grosse. On peut se fabriquer une corde à sauter tout à fait satisfaisante à partir d'une corde à châssis d'environ un centimètre et demi de diamètre. On peut s'en procurer de la longueur désirée dans presque toutes les quincailleries. De plus, les extrémités de la corde devraient être nouées afin de l'empêcher de s'effilocher. Bien sûr, on peut aussi se procurer une corde « professionnelle » en nylon et munie de poignées montées sur roulements à billes qui permettent des mouvements en douceur.

Des tas de gens ont de la difficulté à déterminer la longueur de corde appropriée à leur taille. En règle générale, la corde devrait être assez longue pour que les extrémités touchent le dessous des bras lorsqu'elle passe sous les pieds. Encore une fois, c'est la corde professionnelle munie de poignées et de roulements à billes qui est la plus facile à utiliser.

Contrairement à ce que pensent bien des gens, le saut à la corde est aussi pénible pour les pieds que le jogging. Par conséquent, il est préférable de sauter sur une surface moins dure. Curtis Mitchell, auteur de *The Perfect Exercise* (Simon and Schuster, 1976), recommande de sauter « sur un tapis ou un matelas d'exercices, ou encore de porter des chaussures à semelle épaisse en caoutchouc. Les vieilles blessures au genou de type « football knee » constituent parfois un problème, mais si vous ne forcez pas vos articulations pendant les deux premières semaines, celles-ci vous le rendront au centuple par la suite. »

---

**Le saut à la corde ressemble à la natation ou à la bicyclette, en ce sens qu'on n'oublie jamais la technique, une fois qu'on l'a apprise.**

---

## Un peu de technique

On pourrait comparer le saut à la corde à la natation ou à la bicyclette ; une fois apprise, la technique ne peut être oubliée. Si vous n'avez jamais touché à une corde à sauter, commencez d'abord par vous pratiquer sans corde. Premièrement, tenez les bras vers le bas, coudes pliés à environ 45° et mains éloignées des hanches d'à peu près vingt centimètres.

Puis, suggère le docteur Lenore Zohman dans son livre *Exercise Your Way to Fitness and Hearth Health* (CPC International, 1974), « commencez à sauter de quelques centimètres, les chevilles, les genoux et les hanches légèrement pliés. Sautez environ 25 fois afin d'acquérir le rythme, puis faites faire à vos poignets un mouvement de rotation vers l'avant tout en continuant à sauter. »

« Lorsque vous aurez réussi à maîtriser ce mouvement coordonné, essayez avec la corde. Placez la corde derrière vos pieds et tenez les bras légèrement vers l'avant. Faites passer la corde par-dessus votre tête, puis sous vos deux pieds en même temps. Vous devez sauter juste assez haut pour que la corde passe sous vos pieds, soit à environ trois centimètres du sol. Essayez d'abord de faire un seul saut, puis de vous rendre jusqu'à 25 sauts, tout comme vous l'avez fait tout à l'heure sans la corde (en ne faisant qu'un saut par rotation de la corde). »

« Il est aussi possible d'apprendre en tenant les deux extrémités de la corde dans une seule main. Essayez de coordonner les sauts avec les rotations de la corde, c'est-à-dire de faire toucher la corde au sol lorsque vous sautez. Lorsque vous aurez maîtrisé la technique, essayez de sauter comme nous l'avons expliqué plus haut. Faites d'abord un seul saut, puis essayez de vous rendre jusqu'à vingt-cinq d'un coup. »

Le docteur rapporte que chez les gens du troisième âge, les cardiaques et les personnes qui mènent une vie sédentaire, il est plus facile et moins pénible pour le cœur de sauter un pied à la fois que les deux pieds en même temps. De plus, cette technique permet d'éviter les douleurs aux pieds et aux chevilles, courantes chez les débutants. Cette technique ressemble beaucoup aux mouvements qu'on fait en jogging.

*Essayez d'atterrir sur la plante des pieds.*

## Un plan d'action tout simple

Nous avons réussi à éveiller votre enthousiasme devant les bienfaits du saut à la corde ? Merveilleux, mais ne vous précipitez pas chez votre marchand d'articles de sports avant d'avoir pris quelques précautions élémentaires. Si vous avez déjà souffert de troubles cardiaques, de haute pression, d'asthme, d'arthrite ou de quelque problème de santé que ce soit, y compris les problèmes d'obésité, vous auriez avantage à consulter votre médecin avant de commencer votre programme. Cependant, si vous avez moins de quarante ans, que vous vous exerciez assez régulièrement et que vous vous sentiez en bonne santé, vous pouvez probablement vous passer d'un examen médical. Toutefois, si après la séance vous vous sentez étourdi, ressentez des douleurs à la poitrine ou avez un rythme cardiaque anormal, consultez votre médecin avant de continuer vos exercices.

Une fois entrepris votre programme de saut à la corde, rappelez-vous de ne pas précipiter les choses. Le moyen le plus rapide de perdre votre intérêt dans quelque activité que ce soit est de vous épuiser à l'exécuter. Allez-y en douceur.

## Préparation du programme

Vous pourriez peut-être commencer par faire quelques sauts de réchauffement sans corde. Ensuite, sautez quelques instants avec la corde, reposez-vous quelques minutes et faites encore quelques sauts. Augmentez graduellement le nombre de sauts quotidiens, sans aller trop vite, jusqu'à ce que vous soyez capable de sauter pendant dix minutes à la fois sans vous fatiguer. Après votre séance, marchez un peu pour reprendre votre rythme cardiaque normal.

Vous pouvez varier votre programme à l'infini si vous le désirez. Par exemple, pratiquez-vous à sauter assez haut pour que la corde passe deux fois sous vos pieds avant d'atterrir. Vous pourriez aussi vous procurer un livre sur le saut à la corde, comme celui de Peter L. Skolnik intitulé *Jump Rope!* (Workman, 1974). Celui-ci contient la plupart des informations présentées dans ce chapitre en plus de centaines de variations de saut à la corde et de programmes de tous les coins du monde qui vous permettront de varier la vitesse des sauts et d'effectuer vos exercices sans effort.

Rappelez-vous aussi de toujours atterrir « en douceur » sur la plante des pieds et de relaxer en sautant, de manière que vos chevilles, vos genoux et vos hanches soient toujours légèrement pliés. Sautez dans une atmosphère confortable. Enfilez des vêtements amples et sautez en musique si vous le pouvez.

Surtout, souvenez-vous que la « musique » que vous faites avec votre corde fera « chanter » votre corps.

# COURSE À PIED

**D**e nombreuses personnes font de la course à pied pour des raisons de santé. Certains courent pour perdre du poids, tandis que d'autres veulent donner un coup de pouce à leur cœur. Il y a en ce moment entre 20 et 30 millions de coureurs en Amérique du Nord. Une enquête effectuée récemment par la revue *Runner's World* (décembre 1980) à démontré que 82% des personnes qui courent actuellement n'ont pas l'intention d'arrêter du reste de leur existence. Or, n'importe quel observateur de la scène américaine, est en mesure d'affirmer que vingt millions d'Américains ne continueraient pas de faire de la course à pied sans abandonner, pour la simple raison que c'est bon pour leur santé. Il doit certainement y avoir quelque chose derrière tout cela. Effectivement, il y a quelque chose derrière tout cela.

Toutes les personnes qui parcourent les routes du pays dans leurs souliers de jogging multicolores n'ont pas seulement en vue l'amélioration de leur forme physique, elles cherchent aussi à améliorer leur santé psychologique. Le monde médical n'a pas encore réussi à s'expliquer par quelle chimie la course arrive à détendre l'esprit, mais il n'existe aucun doute sur la réalité de ses effets. Pour s'en convaincre, on n'a qu'à écouter le docteur

---

**Aucun médicament ne bat la course pour se débarrasser de nos accès de dépression. De plus, c'est moins coûteux que la psychothérapie.**

---

*La course dans la nature a un effet calmant sur le corps et l'esprit.*

Thaddeus Kostrubala, un médecin californien qui a prescrit avec grand succès la course comme mode de traitement pour ses patients dépressifs.

« La course est un bien meilleur traitement que les antidépresseurs pour se débarrasser des cas de dépression sociale, un mal qui semble toucher un très grand nombre de gens. En outre, c'est beaucoup moins cher que la psychothérapie. »

« Tout ce que vous avez à faire, c'est de vous assurer qu'il n'y a pas de danger pour votre santé. Vous verrez, votre anxiété s'envolera en un rien de temps. »

« Si vous courez plus d'une demi-heure, vous allez ressentir une transformation s'opérer en vous. La course ne sera plus la corvée qu'elle était au départ et vous aurez la sensation de faire quelque chose d'extrêmement agréable. Vous pourrez même ressentir une sorte d'euphorie, qui peut devenir excessivement intense à quelques reprises au cours de l'année. Un grand nombre de coureurs m'ont fait part de leur expérience de ce « nirvana » et dans chaque cas, il semble qu'ils aient pris conscience de certaines choses dont ils n'avaient jamais soup-çonné l'existence auparavant. Par exemple, des symboles jusquelà obscurs, prenaient tout à coup une grande signification, des événements s'harmonisaient comme ils ne l'avaient jamais encore fait. Nous pouvons tous faire l'expérience de ce genre de choses si nous courons assez longtemps et assez régulièrement ; et ces expériences resteront avec nous tout au long de notre existence.

## Une euphorie naturelle

« Ce qu'on appelle l'euphorie du coureur n'est pas seulement le fruit de notre imagination non plus », continue le docteur Kostrubala. « C'est un état provoqué par des hormones. La course stimule la production d'hormones surrénaliennes, qui sont des antidépresseurs. Cette stimulation est parfois suffisante pour provoquer chez les coureurs un comportement semblable à celui d'une personne qui a pris de la drogue. En fait, le coureur peut atteindre un tel état euphorique, que son comportement pourrait déplaire à ceux qui l'entourent. Ceux-ci sont en quelque sorte dans un monde différent de celui du coureur. »

« J'ai commencé à courir lorsque mon médecin m'a "pres-crit" de me joindre à un groupe d'hommes qui faisaient de la course à pied pour se réhabiliter à la suite d'une crise cardiaque. Je n'avais jamais été victime d'une attaque, mais j'étais un cas à risques élevés. J'étais le plus gras du groupe et j'étais terrorisé par les histoires qu'ils racontaient. Imaginez, vous menez une vie plutôt normale et sans crier gare, vous vous retrouvez sur un lit d'hôpital à deux doigts de la mort ! Je n'avais jamais vécu dans un tel environnement de drame, de douleur et de terreur auparavant. Mais je n'étais pas là en tant que médecin, j'y étais comme patient et il me fallait absolument m'intégrer à ce nouvel environnement. »

« Bien entendu, mes camarades d'infortune étaient tous plus ou moins déprimés, tout comme moi d'ailleurs. Cependant, certaines choses que les autres m'ont dit qu'ils ressentaient ont commencé à me faire réfléchir. Par exemple, ils m'ont dit ressentir comme un regain d'énergie lorsqu'ils arrivaient à la fin de la course. Cela n'avait aucun sens à mon avis, car n'importe quelle étude sur les dépenses énergétiques me donnerait la preuve du contraire. Pourtant, je me suis aperçu, comme tous ceux qui pratiquent ce genre d'exercice, qu'on se sent effectivement mieux et qu'on fait l'expérience d'un regain d'énergie au lieu d'une diminution de celle-ci. Il s'agit ici d'un point extrêmement important, car si quelque chose entre en contradiction avec ce que vous avez toujours cru, voilà exactement où vous devriez porter votre attention. En effet, ou bien il y a quelque chose de détraqué, ou bien vous venez de tomber sur un filon intéressant. »

« Le second point significatif dont m'ont fait part mes camarades était qu'ils se sentaient moins déprimés. Cela, même leurs épouses l'avaient signalé. Voilà encore une chose qui ne serait pas supposée se produire dans une telle situation. Aussitôt, la lumière se fit en moi. Le même phénomène se produisait chez moi aussi. Je me suis mis à étudier tout cela d'un peu plus près. »

C'est ainsi que le docteur Kostrubala a commencé à utiliser la course comme moyen de traitement.

« J'ai donc commencé à traiter mes patients par la course et pour la plupart, les résultats ont été fort satisfaisants. Par exemple, un des patients du premier groupe souffre de schizophrénie, mais tant qu'il poursuit son programme de jogging, aucune trace de sa maladie n'est décelée lors des examens. Cependant, dès qu'il abandonne la course, ses symptômes reviennent en force. Il n'y a qu'une alternative qui s'offre à lui : demeurer un schizophrène ou courir pour se garder en santé. Il y avait aussi deux femmes dans ce premier groupe. L'une était une droguée tandis que l'autre souffrait d'anorexie mentale. Aujourd'hui, elles sont toutes les deux en parfaite santé. »

## Du terrain de jeu au marathon

« Nous avons aussi mis sur pied un projet temporaire dans une école où nous avons démontré que si les enfants pouvaient aller courir un peu à l'extérieur, leur comportement en classe en serait complètement transformé. Dans une école élémentaire locale, nous avons fait courir les enfants de la première à la huitième année pendant une heure, trois jours par semaine, après la classe. Nous en avions informé les parents afin d'obtenir leur autorisation et nous avons encouragé les enfants et leurs instructeurs à faire ce qui leur plaisait. Quatre semaines après le début du programme, nous avons tenu une compétition de 20 kilomètres, et environ trente des enfants ont terminé la course. Six d'entre eux ont même couru un marathon par la suite et n'ont jamais arrêté depuis. Aussi incroyable que cela puisse paraître, les parents de ces enfants ont eux aussi commencé à courir. J'ai été témoin d'autres exemples de programmes semblables où les enfants ont été enthousiasmés par la course. J'ai aussi connu des enfants hyperactifs qui ont commencé à s'adonner à la course avec leurs parents. Après avoir commencé, ces enfants n'ont plus eu besoin d'aucune médication. »

« La course est un traitement préventif extraordinaire. Ce qui fait son charme, c'est qu'en plus de vous aider à combattre la dépression, elle vous garde loin de l'unité coronarienne de l'hôpital de votre localité. La course permet de renforcer votre système cardio-vasculaire et de le garder en bonne santé, sans compter tous les autres bienfaits connus et inconnus au point de vue psychologique. En effet, si la course arrive à soulager l'esprit de gens qui sont gravement malades, imaginez l'effet qu'elle peut avoir sur des gens en bonne santé. »

## La chimie de l'organisme

Il existe de nombreuses théories qui cherchent à expliquer les raisons pour lesquelles la course est bénéfique pour l'esprit. L'une d'entre elles explique que la course stimule la production d'endorphines, un puissant antidote contre la dépression. Celles-ci agissent sur l'esprit de la même façon que les ascenseurs express de l'Empire State Building lorsqu'ils montent les touristes au sommet.

Selon une autre théorie, la course accroîtrait la production de norépinéphrine, une hormone libérée par les glandes surrénales et dont la présence dans le sang est associée à un état euphorique. Cependant, personne ne sait à l'heure actuelle si cette hormone peut causer l'euphorie. Nous savons seulement qu'elle est présente dans le sang en même temps que se fait sentir l'état euphorique, et que la course peut tripler sa concentration dans le sang.

Mis à part l'effet qu'elle produit sur la chimie interne de l'organisme, la course donne à beaucoup de personnes le sentiment d'accomplir un acte vraiment supérieur au train-train quotidien. La course leur permet de se dépasser et leur donne la chance de voir ce que leur corps et leur esprit sont capables d'accomplir. Lorsqu'on commence à se sentir en forme et qu'on s'aperçoit qu'on peut courir un peu plus loin jour après jour sans s'épuiser, on se sent alors devenir membre d'une élite. Ainsi, lorsqu'on arrive à courir sept kilomètres à un rythme constant de moins de six minutes au kilomètre, on sait alors qu'on a accompli un exploit que peu de gens réussissent.

Au fur et à mesure qu'on dépasse les limites normales imposées par la société, l'image qu'on se fait de soi commence à se transformer. En plus d'un grand respect de soi, on acquiert une nouvelle image des gens qui nous entourent. Par ce processus, on en vient à mieux se connaître et à mieux se comprendre.

« Il nous faut revoir nos conceptions envers la douleur » reprend le docteur Kostrubala. « L'un des points les plus importants de notre culture est cette crainte que nous avons de la douleur. Tout ce qui risque de faire mal doit être évité à tout prix car c'est jugé anormal dans notre société. Selon la pensée actuelle, tout ce qui provoque de la douleur est mauvais. Pourtant, il ne faut pas la rejeter, la nier par des moyens artificiels. Au contraire, il faut admettre qu'elle existe. Il faut se dire : Cette douleur, c'est la mienne, elle n'appartient à personne d'autre. C'est une chose précieuse qui me permet d'affirmer que j'existe. Si vous admettez qu'il faut lutter dans la vie, vous pourrez ainsi apprécier la douleur à sa juste valeur. »

## La course est un besoin

Notre étude sur les coureurs nous a fait découvrir que le début d'un programme de course coïncide souvent avec un changement dans la vie des gens : détérioration d'une relation, perte d'un emploi, départ d'une carrière. Plusieurs personnes nous ont dit avoir commencé à courir parce qu'elles traversaient une période de stress et que la course les a aidés à la surmonter. Qui plus est, toutes ont continué à courir après avoir réglé leur problème. L'une d'entre elles nous a confié qu'elle avait commencé à courir pour soulager l'anxiété provoquée par un emploi très exigeant et qu'elle avait continué par la suite, parce que la course avait un effet calmant. Une femme nous a dit pour sa part, que la course lui donnait un sentiment d'indépendance. Interrogées d'un peu plus près, toutes ces personnes ont répondu qu'après avoir commencé à courir, c'était comme si elles se sentaient poussées à continuer. Les observations du docteur Kostrubala confirment d'ailleurs ce point de vue.

« Il faut garder à l'esprit que la course n'est pas une activité "complémentaire" pour se garder en santé, c'est un besoin de l'organisme. Si un objet quelconque n'est pas utilisé dans le but pour lequel il a été conçu, il risque de se détériorer ; il en va de même pour notre corps. Lorsque vous courez, vous n'utilisez pas uniquement un instrument qui vous permettra de rester en bonne santé, vous vous servez exactement de votre corps dans le but pour lequel il a été conçu. Je crois pour ma part, que l'évolution de l'homme en un être conscient, s'est faite grâce à la course et à la chasse. Nous sommes faits pour courir et notre "engin" est un engin de course. Nous sommes construits pour courir sur de longues distances ; lentement il est vrai, mais sur de longues distances. Toute notre structure, jusqu'à la façon dont nous faisons provision de graisse, est conçue en fonction de la course sur longue distance. Alors, si nous nous décidons de nous servir convenablement de notre "engin", celui-ci va fonctionner plus longtemps et avec plus d'efficacité. »

---

**La course est un puissant remède pour la machine humaine.**

---

## La machine humaine

La course constitue un excellent remède pour la machine humaine. En fait, les coureurs ont une meilleure image d'eux-mêmes parce qu'ils sont tout simplement en meilleure santé. La course est le moyen parfait de mettre au point le système circulatoire car elle diminue la pression sanguine, renforce le cœur et protège contre les crises cardiaques. En outre, dans le cas où un coureur succombe malgré tout à une crise cardiaque, il a de bien meilleures chances de s'en sortir. Par exemple, une étude effectuée à Paris a démontré que des exercices réguliers réduisent les risques de crise cardiaque de quarante pour cent (*New England Journal of Medicine*, 9 octobre 1980).

La course permet de perdre du poids en modifiant la chimie de l'organisme. Elle accélère le métabolisme de votre corps, c'est-à-dire le rythme auquel vous brûlez les calories qui serviraient autrement à produire des dépôts de graisses. Non seulement le métabolisme est-il accéléré pendant que vous courez, mais il demeure aussi très rapide même après vous être arrêté, avoir pris une douche brûlante et vous être étendu pour relaxer. Ainsi, assis ou couché, vous continuez à brûler plus de calories que si vous n'aviez pas couru du tout.

Si vous courez au moins trois fois par semaine, vous abaisserez le pourcentage de graisse de votre organisme, diminuerez votre poids et augmenterez votre taux de HDL (lipoprotéines de haute densité, une substance qui empêche l'accumulation de cholestérol et de graisses sur les parois des artères). Toutes ces transformations physiologiques sont les ingrédients d'un mode de vie plus sain, grâce à la course. « Lorsque vous commencez à courir, vous adoptez certaines attitudes qui vous rapprochent de plus en plus d'une santé optimale », reprend le docteur Kostrubala. « Parfois, vous ne pouvez faire autrement. Par exemple, des tas de gens, moi inclus, ont commencé à courir pour pouvoir manger plus, sans engraisser. Cependant, votre système peut vous jouer des tours, en ce sens qu'après un certain temps, vous ne désirez plus manger autant que vous le faisiez auparavant. On acquiert une plus grande sensibilité envers les aliments, et avec le temps, on se tourne de plus en plus vers un régime végétarien. Mais il n'y a pas que le régime alimentaire qui change. On commence à faire ce qui nous semble plus adéquat pour notre santé. Par exemple, certaines personnes modifient totalement leurs habitudes de sommeil lorsqu'elles commencent à courir. Pour ma part, j'ai couru pendant un certain temps entre deux et trois heures du matin parce que c'était la période où je me sentais en meilleure forme pour courir. Je courais dans le noir total avec pour seule source de lumière, une lampe de poche. J'étais terrifié, mais je me sentais bien. La course peut vous faire changer bien des choses : votre régime alimentaire, votre mode de vie et même votre emploi. »

## Mettre un pied devant l'autre

« Le meilleur moyen de commencer un programme de course, eh bien c'est de courir », conseille le docteur Kostrubala. « Allez-y en douceur au début, afin d'évaluer vos capacités. »

« Aucun exercice n'est aussi simple ni aussi rapide à apprendre que la course. Le premier pas que vous devez faire n'a rien de compliqué. Pas d'examen à passer, pas de chaussures spéciales à acheter. L'important, c'est de vous convaincre que vous êtes capable de le faire. C'est un principe emprunté au zen. »

« Lorsqu'un archer adepte du zen vise sa cible, il visualise tout le processus dans sa tête, y compris le trajet de la flèche jusqu'au point de la cible où elle va se ficher. Si vous êtes capable d'acquérir cette image mentale, qui consiste en un sens à envoyer aux muscles le signal de se préparer en vue de la course, vous pouvez alors accomplir quelque chose de remarquable. Aussi, la première chose à faire, c'est de vous dire que vous êtes capable de le faire, sans équivoque et sans détours. Le tout est d'avoir confiance en vos moyens. Pour ma part, je crois que ce conditionnement est nécessaire pour les premiers mois, surtout si vous êtes aussi peu en forme que je l'étais. »

Peut-être serait-il préférable de consulter un médecin si vous avez de sérieux doutes sur votre état de santé. Quant à nous, tous les coureurs avec qui nous nous sommes entretenus se disaient en assez bonne santé lorsqu'ils ont commencé et n'avaient donc pas ressenti le besoin de consulter un médecin. Cependant, si vous désirez consulter un médecin, il serait préférable d'en voir un qui s'y connaît en matière d'exercices et qui est conscient du genre d'épreuve que vous allez entreprendre.

Si ce n'est pas le cas, vous risquez fortement d'être mal conseillé. Selon George Sheehan, un médecin de Red Bank, au New Jersey qui est aussi philosophe, les pires ennemis du coureur sont les automobilistes, les chiens et les médecins.

Lorsque vous aurez surmonté votre résistance initiale envers la course, grâce au conditionnement prescrit plus haut par le docteur Kostrubala, vous voudrez sûrement acquérir une bonne technique.

Contrairement à ce que pourraient croire de nombreuses personnes, la technique de la course n'est pas innée et ne peut donc être maîtrisée sans pratique. En effet, la plupart des gens ne courent pas correctement. Ils manquent d'efficacité et gaspillent de l'énergie en faisant des mouvements inutiles qui les ralentissent. Ils ont tendance à rebondir en courant et à surmener sans raison certains muscles. Ces mauvaises techniques et la tension qu'elles entraînent peuvent causer des blessures qui pourraient être facilement évitées par l'apprentissage d'une technique adéquate.

Leroy Perry, un chiropracteur de la Chiropractic Corporation de Pasadena, en Californie, se spécialise dans le traitement des athlètes. Il emploie le terme « jogging » pour décrire ce que les gens croient être de la course. Selon sa définition, le jogging serait l'une des pires choses qu'on peut faire supporter à notre corps. En effet, dans le plus pur sens du terme, une personne fait du jogging lorsqu'elle court en touchant le sol avec ses talons, le corps à la verticale ou penché vers l'arrière, et en bougeant les bras dans un mouvement de torsion autour du corps. En faisant ce mouvement de tire-bouchon avec les bras, les gens se vissent littéralement dans le sol quand ils courent. Et chez ces gens, la tension tend à se concentrer dans le haut du dos parce qu'ils raidissent les épaules tout en étirant ou en rentrant exagérément la tête.

« Le mouvement de rebond du jogging provoque une tension qui se fait sentir des pieds à la tête et qui risque éventuellement de causer des blessures », affirme le docteur

---

**Selon le docteur Kostrubala, le meilleur moyen de commencer un programme de course, c'est de courir. Il s'agit d'y aller en douceur au début, afin d'évaluer nos capacités.**

---

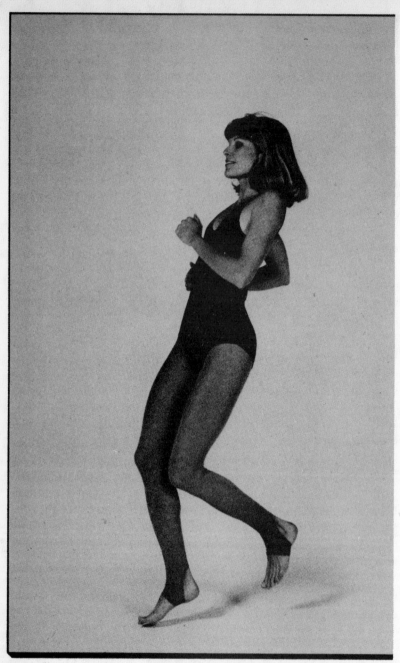

*Voilà ce qu'il ne faut pas faire — se pencher vers l'arrière.*

*Penchez-vous légèrement vers l'avant lorsque vous courez.*

Perry. « J'ai même eu des patients qui souffraient de maux de tête causés par de la tension qui avait pris naissance dans les pieds ! »

« La véritable technique de course exige qu'on penche le corps vers l'avant. Plus on court vite et plus l'inclinaison du corps devrait être prononcée. Par exemple, le corps d'un coureur de longue distance devrait avoir une inclinaison d'environ 15 à 20 degrés, c'est-à-dire un angle de cinq degrés entre la cheville et le genou, un autre cinq degrés entre le genou et la hanche, le même angle encore entre la hanche et l'épaule et enfin un angle d'environ cinq degrés entre l'épaule et la tête. »

« La foulée correcte à adopter est celle dite talon-orteil. C'est la partie avant du talon qui touche le sol en premier, puis le

*Dr Leroy Perry, expert en technique de course.*

pied bascule vers l'avant. Le mouvement se termine par une poussée des orteils (l'appui se fait entre le gros et le second orteil). Une bonne technique de course consiste à pousser avec le

*Lorsque vous courez, imaginez que des ballons relèvent votre poitrine et vous améliorerez votre posture.*

pied arrière et non à tirer avec le pied avant ! Trop de gens ne se servent jamais de leurs orteils. »

« Les bras devraient, quant à eux, balancer d'avant en arrière, comme un pendule, et leurs mouvements devraient être coordonnés avec le pied opposé. Le mouvement du bras vers l'avant ne doit pas dépasser la poitrine et les épaules doivent rester droites. En outre, il faut toujours regarder droit devant soi et non au sol. »

« Pour courir convenablement, tout comme pour marcher convenablement, il faut adopter une posture adéquate. Bon nombre de gens ont la mauvaise habitude de sortir les fesses lorsqu'ils marchent ou qu'ils courent et cette posture provoque de la tension dans le bas du dos. Pendant la course, comme d'ailleurs dans tous nos autres mouvements, il faut incliner le bassin vers le nombril afin de réduire la tension exercée sur les muscles du bas du dos. »

« L'une des principales différences entre le jogging et la course est la façon dont on s'occupe de la tension. En effet, des mouvements adéquats permettent de laisser la tension derrière soi au lieu de la laisser nous envahir. En course, les deux pieds quittent le sol après que le pied arrière a exercé son mouvement de poussée. Lorsque le pied avant atterrit, il effectue un mouvement qui permet de s'appuyer rapidement sur les orteils. Pour un observateur, c'est comme si on courait sur le bout des orteils. »

« Lorsque j'enseigne la technique de la course, ou n'importe quel autre sport, j'essaie de donner à mes élèves des images mentales qui leur permettent de garder leur corps dans la bonne position. Je dis aux coureurs de s'imaginer qu'ils ont des ballons gonflés à l'hélium attachés sur la poitrine et sur la tête, et que le vent les pousse vers l'avant et vers le haut pendant qu'ils courent. Si vous pouvez vous imaginer ces ballons pendant que vous courez, vous aurez moins de problèmes à conserver une bonne posture de coureur. »

## C'est tout votre corps qui court, et non uniquement vos pieds

Selon le docteur Perry, « la course exerce autant le haut que le bas du corps. Il est donc extrêmement important de développer

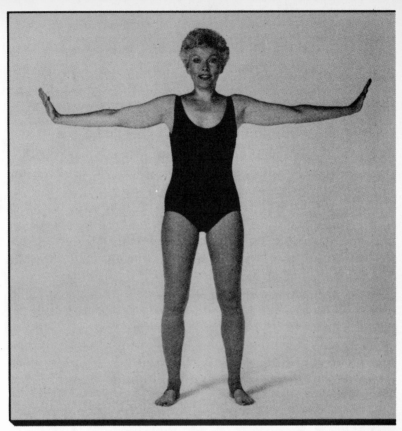

*L'exercice du moulin inversé permet de renforcer les muscles du haut du corps.*

son corps tout entier. Pour développer les muscles du haut du corps, je recommande d'effectuer l'exercice dit du "moulin inversé". Cet exercice aide à développer la capacité pulmonaire et il est aussi très bon pour la posture et pour l'alignement du corps. »

« Tenez-vous debout et étirez les bras avec force de chaque côté du corps. Relevez les mains pour qu'elles forment un angle de 90 degrés par rapport aux bras et pousser le plus fort que vous

---

**Selon le docteur Perry, la course est autant un exercice pour le haut que pour le bas du corps. Aussi, il est tout aussi important de développer le haut du corps que les jambes.**

---

pouvez. Imaginez-vous que vous êtes Samson en train de renverser les murs du temple. Faites ensuite des rotations vers l'arrière avec les bras. »

« Cet exercice permet de ramener le haut du corps vers l'arrière et la tête entre les épaules ; ainsi, vous apprenez à ne pas étirer le cou vers l'avant comme un pélican. Je recommande à mes patients d'effectuer cet exercice cinquante fois par minute pendant trois minutes et ce, deux fois par jour, en autant bien sûr qu'ils ne souffrent pas d'un problème de charpente osseuse. »

« Nous avons eu comme patiente une dame de 68 ans qui occupait un poste de secrétaire depuis l'âge de 17 ans. Elle souffrait d'arthrose. Sa colonne était dangereusement penchée vers l'avant, mais nous avons réussi à la redresser de 15 centimètres en neuf mois, surtout grâce à cet exercice. Son problème était dû en grande partie au fait qu'elle était restée penchée à son bureau pendant 51 ans. »

« Le ''redressement du bassin'' est un autre exercice important pour les coureurs. Pour l'exécuter, il s'agit de se pencher vers l'avant contre un mur à un angle de 45 degrés, les bras tendus de manière que les mains soient appuyées contre le mur. Relevez le bassin vers votre nombril à l'aide des muscles abdominaux, puis détendez-vous. Répétez le mouvement 50 fois par minute pendant deux minutes, deux fois par jour. Cet exercice permet de renforcer les muscles abdominaux et d'aligner correctement le bas du dos (en relevant le bassin au lieu de sortir les fesses). »

« Pour renforcer encore plus les muscles abdominaux, je vous conseille cet autre exercice appelé ''flexion abdominale à 30 degrés''. Étendez-vous sur le dos, genoux pliés et talons au sol. Croisez les bras et en vous servant uniquement de vos muscles abdominaux, relevez la tête en pliant le tronc jusqu'à ce que votre colonne forme un angle de trente degrés par rapport au sol. Revenez ensuite en position initiale. »

« Les exercices qui permettent de développer les muscles abdominaux sont particulièrement importants pour combattre la fatigue et la douleur dans le bas du dos. Ces problèmes sont généralement causés par un déséquilibre musculaire, c'est-à-dire que les muscles dorsaux sont beaucoup plus développés que les muscles abdominaux. La constante sollicitation des muscles dorsaux qui en résulte, est à l'origine de la tension qui s'exerce dans le bas du dos. Par ailleurs, la méthode traditionnelle d'exécution des redressements assis ne fait qu'empirer ce déséquilibre musculaire. En effet, les redressements standard (où l'on se relève complètement pour aller toucher les genoux ou les orteils) développent en réalité beaucoup plus les muscles dorsaux que les muscles abdominaux, ce qui accroît le déséquilibre musculaire au lieu de le diminuer. »

« Je recommande à tous les coureurs un programme de natation pour assurer un développement musculaire général et prévenir les blessures. La course tend à raccourcir et à tendre les muscles, ce qui les rend vulnérables aux élongations et aux déchirements. Par contre, la natation permet de les allonger et aide à assurer l'équilibre musculaire. Au minimum, les coureurs devraient nager trois fois par semaine pendant trente minutes. Sur cette période, quinze minutes devraient être consacrées à nager le crawl avec une ceinture de ski nautique (celle-ci permet de relever le dos, de diminuer le mouvement d'oscillation lorsqu'on nage et d'atteindre un bon équilibre musculaire). De plus, le battement des pieds devrait se faire sans plier les genoux. Les quinze dernières minutes devraient être consacrées à nager le crawl sur le dos, mais sans ceinture cette fois. »

## Préparation à la course

Le meilleur moyen de ruiner votre carrière de coureur consiste à enfiler vos vêtements de course dès le saut du lit et à vous élancer aussitôt sur la piste. Vous serez chanceux de durer un mois à cette allure. Avant de vous mettre à courir le matin ou plus tard dans la journée, mais surtout le matin, il est important de vous préparer physiquement. Cette préparation consiste en une période de réchauffement et d'étirement musculaire qui est très importante car si vous commencez à courir sans réchauffement ni étirement, vous augmentez vos chances de blessure. En effet, plusieurs études démontrent qu'un nombre anormalement important de blessures surviennent le matin, une situation qui est probablement due au fait que les gens courent sans préparation convenable, alors qu'ils viennent de passer huit heures au lit.

Lorsque vous faites vos exercices d'étirement, n'oubliez pas d'y aller lentement et sans forcer. Par exemple, même si vous avez l'impression de mieux vous étirer en rebondissant, ne le

*1. On commence cette version du redressement du bassin en courbant le bas du dos.  2. On relève ensuite le bassin en redressant le dos.*

*L'appui au mur.*

*L'appui au mur modifié.*

485

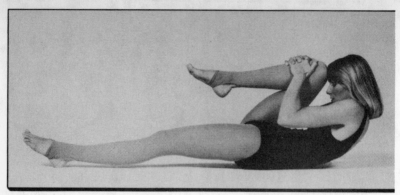

*L'appui du genou contre la tête.*

faites pas pour aucune considération, vous allez tendre vos muscles au lieu de les détendre. Lorsque vous faites un exercice d'étirement, continuez le mouvement jusqu'à ce que vous sentiez un certain inconfort et gardez cette position quelques instants. Ne forcez jamais le mouvement pour qu'il cause une intense douleur. Si vous faites ces exercices quotidiennement, avec le temps votre corps s'assouplira et vous pourrez pousser un peu plus vos mouvements. Cependant, vous devez être assez patient pour laisser votre corps y arriver sans contrainte de votre part.

Le premier exercice d'étirement consiste à effectuer des « appuis au mur ». Cet exercice n'a rien à voir avec les appuis au sol (qui servent à exercer les bras) car ils sont plutôt destinés à étirer les muscles des mollets. En vous tenant à au moins un mètre du mur, genoux tendus et talons bien à plat sur le sol, appuyez les mains au mur. Gardez cette position jusqu'à ce que vous ressentiez un étirement douloureux dans les mollets. Gardez la position pendant dix secondes. Il existe aussi une version modifiée de l'appui au mur. Pour ce faire, tenez les orteils pointés vers le mur et glissez le pied droit vers l'arrière tout en pliant le genou gauche. Pliez ensuite le genou droit jusqu'à ce que vous sentiez s'étirer d'autres muscles du mollet. Gardez cette position pendant cinq secondes. Après avoir étiré la jambe droite, répétez le mouvement avec la jambe gauche. Le podiatre Murray F. Weisenfield, qui est consultant auprès du New York College of Podiatric Medicine, recommande, dans son livre *The Runners' Repair Manual* (St. Martin's Press, 1980), d'effectuer ce mouvement d'étirement cinq fois par jambe avant de courir.

« L'appui du genou contre la tête » est un autre exercice d'étirement important en préparation de la course. Celui-ci permet de réchauffer le cou et les épaules, ainsi que les jarrets et le bas du dos. Étendu sur le dos, croisez les mains autour du genou droit et ramenez la jambe jusqu'à la poitrine (la jambe gauche demeure au sol). Pendant que vous ramenez la jambe, relevez la tête et faites-lui toucher le genou. Gardez cette position pendant dix secondes et répétez le mouvement cinq fois par jambe, en alternance.

Il serait bon ensuite de faire un exercice d'étirement des jarrets. Procédez de la façon suivante : les jambes bien tendues, appuyez un pied sur une chaise ou sur une table placée devant vous (la hauteur dépendra de votre souplesse, mais en règle générale les débutants devraient commencer par une chaise). Penchez-vous par en avant et essayez d'aggriper votre pied avec la main en ramenant la tête vers le genou. Arrêtez-vous lorsque la tension devient trop forte et gardez cette position pendant dix

*Étirement des jarrets.*

secondes. Essayez maintenant de tenir le même pied dans l'autre
main et gardez la position pendant dix secondes. Reprenez le
mouvement avec l'autre jambe et répétez l'exercice cinq fois par
jambe.

Les exercices isométriques suivants, qui sont recommandés
par le docteur Weisenfield pour renforcer les muscles de la
jambe, constituent une bonne conclusion de votre période de
réchauffement. Le premier exercice, appelé « pression des pieds »,
permet de renforcer les quadriceps, c'est-à-dire les muscles de la
cuisse. Assoyez-vous par terre ou sur une chaise et placez un
pied sur l'autre en gardant les jambes bien droites devant vous.
Ramenez le pied inférieur vers vous pendant que vous poussez
dessus avec l'autre pied. Maintenez la pression pendant dix
secondes, puis recommencez en alternant la position de vos
pieds. Répétez cinq fois par pied.

Le dernier exercice permet de renforcer l'intérieur et l'extérieur des cuisses. On peut aussi l'exécuter assis par terre ou sur

une chaise et en étirant les jambes droit devant soi. Pointez ensuite les orteils vers les genoux, puis tournez-les le plus possible vers l'intérieur tout en contractant les muscles de vos cuisses. Gardez cette position pendant dix secondes, puis tournez les orteils vers l'extérieur pendant dix secondes. Les muscles des cuisses devraient être contractés pendant toute la durée du mouvement. Pour obtenir les meilleurs résultats, pointez les orteils en alternance vers l'extérieur et vers l'intérieur. Répétez ces deux mouvements cinq fois chacun.

Il existe un exercice recommandé dans certains livres que le docteur Perry conseille d'éviter. Cet exercice consiste à se coucher sur le dos, à ramener les jambes par-dessus la tête et à essayer de toucher le sol avec les orteils. Selon le docteur Perry, cela exerce une trop forte tension sur le cou et les muscles du haut du dos. Si vous avez des problèmes dans cette région, vous risquez de les empirer et si vous n'en avez pas, vous risquez de les provoquer.

Les exercices d'étirement avant et après la course permettent de prévenir les blessures en neutralisant certaines des forces qui tendent les muscles pendant la course. Une période minimale de dix minutes d'étirement est recommandée avant et après chaque séance de course. En outre, il est recommandé de marcher un peu avant de commencer à courir et après la course. En effet, si vous vous mettez à courir aussitôt après avoir passé la journée assis à votre bureau ou après une nuit de sommeil, votre cœur aura des problèmes à alimenter convenablement vos muscles. Une marche de cinq minutes avant de commencer à courir permet d'augmenter graduellement le rythme cardiaque jusqu'à la cadence qu'il devra atteindre pendant la course proprement dite. Par ailleurs, quelques minutes de marche après la course aident à éliminer l'acide lactique qui s'est accumulé dans les muscles et diminuent la fatigue provoquée par la course. L'acide lactique, qui est l'un des déchets produits par les muscles au travail, s'accumule dans les muscles des jambes pendant la course (et cause des crampes lorsqu'on essaie de courir trop vite). La marche après la course réduit la période de récupération en éliminant l'acide lactique qui s'est accumulé dans les jambes pendant la course.

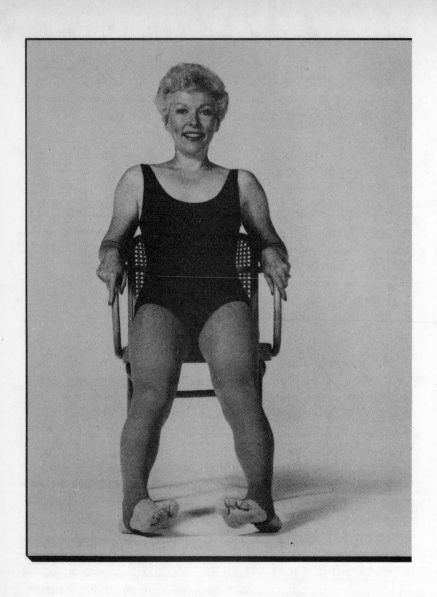

### Quelle distance devriez-vous courir et à quelle vitesse ?

Vous avez fait vos exercices d'étirement, vous avez marché un peu et vous êtes maintenant prêt à faire des étincelles sur la piste. Ne vous élancez pas tout de suite ! Vous devez d'abord décider

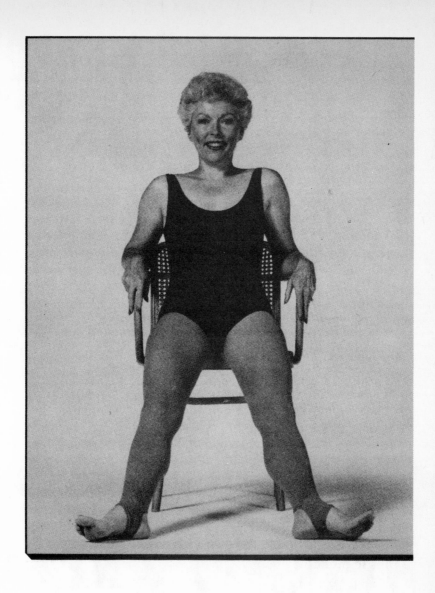

quelle distance vous allez faire et à quelle vitesse. Rappelez-vous qu'il est toujours préférable de se retenir un peu plutôt que de s'épuiser en essayant de dépasser ses limites. Nous recommandons aux débutants de commencer par alterner la course et

**Il est toujours préférable de moins courir plutôt que de s'épuiser à trop courir.**

la marche, par exemple un demi-kilomètre de course suivi d'un demi-kilomètre de marche. Lorsque vous courez, vous ne devriez pas vous essouffler au point d'être incapable de parler. Si vous êtes incapable de tenir une conversation pendant que vous courez, c'est que vous courez trop vite. Le but de la course est de pratiquer un exercice aérobique, c'est-à-dire s'exercer avec assez de modération pour éviter de manquer d'oxygène, tout en y allant avec assez de vigueur pour produire un effet d'entraî-nement. Votre objectif consiste à faire travailler vos poumons, votre cœur et vos muscles avec un peu plus de vigueur que d'habitude, mais tout de même pas assez fort pour que vous vous mettiez à râler, les jambes tordues par des crampes et le cœur prêt à sortir de votre poitrine. Consultez le chapitre sur la danse et les exercices aérobiques pour de plus amples rensei-gnements à ce sujet.

Vous devriez courir au moins trois fois par semaine et au minimum vingt minutes par séance. La distance et la vitesse importent peu en autant que vous passiez assez de temps à travailler pour atteindre vos objectifs. Laissez à votre corps le soin de trouver son rythme de progression. Si la course vous tient à cœur, vous sortirez probablement tous les jours, ce qui constitue le meilleur moyen d'améliorer vos performances une fois que vous aurez développé l'endurance nécessaire. Cependant, le meilleur moyen de garder une bonne forme physique tout en limitant les risques de blessure, consiste à courir tous les deux jours. De cette façon, vous permettez à votre corps de récupérer parfaitement pour la prochaine séance.

## Une blessure ? Détendez-vous, ça arrive à tout le monde

Il suffit de parler à n'importe quel coureur pour s'apercevoir que tous ont été victimes d'au moins une blessure au cours de leur carrière. Cette constatation vaut pour tous les coureurs, qu'il s'agisse des derniers du peloton (comme votre serviteur qui, au moment même où il rédige ce chapitre, souffre d'une blessure à la jambe) ou des champions comme Alberto Salazar, plusieurs fois vainqueur du marathon de New York.

Quelques mois avant un marathon, M. Salazar s'était blessé pendant une séance d'entraînement, et il avait dû se tourner vers d'autres formes d'exercice comme la natation, afin de conserver son système cardio-vasculaire en bonne forme. Malgré ses blessures, il a quand même réussi à afficher le deuxième meilleur temps jamais réalisé par un Américain lors d'un marathon.

En général, le corps peut se guérir sans aide extérieure si on lui laisse assez de temps pour se reposer et se détendre, et si on lui prodigue assez d'encouragement. À part le repos, les exercices correctifs, la pratique d'un style de course approprié et la course sur surface douce constituent les meilleurs remèdes contre les blessures. Parfois aussi, le fait de changer de modèle de souliers de course peut éviter de s'infliger des blessures.

Les meilleures surfaces de course sont les pistes en terre battue et les routes en asphalte. Attention aux surfaces gazonnées, elles peuvent cacher des dépressions et des trous dangereux pour les chevilles et les pieds. Les pires surfaces sont celles en béton. Ne vous y aventurez pas, elles sont vraiment trop dures pour les pieds !

# COURSE À PIED
# ET BLESSURES

i vous vous conformez aux techniques dont nous avons
fait état au chapitre consacré à la course à pied, vous
diminuerez grandement les risques de blessures. Toutefois, il est impossible d'éliminer totalement ces risques
car la course n'est malheureusement pas un sport sans danger.
Vous retirerez de nombreux avantages de cette activité, dont
entre autres, une meilleure forme physique et un sentiment
d'accomplissement des plus agréables, mais comme le dit si bien
le dicton, « qui ne risque rien n'a rien ». La course exige autant
un effort mental que physique, effort que bien des gens ne
veulent pas donner. Voilà l'une des raisons pour laquelle tous les
gens ne sont pas des coureurs. Si vous parlez à des personnes qui
s'opposent à la course, elles vous parleront habituellement de
tous les dangers que vous « courez », de la tension exercée par les
centaines de foulées qu'un coureur fait dans un kilomètre, des
histoires d'horreur à propos de gens qui avaient couru même en
étant blessés et qui ont boité pour le reste de leur vie, ou encore
de certains maniaques pour qui la course, tout comme la dive
bouteille chez les alcooliques, est devenue le point central de leur
existence. Bon, il est grand temps de remettre les choses dans
leur juste perspective. Un malheur est bien entendu toujours
possible, mais les chances que la course détruise votre vie sont
plutôt faibles si vous vous servez convenablement de votre tête...
et de vos pieds.

La distance parcourue et la vitesse à laquelle vous courez
sont directement proportionnelles aux risques de blessures. Si
vous courez tous les jours, vous avez intérêt à ne pas donner

toute votre énergie deux jours de suite. Nous vous conseillons d'alterner les séances de gros efforts avec des séances de course plus détendue. Ainsi, si vous courez rapidement et sur une longue distance le lundi, allez-y en douceur le mardi afin de donner à votre corps une chance de récupérer. L'acquisition d'une bonne forme physique est un processus qui doit se faire graduellement. Impossible d'atteindre les objectifs qu'on s'est fixés en une journée ou même en un mois. Essayer d'y aller trop rapidement, c'est comme souffler trop d'air dans un ballon : il va vous exploser dans la figure. Si vous poussez trop votre organisme, il va se rebeller sous forme de douleur et de blessures.

## Le point de côté — Rien de grave, mais quelle douleur !

Les points de côté sont excessivement douloureux. Comme personne n'est vraiment certain de quoi il s'agit, vous en saurez autant que les autres si vous en attrapez un : ça fait mal ! Certains le décrivent comme une crampe, une douleur aiguë, ou encore une sensation de brûlure. Le point peut se faire sentir n'importe où sur le torse, mais c'est dans le côté qu'on le ressent le plus souvent. Certains coureurs n'en ressentent qu'à l'occasion, tandis que d'autres n'en ont que lorsqu'ils montent ou descendent une côte à la fin d'un long parcours. Parfois, les points sont symptomatiques d'une faiblesse de l'abdomen et certains athlètes les combattent en faisant des redressements du tronc de 30 degrés ; c'est un exercice dont nous avons parlé dans le chapitre sur la course.

Si on attrape un point en course, il est possible de continuer quand même en autant qu'on puisse endurer la douleur. Tom Dybdahl court depuis huit ans et il a terminé plusieurs marathons en moins de trois heures. Il nous a confié : « Si un point se fait sentir graduellement, je suis capable de le contrôler en respirant

---

**Un programme d'entraînement trop ambitieux, c'est comme souffler trop d'air dans un ballon : il risque de vous éclater dans la figure. Si vous poussez trop votre corps, vous risquez de vous blesser.**

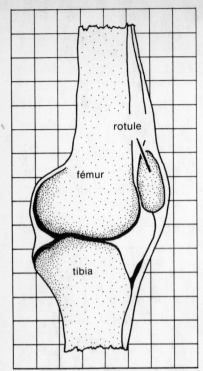

**La rotule repose sur une couche de graisse juste au-dessus de l'articulation du genou.**

"par le ventre". Habituellement, je les attrape à la fin d'une longue course ou en descendant une côte. L'an dernier au marathon de New York, j'ai réussi à en faire passer un en utilisant la technique de respiration dont j'ai parlé, mais heureusement, ce point n'était pas trop douloureux. Lorsqu'un point vous frappe sans crier gare, il fait plus mal et il est plus difficile de s'en débarrasser. Je m'aperçois que j'en attrape plus ces temps-ci, mais je pense que c'est parce que j'ai négligé mes exercices abdominaux. »

La technique de « respiration par le ventre » dont parle M. Dybdahl consiste à exagérer les mouvements des muscles abdominaux lorsqu'on respire. Il s'agit de bomber l'estomac lorsqu'on inspire et de le rentrer en expirant. De plus, le fait d'exagérer sa respiration en poussant des « Ah ! » et des « Oh ! » aide aussi à faire passer un point.

## Maux de genoux — Les dislocations sont très douloureuses

L'articulation du genou agit comme un piston. Pendant la course, son travail consiste à retenir la jambe et la cuisse ensemble pendant l'élan. Lorsqu'on court, la cuisse et la jambe avancent à des vitesses différentes, ce qui force la rotule, qui constitue le point de jonction, à glisser constamment dans le sillon patellaire. Tant que la rotule demeure dans son sillon, qui est situé sur le fémur, tout va bien. Mais ce sillon ressemble à une voie de chemin de fer dans les Rocheuses — si la rotule déraille, l'arrêt risque d'être plutôt brusque. Le pire, c'est qu'il existe

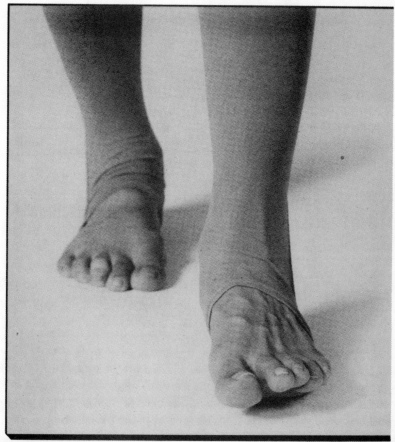

*Votre poids devrait être également distribué sur vos deux pieds.*

probablement autant de façons de dérailler qu'il existe de coureurs et c'est pourquoi ces blessures sont probablement les plus courantes chez les coureurs. La moindre imperfection dans vos mouvements lorsque votre pied touche le sol produit sur la rotule une pression latérale qui la fait sortir de son sillon et frotter contre le condyle du fémur. C'est ce genre de faux mouvement qui endommage le cartilage du genou et cause la douleur.

Que peut-on faire en cas de blessure au genou? Tout d'abord, il est important de se rappeler qu'on ne peut courir avec un mal de genou comme on peut le faire lorsqu'on attrape un point, car si vous continuez, vous ne ferez qu'empirer la situation. En continuant à courir sans traitement, vous allez réduire le cartilage du genou en « poussière ». En cas de douleur au genou, la première chose à faire est d'examiner vos pieds ; la douleur pourrait être causée par un mouvement appelé pronation. Cela signifie que lorsque votre pied touche le sol, la cheville pivote vers l'intérieur en exerçant une pression sur l'intérieur du pied. Ce mouvement fait rentrer la jambe vers l'intérieur lorsque votre poids s'appuie dessus et fait sortir la rotule de son sillon. Si la pronation est la cause de votre problème, vous pouvez facilement le régler en insérant dans vos souliers de course des supports de voûte plantaire. Ceux-ci retiennent la voûte plantaire et permettent de la garder bien alignée.

Il arrive parfois qu'un grave problème de genou cause un problème structural du pied ou une pronation trop prononcée pour être corrigée par les supports de voûte plantaire habituellement disponibles en pharmacie. Vous devriez alors consulter un podiatre qui connaît bien les problèmes des coureurs. Un bon podiatre devrait être en mesure d'analyser votre problème et de vous conseiller une orthèse appropriée. Une orthèse est un dispositif qu'on insère dans la chaussure pour la modifier afin de compenser une déviation ou une faiblesse du pied.

À part la modification des souliers au moyen d'orthèses, un autre bon moyen de combattre les maux de genou consiste à faire des exercices qui renforcent les cuisses et augmentent la souplesse des mollets. Nous vous conseillons les deux exercices isométriques proposés dans le chapitre sur la course car ceux-ci renforcent les muscles de la cuisse, ce qui leur permet de retenir le genou en place lorsque vous courez. Nous vous conseillons aussi d'effectuer les appuis au mur et les appuis du genou contre

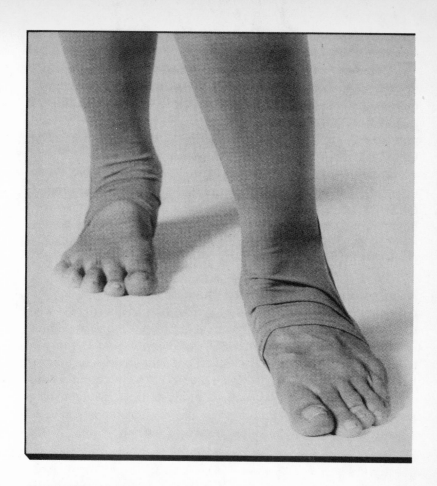

la tête qui sont décrits au même chapitre. Comme il s'agit d'exercices d'assouplissement, ils permettent de réduire la pression qui s'exerce sur le genou lorsque le pied touche le sol.

## Un traitement « on the rocks »

Tous les traitements dont nous avons parlé jusqu'à présent permettent de replacer la rotule dans son sillon, mais ils ne soulagent pas la douleur très rapidement. Le meilleur traitement contre la douleur consiste à recouvrir le genou de glace aussitôt la course terminée, puis à y appliquer de la chaleur plus tard dans la journée. Le froid permet de réduire l'enflure et l'inflammation, tandis que la chaleur accélère la guérison en améliorant la circulation dans la région blessée.

Cependant, il faut agir avec modération lorsqu'on se traite de cette façon. N'appliquez pas de glace pendant plus de quinze minutes car vous pourriez aggraver la blessure en refroidissant trop votre jambe. Ce traitement ne requiert qu'un sac en plastique rempli de cubes de glace qu'on peut réutiliser à volonté. De plus, le sac a l'avantage de conserver la forme de votre genou lorsque vous le faites recongeler en vue d'une utilisation future. Vous pouvez appliquer une serviette trempée que vous aurez mise au préalable quelques minutes au congélateur. C'est une méthode efficace, mais qui possède l'inconvénient de dégoutter sur le plancher lorsque la glace commence à fondre.

Pour réchauffer le genou, on peut se servir d'un coussin chauffant ou d'une bouillotte. Un conseil au sujet du coussin chauffant : réglez son thermostat au plus bas. Même au plus bas, certains de ces coussins dégagent encore trop de chaleur ; il faut alors le retirer de temps à autre afin que le genou ne devienne pas trop chaud. Appliquez ce traitement pendant environ une demi-heure et installez-vous de préférence dans votre lit ; c'est un endroit reposant et vous pouvez y étendre confortablement votre jambe. Attention cependant de ne pas vous endormir avec le coussin en marche car vous risqueriez de surchauffer votre genou.

---

## Les douleurs dans la partie antérieure de la jambe — Trop loin, trop vite, trop tôt

Un de nos amis coureurs a décidé un jour d'augmenter sans perdre de temps sa vitesse et son endurance. Il a donc commencé à s'entraîner de façon intensive sur la piste d'une école des environs. Son entraînement consistait à courir des 500 mètres le plus vite possible, chacun étant entrecoupé de deux minutes de repos. Lorsqu'il devenait trop fatigué pour courir des cinq cents

---

**Dans le doute, le repos constitue le meilleur traitement contre la douleur, qu'elle soit faible ou forte.**

---

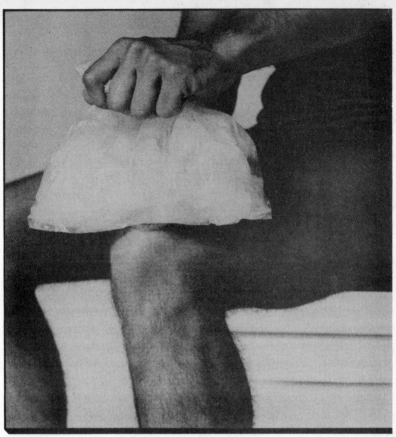

*La glace est un bon traitement contre les blessures parce qu'elle soulage la douleur et prévient les enflures.*

mètres, il faisait quelques sprints de cent mètres puis revenait à la maison au pas de course. Ces séances se déroulaient tous les deux jours. Deux semaines après avoir commencé ce nouveau programme, notre ami fut invité à souper chez des amis qui demeuraient à environ 16 kilomètres de chez lui. « Aha ! », se dit-il, « voilà l'occasion parfaite de leur montrer que je peux très bien me passer d'une voiture pour me rendre chez eux ! »

Alors qu'il entreprenait le parcours, il s'aperçut qu'il devrait courir tout le trajet contre le vent. De plus, un intense trafic le forçait à courir la plupart du temps sur les trottoirs, ce qui l'obligeait à monter et à descendre à tous les coins de rue. Vers la fin du trajet, la plus longue distance qu'il avait jamais courue, il commença à ressentir une douleur dans la jambe gauche et alors qu'il lui restait environ 1 500 mètres à faire, une voiture le coupa à une intersection, au moment même où il descendait du trottoir. Changeant brusquement de direction pour éviter la voiture, il se tordit le pied, se cognant la cheville contre la bordure du trottoir. La douleur était devenue presque insupportable mais notre ami termina quand même la course, trop fier qu'il était pour appeler afin qu'on vienne le chercher. Cette nuit-là, de même que les jours suivants, il fut incapable de courir et même en marchant, sa jambe le faisait souffrir.

De nombreuses personnes parlent de ce genre de problème de la jambe comme d'une blessure causée par un usage abusif de cette région du corps. Les muscles qui sont touchés par ce mal particulier se trouvent sur la partie extérieure du devant de la jambe et servent d'amortisseurs de chocs. Ce sont eux qui absorbent la tension et retiennent le pied en un seul morceau lorsqu'il frappe le sol. Sans ces muscles, vos pieds se répandraient sur le sol comme du jello dès la première foulée et vos jambes tomberaient en morceaux. Lorsque les chocs deviennent insupportables, les muscles se contractent, causant la douleur intense dont notre coureur a fait l'expérience lorsqu'il a essayé de courir seize kilomètres sur le béton.

Les douleurs sur la partie antérieure de la jambe sont la plupart du temps dues au fait qu'on augmente trop rapidement notre vitesse et les distances qu'on parcourt durant l'entraînement. Des muscles qui s'accommodent facilement d'un trajet de huit kilomètres, à vitesse modérée, sur une piste en terre battue, vont littéralement se « tordre » de douleur s'ils sont pilonnés contre le béton sur une longue distance ou si on leur fait subir la tension d'une série de sprints autour d'une piste d'école. Lorsqu'on court pendant plusieurs kilomètres sur les trottoirs et qu'on est obligé de descendre et de remonter sur celui-ci à chaque intersection, cela équivaut à rouler en voiture sur des kilomètres de route cahoteuse. Dans les deux cas, le dessous du « véhicule » sera réduit en pièces.

Le premier traitement à employer pour ce genre de blessure tient en deux mots : repos et glace. Assoyez-vous sur une chaise, étendez la jambe et posez un sac de glace sur la région douloureuse, en suivant les conseils prescrits au sujet des maux de genou. La glace permet de diminuer l'inflammation et l'enflure de la jambe, ce qui peut être un grave problème dans ce genre de blessure. En effet, comme les muscles extérieurs de la jambe sont confinés dans un espace plutôt restreint, ils ne peuvent prendre beaucoup d'expansion sous l'effort et s'il se produit une blessure, l'inflammation musculaire qui en résulte risque de causer une intense douleur.

Un second traitement consiste à réduire son programme de course. Par exemple, si vous avez fait beaucoup de vitesse ou de course en terrain vallonneux dernièrement, allez-y en douceur pendant un certain temps. Au besoin, arrêtez de courir pendant une semaine complète et faites d'autres exercices aérobiques pour maintenir votre forme (consultez le chapitre consacré à la danse et aux exercices aérobiques). Faites par exemple de la natation ou de la bicyclette, ces deux exercices sont très bons pour le système cardio-vasculaire. Attention cependant de ne pas forcer les muscles de vos jambes.

## Les muscles fragiles sont ceux qui se font mal

Vos maux dans la partie antérieure de la jambe pourraient aussi être causés par une trop grande puissance des muscles des mollets par rapport à ceux sur le devant de la jambe. Un bon moyen de traiter la douleur serait donc de renforcer les muscles qui en sont la cause. Il existe à cet effet un très bon exercice qui consiste à faire des flexions du pied sans bouger la jambe. Assoyez-vous, coincez les orteils sous un meuble et essayez de le soulever par la seule force de vos orteils. M. Murray F. Weisenfield, D.P.M., recommande dans son livre *The Runner's Repair Manual* (St. Martin's Press, 1980) de faire cet exercice pendant dix secondes, dix fois par jour.

N'oubliez pas non plus de faire les appuis au mur dont nous avons parlé dans le chapitre sur la course. En augmentant la souplesse de vos mollets, vous pourriez diminuer la pression exercée sur les muscles antérieurs de la jambe. Au niveau de l'équipement, vous pourriez aussi vous procurer des souliers mieux coussinés ou insérer une talonnière en caoutchouc mousse dans ceux que vous possédez.

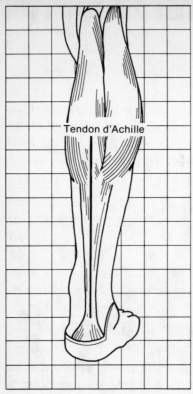

**Les souliers à talons hauts raccourcissent le tendon d'Achille et le rendent moins mobile.**

## La tendinite du tendon d'Achille — N'ignorez pas la douleur

Un article paru dans *The Physician and Sportsmedicine* (février 1979) illustre bien le danger de courir malgré la douleur. M. William P. Morgan, un professeur d'éducation physique à l'université du Wisconsin à Madison, y raconte le cas d'un professeur qui a couru huit kilomètres par jour pendant un an malgré une douleur presque insupportable aux jambes. En fait, ses jambes étaient dans un tel état qu'il était obligé de descendre les escaliers à reculons ; la douleur était trop forte s'il essayait de les descendre normalement. Douze mois plus tard, la souffrance était devenue telle qu'il n'était plus du tout capable de descendre le moindre escalier. Notre professeur fut obligé de subir une intervention chirurgicale et aujourd'hui, il ne peut plus courir et marche en boitant.

C'est ce genre d'histoire qui fait dire à certains que la course est un exercice dangereux. C'est effectivement le cas pour ceux qui s'entêtent à continuer, en dépit d'une douleur qui les empêche même de descendre un escalier. C'est pourquoi nous insistons pour que les coureurs se servent de leur tête autant que de leurs pieds. Si on fait preuve de jugement, la course est probablement le meilleur exercice complet qui soit.

Dans le cas de notre professeur, ce dernier a apparemment détruit systématiquement ses tendons d'Achille, ceux qui relient les talons aux mollets. Lorsqu'on commence à ressentir une douleur au mollet, c'est en général le signe d'une tendinite. Ce problème est dû au fait que la course raccourcit les muscles des mollets en les renforçant. Ce rétrécissement exerce une tension de plus en plus grande sur le tendon, jusqu'à ce que celui-ci ne puisse plus la supporter. C'est alors que la douleur s'installe.

Le tendon d'Achille est entouré de fluide et d'une enveloppe qui font penser à une bande de caoutchouc recouverte de gélatine et emballée dans du plastique gaufré. Lorsqu'il est soumis à une trop forte tension, le corps réagit en augmentant la quantité de fluide dans l'enveloppe. Cependant, l'espace est restreint dans cette enveloppe et si l'organisme essaie de faire pénétrer plus de liquide qu'il peut en contenir, le tendon va envoyer des messages de douleur au cerveau.

La meilleure chose à faire pour éviter les problèmes de tendinite consiste à se procurer des souliers conçus pour surélever le talon ou à mettre des coussinets en caoutchouc mousse pour les talons dans vos souliers actuels. Comme le talon est plus haut, le tendon n'a pas besoin de s'étirer de façon excessive pour rattacher le talon au mollet.

Les problèmes associés au tendon d'Achille peuvent eux aussi être traités par le froid et la chaleur. Appliquez un sac de glace après la course afin de contenir l'enflure et appliquez de la chaleur avant de vous coucher pour accélérer la guérison. N'oubliez pas d'éviter de courir en terrain vallonneux lorsque vous souffrez d'un problème quelconque aux jambes car vous risquez d'empirer la situation.

## La douleur, signal d'alarme de l'organisme

L'un des grands avantages de la course est qu'elle vous permet de prendre contact avec votre corps. La course permet d'établir la communication entre l'esprit et le corps, elle nous fait méditer sur notre condition et nous apprend à connaître notre corps ainsi que ses capacités. Tout cela ne peut être réalisé avec autant de clarté si nous menons une vie sédentaire. Le mouvement peut nous apprendre bien des choses, et si nous apprenons à l'écouter, notre corps peut nous faire des révélations sur lui-même. La course joue un grand rôle dans tout ceci car elle ouvre pour ainsi dire nos oreilles internes.

Il n'existe pas deux corps humains identiques et c'est pourquoi, si vous vous blessez, vous pourrez être guéri par un traitement alors que celui-ci n'aura aucun effet sur une autre personne. Vous devez donc être à l'écoute des douleurs qui annoncent une blessure, tout comme vous devez être à l'écoute des signes de soulagement de celle-ci. Personne ne peut le faire pour vous, car après avoir passé un certain temps à courir, personne ne connaîtra votre corps aussi bien que vous.

Si vous ressentez une douleur quelconque, n'hésitez pas à essayer plusieurs traitements ; votre corps vous avertira s'ils produisent ou non un effet. Le seul point à retenir, c'est de ne pas vous entêter à continuer si la douleur persiste ou si elle empire. Reposez-vous dans ce cas. Il est préférable de ne pas courir pendant une journée ou deux, plutôt que d'empirer une petite blessure. Dans le doute, le repos demeure la meilleure cure qui soit contre tous les maux, grands ou petits.

# SEXE ET EXERCICE

Vous êtes-vous déjà demandé pourquoi la majorité des annonces publicitaires, qu'il s'agisse de vanter les mérites du lait ou les performances d'une voiture, font appel à des hommes ou des femmes à l'allure sexy pour mousser les ventes? Probablement pas. Vous savez sûrement, tout comme le savent d'ailleurs ceux qui créent les annonces publicitaires, que le sexe possède un attrait fondamental chez les êtres humains. L'une des expériences les plus ardemment désirées par tous les êtres humains est sans contredit l'amour, le plaisir qu'on retire des sensations et de l'intimité du plaisir physique.

Cependant, notre degré de « sex-appeal » dépend par-dessus tout de notre forme physique. Les personnes au cœur défaillant ont toutes les chances de demeurer seules dans la vie et celles dont le corps est décrépit ne se mettent au lit que pour dormir. Mais si la mauvaise santé n'a rien pour exciter, une bonne santé est par contre un véritable aphrodisiaque. Par ailleurs, quoi de mieux que l'exercice pour se sentir rayonnant de santé.

L'exercice aiguise l'appétit sexuel. Il permet aussi d'éliminer la graisse et la torpeur qui nous empêchent d'atteindre notre plein épanouissement sexuel. Vous n'avez pas besoin de nous croire sur parole, tous les scientifiques vous diront que lorsqu'ils

---

**L'exercice est un remède fort efficace qui excite vos hormones et rajeunit votre corps... ainsi que vos désirs. Cependant, il peut avoir certains effets secondaires inattendus.**

---

ont porté leur attention sur les réalités de la vie, ils ont découvert
que l'exercice en faisait intimement partie.

## « Mettez-y du tigre »

John R. Sutton, de l'université McMaster en Ontario, a découvert
que le taux de testostérone dans le sang (l'hormone sexuelle
mâle) avait tendance à augmenter pendant les périodes d'intense
activité physique. Il décida d'étudier l'effet de ses découvertes
sur des athlètes en canotage et en natation, de calibre olympique,
ainsi que sur des étudiants en médecine moins entraînés que ses
premiers sujets. Dans le cas des athlètes olympiques, les séances
de rudes efforts ont produit plus de testostérone que les séances

*Dr Domeena Renshaw, sexologue.*

508

plus faciles ; chez les étudiants en médecine, le taux d'hormones atteignait son sommet après vingt minutes d'exercice sur une bicyclette stationnaire. En d'autres termes, la production de testostérone a semblé varier en fonction de la forme physique de chaque sujet, mais dans tous les cas c'est le «travail» qui a déclenché cet accroissement du taux d'hormones.

Les muscles emmagasinent leur énergie sous forme de glycogène. Des études ont démontré que le glycogène se conserve mieux lorsqu'il se trouve en compagnie de testostérone. Les scientifiques croient en outre que cette hormone aide les muscles à métaboliser les glucides. De toute façon, il est certain qu'un organisme actif a besoin de plus de testostérone qu'un organisme sédentaire ; et la testostérone, eh bien, c'est ce qui alimente notre appétit sexuel.

Des études démontrent aussi que la sécrétion de testostérone est régie par la quantité de sang qui circule autour des testicules. Comme elle est sécrétée directement à travers la paroi des testicules, il doit y avoir une bonne circulation sanguine afin de la transporter dans l'organisme. Bref, pas de circulation sanguine, pas de testostérone. Tout comme les travailleurs qui attendent l'arrivée du métro, les molécules de testostérone n'arrêtent pas de se masser sur le quai d'embarquement pour se rendre à leur travail et il arrive un moment où les testicules doivent interrompre la production de passagers. Parce qu'il accélère la circulation sanguine, l'exercice donne à la testostérone le moyen de transport dont elle a besoin.

Très peu d'études ont été faites au sujet des femmes. Nous avons cependant pu prendre connaissance de l'une d'elles, faite sur des femmes à la diète. Les chercheurs se sont aperçus que le taux d'hormones femelles baissait chez les femmes qui suivaient uniquement un régime, tandis qu'il demeurait normal et constant chez les femmes qui faisaient en plus de l'exercice.

## L'exercice à deux

L'exercice constitue un remède puissant qui permet d'exciter la production d'hormones et de rajeunir votre corps... et vos désirs. Cependant, il faut savoir que l'exercice peut aussi avoir des effets secondaires inattendus.

Par exemple, si vous entreprenez un programme d'exercices,

ce serait une bonne idée d'encourager votre conjoint à vous accompagner, sinon vous risqueriez d'avoir des problèmes d'ordre sexuel.

Le docteur Domeena Renshaw est professeur de psychiatrie et directrice de la Sexual Dysfunction Clinic à l'université Loyola, en Illinois. Cette dernière nous a fait part d'un désastre sexuel qui s'est produit lorsqu'une femme s'est mise à faire du jogging sans que son mari l'accompagne.

« Celle-ci m'a confié se sentir toute revigorée et plus intéressée par le sexe. Cependant, son renouveau d'enthousiasme a effrayé son mari. » D'après le docteur Renshaw, le mari s'est senti incapable de satisfaire les nouveaux besoins de sa femme. Aussi, au lieu de risquer un échec et l'humiliation que cela comportait, il a préféré ne rien faire du tout.

Le contraire peut aussi se produire. « Supposons qu'un homme entreprenne un programme d'exercices et qu'il se mette à perdre du poids. Avant longtemps, il se sentira plus en forme, mais pas sa femme. Celle-ci risque d'être effrayée par la nouvelle image plus attrayante, plus don Juan, de son mari, et cela peut créer des problèmes. »

Lorsque vous entreprenez un programme d'exercices, il faut veiller à garder une juste mesure. Comme le docteur Renshaw l'indique : « Il faut faire très attention pour ne pas que le sempiternel "pas ce soir chéri, j'ai la migraine" soit remplacé par "pas ce soir chéri, mon jogging m'a trop fatiguée". »

« En fait, le tout repose sur les attentes des gens, sur leur personnalité et sur l'image qu'ils se font d'eux-mêmes. Par exemple, le fait qu'un conjoint entreprenne un programme de jogging peut avoir les mêmes conséquences que s'il arrêtait de fumer, en ce sens que le message pourrait bien être "regarde, moi je suis capable et toi tu ne l'es pas". Ce genre de situation tourne plus souvent qu'autrement au vinaigre. »

Ainsi donc, le mieux serait que les deux conjoints fassent de l'exercice. De cette façon, ni l'un ni l'autre ne se sentira rejeté.

« Nous connaissons plusieurs couples qui ont commencé à faire du jogging ensemble et qui ont une relation excellente aujourd'hui », reprend le docteur Renshaw. « Tous nous ont confié que, grâce à l'exercice, ils se sentaient en bien meilleure forme et s'étaient rapprochés l'un de l'autre. »

Dans le fond, qu'est-ce que le sexe sinon le rapprochement de deux êtres ?

# SHIATSU

En japonais, le terme shiatsu signifie « pression des doigts ». Il s'agit d'une thérapie orientale semblable à l'acupression et qui donne de très bons résultats. Le shiatsu traite les problèmes de l'organisme par la pression des doigts et de la paume de la main sur la peau.

Jusqu'à quel point le shiatsu est-il efficace ? Eh bien, il est assez efficace pour avoir converti Jerry Teplitz, ex-avocat collet monté, en un ardent adepte du shiatsu qui voyage aux quatre coins du pays pour donner des conférences et des démonstrations de ce traitement traditionnel japonais. Plutôt sceptique au départ, M. Teplitz s'est peu à peu senti attiré par le nouveau mode de vie que le shiatsu lui laissait entrevoir. De plus, il s'aperçoit aujourd'hui que les gens qui assistent à ses conférences sont, eux aussi, fortement influencés par le potentiel curatif du shiatsu.

La conférence la plus difficile de toute la carrière de M. Teplitz s'est passée entre les quatre murs d'un pénitencier. « On n'avait pas dit aux détenus qui j'étais ni ce que j'allais faire », se rappelle-t-il. « On leur avait seulement dit qu'ils avaient le choix entre aller travailler et assister à ma conférence ; bien entendu, ils ont choisi de venir me voir. »

M. Teplitz raconte qu'à certains moments, il aurait bien voulu qu'ils aient préféré opter pour le travail. En général, cinq minutes lui suffisent pour captiver la presque totalité de son auditoire et leur faire exécuter les diverses techniques de relaxation et de stimulation de leur corps. Mais avec les prisonniers, ce fut une toute autre histoire. Aucun d'entre eux ne restait en place

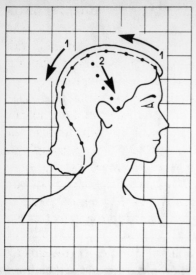

**Pour soulager les maux de tête, il faut presser sur les points situés le long de la flèche n° 1, puis masser les points le long de la flèche n° 2, des deux côtés de la tête à la fois.**

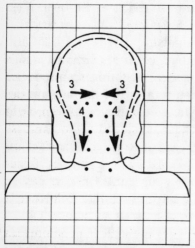

**Un plus grand soulagement des maux de tête peut être obtenu en appuyant sur les points indiqués par les flèches n^os 3, puis en appuyant le long de la colonne (points n^os 4).**

et tout le monde parlait et fumait, totalement indifférent aux paroles de M. Teplitz.

Habituellement, celui-ci choisit un membre de l'auditoire souffrant de maux de tête afin de démontrer la technique du shiatsu. Malheureusement pour lui, il avait choisi sans le savoir un des meneurs parmi les prisonniers.

« Je l'ai fait asseoir afin de démontrer comment on devait s'y prendre pour soulager les maux de tête. Après la démonstration, il s'exclama que son mal de tête avait empiré » raconte en riant M. Teplitz, malgré qu'il ait été passablement embarrassé au moment de la démonstration. « En le questionnant un peu plus, j'ai découvert qu'en fait, il souffrait constamment de migraines, ce qui exige un traitement différent. J'ai donc appliqué le traitement approprié et la douleur a totalement disparu. »

Lorsque M. Teplitz en arriva à la partie méditation de son programme, il fit faire aux détenus des exercices à cet effet, en leur vantant les mérites d'une séance de méditation deux fois par jour.

« Je leur ai dit qu'ils devraient se lever vingt minutes plus tôt pour méditer mais soudain, je me suis demandé si la stricte routine du pénitencier leur permettrait ces vingt minutes de liberté pour méditer. »

## Réactions positives

Avant cette conférence au pénitencier, M. Teplitz n'avait jamais cessé de s'étonner du succès de son programme. Qu'il prononce une conférence devant des étudiants, des gens d'affaires ou des gens du troisième âge, son programme semblait toujours apporter quelque chose à tout le monde. Cependant, après cette fameuse démonstration devant les prisonniers, il se dit qu'il venait peut-être de subir son premier échec. Lorsqu'il reçut les fiches d'évaluation remplies par les détenus, quelle ne fut pas sa surprise de constater que ceux-ci croyaient que le shiatsu et la méditation leur permettraient d'améliorer leur existence.

Par ailleurs, les commentaires adressés par le personnel du pénitencier l'ont rendu encore plus enthousiaste. « Chez les prisonniers, les cigarettes constituent la monnaie d'échange », raconte M. Teplitz. « Eh bien, un employé du pénitencier m'a raconté qu'un détenu avait gagné deux paquets de cigarettes en soulageant les maux de tête d'un camarade au moyen du shiatsu. Il paraît aussi que le gars le plus coriace de tous, un Musulman qui porte toujours sur lui une chemise remplie de ses prières, garde dans cette même chemise, une copie du diagramme de traitement des maux de tête que je leur avais laissé. C'est sans conteste le pire auditoire que j'aie jamais eu, mais mon programme leur a apporté quelque chose à eux aussi. »

M. Teplitz a mis au point son programme de façon à enseigner à son auditoire les diverses techniques utilisées pour soulager les maux de tête, les migraines, les maux de gorge, les sinusites ainsi que la fatigue des yeux et les maux de cou. « C'est une profession que je compare à celle d'un cultivateur, en ce sens que mon rôle consiste à planter chez les gens une graine qui, en poussant, leur donnera les moyens de se traiter à l'aide d'une

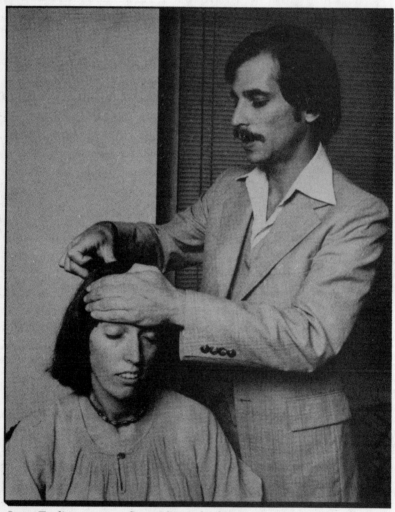

*Jerry Teplitz au cours d'une séance de shiatsu.*

grande diversité de techniques. Nous avons tous un potentiel de beaucoup supérieur à ce que nous pourrions croire au premier abord. »

M. Teplitz admet cependant qu'à chacune de ses conférences, il doit d'abord affronter le scepticisme de son auditoire. Il a donc conçu une tactique selon laquelle il promet de donner quatre dollars à quiconque ne se sentira pas plus détendu à la fin de la démonstration. « Jusqu'à présent, j'ai démontré la technique du shiatsu devant environ 100 000 personnes, et seules trois d'entre elles sont venues me réclamer les quatre dollars. »

## Ex-avocat, ex-sceptique

En fait, M. Teplitz n'est pas une personne à chercher querelle aux sceptiques puisqu'il était probablement le pire d'entre eux lorsqu'il a entendu parler du shiatsu pour la première fois.

« Lorsque j'étudiais le droit, quelqu'un m'aurait dit que je ferais ce métier dans cinq ans et je l'aurais traité de fou. En droit, on forme les étudiants à douter de tout et à réduire la plus solide des défenses en miettes. J'ai essayé cette méthode avec le shiatsu, mais je n'ai pas réussi. À vrai dire, plus j'essayais, plus j'en apprenais et plus les perspectives du shiatsu me passionnaient. »

M. Teplitz a écrit en collaboration avec Shelly Kellman un livre intitulé *How to Relax and Enjoy* (Japan Publications, 1977). Ce livre décrit certaines des techniques de shiatsu, propose des exercices de yoga ainsi que des méthodes de relaxation et de méditation, et donne même des conseils en matière de nutrition. Malgré qu'il soit en train de préparer plusieurs autres livres sur le sujet, M. Teplitz continue tout de même à donner des conférences un peu partout aux États-Unis et au Canada. Il déclare qu'en un peu moins de deux heures, il est en mesure d'enseigner aux gens des techniques de relaxation et de stimulation dont ils pourront se servir pendant le reste de leur vie.

« Le shiatsu permet autant de se traiter soi-même que de traiter les autres », explique-t-il. « Mon objectif consiste à permettre aux gens de se traiter sans aide extérieure. En fait, je risque bien de me retrouver sans travail avant longtemps car tout le monde saura quoi faire pour se garder en santé. Le shiatsu, la méditation et une bonne nutrition leur permettront de se sentir beaucoup mieux qu'auparavant. »

Le shiatsu est une thérapie encore plus ancienne que l'histoire connue du Japon. Ceux qui le pratiquent se servent surtout de leurs pouces pour soulager les maux. Par exemple, pour guérir un mal de tête, ils appuient sur une série de points le long du crâne et du cou avec la partie charnue du pouce. M. Teplitz assure pour sa part, qu'un mal de tête ou une gueule de bois peuvent être soulagés en moins d'une minute et demie et dans certains cas, il suffira de trois séances de traitement pour éliminer totalement la douleur. « Je recommande bien entendu de consulter un médecin s'il s'agit d'un problème persistant »,

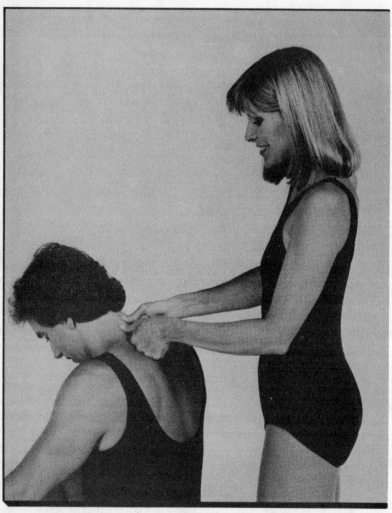

*On se sert beaucoup des pouces dans la pratique du shiatsu.*

ajoute-t-il. « Dans un cas semblable, il est fort possible que l'environnement de la personne soit la cause du trouble et qu'il faille alors prendre des mesures pour corriger la situation. »

Cependant, le shiatsu s'avère passablement efficace dans le traitement des maux de tous les jours, quoique personne ne sache vraiment pourquoi. Selon M. Teplitz, plusieurs théories ont été mises de l'avant pour expliquer le succès du shiatsu. Par exemple, il est possible que la forte pression exercée par les pouces augmente la circulation sanguine dans la zone douloureuse. Comme le sang est un produit nettoyant naturel, une plus grande circulation de celui-ci permettrait d'approvisionner la région malade en anticorps et en oxygène tout en la débarrassant des déchets et de l'oxyde de carbone qui s'y trouvent. Une seconde possibilité serait que le shiatsu agisse de la même façon que l'acupuncture, c'est-à-dire que par la stimulation de certains méridiens nerveux, il encouragerait l'organisme à se guérir lui-même. D'autres encore suggèrent que lorsqu'on exerce une pression sur la tête, celle-ci stimule la sécrétion d'endorphines dans le cerveau. Les endorphines ont des propriétés analgésiques qui peuvent bloquer les signaux de douleur dans toutes les parties du corps. Enfin, une autre théorie se fonde sur le principe physique selon lequel pour chaque action, il existe une réaction opposée équivalente. « Par exemple », explique M. Teplitz, « lorsqu'une personne souffre d'une gueule de bois, c'est parce que les vaisseaux sanguins sont contractés. La pression exercée lors d'un traitement par le shiatsu provoque la dilatation des vaisseaux sanguins et soulage ainsi la douleur. »

Peu importe ce que l'explication scientifique du shiatsu pourrait être, une chose demeure certaine pour M. Teplitz : le shiatsu est efficace en autant que les gens se conforment aux instructions. « Lorsqu'une personne applique un traitement sur le cou, nous l'avertissons de ne pas appuyer directement sur la colonne, mais plutôt de chaque côté de celle-ci. Par ailleurs, les thérapeutes demandent à leurs patients de le dire lorsqu'ils ressentent de la douleur pendant le traitement. Le thérapeute passe alors à une autre région du corps et lorsqu'il revient dans

---

**M. Teplitz soutient que le shiatsu peut, en seulement une minute et demie, soulager un mal de tête ou une gueule de bois.**

la zone douloureuse, il commence par appuyer doucement, puis augmente graduellement la pression. « De cette façon, on peut appliquer une pression plus forte avant que le patient ressente de nouveau la douleur ou, dans bien des cas, la douleur a complètement disparu. »

On enseigne aux thérapeutes de ne pas exercer de pression pendant plus de trois secondes à la fois lorsqu'ils traitent le cou et la tête, et pas plus de sept secondes sur les zones situées au-dessous du cou.

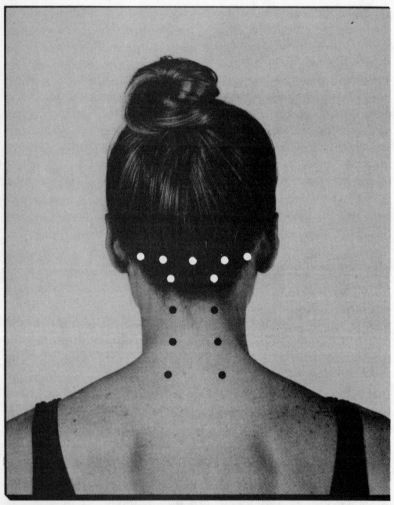

*Une pression sur ces points soulage les maux de tête.*

Quoiqu'il se serve du shiatsu depuis plusieurs années, il arrive encore à M. Teplitz de s'étonner de l'efficacité du traitement. Par exemple, il nous a raconté le cas d'un ami qui l'avait appelé d'une ville éloignée parce qu'il souffrait d'un problème de dents de sagesse. La douleur était accablante et son dentiste ne pouvait le voir avant plusieurs semaines. « J'ai donc entrepris de lui donner des instructions pour soulager son mal de dents au téléphone. Lorsque je l'ai revu quelques mois plus tard, il m'a dit qu'il avait suffi de quelques séances pour que la douleur s'envole totalement. Il avait dû voir quand même son dentiste, mais il n'avait pas eu à attendre son rendez-vous dans la souffrance. »

Dans le cas d'un mal de dents, le shiatsu soulage habituellement la douleur pendant trois ou quatre heures et lorsque la douleur revient, il suffit de reprendre le traitement. « Le shiatsu constitue une bonne alternative à l'aspirine ainsi qu'aux effets négatifs des produits chimiques dans l'organisme » déclare M. Teplitz.

Son complet trois pièces bleu fait encore ressembler M. Teplitz à un avocat en route pour la cour, mais ses « pièces à conviction » se sont transformées en diagrammes expliquant la technique du shiatsu. Au cours d'un séminaire présenté à Washington, il nous a expliqué de quelle façon les entreprises pourraient s'y prendre pour aider leurs employés à résoudre les problèmes engendrés par le stress du travail. Pour appuyer ses dires, il a fait une démonstration sur une femme qui s'était plainte d'un atroce mal de tête avant le début de la séance. Après que M. Teplitz eut soulagé la douleur, celle-ci s'est écriée sans presque y croire : « Eh ! Je ne sens plus rien, c'est extraordinaire ! Avant de venir, je me sentais tellement mal que je me demandais vraiment si j'aurais la force d'assister à la séance. »

De nombreuses personnes découvrent aussi que le partage des bienfaits du shiatsu avec leur famille et leurs amis les rapprochent les uns des autres. Pourquoi ? Tout simplement parce que le shiatsu est un moyen de toucher ceux qui nous sont proches sans les menacer, tout en leur procurant une agréable sensation de bien-être.

# SOMMEIL

Vous est-il déjà arrivé de tourner la clé de votre voiture pour vous apercevoir que le moteur refusait de s'arrêter ? Celui-ci toussote, crachote et fait toutes sortes de bruits étranges, mais refuse absolument de s'arrêter. Ce phénomène s'appelle l'auto-allumage et il se produit lorsqu'on utilise une essence à indice d'octane trop faible ou en raison d'une mise au point mal exécutée. L'essence demeurée dans les cylindres continue de brûler, donnant à votre voiture l'air d'un vieux tacot tout déglingué.

Vous savez, il peut aussi vous arriver la même chose. Vous vous mettez au lit, éteignez votre lampe, fermez les yeux... pas moyen de vous endormir. Les événements de la journée n'arrêtent pas de vous trotter dans la tête. Vous vous agitez, changez de position, sans aucun succès si ce n'est d'empirer les choses. Votre corps refuse de s'arrêter et plus vous vous efforcez de trouver le sommeil, plus il vous échappe.

La solution de ce problème pourrait bien être la même que pour votre voiture : un meilleur carburant et une meilleure mise au point, c'est-à-dire une meilleure alimentation et plus de détente. Voyons d'abord quelle sorte d'essence vous mettez dans votre moteur.

## Le sommeil par l'alimentation

Le docteur Alice Kuhn Schwartz est une ex-insomniaque... et une thérapeute par le sommeil, c'est-à-dire une psychologue qui aide les gens à se débarrasser de leur problème d'insomnie. Une partie de son programme de traitement se fonde sur la pratique des résultats de recherches en laboratoire qui démontrent que nos habitudes alimentaires peuvent influencer notre activité cérébrale et, par ricochet, notre sommeil.

Le docteur Schwartz a identifié cinq types différents d'insomniaques, dont ceux qui ont le sommeil court, le sommeil très léger, le sommeil agité par les rêves et enfin, ceux qui sont incapables de se rendormir après s'être réveillés durant la nuit. « Cependant », ajoute-t-elle, « le type d'insomnie qui est de loin le plus courant est celui que je nomme "initardia", qui est tout simplement l'incapacité de s'endormir en se couchant. Pour ceux qui souffrent d'initardia, un bon régime alimentaire peut s'avérer extrêmement important, mais il n'y a pas que cela. En effet, non seulement faut-il manger les aliments appropriés, mais encore faut-il les manger au moment approprié. »

Mais quels sont donc ces aliments appropriés ? « Il en existe essentiellement deux sortes », répond le docteur Schwartz. « Il y a d'abord les aliments à haute teneur en tryptophane, un acide aminé essentiel pour l'organisme. Comme vous le savez sûrement, les acides aminés sont les éléments de base qui forment les protéines. Les œufs, presque toutes les viandes, certains poissons comme le saumon et la goberge, ainsi que les produits laitiers et surtout le fromage cottage, tous ces aliments riches en protéines contiennent une grande quantité de tryptophane. À ce sujet, on a prouvé en laboratoire que le tryptophane accroît la propension à la somnolence et aide à trouver le sommeil.

Cependant, le docteur Schwartz ajoute qu'il faut aussi manger d'un second type d'aliments. « Voyez-vous, il existe de nombreux autres acides aminés à part le tryptophane. Une fois que ceux-ci sont introduits dans le sang, ils luttent les uns contre les autres pour gagner l'accès au cerveau. Pour une personne qui veut dormir, le truc consiste à donner une longueur d'avance au tryptophane. »

On se croirait aux courses de chevaux, n'est-ce pas ? Mais comment fait-on pour donner cette longueur d'avance au tryptophane ? « Très simple », explique-t-elle. « Des études effectuées

---

**Les aliments modifient l'activité du cerveau et affectent le sommeil.**

---

sur des animaux ont démontré que l'absorption d'aliments riches en glucides, c'est-à-dire les féculents et les sucres, libère du tryptophane et lui permet un meilleur accès au cerveau. En fait, le cerveau n'utilise presque jamais le tryptophane contenu dans les aliments sauf si des glucides ou, chose intéressante, si des aliments comportant des glucides et des graisses sont aussi consommés. »

« Les implications sont tout simplement fascinantes. En effet, si on a mangé pendant la journée des aliments riches en protéines et en tryptophane et qu'on veuille une bonne nuit de sommeil, il semblerait qu'on puisse y arriver en consommant un peu de pain, une banane, quelques figues ou une poignée de dattes, ou encore du jus de raisin ou de pomme. Tous ces aliments riches en glucides donnent une chance de plus au tryptophane d'atteindre son but. »

Le docteur Schwartz explique en outre qu'il est important de consommer les aliments riches en glucides entre deux et quatre heures avant de se coucher afin que leur effet maximum se fasse sentir au bon moment. D'un autre côté, si vous avez plutôt tendance à vous éveiller fréquemment au cours de la nuit (un problème courant passé quarante ans), à dormir sur de très courtes périodes à la fois ou encore à dormir légèrement, vous aurez alors avantage à consommer ces aliments immédiatement avant de vous coucher. En effet, comme votre problème n'est pas de vous endormir mais plutôt de dormir toute la nuit, il faudra que l'effet maximum des glucides se fasse sentir quelques heures après vous être endormi.

« De toute façon », conclut le docteur Schwartz, « si vous avez tendance à vous endormir dans la journée ou au début de la soirée, vous devriez éviter de consommer des glucides pendant la journée. De plus, si vous avez l'habitude de manger du dessert au repas du soir, reportez-le au moment qui sera le plus approprié, selon le problème de sommeil particulier dont vous souffrez. »

Nous n'avons pu résister à la tentation de poser au docteur Schwartz une dernière question qui nous brûlait les lèvres : si on se réveille au milieu de la nuit, est-il trop tard pour manger nos biscuits ? « Malheureusement, oui », nous a-t-elle répondu. « Il existe un petit enfant en chacun de nous, et si ce dernier s'habitue à s'éveiller toutes les nuits parce qu'il s'attend d'être récompensé par une couple de biscuits ou une friandise, cela devient une très mauvaise habitude. Si vous vous éveillez au milieu de la nuit et que vous n'arrivez pas à vous rendormir dans la demi-heure qui suit, je vous recommande plutôt de vous lever et de faire quelque chose d'ennuyeux jusqu'à ce que vous sentiez le sommeil vous reprendre. »

## Refaire le filage du système nerveux

Maintenant que nous avons vu quelle sorte d'essence vous devez utiliser, regardons ce qui se passe sous le capot. Si votre moteur refuse de s'arrêter après que vous avez enlevé la clé de contact, il se pourrait que le problème soit causé par le filage électrique, c'est-à-dire votre système nerveux.

Un bon moyen de le vérifier consiste à mesurer la « tension » du courant électrique ou, dans notre cas, le degré d'activité de notre système nerveux autonome, c'est-à-dire des nerfs qui contrôlent les fonctions involontaires comme le rythme cardiaque et la respiration. En mesurant la tension du système nerveux des insomniaques, les chercheurs se sont aperçus que le courant généré était suffisant pour éclairer l'arbre de Noël installé tous les ans devant la Maison Blanche.

« De nombreuses personnes parmi celles qui dorment mal manifestent un plus haut degré d'activité pendant le sommeil que les gens qui dorment bien », rapporte le docteur Richard R. Bootzin, spécialiste du sommeil à l'université Northwestern, dans une récente étude sur le sommeil présentée dans un ouvrage intitulé *Progress in Behavior Modification* (vol. 6, Academic Press, 1978). « Les personnes qui dorment mal ont une température rectale plus élevée, une plus grande résistance de la peau, un plus fort taux de vasoconstriction par minute (rétrécissement des vaisseaux sanguins) et font plus de mouvements par heure que les personnes qui dorment bien. Tous ces symptômes signifient que le système nerveux autonome de l'insomniaque le prépare parfaitement à affronter l'heure de pointe du trafic automobile, mais pas du tout à passer une bonne nuit de sommeil. Selon la théorie du docteur Bootzin, si l'insomniaque réussit à tourner la clé de contact de son système nerveux autonome, il devrait être en mesure de dormir du sommeil du juste.

Une technique appelée « relaxation progressive » semble convenir parfaitement pour calmer le système nerveux autonome.

Mise au point au début du siècle par le physiologiste Edmund Jacobson, la relaxation progressive et certaines techniques dérivées de celle-ci sont encore enseignées un peu partout de nos jours. Le docteur Thomas D. Berkovec, un psychologue de l'université Penn State, a évalué l'une d'entre elles.

« Le docteur Berkovec, qui donne des cours de quatre et de huit semaines en relaxation, décrit pour nous la façon dont il enseigne sa technique. « Nous demandons d'abord à la personne de relaxer les muscles de sa main. Pour cela, elle doit serrer le poing pendant sept secondes, puis le relâcher. »

« Nous lui enseignons ensuite à discerner les sensations produites par la tension et la relaxation afin qu'elle puisse détecter la tension accumulée dans son organisme lorsqu'elle essaie de s'endormir. Avec un peu de pratique, la plupart des gens sont capables de se détendre profondément en cinq minutes. »

Grâce à cette technique, ses étudiants apprennent graduellement à détendre seize des groupes musculaires de leur corps. Ils apprennent aussi à respirer convenablement, c'est-à-dire à inspirer lorsqu'ils tendent leurs muscles et à exhaler pour se détendre tout doucement (pendant environ 45 secondes). Il s'agit d'une thérapie efficace surtout pour ceux qui ont de la difficulté à s'endormir et selon le docteur Berkovec, son effet s'améliore avec la pratique.

Par ailleurs, il semblerait que le seul fait de respirer de façon convenable permettrait de détendre pour la nuit le système nerveux autonome. Lors d'une expérience effectuée en 1976, on a demandé à des volontaires de se concentrer passivement sur les sensations physiques associées à leur respiration tout en répétant dans leur tête une mantra (un mot ou une image sur lesquels on concentre son esprit) à chaque inspiration et expiration. Les résultats de l'expérience ont démontré que cette technique était aussi efficace que la relaxation progressive.

## Respirer « par les doigts »

D'autres techniques de respiration comme moyen de détente sont décrites par la psychologue Beata Jencks dans son livre : *Your Body : Biofeedback at Its Best* (Nelson-Hall, 1977).

Le docteur Jencks écrit : « Imaginez que vous prenez une grande inspiration par les doigts et que l'air ainsi inhalé passe dans vos bras jusqu'à vos épaules. Expirez maintenant par les orteils en faisant passer l'air par la poitrine, l'abdomen et les jambes. Répétez plusieurs fois en prêtant attention à l'effet produit dans tout votre corps. Ne bougez pas les épaules lorsque vous respirez. »

Afin d'inhaler profondément, le docteur Jencks conseille de s'imaginer qu'on respire le parfum dégagé par les premières fleurs du printemps ou que notre respiration ressemble au mouvement des vagues, ou encore de s'imaginer que si on étendait ses poumons à plat sur le sol, ceux-ci couvriraient un court de tennis au complet. Selon elle, c'est un volume d'air de cette ampleur qu'on devrait s'imaginer respirer afin de se détendre.

On peut accompagner ces exercices de respiration par des images qui incitent au sommeil, mais il n'est pas nécessaire de se limiter à l'image traditionnelle du mouton qui saute par-dessus la clôture. En effet, n'importe quelle image que vous associez à un état de détente peut faire l'affaire.

À titre d'illustration, le docteur Quentin Regestein, qui est directeur de la clinique de sommeil au Brigham and Women's Hospital de Boston, raconte le cas d'une de ses patientes qui trouve le sommeil en s'imaginant une immense sculpture en marbre du chiffre 1 sur laquelle pousse du lierre et qui se trouve en pleine campagne. Elle passe ensuite au chiffre 2, en y ajoutant certains embellissements comme de petits chérubins qui font la farandole autour de la sculpture. D'habitude, elle s'endort avant d'avoir atteint le chiffre 50.

« Nous accueillons des insomniaques des quatre coins du globe », confie le docteur Regestein. « Ceux-ci sont parfois très surpris d'apprendre que nos études scientifiques ne font que confirmer l'efficacité des bons vieux remèdes que tout le monde connaît. »

---

## Lourdeur et chaleur

Le « training autogène » est une autre technique naturelle très efficace qui permet de trouver le sommeil. Cette technique se fonde sur l'hypothèse que le cerveau peut obliger l'organisme à se détendre en se concentrant sur des sensations de lourdeur et de chaleur. La technique consiste à envoyer des suggestions mentales qui « alourdissent » les muscles pour les détendre et « réchauffent » les tissus en assurant une meilleure circulation sanguine, ce qui provoque « un état de faible excitation physiologique » selon le docteur Bootzin.

Lors d'une expérience conduite en 1976, des chercheurs ont enseigné à seize étudiants souffrant d'insomnie, à se concentrer sur des sensations de lourdeur et de chaleur. À la fin de l'expérience, les étudiants avaient réussi à diminuer de 52 à 22 minutes le temps pris en moyenne pour s'endormir. Ces résultats concordent avec les découvertes que le docteur Bootzin avait faites en 1974 lors d'une étude dans la région de Chicago. Il avait alors conclu que « la pratique quotidienne, pendant un mois de traitement, de la technique de relaxation progressive ou de training autogène a permis de réduire de cinquante pour cent la période dont les sujets avaient besoin pour s'endormir. »

Selon le docteur Jencks, des images mentales comme celle d'une poupée de chiffon peuvent faciliter l'apprentissage du training autogène. « Afin de produire cette sensation de lourdeur », explique-t-elle, « installez-vous confortablement et fermez les yeux. Levez ensuite un bras et laissez-le retomber lourdement comme si c'était le bras d'une de ces poupées de chiffon toutes molles. Imaginez-vous la poupée ou l'ourson que vous aimiez tant dans votre enfance, cela facilitera les choses. » Une fois votre esprit fixé sur cette image, le fait de lever et de laisser retomber le bras dans votre imagination aura un effet aussi efficace que si vous faisiez réellement le même mouvement.

Le docteur Jencks ajoute que pour produire une sensation de chaleur, il suffit d'installer en imagination votre poupée au soleil. Imaginez que vous êtes la poupée et que vous êtes étendu au soleil et que seule votre tête est à l'ombre. Le soleil est bon, tout votre corps est chaud sauf votre tête qui est confortablement installée au frais.

---

**Le training autogène est une technique naturelle et efficace pour trouver le sommeil. Il montre à l'esprit à détendre l'organisme en lui envoyant des sensations de lourdeur et de chaleur.**

---

## Une excellente suggestion

Les rituels jouent aussi un grand rôle dans la préparation au sommeil. Le docteur Regestein nous a raconté que lorsqu'un chien veut dormir, il commence d'abord par se trouver un coin chaud et confortable, tourne un peu autour puis s'installe dans sa position favorite pour dormir. Il semblerait que nous ayons aussi besoin d'un rituel semblable. Par exemple, on s'endort plus facilement lorsqu'on accomplit d'abord certains gestes routiniers comme se brosser les dents avant de nous coucher dans notre position favorite de sommeil. À l'appui de cette théorie, des chercheurs ont découvert en 1930 que les enfants qui se couchaient toujours dans la même position s'endormaient plus facilement.

Enfin, le dernier mais non le moindre des moyens de relaxation est l'activité sexuelle. En effet, selon le docteur Schwartz les relations sexuelles soulagent la tension. Elles constituent un somnifère puissant... et extrêmement agréable. Il existe plusieurs voies qui conduisent au sommeil et toutes valent la peine d'être explorées.

Si jamais vous ne pouvez régler votre problème au moyen des différentes techniques décrites plus haut, de nombreuses habitudes quotidiennes peuvent toujours être modifiées afin de vous permettre de trouver le sommeil plus rapidement. En voici quelques-unes :

- Essayez de vous coucher et de vous lever à des heures régulières.
- Ne vous couchez que lorsque vous vous endormez.
- Ne faites pas la sieste pendant la journée.
- Ne vous servez de votre lit que pour dormir ou pour avoir des relations sexuelles ; pas de lecture ni de télévision au lit.
- Gardez la température de votre chambre assez fraîche.

Au cas où votre insomnie deviendrait un problème chronique, les chercheurs suggèrent d'étudier les autres aspects de votre vie et de votre comportement. Par exemple, tout ce qui fait augmenter la pression sanguine va vous garder éveillé. C'est le cas des gens qui sont tendus en raison de soucis financiers ou de ceux qui ne manifestent jamais leurs émotions.

Deux études effectuées par les chercheurs du centre de recherche et de traitement du sommeil de l'université Penn State à Hershey, en Pennsylvanie suggèrent une corrélation entre la cigarette et l'insomnie. De plus, il semblerait qu'une nette amélioration du sommeil se manifeste quelques jours seulement après avoir cessé de fumer (*Science*, février 1980).

Toutefois, si vos habitudes de vie ne violent aucune de ces règles, il n'y a alors pas de raison pour que l'application sérieuse de l'une des techniques mentionnées — tension et relaxation musculaire, respiration contrôlée, évocation d'images relaxantes, autohypnose ou un mélange de celles-ci — ne puisse détendre votre système nerveux autonome et vous aider à bien dormir.

## La fatigue, ça aide !

Nous avons dans notre sac un dernier moyen qui vous permettra de vous endormir : fatiguez-vous ! Cela vous semble un moyen plutôt simpliste ? Eh bien, pas du tout ! Si vous faites des exercices appropriés au bon moment, la fatigue qu'ils produiront vous permettront de vous endormir plus vite que vous ne le faites en ce moment. N'oubliez pas cependant que des exercices inappropriés exécutés en plus au mauvais moment ne vous causeront probablement que du tort dans votre recherche du sommeil.

Vous vous souviendrez qu'il existe fondamentalement deux types différents d'exercices : les exercices dynamiques et les exercices statiques. Les premiers sont ceux qui vous font bouger comme la course, la natation ou la bicyclette, tandis que les seconds sont ceux du type haltérophilie ou encore les exercices isométriques qui contractent les muscles. Ces exercices font faire beaucoup d'efforts mais peu de mouvements.

Si vous courez quinze kilomètres juste avant de vous coucher, il est certain que vous serez fatigué, mais il y a aussi de fortes chances que vous ne puissiez vous endormir facilement. En effet, un tel exercice a un effet excitant sur l'esprit et vous gardera éveillé.

Aussi, si vous désirez faire vos exercices juste avant de vous coucher, essayez plutôt les exercices statiques. Faites des haltères ou des exercices isométriques et le marchand de sable ne tardera pas à se montrer.

Si vous préférez les exercices dynamiques, faites-les plutôt dans l'après-midi afin que l'effet d'excitation ait le temps de faire place à la fatigue au moment de vous mettre au lit.

Faites de beaux rêves !

# MANIPULATIONS VERTÉBRALES

par Robert RODALE

S i vous êtes comme moi, il arrive sûrement, parfois, que votre corps refuse de vous emmener aussi loin que vous le désirez, ou du moins qu'il le fasse à contrecœur. Dans mon cas, cela se produit généralement lorsque je me surmène. Voyez-vous, j'adore les activités de plein air comme marcher, faire de la bicyclette, creuser des trous ou couper du bois. Si on les accomplit avec modération, ces activités sont tout à fait bénéfiques mais pour ma part, il m'arrive parfois d'y mettre un peu trop d'ardeur. Dans ce cas, je me retrouve cloué à la maison par une douleur qui refuse de me quitter.

La plupart de ces douleurs ne sont en fait que de légères irritations passagères qui s'en vont d'elles-mêmes, sans l'aide de médicaments ni d'aucun traitement, surtout si on laisse reposer la partie affectée. Notre corps a un pouvoir de récupération tout à fait exceptionnel. Mais, il arrive parfois que le processus de guérison naturelle de ce dernier ait besoin d'un peu d'aide pour qu'on laisse le temps agir à notre place. Nous devons assurer notre guérison au moyen d'un traitement extérieur, ou du moins s'assurer les conseils éclairés d'un spécialiste qui nous montrera

**Il arrive parfois que notre processus de guérison naturelle ait besoin d'une aide extérieure, ou du moins de conseils afin d'accélérer la guérison.**

le meilleur moyen d'accélérer notre processus de guérison naturelle.

## La manipulation, une force curative

La manipulation constitue une excellente solution à ces douloureux problèmes. Selon la définition d'un livre de médecine, la manipulation est «un mouvement passif des mains visant un objectif thérapeutique.» En fait, cette définition fait surtout référence aux types de manipulations de la colonne et des articulations effectuées, par les chiropracteurs, les ostéopathes et la poignée de médecins qui ont reçu une formation dans l'art de redresser la posture du corps. Pour ma part, j'aimerais compléter cette définition en ajoutant que la manipulation, c'est aussi toutes les formes de manipulations et de redressements, comme par exemple les appareils de traction, certains types de bandages, les attelles et les supports de voûte plantaire, les massages énergiques et même l'application de la chaleur et du froid. Par contre, l'emploi des anesthésiques et des produits destinés à détendre les muscles constitue une approche tout à fait à l'opposé de la manipulation. En effet, l'objectif principal des manipulations destinées à soulager la douleur est justement d'éviter l'emploi de médicaments qui pourraient avoir des effets secondaires néfastes. Par ailleurs, il est rare qu'un médicament attaque un mal à sa racine, alors que la manipulation cherche à atteindre le point exact du corps qui est affecté afin d'assurer le plus rapidement possible la reprise des activités normales.

La colonne vertébrale est sans aucun doute la partie du corps qui fait le plus fréquemment l'objet d'une manipulation et ce, pour une excellente raison. La colonne est le pivot central du corps et celui-ci est responsable de nombreux aspects de la santé et du bien-être d'une personne. La colonne est construite de nombreux petits os (les vertèbres) qui ne sont pas à l'abri d'une dislocation possible. De plus, il y a entre chacune des vertèbres un disque sur lequel pèse un danger constant d'écrasement ou de hernie. Chaque fois que nous accomplissons une tâche qui demande beaucoup d'efforts, nous faisons porter la plus grande partie de la tension sur notre colonne. Cependant, il ne faut pas oublier non plus d'autres parties importantes, comme les muscles dorsaux qui se rattachent à la colonne ainsi que les nerfs, les ligaments et les autres tissus conjonctifs.

J'aimerais tout particulièrement vous entretenir des manipulations médicales, qui sont quelque peu différentes de celles pratiquées par les chiropracteurs et les ostéopathes. Tandis que le chiropracteur se sert de la manipulation pour corriger les déviations vertébrales, l'orthopédiste s'en sert pour étirer les tissus de soutien des articulations. À vrai dire, les médecins se servent beaucoup plus de la traction que de la stricte manipulation et il arrive parfois que la force de traction appliquée, par exemple lors d'une manipulation cervicale, dépasse largement les cent kilogrammes.

Bien entendu, il s'agit là d'une technique qui exige le concours d'un spécialiste. Vous avez besoin du diagnostic et des soins d'un médecin, et même parfois des compétences d'un physiothérapeute lors d'une telle manipulation. Cependant, il existe au moins un type de manipulation dont vous pouvez vous-même vous servir après qu'elle vous a été prescrite par un médecin. Laissez-moi vous la décrire en vous racontant ma propre expérience.

## Un arbre de trop

« Tu devrais écrire un article au sujet des maux spécifiques des bûcherons », m'a dit l'hiver dernier mon ami Tom Dickson, qui est chirurgien orthopédiste. La saison des feux de foyer battait son plein et son cabinet était constamment rempli des victimes du syndrome de la « corde de bois ».

Celui-ci continuait : « Il y en a qui sont pas mal amochés. Tiens, l'autre jour j'ai vu un homme qui s'était logé dans la jambe un morceau de coin à refendre de la taille d'une balle de .38. J'ai aussi soigné une femme qui s'était cassé deux doigts en essayant d'abattre un arbre ; sa hache avait tordu sous l'impact. Je te dis, c'est une véritable épidémie. »

Je pensais encore à ces pauvres infortunés lorsque, quelques jours plus tard, j'ai décidé d'abattre une vingtaine de pins qui empêchaient les autres de pousser. Je n'emploie cependant jamais de coin ni de hache, uniquement une scie à cadre scandinave qui est à mon avis aussi sûre qu'un tel instrument peut l'être.

Le problème chez moi, ce n'était pas la scie mais le nombre d'arbres à abattre. Après le dixième je me suis aperçu que c'était trop pour mon endurance. J'ai abandonné le travail, mais les dommages étaient déjà faits. Cette nuit-là, j'ai fait l'expérience d'un genre de douleur que je n'avais jamais connue. Lorsque je me suis tourné sur le côté après avoir dormi sur le dos pendant plusieurs heures, j'ai ressenti une douleur aiguë juste sous l'omoplate droite et tout près de la colonne. La douleur a duré quelques secondes et je n'ai plus rien ressenti du reste de la nuit. Le lendemain cependant, la douleur est revenue.

Je me suis dit qu'elle s'en irait comme tous les autres maux qui surviennent lorsque je travaille trop, mais celle-ci refusa de se calmer. Au contraire, elle empirait de jour en jour. Je l'ai endurée pendant six semaines, mais à la fin, mon bras me faisait tellement souffrir que j'étais à peine capable de tourner les pages d'un livre.

Il ne me restait plus qu'à aller voir le docteur Dickson afin qu'il soigne une victime de plus. Lorsque je lui ai expliqué mon cas, il a d'abord cru que j'avais une bursite, mais après avoir tâté mon épaule sans découvrir le moindre point sensible, il m'a dit que le problème pouvait se situer dans le cou, mais qu'il devait prendre une radiographie pour s'en assurer.

Horreur! Le docteur Dickson savait très bien que j'ai autant d'affection pour les radiographies que je peux en avoir pour les centrales nucléaires. Il m'a toutefois affirmé qu'il suffirait d'une seule radiographie pour déceler si mon cou était à l'origine de la douleur persistante qui accablait mon bras. J'ai finalement accepté après m'être dit que dans certains cas de blessure, un usage modéré de la radiographie pourrait être une bonne idée.

Quelques minutes plus tard, le docteur Dickson me dit en me montrant la radiographie : « Ton problème pourrait se trouver ici. Tu vois ces deux vertèbres? Il devrait y avoir un espace entre elles mais regarde comme elles sont rapprochées l'une de l'autre. » Je souffrais d'un cas classique de compression d'un disque cervical (les disques qui se trouvent entre les vertèbres du cou). Ces disques sont formés d'une matière spongieuse qui agit comme coussinet entre les vertèbres. Dans leur état normal, les disques servent à espacer les vertèbres entre elles et à protéger des chocs les nerfs, les vaisseaux sanguins et les tissus musculaires qui desservent la colonne vertébrale. Cependant, une trop forte pression exercée sur la colonne peut provoquer l'écrasement d'un ou plusieurs disques et comprimer les nerfs qui relient la colonne aux différentes parties du corps. À son tour, le pincement d'un de ces nerfs engendre de la douleur dans la région qu'il dessert.

J'ai demandé au docteur Dickson comment mon problème avait pu se produire car je n'arrivais pas à comprendre la relation entre l'écrasement d'un disque dans le cou et le mal d'épaule dont je souffrais parce que j'avais scié du bois avec trop d'ardeur. Pour moi, il n'existait aucun rapport entre les deux.

« La compression d'un disque cervical peut être causée par toutes sortes de blessures ou de coups sur la tête ou dans le cou », m'a-t-il répondu. « Par exemple, elle pourrait être causée par ce qu'on appelle ''le coup du lapin'' (ou, en termes de médecine, le syndrome cervical traumatique) lors d'un accident de voiture. Les joueurs de rugby sont aussi sujets à ce problème parce que ce sport fait énormément travailler la tête. Cela peut aussi se produire parce qu'on dort avec un oreiller trop épais ou sur le ventre ; ces deux positions sont fortement déconseillées. »

Selon le docteur Dickson, le fait de pencher la tête vers l'avant exerce plus de pression sur la partie avant des disques, soit en général la partie qui est la plus sujette à l'écrasement. De plus, toutes les postures qui font pencher la tête sur de longues périodes exercent une forte pression sur les muscles. Par exemple, les secrétaires souffrent souvent de ce genre de problème parce qu'elles passent la journée penchées sur leur machine à écrire. D'autre part, une chute vers l'avant qu'on arrête avec les mains, provoque un mouvement brusque de la tête vers l'avant et selon certains médecins, peut aussi être une cause de compression d'un disque cervical. Enfin, comme j'ai une tête plus volumineuse que la moyenne, il semblerait que je sois plus vulnérable que les gens dont la tête est plus petite.

« La radiographie montre bien que tu as un disque comprimé, mais ce n'est pas nécessairement la cause de ton problème », continua le docteur Dickson. « Tu vois, il m'est parfois arrivé, en étudiant les radiographies de personnes impliquées dans un accident de voiture, de constater plusieurs problèmes discaux datant de plusieurs années, mais ces personnes m'ont affirmé n'avoir jamais ressenti la moindre douleur avant leur accident. »

Pendant tout le temps qu'ont duré ses explications, une partie de mon esprit s'inquiétait du traitement que le docteur Dickson me suggérerait.

Celui-ci me dit : « Auparavant, j'avais l'habitude d'opérer les cas comme le tien. »

Laissez-moi vous dire qu'en l'entendant dire « auparavant », cela me fit chaud au cœur.

« J'ai découvert par la suite quels résultats on pouvait obtenir en faisant des exercices de tractions à la maison. En fait, depuis sept ans que je prescris des exercices de traction, je n'ai pas pratiqué une seule opération pour un problème relié aux disques cervicaux. »

## La solution : rester debout (ou assis)

L'appareil de traction prescrit par le docteur Dickson m'a coûté 19 $. Très simple d'utilisation, il consistait en un mécanisme à poulie qu'on suspend à une porte, un bout de corde, un sac en plastique et un genre de harnais qui fait le tour de la tête en passant sous le menton. Après avoir assemblé l'attirail et rempli le sac d'eau, l'ensemble exerce une traction suffisante pour étirer les vertèbres du cou et soulager la pression qui pèse sur les disques.

« Commence d'abord avec cinq à sept kilogrammes d'eau dans le sac », m'a recommandé le docteur Dickson. « Tu auras besoin d'une séance de vingt minutes matin et soir et si tu veux lire pour passer le temps, tu as ma permission. Ajoute un kilogramme à chaque semaine jusqu'à ce que tu juges le poids suffisant. »

Qu'est-ce que tu entends par un poids suffisant, lui ai-je demandé, me voyant déjà transformé en une de ces dames d'Afrique dont le cou mesure plus de trente centimètres.

Celui-ci m'a répondu qu'un de ses patients, un joueur de rugby, s'était rendu jusqu'à seize kilogrammes.

En fin de compte, un peu plus de onze kilogrammes se sont avérés suffisants pour mon cas. Comme j'avais commencé à quatre kilogrammes et demi et que j'en ai graduellement ajouté sept, le traitement a duré sept semaines en tout. Le traitement n'est pas ce qu'on pourrait appeler une partie de plaisir, mais ce n'est pas désagréable non plus. Le harnais irrite un peu le menton, mais

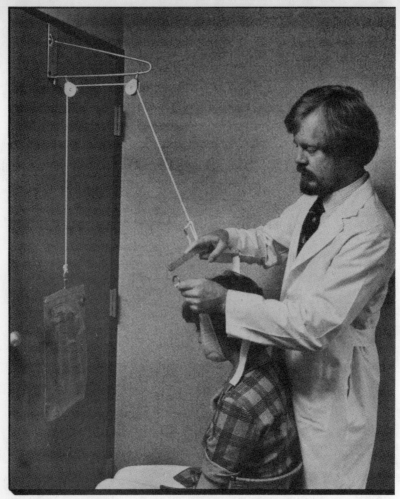

*L'appareil de traction maison du docteur Dickson.*

l'effet de traction est assez agréable. De plus, mes séances m'ont permis de méditer sur tout ce qu'avaient dû endurer les pauvres disques de mon cou pendant toutes ces années et sur les soupirs de soulagement qu'ils devaient pousser depuis que je faisais mes exercices de traction.

## Une plus grande souplesse

À part la douleur causée par mes activités de bûcheron, mes semaines de traitement ont permis de régler deux autres pro-

536

blèmes dont je souffrais. Je n'avais jamais été capable de tourner autant la tête vers la droite que vers la gauche. Je ne souffrais d'aucune douleur mais je m'étais aperçu que lorsque je voyageais en avion, j'éprouvais de la difficulté à regarder par le hublot si j'étais assis du côté droit. Après quelques semaines de traction, je pouvais tourner la tête dans les deux directions sans aucune restriction.

L'autre bienfait imprévu que m'a apporté le traitement a été la disparition de la sensation de chatouillement dans les doigts. Les gens qui souffrent d'un problème cervical comme le mien éprouvent souvent de la douleur dans l'épaule et cette sensation de chatouillement dans les doigts. J'avais déjà lu un article sur le sujet dans une revue médicale et je me suis souvenu que j'avais éprouvé cette sensation dans la main droite après mon accident, mais celle-ci a disparu après quelques semaines de traction.

## La traction soulage aussi d'autres maux

Il est aussi fort possible que la compression d'un disque cervical soit la cause de certains maux de tête, surtout ceux de nature persistante. Cette théorie a été mise de l'avant par deux médecins, les docteurs Murray M. Braaf et Samuel Rosner dans le *Journal of Trauma* (mai 1975). L'article qu'ils ont publié décrit les recherches qu'ils ont faites sur plus de 6 000 cas de maux de tête chroniques, dont une large proportion a pu être associée à des blessures des vertèbres cervicales.

Au cours d'une récente conversation téléphonique avec le docteur Graaf, celui-ci m'a confié que les gens qui possèdent un cou robuste ont moins de problèmes de maux de tête reliés à cette cause, mais qu'il existe toutefois une grande variété de blessures qui peuvent provoquer des maux de tête persistants. Selon lui, il arrive même parfois que de nombreuses années peuvent s'écouler entre le moment de la blessure et l'apparition des maux de tête qui en résultent.

**Les gens qui ont un problème de disques cervicaux éprouvent souvent de la douleur dans l'épaule et un chatouillement dans les doigts. Ce problème peut aussi provoquer des maux de tête persistants.**

Les docteurs Braaf et Rosner croient en outre que les maux de tête qui ont pour origine un problème cervical sont causés par une série d'événements plus complexes que l'explication courante qu'on en donne, c'est-à-dire le simple pincement d'un nerf. Ces derniers font remarquer que la compression de l'artère vertébrale, « même s'il s'agit d'une compression intermittente », peut provoquer une restriction partielle du flux sanguin vers la tête. Cette situation peut à son tour causer de la douleur et d'autres symptômes, et tout particulièrement des étourdissements. Selon eux, il existerait aussi une possibilité que le pincement d'un nerf du cou puisse affecter les nerfs qui desservent la tête.

Peu importe la cause de ces problèmes, l'utilité des exercices de traction dans leur traitement est irréfutable. En effet, sauf dans les cas d'une extrême gravité, les nerfs qui sont touchés par ce genre de problème ne subissent pas de réels dommages ; ils ne sont que comprimés par l'écrasement des disques. Ainsi, une simple traction régulière de la tête permet de séparer graduellement les vertèbres et d'éliminer la compression des nerfs. Toutefois, chez la plupart des gens, le traitement par la traction ne donne pas d'effet permanent. Comme le docteur Dickson le soulignait : « Après en avoir terminé avec ton appareil de traction, n'oublie pas où tu le ranges, tu pourrais en avoir encore besoin dans une couple d'années. » Il semblerait en effet qu'une fois écrasé, un disque ne reprend jamais sa forme normale ni sa robustesse d'origine.

## Les exercices de traction se font couché

Il existe une certaine controverse au sujet de la meilleure méthode de traction à appliquer. Selon le docteur Braaf, dans les cas de problèmes cervicaux les exercices de traction doivent être exécutés couché sur le dos car à son avis, la traction ne se fait pas dans la bonne direction lorsqu'on est assis. De plus, la position assise n'est pas aussi confortable et le patient est incapable de supporter la force de traction appropriée. Par contre, il recommande un poids de traction de deux à sept kilos seulement, alors que je sais par expérience, qu'une personne peut supporter beaucoup plus en position assise.

Cependant, les gens qui préféreraient la position couchée peuvent très bien le faire à la maison, mais l'appareil de traction

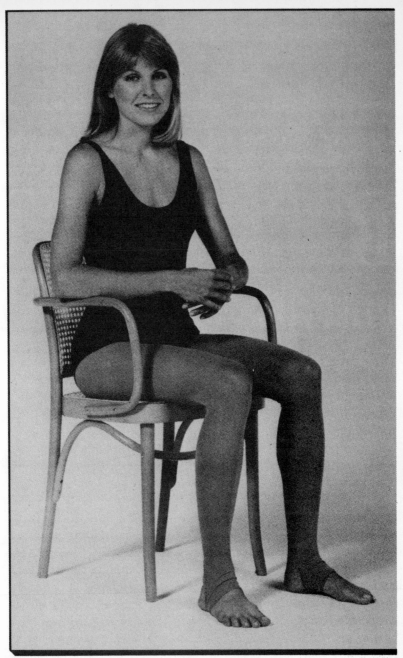

*La position assise appropriée — dos droit et pieds à plat sur le sol.*

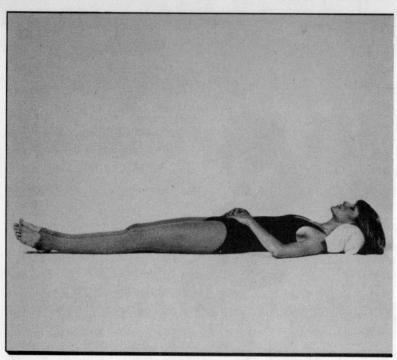

*Un mince oreiller placé derrière le cou soulage la tension.*

dont je me suis servi est moins coûteux et plus simple d'utilisation. Comme je l'ai dit, la position est inconfortable mais tout à fait tolérable, surtout si on prend en considération le soulagement que m'ont procuré les exercices de traction.

Est-il possible de prévenir ce genre de problème cervical, ai-je demandé au docteur Dickson.

«À ma connaissance, il n'existe aucune mesure de prévention», m'a-t-il répondu. Toutefois, il m'a remis une liste d'exercices très utiles en cas de problème cervical, de même que certains «conseils pour garder le cou en bonne santé.» Par exemple, il m'a conseillé de toujours m'asseoir droit sur ma chaise au lieu de m'y affaler, de ne pas dormir couché sur le ventre et de placer un oreiller plus mince derrière mon cou plutôt que derrière la tête. Il est aussi possible de se procurer un oreiller spécial qui supporte le cou plutôt que la tête, mais le docteur Dickson ne considère pas ce genre d'oreiller d'un très bon œil.

# Programme en trois étapes

Le docteur James Greenwood Jr., qui est chef du service de neurochirurgie au Methodist Hospital de Houston, croit pour sa part qu'il est possible de réduire de façon spectaculaire les problèmes cervicaux. À l'appui de ses dires, il a mis au point un programme en trois étapes dont la première consiste à faire des exercices peu violents destinés à renforcer le cou. Parmi ces exercices, la natation est un bon exemple. En second lieu, le docteur Greenwood croit que ce genre d'exercice non violent permet de faire circuler les éléments nutritifs nécessaires pour prévenir la dégénérescence des articulations et des disques et les aide à se réparer en cas de problème. Il conseille donc de prendre tous les jours environ deux à trois grammes de vitamine C en supplément de son régime alimentaire. Enfin, il recommande de surveiller son poids, ce qui est de toute façon une très bonne idée, qu'on souffre d'un problème cervical ou non.

# ÉTIREMENT

**R**appelez-vous une occasion où vous avez dû vous étirer pour faire quelque chose. Nous ne parlons pas ici de tâches importantes, seulement de petites actions de tous les jours. Bien entendu, l'époque de la tondeuse à gazon « à bras » est depuis longtemps révolue, mais jusqu'à tout récemment, les modèles à essence qui les avaient remplacées exigeaient qu'on se penche pour tirer sur la corde du démarreur. Aujourd'hui, presque tout le monde possède une tondeuse électrique qui n'exige même plus l'effort de tirer sur une corde de démarreur ; on appuie sur un commutateur et le tour est joué.

Auparavant, les vitres des voitures étaient munies de poignées qu'on devait actionner avec la main. Aujourd'hui, un pourcentage sans cesse croissant d'automobiles sont équipées de glaces électriques. Il suffit d'un bouton pour fermer toutes les glaces en même temps et il n'est plus nécessaire de s'étirer le bras pour verrouiller les portières arrières : un autre bouton situé dans l'appui-bras s'en charge. Un autre exemple ? Autrefois, on ne pouvait regarder la télévision sans passer son temps à aller et venir entre son fauteuil et l'appareil pour changer de poste. Maintenant, la télécommande permet de faire tout le travail sans jamais quitter le confort de son fauteuil.

Tout le monde sait que l'exercice est vital pour conserver une bonne santé. Cependant, la technologie actuelle a non seulement découragé les efforts intenses comme la course, mais elle a aussi éliminé les petits exercices de tous les jours, moins ardus mais tout aussi importants. De nos jours, même les plus bénins des mouvements d'étirement sont devenus superflus.

Pourtant, sans exercices d'étirement réguliers des muscles, il est impossible d'aspirer à une réelle forme physique.

La plupart des actes que nous considérons comme des exercices mettent principalement en jeu la contraction musculaire. La majorité des sports font intervenir la contraction répétée des muscles, c'est-à-dire leur raccourcissement, et c'est exactement ce que vous devez leur faire subir si votre objectif est de renforcer vos muscles.

Toutefois, si vous désirez conserver votre souplesse musculaire, il est tout aussi important de les étirer que de les contracter. Ce conseil ne vaut pas uniquement pour le coureur de marathon, il vise aussi bien les gens qui veulent demeurer actifs et en bonne forme lorsqu'ils ne seront plus de toute première jeunesse. La plupart des gens ne savent pas du tout à quel point leurs articulations peuvent être souples, parce que leurs muscles sont trop contractés pour permettre la liberté des mouvements sous tous leurs angles.

## La souplesse musculaire agit sur les raideurs arthritiques

L'ankylose des articulations, une affliction courante de la vieillesse, est probablement plus un problème relié aux muscles et aux tissus conjonctifs qu'aux articulations elles-mêmes. Au John Hopkins Medical School, des expériences effectuées avec des chats ont permis de constater que les éléments les plus importants concernant la souplesse des articulations étaient les muscles, les tendons et les tissus entourant les articulations. En effet, les chercheurs ont découvert que la friction engendrée par le frottement de l'articulation n'était en fait qu'un facteur très secondaire de limitation du mouvement, même dans le cas des articulations arthritiques.

Ainsi donc, si vous désirez augmenter la souplesse de vos articulations, vous devez surtout faire travailler les muscles et les

**Si vous désirez conserver toute la souplesse dont vos muscles auront besoin pour que vous demeuriez actif toute votre vie, alors il est aussi important de les étirer que de les contracter.**

tissus conjonctifs de celles-ci, car c'est la flexibilité des muscles, des tendons et des tissus conjonctifs qui détermine le degré de souplesse de l'articulation.

Cependant, les ligaments qui retiennent les os ensemble et les tendons qui relient les muscles aux os sont des tissus rigides et dépourvus d'élasticité. Ainsi, un ligament ou un tendon qui est étiré au-delà de ses minces limites ne peut reprendre sa longueur originale ; il ne possède pas cette faculté de reprendre sa forme. Dans un tel cas, l'articulation qu'il retient devient trop lâche, ce qui augmente les risques de blessures.

Il semble donc que nous devions concentrer nos efforts sur les muscles. Comme ceux-ci ont beaucoup plus d'élasticité que les tendons, des étirements répétés et effectués de façon appropriée ne leur enlèvent pas leur faculté de reprendre leur position. De plus, des étirements répétés permettent d'allonger les muscles lorsqu'ils sont au repos, ce qui constitue une bonne chose lorsqu'on considère qu'ils servent plutôt à mouvoir le corps qu'à le soutenir. Ainsi, un groupe musculaire soumis à des exercices d'étirement appropriés permet d'obtenir une liberté de mouvement maximale de l'articulation concernée.

Les avantages des exercices d'étirement ne s'arrêtent pas là. En effet, de nombreux scientifiques croient que les muscles qui vieillissent ou qui sont privés d'exercices tendent à se raccourcir progressivement. Nous ne parlons pas ici de muscles qui demeurent trop courts parce qu'ils ne sont pas assez étirés, mais bien d'une situation où plus on le néglige, plus le muscle raccourcit. Par ailleurs, à mesure qu'il raccourcit, le muscle exerce une pression de plus en plus grande sur les nerfs qui parcourent la gaine qui l'enveloppe. De l'avis des chercheurs, ce problème pourrait être à l'origine des mystérieuses douleurs musculaires qui affligent communément les personnes du troisième âge.

## Le « réflexe de l'attelle »

Cette situation peut devenir un véritable cercle vicieux. En effet, lorsqu'une douleur musculaire se fait sentir, elle provoque chez le muscle une réaction qui le fait se contracter pour se protéger. Certains l'appellent le « réflexe de l'attelle » parce que, à l'instar du médecin qui se sert d'une attelle pour immobiliser une fracture, le muscle se contracte pour empêcher la jambe de bouger.

Toutefois, lorsque ce réflexe est provoqué par le raccourcissement d'un muscle, la contraction qui en résulte écrase davantage les nerfs et accroît la douleur dans la jambe. Cette contraction augmente jusqu'à provoquer un spasme musculaire incontrôlable, accompagné de douleurs dans le bas du dos.

Le docteur Herbert A. deVries de l'université Southern California a décrit dans son livre : *Vigor Regained* (Prentice-Hall, 1974) des tests qu'il a effectués pour étudier ce phénomène. À cet effet, lui et ses collègues ont mesuré l'activité électrique des muscles de certains athlètes qui s'étaient blessés. Ceux-ci savaient déjà qu'un muscle totalement détendu et dans son état normal ne présente aucune activité électrique, ce qui n'est pas le cas lors d'un spasme ou d'une douleur musculaire.

Pour mener à bien ses tests, le docteur deVries a fait suivre à ses athlètes un programme d'exercices d'étirement spéciaux qui lui ont permis de constater, dans presque tous les cas, une diminution prononcée de l'activité électrique des muscles blessés, de même qu'un soulagement partiel ou complet des douleurs musculaires. Ainsi, selon ces tests il semblerait que les exercices d'étirement peuvent interrompre le cycle conduisant au spasme musculaire, c'est-à-dire une douleur provoquant une contraction musculaire, suivie d'une douleur plus intense, etc.

Selon le docteur deVries, les exercices d'étirement destinés à assouplir les muscles s'avèrent d'une extrême importance pour les personnes âgées. « À mon avis, la meilleure assurance (et probablement la seule assurance) contre les douleurs qui accompagnent si souvent le vieillissement... consiste à maintenir un degré optimal de forme physique, tout en mettant l'accent sur l'amélioration de la mobilité des articulations », écrit-il.

Les exercices d'étirement sont aussi fortement conseillés aux gens qui souffrent d'arthrite. En effet, on a découvert que les exercices d'étirement des muscles des articulations arthritiques,

---

**Le meilleur temps pour faire des exercices d'étirement est après les exercices de réchauffement, car c'est à ce moment que les muscles ont la plus grande flexibilité.**

---

exécutés plusieurs fois par jour, aidaient grandement à prévenir l'ankylose permanente de ces articulations.

## Allez-y en douceur, ne rebondissez pas

Bien des gens croient que pour bien étirer leurs muscles, ils doivent rebondir lorsqu'ils font des exercices comme toucher les orteils avec leurs doigts. Ainsi, ils s'élancent vivement pour aller toucher leurs orteils et se relèvent comme s'ils avaient un ressort à la place du dos. Ce genre de mouvement est fortement déconseillé car c'est justement ce qui cause des problèmes. En effet, lorsqu'on étire un muscle trop rapidement ou avec trop de force, on déclenche le « réflexe de l'attelle » dont nous avons parlé plus haut.

Le même genre de résistance se produit lorsqu'on fait des exercices d'étirement en position debout. Par exemple, les muscles de vos jambes doivent se contracter pour vous garder debout et si vous les étirez dans cette position, l'exercice ne sera pas aussi efficace que si vous étiez étendu ou assis parce que vous essayez de faire faire aux muscles exactement le contraire de ce qu'ils doivent faire normalement.

Le docteur Ben E. Benjamin, auteur de *Sports Without Pain* (Summit Books, 1979), écrit que la meilleure façon d'exécuter des exercices d'étirement consiste à adopter une position propice à ces exercices. L'étirement est un exercice de conditionnement qui doit se faire en douceur et où la relaxation joue un rôle de toute première importance. Lorsque vous avez étiré un muscle sur toute sa longueur, n'essayez surtout pas d'aller plus loin. Continuez simplement à respirer normalement et gardez la position pendant dix à quinze secondes. La prochaine fois, vous pourrez peut-être l'étirer un peu plus et garder la position plus longtemps.

« Vous devez être en mesure de savoir précisément où se produit l'étirement du muscle », écrit le docteur Benjamin. « Portez votre attention sur le point précis où vous ressentez la traction sur le muscle ; vous devriez la ressentir dans la partie charnue du muscle. Si vous ne la ressentez qu'aux environs de l'articulation, cela signifie que vous étirez le tendon ou le ligament au lieu du muscle. Essayez de toujours exécuter l'exercice de manière à ressentir la traction dans le muscle lui-même et non à ses extrémités. »

Selon le docteur Benjamin, il n'y a pas de meilleur temps pour faire des exercices d'étirement qu'après une période de réchauffement, car les muscles sont alors gorgés de sang et plus flexibles que lorsqu'ils sont froids. Celui-ci nous a par ailleurs indiqué que la plupart du temps, « les gens confondent étirement et réchauffement musculaire. Ils font des exercices d'étirement pour réchauffer leurs muscles alors qu'ils devraient faire exactement le contraire. L'étirement n'est pas un très bon moyen de réchauffer un muscle ; en fait, c'est plutôt une très bonne façon de le refroidir après une séance d'exercice. » Les docteurs Benjamin et deVries conseillent tous deux de faire les exercices d'étirement à la fin de votre séance de conditionnement physique.

Les muscles du bas du corps sont probablement ceux qui ont le plus besoin d'être étirés. En effet, comme les muscles des jambes et du bas du dos sont constamment contractés pour nous garder debout pendant la journée, ce sont eux qui sont les plus sujets au raccourcissement et à la tension.

## Gardez le contact avec votre corps

Selon Bob Anderson, un expert dans l'art de l'étirement qui a enseigné à des équipes sportives professionnelles et qui a écrit un livre intitulé *Stretching* (Shelter Publications, 1980), vous devriez apprendre à vous étirer d'après vos sensations. Il conseille de porter attention aux fluctuations quotidiennes de la tension musculaire, de façon à adapter ses exercices d'étirement en fonction de ces modifications du corps. Ainsi, on peut se sentir une journée plus souple que la veille, mais si on fait ses exercices en fonction de ce que l'on ressent, on pourra prendre plaisir à ceux-ci en tout temps.

« Selon les objectifs de chacun, il existe trois degrés de difficulté dans l'exécution des exercices d'étirement : degré confortable, facile ou de développement », ajoute M. Anderson. « La durée de l'étirement peut elle aussi varier, disons entre cinq et soixante secondes. Ainsi, un étirement confortable et sans douleur devrait être maintenu pendant assez longtemps pour que le muscle s'adapte naturellement à cette nouvelle position légèrement allongée. »

« Si on préfère les étirements faciles, on ne doit ressentir qu'une légère tension. La durée de l'étirement devrait se situer entre cinq et trente secondes selon le genre d'exercice. Si la tension augmente ou devient douloureuse, c'est que le muscle est trop étiré. Relâchez un peu l'étirement jusqu'à ce que vous vous sentiez plus confortable. N'étirez pas le muscle plus loin que votre seuil de confortabilité. Ce genre d'exercice permet de diminuer la tension musculaire non souhaitée tout en préparant les tissus musculaires aux exercices de développement. »

« Lorsque vous aurez maintenu cet étirement facile pendant la durée appropriée, étirez le muscle de quelques millimètres de plus et gardez la position pendant cinq à trente secondes. C'est ce qu'on appelle un étirement de développement. Encore une fois, si vous ressentez de la douleur, relâchez un peu la tension jusqu'à ce que vous vous sentiez de nouveau confortable. Ce genre d'étirement sert à diminuer la tension musculaire, à accroître la souplesse de façon sûre et à améliorer la circulation. »

Les quelques exercices suivants ont été choisis tout spécialement parce qu'ils permettent d'étirer les muscles du bas du corps et parce qu'ils peuvent être exécutés assez facilement, même au bureau.

- **Étirement des mollets** — Assis sur le sol, pieds écartés d'environ trente centimètres, placez une serviette autour de la plante d'un de vos pieds. Sans bloquer les genoux mais en les tenant droits, tirez sur la serviette en vous penchant vers l'arrière. Lorsque vous sentirez les muscles des mollets s'étirer, gardez la position pendant quinze secondes. Si vous ressentez de la douleur, relâchez la tension ou gardez la position moins longtemps. Passez ensuite à l'autre pied. Faites l'exercice entre deux et quatre fois par pied et augmentez la durée de l'étirement jusqu'à trente secondes.

- **Appui au mur** — Après avoir maîtrisé l'étirement des mollets, passez à cet exercice pour les étirer un peu plus. Les pieds écartés d'environ cinq à sept centimètres, tenez-vous à une distance d'un mètre à un mètre cinquante du mur. Appuyez vos mains contre le mur, directement devant vous et pliez les coudes jusqu'à ce que vos avant-bras touchent au mur. Vos pieds devraient être le plus loin possible du mur, talons au sol et jambes droites. Après avoir gardé la position pendant dix à quinze secondes, avancez les jambes

548

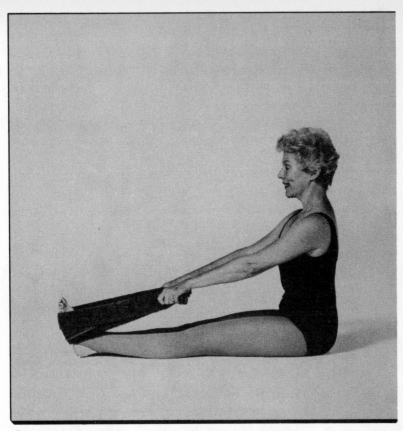

*Étirement des mollets.*

près du mur et détendez-vous quelques instants. Comme cet exercice demande un bon effort, ne le répétez que trois ou quatre fois. Avec le temps, il vous sera possible de garder la position jusqu'à une minute à la fois.

- **Étirement latéral** — Assis sur une chaise, les pieds écartés d'environ trente centimètres, penchez-vous vers la droite tout en forçant comme si vous vouliez vous relever. Ne gardez pas la position, passez aussitôt de l'autre côté. Répétez le mouvement cinq fois de chaque côté. Lorsque le mouvement sera devenu plus facile, ajoutez du poids en plaçant les mains derrière la tête. Si vous désirez ajouter encore plus de poids, levez les bras au-dessus de votre tête pendant que vous vous penchez.

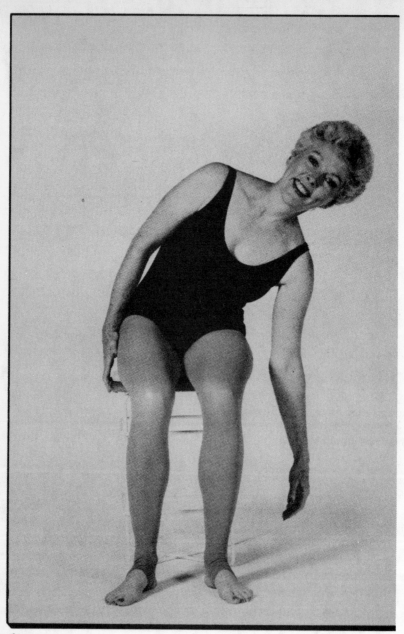

*Étirement latéral.*

*Étirement dorsal.*

- **Étirement dorsal** — Assoyez-vous dans la même position que pour l'exercice précédent sur une chaise sans appuie-bras. Penchez-vous vers l'avant en mettant vos bras entre les genoux. Continuez à vous pencher comme si vous vouliez faire toucher le sol à vos coudes. Répétez le mouvement plusieurs fois et augmentez graduellement la durée de retenue de l'étirement.
- **Étirement dans la baignoire** — Un bon moyen de détendre vos jambes fatiguées consiste à vous asseoir dans une baignoire remplie d'eau chaude. Jambes droites, penchez-vous lentement jusqu'à ce que vous commenciez à sentir l'étirement des muscles à l'arrière des jambes. Détendez-vous en continuant à respirer normalement et garder la position pendant cinquante à soixante secondes.

*Toucher des orteils.*

- **Étirement de l'intérieur des cuisses** — Pour cet exercice, vous aurez besoin d'une section de mur d'environ deux mètres de largeur. Étendu sur le dos, appuyez vos jambes contre le mur de manière qu'elles forment un angle de 90 degrés par rapport au torse. Vos fesses et vos talons devraient toucher le mur. Les genoux légèrement pliés écartez les jambes le plus que vous pouvez.

---

**Vous devriez apprendre à vous étirer en vous guidant sur vos sensations, car votre degré de souplesse varie de jour en jour.**

---

*Étirement cervical.*

# NATATION

**P**once de Leon espérait découvrir la fontaine de Jouvence afin de vivre éternellement, mais évidemment, il ne la trouva jamais. Quand bien même il l'aurait découverte, il aurait été préférable qu'il s'en serve pour nager plutôt que pour y tremper les lèvres. En effet, selon le docteur Paul Huntinger, « la natation est le meilleur remède que nous possédions contre le vieillissement. »

Le docteur Huntinger, qui est professeur à l'université Western Illinois, doit savoir ce qu'il dit puisqu'à 57 ans, cet homme qui nage des kilomètres par semaine dans sa piscine, déclare sans fausse modestie que son corps est en aussi bonne condition que celui de la majorité des jeunes de vingt ans. Cependant, vous n'êtes pas obligé de ne vous fier qu'à sa parole. Une étude effectuée sur deux nageuses septuagénaires au Human Performance Laboratory de l'université du Maryland ont démontré que malgré leur âge, leur corps possédait un pourcentage de graisse comparable à celui de jeunes femmes de 19 à 25 ans ! Selon les chercheurs du laboratoire, la pratique régulière d'un exercice physique comme la natation peut retarder l'accumulation de graisse qui accompagne l'inactivité durant la vieillesse. De plus, l'exercice peut aussi diminuer la perte de puissance aérobique observée pendant le processus de vieillissement. (*The Physician and Sportsmedicine*, décembre 1981).

---

**Selon le docteur Huntinger, la natation constitue la meilleure formule que nous connaissions contre la vieillesse.**

---

*Deux nageurs de très longue date : le docteur Paul Huntinger et son fils.*

Puissance aérobique : la puissance de votre cœur et de vos poumons. En fait, cette puissance aérobique est à ce point importante pour la santé que les scientifiques ont découvert qu'ils pouvaient prédire la durée de vie d'une personne rien qu'en mesurant la puissance de ses poumons (une mesure appelée «capacité pulmonaire vitale»). La natation possède la faculté de stopper la détérioration de la capacité pulmonaire et même de rétablir ce que l'âge ou un manque d'utilisation ont endommagé.

« Lorsque vous nagez régulièrement et que vous devez vaincre la résistance de l'eau pour expirer, je peux vous dire que vous la conservez, votre capacité pulmonaire », assure le docteur Huntinger. Celui-ci nous a aussi affirmé que la natation pouvait rétablir l'activité de certaines parties des poumons endommagées par la négligence, par exemple les alvéoles pulmonaires, ces petits sacs qui effectuent le transfert de l'oxygène entre les poumons et le sang.

## La natation, ça use moins le corps

La natation n'est pas seulement un bon exercice, c'est aussi une activité moins dure pour le corps. Avec la natation, pas besoin de s'inquiéter des blessures que s'infligent ceux qui s'adonnent à la course ou au tennis.

« Aucune autre activité physique n'offre autant de possibilités de s'exercer sans risque de connaître les problèmes articulaires, osseux et musculaires qui affligent les coureurs et les gens qui pratiquent les sports de raquette », déclare le *President's Council on Physical Fitness and Sports.*

Cependant, ce n'est pas la natation mais bien l'eau qui permet à l'activité de ne pas malmener les muscles et les os. Tenez-vous dans l'eau jusqu'au cou et vous serez aussitôt soulagé de 90 pour cent de votre poids ; autrement dit, si vous pesez 50 kilogrammes, vous n'en pèserez plus que cinq dans l'eau. Par ailleurs, cette légèreté du corps lorsqu'il est dans l'eau, donne à la natation un « immense avantage sur les autres sports », renchérit le docteur Allen Richardson, président du *USA Swimming Sports Medicine Committee.* « Comme la natation est un sport où le poids du corps n'est pas supporté par la charpente, elle est vraiment idéale pour les articulations et surtout pour les gens qui souffrent de problèmes de cheville, d'épaule et de dos. Les articulations ne sont soumises à aucune tension. »

La natation est aussi un merveilleux traitement pour les arthritiques. « Pour les gens qui souffrent de troubles articulaires... la natation est un exercice qu'ils peuvent pratiquer et qui est même confortable », déclare le *President's Council.* Pour sa part le docteur James Counsilman, instructeur de natation à l'université de l'Indiana, croit que la natation constitue le meilleur exercice pour les personnes âgées (il a lui-même 60 ans).

« La natation est l'exercice le plus approprié pour les personnes du troisième âge, parce que les douleurs qui accompagnent le vieillissement les empêchent de faire des exercices comme le jogging, ce qui est d'ailleurs mon cas », ajoute le docteur Counsilman.

Par ailleurs, si vous avez un problème d'obésité, le fait que la natation soit un exercice où le poids n'entre pas en jeu, signifie que vous n'avez pas à combattre la gravité à tout moment pour éliminer les kilos superflus. De plus, la natation permet de brûler 350 à 400 calories à l'heure... sans vous épuiser.

Enfin, la dernière raison (mais non la moindre) pour laquelle la natation est le meilleur des exercices est qu'elle peut vous mettre en forme très rapidement. En effet, des études scientifiques démontrent que vous pouvez atteindre une bonne forme physique en nageant seulement deux fois par semaine pendant quinze minutes. Attention cependant ! « Nager » ne veut pas dire barboter dans la piscine. Cependant, cela ne signifie pas non plus qu'il faille nager jusqu'à l'épuisement total. Par exemple, si vous faites une longueur (environ 25 mètres) à la minute, vous exercez autant votre cœur et vos poumons que n'importe quel jogger, sans compter que vous exercez beaucoup plus vos bras, votre dos et votre estomac.

## Respirez sans effort

Malgré tous les avantages que nous vous faisons miroiter, peut-être hésitez-vous quand même à aller nager régulièrement parce que n'avez jamais appris la bonne technique de nage. Vous avez peut-être de la difficulté à coordonner votre respiration avec les mouvements de vos bras ; peut-être trouvez-vous aussi que vos mouvements ne sont pas très efficaces. Qu'à cela ne tienne, vous n'avez même pas besoin de sauter dans une piscine pour apprendre à respirer correctement. « On peut apprendre à respirer à la maison à l'aide d'un bassin rempli d'eau » confie Jane Katz, qui enseigne l'éducation physique au Bronx Community College de l'université de New York.

*Vous pouvez améliorer votre technique de respiration en faisant des bulles dans un bassin d'eau.*

*Tournez la tête d'un côté et de l'autre en alternance lorsque vous la sortez de l'eau pour respirer.*

« Avec un bassin, vous pouvez vous pratiquer à faire des bulles dans l'eau et à respirer en tournant la tête hors de l'eau. » (Voir la photo)

Madame Katz, qui a écrit un livre intitulé *Swimming for Total Fitness : A Progressive Aerobic Program* (Doubleday, 1981), ajoute : « Trop de gens ne se sont jamais souciés d'apprendre les principes fondamentaux de la natation, négligeant des choses très importantes comme la manière correcte de respirer. Par exemple, au lieu d'expirer lorsqu'ils ont la tête dans l'eau, de nombreux nageurs retiennent tout simplement leur souffle. »

Selon Madame Katz, de nombreux nageurs ont aussi un problème de battement de pieds.

« Lorsqu'on nage le crawl, ce sont les bras qui doivent fournir le gros de l'effort, c'est-à-dire jusqu'à 70 pour cent de cet effort. De plus, le mouvement des bras devrait ressembler à un "S" ; autrement dit, ils ne devraient pas pousser l'eau droit derrière eux. Lorsqu'il est sous l'eau, le bras droit doit avoir la forme d'un point d'interrogation, tandis que le bras gauche doit ressembler à un point d'interrogation inversé. »

« Afin de tirer le maximum d'avantages d'une séance de natation, il faut commencer lentement et terminer en douceur. Ne fournissez pas le maximum d'effort pour les premières longueurs, réchauffez-vous d'abord. De plus, les dernières longueurs devraient servir à refroidir les muscles. »

Bien entendu, il n'y a pas que des longueurs à faire dans une piscine. « Pour certaines personnes, la nage de chien constitue un très bon exercice en soi », déclare Madame Katz « et certaines d'entre elles brûlent même plus de calories de cette manière que si elles nageaient de façon plus conventionnelle. »

À vrai dire, les possibilités d'exercices aquatiques sont presque illimitées. Il n'y a qu'à entendre Gretchen Schreiber, un instructeur de natation du Kansas, pour s'en rendre compte.

---

## Un remède « humide »

« Lorsque j'enseignais la natation au YMCA du comté Johnson dans le Kansas, je faisais d'abord courir mes étudiants dans l'eau pour se réchauffer car l'eau était plutôt froide. Comme ceux-ci aimaient ce genre d'entrée en matière, je l'ai graduellement incorporé dans un programme complet d'exercices. Quelque

> **Comme le corps flotte dans l'eau, les exercices aquatiques sont tout particulièrement avantageux pour les obèses, les femmes enceintes et les personnes qui souffrent de maux de dos parce que l'eau soutient leur colonne sans leur imposer de tension excessive.**

temps plus tard, les gens ont commencé à me dire que mon programme les aidait à surmonter leurs problèmes d'arthrite et leurs maux de dos. Après avoir étudié le tout d'un peu plus près, nous avons découvert que certains exercices spécifiques permettaient de soulager certains problèmes précis. »

Tout comme les experts en natation à qui nous avons demandé conseil plus haut dans ce chapitre, Madame Schreiber croit que les exercices aquatiques possèdent deux qualités uniques qui sont particulièrement avantageuses pour le corps humain. En effet, comme le corps flotte dans l'eau, les exercices semblent plus faciles à exécuter, alors que la résistance de l'eau force les muscles à travailler plus fort.

« Les exercices faits dans l'eau sont plus faciles, ou du moins semblent plus faciles parce qu'on flotte », ajoute Madame Schreiber. « Par exemple, lorsqu'on fait des exercices pour les bras hors de l'eau, la gravité les attire vers le bas, mais lorsqu'on fait ces mêmes exercices dans une piscine, l'eau les supporte. »

## Exercices d'amincissement

« La natation est un excellent exercice pour les obèses, les femmes enceintes et les personnes qui souffrent de maux de dos parce que l'eau supporte les régions de la colonne où la tension pourrait se faire sentir. »

« De plus, les exercices aquatiques sont de type isocinétique car il faut lutter contre la résistance de l'eau. »

Dans son livre : *Swim-Lite, Body Shaping Water Exercises* (Loggerhead, 1979), Madame Schreiber en résume admirablement les effets : « La flottabilité de votre corps dans l'eau donne la sensation de se mouvoir avec légèreté et grâce, mais la résistance de l'eau rend les exercices qui y sont exécutés doublement efficaces. »

Madame Schreiber décrit dans son livre six programmes d'exercices adaptés aux goûts de chacun. Chaque programme commence par une période de réchauffement de trois à cinq minutes, semblable à celle qu'elle fait faire à ses élèves. De plus, chacun se termine par des exercices destinés à refroidir les muscles. Madame Schreiber, qui possède une maîtrise en éducation physique, croit en effet qu'il est extrêmement important d'accompagner une séance d'exercice d'une période de réchauffement et d'une période de refroidissement des muscles.

Le programme est composé d'exercices sélectionnés avec soin pour faire travailler toutes les parties du corps. Par exemple, les muscles des bras et des jambes sont exercés en leur faisant faire de grands cercles ou encore des chiffres sous l'eau. Une fois ces mouvements de base maîtrisés, Madame Schreiber complique les choses en vous faisant écrire votre nom sous l'eau avec les jambes ou les bras.

Un second exercice, qui ressemble beaucoup à un mouvement de ballet, permet de renforcer les muscles du dos. Pour ce faire, il faut se tenir à angle droit par rapport au bord de la piscine et se tenir d'une main au rebord de celle-ci. Ensuite, on étend son bras libre au-dessus de l'eau et on relève la jambe jusqu'à ce qu'elle touche le bras, puis on redescend la jambe tout en levant le bras au-dessus de la tête jusqu'à ce qu'il touche le rebord de la piscine.

Un autre mouvement, quoique moins gracieux que le premier, permet de renforcer les épaules, la poitrine et le dos. Debout, les bras étendus devant soi, on les dirige en arrière sous l'eau, en les gardant à la hauteur des épaules, jusqu'à ce que les mains se touchent, puis on les ramène vers l'avant. Cet exercice produit un étirement suffisant des muscles dorsaux pour les garder en bonne forme.

Certains des exercices du livre de Madame Schreiber sont conçus tout spécialement à l'intention des gens qui surveillent leur poids car ils permettent de raffermir les muscles de la taille, des fesses et des cuisses. L'un d'eux, appelé la « roue à aubes », est un exercice simple et vigoureux destiné à raffermir la taille et à renforcer l'endurance physique. Debout, jambes écartées et bras allongés de chaque côté, il s'agit de se tourner d'un côté et de l'autre tout en gardant les bras sous l'eau.

Plusieurs des exercices d'amincissement exigent qu'on se tienne au rebord de la piscine. C'est le cas de l'exercice suivant qui fait travailler les muscles de l'abdomen et des fesses. Tenez-vous des deux mains au rebord de la piscine, les genoux repliés sous le menton et les pieds appuyés contre la paroi. Vous devez ensuite lancer les pieds bien droits par en arrière puis revenir en position initiale. Il s'agit d'un très bon exercice pour développer son endurance.

Un autre exercice consiste à s'agripper avec les talons au rebord de la piscine et à étendre les jambes droit devant soi, puis à revenir en position initiale. C'est un très bon exercice de raffermissement des cuisses.

Pour ceux qui en auraient assez de se tenir au rebord de la piscine, Madame Schreiber propose plusieurs exercices qui sont exécutés en eau profonde avec une planche de flottaison ou en faisant la nage du chien. Un de ces exercices, appelé « l'hélicoptère », est particulièrement efficace pour tonifier la taille, les fesses et les cuisses. Placez d'abord une planche de flottaison sous chaque bras, puis étendez les bras de chaque côté et faites des mouvements de rotation avec le bas du corps en tenant les jambes droites vers le fond de la piscine.

Un autre exercice consiste à pédaler sous l'eau tout en flottant sur place.

Quels résultats ces exercices produisent-ils ? Pour en savoir plus long, laissons parler les élèves de Madame Schreiber.

« En janvier dernier, je faisais un peu d'arthrite aux genoux et je souffrais en plus d'une tendinite à l'épaule », raconte l'une d'elles. « J'ai consulté un médecin et celui-ci m'a dit que si je perdais quelques kilogrammes, je prolongerais de dix ans la vie de mes articulations. »

« J'ai donc commencé un programme d'exercices et j'ai vu mon poids diminuer à une vitesse phénoménale. Entre-temps, le service des parcs et des activités récréatives du comté avait commencé à offrir des cours d'exercices aquatiques qui étaient donnés par Madame Schreiber. Comme je n'avais pas nagé depuis des années, je me suis rendue au premier cours dans l'espoir qu'il avait été annulé, surtout que je n'avais pas très bonne mine avec mes varices et ma peau toute flasque. »

« Le cours n'avait pas été annulé et je me suis aperçue que les autres avaient le même air que moi. Grâce à Gretchen, nous avons toutes eu un plaisir fou. Au fil des cours, j'ai commencé à me sentir mieux et plus agile. De plus, ma tendinite avait complètement disparu... et mon arthrite aussi ! Mon état de santé actuel, je le dois en grande partie aux exercices aquatiques. »

Une autre élève de Madame Schreiber a connu pour sa part une nette amélioration de ses problèmes de circulation. « Ma circulation sanguine s'est définitivement améliorée. Lorsque j'ai commencé le programme au mois de juin, je souffrais constamment d'ankylose dans les cuisses. Aujourd'hui, mon problème s'est presque complètement envolé, tout cela grâce aux exercices de Madame Schreiber. »

Une autre étudiante, qui habite au bord d'un lac, a découvert que les cours d'hiver de Madame Schreiber lui permettaient de se garder en forme toute l'année. « Je vais nager presque tous les jours entre mai et septembre, mais c'est la première fois que je trouve un moyen de continuer à nager régulièrement pendant les mois d'hiver. »

Madame Schreiber accueille aussi ceux qui n'ont aucune expérience de la natation. « Au début, beaucoup de mes élèves se contentent de passer la séance agrippés au rebord de la piscine, mais après un ou deux cours, la plupart se servent de planches de flottaison pour traverser la piscine de long en large. Bon nombre d'entre eux décident aussi de prendre des cours de natation. »

## Rien de mieux qu'une baignoire pour les timides

Même si vous êtes trop effrayé pour approcher du bord d'une piscine ou si vous n'avez pas accès à une piscine intérieure durant l'hiver, Madame Schreiber a trouvé un moyen de vous garder « mouillé » et en forme à longueur d'année. En effet, un chapitre à la fin de son livre vous permet de transformer votre douche ou votre baignoire en un véritable gymnase aquatique. Madame Schreiber a inclus ce chapitre parce qu'elle croit fermement que les avantages que procurent l'eau et les exercices s'appliquent même si on ne dispose que d'un pommeau de douche ou d'une « piscine » d'un mètre sur deux. « L'eau chaude détend les muscles et permet de s'étirer afin de soulager tension et fatigue », écrit-elle. « De plus, ces exercices sont particulièrement bienfaisants pour les gens qui souffrent d'arthrite ou d'ankylose musculaire. »

La plupart des exercices proposés pour la baignoire sont des exercices d'étirement conçus pour tirer le meilleur parti de l'espace restreint de la baignoire. Par exemple, un exercice destiné à raffermir le torse consiste à appuyer les épaules et les pieds à chaque extrémité de la baignoire et à soulever les hanches pendant dix secondes. Un second exercice, conçu pour étirer les muscles du bas du dos, consiste tout simplement à appuyer les pieds contre une extrémité de la baignoire, jambes droites, et à se pencher vers l'avant pour toucher le rebord de la baignoire. C'est en fait la même chose qu'un redressement, mais on bénéficie d'un bon bain chaud au lieu d'endurer la froideur et la dureté d'un plancher de gymnase.

De toute façon, peu importe si vous disposez d'une baignoire ou d'une piscine olympique, il est important d'avoir toujours à l'esprit que « l'eau, c'est la santé ! »

# VACANCES

**P**our nous, ce qu'on appelle la « sagesse proverbiale » revêt une grande importance car nous croyons que certaines habitudes qui durent encore de nos jours ont certainement une chose ou deux en leur faveur et qu'elles ont sûrement plu à quelques personnes en cours de route pour avoir duré si longtemps. Par exemple, il est impressionnant de voir que nos habitudes alimentaires, habitudes qui semblent bien étranges à de nombreux adeptes du « fast-food » d'aujourd'hui, étaient, il n'y a pas si longtemps, celles de tout le monde. C'est également impressionnant de constater que de nombreuses maisons construites il y a cinquante à soixante ans sont orientées vers le soleil et abritées des vents glacials de l'hiver par des arbres et des bosquets. Les menuisiers du temps n'avaient jamais entendu parler de « chauffage solaire passif » ni d'« aménagement paysager de protection », mais ils en connaissaient sûrement les techniques, n'est-ce-pas ?

Il faut cependant faire attention lorsqu'on parle de sagesse proverbiale. En effet, comme le monde est peuplé de gens différents, il arrive parfois que les vérités d'un groupe entrent en conflit avec celles de l'autre. Considérons par exemple le dicton

---

**Prendre des vacances, c'est échapper au tourbillon de la vie de tous les jours. Elles vous permettent de recharger vos batteries et de faire le plein d'énergie en prévision du retour à la vie normale.**

---

suivant qui se rapporte à l'épargne : « C'est avec les sous qu'on fait des dollars. » Eh bien, ce qui est considéré une vertu chez certains est jugé une folie chez d'autres. Cependant, il existe au moins un de ces dictons populaires sur lequel tous sont d'accord : c'est une bonne chose de temps à autre de « s'évader de tout ça », « tout ça » étant la routine quotidienne, les factures, les enfants, le stress, bref la vie de tous les jours. Les vacances, et les voyages (si c'est là votre conception des vacances) ont cela de bon qu'ils nous soulagent des pressions qui pèsent sur nous en temps normal. Par ailleurs, il est aussi vrai que c'est rafraîchissant de changer de rythme de vie de temps en temps ; comme le dit si bien le proverbe : « Lorsque tu es à Rome, fais comme les Romains. »

Nous savons qu'il est important de prendre des vacances, surtout lorsqu'on n'en a pas pris depuis longtemps. La question est de savoir jusqu'à quel point c'est important d'en prendre. Est-ce assez important pour y consacrer temps et argent ? Bien sûr ! Que vous décidiez d'aller dans les Alpes ou au bord d'un petit lac à cinquante kilomètres de chez vous, sur la plage déserte d'une petite île ensoleillée ou sur le balcon du chalet de votre cousin, vos vacances vont avoir une multitude d'avantages sur votre santé... enfin, au moins quinze avantages.

## 15 bonnes raisons pour prendre des vacances

1. **Détente** — « Le seul fait de laisser derrière vous toutes ces frustrations quotidiennes vous relaxera », déclare Richard L. Curtis, auteur du livre *Taking Off* (Harmony Books, 1981). « Même si des problèmes surviennent en vacances, vous les traiterez comme s'ils faisaient partie d'un jeu car ils seront temporaires. L'important en vacances, c'est que vous vous évadiez du train-train quotidien. »
   Le docteur Edward Heath, qui est professeur au département de récréologie et des parcs à l'université A & M du Texas, ajoute : « En vacances, on laisse derrière soi la routine et les problèmes courants de la vie. Même si notre seule activité de vacances consiste à observer les cailloux au fond d'un ruisseau, c'est quand même un changement de rythme inestimable car il permet de faire le plein d'énergie en prévision du retour à la vie normale. »

2. **Stimulation apportée par de nouveaux paysages** — M. Curtis nous a confié : « Tous les voyages ont du bon. Une trop longue période passée à la maison tend à limiter notre conscience de ce qui nous entoure, aussi avons-nous besoin de changer de paysage et d'avoir de nouvelles expériences. Pensez à la première fois où vous avez vu la mer, les montagnes, un désert ou le Grand Canyon. Je ne parle pas ici de photos que vous avez vues dans les livres mais de paysages que vous avez vus de vos yeux, d'endroits totalement différents de ce que vous êtes habitués de voir. »

---

## Nouveaux paysages, nouvelle compréhension des choses

Selon le docteur Heath, la vue de nouveaux paysages peut nous permettre de voir les choses sous un nouveau jour. « En visitant des endroits différents, on peut acquérir une toute nouvelle perspective du monde qui nous entoure. Par exemple, si vous habitez à l'embouchure d'un grand fleuve, vous serez mieux en mesure de comprendre votre région après avoir visité l'endroit où le fleuve prend naissance. Vous pourriez apprendre de nouvelles choses sur vous-même aussi. Par exemple, de nombreuses personnes profitent de leurs vacances pour explorer des régions où elles aimeraient éventuellement déménager. »

3. **Rencontre de nouvelles personnes** — « L'homme est un animal sociable », confie le docteur Heath. « Les vacances nous donnent l'occasion de nous faire de nouveaux amis, ou tout simplement de satisfaire notre curiosité à propos du mode de vie des autres. Souvent, cela nous permet de considérer notre vie dans une plus grande perspective. »

« Plus on rencontre de gens différents, plus notre vision du monde se diversifie », renchérit M. Curtis « et c'est encore mieux si cette vision du monde est acquise par la rencontre de gens éloignés de notre univers particulier. »

4. **Camaraderie et amitié** — Selon le docteur Heath, « partager une aventure avec d'autres gens nous permet aussi de partager leur enthousiasme. C'est une très bonne chose car cela renforce notre propre enthousiasme envers la vie. De

plus, il n'est pas nécessaire que cette aventure se passe absolument sans pépin car les problèmes peuvent eux aussi, lorsqu'ils sont partagés, créer des liens d'amour et d'amitié qui laisseront dans nos souvenirs un sentiment de fierté et de plaisir. »

« Chaque année, des milliers de propriétaires de caravane se regroupent dans une ville canadienne et partagent tous ensemble l'aventure d'un voyage vers l'Alaska. On est certain de les voir se retrouver l'année suivante pour une autre aventure. »

« Dans vingt ans, vous vous souviendrez encore de ce voyage en canot au cours duquel une soudaine tempête vous avait obligés à passer deux jours sur une petite plage, grelottants de froid mais heureux de l'aventure. »

« Il existe aussi un grand avantage à se joindre à des gens qui nous ressemblent pour participer à un événement compétitif quelconque. On n'a qu'à songer à ceux qui font des milliers de kilomètres pour encourager leur équipe au Super Bowl, aux séries éliminatoires de hockey, ou encore aux championnats collégiaux. C'est aussi le cas des coureurs de marathons qui n'hésitent pas à faire le tour du monde pour partager avec leurs semblables les joies d'une saine compétition. »

## Les avantages éducatifs du voyage

5. **Éducation** — « Peut-être aurez-vous besoin, par nécessité ou tout simplement par goût, d'apprendre certaines choses nouvelles en prévision d'un voyage », confie le docteur Heath. « Ainsi, vous pourriez décider de vous familiariser avec la langue du pays que vous vous proposez de visiter, ou peut-être préférerez-vous plutôt l'apprendre tout en voyageant. Dans le domaine des activités, il se peut que votre intérêt se porte sur la plongée sous-marine, le tennis, le golf, le ski alpin, l'alpinisme, le deltaplane ou n'importe quelle autre activité afin de profiter davantage de vos vacances. »

6. **Aventure** — « Les voyages réveillent en nous le goût de l'aventure », déclare M. Curtis. « Ce déracinement de l'environnement normal exige qu'on fasse preuve de débrouillar-

dise, ne serait-ce que pour trouver où se loger et où manger. Qui plus est, les vacances nous donnent l'occasion de faire des expériences nouvelles que notre personnalité nous empêche normalement de faire. Ainsi, si vous êtes habituellement trop timide pour saluer des étrangers ou même leur sourire, vous pourriez profiter des vacances dans un nouvel endroit pour faire un petit essai. Qui sait, vous pourriez aimer l'expérience au point de conserver l'habitude de saluer les gens après votre retour à la maison. »

Selon le docteur Heath, beaucoup de gens sont attirés par les risques que comportent les aventures de vacances. « Dans la majorité des voyages, il y a des défis qu'il faut relever, un genre d'épreuve de force entre vous et un environnement inconnu. Cette situation peut vous faire acquérir une nouvelle confiance en vos capacités en vous plaçant devant des défis que la vie normale ne peut vous offrir. Cependant, il ne faut pas oublier que la vie de tous les jours comporte parfois des risques beaucoup plus grands. En effet, le ski nautique, l'alpinisme ou le deltaplane sont des activités qui effraient bien des gens, mais les dangers sont en fait moins grands que lorsque vous conduisez sur une autoroute. »

---

## Préparez-vous à l'inattendu

7. **Surprise** — « Ce sont des situations inattendues de la vie que nous tirons notre expérience », déclare M. Curtis. « Nous profitons beaucoup plus de la vie lorsque nous demeurons ouverts aux nouvelles expériences. En voyage, il faut s'adapter très rapidement aux nouvelles situations et cette amélioration de notre faculté d'adaptation, eh bien, nous la ramenons à la maison à la fin du voyage. » Sans compter toutes les aventures dont vous vous souviendrez pendant de nombreuses années.

8. **Beauté** — « Lorsque s'offrent à nous de merveilleux paysages, c'est comme si nos yeux s'ouvraient soudain. On se sent vibrer d'émerveillement et on a l'impression de faire partie de la beauté de cet environnement. On partage en quelque sorte une partie de la beauté et de la puissance qui

s'en dégagent », nous confie le docteur Heath. « Ce genre d'expérience est souvent provoqué par la vue d'un paysage naturel comme le Grand Canyon, mais on peut aussi éprouver une sensation aussi intense devant une œuvre humaine comme le Vatican, un pont qui enjambe un fleuve majestueux ou encore une ville entière. Ces expériences qui restent gravées dans notre mémoire ont une grande importance car elles apportent de la joie dans notre vie. »

9. **Anticipation** — Avons-nous réussi à vous donner le goût de partir à l'aventure et de rencontrer de nouvelles personnes ? Êtes-vous excité au point de vouloir partir à l'instant même ? Eh bien, nous en sommes heureux car le goût de partir est déjà en soi un bienfait des vacances. Selon le docteur Heath, « les vacances, c'est plus que les quelques semaines passées loin de la maison. C'est aussi toute la période de préparation en vue du départ. En fait, pour bien des gens les vacances sont des projets qui se préparent pendant toute l'année. Par exemple, certains préparent un voyage de pêche en fabriquant eux-mêmes leurs agrès, d'autres préparent un voyage à l'étranger en lisant tout ce qu'ils peuvent sur les endroits qu'ils vont visiter. Cette anticipation des vacances peut être extrêmement agréable et vos vacances seront d'autant plus intéressantes que vous les aurez préparées avec soin. »

10. **Souvenirs** — « Votre vie se trouvera enrichie autant par la préparation et le retour des vacances que par les vacances elles-mêmes », déclare le docteur Heath. « De plus, rien ne pourra ternir la joie de se remémorer d'agréables souvenirs. »

11. **Appréciation nouvelle de la vie normale** — « Vous serez surpris de constater le nombre de choses qui vous auront manqué à votre retour », confie M. Curtis. « En pays étranger, vous mourrez d'envie de rencontrer un compatriote qui parle votre langue. Pour ma part, il y a des fois où j'aurais tout donné pour voir des lilas ou des érables,

---

**Les gens heureux sont ceux qui savourent pleinement l'instant présent, sans se préoccuper de ce qui s'est passé auparavant ou de ce qui pourrait arriver plus tard.**

---

manger une crème glacée, prendre une douche brûlante ou même, j'ai horreur de l'admettre, bouffer un bon hamburger bien de chez nous. Une fois, alors que j'étais en Yougoslavie, j'ai couru à côté d'une auto sur trois coins de rue rien que pour entendre jusqu'au bout une vieille chanson de Simon and Garfunkel. »

« De retour de voyage, vous apprécierez la vie à la maison comme vous ne l'avez jamais appréciée auparavant. Tous les petits événements normaux de votre milieu deviendront pour vous comme autant de petits miracles. »

12. **Découverte de soi** — « Les vacances peuvent être une occasion en or de faire le point sur sa vie », explique le docteur Heath. « En effet, elles sont l'occasion de se libérer des tracas quotidiens et de s'évader sur une plage déserte ou au bord d'un petit ruisseau de montagne et de laisser s'exprimer son âme sans contrainte ni soucis. Ce genre d'évasion est nécessaire de temps en temps afin de développer sa créativité et de retrouver son harmonie interne. »

## Sur la route de la liberté

13. **Liberté** — « Les vacances, c'est être libre de faire comme bon nous semble », affirme le docteur Heath.

« Notre corps possède l'aptitude tout à fait remarquable de reconnaître ses défaillances et d'essayer d'y remédier sans recours de l'extérieur », note M. Curtis. « Par exemple, les Amérindiens qui vivaient dans les régions nordiques mangeaient des aiguilles de pin pour approvisionner leur organisme en vitamine C. Notre cerveau semble connaître une myriade de moyens pour régler nos problèmes psychologiques sans qu'il soit nécessairement obligé de nous consulter. Nous éprouvons régulièrement un besoin de changement, de faire quelque chose de différent et ce, même si nous sommes satisfaits de notre vie et de notre travail. Parfois, on se sent comme emprisonné par nos habitudes. Dans ce cas, il n'y a rien de mieux que de prendre des vacances pour réaliser à quel point on peut être libre de nos actes. Rien ne peut nous retenir prisonniers si l'on choisit de ne pas l'être. »

14. **Le temps s'arrête** — « Le temps ne passe pas de la même manière lorsqu'on a du plaisir », raconte le docteur Heath. « En vacances, on ne pense à rien d'autre qu'au moment présent. Tout ce qui n'est pas relié à l'activité du moment s'efface de notre conscience. Tout ce qui compte, c'est le poisson au bout de la ligne, le canot qu'il faut empêcher de chavirer ou encore les jolis coquillages qui parsèment la plage. Le temps s'est arrêté et c'est très bien comme cela. Il est prouvé que les gens heureux sont ceux qui portent toute leur attention sur ce qui se passe à l'instant même, sans se préoccuper de ce qui s'est passé ou de ce qui pourrait se passer. »

15. **Bonheur** — Nous avons gardé la plus importante des raisons pour la fin. Selon le docteur Heath, « le principal objectif des vacances, c'est d'être heureux. Celles-ci ne devraient pas être considérées comme un mal nécessaire ne servant qu'à faire le plein d'énergie afin de pouvoir travailler plus fort lorsque vous serez revenu. Comme les loisirs occupent une grande partie de l'existence, il est possible et nécessaire d'en retirer tous les avantages qu'ils peuvent procurer. »

# VARICES

La patiente, une femme robuste dans la cinquantaine, n'arrivait pas à comprendre ce qui avait bien pu lui arriver. Elle venait d'atterrir à New York après s'être fait bronzer pendant trois semaines à Hawaï et son teint la faisait paraître éclatante de santé. Elle avait passé des vacances fabuleuses. Tout avait été parfait, depuis les succulents repas polynésiens pris au Kahala Hilton jusqu'aux journées passées à prendre langoureusement le soleil au bord de la piscine. Après de si merveilleuses vacances, qu'est-ce qui avait bien pu provoquer cette soudaine inflammation des veines qui l'avait assaillie à son retour. « Je n'y comprends rien », se plaignit-elle à son médecin. « J'ai passé des vacances tellement merveilleuses. »

« Je n'en doute pas », lui répondit son médecin, le docteur Howard C. Baron. Ce dernier est un chirurgien vasculaire attaché au Cabrini Medical Center de New York. Toutefois, ce n'étaient pas les vacances qui étaient coupables du problème, mais plutôt le long vol de retour. Si sa patiente avait su qu'elle avait une prédisposition à faire des varices, elle aurait pu prendre certaines précautions pendant le vol, comme par exemple, faire travailler de temps en temps les muscles de ses mollets et marcher un peu dans l'allée à toutes les heures.

Cependant, il était évident que la patiente du docteur Baron ne savait pas que les adeptes de la forme physique sont ceux qui possèdent les jambes les plus en santé. C'est d'ailleurs pour venir en aide aux gens dans la même situation que cette patiente que le

573

docteur Baron a écrit un livre intitulé *Varicose Veins : A Common-sense Approach to Their Management* (William Morrow, 1979), dans lequel il propose des exercices et un régime alimentaire qui permettent de contrer les symptômes et les complications résultant de ces protubérances bleuâtres qui enlaidissent les jambes.

En Amérique, une femme sur quatre et un homme sur dix sont affligés de varices, dont le moins qu'on puisse dire est qu'elles sont plutôt inesthétiques. Les varices sont le résultat d'une déformation des vaisseaux sanguins provoquée par une perte d'élasticité. Cette situation cause l'enflure de la veine et lui donne cette apparence tordue et décolorée. Les varices résultent d'un trouble au niveau des petites valves qui se trouvent à l'intérieur des veines de la jambe et qui permettent la circulation de retour du sang vers le cœur. Comme la force de gravité rend la circulation ascendante du sang plus ardue, ces valves à sens unique se referment entre les battements du cœur afin d'empêcher le reflux du sang qui vient d'être pompé.

Normalement, ces valves effectuent leur travail pendant toute votre vie sans le moindre pépin, mais il arrive parfois qu'il se produise une panne pour une raison quelconque. Par exemple, une pression exercée sur les veines des jambes peut entraver la circulation sanguine et empêcher les valves de se fermer complètement. Dans un tel cas, ou s'il se produit un mauvais fonctionnement des valves, le sang s'accumule en dilatant les veines de la jambe. Après quelques années, les vaisseaux sanguins perdent leur flexibilité, s'affaissent et émergent à la surface de la jambe en transférant leur fardeau aux veines profondes plus larges.

## Signes avant-coureurs

De nombreuses personnes ne se préoccupent pas des signaux qui les avertissent d'un problème de varices (petits picotements qui annoncent un trouble de circulation suivis de l'apparition de veinules bleuâtres à la surface de la peau) et ne prennent des mesures que lorsque la situation pose un problème d'esthétique.

**L'exercice constitue une mesure préventive de premier plan contre les varices. C'est pourquoi les adeptes de la forme physique sont ceux qui possèdent les jambes les plus en santé.**

Ces gens font une grave erreur. En effet, le docteur Baron et certains de ses collègues croient que la détection et le traitement des varices dès leur apparition peuvent empêcher que des symptômes et des complications plus graves ne se produisent plus tard.

Malheureusement, des millions de gens ne se préoccupent pas de ces conseils et souffrent d'une lourdeur et d'une fatigue douloureuses dans les jambes. De plus, il peut en résulter une enflure des chevilles, surtout lorsqu'il fait chaud, des crampes douloureuses dans les mollets durant la nuit, ou encore des démangeaisons et des brûlures dans les jambes. Il peut aussi se produire des complications plus graves comme des ulcères de la jambe, des phlébites (une inflammation des veines comme celle dont souffrait le président Nixon), des caillots sanguins et même des hémorragies. Sans compter une déformation pour le moins inesthétique de la jambe, comme le fait remarquer le docteur Baron. Celui-ci décrit les varices comme « de gros cordons noueux et tout tordus, d'une vilaine couleur bleue et parsemés de renflements semblables à des raisins. »

Quoique personne ne conteste les problèmes qui accompagnent les varices, les médecins ne s'accordent pas sur leur origine précise. Par exemple, de nombreux spécialistes rejettent le blâme sur l'hérédité. « Il s'agit d'un processus dégénérescent que les gens se transmettent de génération en génération, et lorsqu'un problème héréditaire est en cause, on n'a aucun moyen de le prévenir », soutient le docteur James A. DeWeese, un illustre chirurgien vasculaire de l'école de médecine de l'université de Rochester.

Le docteur Robert A. Nabatoff, qui est professeur de chirurgie vasculaire au Mount Sinai School of Medicine de Manhattan, considère lui aussi l'hérédité comme le principal facteur des problèmes de varices. « Il s'agit d'un état génétique pour la grande majorité des patients. Chez ces gens, les varices apparaissent habituellement à la fin de l'adolescence ou au début de la vingtaine. »

## Insuffisance de fibres ?

Il semblerait cependant que la notion selon laquelle les varices seraient causées par le mode de vie, soit en train de gagner de plus en plus d'adeptes parmi le monde médical. L'un d'eux, le docteur Denis P. Burkitt, croit en effet que dans les sociétés hautement industrialisées, la rançon du progrès se paie en termes de troubles cardiaques, d'ulcères, de problèmes d'obésité et de problèmes de varices. Selon ce chirurgien britannique de grande réputation, il est rare que les personnes ayant un régime alimentaire à haute teneur en fibres souffrent d'inflammations vasculaires, tandis que le problème est fort répandu dans les pays occidentaux où la nourriture contient peu d'aliments qui font travailler les intestins. Celui-ci explique qu'une alimentation pauvre en fibres exige de gros efforts de la région abdominale lors de la défécation, ce qui exerce une énorme pression sur les veines des jambes. Par ailleurs, des séances prolongées à la salle de bains ne font qu'aggraver le problème en coupant la circulation dans les jambes.

D'autres formes d'inactivité, comme rester debout ou assis trop longtemps sans bouger, peuvent aussi empirer un problème de varices. Comme celles-ci sont causées par une diminution de la circulation, certains spécialistes en concluent que le fait de rester assis trop longtemps sur une chaise est tout particulièrement néfaste pour les jambes. « La chaise est un terrible fléau de la civilisation », soutient le docteur Baron. « Elle permet de nous asseoir plus confortablement, mais elle augmente en même temps la pression sur les veines des jambes, tout en nous faisant prendre une habitude tout à fait dommageable, en l'occurrence, se croiser les jambes. »

Quoique le problème touche surtout les femmes, le docteur Baron s'empresse d'affirmer que la grossesse n'est pas une cause de varices. On croit généralement aujourd'hui que les hormones femelles, et surtout celles qui sont libérées pendant la grossesse, jouent un rôle dans l'apparition des varices chez les femmes qui y sont sujettes. Ainsi, il arrive fréquemment que l'apparition de varices constitue le premier signe d'une grossesse, avant même que ne survienne la disparition du cycle menstruel. Cependant, les varices disparaissent habituellement après la naissance du bébé. Ainsi, il semblerait que le poids du fœtus soit un facteur moins significatif que les hormones dans l'apparition des varices parce que ces dernières apparaissent avant que la surcharge occasionnée par la grossesse n'exerce une pression sur les veines.

Si vous souffrez en ce moment d'un problème de varices, ne désespérez pas. Le docteur Baron croit en effet que certains ajustements mineurs dans les habitudes quotidiennes peuvent permettre de diminuer le nombre et même la taille de ces protubérances gênantes. Voici certains conseils qui vous permettront de prévenir et de diminuer les varices tout en vous permettant d'éliminer les risques de complications futures.

- Évitez autant que possible de rester debout ou assis pendant de trop longues périodes. Lorsque vous êtes assis ou debout, pensez à faire travailler les muscles de vos jambes. Par exemple, remuez fréquemment les orteils et soulevez-vous lentement sur la plante des pieds. Ne croisez pas les jambes et lorsque vous faites de longs voyages, arrêtez-vous régulièrement (aux heures ou aux deux heures) pour marcher un peu. Lorsque vous devez faire un long trajet en train ou en avion, levez-vous au moins toutes les heures pour marcher pendant quelques minutes dans l'allée.

## Marcher d'un bon pas peut aider

- Exercez-vous par la marche, le jogging, la course, la bicyclette ou la natation. Selon les docteurs Eric P. Lofgren et Karl A. Lofgren de la clinique Mayo de Rochester, au Maryland, la marche permet d'atténuer d'environ un tiers la pression exercée sur les veines en conditions normales (*Geriatrics*, septembre 1975). Pour sa part, le docteur Robert May, qui est chirurgien et spécialiste des troubles circulatoires à l'université de Innsbruck en Autriche, conseille de marcher d'un bon pas pendant quinze minutes, quatre fois par jour. De plus, celui-ci conseille de marcher pieds nus à la maison afin d'exercer les muscles des pieds et de stimuler la circulation sanguine dans les veines (*Medical Tribune*, 27 février 1980).

- Adoptez un régime alimentaire riche en fibres. En effet, un régime pauvre en aliments qui régularisent les fonctions

**Marcher pieds nus à la maison permet d'exercer les muscles des pieds et de stimuler la circulation dans les veines. Un autre bon exercice consiste à marcher d'un bon pas, plusieurs fois par jour.**

intestinales tend à produire des selles dures qui font forcer les veines de la région du bassin. Le docteur May recommande de manger quotidiennement de la salade, ainsi que des légumes variés, des pommes de terre en robe des champs et de deux à trois cuillerées à table de germe de blé. Un second spécialiste recommande quant à lui, de consommer quotidiennement cinq fois plus de fibres que d'habitude. Certains aliments tels que les grains entiers, le son et les fruits frais vous permettront de consommer la quantité de fibres appropriée.

- Éliminez de votre garde-robe les vêtements trop serrés comme les bottes hautes, les bas culottes trop ajustés dans la région de l'aine, les gaines, les corsets et les ceintures. Les vêtements qui tendent à restreindre la circulation dans les veines de surface constituent un danger pour la santé.

- Relevez les pieds toutes les fois qu'il est possible de le faire. Lorsque la situation le permet, renversez-vous dans votre fauteuil, enlevez vos chaussures et placez les pieds sur votre bureau. Le fait de relever les pieds entre trente et soixante centimètres au-dessus de la hauteur du cœur permet d'éliminer presque totalement la pression exercée sur les veines des jambes.

- Ne lisez pas lorsque vous allez à la salle de bains car, note le docteur Baron, la forme du siège de toilette exerce une pression excessive sur les veines abdominales qui, à leur tour, provoquent un étranglement des veines des jambes.

- Évitez de prendre des bains chauds, prenez plutôt une douche le matin et le soir, conseille le docteur May. Il suggère aussi de terminer la douche en s'aspergeant les jambes d'eau froide.

- Pour les femmes qui doivent rester debout pendant de longues périodes, il est conseillé de porter des bas de soutien élastiques pendant toute la durée de leur grossesse et de porter des bas culottes de soutien en temps normal.

Pour les personnes qui souffrent de varices sans complications, le port de bandages ou de bas élastiques bien ajustés permet de soulager leurs symptômes en facilitant la circulation du sang. Cependant, comme il est absolument nécessaire que les bas soient très bien ajustés, le docteur Baron nous avertit de leur principal inconvénient : ceux-ci tendent à s'étirer à l'usage et perdent leur fonction de soutien.

Si ce moyen n'offre pas le soulagement désiré, il existe un traitement, fort populaire en Angleterre, qui consiste à injecter dans les veines un produit chimique pour les boucher complètement. Cependant, ce traitement appelé sclérothérapie n'est presque plus utilisé par les spécialistes américains en raison de son taux d'échec très élevé, des taches brunes qu'il produit sur la peau et de ses effets secondaires sérieux.

Les experts dans le domaine s'entendent pour dire que l'ablation chirurgicale des veines touchées s'avère le meilleur traitement contre les varices importantes.

La méthode la plus couramment utilisée consiste à enlever les sections de veines touchées puis à les ligaturer. Après que celles-ci sont enlevées, les autres veines prennent la relève sans effet négatif sur la circulation normale.

Même si cette intervention est sûre et entraîne souvent des résultats positifs permanents, il n'en demeure pas moins que le traitement des varices est en un sens toujours un échec... un échec en matière de prévention.

# MARCHE

La marche a probablement été inventée pour convaincre le dernier bastion de réfractaires à l'exercice. Il n'existe pas d'exercice parfait, mais c'est la marche qui s'en rapproche le plus ; cela n'a rien de surprenant si l'on y songe un peu.

En effet, quelle autre forme d'exercice s'adapte mieux que la marche à autant de physiques différents et à autant de besoins sans qu'il soit nécessaire pour s'y adonner de débourser 200 dollars pour devenir membre d'un club ? Peu importe si vous possédez la forme d'un athlète ou celle d'un beignet à la gelée, la marche est un bon exercice et vous permet en plus de vous sentir bien dans votre peau. Certains médecins prescrivent même la marche pour régler les problèmes d'ordre émotif car selon eux, la marche permet de réduire la tension neuromusculaire beaucoup mieux qu'une dose normale de tranquillisant. Prenons l'exemple d'un de nos collègues qui avait un emploi extrêmement stressant de vendeur de publicité par téléphone, et qui devait pour cela se rendre quotidiennement à New York.

Lorsque j'habitais à Long Island, la Long Island Railroad décida de monter une campagne publicitaire pour inciter les

---

**Quoique la marche soit un exercice moins exténuant que la course, elle est malgré tout, un excellent moyen d'améliorer votre capacité aérobique et votre forme physique.**

navetteurs (les gens qui vivent en banlieue éloignée et qui doivent prendre le train pour se rendre à leur travail en ville) à se rendre à la gare en autobus plutôt que de prendre leur voiture. Leur principal slogan était : « Trop loin pour marcher, trop cher pour prendre sa voiture. » Pour ma part, j'étais d'accord que la voiture coûtait horriblement cher, mais je sentais que ne pas faire le trajet à pied me coûtait aussi trop cher au point de vue de ma santé physique et psychologique.

J'habitais à environ un kilomètre et demi de la gare. Pour moi, cette marche était comme une soupape de sûreté, une défense contre mon environnement de travail. Voyez-vous, je passais la journée assis à mon bureau, l'oreille rivée au téléphone, essayant de vendre de l'espace publicitaire à des gens qui ne voulaient rien savoir. Laissez-moi vous dire que ce genre de travail est pour le moins surmenant.

Ma marche du matin est devenue pour moi le stimulant qui a remplacé le café. Marchant d'un bon pas tout en admirant le lever du soleil, je pouvais sentir mon énergie physique et mentale renaître. Les matins frisquets, j'éprouvais une agréable sensation de chaleur lorsque j'arrivais à la gare, paletot ouvert ou replié sur le bras, tandis que les autres étaient tout emmitouflés dans leur manteau, claquant des dents et essayant de se réchauffer en buvant un mauvais café dans des verres en plastique. Lorsque je rentrais à la maison le soir, la marche me permettait d'éliminer la tension et les frustrations de ma journée dans Big Apple (surnom donné à la ville de New York).

Avant que je commence à faire ce trajet à pied, ce n'était pas drôle de vivre avec moi. Parlez-en à ma femme... Je ne dis pas que le fait de marcher m'a rendu doux comme un agneau, mais de cette façon, je peux au moins éliminer une partie de mon agressivité avant d'arriver à la maison. De plus, la marche me permet d'économiser quotidiennement le tarif d'autobus ou de métro, soit deux dollars. Je suis aussi devenu un bon client du cordonnier du quartier, mais les frais de réparation de mes chaussures sont, à mon avis, de l'argent bien dépensé quand je pense à ce que l'usure de mes semelles m'a permis d'éviter comme usure de mon esprit, sans compter l'usure de mon cœur.

J'ai tendance à faire de l'embonpoint ainsi que de l'hypertension. Si je ne fais pas attention à ce que je mange, je peux facilement ajouter cinq kilogrammes à mon tour de taille. Tant que je continuerai de marcher, je n'aurai pas à me soucier autant de mon régime alimentaire (bien entendu, je dois quand même faire attention) pour conserver un poids normal. Quant à mon problème de haute tension, eh bien, il y a dix ans, on m'a exempté du service militaire pour cette raison, mais lors de mon dernier examen médical, le médecin n'arrivait pas à croire que j'aie déjà souffert d'hypertension (ses paroles exactes ont été: «Voyons donc, vous n'avez jamais fait d'hypertension!»).

## Une activité soutenue

Rares sont ceux à qui les médecins interdisent de marcher. Certains n'ont peut-être pas une assez bonne santé pour faire de longs trajets ou pour marcher très rapidement, mais il est presque toujours possible de marcher, au moins un peu.

Même si la marche semble un exercice relativement facile si on la compare à la course ou au ski de fond, n'allez pas croire que ses effets aérobiques ou son potentiel de mise en forme soient nuls.

Selon les résultats d'une étude effectuée à l'institut de recherche médicale Heller de l'école de médecine de l'université de Tel Aviv, «il est possible d'améliorer sa forme physique de façon substantielle en marchant tous les jours, avec un sac à dos légèrement chargé, pendant trois semaines.» Selon les résultats de l'étude, ce sont les sujets qui possédaient la pire condition physique qui ont montré l'amélioration la plus rapide de leur forme physique. Alors, les sportifs de salon, qu'en dites-vous? Le programme préparé aux fins de l'étude comprenait une marche de trente minutes par jour, cinq jours par semaine, à une vitesse d'environ cinq kilomètres à l'heure. De plus, les sujets portaient sur le dos une charge de trois kilogrammes seulement.

Trois semaines plus tard, tous les participants avaient enregistré une amélioration moyenne de quinze pour cent de leur capacité aérobique et après la quatrième semaine, cette amélioration avait grimpé à dix-huit pour cent. Lorsqu'on doubla la charge transportée par les sujets au cours de la quatrième semaine, l'amélioration moyenne de leur capacité atteignit les trente pour cent.

Si un tel programme de marche vous intéresse, vous pouvez sans problème substituer le sac à dos par votre porte-documents ou un sac de magasinage et vous constaterez des progrès aussi rapides de votre forme physique.

En plus de l'amélioration de votre capacité aérobique, la marche peut aussi modifier à votre avantage, la chimie de votre organisme. Selon le docteur Dan Streja, un endocrinologiste de la Californie, « au point de vue du métabolisme, la marche est un aussi bon exercice que le jogging. Elle permet de modifier le taux de cholestérol et de diminuer le taux de sucre, d'insuline et de triglycérides. De plus, elle permet de perdre du poids et, à mon avis, de diminuer la pression sanguine. »

En collaboration avec le docteur David Mymin de l'université du Manitoba, le docteur Streja a publié les résultats d'une étude qu'ils ont conduite sur 32 hommes âgés de 35 à 68 ans qui souffraient tous de troubles cardiaques. L'étude consistait à leur faire suivre un programme de marche, augmentée progressivement jusqu'à un jogging lent pour ceux qui étaient en assez bonne condition. En fait, au début du programme de treize semaines, le rythme de marche était inférieur à six kilomètres et demi à l'heure, alors qu'à la fin, il était à peine supérieur au rythme initial. En d'autres termes, la vitesse moyenne de marche n'a été en aucun temps supérieure à l'allure d'une personne se rendant à un rendez-vous d'affaires ou encore au rythme de marche qu'on adopte lorsqu'il fait froid. Il y avait en moyenne trois séances par semaine et la distance parcourue se situait aux alentours de deux kilomètres et demi. Malgré ces modestes performances, les participants ont enregistré des résultats pour le moins impressionnants.

Un point encore plus important à souligner est probablement la modification survenue dans le taux de cholestérol des sujets. En effet, les deux chercheurs ont constaté un accroissement de la fraction du cholestérol connue sous le nom de lipoprotéines de haute densité (ou HDL), une substance qui aide à prévenir l'accumulation de cholestérol et de graisses sur les parois des artères. On sait que plus le taux de HDL est élevé, moins les risques de crise cardiaque sont grands. On savait déjà que la course sur longues distances et d'autres types d'activités extrêmement exigeantes provoquaient une augmentation du taux de HDL, mais c'était l'une des premières fois qu'on démontrait que la marche pouvait elle aussi avoir cet effet positif sur la santé.

Outre l'augmentation du taux de HDL, une diminution du taux d'insuline en circulation a été constatée chez les sujets. Pour la plupart d'entre nous, l'insuline n'est jamais considérée autrement que dans le contexte d'un problème de diabète, mais il n'en reste pas moins que chez bon nombre d'Américains, une trop grande quantité de cette hormone est en circulation dans l'organisme. (L'insuline est sécrétée par le pancréas et entre dans le processus de métabolisation du sucre.) Pour simplifier à l'extrême, disons qu'un taux d'insuline trop élevé constitue un risque de diabète et de trouble cardiaque. Perspective peu réjouissante, n'est-ce pas ? Pour en revenir à notre étude, le programme de marche a permis de diminuer de façon significative (vingt pour cent en moyenne) le taux d'insuline dans le sang. Ainsi, il semblerait que dans l'ensemble, les sujets de l'étude n'ont retiré pour leur cœur que des avantages de la marche (*Journal of the American Medical Association*, 16 novembre 1979).

## La marche rend les os plus robustes

Avez-vous déjà entendu parler de l'ostéoporose ? C'est le terme médical d'un état caractérisé par un affaiblissement des os, une affection généralisée chez les personnes âgées et surtout chez les femmes. Chaque année, quelque 350 000 fractures et une quantité non négligeable de maux de dos sont attribuables à l'ostéoporose. La cause ? Une déficience en calcium... et pas assez de marche. On peut arriver à contrer et même à renverser le processus en consommant un supplément d'environ 1 000 grammes de calcium par jour, mais il est possible d'arriver au même résultat par la marche. Lors d'une étude fort intéressante effectuée par le docteur K.H. Sidney et des collègues de l'université de Toronto, ceux-ci ont fait suivre à des personnes à la veille de prendre leur retraite, un programme de marche rapide d'une durée moyenne de quatre heures par semaine, pendant une année. Aucune perte de calcium n'a été enregistrée pendant la durée du programme, sauf chez les sujets qui participaient le moins souvent aux

**Un exercice aussi simple que la marche peut stopper une maladie chronique et progressive comme l'ostéoporose.**

séances. Ces résultats sont très impressionnants car ils démontrent qu'une activité aussi simple que la marche permet de stopper la progression d'une maladie chronique comme l'ostéoporose.

## Par où commencer

D'accord, devez-vous penser, la marche est un bon exercice pour l'esprit comme pour le corps, mais y a-t-il quelque chose de spécial à faire pour s'y adonner ? S'agit-il tout simplement d'en faire une habitude, de marcher une couple de pâtés de maison de temps à autre pour se mettre en forme et atteindre le bonheur ? En réponse à cette question, nous pouvons vous dire que vous avez besoin d'un programme structuré et de motivation ; autrement dit, une méthode qui permet d'intégrer la marche dans vos habitudes quotidiennes ou hebdomadaires. La marche peut vous faire énormément de bien, mais il faut pour cela, qu'elle fasse partie intégrante de votre vie.

Les « spécialistes de la marche » ne s'accordent pas tous sur le genre de programme qui permet d'atteindre un effet d'entraînement significatif. Par exemple, le docteur Simon J. Wikler, dans son livre intitulé *Walk, Don't Run* (Windward Publishing, 1980), déclare qu'il faut marcher 1,6 kilomètre en quinze minutes, quatre fois par semaine. « Certains préfèrent marcher après le souper, d'autres avant de se coucher, d'autres encore en se levant le matin, lorsque les rues sont désertes », déclare le docteur Wikler. « La période de la journée n'a aucune importance, ce qui compte c'est de marcher, en autant qu'on n'y aille pas au petit bonheur. »

Par contre, le docteur Fred A. Stutman écrit dans son livre, *The Doctor's Walking Book* (collaboration de Lillian Africano, Ballantine, 1980), que marcher 1,6 kilomètre en 15 minutes (à une vitesse de 6,5 kilomètres à l'heure) « exige trop d'efforts pour la plupart des gens et... n'est pas approprié à titre de programme pour la vie entière. » Celui-ci recommande plutôt de marcher pendant 45 à soixante minutes par jour, au moins trois fois par semaine. Selon le docteur Stutman, le rythme de la marche n'est pas aussi important que la régularité de l'exercice. « Peu importe la vitesse à laquelle vous marchez, l'important est de vous sentir confortable. » Un rythme de trois kilomètres à l'heure (lent) ou de cinq kilomètres (modéré) est tout à fait acceptable à son avis. De plus, il ajoute que vous n'êtes pas obligé de marcher pendant 45 minutes d'un seul trait. Par exemple, vous pouvez diviser votre séance quotidienne en trois sections de quinze minutes chacune. « Pour obtenir les meilleurs résultats au point de vue aérobique, essayez cependant de ne pas marcher moins de quinze minutes à la fois. »

Indépendamment de votre choix, vous devriez toutefois commencer lentement, surtout si au cours de l'année dernière votre seul exercice a consisté à vous lever pour changer la télé de poste. Même pour la marche, il s'agit d'abord de s'entraîner et non de s'épuiser, et si vous avez des doutes sur votre santé, consultez votre médecin pour savoir jusqu'à quel point vous pouvez faire de l'exercice.

Il serait bon que vous gardiez toujours à l'esprit les quelques conseils suivants, surtout au premier stade de votre programme de marche. Tout d'abord, n'y allez pas trop vivement après un gros repas, cela risquerait d'être exigeant pour votre cœur et votre système circulatoire. Évitez de sortir lorsque la température ne s'y prête pas, par exemple s'il fait trop froid ou trop chaud, ou encore si c'est trop humide ou trop venteux. Habillez-vous confortablement et enfilez des vêtements appropriés au temps qu'il fait. Enfin, portez des chaussures bien ajustées à talons plats.

---

## Marcher correctement

Contrairement à l'opinion populaire, ce n'est pas tous les gens qui arrivent à marcher correctement sans pratique au préalable. Pour en avoir la preuve, vous n'avez qu'à vous installer à un carrefour achalandé pendant un moment et à observer. Vous verrez les mille et une façons de marcher de façon incorrecte. Vous verrez certaines personnes se traîner les pieds, le cou rentré entre les épaules, ou d'autres encore, aller d'un pas de canard empoté, les pieds pointés vers l'extérieur. Bien des gens donnent l'impression de ne pas trouver grand plaisir à marcher, car dans la plupart des cas, leurs mauvaises habitudes de marche les empêchent d'en retirer les avantages.

La posture est sans doute l'un des plus importants aspects d'une bonne technique de marche. En effet, pour de nombreuses personnes qui se tiennent mal depuis des années, ce n'est pas chose facile que d'adopter une bonne position de la colonne et du tronc; il leur faut une longue pratique avant que cette nouvelle posture devienne pour eux quelque chose de « naturel ».

Dans son livre *Walk, Don't Run*, le docteur Wikler recommande de garder « la tête haute, le menton parallèle au sol, les épaules bien carrées, l'abdomen légèrement rentré tout en redressant le bas du dos et enfin les pieds pointés droit devant soi. »

Marcher correctement réduit la tension exercée sur les muscles du cou et du dos tout en aiguisant votre conscience des choses qui se passent autour de vous. De plus, cette attitude améliore l'image que vous présentez à ceux qui vous croisent. En effet, quoi de moins attrayant qu'une personne qui se promène la tête entre les deux jambes?

Un bon mouvement des pieds exige que ceux-ci pointent droit devant vous et que le talon touche d'abord le sol. Contrairement à la course, où les pieds suivent la même ligne imaginaire sur le sol, lorsque vous marchez, vos pieds suivent deux lignes parallèles. C'est d'ailleurs ce mouvement parallèle qui vous permet de couvrir une plus grande distance tout en vous fatiguant moins. Le mouvement correct du pied peut se décomposer comme suit : l'avant du talon touche le sol en premier, puis le pied fait, vers l'avant, un mouvement de bascule qui se termine par une poussée des orteils. Ce mouvement uniforme permet de distribuer la pression sur toute la surface du pied au lieu de la concentrer sur une seule partie, comme c'est le cas lorsque le pas est saccadé. Au moment où le talon du pied avant touche le sol, le pied arrière doit exercer une poussée entre le premier et le second orteil.

Un autre point important dont il faut se rappeler lorsqu'on marche, est de garder ses muscles détendus. Si vous les tendez sans nécessité, vous ne ferez que vous fatiguer plus rapidement tout en augmentant vos chances de blessure. En effet, si vous êtes tendu, vos muscles ne peuvent s'étirer comme ils le devraient; cette situation exerce une pression sur le tissu conjonctif qui entoure le muscle et augmente les risques de déchirement musculaire.

En ce qui concerne l'achat de chaussures de marche, vous devrez probablement sacrifier la mode au profit du confort. En effet, la pire torture que vous pourriez infliger à vos pieds serait de vous procurer d'élégantes chaussures mal ajustées. Vous risqueriez alors de causer à vos pieds et à votre corps de graves dommages et peut-être même un tort irréparable.

De nombreux marcheurs portent des souliers de course car, de l'avis unanime, ceux-ci sont probablement la meilleure chaussure au point de vue confort et protection. Comme ils sont conçus pour protéger les pieds contre les forces exercées au cours de la course, ces souliers protègent tout aussi bien les pieds des marcheurs.

Quel que soit votre choix en matière de chaussures, n'oubliez surtout pas de choisir une pointure adaptée à vos pieds ! Malheureusement, la mode actuelle pousse les gens à se procurer des chaussures trop petites. Il semblerait en effet que depuis un siècle environ, les grands pieds soient devenus tout à fait disgracieux dans l'esprit des gens. C'est pourquoi on voit de nos jours, des millions de gens qui chaussent des souliers beaucoup trop petits, sans se préoccuper de leurs pauvres orteils tout écrasés.

Il arrive aussi très souvent qu'une personne s'aperçoive qu'elle a un pied plus large que l'autre. Dans ce cas, la solution est simple : achetez des souliers qui s'ajustent au pied le plus large et réglez le problème de l'autre pied en insérant un petit coussinet dans la chaussure ou en portant un bas plus épais. Il est beaucoup plus facile d'ajuster un pied dans une chaussure légèrement plus grande que de tenter de chausser un soulier trop petit.

Lorsque vous achetez vos souliers, assurez-vous que vos orteils sont à l'aise ; il devrait y avoir un espace d'au moins six millimètres entre le bout de la chaussure et votre gros orteil. Le meilleur moyen de s'assurer que la chaussure est assez grande, est de remuer les orteils tout en tâtant des doigts le bout de la chaussure. Vous avez intérêt à laisser à vos orteils assez d'espace pour remuer si vous ne voulez pas revenir à la maison sur les genoux, en raison des cloques qui se seront formées sous les orteils.

Vous voilà donc fin prêt à vous lancer sur la voie la plus simple de la forme physique jamais inventée. Allez ! Chaussez-vous et amusez-vous bien.

# HYDROTHÉRAPIE

De toutes les branches de la physiothérapie, l'hydrothérapie (ou thérapie par l'eau) est probablement la plus profitable. L'eau est présente en abondance sur toute la surface du globe et il est presque toujours possible de s'en procurer pour s'en servir à des fins thérapeutiques. De plus, c'est l'une des substances les plus économiques qui soient. L'eau ne provoque aucune irritation lorsqu'on la consomme et on peut s'en servir sans restriction sur la peau. Ses seules limitations ont trait à la température que chaque personne peut tolérer.

L'application de la chaleur sur la peau (avec de l'eau chaude) produit une dilatation locale (expansion) des vaisseaux sanguins qui accélère la circulation. Une application locale de chaleur augmente aussi la pression à l'intérieur des capillaires, ce qui accroît le débit du système lymphatique. Enfin, une application locale de chaleur augmente la transpiration ; si cette application se prolonge, la transpiration peut devenir généralisée. Cependant, le soulagement de la douleur est probablement l'un des effets les plus spectaculaires de toutes les formes de thermothérapie.

Si on applique pendant un court moment de l'eau froide sur la peau, celle-ci rougit sous l'effet d'une augmentation de la

---

**Un bain chaud suivi d'une vigoureuse application d'eau froide, une douche par exemple, permet de refaire le plein d'énergie. Le cerveau devient alors plus alerte.**

---

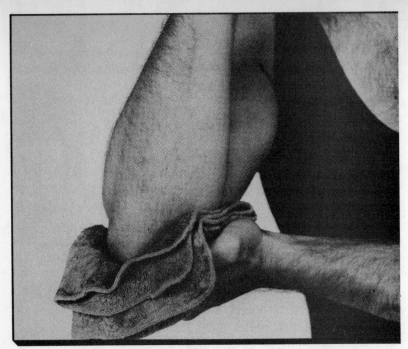

*Une compresse d'eau chaude produit un effet apaisant.*

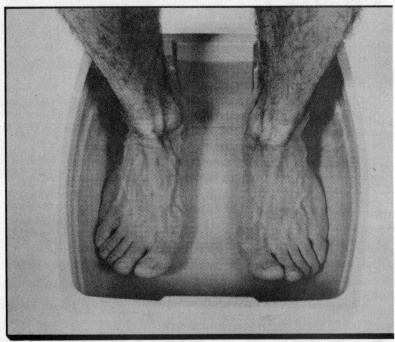

*Pour soulager la fatigue de vos pieds, trempez-les dans un bassin d'eau chaude.*

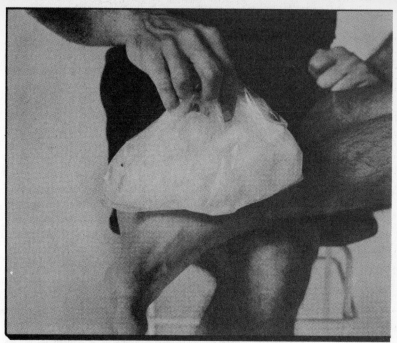

*Pour une cheville endolorie, un traitement au moyen d'un sac de glace.*

circulation sanguine. Cet effet est encore plus marqué lorsqu'on accompagne l'application d'eau froide d'une friction de la peau. En effet, la friction stimule les nerfs qui parcourent les vaisseaux sanguins et provoque une espèce de « gymnastique vasculaire ». En d'autres termes, le travail de pompage, c'est-à-dire de dilatation et de contraction des vaisseaux sanguins, se fait de façon plus vigoureuse, ce qui provoque une augmentation de l'apport d'oxygène dans les tissus qui forment la peau.

La plupart des gens prennent un bain chaud pour soulager la fatigue de leurs muscles. La détente qu'il procure, favorise un repos et un sommeil normal. Par contre, un bain chaud, suivi d'une douche froide ou d'une vigoureuse friction avec un gant de toilette trempé d'eau froide, permet de refaire le plein d'énergie. Le cerveau devient plus alerte, les extrémités plus chaudes et votre capacité de travail est augmentée, le tout sans subir les effets désastreux de stimulants tels que la caféine.

On doit se rappeler que les traitements dont nous venons de parler touchent le corps tout entier, y compris le système nerveux, le foie et les muscles. Ceux-ci facilitent la reconversion de l'acide lactique des muscles fatigués en sources utiles d'énergie et augmentent l'apport d'oxygène aux muscles afin de leur permettre de recommencer à travailler de façon efficace. De plus, ils améliorent les fonctions de digestion et augmentent la sensibilité de la peau.

Aux âges extrêmes de la vie, nos réactions à ces traitements sont plutôt limitées. Par exemple, ni les bébés, ni les personnes âgées ne supportent très bien un traitement par le froid. Certaines maladies produisent aussi une extrême sensibilité au froid. Ainsi, des conditions telles que l'anémie, l'émaciation et certains troubles nerveux exigent une modification des traitements qui font appel au contraste chaleur/froid. Pour ces cas, il serait préférable d'atteindre l'effet de stimulation désiré en n'appliquant que de la chaleur, soit celle du soleil, soit celle produite par un coussin électrique. Dans les cas d'épuisement extrême, il est absolument déconseillé d'appliquer un traitement par le froid, vu que les pouvoirs de réaction de l'organisme ont été sollicités jusqu'à leurs dernières limites.

## Techniques thérapeutiques

**Fomentations.** Les fomentations sont des applications externes de chaleur humide à l'aide de compresses. Les compresses sont généralement faites de cinquante pour cent de laine pour retenir la chaleur et de cinquante pour cent de coton pour retenir l'humidité et assurer une meilleure durabilité. Dans la plupart des traitements, un chaudron de cuisine normal permet de faire bouillir assez d'eau pour les besoins du traitement. De plus, il faudrait avoir au moins quatre compresses et quelques serviettes éponge. On complète l'équipement avec un récipient d'eau glacée et un bassin pour les pieds.

Faites d'abord bouillir l'eau. Pliez ensuite une des compresses en trois dans le sens de la longueur. Plongez-la ensuite dans l'eau bouillante en la tenant par les extrémités puis tordez-la pour enlever le surplus d'eau. Dépliez-la et placez-la ensuite rapidement à plat sur une serviette sèche, pliez-les deux fois en diagonale et roulez-les pour conserver la chaleur. Installez-vous et dépliez les serviettes à côté de vous, puis couvrez la région à traiter avec une serviette sèche. Placez la compresse dessus et couvrez le tout d'une seconde serviette.

*1. Pliez une serviette en trois pour en faire une compresse. 2. Trempez-la dans l'eau bouillante.*

Si la compresse est très chaude, frottez la peau au-dessous jusqu'à ce que la chaleur soit tolérable. La serviette placée sous la compresse sert à prévenir les brûlures et à absorber l'humidité qui s'échappe de la compresse. La compresse devrait être laissée en place entre trois et cinq minutes et en général, le meilleur traitement comprend trois de ces applications. Après l'application de la dernière compresse, refroidissez la partie traitée à l'aide d'une serviette d'eau froide, puis asséchez complètement la peau. Lorsque vous changez de compresse, faites-le rapidement et n'exposez jamais à l'air ambiant la région en cours de traitement. Pendant le traitement, il est généralement préférable d'appliquer une serviette d'eau fraîche sur le front ou dans le cou du patient.

Les compresses constituent un très bon moyen de soulager la congestion en cas de rhume de poitrine, de toux, de bronchite ou de grippe. Elles peuvent aussi soulager les douleurs névralgiques, l'arthrite et certaines autres inflammations. En outre, des compresses d'eau chaude et d'eau froide appliquées en alternance peuvent aussi avoir un effet stimulant ou calmant en cas de trouble nerveux. Pour obtenir un effet calmant, appliquez les compresses sur la colonne ; elles doivent être chaudes mais non bouillantes et laissées en place assez longtemps. L'élimination de la douleur est accélérée par la transpiration si les compresses

**3.** *Tordez la compresse.*

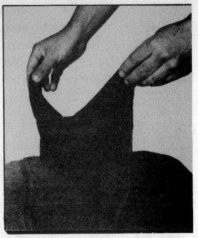

**4.** *Placez la compresse dans une serviette sèche.*

**5.** *Pliez les deux serviettes de cette façon.*

sont appliquées convenablement. Faites attention de ne pas brûler le patient, surtout si celui-ci souffre de paralysie, d'athérosclérose, de diabète ou d'œdème, s'il est sous anesthésie ou encore s'il a subi dernièrement une intervention chirurgicale. Accordez une attention toute spéciale à la protection des régions osseuses (les articulations) en relevant fréquemment les compresses pour laisser s'échapper la vapeur chaude ou en les protégeant à l'aide d'une serviette additionnelle.

**Bains de pieds chauds.** Comme on peut s'y attendre, les bains de pieds consistent à plonger les pieds et les chevilles dans de l'eau chauffée à une température d'environ 37,7 à 46° C. Cette forme de thérapie permet d'accroître localement le débit sanguin, et indirectement sur toute la surface de la peau à partir des pieds. Le bain de pieds favorise en outre la décongestion des organes de la région du bassin ainsi que celle de la tête. C'est pourquoi on se sert souvent de ce traitement pour soulager la congestion dans la tête et la poitrine, de même que les maux de tête. Lorsqu'on l'utilise en conjonction avec des compresses de glace sur la figure, on arrive même à traiter les saignements de nez.

Un bain de pieds prolongé provoque la transpiration, ce qui peut aider à prévenir ou à guérir un rhume. De plus, ce traitement des plus simples produit un effet de détente et de confort, sans compter le soulagement des inflammations localisées sur les pieds.

Un bassin en métal ou en plastique assez large et profond pour loger confortablement les pieds et les chevilles fera l'affaire. À défaut d'autre contenant, vous pouvez même utiliser un récipient de vingt-cinq litres ou une corbeille à papier en plastique. Si vous ne possédez pas de thermomètre, vérifiez la température de l'eau avec votre coude. Tenez-vous loin des objets qui pourraient être endommagés par un éclaboussement d'eau. Si vous faites tremper vos pieds pendant une longue période, vous devriez appliquer une compresse d'eau froide sur votre tête afin d'augmenter les effets secondaires du bain et d'éviter l'apparition d'un mal de tête.

Après avoir vérifié la température de l'eau, plongez lentement les pieds dans le bain en faisant attention de ne pas vous brûler. Si vous souffrez d'un trouble vasculaire des extrémités ou d'une maladie qui limite les perceptions sensorielles (comme le diabète), ce genre de traitement est déconseillé. On peut aussi traiter les engelures au moyen d'un bain de pieds tiède, sans aucune application d'eau chaude cependant. Sauf si vous souffrez d'un trouble vasculaire, vous pouvez commencer avec de l'eau chauffée à environ 39,5° C. On peut ensuite ajouter de l'eau chaude de temps à autre jusqu'à ce qu'on ait atteint son seuil de tolérance. On peut faire durer la séance entre dix et quinze minutes, sans oublier toutefois de changer fréquemment la compresse d'eau froide sur son front. À la fin de la séance, sortez les pieds de l'eau, versez de l'eau froide dessus et asséchez-les complètement.

# Une bonne friction

**Friction au gant de toilette.** L'un des meilleurs traitements hydrothérapeutiques pour stimuler la circulation sanguine à la surface de la peau, est la friction à l'eau froide avec un gant de toilette. L'accroissement de la circulation procure un effet bienfaisant sur le corps tout entier. De plus, son effet tonique est de loin meilleur que celui du gin « tonic ». Ce traitement sert aussi à fermer les pores et à fortifier la peau après une séance de fomentation. De plus, il permet d'augmenter le tonus musculaire et nerveux ainsi que la sensibilité de la peau. La friction fait augmenter la chaleur de la peau et l'oxydation des tissus. Les réflexes qu'elle engendre à l'intérieur des organes stimulent les activités glandulaires, musculaires et métaboliques. La production d'anticorps se trouve aussi augmentée, ce qui permet de mieux combattre les infections et la fièvre. Parmi ses autres effets, on peut aussi signaler que les frictions assurent une meilleure résistance générale de l'organisme et soulagent les personnes qui souffrent de rhumes fréquents. C'est aussi un traitement inestimable pour ceux qui manquent d'énergie, surtout s'ils essaient de couper leur consommation de café et de cigarettes.

On peut se servir d'une simple débarbouillette pour administrer ce traitement, mais celui-ci sera plus efficace si on emploie plutôt un gant en tissu éponge. Pour le traitement proprement dit, on commence par tremper le gant dans de l'eau glacée, puis on le tord légèrement et on frictionne la peau dans un mouvement de va-et-vient à deux ou trois reprises. On commence par les membres supérieurs en frictionnant d'abord les doigts et en remontant jusqu'à l'épaule. N'oubliez pas d'assécher et de couvrir le bras qui vient d'être frictionné avant de passer à l'autre bras. On applique ensuite le même traitement de façon vigoureuse sur le torse et l'abdomen, puis on passe aux jambes et enfin au dos. On doit frictionner aussi fort qu'on peut le supporter et assez longtemps pour que la peau prenne une

---

**Une friction à l'eau froide avec un gant de toilette stimule la circulation tout en accroissant le tonus musculaire et la sensibilité de la peau.**

---

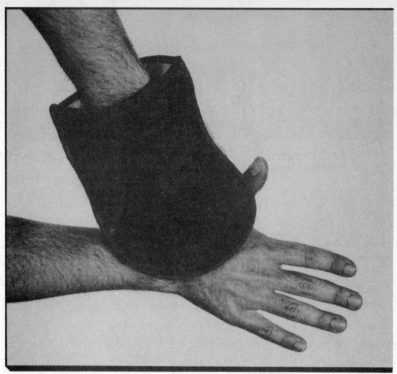

*Une friction avec un gant constitue un bon stimulant.*

teinte rosée. Il est tellement facile de s'administrer ce traitement que plusieurs profitent de leur douche matinale pour s'en servir comme remontant.

**Bains de siège.** Le bain de siège est l'une des hydrothérapies les plus anciennes qui soient. De nombreux problèmes au niveau de l'abdomen et du bassin ont été traités de cette manière par le médecin autrichien Vincenz Priessnitz, qui se servait de l'eau à profusion comme substance curative.

Le bain de siège moderne est fabriqué en métal ou en porcelaine et permet au patient de s'y asseoir confortablement pendant que ses pieds trempent dans leur propre bain. À la maison, on peut aussi se servir d'une bassine en plastique ou d'un récipient équivalent. Il faut cependant le soulever un peu avec des coins de bois et s'assurer de sa solidité. On peut aussi accompagner son bain de siège d'un bain de pieds dans un récipient semblable. Si vous ne pouvez vous servir que de votre baignoire, il s'agit de relever les genoux de manière que seuls les

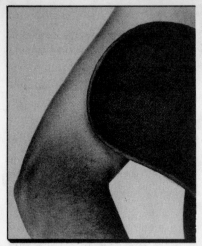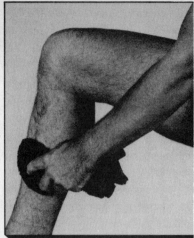

*Frictionnez-vous la jambe en remontant lentement si vous le faites vous-mêmes. Une simple serviette trempée dans l'eau glacée peut aussi faire l'affaire.*

pieds et le bassin trempent dans l'eau. Une autre variante consiste à ne prendre qu'un demi-bain chaud dans la baignoire en ne la remplissant qu'au niveau du nombril.

On peut varier la température de l'eau selon l'effet que l'on désire. Les bains de siège froid (entre 13 et 24° C) constituent un traitement efficace de la constipation et des inflammations pelviennes chroniques. Par contre, les bains chauds (entre 40,5 et 43,5° C) servent à traiter les douleurs au bassin durant les menstruations et en cas d'inflammation pelvienne aiguë. On s'en sert aussi pour traiter les gens qui éprouvent des problèmes à uriner. Les bains de siège chauds et froids pris en alternance apportent, quant à eux, un soulagement inestimable aux gens qui souffrent d'un problème d'hémorroïdes ou de prostate, de même qu'à ceux qui viennent de subir une intervention au périnée ou au rectum.

Pour vous protéger du contact avec le bassin, placez une serviette derrière votre dos et sous vos genoux. Vous devriez aussi couvrir les parties exposées à l'air avec une couverture et garder le niveau de l'eau à la hauteur de l'abdomen. La température de l'eau du bain de pieds devrait être plus chaude de plusieurs degrés que celle du bain de siège. Vous pouvez vous frictionner pour vous réchauffer ou pour augmenter les effets du bain lorsque vous prenez un bain de siège froid. Si vous prenez un bain chaud, vous devriez terminer la séance en refroidissant l'eau jusqu'à une température neutre ou en vous aspergeant les hanches et les cuisses d'eau froide, puis en les frictionnant avec de l'alcool chaud. De plus, il serait préférable d'appliquer des compresses d'eau froide sur le front et le cou lorsque vous prenez un bain chaud ; soyez attentif aux signes annonciateurs d'un évanouissement.

Enfin, une période de repos de vingt à trente minutes est conseillée après un traitement, chaud ou froid.

## D'abord chaud, froid ensuite

**Bains alternés.** Comme son nom l'indique, les bains alternés consistent à utiliser en alternance de l'eau chaude et de l'eau froide sur une partie du corps. La dilatation suivie de la constriction des vaisseaux sanguins qui en résulte, améliorent la circulation ainsi que l'élimination des déchets musculaires de la région traitée. La stimulation de la circulation permet un meilleur apport de l'oxygène et des éléments nutritifs nécessaires pour assurer le fonctionnement des processus naturels de guérison ; elle augmente aussi l'apport en globules blancs, qui assurent la défense de l'organisme contre l'infection.

Pour ce genre de bain, on se sert de deux récipients assez profonds pour y tremper le membre au complet. Un récipient en plastique ou en métal de dimensions suffisantes ou même un évier double feront l'affaire. Vous devriez en outre, vous procurer un thermomètre car il est très important de conserver le bain d'eau chaude à la température appropriée.

Submergez d'abord les membres que vous désirez traiter dans le bain chaud (entre 40,5 et 43,5° C) pendant trois à quatre minutes, puis plongez-les dans le bain d'eau glacée (eau froide du robinet ou additionnée de glaçons) entre trente et soixante secondes. N'oubliez pas de toujours commencer par un bain chaud et de terminer par un bain froid, en changeant de bain de trois à six fois pendant la séance. Après en avoir terminé, asséchez les membres avec soin et gardez-les au chaud.

**Les bains alternés stimulent la circulation et soulagent l'arthrite.**

On utilise la méthode des bains alternés pour soulager plusieurs maux. Par exemple, ils aident à améliorer la mauvaise circulation causée par les troubles vasculaires, quoique dans ce cas, il ne faille pas garder la température de l'eau à plus de 40,5° C. De plus, il ne faudrait pas rester dans l'eau froide pendant plus de trente secondes et la séance devrait se terminer dans l'eau chaude ou à température neutre. Les bains alternés sont aussi un très bon traitement contre l'arthrite. On trempe d'abord les membres dans l'eau chaude (environ 43,5° C) pendant quatre minutes, puis on les plonge dans de l'eau fraîche du robinet pendant une minute. Après avoir alterné les bains cinq ou six fois, terminez la séance par un bain chaud. Ce traitement devrait être répété au moins deux fois dans la journée.

## Glace sur une blessure

**Compresses de glace.** C'est M. Priessnitz d'Autriche qui a le premier préconisé l'utilisation de compresses d'eau froide par suite d'une blessure. De nos jours, on s'en sert non seulement pour stopper l'enflure dans les cas de blessure mineure, mais aussi comme anesthésique. Dans certaines situations, l'application du froid peut s'avérer aussi importante que l'application subséquente de chaleur.

Dans le cas d'une entorse à la cheville, il faudrait appliquer de la glace ou même de l'eau froide le plus rapidement possible. Combinée à l'élévation du membre blessé, l'application de froid permet d'empêcher l'enflure et de diminuer la grosseur des « bleus » résultant de l'endommagement des vaisseaux sanguins. Ainsi, le froid provoque la contraction des vaisseaux sanguins et empêche le sang de se répandre dans les tissus blessés. De plus, en gardant l'articulation blessée en position élevée et entourée d'un bandage élastique, le processus de guérison est entamé plus rapidement.

Il faudrait enlever régulièrement la glace ou l'eau froide appliquée sur la région traitée, afin d'éviter de perturber la capacité de réaction de l'organisme aux changements de température.

On peut aussi administrer un traitement par le froid à une entorse de la cheville en l'immergeant dans l'eau glacée pendant trente minutes, toutes les deux heures et continuer le traitement pendant au moins huit heures. Au cas où il serait difficile de plonger la cheville dans l'eau, on peut aussi employer un sac rempli de cubes de glace.

**Baignoire.** Un bain conventionnel dans une baignoire chauffée entre 34,5 et 36,5° C procure un effet calmant incomparable. Très efficace dans le traitement de l'épuisement du système nerveux central, de l'insomnie et de l'irritabilité, le bain constitue l'un des meilleurs tranquillisants offerts par la nature ainsi qu'un somnifère des plus efficaces. Pour ce traitement, il faut remplir la baignoire pour avoir de l'eau jusqu'au cou, l'atmosphère doit être calme et la lumière diffuse. De plus, on doit s'appuyer la tête sur un coussin formé d'une serviette pliée. On peut aussi recouvrir la baignoire d'une couverture afin de préserver son intimité et la température de l'eau. La séance terminée, il faut se sécher complètement en s'épongeant en douceur. Enfin, il est conseillé de faire suivre chaque séance d'une période de repos de trente minutes.

# HALTÉROPHILIE

Nombreux sont ceux qui voient les haltérophiles comme des armoires à glace amoureux de leur physique ou comme des titans capables de soulever des charges qui donneraient des sueurs froides à King Kong. Si c'est là l'image que vous avez des poids et haltères, il serait peut-être bon que vous la changiez. L'haltérophilie n'est pas uniquement réservée aux phénomènes de foire ou aux surhommes, bien au contraire ! Tout le monde peut la pratiquer, enfin tous ceux qui veulent se mettre en forme ou l'améliorer.

Les exercices aérobiques, comme la course, peuvent bien sûr vous faire acquérir de l'endurance après une certaine période d'entraînement. Grâce à ces exercices, vous aurez plus d'énergie à consacrer à votre travail et vos loisirs car votre organisme aura appris à supporter un plus haut niveau d'activité sur une période prolongée. Par contre, l'haltérophilie possède l'avantage de permettre à votre corps de fournir une plus grande intensité sur de courtes périodes. Cela signifie que ces exercices de musculation vous permettront de mieux faire face aux moments d'intense activité dont se compose la vie de tous les jours. Par ailleurs, l'haltérophilie n'est pas une forme d'exercice uniquement réservée aux hommes.

**Les femmes qui font de l'haltérophilie ne développent pas de gros muscles, mais elles améliorent grandement leur silhouette. Les muscles flasques sont raffermis et les surplus de graisse sont éliminés.**

En effet, les femmes ne devraient pas ignorer la perspective d'un programme de musculation parce qu'elles craignent de devenir la contrepartie féminine d'Arnold Schwarzenegger. Il n'existe pratiquement aucun danger pour que cela se produise car l'équilibre normal des hormones femelles prévient le développement démesuré des muscles chez la femme. Pour le prouver, le physiologue Jack Wilmore de l'université de l'Arizona a effectué une étude au cours de laquelle il a fait suivre à des jeunes femmes un programme de musculation pendant dix semaines. Le programme consistait en deux séances de quarante minutes par semaine pendant lesquelles les participantes faisaient des exercices de base. À la fin de l'étude, toutes les participantes avaient enregistré un gain de force musculaire variant entre dix et trente pour cent. De plus, une réduction du tour de hanche et une légère augmentation du buste ont été notées. Par contre, aucun changement de poids ou de la grosseur des muscles des bras n'a été constaté.

Autrement dit, aucune des participantes ne s'est retrouvée avec des muscles de champion olympique, mais toutes ont amélioré leur silhouette. Les exercices ont permis de raffermir les muscles flasques et de faire fondre les surplus de graisse.

Peut-être n'êtes-vous pas intéressée à embellir votre silhouette, mais si la perspective de sortir les sacs d'épicerie de la voiture sans effort vous intéresse, les exercices de musculation pourraient peut-être vous aider. En effet, non seulement ceux-ci vous permettront-ils d'acquérir la force nécessaire pour empoigner sans effort ces sacs remplis de boîtes de conserve, mais ils réduiront par la même occasion les risques de blessure lorsque vous devez soulever ces fameux sacs.

Clyde Emrich, recordman olympique en haltérophilie et entraîneur du programme de musculation chez les Bears de Chicago de la National Football League, croit que l'acquisition d'une bonne robustesse musculaire réduit les risques de blessures et facilite le processus de réhabilitation en cas de blessure. « Le principe général sur lequel se fondent les exercices de musculation est le suivant : un muscle robuste est plus facilement contrôlable qu'un muscle faible », déclare-t-il.

Selon Rachel McLish, une haltérophile qui a déjà porté le titre de Miss Olympia, les femmes ont tout particulièrement avantage à faire des poids et haltères pour acquérir une meilleure résistance musculaire. « Les femmes sont soumises à un conditionnement social qui les empêche de développer la résistance dans les bras et le haut du corps, ce qui les défavorise par rapport aux hommes. Le problème, c'est qu'il est socialement acceptable que les hommes fassent de l'haltérophilie pour développer leurs muscles, tandis que c'est plutôt mal vu dans le cas des femmes. Quoique la femme ne peut développer des muscles aussi gros que ceux des hommes ou même acquérir une force aussi grande, il n'en demeure pas moins que l'haltérophilie peut grandement améliorer leur robustesse musculaire. »

## Ne brûlez pas les étapes

Si vous décidez d'entreprendre un programme de musculation, il faut commencer avec des charges légères sinon vous risqueriez sérieusement de vous blesser. L'objectif principal de n'importe quel programme de conditionnement physique est justement d'acquérir une meilleure résistance contre les blessures. Aussi, il ne sert à rien de soulever dans les premières semaines des charges trop lourdes et de vous imaginer ainsi que vous faites des progrès spectaculaires alors qu'en réalité, vous augmentez dangereusement les chances de vous infliger une blessure désastreuse, qui vous obligera à arrêter votre programme pendant plusieurs semaines.

Il faut donc commencer avec des charges légères que vous pouvez soulever sans peine et ajouter graduellement du poids afin d'augmenter votre résistance musculaire. C'est ce que les experts appellent des exercices à résistance progressive.

Le premier haltérophile à utiliser la technique de résistance progressive s'appelait Milon de Crotone, un athlète grec qui vivait au sixième siècle avant notre ère. Selon la légende, Milon s'entraînait en soulevant tous les jours un veau en pleine croissance. Ainsi, ses muscles devenaient de plus en plus résistants à mesure que le veau grandissait, jusqu'au jour où Milon fut capable de soulever sur ses épaules le veau devenu un bœuf adulte.

Ce que Milon ne savait probablement pas, c'est qu'il avait utilisé le principe de la surcharge. « Lorsque le muscle s'habitue à une certaine charge, la progression de sa résistance est freinée », écrit John Jerome dans *The Runner* (mars 1981). « Il faut donc augmenter continuellement la charge. Pour que les muscles continuent de se développer, il faut appliquer le principe de la résistance progressive, qui est représenté (dans le cas de Milon) par la croissance du veau. Aujourd'hui, des appareils plus perfectionnés comme les haltères sont utilisés. »

## Un programme aérobique de musculation

Si Milon avait couru autour d'une grange avec le veau sur les épaules, il aurait pu revendiquer l'honneur d'avoir inventé une nouvelle forme de musculation : la musculation aérobique.

Cette nouvelle technique permet de retirer les meilleurs effets des deux formes d'exercices, soit l'endurance et la force musculaire. Cette technique combine l'activité soutenue avec des périodes plus courtes d'exercices de développement de la résistance musculaire. En fait, c'est un programme qui consiste en des séances de vingt à trente minutes d'efforts presque constants entrecoupés de brefs répits.

Un programme standard de musculation prévoit des périodes de repos entre les exercices. Prenons l'exemple d'une séance où l'on doit faire six exercices différents. Lorsqu'un exercice est terminé, on prend quelques minutes de repos pour prendre son souffle avant de passer à l'exercice suivant. Cependant, cette période de repos tend à ralentir le développement de la résistance aérobique, c'est-à-dire la résistance cardio-vasculaire. En effet, afin d'accroître la capacité du cœur et des poumons de fournir l'oxygène nécessaire à l'organisme, il faut les faire travailler pendant une certaine période sans s'arrêter pour reprendre son souffle.

Ainsi, afin de développer votre capacité aérobique, vous devriez en principe ne pas faire de pause entre les exercices, mais comme il est probablement impossible d'enchaîner les exercices sans s'arrêter, il est conseillé de ne prendre au maximum que quinze secondes de repos entre chacun.

Les docteurs Larry L. Gettman, directeur de l'institut de recherche aérobique de Dallas et Michael L. Pollock, directeur du service d'étude des maladies cardio-vasculaires à l'école de médecine de l'université du Wisconsin, déclarent dans un article publié dans la revue *The Physician and Sportsmedicine* que le programme de musculation aérobique a trois usages principaux. D'abord, ce programme peut servir à ceux qui veulent se mettre en forme mais qui, pour une raison quelconque, ne veulent pas faire de course, de bicyclette ou de natation. « Ces exercices sont parfaits au départ lorsqu'on désire s'exercer avec un minimum d'intensité et de tension musculo-osseuse aux premiers stades du programme. »

En second lieu, on peut aussi s'en servir pour diminuer son volume de graisse tout en augmentant son volume musculaire. Il n'en résultera pas nécessairement une perte de poids, car l'élimination des tissus adipeux est compensée par une augmentation de la masse musculaire. « Il est possible de s'en servir comme programme de contrôle de son poids. Toutefois, la perte de poids n'est généralement pas aussi apparente que celle obtenue lorsqu'on suit un véritable programme d'exercices aérobiques, parce que l'augmentation de la masse musculaire compense la perte de graisse. »

Enfin, le programme de musculation aérobique peut aussi aider les athlètes qui sont victimes d'une blessure à conserver leur forme. Par exemple, si vous êtes coureur et que vous vous blessez une jambe, la guérison risque d'être longue si vous continuez à vous entraîner de façon conventionnelle. Par contre, un programme de musculation aérobique vous permet de continuer à faire travailler votre cœur et vos poumons, tout en évitant de forcer votre jambe blessée.

Selon les docteurs Pollock et Gettman, « les coureurs et autres personnes qui pratiquent une activité où la course entre en jeu, mais qui souffrent d'une blessure à la jambe devraient suivre un programme de musculation aérobique afin de conserver leurs capacités cardio-vasculaires pendant la convalescence. L'aptitude d'un programme de musculation aérobique de maintenir la capacité cardio-vasculaire est probablement due au fait qu'une fois la forme physique atteinte, il faut moins d'effort pour la conserver. Deux études effectuées sur des sujets qui avaient réduit de moitié la distance qu'ils couraient normalement, ont démontré qu'ils avaient conservé malgré tout leur endurance cardio-vasculaire, pendant cinq à quinze semaines. »

On peut donc constater qu'il est possible d'adapter un programme de musculation aérobique à de nombreux besoins. Il suffit de se rappeler qu'il faut commencer avec des charges légères, peu importe l'objectif qu'on s'est fixé. Par ailleurs, ce programme est assez souple pour que vous puissiez décider en cours de route de délaisser son aspect aérobique pour vous consacrer uniquement à l'augmentation de votre résistance musculaire. Si vous décidez de le conserver pour ses avantages aérobiques, vous devrez alors mettre l'accent sur un plus grand nombre de répétitions avec des charges légères.

D'un autre côté, si vous décidez de mettre l'accent sur le développement de la force musculaire, vous devrez soulever de plus lourdes charges en faisant un moins grand nombre de répétitions. Comme les charges plus lourdes exercent un effort maximum sur les muscles, il en résulte un gain plus considérable de leur résistance, mais pas nécessairement un gain d'endurance. Autrement dit, vos muscles pourront soulever une charge plus lourde, mais seulement sur de courtes périodes.

## Étirez-vous avant de commencer

Avant de toucher à vos haltères, il serait bon que vous pensiez à faire des exercices d'étirement. Ces exercices sont en fait des mouvements lents, conçus pour détendre les muscles et ainsi réduire les risques de blessures. Auparavant, les athlètes faisaient. de la gymnastique durant la période de réchauffement, mais les exercices d'étirement ont aujourd'hui largement remplacé les redressements et autres exercices du même genre afin de préparer les muscles au travail.

Les exercices de musculation devraient être précédés et suivis d'une période d'étirement d'environ sept à quinze minutes. Le premier exercice d'étirement consiste simplement à toucher les orteils avec les doigts afin de détendre les muscles du bas du dos, des jambes et des fesses. Debout, détendu et les jambes légèrement écartées, penchez-vous lentement pour toucher vos orteils (ne forcez pas, allez le plus loin que vous pouvez et ne

**Lorsque vous entreprenez un programme d'haltérophilie, vous devriez commencer par des charges légères que vous pouvez facilement soulever, et augmenter graduellement le poids à soulever, sans précipiter les choses.**

*Toucher des orteils.*

vous en faites pas si vous ne pouvez toucher vos orteils). Bob Anderson recommande dans son livre : *Stretching* (Shelter Publications, 1980), de plier légèrement les genoux afin d'éviter de forcer le bas du dos.

Gardez la position pendant environ quinze secondes, puis détendez-vous pendant dix secondes et répétez trois ou quatre fois. La plus grande partie de l'effort se fera probablement sentir dans vos mollets pour cet exercice.

*Saisie des chevilles.*

Le second exercice consiste à étirer les tendons d'Achille, c'est-à-dire le long tendon qui relie la cheville au mollet. Appuyez vos bras sur un mur, les deux pieds pointés vers l'avant et, en les gardant bien à plat sur le sol, glissez-en un vers l'arrière jusqu'à ce que vous sentiez une sensation d'étirement dans le mollet. Gardez cette position pendant dix à quinze secondes puis recommencez avec l'autre pied. Faites l'exercice pendant environ deux minutes.

Le prochain exercice s'appelle « la saisie des chevilles ». Assoyez-vous sur le sol, les deux jambes bien droites devant vous. Penchez-vous lentement et empoignez vos chevilles sans plier les genoux. Si vous ne pouvez vous rendre jusqu'aux chevilles, allez le plus loin que vous pouvez et empoignez la partie de la jambe que vous pouvez atteindre. Gardez la position entre dix et quinze secondes.

Ensuite, couchez-vous sur le dos et renversez les jambes par-dessus votre tête. Sans forcer, essayez de ramener les genoux à la hauteur de vos oreilles et gardez la position pendant environ dix secondes. Faites trois ou quatre répétitions de ces deux derniers exercices, en alternance.

Lorsque vous renverserez pour la dernière fois les jambes par-dessus la tête, au lieu de rapprocher les genoux des oreilles, tenez les jambes droites en descendant les orteils le plus près

*La charrue.*

possible du sol et essayez d'empoigner vos chevilles. Il s'agit d'un mouvement de yoga appelé «position de la charrue». Gardez cette position pendant environ quinze secondes. Lorsque vous aurez suffisamment développé votre souplesse, vous serez capable de toucher le sol avec vos orteils.

Le dernier exercice est un étirement des tendons des jarrets. En partant de la position debout, posez le pied sur une table ou sur une chaise, droit devant vous et à environ un mètre du sol. Tout en gardant les deux jambes bien droites, penchez lentement la tête vers le pied et empoignez le mollet des deux mains. N'allez pas trop loin ! Gardez une position confortable, mais penchez-vous jusqu'à ce que vous ayez une légère sensation d'étirement dans le haut de la cuisse.

Il existe une variation de ce dernier exercice qui permet de détendre quelques muscles additionnels. Il s'agit d'empoigner la cheville d'une main à la fois lorsque vous vous penchez. En d'autres termes, empoignez la cheville de la main droite, penchez-vous, puis empoignez la cheville de la main gauche. Ce mouvement produit une légère rotation du torse.

## Instruments de base de la musculation

Pour soulever des charges, vous devrez évidemment vous procurer d'abord un jeu de poids. Selon les haltérophiles, autant

610

chez les professionnels que chez les amateurs, les meilleurs résultats sont obtenus avec des haltères.

Vous aurez besoin d'un haltère que vous pouvez soulever des deux mains et de deux petits haltères maniables d'une seule main. Avec ces trois instruments, vous serez en mesure de faire de nombreux exercices qui feront travailler la majorité de vos muscles.

Les haltères standards olympiques mesurent 210 centimètres (sept pieds), mais celui que vous vous procurerez ne mesurera probablement pas plus de un mètre cinquante à un mètre quatre-vingts. La barre qui retient les poids devrait être entourée d'une gaine mobile et munie à ses extrémités de collets permettant de fixer les poids.

Certains exercices se font avec de petits haltères d'environ 45 centimètres de longueur qui sont identiques à l'haltère plus long dont nous venons de parler.

Steve Jarrell, un haltérophile d'expérience, recommande dans son livre : *Working Out With Weights* (Arco, 1978), d'avoir un total d'au moins quarante kilogrammes de disques (les poids). La plupart des magasins offrent le « jeu de base » de 50 kilos qui comprend plusieurs disques totalisant 40 kilos. Les disques les plus courants sont de 1,1, 2,3, 4,5 et 11,3 kilogrammes (2.5, 5, 10 et 25 livres).

Vous aurez aussi le choix de vous procurer des disques en métal ou des disques en plastique remplis de sable. Ceux en métal coûtent plus cher et sont plus bruyants lorsque vous les laissez tomber sur le sol, mais ils dureront plus longtemps que ceux en plastique.

Les disques en plastique coûtent environ 35 $ à 40 $ le jeu, tandis que ceux en métal coûtent aux alentours de 70 $. Si on y pense un instant, on peut se procurer la plus grande partie de l'équipement pour moins cher que plusieurs modèles de souliers de course. De plus, même en les utilisant tous les jours, les haltères vont durer au moins une décennie de plus que les souliers.

---

**Soyez conservateur dans l'évaluation des charges à soulever. Ne vous exercez jamais deux jours de suite, vos muscles ont besoin d'au moins 48 heures de repos entre deux séances d'haltéro-philie.**

---

*Les exercices avec un partenaire offrent une plus grande sécurité.*

*1. Pour cet exercice, vous devez garder le dos droit. 2. Relevez l'haltère jusqu'aux cuisses.*

## Des charges légères au début

Même si vous vous sentez très fort, vous devriez toujours être conservateur dans l'évaluation des charges que vous soulevez. Pendant au moins tout le premier mois, ne soulevez que des charges légères, jusqu'à ce que vous soyez confortable en faisant les exercices. Les meilleurs résultats seront obtenus en faisant une séance tous les deux jours. Ne faites jamais ces exercices deux jours de suite, vos muscles ont besoin de se reposer pendant au moins 48 heures avant de les soumettre à une autre séance de « pompage » d'haltères.

Certains haltérophiles s'entraînent tous les jours, mais chaque séance est consacrée à des groupes musculaires différents. De cette façon, tous les muscles ont congé pendant 48 heures même si les séances sont aux 24 heures. La plupart des gens devraient cependant adopter un horaire d'entraînement aux deux jours.

La première série d'exercices est exécutée avec l'haltère plus long. Selon votre taille et votre force, vous pourrez probablement commencer avec un poids maximum de 18 kilogrammes, mais rappelez-vous qu'il est préférable de commencer avec des charges plus légères que trop lourdes.

3. *Soulevez la barre jusqu'aux épaules.*

4. *Poussez-la ensuite au-dessus de la tête.*

5. *Faites attention lorsque vous ramenez la barre au sol.*

Assurez-vous toujours avant de soulever un haltère que les poids sont bien fixés à la barre. Serrez bien les collets qui maintiennent les disques, sinon un de ces derniers risquerait de vous glisser sur le pied ou de rebondir sur le plancher entraînant ainsi de fâcheuses conséquences.

Une autre bonne idée au point de vue de la sécurité serait de vous exercer avec une autre personne, si vous le pouvez bien entendu. De cette manière, vous pourriez avoir rapidement de l'aide en cas de problème. Si vous n'utilisez que des charges faibles ou modérées, vous ne devriez avoir aucune difficulté;

dans ce cas, vous n'aurez probablement jamais besoin de l'aide d'une autre personne. Cependant, s'entraîner avec une autre personne ne peut certainement pas causer de tort.

Par exemple, si vous faites un développé sur banc (cet exercice est expliqué plus loin) et que vous sentez tout à coup l'haltère vous glisser des mains, l'autre personne pourra venir à votre aide. Un partenaire pourrait aussi vous être d'un grand secours si vous êtes trop fatigué pour soulever l'haltère de vos épaules pour la déposer sur le sol.

Lorsque vous soulevez un haltère du sol, assurez-vous que la plus grande partie de l'effort se fait par les bras et les jambes. La « mauvaise » technique consiste à vous pencher au lieu de vous accroupir et de remonter brusquement l'haltère jusqu'à la poitrine. Ce genre de mouvement transfère tout l'effort du soulèvement dans le bas du dos et risque de provoquer une blessure chronique extrêmement longue à guérir.

La « bonne » manière consiste à plier les genoux pour soulever l'haltère. Gardez le dos droit et accroupissez-vous devant l'haltère, les pieds sous la barre. Gardez les bras droits et empoignez la barre par le dessus (voir la photo).

Vous relevez ensuite l'haltère en redressant les jambes et en tenant toujours le tronc perpendiculaire au sol. Lorsque vous avez soulevé l'haltère à la hauteur des genoux, commencez à plier les bras et remontez la barre jusqu'aux épaules en vous aidant des jambes et du dos.

Nous venons de vous décrire le mouvement de départ d'une flexion/extension debout. Lorsque vous aurez soulevé l'haltère jusqu'aux épaules, poussez-la le plus haut possible au-dessus de la tête en ne vous servant que de vos bras, puis ramenez-la lentement à la hauteur des épaules.

Un dernier point très important pour tous les exercices : si vous laissez retomber l'haltère trop rapidement, certains des avantages de l'exercice seront perdus. Vous devez donc y aller lentement de manière que vos muscles travaillent plus contre la force de gravité (dans certains cas, les muscles travaillent plus, lorsqu'on repose l'haltère que lorsqu'on la soulève).

L'exercice de flexion/extension debout est un exercice standard de développement musculaire des épaules. Les muscles qui travaillent le plus sont ceux des épaules, des bras et du haut du dos. Une variante de cet exercice consiste à ramener l'haltère derrière la nuque après l'avoir soulevé à bout de bras. Cette

*1. L'exercice de flexion des bras se fait en tenant la barre par en dessous. 2. Ramenez l'haltère vers vous en ne forçant que des bras.*

modification permet de varier le mouvement et fera forcer un peu plus vos muscles. Une répétition de cet exercice est exécutée lorsqu'on a soulevé l'haltère à bout de bras et qu'on l'a ramené derrière la nuque. Vous devriez essayer d'en faire au moins dix si vous désirez augmenter votre endurance aérobique, mais si votre préférence se porte plutôt sur l'augmentation de la force musculaire et que vous soulevez des poids très lourds, vous devriez alors vous fixer un objectif d'environ six répétitions.

Les flexions sont aussi un très bon exercice pour les bras et le haut du corps. Elles permettent de développer les biceps et les muscles de l'avant-bras et s'exécutent avec l'haltère long ou les petits haltères. Les petits haltères ont l'avantage de permettre l'exécution de l'exercice sous divers angles et un bras à la fois si on le désire.

Si vous vous servez de l'haltère long, tenez la barre par en dessous et laissez-la reposer sur vos cuisses sans forcer. Sans bouger les coudes ni le torse, ramenez la barre jusqu'aux épaules en ne vous servant que des avant-bras. Ne forcez pas avec votre dos, sinon les biceps et les muscles des avant-bras ne retireront pas tous les avantages de l'exercice.

Redescendez ensuite lentement l'haltère en position de départ. Gardez les coudes serrés contre le corps pendant la totalité de l'exercice.

616

*3. Ramenez la barre jusqu'aux épaules. 4. Revenez lentement en position de départ.*

Vous devriez faire au moins dix flexions si vous désirez augmenter votre endurance et au moins cinq flexions avec des poids plus lourds si vous travaillez surtout à augmenter votre force.

L'exercice dit de « flexion inversée » est exécuté de la même façon que la flexion normale, à la seule exception qu'on doit agripper la barre par-dessus. En général, il faut utiliser des charges moins lourdes pour cet exercice (au minimum 4,5 kilos de moins avec l'haltère long) parce que les muscles sollicités ne sont pas aussi résistants.

Le « mouvement de rame » est une variation de la flexion qui permet de développer les muscles des bras de façon différente. La position de départ du mouvement de rame droit est la même que pour la flexion inversée. En gardant l'haltère près de votre corps, relevez-la jusqu'aux épaules tel qu'il est indiqué sur la photo. Ne soulevez l'haltère qu'à l'aide de vos bras, sans bouger le reste du corps. Revenez lentement en position de départ. Dix répétitions sont conseillées afin d'augmenter la résistance musculaire et l'endurance.

Le mouvement de rame penché est le même, sauf qu'il se fait avec le haut du corps penché à angle droit. Pour commencer le mouvement, penchez-vous tout en tenant le dos droit et parallèle au sol. Pliez légèrement les genoux, empoignez l'haltère

617

*La flexion inversée est exécutée en empoignant l'haltère par-dessus.*

et soulevez-le jusqu'à ce que la barre touche la poitrine. Redescendez l'haltère pour qu'il touche presque le sol ; ces deux mouvements représentent une répétition. Vous devriez exécuter dix répétitions afin de développer votre puissance musculaire et

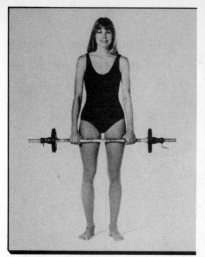 

*1. Pour effectuer le mouvement de rame droit, il faut avoir une prise par-dessus la barre. 2. Levez l'haltère en pliant les bras.*

vingt répétitions si vous désirez développer pleinement votre endurance aérobique.

Lorsque vous faites cet exercice, assurez-vous de ne bouger que les bras. Bien exécuté, le mouvement de rame est très

*1. Tenez l'haltère à bout de bras en position de départ. 2. Relevez ensuite l'haltère jusqu'à la poitrine.*

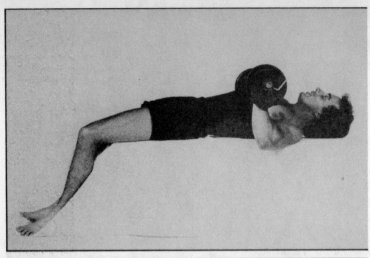

*1. Position de départ du développé sur banc. 2. Poussez l'haltère jusqu'à extension complète des bras.*

efficace pour développer les muscles du haut du dos et des avant-bras.

Le « développé des bras sur banc » est aussi un bon exercice pour le haut du corps. Vous aurez besoin d'un banc et d'un support d'haltère ou d'un partenaire pour vous assister durant l'exercice.

*1. Pour exécuter un accroupissement, placez l'haltère sur vos épaules.*
*2. Gardez le dos le plus droit possible.*

Couchez-vous d'abord sur le dos et appuyez l'haltère sur votre poitrine en le tenant vis-à-vis les épaules. Poussez l'haltère jusqu'à extension complète des bras, puis revenez lentement en position initiale. Dix répétitions sont conseillées pour développer l'endurance, et environ six répétitions avec des charges plus lourdes pour développer la puissance musculaire.

## Des jambes plus fortes et plus élancées

Les jambes sont sans contredit des membres importants, autant pour leur apparence que pour leur résistance (quoi de moins drôle que des jambes fatiguées). C'est pourquoi nous vous proposons un exercice appelé « accroupissement », exercice très efficace pour développer les muscles des cuisses, des fesses et de l'abdomen.

Pour exécuter cet exercice, appuyez d'abord l'haltère sur vos épaules et écartez les jambes. Les orteils pointent légèrement

**Ne rebondissez jamais lorsque vous exécutez des accroupissements, sinon l'énorme pression qui s'exerce sur vos genoux peut causer des troubles articulaires.**

621

**3.** *Accroupissement complet.*

vers l'extérieur et les mains tiennent la barre à mi-chemin entre les épaules et les disques (voir photo). Vous pouvez commencer par un accroupissement partiel en fléchissant lentement les genoux jusqu'à former un angle de cent vingt degrés par rapport au sol.

Pour exécuter un accroupissement complet, fléchissez les genoux jusqu'à ce que vos cuisses soient parallèles au sol. Les talons devraient toucher le sol pendant toute la durée de l'exercice. Si vous en êtes incapable, appuyez les talons sur un bloc de bois.

Gardez le dos droit et la tête relevée durant l'exercice. Ken Sprague recommande dans son livre, *The Gold's Gym Book of Strenght Training* (J.P. Tarcher, 1979), de vous concentrer sur un objet devant vous pendant toute la durée de l'exercice. De cette manière, vous aurez moins de problème à garder le dos droit et vous forcerez moins le bas du dos.

*1. Appuyez l'haltère sur vos épaules pour exécuter cet exercice.*

Lorsque vous vous accroupissez, rappelez-vous qu'il ne faut jamais y aller brusquement de manière à rebondir, car l'énorme pression qui s'exerce sur vos genoux, risque de provoquer des troubles articulaires qui vous feront perdre tous les bienfaits de l'exercice.

Les flexions avant des genoux sont aussi un bon exercice pour amincir les jambes et éliminer les excès de graisse aux

*2. Ne faites pas de mouvement brusque, vous risquez de perdre le contrôle.*

fesses. Comme pour les accroupissements, on appuie l'haltère sur les épaules, mais les pieds sont écartés en ciseau au lieu d'être écartés de chaque côté du corps (voir photo). Fléchissez le genou avant pour former un angle de 90 degrés. Encore une fois, gardez la tête haute (il ne faut pas plier le cou ou rentrer le menton contre la poitrine) et le dos le plus droit possible. Afin que l'exercice puisse développer au maximum l'amplitude du mouvement de vos articulations, vous devriez changer de pied à toutes les dix répétitions.

Pour ces deux exercices (accroupissements et flexions avant), il faudrait exécuter au moins vingt répétitions pour développer l'endurance ou dix répétitions pour la résistance musculaire. Si votre objectif est l'endurance, faites attention lorsque vous arrivez à la fin de l'exercice, résistez à l'envie de rebondir. Comme cette envie se fait de plus en plus grande à mesure que la fatigue s'installe, vous devriez veiller à exercer un contrôle constant de votre corps. Faites attention de ne pas vous épuiser.

## Exercices d'assouplissement

Les petits haltères sont plus maniables que celui de deux mètres pour les exercices qui développent la résistance et l'assouplissement, car ils permettent une plus grande amplitude des mouvements. Avec l'haltère long, il est pratiquement impossible de faire autre chose que des mouvements vers le bas ou vers le haut, tandis que les petits haltères permettent des mouvements en arc de cercle ainsi que des changements d'angle des levers entre deux répétitions du même exercice.

L'exercice suivant est un arraché avec deux petits haltères qui s'effectue en gardant les jambes droites (voir photo). Pour l'exécuter, tenez-vous droit et laissez pendre les bras de chaque côté du corps. En gardant les jambes droites mais sans bloquer les genoux (pour éviter de forcer le dos), penchez-vous très lentement jusqu'à ce que les haltères touchent les orteils, puis revenez en position de départ.

Ne vous en faites pas si vous êtes incapable de toucher vos orteils les premières fois. En pratiquant l'exercice régulièrement pendant quelques mois, vous constaterez à la longue, une nette

**Les petits haltères sont pratiques pour développer la résistance et la souplesse. Ils permettent une plus grande amplitude dans les mouvements que l'haltère long et l'angle de soulèvement des haltères peut être modifié entre deux répétitions d'un même exercice.**

*1. Pour exécuter cet exercice, laissez d'abord pendre les haltères de chaque côté du corps.*

**2.** *Penchez-vous lentement pour toucher vos orteils avec les poids.*

*1. Position de départ d'une flexion latérale.*

amélioration de votre souplesse. Au départ, ne faites pas plus de vingt répétitions avec des charges très légères. Lorsque vous

**2.** *Penchez-vous d'un côté et de l'autre.*

aurez acquis plus de souplesse, vous pourrez alors augmenter les charges.

*1. Commencez cet exercice en tenant les haltères devant vos cuisses.*

Les flexions latérales servent elles aussi à améliorer la souplesse dans le bas du dos. Prenez la même position de départ que pour l'exercice précédent, puis penchez-vous d'un côté et de l'autre le plus bas que vous pouvez sans éprouver de malaise. Un mouvement des deux côtés équivaut à une répétition.

Dans son livre, intitulé *New Exercises for Runners* (World Publications, 1978), Charles Palmer recommande d'exécuter au moins 25 répétitions de cet exercice afin d'améliorer sa souplesse musculaire. Il conseille en outre de limiter la charge totale à 13,5 kilogrammes et d'augmenter le nombre de répétitions plutôt que le poids une fois que la charge limite est atteinte.

**2.** *Tenez les bras droits pendant tout le mouvement.*

Une variation de cet exercice consiste à changer l'angle selon lequel vous vous penchez, mais rappelez-vous de garder les jambes droites sans bloquer les genoux.

L'élévation latérale des bras est un bon exercice de développement de la résistance des épaules. Commencez l'exercice en tenant les haltères devant vous (voir photo), puis levez lentement les bras de chaque côté jusqu'à la hauteur des épaules en prenant soin de les tenir bien droits. Ramenez-les ensuite lentement jusqu'en position de départ, sans les balancer ni perdre le contrôle du mouvement.

Si vous balancez les bras, le poids des haltères forcera inutilement les tendons et les ligaments des bras et du dos sans que les muscles n'en tirent aucun avantage.

Au début, faites dix répétitions par séance pour vous mettre en forme. Pour développer votre endurance, augmentez graduellement jusqu'à vingt ou vingt-cinq le nombre de répétitions.

# YOGA

Technique vieille de plus de 5 000 ans, le yoga est l'une des plus anciennes formes de thérapie. L'époque où l'on considérait le yoga comme un truc de fakir indien étant révolue, les incroyables résultats de cette technique font maintenant l'objet d'études scientifiques aux quatre coins du globe. Des équipes de médecins des I.C. Yogic Health Centers de Bombay et de Lonavala, en Inde, possèdent des dossiers détaillés de patients que le yoga a soulagés de maux aussi divers que le diabète, les maladies respiratoires, les troubles de digestion et l'obésité. Le docteur Julian Aleksandrowicy, directeur de la Third Clinic of Medicine à Cracovie, en Pologne, a pour sa part étudié les effets des postures de yoga sur la composition et la qualité du sang.

Comme vous pouvez le constater, le yoga n'est plus considéré comme une attraction de foire ou un bon moyen de donner une saveur exotique aux films. C'est une discipline mentale et physique des plus sérieuses qui, de l'avis de nombreux médecins « traditionnels », pourrait autant aider à guérir les maladies qu'à se garder en bonne santé. Tout cela est très bien, mais qu'est-ce que c'est au juste, le yoga ? Toute la philosophie du yoga se fonde sur le principe qu'une personne en bonne santé réalise une

---

**Le yoga se fonde sur le principe que la bonne santé est le produit d'une intégration harmonieuse de l'âme, de l'esprit et du corps.**

---

632

intégration harmonieuse de l'âme, de l'esprit et du corps. C'est pourquoi la bonne santé exige une alimentation simple et naturelle, de l'exercice à l'air pur, un esprit serein et exempt de soucis, ainsi qu'une prise de conscience que notre esprit s'identifie à celui de Dieu. C'est ainsi que pour de nombreux adeptes, le yoga devient une philosophie qui gouverne tous les aspects de leur vie, tant au niveau spirituel et mental qu'au niveau physique. De plus, comme le yoga englobe tous les aspects de la vie, on peut choisir ce qui nous intéresse sans risquer d'être déçu par la suite. Par ailleurs, la pratique du yoga à titre de simple thérapie physique donne aussi des résultats très satisfaisants.

## L'importance de la relaxation

La thérapie par le yoga commence par la relaxation. Comme nous vivons dans une époque caractérisée par l'anxiété, nous sommes le plus souvent inconscients de nos propres tensions. Comme nous disposons de corps normalement constitués, pourquoi alors sommes-nous tant sujets à la dépression, la fatigue et la maladie ? Tout simplement parce que la tension sape notre énergie vitale sans que nous en ayons conscience !

Le docteur Ruth Rogers de Daytona Beach, en Floride, a étudié pendant une décennie le yoga à titre de thérapie. Elle déclare : « Pour comprendre le fonctionnement du processus de guérison, la relaxation revêt une importance capitale. Lorsqu'on ressent de la douleur, on ne veut pas bouger de peur que celle-ci s'intensifie, alors on se crispe. Les muscles se contractent, entravant ainsi la circulation du sang. Il s'ensuit un début d'enflure qui contribue à aggraver la mauvaise circulation. Ce processus crée un cercle vicieux : plus de douleur, plus de tension... plus de tension, enflure plus prononcée... c'est ce qui se produit dans de nombreux cas de maux de dos. Toutefois, si on arrive à se détendre, une meilleure circulation sanguine dans les tissus affectés permettra de soulager les terminaisons nerveuses douloureuses et le processus de guérison peut alors s'amorcer. »

La plupart des thérapies par le yoga (certains spécialistes diraient tous les traitements réussis) font intervenir un traitement sur trois fronts. En effet, lorsque vous pratiquez une posture de yoga, vous augmentez la résistance de votre corps ; lorsque vous contrôlez votre respiration, vous créez un équilibre chimique et émotif ; et lorsque vous concentrez votre esprit sur des affirmations, vous faites l'expérience de la puissance de la prière. Ainsi, si vous parvenez à synthétiser ces trois aspects du yoga, vous détenez la clé du mystère de la guérison, c'est-à-dire l'harmonie fondamentale de la vie.

« Les avantages des postures de yoga sont plus grands si la personne concentre mentalement le processus de guérison dans les régions qui en ont besoin », ajoute le docteur Rogers. « En d'autres termes, vous devriez voir en esprit l'apport de sang frais et d'oxygène ainsi que le "massage" produit par le processus de guérison dans la région affectée. Par exemple, un diabétique devrait visualiser dans son esprit, l'énergie vitale qui est irradiée dans le pancréas, situé près de l'estomac, comme une personne souffrant de rhumatismes devrait se concentrer sur la libération de liquide synovial, un lubrifiant des articulations qui assure aussi la dispersion des particules d'eau qui causent les raideurs articulaires. »

## Guide indien sur les pouvoirs de guérison du yoga

La plupart des troubles courants suivants, qui sont traités de façon scientifique au Yoga Research Laboratory de Lonavala, en Inde, ont aussi été traités avec succès par le docteur Rogers. L'exécution de chacune des postures doit être précédée d'une période de relaxation et de profonde respiration. Leur exécution est décrite plus loin dans le chapitre.

*Asthme* : Postures du grand repos et de la montagne, respiration complète.
  Visualisation : expansion pulmonaire, regain d'énergie.

*Bronchite* : Postures de la montagne et de la sauterelle.

*Constipation* : Postures de l'arc, du grand repos, du crocodile (tonifie le foie, la rate et les intestins), du grand geste (ou sceau), Uddiyana et Yoga Mudra.
  Visualisation : circulation accrue stimulant les intestins.

*Dépression* : Postures du grand repos et Yoga Mudra.
  Visualisation : apport d'énergie nouvelle résultant d'un accroissement du volume d'oxygène dans le sang, regain d'enthousiasme.

*Diabète* (aucune cure possible, malheureusement !) : Postures du grand repos et agenouillée.

>   Visualisation : évocation de la circulation de l'énergie vitale dans le pancréas.

*Dorsalgies* : Postures du grand repos, de la sauterelle et du crocodile.

>   Visualisation : circulation accrue au niveau des muscles dorsaux.

*Emphysème* : Respiration complète, postures de la sauterelle et de l'étreinte.

>   Visualisation : circulation bienfaisante au niveau des poumons.

*Fatigue oculaire* : Exercices pour le cou et les yeux.

>   Visualisation : absorption par les yeux de l'énergie invisible (« prana ») qui circule dans l'air.

*Flatulences* : Posture du crocodile.

*Indigestion* : Postures du grand repos, de la montagne, de la sauterelle, du cobra, du grand geste et Uddiyana.

*Insomnie* : Postures du grand repos, de la montagne, de la sauterelle, du grand geste et du cobra.

>   Visualisation : évocation d'un ciel bleu ou du plaisir du yoga, faire le vide dans son esprit.

*Insuffisance sexuelle* : Posture agenouillée et Uddiyana, respiration complète.

>   Visualisation : rajeunissement de la vigueur sexuelle grâce à l'amélioration de la circulation.

*Maladies de peau* : Salut au soleil.

>   Visualisation : effet tonique général permettant de corriger toutes les irrégularités.

*Maux de gorge :* Posture du lion.

>   Visualisation : constriction des vaisseaux sanguins de la gorge ; la relaxation favorise la circulation dans la région atteinte.

*Maux de tête* : Posture du grand repos, exercices pour le cou et les yeux, roulement des épaules.

>   Visualisation : évocation d'un ciel bleu d'été, faire le vide dans son esprit.

*Neurasthénie* : Postures du grand repos, de la montagne et du grand geste.

Visualisation : circulation améliorée dispensatrice d'énergie.

*Obésité* : Positions de la sauterelle, du grand geste, du cobra, de l'arc, du salut au soleil et Yoga Mudra.

*Rhumatismes* : Postures de la montagne, du crocodile et du grand geste.

Visualisation : dispersion de l'eau responsable des raideurs articulaires.

*Rhumes* : Posture du lion.

*Rides* : Yoga Mudra.

*Sciatique* : Postures du crocodile, de l'étreinte et agenouillée.

*Sinusites* : Posture du grand repos, exercices pour le cou et les yeux.

*Troubles de prostate* : Posture agenouillée.

*Troubles menstruels* : Postures du cobra, du grand geste et Uddiyana.

---

## Prochaine étape : un manuel d'instructions

Maintenant que vous connaissez les postures appropriées aux divers problèmes, vous devez savoir comment les exécuter. Nous vous proposons pour cela une méthode simple de pratique quotidienne du yoga ainsi que des instructions détaillées qui vous permettront d'exécuter les postures thérapeutiques les plus courantes.

---

## Programme quotidien de yoga

La pratique quotidienne du yoga constitue un très bon investissement pour vous garder en santé. Une séance de douze minutes par jour permettra de tonifier vos muscles tout en améliorant le fonctionnement des systèmes digestif, circulatoire et respiratoire. Les exercices suivants représentent un programme bien équilibré auquel vous pourrez bien sûr ajouter d'autres postures adaptées à vos besoins particuliers.

- Premier jour : *Respiration complète et postures du crocodile, du cobra, du salut au soleil et du grand repos.*

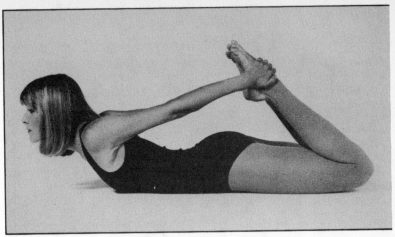

*1. La posture de l'arc commence dans cette position.*

*2. Balancez-vous vers l'avant.*

- Deuxième jour : *Respiration complète et postures du salut au soleil et du grand repos.*
- Troisième jour : *Respiration complète et postures de l'arc, du cobra, du grand geste et du grand repos.*
- Quatrième jour et les suivants : Recommencez la séquence.

## Conseils aux débutants

Faites vos exercices avant de manger, soit le matin, soit à la fin de l'après-midi. Installez-vous dans une pièce bien aérée et

**3.** *Puis balancez-vous vers l'arrière.*

étendez une couverture sur le plancher. Portez des vêtements amples. Règle générale, vous devriez alterner les postures qui exigent de se pencher vers l'arrière avec celles où vous devez vous pencher vers l'avant.

De plus, vous ne devez jamais forcer en faisant du yoga. Les postures sont exécutées lentement, en adoptant une attitude méditative. Celles-ci exigent qu'on les exécutent avec une tension dynamique qu'il ne faut cependant pas confondre avec l'effort déployé dans les exercices traditionnels.

**Posture de l'arc** — Étendez-vous sur le ventre et empoignez vos chevilles. Inspirez. Relevez les jambes, la tête et la poitrine tout en arquant le dos. Retenez votre souffle quelques instants puis expirez et reprenez la position initiale. Répétez trois ou quatre fois.

*Technique plus avancée :* Lorsque vous êtes dans la position de l'arc, balancez-vous d'avant en arrière, puis d'un côté et de l'autre. Relâchez doucement la tension et expirez.

*Avantages :* Massage des muscles et des organes abdominaux. Recommandée pour les troubles gastro-intestinaux, la constipation, les dérangements d'estomac et la lenteur des fonctions du foie. Élimine les surplus de graisse abdominale.

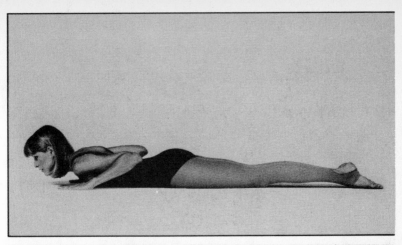

*1. Pour exécuter la posture du cobra, étendez-vous à plat ventre sur le sol. 2. Arquez le dos et ramenez la tête vers l'arrière de façon à regarder au plafond.*

*Contre-indications :* Non recommandée aux personnes souffrant d'ulcère de l'estomac, de hernie, d'affections thyroïdiennes ou de troubles endocriniens.

**Posture du cobra** — Allongez-vous sur le ventre, les orteils tendus. Placez vos mains, paumes au sol, sous vos épaules. Inspirez et relevez la tête et la poitrine en arquant le dos. Le nombril doit rester au sol. Retenez votre souffle quelques instants puis expirez en reprenant lentement votre position initiale. Répétez entre une et six fois.

*Avantages :* Stimule les ovaires, l'utérus et le foie. Aide à soulager et à éliminer les irrégularités menstruelles. Soulage la constipation. Assouplit la colonne vertébrale. Excellente dans les cas de déplacement discal.

*Contre-indications :* Non recommandée pour ceux qui souffrent d'ulcère de l'estomac, de hernie ou d'hyperthyroïdie.

---

**Respiration complète** — La vie dans les villes surpeuplées, l'air pollué et les emplois sédentaires contribuent à l'accroissement des maladies respiratoires. Les vêtements trop serrés empêchent de respirer profondément et entravent le fonctionnement des poumons. L'objectif de l'exercice de respiration complète consiste à utiliser la capacité pulmonaire totale, ce qui favorise un échange maximal d'oxygène et d'oxyde de carbone au niveau des capillaires.

1. Étendez-vous sur le dos et desserrez vos vêtements. Placez les mains sur votre abdomen de façon que la pointe des doigts repose, sans exercer de pression, sur le nombril. En inspirant par le nez, ne gonflez que votre abdomen (les doigts vont s'écarter l'un de l'autre). Répétez dix fois cette respiration abdominale.
2. Placez vos mains sur la cage thoracique et inspirez en veillant à ne gonfler que le diaphragme et le thorax (les doigts vont s'écarter). Contractez-vous et expirez lentement. Répétez dix fois cette respiration du diaphragme.
3. Placez l'extrémité de vos doigts sur les clavicules et inspirez en ne gonflant que la partie supérieure de la poitrine. Vos doigts se soulèvent, indiquant par là une respiration superficielle. C'est la façon dont nous respirons normalement. Remarquez comme le volume d'air inspiré est insuffisant. Relevez maintenant les épaules pour inspirer plus d'air. Expirez et répétez dix fois.

---

**La thérapie par le yoga commence par la relaxation.**

*Posture du grand repos.*

**4.** Pour terminer, placez les mains de chaque côté du corps, les paumes tournées vers le haut et combinez les trois façons de respirer dont nous venons de parler. Inspirez lentement en gonflant successivement l'abdomen, le thorax et la poitrine. Retenez votre souffle puis expirez dans le même ordre, en contractant l'abdomen, le thorax et la poitrine. Répétez la séquence d'instructions tant que vous n'aurez pas adapté cette forme de respiration à votre rythme. Concentrez-vous sur ce qui se produit, observez l'augmentation de votre capacité pulmonaire. Remarquez aussi comme une respiration lente a un effet à la fois calmant et tonifiant. Les adeptes du yoga ont de tout temps pensé que la longévité allait de pair avec une technique de respiration appropriée.

*Avantages :* Accroît la vitalité, calme les nerfs et raffermit les muscles abdominaux.

---

**Posture du grand repos** — Allongez-vous sur le dos dans un endroit tranquille. Placez les bras le long du corps, paumes tournées vers le haut et écartez légèrement les talons. Inspirez lentement et profondément ; une sensation de détente vous envahit progressivement. Concentrez-vous sur le relâchement de toutes vos tensions.

La variante qui suit permet d'augmenter votre faculté de détente.

1. Inspirez lentement par le nez (inspirez toujours par le nez lorsque vous faites du yoga, les poils qui tapissent les parois filtrent les impuretés de l'air) et contractez les chevilles, les pieds et les orteils en retenant votre souffle. Expirez et détendez-vous.

2. Inspirez lentement en contractant les rotules, les mollets, les chevilles, les pieds et les orteils. Retenez votre souffle tout en restant contracté. Expirez et détendez-vous.

3. Inspirez lentement en contractant tous les muscles de l'abdomen, du bassin, des hanches, des cuisses, des rotules, des mollets, des chevilles, des pieds et des orteils. Retenez votre souffle tout en gardant les muscles contractés. Expirez et détendez-vous.

4. Inspirez et contractez le cou, les épaules, les bras, les coudes, les poignets, les mains, les doigts et tous les muscles de la poitrine jusqu'aux orteils. Retenez votre souffle en gardant tous les muscles bandés, puis expirez et détendez-vous.

5. Inspirez et contractez le cuir chevelu, les petits muscles du visage et du front. Plissez les yeux, froncez le nez et la bouche, tirez la langue, contractez la gorge et tendez tout le corps. Retenez votre souffle et laissez-vous envahir par la tension. Expirez et détendez-vous. Laissez maintenant le sol absorber toute la tension. Vous vous sentez lourd et le support offert par le plancher vous est très agréable. L'augmentation de la circulation du sang, le tonus musculaire nouveau et le calme émotif qui s'ensuit produisent une agréable sensation de picotement.

*Avantages :* Stimule la circulation sanguine et favorise le fonctionnement des organes internes. Soulage les problèmes tels que la fagitue, la nervosité, la neurasthénie (sensation d'épuisement général), l'asthme, la constipation, le diabète, l'indigestion, l'insomnie et le lumbago. Permet d'acquérir une plus grande concentration.

---

**Étreinte** — Assis sur les talons, levez la main droite et ramenez-la lentement derrière l'épaule jusqu'à toucher la colonne à la hauteur de l'omoplate. Pliez ensuite le bras gauche derrière le

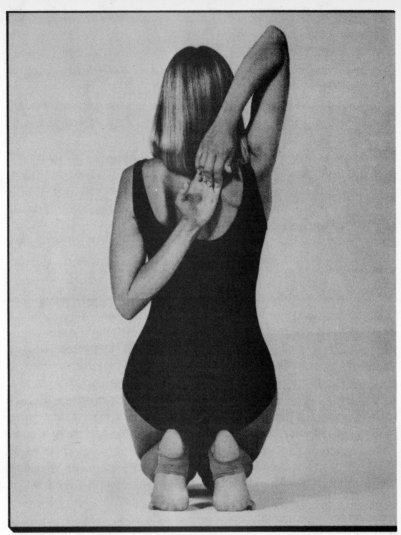

*Vue arrière de l'étreinte.*

dos et joignez les deux mains. Répétez en changeant la position respective des bras.

*Avantages :* La bonne exécution de ce mouvement permet d'augmenter la capacité de la cage thoracique, aide à prévenir les tendinites et la formation de dépôts de calcium au niveau de l'articulation de l'épaule. Aide aussi à soulager l'emphysème et l'asthme.

*1. La seconde partie de la posture du crocodile s'exécute en tenant le genou des deux mains.*

**Posture du crocodile** — Allongé sur le dos, ramenez vos genoux sur la poitrine. Enserrez-les ensuite des deux mains et balancez-vous doucement d'avant en arrière (cette posture détend la colonne et la masse). Dépliez les jambes, une à la fois. Inspirez et pliez la jambe droite sur la poitrine en croisant les mains autour du genou. Retenez votre souffle et relevez la tête pour toucher le genou avec le nez. Gardez la position en comptant jusqu'à dix, puis expirez et baissez la tête presque jusqu'au sol. Répétez le mouvement cinq fois et changez de jambe. Expirez lorsque vous ramenez la tête en arrière. Dépliez lentement la jambe droite jusqu'au sol et refaites le mouvement avec la jambe gauche. Pour terminer, pliez les deux jambes et relevez la tête pour que votre nez touche à vos genoux. Gardez la position en retenant votre souffle, puis expirez et détendez-vous.

*Avantages :* Diminue les raideurs et les douleurs dans le dos et les extrémités ainsi que la constipation, le diabète et les flatulences.

644

*2. Touchez le genou avec votre nez. **3.** Après avoir fait le mouvement une jambe à la fois, pliez les deux jambes en même temps.*

**Posture agenouillée** — Assoyez-vous sur les talons en gardant le dos droit. Détendez-vous. Écartez les pieds et laissez-vous glisser lentement entre eux jusqu'à ce que les fesses touchent le sol. Allez-y avec précaution afin de ne pas forcer les ligaments des genoux et assurez-vous de ne pas tourner vos pieds.

*Avantages :* Accroît la circulation au niveau de la prostate ou de l'utérus.

*Posture agenouillée.*

**Selon le docteur Roberts, vous retirerez de plus grands avantages du yoga si vous vous concentrez sur la région à guérir.**

*1. La posture du lion exerce les muscles du visage. 2. Il n'est pas nécessaire de « rugir » à voix haute.*

**Posture du lion** — Assoyez-vous sur les talons, les paumes sur les genoux et les doigts bien écartés. Appuyez-vous sur les mains en vous penchant légèrement vers l'avant. Tirez la langue le plus possible, contractez les muscles de la gorge et levez les yeux vers le haut. Expirez à fond en faisant « Ahhhhhh ». Répétez entre quatre et six fois.

*Avantages :* Soulage les maux de gorge et stimule la circulation de la gorge et de la langue.

**Posture de la sauterelle** — Allongez-vous sur le ventre et serrez les poings en tenant les bras le long du corps. Inspirez et levez une jambe vers le plafond en vous aidant des muscles du bas du dos. Gardez la position quelques secondes, puis expirez et détendez-vous. Répétez avec l'autre jambe. Faites le mouvement deux ou trois fois selon votre résistance.

*Technique plus avancée :* Prenez la même position, mais en levant les deux jambes à la fois. Cette variante exige un gros effort.

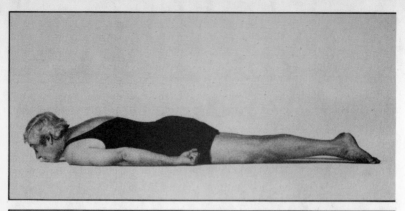

*1. La posture de la sauterelle exige qu'on s'étende sur la ventre. 2. Levez la jambe sans la plier.*

*Avantages :* Soulage les problèmes abdominaux et lombaires.

*Contre-indications :* Non recommandée pour les personnes souffrant de hernie ou d'une affection lombaire aiguë.

---

**Posture de la montagne** — Assoyez-vous, jambes croisées, et tendez les bras vers le ciel dans une attitude de prière ; les extrémités des doigts doivent se toucher. En tendant les bras, inspirez lentement et profondément entre cinq et dix fois. Expirez et baissez les bras.

*Avantages :* Fortifie les poumons, purifie le sang, améliore la digestion et stimule le système nerveux.

*1. Il faut s'asseoir pour exécuter la posture de la montagne. 2. Tendez ensuite les bras.*

---

**Exercices pour les yeux et le cou** — Assoyez-vous, le dos droit et penchez lentement la tête en avant à trois reprises. Penchez-la ensuite vers l'épaule gauche, puis vers l'arrière en ouvrant la bouche et enfin vers l'épaule droite. Chacun de ces mouvements se fait trois fois de suite.

Inspirez et fermez les yeux en serrant les paupières. Gardez la position quelques instants en retenant votre souffle. Expirez, ouvrez grand les yeux et clignez-les rapidement dix fois.

Les yeux grand ouverts, roulez-les dans un sens puis dans l'autre. Tournez maintenant les yeux d'un côté et de l'autre, puis regardez vers le haut et vers le bas.

Frottez ensuite vigoureusement les paumes l'une contre l'autre, puis fermez les yeux et couvrez-les de vos mains. Respirez très lentement cinq fois de suite en évoquant une image d'énergie nouvelle et d'éclat brillant dans vos yeux.

*Avantages*: Soulage les maux de tête et la fatigue oculaire, améliore la vue et détend le cou et les épaules.

*1. Pour l'exercice des yeux et du cou, penchez d'abord la tête en avant.*

**Posture du grand geste (ou sceau)** — Assoyez-vous sur le sol, tendez la jambe gauche et repliez la jambe droite en appuyant le talon contre la cuisse. Inspirez et tendez les bras au-dessus de la tête. En retenant votre souffle, penchez-vous en avant et agrippez la cheville gauche des deux mains tout en appuyant la tête contre le genou (si vous ne pouvez atteindre que le mollet, agrippez-le et détendez-vous en respirant lentement). Concentrez-vous sur l'allongement de vos muscles et continuez à vous pencher progressivement. Fermez les yeux et détendez-vous pour éliminer toute sensation de malaise. Gardez la position pendant une minute, puis inspirez, relevez-vous en tendant les bras au-dessus de la tête et expirez pendant que vous les laissez retomber le long du corps. Répétez avec l'autre jambe, puis avec les deux jambes tendues.

**2.** *Penchez-la ensuite vers les épaules.*

*Avantages :* C'est un excellent massage des muscles abdominaux. De plus, le mouvement de flexion vers l'avant améliore la digestion et l'élimination des déchets. Cette posture élimine aussi la tension dorsale, améliore la circulation dans le visage, raffermit les tissus et améliore le teint.

*Contre-indications :* Non recommandée pour les gens souffrant de déviation discale. De plus, il est important de ne pas voûter le dos en faisant le mouvement ; la flexion vers l'avant doit se faire en pliant la taille.

---

**Roulement des épaules** — En position assise ou debout, roulez les épaules cinq fois dans un sens, puis cinq fois dans

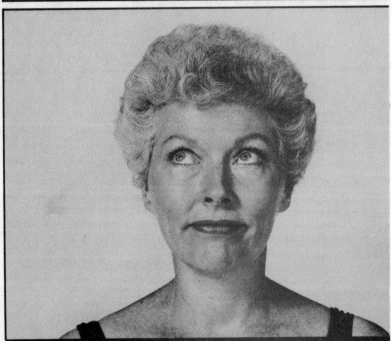

*3.* *Pour cet exercice, vous devez rouler les yeux en cercle. 4. Puis successivement vers le haut, le bas, la gauche et la droite.*

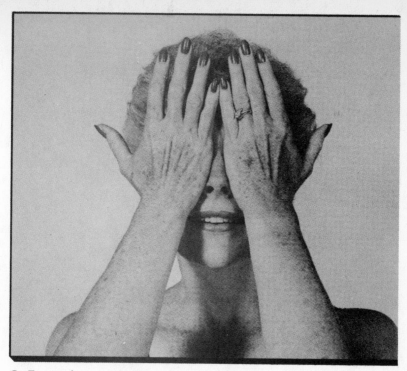

*5. Frottez les paumes de vos mains l'une contre l'autre avant de couvrir vos yeux.*

l'autre sens, sans les crisper. Pour assurer un meilleur étirement, roulez une épaule à la fois.

*Avantages :* Soulage les maux de tête, la fatigue, la tension et les douleurs dans le cou.

---

**Uddiyana** — Tenez-vous debout, les pieds écartés et les genoux légèrement pliés. Mains sur les hanches, penchez-vous en avant tout en arquant le dos. Expirez à fond et rentrez l'abdomen le plus possible. Gardez la position pendant plusieurs secondes

---

**Madame Bennett raconte qu'il y a trois ans, elle avait tous les symptômes de l'arthrite. Grâce au yoga, son bras est aujourd'hui complètement rétabli.**

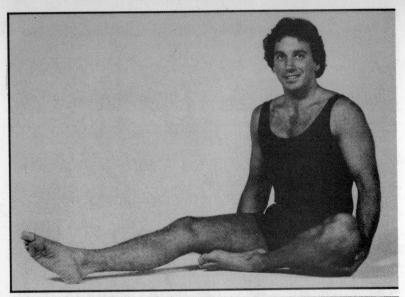

1. *La posture du grand geste commence en tendant une jambe.*
2. *On doit ensuite lever les bras.*

*3. Puis tendre les doigts vers les orteils.*

puis relâchez et répétez le temps d'une seule expiration. Exercez-vous pour arriver à faire ce mouvement vingt fois en une seule expiration.

*Avantages :* Soulage les problèmes de constipation, d'indigestion et les maux d'estomac ; recommandée pour l'obésité et le diabète.

*Contre-indications :* Non recommandée durant la grossesse ou pour les gens qui souffrent de haute pression.

---

**Yoga Mudra** — Assoyez-vous, jambes croisées, puis expirez en vous penchant jusqu'à toucher le sol avec le front. Placez vos mains derrière votre dos et empoignez l'un de vos poignets avec l'autre main. Gardez la position quelques instants puis revenez en position de départ en inspirant lentement. Pratiquez l'exercice jusqu'à ce que vous puissiez tenir la position pendant un quart d'heure.

*Avantages :* Fournit de l'énergie, masse le côlon et les intestins, soulage la constipation et améliore le teint.

---

**Les exercices d'étirement et de profonde respiration du yoga soulagent la tension musculaire. Le yoga, c'est en même temps de l'exercice et de la relaxation.**

**1.** *Le roulement des épaules améliore le tonus musculaire.*

**2.** *Il détend aussi les muscles.*

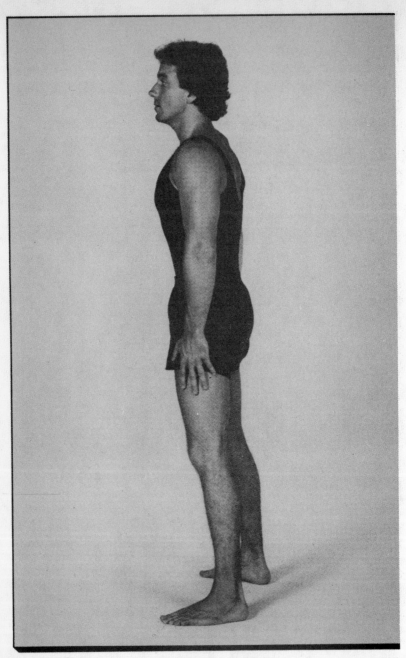

*1.* *Pour effectuer le mouvement Uddiyana, commencez dans cette position.*

*2.* *Penchez-vous ensuite de cette façon.*

*1. Le mouvement Yoga Mudra commence par une profonde expiration.*

Lors d'une étude comparative des résultats obtenus par les plus récentes techniques de physiothérapie et les exercices de yoga dans le traitement de graves problèmes respiratoires, le yoga a gagné haut la main. La plupart des patients qui avaient étudié le yoga ont appris à contrôler leurs problèmes de respiration.

*2.* *Il faut ensuite essayer de toucher le sol avec le front.*

**Salut au soleil** — Ce mouvement est excellent pour les gens qui disposent de peu de temps car il exerce tous les muscles et toutes les articulations, en plus de stimuler tous les organes. Son nom signifie autant une prosternation devant son propre soleil interne qu'une prosternation devant l'astre du jour, le dispensateur de la vie dans notre univers dont l'énergie, croient les yogis, rayonne autant en nous qu'autour de nous.

1. Tenez-vous debout, les pieds joints et les mains en position de prière contre la poitrine. Prenez conscience de votre corps tout entier.
2. Inspirez profondément et tendez les bras au-dessus de votre tête en vous penchant par en arrière, mains écartées.
3. Expirez et penchez-vous vers l'avant en gardant les jambes droites. Essayez de toucher le sol, mais sans forcer.
4. Sans bouger les mains ni le pied gauche, ramenez la jambe droite par en arrière le plus loin possible tout en pliant le genou gauche. Portez votre poids sur les deux mains, le pied gauche ainsi que le genou et les orteils de la jambe droite. Renversez la tête par en arrière, les yeux au ciel. Inspirez et retenez votre souffle.
5. Placez le pied gauche à côté du pied droit et rentrez l'abdomen de manière que votre corps forme un arc triangulaire. Penchez la tête entre les bras tout en essayant de garder les pieds à plat contre le sol. Expirez.
6. Tout en retenant votre souffle, baissez-vous jusqu'au sol sans que l'abdomen et les hanches n'y touchent.
7. Inspirez et prenez la posture du cobra.
8. Expirez et reprenez la position 5.
9. Inspirez, ramenez le pied droit vers l'avant et pliez le genou gauche tel qu'expliqué en 4.
10. Expirez et reprenez la position 3.
11. Reprenez la position 2 en levant les bras pendant que vous inspirez.
12. Expirez et reprenez la position 1.

*Avantages* : Les positions 1 et 12 provoquent un état de calme et de concentration. Les positions 2 et 11 étirent les muscles abdominaux et intestinaux et exercent les bras et la moelle épinière. Les positions 3 et 10 aident à prévenir et à soulager les affections gastriques, réduisent la graisse abdominale, améliorent la digestion et la circulation et assouplissent la colonne. Les positions 4 et 9 tonifient les muscles de l'abdomen, des cuisses et des jambes. Les positions 5 et 8 raffermissent les nerfs et les muscles des jambes et des bras et exercent la colonne. Les positions 6 et 7 raffermissent les nerfs et les muscles des épaules, des bras et de la poitrine.

## Quelques cas convaincants

Pour ceux d'entre vous qui étaient déjà convaincus de l'utilité du yoga et qui ne cherchaient dans ce livre qu'un programme d'exercices, la lecture peut se terminer ici même. Par contre, ceux qui ne sont pas encore certains des avantages du yoga sur la santé devraient continuer jusqu'à la fin du chapitre. En effet, nous vous présentons ici trois applications thérapeutiques des exercices de yoga qui ont été vérifiées par des médecins et dont le succès devrait suffire à vous convaincre.

La première application n'a en fait rien à voir avec les maladies ou les blessures. C'est plutôt un exercice qui est utilisé par Paulynne Bennett, un instructeur de yoga âgée de 70 ans, pour combattre les effets du vieillissement. Madame Bennett croit en effet que cette forme particulière d'activité est parfaitement adaptée aux gens plus âgés et aux personnes dont la forme physique laisse à désirer car les exercices proposés sont exécutés lentement et avec méthode. « Pas besoin de souffler comme un phoque pour en ressentir les bienfaits », nous a confié Madame Bennett. « Par ailleurs, vous n'avez pas à craindre que le cœur vous sorte de la poitrine parce qu'il bat trop fort. »

De plus, les exercices d'étirement, exécutés lentement et en toute facilité, n'épuisent pas les réserves d'énergie ; au contraire, ils permettent plutôt de libérer l'énergie qui est emprisonnée dans notre corps. Selon Madame Bennett, l'énergie qui se trouve emprisonnée dans les jambes serait une cause courante des crampes musculaires que l'on éprouve. Ainsi, si vous vous éveillez fréquemment en raison d'une telle crampe, vous avez une raison de plus pour entreprendre un programme de yoga.

Le yoga permet aussi de pomper de l'énergie où vous en avez besoin. « Les étirements sont le moyen dont dispose la nature pour éliminer la fatigue », explique Madame Bennett en faisant exécuter à ses élèves une série d'exercices d'étirement

663

*1. Le salut au soleil commence en adoptant une position de prière. 2. Inspirez pendant que vous vous penchez vers l'arrière. 3. Gardez les jambes droites en allant toucher le sol des mains. 4. Allongez la jambe droite vers l'arrière le plus loin possible. 5. Relevez les fesses pour former un arc triangulaire. 6. Votre estomac et vos hanches ne doivent pas toucher le sol dans cette position.*

simples. « Vous n'avez qu'à observer les chats après qu'ils aient fait une petite sieste. Ceux-ci ne se lèvent pas d'un bon aussitôt après s'être éveillés. Avant de repartir à l'aventure, le chat prend le temps de se lever lentement et de s'étirer de tout son long. C'est la façon dont tous les animaux se débarrassent de leur fatigue. »

*7. Prenez la posture du cobra. 8. Reprenez la position de l'arc trian-
gulaire. 9. La jambe droite est ramenée vers l'avant cette fois-ci.
10. Essayez de garder les mains appuyées au sol. 11. Relevez-vous et
penchez-vous par en arrière. 12. Terminez en reprenant la position de
prière.*

## Aucun effort permis

Aux yeux de Madame Bennett, le yoga consiste tout simplement
en une série d'étirements exécutés de façon systématique. De
plus, elle conseille de ne pas s'étirer au-delà de ses limites. Chez
certains, cette capacité s'exprime en termes de mètres, tandis que

d'autres atteignent leurs limites après quelques centimètres seulement. De toute façon, la souplesse n'a aucune importance car peu importe jusqu'à quel point vous pouvez vous étirer, vous bénéficiez quand même des avantages de l'exercice.

Madame Bennett déclare à tous ses élèves lorsqu'ils s'inscrivent à son programme : « Je ne me fais pas un point d'honneur à enseigner les mouvements les plus difficiles parce que ce n'est pas mon intention de décourager qui que ce soit. En outre, il n'y a vraiment aucun avantage supplémentaire à maîtriser les techniques plus avancées. Celles-ci exigent peut-être plus de coordination et d'équilibre mais somme toute, vous retirerez plus d'avantages des exercices plus faciles. »

Mais si on peut s'en tenir aux exercices simples, pourquoi demandent certains, le yoga offre-t-il des milliers de positions différentes ? « Pour la variété », rétorque Madame Bennett. « C'est pourquoi on ne s'ennuie jamais de pratiquer le yoga. Il existe tellement de variations qu'on ne perd jamais son intérêt. Bien sûr, on n'est pas obligé de les essayer toutes ! Si les simples exercices suffisent à votre bonheur, restez-en là et amusez-vous. »

Le yoga est une forme extrêmement personnelle d'activité physique. Ce n'est pas ce qu'on pourrait appeler un sport à tendance spectaculaire ou compétitive. On ne fait que les exercices que l'on désire et on progresse à son propre rythme. La seule règle à suivre lorsqu'on fait du yoga est celle-ci : ne jamais dépasser ses limites.

## Comment savoir qu'on a fait des progrès

« Apprenez à être à l'écoute de votre corps », déclare Madame Bennett. « C'est vrai, votre corps vous parle. Il peut vous dire quand vous avez besoin de vous étirer et quand c'est le temps de vous arrêter. Il vous faut cependant apprendre à faire la différence entre un simple malaise et une trop forte tension. La sensation de malaise signifie que l'exercice vous fait du bien tandis que la tension indique que vous allez trop loin. »

Si vous allez trop loin, cela signifie souvent que vous vous êtes fixés des objectifs irréalisables. Selon la philosophie, c'est là une attitude négative. Selon Madame Bennett : « Vous ne devriez jamais désirer faire des progrès, car un tel désir entraîne une tension qui vous empêchera justement d'atteindre vos objectifs.

Par ailleurs, le yoga est avant tout orienté vers la suppression de la tension et non vers son augmentation. »

Ne vous attendez pas non plus à ce que le yoga produise des miracles. « Certaines personnes entreprennent un programme de yoga avec l'impression qu'il va les guérir de tous leurs maux », explique Madame Bennett. « Le yoga n'est malheureusement pas un remède universel. Il serait irréaliste de s'attendre à ce que nos problèmes guérissent comme par enchantement alors qu'ils ont souvent pris des années à se développer. Ce genre de choses se produit parfois, et c'est tant mieux, mais c'est plutôt exceptionnel. »

« Une dame de ma connaissance m'a dit que le yoga lui permettait de trouver le sommeil sans l'aide d'aucun somnifère et apparemment, elle n'avait pas eu besoin d'y recourir depuis un certain temps déjà. Une autre m'a confié que grâce au yoga, les maux de dos lancinants dont elle souffrait depuis très longtemps ne l'ennuyaient plus du tout. Une autre enfin m'a même dit que le yoga s'était avéré dans son cas le meilleur des traitements contre ses migraines. »

Bon nombre de ces problèmes sont souvent causés par la tension et comme le yoga, avec ses exercices d'étirement et de respiration contrôlée, est l'instrument idéal de détente, tant au niveau musculaire que spirituel, on comprend facilement qu'il puisse soulager avec succès les problèmes reliés à la tension.

Madame Bennett déclare en outre que le yoga constitue une excellente thérapeutique pour cesser de fumer, donnant pour preuve son propre cas d'ex-fumeuse. « La plupart des gens fument parce qu'ils sont tendus. S'ils avaient l'esprit plus calme, ils pourraient résister à l'envie de griller une cigarette. »

Le yoga est-il un bon moyen de contrôler son poids ? « Je ne suis pas partisane de ce genre de contrôle », répond-elle d'un ton brusque. « Si on se sent bien, c'est tout ce qui compte. Pour ma part, je ne me pèse jamais. En fait, je ne possède même pas de pèse-personne, je n'en ressens pas le besoin. Je le sais tout de suite si je me suis laissée aller, si j'ai pris quelques kilogrammes et que mon ventre commence à s'affaisser. Personne n'a besoin d'un tel instrument pour lui dicter ses sensations. »

---

**Les gens qui se soucient de leur silhouette adoptent de plus en plus le yoga pour se garder en forme.**

---

Par ailleurs, la question n'est pas vraiment de perdre du poids, mais plutôt de raffermir les endroits flasques et le yoga est l'instrument idéal pour y arriver. Le seul moyen sûr de perdre du poids avec le yoga, c'est de suivre un régime amaigrissant. Vous courez même des chances de prendre un peu de poids car le yoga raffermit les muscles et tout le monde sait que des chairs fermes pèsent plus lourd que des chairs flasques. »

De toute façon, il semblerait que le yoga est de plus en plus en vogue auprès des gens pour qui une silhouette agréable est importante.

« J'ai eu une élève qui avait fait de véritables extravagances pendant la période des Fêtes. Elle avait mangé comme un ogre et en plus, elle avait délaissé son programme de yoga. Laissez-moi vous dire que son tour de taille le démontrait amplement. Imaginez, son poids avait monté en flèche jusqu'à près de quatre-vingts kilogrammes, tandis que son tonus musculaire en avait pris pour son rhume. Celle-ci m'a confié plus tard, après s'être reprise en main, que son mari l'avait grandement aidée à reprendre sa forme physique. Elle m'a dit que toutes les fois où elle se plaignait de son état, son mari lui rappelait ce que je lui avais conseillé pour se remettre en forme. Cela suffisait à lui donner un regain d'enthousiasme afin de continuer son programme de yoga. »

## Le yoga ralentit le processus de vieillissement

« Selon la philosophie du yoga, c'est le degré de souplesse de la colonne vertébrale et non le nombre des années qui détermine l'âge d'une personne », déclare Madame Bennett. « Le yoga permet de ralentir le processus de vieillissement parce qu'il améliore la souplesse de la colonne, raffermit la peau, les muscles abdominaux et ceux des bras, élimine la tension accumulée dans l'organisme, les doubles mentons, corrige la posture, empêche le dos de devenir voûté et j'en passe. »

« Avec le yoga, c'est comme si on échangeait toutes les caractéristiques de la vieillesse contre celles de la jeunesse. Qui n'est pas intéressé par ce troc ! »

Ainsi donc, si vous êtes raisonnablement en bonne santé et que vous n'ayez besoin que de raffermir quelque peu vos muscles, amincir certaines parties de votre anatomie et tisonner

*1. Levez le bras. 2. Puis penchez-vous d'un côté et de l'autre.*

un peu votre énergie vacillante, il n'est pas nécessaire, selon Paulynne Bennett, de se lancer à corps perdu dans un programme complexe de yoga. Il vous suffira simplement de vous conformer au programme quotidien qu'elle a préparé à votre intention.

## Programme quotidien

1. Debout, jambes écartées, levez le bras gauche au-dessus de la tête.

   Penchez-vous lentement vers la droite en glissant le bras droit le long de la jambe. Gardez la position pendant quinze secondes puis revenez lentement en position de départ. Répétez le mouvement vers la gauche.

2. Pour donner un bon exercice à votre dos, mettez-vous debout, les pieds l'un contre l'autre et levez les bras par-dessus la tête.

   Tournez le torse vers la gauche, mais sans bouger les hanches.

   Penchez-vous maintenant vers l'avant, le plus bas possible. Si vous pouvez toucher le sol avec vos mains, tant mieux ; si vous en êtes incapable, pas de problème non plus. Gardez la

*1. Commencez ce mouvement en levant les bras. 2. Tournez le torse d'un côté. 3. Puis allez toucher le sol des mains.*

position pendant quinze secondes, puis relevez-vous lentement, tournez le torse vers l'avant et laissez retomber lentement les bras. Répétez le mouvement vers la droite.

**3.** L'exercice suivant destiné à étirer les muscles de la poitrine, est exécuté en se tenant droit, le pied gauche légèrement avancé. Appuyez ensuite le dos des mains sur la poitrine ; les doigts doivent se toucher.

Ramenez les bras dans votre dos et joignez les mains. Tendez les bras et levez-les pendant que vous vous penchez par en arrière. Gardez la position pendant cinq secondes.

Pour neutraliser l'effet de cet étirement sur la colonne, penchez-vous maintenant le plus possible vers l'avant, en direction de votre genou gauche. Gardez la position pendant environ dix secondes, puis relevez-vous lentement. Répétez le mouvement en avançant le pied droit cette fois-ci.

**4.** Assoyez-vous, les jambes tendues devant vous et levez les bras au-dessus de votre tête. Penchez-vous légèrement vers l'arrière et gardez la position pendant cinq secondes. Penchez-vous ensuite vers l'avant et essayez d'empoigner vos jambes le plus loin possible sans forcer. En pliant les coudes vers l'extérieur, attirez lentement votre corps vers vos genoux ou dans cette direction générale. Gardez votre position pendant trente secondes.

5. Restez assis et écartez les jambes.

   Penchez-vous le plus possible vers l'avant et agrippez vos jambes afin de maintenir votre position pendant trente secondes.

6. Dans la même position, pliez les genoux de manière que la plante de vos pieds soit l'une contre l'autre. Serrez vos pieds dans vos mains pour les tenir ensemble et ramenez-les le plus possible vers vous. Essayez maintenant de faire toucher le sol à vos genoux. Ne vous en faites pas si vous en êtes incapable, essayez seulement d'aller le plus loin possible et gardez la position pendant quinze secondes.

7. Couchez-vous sur le dos et relevez lentement les jambes jusqu'à environ quinze à trente centimètres du sol. Relevez simultanément les épaules de manière que votre tête soit au même niveau que vos pieds. Gardez la position pendant environ quinze secondes.

*1. L'étirement de la poitrine. 2. Joignez les mains dans votre dos.*
*3. Penchez-vous vers l'avant.*

*1. Pour exécuter l'étirement assis, levez d'abord les bras. 2. Penchez-vous ensuite vers l'arrière. 3. Puis vers l'avant.*

## Le yoga et l'arthrite

Passons maintenant aux choses plus sérieuses et parlons des avantages du yoga dans le traitement d'une affection extrêmement courante : l'arthrite. Encore une fois, nous allons faire appel aux bons soins de Madame Bennett. Celle-ci sait de quoi elle parle car elle soigne depuis longtemps ses propres problèmes d'arthrite grâce à quelques exercices spécifiques qu'elle a ajoutés au programme que nous venons de décrire.

« Je souffrais de tous les symptômes classiques de l'arthrite : des douleurs et des raideurs dans les articulations ainsi que des picotements, un peu comme des décharges électriques, sur toute la longueur du bras. C'était devenu tellement douloureux que je n'étais plus capable de faire quoi que ce soit sans malaise ; mon bras me faisait souffrir même lorsque je l'appuyais contre un oreiller. »

« Tout cela se passait il y a trois ans, mais regardez-moi aujourd'hui », lance-t-elle toute souriante en faisant tournoyer son bras « malade ». « Grâce au yoga, mon bras fonctionne maintenant à la perfection. »

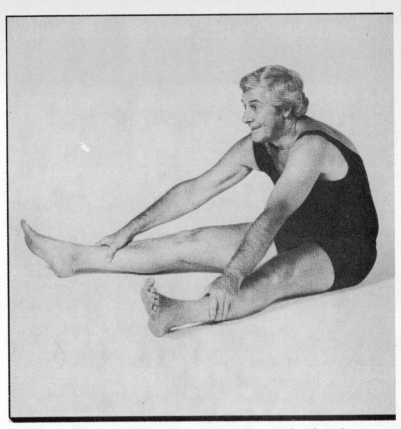

*Un exercice qui consiste à agripper ses chevilles, jambes écartées.*

Cependant, Madame Bennett a d'abord suivi la filière traditionnelle avant de traiter son arthrite par le yoga. Elle a consulté son médecin qui a pris des radiographies confirmant qu'elle souffrait d'arthrose au bras gauche et de dégénérescence de la colonne vertébrale. Son état confirmé, elle a ensuite suivi le traitement prescrit par son médecin, qui comprenait de l'aspirine pour soulager la douleur et diminuer l'inflammation.

« J'en étais rendue à prendre au moins six comprimés par jour et même dix ou douze certains jours où la douleur était trop féroce. »

Comme tant de gens qui sont affligés de ce mal, Madame Bennett en est venue à se dire qu'elle ne trouverait jamais la solution à son problème au fond d'un flacon d'aspirine. Elle avait cependant l'avantage de posséder une solution de rechange à la maison : un matelas d'exercice.

« J'enseignais déjà le yoga lorsque j'ai commencé à souffrir d'arthrite, mais j'étais tellement absorbée par les problèmes de mes élèves et la façon de les traiter par le yoga que j'avais complètement négligé mon propre état de santé. »

« Ce n'est qu'au moment où j'ai souffert d'une crise particulièrement violente que j'ai réalisé combien j'étais mal en point. J'ai donc commencé à suivre un programme de yoga adapté à mon cas. Celui-ci comprenait des exercices destinés à détendre les articulations de mon bras et à améliorer la souplesse de ma colonne. Aujourd'hui, mes articulations ont retrouvé leur souplesse d'il y a dix ans ; c'est un véritable miracle ! »

674

Tous ceux qui luttent sans répit contre les assauts de l'arthrite conviendront en effet que sa guérison relève du miracle. Pourtant, si on y regarde de plus près on réalise que les succès du yoga ne sont pas si surprenants que cela. Après tout, c'est une excellente forme d'exercice.

## L'exercice, ennemi mortel de l'arthrite

« Depuis très longtemps, soit environ 75 ans, on recommande l'exercice dans le traitement de l'arthrite », déclare le docteur Morris A. Bowie, spécialiste en rhumatologie de l'hôpital Bryn Mawr en Pennsylvanie. « En fait, les gens faisaient déjà de l'exercice pour soulager leurs douleurs arthritiques bien avant que le yoga fasse son entrée en Amérique. »

Apparemment, ces gens s'étaient engagés dans la bonne direction. « Les exercices sont extrêmement importants dans le rétablissement de l'amplitude complète des mouvements des articulations », ajoute le docteur Bowie. « Bien sûr, cela ne signifie pas qu'on doive fournir un effort exagéré et à très long terme. Nous encourageons plutôt les gens à faire des exercices qui n'exigent pas d'effort ni de charges à soulever et qui sont adaptés aux besoins individuels. Dans le cas du yoga, certaines postures prescrites sont difficilement supportables par certaines personnes, surtout si elles ont dépassé la cinquantaine. »

Louise Mollinger, qui est physiothérapeute au St. Margaret Memorial Hospital de Pittsburgh, en Pennsylvanie, partage l'opinion du docteur Bowie. « Notre principal objectif consiste à redonner leur mobilité aux articulations de nos patients. Nous savons que le repos complet ne fait qu'empirer les raideurs articulaires, alors que les exercices trop violents les rendent encore plus douloureuses. Pour cette raison, nous croyons qu'un programme équilibré d'exercices simples et de repos constitue le meilleur des traitements qui s'offrent à nous. »

C'est là que réside l'un des grands avantages du yoga. En effet, ses mouvements effectués avec lenteur ainsi que la faible pression qui est exercée attaquent le mal à sa racine, c'est-à-dire au plus profond de l'articulation affectée. De plus, les exercices d'étirement faciles combinés aux exercices de profonde respiration permettent de soulager la tension musculaire, qui contribue à tendre davantage les articulations. Le yoga constitue donc la formule parfaite contre l'arthrite parce qu'il allie l'exercice à la relaxation.

Ce dernier point nous amène à parler d'une autre raison pour laquelle les victimes d'arthrite connaissent une amélioration aussi marquée de leur état par la pratique du yoga. Il semblerait en effet que le principal problème rencontré par les médecins qui prescrivent de l'exercice, est d'inciter leurs patients à ne pas abandonner. Si les exercices prescrits sont trop douloureux ou exigent trop d'efforts, il y a de fortes chances que le patient abandonne avant longtemps. En fait, de nombreux patients grimacent de douleur à la seule mention du mot « exercice ». Eh bien, c'est tout le contraire avec le yoga car ses exercices exigent peu d'efforts et ne causent pas de douleurs intolérables. De plus, même si vous ne pouvez bouger le bras que de quelques centimètres et que vous êtes incapable de garder la posture plus de cinq secondes, vous améliorez quand même votre souplesse.

Certains médecins connaissent depuis longtemps les avantages des exercices ressemblant à ceux du yoga. Par exemple, le docteur Bowie recommande à ses patients de faire le pendule, un exercice de balancement des bras, mis au point par un chirurgien orthopédiste pour soulager les cas de bursite et de raideurs dans l'articulation de l'épaule. Il conseille aussi les exercices de respiration profonde dans les cas de spondylarthrite ankylosante, une affection des articulations de la colonne qui ressemble à l'arthrite.

---

## « Allez-y doucement »

Avec le yoga, même un léger effort peut donner des résultats remarquables. Cependant, il faut y aller sans précipitation, conseille Madame Bennett. Au début du programme, il ne faut pas s'étirer plus de quelques centimètres. Arrêtez vos mouvements dès que vous ressentez une certaine gêne, puis gardez la position pendant cinq secondes environ. Essayez de répéter le

---

**Le yoga permet de faire de l'exercice sans effort ni douleur. On améliore déjà sa souplesse même si on ne peut bouger plus de quelques centimètres ni garder la posture plus de cinq secondes.**

---

mouvement deux ou trois fois tout au plus. Essayez à la séance suivante de vous étirer d'un autre centimètre et de garder la position une seconde de plus.

La première chose à faire est de connaître ses limites. Pour cela, essayez quelques-uns des exercices simples que nous avons décrits plus haut. Par exemple, les exercices d'étirement proposés pour les jambes, la poitrine, les genoux et les cuisses sont particulièrement avantageux pour les articulations. Si toutefois vous souffrez d'un grave problème d'arthrite, nous vous conseillons d'adopter une version de ces exercices plus facile à exécuter.

Essayez ensuite des exercices de rotation que vous exécuterez lentement. Par exemple, l'exercice de rotation de la tête version yoga, c'est-à-dire exécuté lentement en faisant la pause devant, derrière et sur les côtés, aidera à soulager les raideurs dans le cou. De même, les exercices de rotation de la cheville constituent un bon traitement contre l'arthrite dans cette articulation.

La posture de la fleur est un excellent exercice pour les personnes qui souffrent d'arthrite dans les doigts. C'est un mouvement facile qui consiste à serrer le poing pendant cinq secondes, puis à ouvrir la main le plus grand possible pendant un autre cinq secondes.

Passons maintenant aux cas d'arthrite plus délicats. Par exemple, si vous souffrez de douleurs arthritiques au niveau de la colonne, les exercices comme les postures de la spirale et du cobra ainsi les étirements du cou et des épaules permettront de l'assouplir. Vous souffrez plutôt d'un problème de hanches ? Le meilleur exercice consiste alors à vous coucher sur un lit et à faire quelques roulements de hanches.

« Il peut arriver que certains jours, vous soyez incapable de faire vos exercices », admet Madame Bennett. « Ne vous en faites pas pour cela. Si la douleur est trop forte, arrêtez-vous un ou deux jours et recommencez lorsque vous vous sentez mieux. Les rechutes ne sont pas rares, surtout dans le cas de l'arthrite, et les progrès ne sont jamais réguliers. C'est un peu comme si on faisait un pas en arrière à tous les quatre ou cinq pas en avant ; on avance toujours, mais le rythme est plus lent. »

Il y aura bien sûr des journées où les mouvements se feront aisément, mais faites attention de ne jamais dépasser vos limites, car une articulation qu'on a trop fait travailler peut être aussi douloureuse qu'une articulation négligée. Ainsi, n'en faites pas

1. *Pour exécuter l'exercice de la fleur, commencez par serrer le poing.*
2. *Ouvrez ensuite la main le plus possible.*

plus de quelques minutes par séance, même lorsque les exercices sont facilement exécutés. « Pour ceux qui souffrent d'arthrite aiguë, il serait en général préférable de diviser les exercices quotidiens en trois ou quatre séances d'environ cinq minutes chacune », recommande Madame Bennett. « De plus, quelques périodes de repos ainsi que des exercices de respiration disséminés dans chacune de ces séances aideront à détendre les muscles qui contractent les articulations. »

## Un test scientifique rigoureux

Nous avons finalement étudié un problème extrêmement grave qui nous a permis de tester de façon rigoureusement scientifique la contribution du yoga envers la santé. On a ainsi comparé les résultats obtenus avec les plus récentes techniques de physiothérapie et ceux obtenus avec les exercices de yoga dans les cas de graves problèmes respiratoires. Vous l'aurez peut-être deviné, la yoga a gagné haut la main.

Le docteur M.K. Tandon du Repatriation General Hospital, dans l'ouest de l'Australie, a effectué une étude sur 22 patients, âgés de 52 à 65 ans, qui souffraient de « graves obstructions des voies respiratoires », c'est-à-dire de bronchite chronique, doublée d'emphysème pulmonaire dans certains cas, qui rendait impossible la respiration normale.

La moitié des sujets ont suivi le traitement standard, soit un traitement de physiothérapie comprenant des techniques de relaxation, des exercices de respiration et des exercices généraux destinés à améliorer l'endurance.

Les autres sujets ont, quant à eux, suivi le traitement d'un professeur de yoga qui leur a enseigné les techniques de respiration propres au yoga, qui font travailler tous les muscles de la poitrine et de l'abdomen. Celui-ci leur a aussi montré dix postures de yoga.

Tous les sujets ont suivi leur programme pendant neuf mois au bout desquels on leur a fait passer un second examen à l'hôpital. Cet examen comprenait un test des fonctions pulmonaires, une évaluation minutieuse du degré de changement des symptômes, de même qu'un test sur bicyclette stationnaire afin de mesurer l'endurance physique.

La différence observée dans l'état des deux groupes était incroyable. Contrairement à ceux traités par la physiothérapie, les sujets traités par le yoga montraient une amélioration considérable de leur endurance. De plus, et c'est probablement là un point encore plus important, plus de huit sujets sur les onze traités par le yoga ont affirmé avoir sans l'ombre d'un doute, augmenté leur degré de tolérance envers l'effort ainsi que leur faculté de reprendre leur souffle après un effort. Chez le groupe de physiothérapie, on n'a rapporté aucune amélioration de ce type.

Enfin, ce qui n'est pas la moindre des améliorations, les sujets traités par le yoga avaient apparemment appris à contrôler leurs problèmes respiratoires. Ainsi, selon le compte tendu de l'étude, une grande majorité des sujets ont déclaré qu'avec l'aide des exercices de respiration préconisés par le yoga, ils étaient en mesure de contrer de graves accès d'insuffisance respiratoire sans avoir recours à des soins médicaux.

Pourquoi le yoga a-t-il eu plus de succès que la physiothérapie traditionnelle ? Laissons répondre le docteur Tandon : « Après que les exercices du programme de yoga aient été maîtrisés par les sujets de ce groupe, leur respiration s'est modifiée pour adopter un cycle plus lent et plus profond, ce qui a permis aux sujets de supporter des charges de travail plus importantes. Par contre, les sujets du groupe de physiothérapie n'ont pas modifié leur rythme respiratoire ; leur respiration est demeurée trop rapide et superficielle (l'exercice de respiration complète présenté plus haut dans ce chapitre, constitue un exemple parfait de la méthode de respiration préconisée par le yoga).

# INDEX DES MALADIES

**A**

Acné
vitamines et suppléments de minéraux, 411

Ampoules
et course à pied, 272

Anémie
causes, 279
traitement par suppléments de fer,
269
traitement par bains alternés, 592

Angine
circulation sanguine insuffisante, 298
traitement par l'alimentation végétarienne, 408

Anorexie mentale
traitement par la course à pied, 470
traitement par la danse, 243

Anxiété
traitement par le biofeedback, 114,
126-127

Arythmie
et régime à faible teneur calorique,
258
et régime protéique liquide, 258

Artériosclérose, 290
et habitudes alimentaires, 135-136
et triglycérides, 303

Arthrite
exercices aquatiques pour les genoux,
562

et gymnastique, 192
précautions lorsqu'on saute à la
corde, 464

traitements :
acupuncture, 33
bains alternés, 599
chiropraxie, 208, 216
exercices, 675
hypnose, 335
natation, 556, 562
points de réaction, 35
technique d'Alexander, 163
thermothérapie, 304
tricot, 344
yoga, 672

Arthrite rhumatoïde
thermothérapie, 304
traitement d'acupuncture, 35
traitement par points de réaction, 33

Arthrose
causée par les problèmes dorsaux, 357
traitements :
acupuncture, 35
exercices, 480
sac de couchage, 304
yoga, 672

Articulations (douleurs chroniques
dans les)
suppléments de vitamines et de
minéraux, 411

Asthme
  précautions à prendre lorsqu'on
    saute à la corde, 464
  traitements :
    acupression, 27
    acupuncture, 10
    biofeedback, 119
    chiropraxie, 216
    danse, 236
    hypnose, 335
    technique d'Alexander, 163, 167
    yoga, 634
      * posture de l'étreinte, 642
      * posture du grand repos, 641
      * posture de la montage, 655

Athérosclérose
  et attaques, 404
  causée par les dépôts de graisse,
    404
  et crises cardiaques, 404
  précautions à prendre avec les
    compresses, 593
  et taux de glycérides, 303
  traitement par l'étreinte pour les
    lésions athérosclérotiques, 322

Attaques
  et alimentation, 134
  et athérosclérose, 404
  traitements :
    biofeedback, 119, 129
    hypnose, 335
    réflexologie, 436

B

Bassin (douleurs au)
  traitement par les bains de siège,
    597
Blessures
  traitement avec de la glace, 459
  traitement par la technique d'Alex-
    ander, 163
Bronchites
  traitement par le yoga, 634, 672
    * posture de la montagne, 648
    * posture de la sauterelle, 647

Bursites
  traitements :
    chiropraxie, 216
    manipulations vertébrales, 533
    yoga, 634

C

Caillots de sang
  et varices, 574
Calcium (dépôts de)
  traitement par le yoga, 642
    * posture de l'étreinte, 642
Callosités
  et chaussures mal ajustées, 276
Cancer
  corrélations avec le jeûne, 257
  corrélations avec l'alimentation, 405
  traitements :
    chiropraxie, 208, 216
    hyperthermie totale, 307
Cérébrospinales (affections)
  traitement chiropratique, 216
Circulation sanguine (problèmes de
  traitements :
    bains alternés, 599
    natation, 563
    yoga, 662
Cheveux (perte des)
  comme effet secondaire du jeûne,
    257
Cœur
  crises cardiaques
    et athérosclérose, 404
    et chances de survie des coureurs,
      472
    et consommation de gras, 404
    et habitudes alimentaires, 134-135
    et jeûne, 257
    et marche, 583
    et obésité, 257
    et prévention, 294
    et réaction d'entraînement, 295
    et rétablissement, 293
  maladies cardiaques
    causée par le taux d'insuline, 583
    et consommation de gras, 404

et diminution des risques, 405
traitement chiropratique, 216
traitement par le ski de randonnée, 228
problèmes coronariens reliés à une insuffisance de fibres, 398

Colites
traitement par l'hypnose, 335

Congestion
traitement avec des compresses, 595
traitement par bains de pieds, 595

Constipation
traitements :
bains de siège, 600
Rolfing, 360-361
suppléments de vitamines et de minéraux, 327
yoga, 634
   * posture de l'arc, 637
   * posture du crocodile, 644
   * posture du grand geste, 650
   * posture du grand repos, 641
   * Uddiyana, 658
   * Yoga Mudra, 655

Cors
et chaussures mal ajustées, 224

Cou (troubles du)
traitements :
acupression, 1, 19
chiropraxie, 216, 218
shiatsu, 514
yoga, 655

Coup de fouet (voir syndrome cervical traumatique)

Coup du lapin (voir syndrome cervical traumatique)

Coureurs (blessures des), 495
crampes causées par l'acide lactique, 488
douleurs dans la partie antérieure de la jambe, 500
causes, 502
traitement, 503
traitement d'acupression, 11
maux de genou, 497
causes, 497
exercices, 499

soulagement de la douleur, 496
traitement avec de la glace, 500
points de côté, 495, 500
comment les contrôler, 496
traitement, 503
tendinites, 503, 504

## D

Déficiences de fer, 268
et suppléments minéraux, 270

Dents (maux de)
traitement d'acupression, 22
traitement de shiatsu, 516

Dépendances
traitement par le biofeedback, 124

Dépression
comme effet secondaire du jeûne, 257
et endorphines comme antidote, 470
traitements :
chiropraxie, 216
course à pied, 470
danse, 242
jeûne, 257
suppléments de vitamines, 270
technique d'Alexander, 163
yoga, 635
   * posture du grand repos, 641
   * Yoga Mudra, 655

Déviations
des pieds et des membres
traitement par la technique d'Alexander, 163
de la colonne
traitement chiropratique, 216

Diabète, 321
et consommation de gras, 406
et dangers de jeûne, 257
et insuffisance de fibres, 398
et obésité, 257
et taux d'insuline, 583
précautions à prendre avec les compresses, 594
traitements :
bains de pied, 595
chiropraxie, 216
danse, 243
étreintes, 188-190

yoga, 635, 642
  * agenouillement, 645
  * posture du grand repos, 641

Diarrhée
  comme effet secondaire de la péni-
    cilline, 254

Digestion (troubles de)
  et antibiotiques, 254
  suppléments de vitamines, 270
  traitement par le yoga, 508, 634

Disques intervertébraux
  cause de maux de dos, 66, 357
  disques cervicaux
    traitement par la natation, 541
    traitement par la vitamine C, 541
  et posture, 428
  traitements :
    acupuncture, 34
    chiropraxie, 216
    yoga, 637-638

Diverticules
  causés par une insuffisance de fibres,
    398

Dos (maux de)
  et activité sexuelle, 75
  et bascule avant du bassin, 90
  causes, 71, 91
  et changements de pneus, 83
  dans la région supérieure, 91
  et effort, 78
  et forme physique, 78
  et position assise, 73
  et posture, 93, 96
  et réflexe d'agitation, 93
  et sommeil, 72
  soulagement de la douleur, 22-26
  et soulèvement des charges, 75, 86
  traitements :
    acupression, 16, 22-25
    acupuncture, 35
    biofeedback, 119
    chiropraxie, 216
    exercices abdominaux, 72, 481
    exercices préventifs, 97-104, 481
    redressements assis, 201
    réflexologie, 436

suppléments de vitamines et de
  minéraux, 410
tae-kwan-do, 352
technique d'Alexander, 163
yoga, 634, 666
  * posture du crocodile, 644
  * posture du grand repos, 641
  * posture de la sauterelle, 647
types de maux de dos, 70, 71

Dos voûté
  prévention par le yoga, 670

Douleurs abdominales
  traitement par l'acupression, 27

E

Eczéma
  suppléments de vitamines et de
    minéraux, 410

Émaciation
  traitement par les bains alternés, 592

Émotifs (troubles)
  traitements :
    biofeedback, 127
    chiropraxie, 216
    danse, 236

Emphysème
  traitement par le yoga, 634, 672
    * posture de l'étreinte, 642
    * posture de la sauterelle, 647
    * respiration complète, 640

Engelures
  traitement par les bains chauds, 594

Entorses
  traitement chiropratique, 216
  traitement avec de la glace, 95
  entorse de la cheville
    traitement avec de la glace, 600
  entorse lombaire
    traitement chiropratique, 216

Épaules (douleurs dans les)
  exercices de prévention, 99
  traitement par le yoga, 672

Épilepsie
  et EEG (électroencéphalogramme),
    128
  effets, 128

traitement par le biofeedback, 115, 128

Estomac (troubles d')
traitement par le yoga, 634, 655, 662

Extrémités (traumatismes dans les)
traitement chiropratique, 216


**F**

Fatigue
et amphétamines, 255
causes, 262
comme effet secondaire du jeûne, 258
et insuffisance de protéines, 395
et mauvaise posture, 420
et taux de lactate, 269
et vitamine C, 271
traitements :
bains chauds, 305
exercice, 480
marche, 490
natation, 563
technique d'Alexander, 167
thermothérapie, 305
yoga, 640, 655

Fatigue mentale
traitement d'acupression, 27

Fièvre
frictions froides au gant de toilette, 596
et guérison naturelle, 305

Flatulences
traitement par le yoga, 634
* posture du crocodile, 644

Foie (maladies du)
et consommation de gras, 407
traitement par le yoga, 635

Fractures
traitement par l'hypnose, 335
traitement par la technique d'Alexander, 163.


**G**

Gastrointestinaux (troubles)

traitement chiropratique, 216
traitement par le yoga, 635

Genoux (maux de)
causes, 496
exercices, 497-498
soulagement de la douleur, 499
traitement avec de la glace, 499

Glandes endocrines (troubles des)
précautions à prendre en faisant du yoga, 636

Gorge (maux de)
traitement par le shiatsu, 511
traitement par le yoga, 634
* posture du lion, 647

Grincement des dents
traitement par le biofeedback, 119

Grippe
traitement avec des compresses, 595

Gueule de bois
traitement par le shiatsu, 517


**H**

Hémophilie
traitement par l'hypnose, 335

Hémorragies
causées par les varices, 574

Hémorroïdes
traitement par les bains de siège, 597

Hernies
précautions à prendre en faisant du yoga, 634

Herpes simplex
suppléments de vitamines et de minéraux, 410

Hyperactivité
traitement chiropratique, 216
traitement par la danse, 243

Hyperkinésie
traitement chiropratique, 209

Hypertension
et consommation de gras, 407

Hyperthermie
pour combattre le cancer, 307

Hyperthyroïdie
précautions à prendre en faisant du
yoga, 635

**I**

Impotence
et repas pris tard le soir, 136

Incontinence
traitement par points de réaction, 32

Indigestion
indigestion nerveuse
suppléments de vitamines et de
minéraux, 410
traitement par le yoga, 634
* posture du cobra, 636
* posture du grand geste, 650
* posture du grand repos, 641
* posture de la montagne, 655
* posture de la sauterelle, 647
* Uddiyana, 658

Insomnie
remèdes, 525
traitements :
bains chauds, 601
biofeedback, 126
chiropraxie, 208
suppléments de vitamines, 266
yoga, 634
* posture du cobra, 636
* posture du grand geste, 650
* posture du grand repos, 641
* posture de la montagne, 655
* posture de la sauterelle, 647
et tryptophanes, 521
types, 521

Insuffisance sexuelle
traitement par le yoga, 634
* agenouillement, 527
* respiration complète, 636
* Uddiyana, 658

Irritabilité
traitement par les bains chauds, 601

**L**

Lordose
traitement par la technique d'Alexander, 163

Lumbago
traitement par le yoga, 636

**M**

Mâchoires crispées
traitement par le biofeedback, 119

Maladie de Parkinson
traitement par le biofeedback, 119,
129

Maladie de Raynaud
traitement par le biofeedback, 126

Mal des transports
traitement d'accupression, 28

Menstruations
crampes menstruelles
traitement par le Rolfing, 452
douleurs menstruelles
traitement par les bains de siège,
597
irrégularités menstruelles
traitement par le yoga, 634
* posture du cobra, 636
* posture du grand geste, 650

Migraines (voir Tête)

Musculaires (troubles)
traitements :
biofeedback, 129
hydrothérapie, 589
suppléments de vitamines et de
minéraux, 410
thermothérapie, 304

**N**

Nausées
comme effet secondaire du jeûne,
257

Nerveux (troubles)
traitement par le biofeedback, 119

traitement chiropratique, 216

Nervosité
traitement par le yoga, 641

Neurasthénie
traitement par le yoga, 634
    * posture du grand geste, 650
    * posture du grand repos, 641
    * posture de la montagne, 655

Névralgie
traitement au moyen de compresses, 593

Névrite
traitement chiropratique, 217


O

Obésité
causée par une insuffisance de fibres, 398
et diabète, 257
et maladies cardiaques, 257
précautions à prendre en sautant à la corde, 464
traitement par le yoga, 633, 634
    * posture de l'arc, 637
    * posture du cobra, 636
    * posture du grand geste, 650
    * posture de la sauterelle, 647
    * salut au soleil, 662
    * Yoga Mudra, 655

Œdèmes
précautions à prendre avec les compresses, 594

Oignons
causes, 277
et course à pied, 272
et modèles de chaussures, 277

Orteils en marteau
et chaussures, 277

Ostéoarthrite (voir Arthrose)

Ostéoporose
traitement par la marche, 585

P

Paralysie
précautions à prendre avec les compresses, 594
traitement par le biofeedback, 129

Paralysie cérébrale
traitement par le biofeedback, 114, 119, 129

Peau (maladies de la)
traitement par le yoga, 634
    * salut au soleil, 662

Peau sèche
comme effet secondaire au jeûne, 258

Phlébite
comme complication des varices, 575

Phobies
traitement par le biofeedback, 126

Plaque dentaire
comment elle se forme, 400

Points de côté
causes, 496
comme problème des coureurs, 495
traitement, 496

Posture (déséquilibre de la)
traitement par la technique d'Alexander, 163

Pression sanguine
causes de la haute pression, 119
mesure de la pression, 121
précautions à prendre en sautant à la corde, 464
traitements :
    chiropraxie, 208, 216
    danse, 245
    marche, 583
    suppléments de vitamines et de minéraux, 410

Pronation
comme cause de douleur dans les genoux, 497, 498

Prostate (troubles de)
traitement par les bains de siège, 597
traitement par le yoga, 634
    * agenouillement, 527

Psoriasis
traitement par les ultrasons, 306

R

Reins (maladies des)
dangers reliés au jeûne, 258
Respiratoires (troubles)
traitements :
chiropraxie, 216
points de réaction, 32-34
yoga, 632
Rétention des liquides
et insuffisance de protéines, 394
Rhumatismes
traitements :
chiropraxie, 216
technique d'Alexander, 163
yoga, 634
* posture du crocodile, 644
* posture du grand repos, 641
* posture de la montagne, 648
Rhumes
traitements :
acupression, 27
bains de pieds, 594
chiropraxie, 217
compresses (pour les rhumes de
poitrine), 594
frictions froides au gant de toilette, 596
yoga, 633
* posture du lion, 647
Rides
traitement par le yoga, 634
* Yoga Mudra, 655
Rythme cardiaque irrégulier
traitement par le biofeedback, 114

S

Saignements de nez
traitement par les bains de pieds, 594
Saignements d'estomac
causés par l'aspirine, 256

Schizophrénie
traitement par la course à pied,
469, 470
traitement par le jeûne, 257
Sciatique
traitements :
acupuncture, 35
chiropraxie, 216-217
yoga
* agenouillement, 645
* posture du crocodile, 644
* posture de l'étreinte, 642
Sclérose en plaques
traitement d'acupression, 33
Scoliose
traitement par la méthode d'Alexander, 163
Sinus
traitement par le yoga, 634
* exercice pour le cou et les yeux,
649
* posture du grand repos, 641
Sinusites
traitements :
chiropraxie, 216
shiatsu, 511
suppléments de vitamines et de
minéraux, 410
Spondylarthrite ankylosante
exercices de respirations profondes,
676
Stress
traitement par le biofeedback, 114,
119, 126
traitement par la danse, 243
Subluxations
causes, 212
traitement chiropratique, 211
Surdité
associée à l'origine de la chiropraxie,
210
Syndrome cervical traumatique
traitement chiropratique, 216
traitement par la technique d'Alexander, 163

688

Système nerveux central (épuisement
du)
   traitement par les bains chauds, 601

**T**

Tension
   traitements :
      biofeedback, 123-125
      massage, 372
      natation, 562
      yoga, 655
Tension nerveuse
   traitement chiropratique, 215
Tension neuromusculaire
   traitement par la marche, 580
Tendinites
   tendinite au tendon d'Achille
      traitement, 503, 504
   traitement par la natation, 562
   traitement par le yoga, 637
Tête
   algies vasculaires de la face, 281
      traitement par l'exercice, 281
      traitement avec de l'oxygène, 285
   maux causés par la tension
      traitements :
         acupression, 1-5
         bains de pieds, 594
         chiropraxie, 216, 217, 218
         étreintes, 318
         shiatsu, 511, 512
         suppléments de vitamines et de
            minéraux, 410
         yoga, 634
           * exercice pour le cou et les
             yeux, 649
           * posture du grand repos, 641
           * roulement des épaules, 655
   maux chroniques
      traitement par l'étreinte, 318
   migraines
      causes, 124
      traitements :
         acupression, 34
         biofeedback, 119
         chiropraxie, 217

   hypnose, 334
   shiatsu, 511, 512
Thyroïde (troubles de)
   précautions à prendre en faisant du
      yoga, 635
Tic douloureux
   traitement d'acupuncture, 35
Torticolis
   traitement chiropratique, 216

**U**

Ulcères
   traitement par le biofeedback, 119,
      127
   traitement par l'hypnose, 334
Ulcères buccaux
   suppléments de vitamines et de
      minéraux, 410
Ulcères d'estomac
   précautions à prendre en faisant du
      yoga, 635
   traitement par le biofeedback, 127
Ulcères de la jambe
   causés par les varices, 573
Urinaires (troubles)
   traitement par les bains de siège, 597

**V**

Vaisseaux sanguins
   affections dues à une mauvaise cir-
      culation, 599
Varices
   conseils, 576
   et esthétique, 575
   et hémorragies, 575
   et grossesse, 576
   et insuffisance de fibres, 576
   et phlébites, 575
   signes avant-coureurs, 575
   et ulcères de la jambe, 575
   traitements :
      exercices, 576
      port de bas élastiques, 577
      relèvement des pieds, 577

Verrues
traitement par hypnose, 334

Verrues plantaires
et course à pied, 272

Vésicule biliaire (troubles de la)
et consommation de gras, 407
prévention de la formation de calculs biliaires, 136

**Y**

Yeux
fatigue oculaire
traitement par le shiatsu, 409
traitement par le yoga, 634
* exercice pour le cou et les yeux, 649

IMPRIMERIE
L'ÉCLAIREUR
BEAUCEVILLE

8802